5궁과 도성

王道를 새긴 五宮과 五常을 쌓은 都城

과거는 지나간 현재이고, 미래는 다가올 현재이다. 과거가 지나간 현재라면 현재는 거쳐 가는 과거라 할 수 있다. 그래서 현재의 문화는 과거의 문화와 연장선상에 있는 것이다.

전래된 문화유산이 그토록 소중한 것은 이 때문이다. 나는 십여 년 전에 우연히 고궁을 산책할 기회가 있었다. 내친김에 이곳저곳을 둘러보노라니 고궁의 여기저기에 이 빠진 톱니처럼 비어있는 공간이 마음속에 어떤 아쉬움으로 다가왔다. 안내원의 설명과 곳곳에 세워놓은 안내표지판을 통해 사라진 전각들 대부분이 일제 때 일인들의 손에 의해 헐려나간 사실을 알게 되었다. 가벼운 마음으로 무심코 내디딘 발걸음이 억제하기 힘든 울분과 충동으로 소용돌이치기 시작했다. 어떻게든 저 빈자리들을 메어주어야 한다는 당위성은 절감하면서도 역사에 대하여는 문외한에 가까운 천박한 지식으로는 어떻게 해볼 엄두조차 낼 수 없었다. 우선 서점가를 돌며 문헌을 찾아 헤맸고, 중앙도서관을 비롯한 여러 도서관을 찾아다니며 필요한 자료들을 수집하고, 여러 박물관을 순회하면서 고궁에 관한 자료들을 모았다. 그러는 가운데 고궁에 관하여 조금씩 안목이 열리고 몇 가지 궁궐에 관한 도형과 궁궐 지를 접할 수 있었다. 그중에서 대표적인 것이 1826년(순조26)에서 1831년(순조31)에 작성된 것으로 추정되는 창덕궁, 창경궁의 평면 배치도인 동궐도와 19세기 말 고종 연간에 그려진 북궐도형(경복궁 평면배치도)이 있고, 궁궐지로는 숙종 말경이나 영조 초에 편찬하여 헌종 초에 증보 수정된 궁궐지와 고종 연간에 편찬된 궁궐지 등의 자료들이었다.

헌종 때 보완 수정된 궁궐지는 경복궁, 창덕궁, 창경궁, 경희궁, 그리고 도성에 관한 것을 기록하였는데, 전각의 명칭, 위치, 용도와 전각에 얽힌 주요 역사를 기록하였고, 고종 연간에 발간된 궁궐지는 경복궁, 창덕궁, 창경궁을 대상으로 하여 건물의 칸 수와 구조, 형식 등을 위주로 기록하였다.

이렇게 모은 자료들을 토대로 하여 창덕궁과 창경궁은 고려대학교 박물관에 소장된 동궐도형을 중심으로 하여 다른 자료들을 보완하였고, 모든 궁궐과 도성은 헌종 연간에 발간된 궁궐지를 중심으로 다른 자료들을 보완하였다. 따라서 궁궐지는 규장각 소장본을 가지고 서울시립대학부설 서울학연구소에서 번역한 궁궐지 1, 2권을 기본으로 하여 본서를 편찬하였고, 편집형식도 궁궐지의 형식을 따랐다. 어떤 자료보다도 궁궐지의 편집 방식이나 내용이 독자들이 이해하기에 가장 용이하다고 판단했기 때문이다. 그러다 보니 기존의 궁궐지에 보완·추가하는 형식이 되어 송구하고 주제넘다는 생각을 지울 수가 없다. 문외한에 가까운 보잘것없는 상식을 가지고 방대한 자료와 해박한 지식이 요구되는 궁궐지의 재편성을 시도한 것은 나에게는 분명 만용이라 할 만큼 무모한 일이었음을 잘 안다.

그래서 원고를 쓰기 시작하여 4년여 동안 실망과 좌절의 고비를 여러 차례 넘기기도 했다. 그리고 문장력도 어눌한 데다 의욕만을 앞세우고 자료를 가능한한 많이 수록하고자 하는 욕심과 성급함 때문에 문장을 미처 다듬지 못하고 발간하게 되어 독자들이 읽기에 많은 인내심이 필요하리라 생각하니 송구한 마음 금할 길이 없다.

여러 곳에 수록된 자료들을 한 권의 책에 모아 필요한 분들의 수고를 덜어드리겠다는 생각을 더 많이 가지고 편집한 것이어서 미흡하나마 그 방면에라도 다소의 도움이 되었으면 그 이상 바랄 것이 없다. 그래서 유구는 없어졌지만, 그 흔적을 모아놓은 자료들을 통하여서 만이라도 조금은 음미해 볼 수 있는 기회가 되었으면 좋겠다.

전해온 궁궐지나 기타 사료(史料)에도 다소 오류가 있어 몇 군데 바로잡았는데, 행여 짧은 지식으로 더 큰 잘못을 범하지나 않았는지 두려움이 앞선다.

앞으로 전문가나 선배 제현의 많은 충고와 가르침을 기대하며, 동시에 가차 없는 질정을 겸허히 받을 각오를 가지고 감히 이 책을 낸다.

학천 공준원

鶴川 孔俊元

차 례

제1장: 경복궁

제2장: 창덕궁

제3장: 창경궁

제4장: 경희궁

제5장: 덕수궁

제6장: 도성

부 록

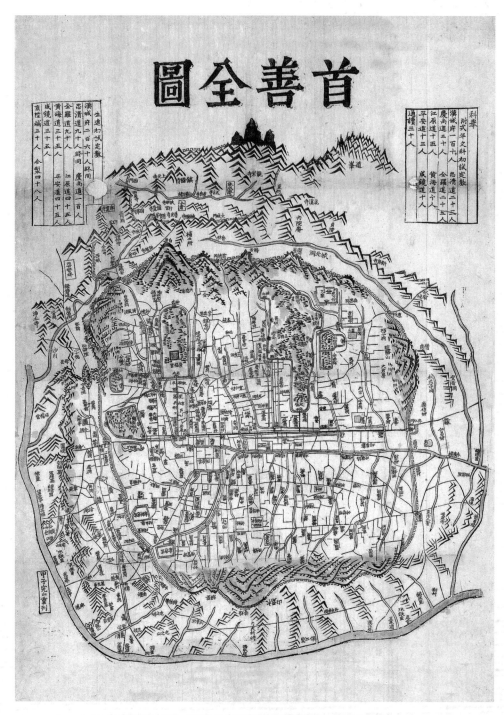

▶ 김정호 그림: 1825년 목판인쇄본(고려대학교 박물관 소장)

한성(漢城)

백제 온조왕 때 첫 도읍을 정한 곳이 하북이냐 하남이냐 하는 논란은 있지만, 위례성(慰禮城)이라는 명칭을 쓴 것에 대하여는 이론이 없는 것 같다.

위례는 목책(木柵)을 두른 성을 말하는데, 우리 말 '울'을 한자로 표기한 것이다.

서기 371년(근초고왕26)에 국경을 자주 침범해 온 고구려를 응징하기 위하여 왕 자신이 태자와 함께 3만 명의 병력을 이끌고 아예 고구려 영토 깊숙이 쳐들어가 평양성까지 점령하고 고국원왕까지 전사시키는 전과를 올렸다. 이러한 강력한 통치기반을 토대로 하여 이때부터 금강 이남의 영역인 충청과 전라도 전부를 장악하게 된 것이다.

전쟁에서 돌아온 근초고왕은 수도 서울을 하남 위례성에서 한강 북쪽인 한산(漢山)으로 옮기고 한성(漢城)이라 하였다. 이때 한성이란 이름이 최초로 탄생하였다.

그 후 차츰 국력이 강성해진 고구려는 고국원왕의 원한을 갚기 위하여 백제를 침공해 왔는데, 이때는 백제왕 개로왕이 전사하고 한성이 점령당하는 참상을 겪게 되었다.

고구려는 백제를 점령하자마자 처음에는 북한산군(北漢山郡)을 두었다가 475년(장수왕63)에 이곳을 남평양(南平壤)이라 하였다.

신라 진흥왕 때에는 한강을 점령하여 553년(진흥왕13)에 새로운 주를 설립하였는데, 처음에는 신주(新州)라 했다가 4년 후인 서기 557년에 다시 북한산주(北漢山州)로 고쳤다. 11년 뒤인 568년에는 이곳을 다스리는 중심지를 이천으로 옮기고 남천주(南川州)라 하였는데, 이때 백제는 도읍을 부여(夫餘)로 옮긴 때였다. 그 후 604년 신라 진평왕 때에 다시 종전대로 북한산주를 두었으며, 757년(경덕왕16)에는 이 일대를 한주(漢州)라 하고 서울에 한양군(漢陽郡)을 두었으니 한양이란 이름도 이미 신라 경덕왕 때부터 사용한 것으로 본다.

한양이란 이름은 강의 북쪽과 산의 남쪽에 있는 도시를 한자식(漢字式)의 이름에는 양(陽)을 쓰기 때문에 북한산의 남쪽, 한강의 북쪽이므로 크다는 뜻의 한(漢)과 합하여 한양이라 한 것이다.

평양이 밝달, 배달, 버들의 한 표기로 볼 수 있는데, 남평양이라는 이름과 서로 뜻이 통하는 이름이다.

918년 고려 태조 때에는 서울 부근을 통틀어 양주(楊州)라고도 했다. 고려 11대 문종 때에 이르러서는 남경(南京)이라 하고, 남경으로 천도하자는 논의마저 여러 번 있었다. 개성을 중심으로 하여 평양을 서경, 남쪽의 한양을 남경이라 한 것이다. 그러다 1392년 조선왕조가 들어서고 1394년(태조3) 10월 28일에 이곳으로 천도하면서 한성이라 고쳐 부르고 도성을 쌓았다. 태조 이성계는 새로운 왕조를 세우자마자 천도(遷都)를 서둘렀다.

400여 년 동안 왕씨(王氏)가 다스려온 고려의 수도 송도(松都)가 싫었던 것이다.

한양으로 도읍지(都邑地)를 옮기는 일은 삼봉 정도전과 무학대사가 주역이었다. 태조 이성계가 한양에 도읍을 정하고 궁궐터를 잡을 때 무학대사는 인왕산을 주산(主山)으로 하여 북악산을 좌청룡, 남산을 우백호로 삼아 궁궐을 지어야 한다고 주장하였는데, 정도전은 "자고로 제왕은 남쪽을 보고 천하를 다스렸지, 궁궐을 동쪽을 향하여 지은 적이 없다."라고 적극 반대하여 결국 정도전의 의견대로 지금의 경복궁 자리로 결정되었다. 조정 실세인 정도전에게 밀린 것이다.

이에 무학이 탄식하기를 "도선 비기에 국도(國都)를 정할 때 중의 말을 들으면 나라의 기초가 길어질 것이나 정씨(鄭氏) 성을 가진 사람의 말을 들으면 5세(五世)가 되지 못해 혁명이 일어나고 200년 만에 큰 난리가 나서 백성이 어육(魚肉)이 되리라 하였는바 나중에 반드시 내 말을 생각하게 되리라."라고 하였다.

과연 5대(五代) 안에 왕자의 난이 두 차례 있었고, 개국 후 200년만인 1592년에 임진왜란이 일어나 전 국토가 초토화되었다. 이와 관련하여 한양 도읍에 관한 설화가 몇 가지 전해온다. 도선 국사는 무학대사가 왕십리에다 도읍을 정할 것을 미리 알고 여기에 '왕십리(往十里)'라는 석장승을 세워두었다고 한다. 이곳이 진 혈이 아니니 10리를 더 가야 한다는 뜻이다. 그래서 무학대사는 인왕산을 배산으로 하여 동향으로 궁궐을 짓자고 하였으나 정도전의 반대로 무산되고 말았다.

무학대사가 지금의 자리를 피하고자 한 이유는 북악산의 기상이 바르지 못하고 장손을 주관하는 청룡인 낙산이 지손(支孫: 지파의 자손)과 여손(女孫)을 주관하는 백호의 인왕산보다 3배나 낮고 안산(案山)으로 신하에 해당하는 남산이 너무 높아서 신하가 임금을 누르고, 남쪽 조산인 관악산 역시 너무 높고 불꽃 같아서 외적의 침입이 있을 것이라고 예언하였다. 또 하나는 신라 중기 고승 의상(義相)대사가 쓴 『산수비기(山水秘記)』이다. "한산은 금국(金局)이라서 궁궐은 반드시 동향(東向)으로 지어야 한다. 그렇지 않으면 불교가 쇠약해진다. 터를 고르는 사람은 다른 사람의 말에 흔들리지 말라. 동쪽은 허하고 남쪽은 낮으니 북악산 아래 터 잡지 말라. 검은 옷을 입은 도적(왜적)이 동쪽에서 쳐들어올까 두렵다. 한양 땅에 도읍을 정하려 하는 자가 승려의 말을 들으면 나라의 운수가 좀 연장된다. 그렇지 않고 만약 정씨 성을 가진 사람이 시비를 걸면 5대도 못 가서 왕위를 빼앗기고 변고가 생기리라. 또 200년 후에는 대환란이 닥쳐서 나라가 위태로워진다. 삼가 조심하라." 하였다. 이미 기술한 바와 같이 이 예언은 적중하였다.

이렇게 하여 조선왕조가 들어서고 1394년(태조3) 10월 28일에 이곳 한양으로 천도하여 1395년 6월에 한성(漢城)이라 고쳐 부르고 도성을 쌓았다.[1]

600년을 한성으로 불려 오다가 1910년 경술국치 후 동년 10월 1일에 관제 개편에 의하여 일제는 한성을 경성(京城)으로 고치고 36년 동안 이 이름으로 불렀다. 그리고 행정구역은 경기도에 속했다.

이 경성부는 1945년 8월 15일 일제에서 벗어난 후 다음 해인 1946년 9월 28일 '서울시'로 변경하고 경기도에서 분리된 후 1949년 8월 15일에 서울특별시로 승격되었다.

도성 안에는 다섯 개의 궁궐이 있다. 한 도시 안에 다섯 개의 독립된 궁궐이 있는 것도 그 유래를 찾아보기 힘든 우리나라만이 가지고 있는 문화적 특징이다. 이것은 우리 민족이 겪어온 역사의 흐름 속에서 생겨난 역사적 산물이면서 지울 수 없는 상처의 흔적이기도 하다.

궁궐(宮闕)이란 궁(宮)과 궐(闕)의 합성어이다.

궁(宮)이란 천자나 제왕 또는 왕족들이 살던 규모가 큰 건물을 말하고, 궐(闕)이란 본래 궁의 출입문 좌우에 설치하는 망루(望樓)를 지칭하는데, 이 두 가지 건물이 항상 같이 병존하고 있어 궁궐이라 일컫게 되었다.

사원(辭源: 사전)에 보면 "궁궐은 다른 말로 궁전이라 한다. 궁문 밖에 두 개의 궐이 있어 옛날에는 궁궐이라 했는데, 그 내용을 말함에는 궁전(宮殿)이라 하고, 그 외관을 말함에는 궁궐이라 한다."라고 풀이하고 있다.

도성 안에 있는 다섯 개의 궁궐은 경복궁, 창덕궁, 창경궁, 경희궁, 덕수궁이다. 전각의 배치 형태를 보면 정사(政事)를 위한 건축 공간을 전면에 배치하고, 사생활을 위한 건축 공간을 후면에 배치하였으며, 휴식과 정서의 순화를 위한 건축 공간은 맨 뒤 북쪽에 배치한 것이 일반적인 형태다. 그리고 각 궁궐 정문마다 화(化)자를 넣어 이름을 붙였다. 경복궁 정문은 광화문(光化門), 창덕궁 정문은 돈화문(敦化門), 창경궁 정문은 홍화문(弘化門), 경희궁 정문은 흥화문(興化門), 덕수궁 정문은 인화문(仁化門)이다.

5대 궁궐 정문이 모두 화(化)자가 들어간 것은 화민성속(化民成俗), 즉 백성을 선도 교화하여 좋은 풍속을 이룩한다(禮記 樂記篇). 또는 화치(化治), 즉 좋은 정치를 행하여 나쁜 풍속을 고친다는 뜻이다(漢書 循吏傳).

  다시 말하면 왕도(王道)의 근본을 밝힌 것으로 교화(敎化:敎民化俗), 즉 백성을 가르쳐 풍속을 순화한다는 뜻이며, 이는 치자(治者)의 기본자세를 일깨워주기 위한 통치이념의 표상인 것이다. 태조 이성계는 한양 천도 후 경복궁을 짓고 이어 총 길이 59,500척의 도성을 쌓아 오상(五常)을 상징하는 4대문과 4소문 그리고 중앙에 종루를 세웠다.

오궁

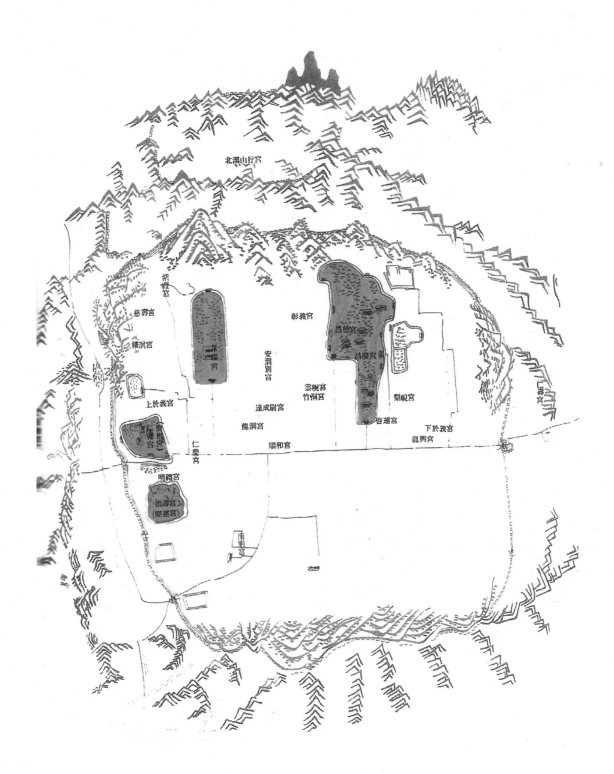

제1장
경복궁

경복궁 현황 배치도

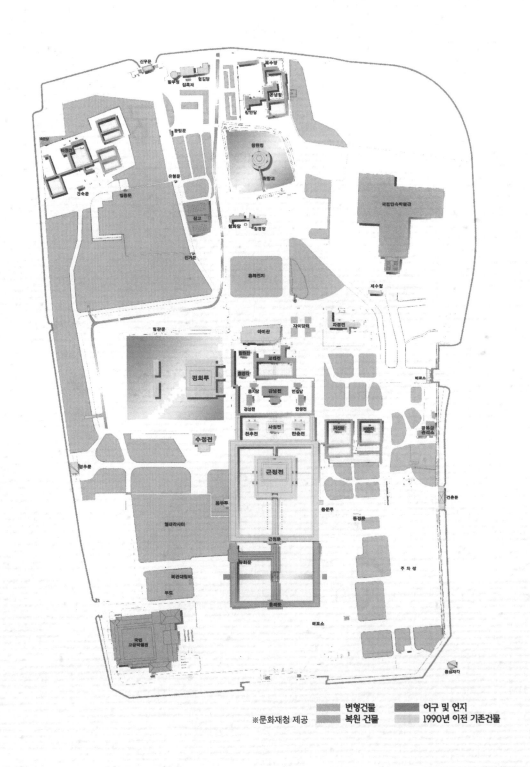

※문화재청 제공

변형건물	어구 및 연지	
복원 건물	1990년 이전 기존건물	

경복궁(景福宮) 사(史)

서울특별시 종로구 세종로에 있는 조선 시대 최초의 정궁이다. 도심의 북쪽에 위치하므로 북궐(北闕)이라고도 한다. 태조 이성계는 조선을 개국하여 그 통치 기반이 어느 정도 확립되자 천도를 서둘렀다. 아직도 고려 왕실을 동경하는 인사들의 준동과 500여 년 동안 왕씨가 누려온 사직의 도성이기 때문에 그 두려움과 조급함으로 한양 천도를 서두른 것이다. 1394년(태조 3) 7월 중신들과 논의 끝에 새 도읍지를 한양으로 정하자마자 궁궐도 짓기 전인 동년 10월 28일에 한양으로 옮겨왔다. 송도에는 각 관청에 두 사람씩만 남겨두어 잔무를 처리하도록 하고, 한양으로 와서는 궁궐이 없어 종전 한양부 객사를 궁전으로 삼았다. 궁전 건축이 시급하였으므로 동년 12월에 궁궐 조성도감을 설치하고 영삼사사(領三司事) 심덕부(沈德府)의 감역으로 태조 4년 2월에 공사를 착수하여 9월 25일에 준공하였으며, 동년 10월 5일에 낙성잔치를 크게 벌렸다.[2] 이 궁궐 공사에 투입된 인원은 경기좌도에서 4,500명, 우도에서 5,000명, 충성도에서 5,500명을 투입하였다. 태조 이성계는 1392년 7월 16일 송도(松都) 수창궁(壽昌宮)에서 즉위한 후 1394년(태조 3) 7월에 한양에 도읍을 정하고, 동년 12월에 한양으로 와서 종묘와 사직 터를 정한 후 이듬해 초에 바로 공사를 착수하여 서두른 것이다. 그리고 동년 12월 29일 새로 지은 경복궁으로 옮겨갔다.[3] 좀 더 거슬러 올라가면 한양은 오래전 고려 시대부터 평양과 더불어 관심의 대상이었다. 고려 11대 왕 문종(文宗)은 1068년(문종 22)에 한양에 신궁(新宮)을 창건하고 이를 남경이라 한 바 있다. 그 후 고려 15대 숙종(肅宗)은 1098년(숙종4)에 왕비와 왕자를 데리고 한양에 와서 삼각산 면악(面嶽:北岳) 남방의 도읍터를 보고 서기 1101년(숙종 7)에 그곳에 궁궐을 지었다. 이 궁궐은 임좌병향(壬座丙向:北北東에서 南南西 方向)으로 지어졌는데, 이 태조가 즉위한 후 그 자리가 협착하다 하여 다시 그 남쪽에 대궐(경복궁)을 지었다 하였으니 고려 때의 궁궐은 북악산 밑 경무대(현 청와대) 부근으로 추측된다. 조선왕조실록에 기록된 당시 궁궐 규모를 보면 새 대궐은 큰 침전 7간, 동쪽과 서쪽의 곁방 각각 2간, 북쪽 복도 7간, 북쪽 행랑 25간이다. 북쪽 행랑의 동쪽에 연달아 지은 방 3간, 서쪽에는 연달아 지은 누각 5간이 있고, 남쪽 복도는 5간이다.

큰 침전의 동쪽에 있는 작은 침전은 3간인데, 복도 7간은 큰 침전의 남쪽 복도와 잇닿았고 또 복도 5간은 큰 침전의 동쪽 행랑에 잇닿았다.

큰 침전의 서쪽에 있는 작은 침전은 3간인데, 복도 7간은 큰 침전의 남쪽 복도와 잇닿았고 또 복도 5간은 큰 침전의 서쪽 행랑에 잇닿아있다.

보평청 5간은 정사를 보는 곳인데, 큰 침전의 남쪽에 있다. 그 동쪽과 서쪽의 곁방은 각각 1간이고, 남쪽 복도는 7간이다. 동쪽 복도 15간은 남쪽 복도의 다섯 번째 간에서 시작되어 동쪽 행랑과 잇닿았고, 서쪽 복도 15간도 남쪽 복도의 다섯 번째 간에서 시작되어 서쪽 행랑에 잇닿았다. 큰 침전 북쪽 행랑의 동쪽 모퉁이에서 정전의 북쪽 행랑의 동쪽 모퉁이까지 23간이 동쪽 행랑으로 되고, 서쪽 누각에서 정전의 북쪽 행랑의 서쪽 모퉁이까지 20간이 서쪽 행랑으로 된다.

정전 5간은 조회를 받는 곳이며 보평청의 남쪽에 있다. 위층과 아래층으로 된 '월대'가 있는데 들어가는 깊이는 50자이고, 넓이는 112자 5치이며, 동쪽, 서쪽, 북쪽에 있는 계단들의 넓이는 각각 15자이다. 위층 계단의 높이는 4자이고, 돌다리는 5계단으로 되었다. 중간층 계단은 네 면의 넓이가 각각 15자이고, 아래층 계단의 높이는 4자이며, 돌다리는 5계단으로 되었다. 정전의 북쪽 행랑은 29간인데, 복도 5간이 북쪽 행랑에서 시작하여 정전의 북쪽과 잇닿았다. 수라간은 4간이다. 동쪽 누각 3간은 아래 위층으로 되어있는데, 그 북쪽 행랑 19간은 정전 북쪽 행랑의 동쪽 모퉁이와 잇닿아있는 동시에 내전의 동쪽 행랑과도 연결되었다. 그 남쪽의 9간은 정전문의 동쪽 누각과 잇닿았다. 서쪽 누각 3간은 아래 위층이 있는데, 그 북쪽 행랑 19간은 정전의 북쪽 행랑의 서쪽 모퉁이와 잇닿아있는 동시에 내전의 서쪽 행랑과 연결되었다. 그 남쪽의 9간은 정전문의 서쪽 누각과 잇닿아있다. 정전마당의 넓이는 동쪽과 서쪽이 각각 80자이고, 남쪽으로는 178자, 북쪽으로는 43자이다. 정전문은 3간인데 정전이 남쪽에 있으며, 왼쪽과 오른쪽으로 행랑이 각각 11간이고, 동쪽과 서쪽에 있는 누각이 각각 2간이다.

남문 3간은 정전문의 남쪽에 있는데 동쪽과 서쪽으로 행랑이 각각 17간이 있다. 물위의 누각은 3간이다. 마당의 한가운데에는 돌다리가 있으니 여기가 바로 대궐 안의 물이 빠지는 곳이다. 문의 왼편과 오른편으로 행랑이 각각 17간이고 동쪽과 서쪽으로 누각이 각각 2간인데, 동쪽 문을 일화 문, 서쪽 문을 월화 문이라고 한다. 이밖에 부엌, '등촉인차'방, 상의원, 임금과 왕비의 사용 방, 상서사 승지방, 내시다방, 경흥부, 중추원, 3군부 및 동쪽과 서쪽의 다락창고 등이 총 390여 간이다. 뒤로 궁성을 쌓고 궁성의 동쪽 문을 건춘문,

서쪽 문을 영추문, 남쪽 문을 광화문이라고 하였다. 광화문에는 문루가 3간인데 위층, 아래층으로 되어있다. 문루 위에는 종과 북을 매달고 새벽과 저녁을 알리어 대궐 안의 경비를 엄하게 하도록 하였다. 광화문 남쪽의 왼편과 오른편에는 의정부, 3군부, 육조, 사헌부 등 여러 관청의 건물들이 줄지어있다.

경복궁이 처음 축조할 당시에는 모두 390여 칸으로 별로 크지 않았다. 정전(正殿)인 근정전(勤政殿)이 5칸에 2중으로 된 월대(月臺)와 행랑 그리고 근정문과 천랑(穿廊) 등이 배치되어있고, 강녕전(康寧殿)이 7칸 연생전(延生殿:東寢殿)이 3칸 시사지소(視事支所: 임금이 집무하는 곳)인 보평청(報平廳)이 5칸 외에 상의원(尙衣院), 중추원(中樞院), 삼군부(三軍府) 등이 있었다. 그리고 궁의 이름이나 각 전각의 이름까지도 삼봉(三峰) 정도전(鄭道傳)이 지어 올렸다. 경복궁(景福宮)이란 이름은 시경(詩經) 주아(周雅)에 나오는

既醉以酒 既飽以德
君子萬年 介爾景福
이미 술에 취하고 덕에 배부르니
군자가 오래도록 그대의 큰 복을 도우리라

에서 맨 끝 두 자를 따온 것이다.

1395년 4월 경복궁이 완성된 뒤 정도전이 지어 올린 경복궁의 여러 전(殿)의 이름과 그 이름을 지은 취지는 이러하였다.

"신궁의 이름은 '경복궁(景福宮)'으로 하소서. 신이 살피건대, 궁궐은 임금이 정사를 보는 곳이며, 사방이 우러러보는 곳입니다. 신하와 백성이 함께 조성한 것이므로 제도를 장엄하게 해서 존엄성을 보이고 명칭을 아름답게 해서 감동을 불러일으키도록 해야 합니다. 한(漢)나라와 당(唐)나라 이후로 궁전의 이름을 그대로 두기도 하고 바꾸기도 하였으나 존엄성을 과시하고 감동을 불러일으킨다는 점에 있어서는 그 취지가 동일합니다.

전하께서 즉위하신 지 3년째 되는 해에 한양(漢陽)에다 도읍을 정한 다음 먼저 종묘를 세우고 이어 궁실을 축조하였습니다. 이듬해 을해년에 친히 곤룡포와 면류관을 착용하고 선왕(先王)과 선후(先后)를 새로 지은 사당에다 배향하고 여러 신하를 새로운 궁전으로 불러

들여 잔치를 벌였는데, 이것은 조상신의 은혜를 넓게 하고 후손들에게 복을 주는 일이었습니다. 술을 세 순배 돌리자, 신 정도전에게 분부하시기를 '지금 도읍을 정하여 사당에다 향사를 올리고 신궁(新宮)도 낙성을 고하게 되어 여러 신하와 여기에 잔치를 하는 것이니, 그대는 한시바삐 궁전의 이름을 지어서 국가와 함께 그 아름다움이 영원히 전해지도록 하라.'라고 하셨습니다. 신이 명을 받아 손을 모아 절을 하고 『시경』대아(大雅) 기취(旣醉)에 있는 '이미 술에 취하고 덕에 배부르니 후왕의 앞날에 큰 복[景福]을 받게 하리라.'라는 글을 외우고서 신궁의 이름을 경복(景福)으로 할 것을 청하였습니다. 이제는 전하와 자손들이 만년토록 태평스러운 왕업을 누릴 수 있고, 사방의 백성들도 길이 감동을 받게 될 것입니다.

그러나 『춘추』에 '민력(民力)을 소중히 하고 토공(土工)을 삼가야 한다.' 하였으니, 어찌 임금이 된 자로 하여금 한갓 백성만 괴롭게 해서 자신을 받들도록 하라는 것이겠습니까. 넓은 집에서 한가로이 지내실 때에는 빈한한 선비들을 도울 생각을 하고 전각에 서늘한 바람이 일면 그 맑은 그늘을 함께 나눌 생각을 하신 뒤라야 백성들의 봉양을 저버리지 않게 될 것입니다. 그래서 아울러 말씀드립니다.

연침(燕寢)의 이름은 '강녕전(康寧殿)'으로 하소서. 홍범(洪範) 구주(九疇)의 오복(五福)에 세 번째가 강녕(康寧)입니다. 대체로 임금이 마음가짐을 바르게 하고 덕을 닦아서 황극(皇極)을 세우게 되면 오복을 누릴 수 있습니다. 강녕은 오복 중의 하나인데, 가운데를 들어서 나머지를 알게 하자는 것입니다.

그러나 이른바 마음가짐을 바르게 하고 덕을 닦는 문제는 많은 사람이 함께 보는 곳에 있으므로 억지로 하는 이도 있습니다만, 편안히 혼자 계실 때는 안일에 빠지기 쉽고 경계하는 마음이 나태해지게 되어서 마음가짐은 바르지 못한 것이 있게 되고, 덕은 닦아지지 않은 면이 있게 되어서 황극은 세워지지 않고 오복은 무너지고 맙니다. 옛날 위 무공(衛武公)이 자신을 경계한 시(詩)에 '군자를 벗으로 사귈 때의 너의 태도를 보니 얼굴을 부드럽게 하여 무슨 잘못이 없을까 염려하더라만, 너의 집에 혼자 있을 때도 옥루(屋漏)에 부끄럽지 않게 해야 한다.' 하였습니다. 무공이 경계하고 삼가는 것이 이러했기 때문에 90세가 넘도록 살았으니, 황극을 세워서 오복을 누린 분명한 증거입니다.

그러나 그 공부하는 문제는 평소 혼자 있는 데서 비롯됩니다. 원컨대 전하께서는 위 무공의 시를 법으로 삼아 안일을 경계하시고 경외하는 마음을 두어서 황극의 복을 누리신다면 성자신손(聖子神孫)이 잘 계승해서 천만세를 전해갈 것입니다. 그래서 연침을 '강녕전(康寧

殿)'이라고 하였습니다.

그리고 동소침(東小寢)은 '연생전(延生殿)'이라고 하고, 서소침(西小寢)은 '경성전(慶成殿)'이라고 하였습니다. 천지(天地)는 만물을 봄에 싹트게 하여 가을에 성숙시키고, 성인은 만물을 인(仁)으로 살리고 의(義)로 제재를 가합니다. 그러므로 성인이 하늘을 대신하여 만물을 다스릴 때에 정령(政令)을 시행하는 것을 천지가 운행하는 대로 따라 합니다. 동소침을 '연생전'이라고 하고 서소침을 '경성전'이라고 한 것은 전하께서 천지의 생성하는 도리를 법으로 삼아 그 정령을 시행하는 것을 명시하는 것입니다.

연침의 남전(南殿)은 이름을 '사정전(思政殿)'으로 하소서. 천하의 이치는 생각하면 얻을 수 있고, 생각지 않으면 잃게 됩니다. 대체로 임금은 자신의 한 몸으로 숭고한 자리를 차지하고 있지만, 수많은 사람 중에는 지혜로운 사람, 어리석은 사람, 어진 사람, 불초한 사람이 섞여 있기 마련이고, 수많은 일 중에는 옳은 일, 그른 일, 이로운 일, 해로운 일이 섞여있기 마련입니다. 임금 된 자가 깊이 생각하고 세밀히 살피지 않는다면 어떻게 일의 타당성 여부를 파악해서 처리할 수 있겠으며, 사람의 현우(賢愚)를 살펴서 진퇴시킬 수 있겠습니까.

예로부터 임금이 되어 어느 누가 존영(尊榮)을 누리고 싶어 하지 않고 위태로움은 피하고 싶어 하지 않았겠습니까만, 옳지 못한 사람을 친근히 한 결과 계획이 옳지 못하여 폐망에 이르게 되는 경우는 그 원인이 생각하지 않은 데에 있습니다. 『시경』에 '어찌 생각지 않아서 이겠소! 집이 멀어서일 뿐이오.'라고 하였는데. 이 말에 대해 공자는 '생각지 않는다면 몰라도 먼 것이 무슨 상관인가?' 하였고, 『서경』에 '생각을 하면 슬기로워지고, 슬기로워지고 나면 성(聖)이 된다.' 하였으니, 생각은 사람에게 있어서 그 활용도가 절대적입니다.

이 전(殿)에서 매일 아침 정사를 보시게 되면 모든 정무를 거듭 모아서 전하게 품달하게 될 터인데 조칙을 내려 지휘할 때에 더욱더 생각지 않아서는 안 될 것입니다. 그래서 신은 이 전(殿)의 이름을 '사정전(思政殿)'으로 할 것을 요청합니다.

또 그 남쪽에 있는 정전(政殿)을 '근정전(勤政殿)'이라 하고, 그 문을 '근정문(勤政門)'이라 하소서. 천하의 모든 일이 근면하면 다스려지고 근면하지 않으면 황폐화되는 것은 필연적인 이치입니다. 작은 일도 오히려 그러한데 더구나 정사(政事)와 같은 큰일이야 어떠하겠습니까? 『서경』에 '걱정이 없을 때에도 경계를 하여 법도를 잃지 말라.' 하였고, 또 '안일과 욕심으로 제후국을 가르치지 말아서 삼가고 조심하소서. 하루 이틀 사이에 일의 조짐은 만 가지로 일어납니다. 여러 관직을 비워두게 하지 마소서. 하늘의 일을 사람이 대신해야 합니다.' 하였는데, 이는 순(舜)과 우(禹)가 근면했던 바입니다. 또 '아침부터 시작하여 점심때가 되고, 저녁때가 되도록 식사할 겨를이 없이 백성을 모두 화락하게 하는 일에 힘쓰셨다.' 하였는데, 이는 문왕(文王)이 근면했던 바입니다. 임금이 되어 근면하지 않으면 안 되는 것이 이와 같습니다.

그러나 편안히 봉양하는 것이 이미 오래되면 교만과 안일이 생기기 쉽고, 또 아첨하는 사람이 부추겨서 말하기를 '천하국가 때문에 정신을 피곤하게 하여 수명을 단축시킬 것이 없습니다.' 하고 또 '이미 숭고한 지위를 차지하셨는데, 어찌 유독 자신을 낮추어서 수고할 것이 있겠습니까?' 하면서, 혹은 여악(女樂)으로, 혹은 유전(遊畋)으로, 혹은 완호(翫好)로, 혹은 토목(土木)으로 일반적으로 황음무도(荒淫無度)에 속하는 일이면 뭐든지 말을 합니다. 그러면 임금은 그것에 솔깃해져서 자신이 나태함으로 빠져드는 것을 깨닫지 못하게 됩니다. 한(漢)나라와 당(唐)나라 임금들이 삼대(三代) 시절의 임금만 못한 것은 이런 이유 때문입니다. 그러니 임금이 하루라도 근면하지 않아서야 되겠습니까?

그러나 한갓 임금이 근면해야 한다는 것만 알고 근면해야 할 이유를 모른다면 그 근면은 잗달고 각박한 데로 흘러서 보잘것없게 될 것입니다. 선유(先儒)가 말하기를, '아침에 정사를 듣고, 낮에는 방문을 하고, 저녁에는 법령을 다스린다.' 하였으니, 이것은 임금의 근면을 말한 것입니다. 또 '어진 이를 찾는 데에 부지런히 힘쓰고, 어진 이에게 맡기는 것을 신속히 한다.' 하였으니, 신은 이런 취지로 말씀드립니다.

그리고 동쪽과 서쪽에 있는 누각(樓閣)의 이름은 '융문(隆文)'과 '융무(隆武)'로 하소서. 문(文)은 정치를 이루고, 무(武)는 난리를 진정시키는 것이므로 이 두 가지는 마치 사람의 팔과 같아서 어느 한쪽도 폐기해서는 안 되는 것입니다. 대체로 예악(禮樂)과 문물(文物)이 찬란하고 군사와 병기가 빠짐없이 정비되어있는 데다 사람을 등용하는 경우에도 문장(文章)과 도덕(道德)이 출중한 선비와 과감성과 용맹이 뛰어난 자를 중외에 배치시킨다면 이것은 모두 융문(隆文)과 융무(隆武)의 극치인 것입니다. 따라서 전하께서 문(文)과 무(武)를 함께 써서 장구한 정치를 이루게 될 것입니다." 하였다.[4]

1398년(태조7) 1월부터 경복궁의 궁성(宮城)을 쌓았는데, 참찬문하부사(參贊門下府事) 박위(朴葳)를 도제조(都堤調)로 내상절제사(內廂節制使) 순녕군(順寧君) 이기(李技) 중추원부사(中樞院副使) 이천우(李天祐) 등을 감독관으로 하여 공사를 시작하였다. 문무 각 품계의 관원들도 축성용 돌을 바치게 하고 민간 장정들과 군인들을 동원하여 그해 말경에 끝을 냈다. 궁성을 쌓는 과정에서 1398년(태조7) 1월 17일 밤에 인부들의 실수로 불이 나서 북편 쪽에 있는 감독 초막 앞까지 번져 전 개성 윤 남정리가 술에 취하여 나오지 못하고 죽었다.

정전은 근정전으로 하고 임금이 집무하던 보평청은 사정전(思政殿)으로 고쳐 올렸으며, 연침(燕寢)은 강녕전으로 하고 강녕전에 잇대어있는 동소침은 연생전, 서소침(西小寢)은 경성전(慶成殿)으로 지어 올렸다.

궁성 공사나 관리들의 집을 짓는 데 승려들이 많이 동원되었다. 태조 4년 1월 대사헌 박경이 글을 올리기를 "중은 솜씨가 좋은 데다 살림을 하지 않기 때문에 한가한 편이고, 백성들 가운데 중이 10분의 3인데 그중에서 부역에 나갈 수 있는 사람이 3분의 2나 된다."라고 주청하여 왕이 받아들인 것이다.

궁성이 완성되고 조선 왕조가 안정되어가는가 싶던 1398년(태조7) 8월 26일, 1차 왕자의 난이 일어났다.[5] 장성한 전실(神懿王后 韓氏) 소생 자식들을 놔두고 계비(神德王后 康氏) 소생인 어린 방석(芳碩)을 세자로 책봉한 데 대한 다섯째 방원(芳遠)의 반발이었다. 결국, 방원의 손에 강비소생 왕세자 방석과 그의 형인 방번(芳蕃)이 이 경복궁에서 죽임을 당하고 이로 인해 태조는 결국 둘째 아들 방과(芳果: 정종)에게 양위하고 상왕으로 물러났다(1398). 골육상쟁의 와중에서 경복궁에서 즉위한 정종은 좌불안석이었는데, 낮에는 까마귀 떼가 궁전 주변에 날아들고 밤에는 부엉이가 궁궐 내에까지 날아와서 우는 등 흉조가 거듭 나타나니 조정여론이 들끓기 시작했다. 자나 깨나 아른거리는 송도(松都)에 대한 향수(鄕愁)가 누대를 거쳐서 살아온 조정 중신들의 마음속에 피어오르기 시작한 것이다. 정종은 즉위한 그다음 해인 1399년 3월에 조박의 권고에 의하여 한성으로 도읍을 옮긴 지 4년 6개월 만에 다시 송도로 옮겨 갔다.[6] 그러나 결국 정종은 1400년 11월 13일 정권의 실세인 방원에게 왕위를 물려주고 상왕으로 물러나고 말았다.[7] 태종은 개성 수창궁에서 즉위식을 했는데 그해 12월 임자일에 수창궁이 불에 타버렸다. 수창궁이 불에 타자 강안전 터에서 큰 행사나 연회행사를 하다 보니 여간 불편한 것이 아니었다.

태종원년 1월 5일 남양군 홍길민이 글을 올렸다.

"수도라는 것은 종묘와 사직이 자리 잡은 곳이며, 온 나라의 공물과 조세가 모여드는 곳이므로 중요하다고 하지 않을 수 없습니다. 생각건대 태상왕 전하가 왕조를 세운 초기에 수도를 한양에 정하고 몇 해 동안 건설하여 종묘, 사직, 궁궐 그리고 저자와 마을들을 번듯이 일으켜 세웠습니다. 그러나 몇 해 안 되는 사이에 관청 건물과 저자는 그 모양이 없이 되고, 거리가 황폐해져서 보는 사람마다 쓸쓸하게 여기지 않는 이가 없게 되었습니다. 또 종묘에 제사를 지낼 때에는 두 수도를 오가야 하는 폐단이 있습니다. 생각건대 전하는 왕조를 세우고 수도를 건설한 태상왕의 뜻을 잘 계승해나감으로써 앞으로 영원히 물려줄 터전을 다져야 할 것입니다."라고 하면서 다시 한양으로 옮겨 갈 것을 주청하였다.

동전을 던져 결정한 수도 한양

처음 태조(이성계)가 한양으로 옮겨올 때에도 조선왕조를 창업한 공신들과 종친들 외에는 대부분 수 대를 이어 살아온 원주민 이어서 한양 천도는 내심 심한 저항에 직면해 있었지만, 왕권이 전복되고 살벌한 분위기 속에서 강행되었기 때문에 다시 송도로 돌아온 데는 별 무리가 없었다. 그러나 또다시 한성으로 천도하자는 논의가 일자 이론이 분분할 수밖에 없었다. 하지만 조선왕조를 건국하는 데 주도적 역할을 해온 태종은 왕씨들이 수백 년 누려온 고려 수도인 송도를 벗어나야 한다는 생각이 태조 이성계와 다름이 없었다. 이때 수창궁의 화재는 결단의 촉진제가 되었다. 1404년(태종4) 9월 1일 태상왕(태조)이 지신사 박성명을 불러 태종 임금에게 지시를 전달하기를,

"처음에 내가 한양으로 수도를 옮겼는데 수도를 옮기자면 복잡하리라는 것을 나라고 왜 몰랐겠는가? 그러나 송도는 왕씨의 옛 수도인 까닭에 그대로 눌러있을 수 없고, 전 임금(정종)이 이리로 다시 수도를 정한 것은 왕조를 창시한 선대의 뜻을 따르는 것이 아니다."라 하여 태종을 재촉하였다.[8]

태종은 일단 성산 군 이직과 취산 군 신극례를 불러 공사의 제주로 임명하고 한성에 별궁을 건축하도록 명을 내렸다. 그러는 가운데 송도는 갑론을박으로 들끓고 있었다. 태종은 최종 결단을 내리기 위해 한성 모악산(무악재)으로 길을 떠났다. 태종 4년 10월 2일이었다. 조준, 하륜, 권근 이천우 등 개국 공신들과 종친들 여럿이 뒤따랐다. 이 가운데에서도 이양, 하륜 등은 모악산이 명당자리라 하고, 이양달, 조준 등은 한양을 고집하였다. 태종은 종묘에 이르러 송도, 모악, 한양 세 곳 중 어느 곳으로 할 것인가를 결정하기 위하여 점을 치기로 하였다.

임금이 말하기를 "사람들이 다 아는 것을 가지고 점을 치는 것이 좋으며, 또 돈을 던지는 것도 우리나라에서만 있는 것이 아니고 중국에서도 한다. 태조가 수도를 정할 때에 무슨 물건으로 점을 쳤는가?"라고 하니 조준이 "그 역시 돈을 던져서 점을 쳤습니다."라고 대답하

자 "그렇다면 오늘도 돈을 던져서 결정하자."라고 대답하고 종묘에 절을 한 다음 완산군 이천우, 좌정승 조준, 대사헌 김희선, 지신사 박석명, 사간 조휴를 데리고 종묘의 방으로 들어가서 임금이 향을 피우고 꿇어앉아 이천우를 시켜 소반 안에 돈을 던지게 하였다. 결과는 새 수도 한양은 두 번 좋았고 한 번 나빴으며, 송도와 모악산은 모두 두 번 나빴고 한 번 좋았다. 임금이 나와서 한양으로 결정을 내렸으며, 아울러 향교동의 동쪽에 별궁을 지으라고 지시하였다. 이때가 태종 4년 10월 6일이었다. 이러한 임금의 행동은 마음먹은 대로 가기 위한 수순이었을 것이다. 기복신앙과 무속이 지배하던 당시 사회에서 점괘의 결과는 큰 위력을 발휘하게 된다. 결국, 반대 세력을 잠재우기에 충분한 결과였다. 거기에 임금은 한술 더 떴다. 따라온 제상들에게 "나는 모악산에다 수도를 정하지 못하지만, 후세에 반드시 수도를 정하는 사람이 있을 것이다."라는 말을 남겼다.

태종은 분위기를 성숙시키고 준비를 마친 뒤 5년 8월 8일에 한양에 분관청을 설치하고 동월 20일까지 서로 교대하여 관청 건물과 주택을 지으라고 서둘렀다.

1405년(태종5) 10월 9일에 별궁이 준공되어 동년 10월 15일에 별궁을 창덕궁이라 불렀다. 동년 11월 8일 임금이 태상왕을 모시고 한양으로 돌아와 일단 창덕궁에 들었는데, 얼마 되지 않아 경복궁으로 옮겨 갔다.[9]

태종은 한양으로 다시 환도한 후에 경복궁을 정궁으로 이용하였다. 궁내에 경회루(慶會樓)를 짓고 그 주변에 연못을 넓게 파 아름다운 경관을 조성한 뒤에 평상시 종친들과 중신들의 연회장소로 활용하고 필요에 따라 외국 사신들의 접대 장소로도 이용하였다. 연못을 파낸 흙은 교태전 뒤에 쌓아 아미산(峨嵋山)이라 했다. 제4대 세종은 1418년에 보위를 물려받아 근정전에서 즉위한 후 창덕궁 동편에 수강궁(창경궁 자리)을 짓고 물러난 상왕(태종)을 그곳에 모셨는데, 효심이 지극한 세종은 부왕을 가까이서 모시기 위하여 창덕궁으로 거처를 옮겼다. 그 후 1422년(세종 4)에 태상왕이 승하하고 나서 1426년(세종 8)에 근정전을 수리한 뒤 동년 11월 1일에 창덕궁에서 경복궁으로 거처를 옮겼다. 그때까지 경복궁의 높이는 20자 1치, 온 둘레 1,815보(10,878자)가 되었는데, 경복궁으로 옮기기 전인 세종 8년 10월 26일에 궁성 사대문의 이름이 없어 동문, 서문 등으로 부르던 것을 집현전에 명하여 이름을 지어 올리게 하였다.

근정전 앞 제2문을 홍례문(弘禮門), 정문을 광화문(光化門), 근정전 동랑(東廊), 협문(夾門)을 일화문(日華門), 서협문을 월화문(月華門), 궁성 동쪽 문을 건춘문(建春文), 서쪽 문을 영추문, 근정문 앞 돌다리를 영제교(永濟橋)라 이름 지어 올렸다.[10] 집현전은 1420년(세종 2)에 경복궁 수정전에 설치하고 신하들이 학문에 힘쓰도록 하였으며, 1434년(세종 16)에는 경회루 남쪽에 시각을 알리는 보루각(報漏閣)을 세우고 궁 서북쪽 모퉁이에는 천문관측 시설인 간의대(簡儀臺)를 마련하는가 하면, 1438년에는 강녕전 서쪽에는 흠경각을 짓고 그 안에 임금이 직접 고안한 시각과 사계절을 나타내는 옥루기(玉漏器)를 설치하는 등 치정(治政)은 물론 천문과학에도 많은 업적을 남겼다. 이에 앞서 당시 발명가인 장영실(蔣英室)을 등용하여 천문 관측기기인 대소간의(大小簡儀), 혼의혼상(渾儀渾像), 앙부일구(仰釜日晷: 해시계), 일성정시의(日星定時儀)와 자격루(自擊漏) 등을 만들어 사용할 수 있도록 하였다. 1443년(세종 25) 10월에 궁중에 언문청(諺文廳)을 설치하고 성삼문, 정인지, 신숙주 등 집현전 학자들과 함께 한글 창제에 몰두하여 3년 뒤인 1446년(세종 28) 9월 29일에 28자로 된 훈민정음(訓民正音)을 반포하기에 이르렀다.[11]

한글 창제

한글 창제의 전담 기관은 집현전이다.

경복궁 수정전에 있으므로 반포 장소는 근정전이 아닌가 싶다. 한글이 처음 완성된 것은 1443년(세종25) 12월이었는데, 그동안 다듬고 보완하여 그 자세한 해설집 『훈민정음』을 만들어 반포하기는 3년 뒤인 1446년 9월 29일이다(실록). 한글 이름도 '훈민정음' 그 해설집도 '훈민정음'이다. '백성들을 가르치는 바른 소리'라는 뜻이다. 한글 창제에 참여한 사람은 정인지, 신숙주, 성삼문, 최항(崔恒), 박팽년(朴彭年), 강희안(姜希顔), 이개(李塏), 이선로(李善老) 등 주로 집현전 8학자들인데, 왕명에 의하여 『훈민정음』이라는 책을 서술한 사람도 이들이다. 훈민정음이 만들어지기 전까지는 이두 문자를 썼다. 이두 문자는 논리성이나 과학성이 부족하여 일반 대중이 익히기에는 여간 난해한 것이 아니어서 한글 창제는 우리 민족에게는 엄청난 사건이었다.

그래서 1926년 조선 어학연구소에서는 1446년 음력 9월 29일이 양력 10월 28일이었으므로 이날을 훈민정음 반포 기념일로 정하였다. 그러던 중 1940년 경북 안동 어느 고가에서 훈민정음 원본이 발견되었는데, 그 내용 중에 정인지의 글이 있어서 보니 반포일이 9월 상순으로 되어있다. 일단 9월 10일을 반포일로 잡고 이날을 양력으로 환산한바 10월 9일이었다. 그래서 지금까지 이날을 한글날로 정하였다. 실록에 기록된 반포 내용은 이러하다.

"우리나라 말은 중국말과 달라서 한자만으로는 통할 수가 없다. 그렇기 때문에 무식한 백성들 가운데 하고 싶은 말이 있어도 끝내 자기 뜻을 나타내지 못하는 사람이 많이 있다. 그래서 내가 안타깝게 여기던 끝에 28자를 새로 만들었다. 그것은 사람들이 쉽게 익혀서 일상적으로 쓰기 편리하도록 하려는 것이다.

ㄱ은 어금닛소리로서 〈군〉 자의 첫소리와 같고, 나란히 쓰면 〈뀨〉 자의 첫소리와 같다.

ㅋ은 어금닛소리로서 〈쾌〉 자의 첫소리와 같다.

ㆁ은 어금닛소리로서 〈업〉 자의 첫소리와 같다.

ㄷ은 혓소리로서 〈두〉 자의 첫소리와 같고, 나란히 쓰면 〈땀〉 자의 첫소리와 같다.

ㅌ은 혓소리로서 〈튼〉 자의 첫소리와 같다.

ㄴ은 혓소리로서 〈나〉 자의 첫소리와 같다.

ㅂ은 입술소리로서 〈별〉 자의 첫소리와 같고, 나란히 쓰면 〈뽀〉 자의 첫소리와 같다.

ㅍ은 입술소리로서 〈표〉 자의 첫소리와 같다.

ㅁ은 입술소리로서 〈미〉 자의 첫소리와 같다.

ㅈ은 잇소리로서 〈즉〉 자의 첫소리와 같고, 나란히 쓰면 〈짜〉 자의 첫소리와 같다.

ㅊ은 잇소리로서 〈침〉 자의 첫소리와 같다.

ㅅ은 잇소리로서 〈슐〉 자의 첫소리와 같고, 나란히 쓰면 〈싸〉 자의 첫소리와 같다.

ㆆ은 목구멍소리로서 〈흡〉 자의 첫소리와 같다.

ㅎ은 목구멍소리로서 〈허〉 자의 첫소리와 같고 나란히 쓰면 〈뼝〉 자의 첫소리와 같다.

ㅇ은 목구멍소리로서 〈욕〉 자의 첫소리와 같다.

ㄹ은 반혓소리로서 〈려〉 자의 첫소리와 같다.

ㅿ은 반잇소리로서 〈샹〉 자의 첫소리와 같다.

·는 〈튼〉 자의 가운뎃소리와 같다.

ㅡ는 〈즉〉 자의 가운뎃소리와 같다.

ㅣ는 〈침〉 자의 가운뎃소리와 같다.

ㅗ는 〈홍〉 자의 가운뎃소리와 같다.

ㅏ는 〈땀〉 자의 가운뎃소리와 같다.

ㅜ는 〈군〉 자의 가운뎃소리와 같다.

ㅓ는 〈업〉 자의 가운뎃소리와 같다.

ㅛ는 〈욕〉 자의 가운뎃소리와 같다.

ㅑ는 〈샹〉 자의 가운뎃소리와 같다.

ㅠ는 〈슐〉 자의 가운뎃소리와 같다.

ㅕ는 〈별〉 자의 가운뎃소리와 같다.

끝소리로는 첫소리를 다시 쓴다.

ㅇ을 입술소리의 밑에 잇닿아 쓰면 가벼운 입술소리로 된다.

첫소리를 겹쳐 쓸 때에는 나란히 쓴다. 끝소리도 같다.

ㆍ, ㅡ, ㅗ, ㅜ, ㅛ, ㅠ는 첫소리의 밑에 붙여 쓰고, ㅣ, ㅓ, ㅏ, ㅑ, ㅕ는 오른쪽에 붙여 쓴다.

모든 글자는 반드시 합쳐져야 음을 이룩한다. 왼쪽에 한 점을 치면 거성이고, 두 점을 치면 상성이고, 점이 없으면 평성이다. 입성은 한 점 치는 것은 마찬가지나 소리를 빨리 낸다."

예조판서 정인지의 서문은 이러하였다.

"천지자연의 소리가 있으면 반드시 천지자연의 글이 있기 마련이다. 그러므로 옛사람이 소리를 따라 글자를 만들어 온갖 사물의 뜻을 표현하고 하늘땅과 사람의 이치를 적어오는 것을 뒷날 세상에서도 그대로 써왔다.

그러나 사방의 풍토가 다르고 말소리도 이에 따라 다른 것이다. 대체로 다른 나라의 말은 그 소리는 있으나 글자가 없기 때문에 중국의 한자를 빌려다가 통하여 썼는데, 이것은 둥근 구멍에 모난 자루가 들어맞지 않는 것과 같은 것으로서 어떻게 막힘없이 제대로 쓸 수가 있겠는가? 요컨대 모든 것을 다 자체의 형편에 따라 알맞도록 해야 하는 것이며, 억지로 동일하게 할 수는 없는 것이다.

우리나라는 예법과 음악 제도가 중국과 대등하지만, 방언이 서로 같지 않으므로 한문을 배우는 사람은 그 뜻을 깨닫기 어려운 것을 근심하고, 송사를 다스리는 관리는 그 사연을 표현하기 어려운 것을 걱정하였다.

옛날 신라의 설총이 처음으로 이두를 만들어내어 관청과 민간에서 쓰고 있으나 모두 한자를 빌려 써서 혹은 부자연스럽고, 혹은 비속하고 근거가 없을 뿐만 아니라 실지 말하는 데서는 만에 하나도 나타내지 못하였다.

계해년 겨울에 우리 전하가 처음으로 정음 28자를 만들고 그 예와 뜻을 대략적으로 들어 보이면서 이름을 '훈민정음'이라고 하였다. 음을 내는 모양을 형상하면서 글자의 형태는 옛 전자를 본떴고, 소리를 따르면서 음은 일곱 음조에 맞추었으니 하늘, 땅, 사람의 이치와 음과 양의 묘리가 모두 포괄되지 않은 것이 없었다.

28자를 가지고도 이리저리 맞추어 변화가 끝이 없으니 간단하면서도 요긴한 것은 다 표현하고 정밀하면서도 두루 표현할 수 있다. 때문에 슬기로운 사람은 하루아침에 이해할 수 있고, 어리석은 사람이라도 열흘 동안이면 배울 수 있다. 이것으로 옛글을 해석하면 그 뜻을 알 수 있고, 이것으로 송사를 심리하면 그 실정을 알아낼 수 있다. 글자의 운율은 맑은 것과 흐린 것을 구별할 수 있고, 음악으로 노래하면 음률을 다 맞출 수 있으니 쓰고 싶은 말을 못 적을 것이 없고, 필요한 경우에 표현하지 못할 것이 없다. 설마 바람 소리, 학 울음소리, 닭 우는소리, 개 짖는 소리라도 모두 적을 수 있는 것이다. 그리하여 자세하게 해석을 달아 모든 사람을 깨우쳐 주라고 지시하였다.

신이 집현전 응교 최항, 부교리 박팽년, 신숙주, 수찬 성삼문, 돈녕부 주부 강희안, 행-집현전 부수찬 이개, 이선로 등과 함께 삼가 여러 편의 해석과 용례를 지어 대체적인 것을 서술함으로써 보는 사람으로 하여금 배우지 않고도 스스로 깨달을 수 있게 하였다. 그러나 그 근원으로 되는 심오한 뜻의 묘리만은 신 등으로써도 밝힐 수 없는 것이었다.

생각건대 우리 전하는 하늘이 낸 자질로써 마련한 제도와 조치들이 모든 제왕을 초월하였던 것이다. 정음을 만들어낸 것도 본받은 데가 없이 자연에서 이룩한 것이다. 바로 지극한 이치는 어디나 있는 것으로서 어떤 개인이 독차지할 수 없는 것이기 때문이다. 동방에 나라가 생긴 지 오래되었지만, 문화를 창조하고 큰일을 이룩할 거룩한 예지는 바로 오늘을 기다리고 있었던 것이다." (실록)

1452년(문종2) 문종은 재위 2년 만에 39세의 나이로 경복궁 천추전에서 승하하고 그 아들 비운의 단종(端宗)이 12세의 어린 나이로 근정전에서 즉위하였다. 단종은 근정전 동편에 있는 자선당(資善堂: 東宮의 內殿)에서 탄생했는데, 그 어머니 현덕왕후(顯德王后) 권씨(權氏)는 단종을 낳은 그 이튿날 산후 후유증으로 승하하였다. 나이도 어린데 대비마저 승하했으니 단종에게는 힘이 없었다. 1455년(단종3) 세조는 어린 조카 단종을 밀어내고 근정전에서 즉위하였다. 세조는 즉위한 후에 한동안 잠저에서 왕래하다가 경복궁으로 거처를 옮기고 단종은 상왕이 되어 창덕궁으로 밀려났다. 세조는 즉위하여 한동안 집현전 학자들을 아끼고 존중하였으나 성삼문, 박팽년 등 집현전 학자들이 주동이 되어 단종을 복위하려는 반역음모가 발각되어 큰 옥사가 있은 후에 집현전을 폐지하고 그곳에 있던 서적들을 모두 예문관으로 옮겼다.

1468년(세조 13) 예종이 근정전에서 즉위하여 1469년 11월 28일 자미당에서 승하하고 성종이 근정전에서 즉위하였다. 1474년(성종 5) 12월 1일 경회루의 돌기둥에 구름, 용, 꽃 모양을 새기려고 하자 그것은 너무 사치하다 하여 중신들이 반대하였으나 결국 새겨 넣었다.[12] 그러나 임진왜란 때 소실된 뒤 수백 년을 방치해두어 지금은 그 잔해도 찾아볼 수 없다. 1475년(성종6) 8월 23일 예문관 대제학 서거정이 지시를 받고 대궐 문 중에서 본래부터 현판이 없는 곳에 대하여 각각 두 가지씩 이름을 지어 올리니 임금이 이렇게 정해주었다. 경복궁 다와지문은 망춘문으로 옛 동궁의 남문은 동양문으로 동쪽 담장의 문은 소화문으로 남쪽 담장의 문은 소휘문으로 동쪽 장지문은 요의문으로 남쪽 행랑문은 금란문으로 후원 사복문은 상원문으로 북쪽 성문은 신무문으로 하라 하였다.[13] 연산군은 주로 놀기 좋은 창덕궁 후원을 많이 이용하였는데, 경복궁에는 경회루만을 즐겨 찾았다. 경회루 옆에 불꽃놀이 하는 화산대를 만들고 못가에는 만세산을 만들어 산 위에 월궁을 짓고 못 위에 '봉주'라는 배를 띄웠다. 재위 기간 동안 유흥과 사치로 방탕한 세월을 보내다 1506년 중종반정으로 폐출되고 말았다. 연산군 시절에 '원'과 '각'을 세워 취흥원, 뇌영원, 진향원, 함방원, 취춘원과 회신각, 청환각, 채화각을 세우고 장악원을 고쳐 연방원이라 하였는데, 지금은 그 흔적조차 알 길이 없다.

1506년 9월 2일 중종이 근정전에서 즉위하였는데, 즉위하자마자 연산군 때 닫아둔 경복궁의 동쪽 문 건춘문과 서쪽 문 영추문을 다시 열고 혜화문과 창의문은 그대로 닫아두었다. 그리고 9월 5일에는 연산군이 새로 설치한 광혜서, 추혜서 영혜실, 보영사, 호화고, 서강빙고, 한강빙고를 없애버렸다. 22일에는 강녕전과 경회루에 임시로 지었던 집들을 헐어 그 목재들을 국민들에게 모두 돌려주었고, 이듬해 초에 양화문과 서총대를 다 헐어버렸다. 그리고 중종 2년 근정전 뜰에서 대비(정현왕후)에게 하례를 올리고 제 백관과 더불어 연회를 베풀었다. 1519년(중종 14년) 11월 중종은 홍경주(洪景舟)에게 조광조 일당을 체포하라는 밀서를 내린 데 이어 한밤중에 영추문(迎秋門)을 열고 홍경주와 남곤(南袞), 심정(沈貞)을 비현각(丕顯閣: 근정전 동편 동궁내전)으로 불러들여 조광조 일당을 잡아 옥에 가두라는 지시를 내렸다. 그리고 그 이튿날 수상 이하 대신들을 비현각에 입시 시켜놓고 조광조 일당을 척결하는 전말을 논의하여 결국 사사되는 사건이 일어났다. 이것이 기묘사화이다.[14]

1543년(중종 38) 1월 경복궁 세자궁에 불이나 동궁이 전소되고 말았다. 1545년(즉위원년) 5월에 제12대 인종은 창덕궁으로부터 경복궁으로 환어하여 재위 8개월만인 7월 1일에 경복궁 청연루(淸讌樓)에서 승하하였고 이어 명종이 근정전에서 즉위하였다.

1553년(명종8) 9월 14일에는 강녕전에서 불이 나 근정전 북쪽 전각 대부분이 불에 타버렸는데 환관 박한종(朴漢宗)이 고간(庫間)을 증축하고 불을 때어 온돌을 말리다가 화재를 일으킨 것이다.[15] 이듬해 강녕전 외에 종묘와 문소전, 연은전, 교태전, 연생전, 흠경각, 사정전을 모두 복구하였다. 명종은 재위 22년(34세)에 경복궁의 양심당(養心堂)에서 승하하였다.

1567년 선조임금이 근정전에서 즉위하였다. 선조 임금의 등극은 정말 극적이었다. 명종은 재임 기간에 후사가 없어 조카들에게 관심이 많았다.

어느 날 많은 조카를 궁중으로 불러 음식을 내리면서 왕관을 벗어 한 번씩 써보게 하며 한가한 시간을 보낸 일이 있었다. 그때 모두 다 한 번씩 써보며 호기심을 채웠는데 선조 임금만이 임금님의 관을 함부로 쓸 수 없다 하여 사양한 일이 있었다. 그때 명종은 내심 덕흥군의 셋째 아들인 선조를 왕재로 점찍어둔 것이라 한다. 명종이 후사 없이 승하하자 조정은 당황했다. 때마침 임종을 지키던 주서(注書) 황대수(黃大受)가 명종의 유명(遺命)을 받아 적었는데 이러하였다.

"德興君 第參子 入承大統可也"

이때 三 자를 參 자로 받아써서 혼란을 피한 황대수는 많은 칭찬을 받았다고 한다. 셋째 아들이란 문자는 확실한데 어느 아들이 셋째인지 덕흥군 집에 들어간 대신들이 한동안 허둥댔다는 일화도 전해온다.

선조는 16세에 즉위하여 정치의 쇄신은 물론 인재의 발굴에 많은 노력을 기울여 조선역사에서 인재의 배출이 가장 많았던 시기로 꼽히고 있다.

그런데 경복궁 근정전에서 선조 임금의 등극은 이것이 결국 경복궁의 마지막 행사가 되고 말았다.

1592년 4월에 임진왜란이 일어나 경복궁을 비롯한 창덕궁, 창경궁이 깡그리 불에 타버리고 말았기 때문이다. 이를 두고 그간에 많은 사람이 우리 백성들이 도성을 비운 조정에 불만을 품고 불을 지른 것으로 알고 있었다.

당시 우리 백성들은 갑작스러운 전란에 허둥지둥 피난길을 재촉하기 바빴으며, 아무리 혼란한 세상이라 하더라도 백성들이 궁궐에 들어가 불 지를 생각을 할 수 있는 상황이 아니었다.

임진왜란 때 일본에서 종군한 승려 석시탁(釋是琢)이 쓴『조선일기』에 "북악(北岳) 아래 남면해서 자궁(紫宮)이 있는데, 돌을 깎아서 사방 벽을 둘렀으며 진정 다섯 발자국마다 한 루(樓)가 있고, 열 발자국마다 한 각(閣)이다. 곽랑(廓廊)이 삥 둘러있고 첨아(簷牙)는 높게 조각되어 어느 것이 무슨 전(殿)이고 어느 것이 무슨 각(閣)인지 알 수가 없다. … 그 기둥은 돌기둥이며 그 사면(四面) 아래위에 용을 조각하였고 유리개와를 얹었는데, 기와 줄마다 그 머리맡에 청룡을 꿰맸다. 서까래는 매단(梅檀)이었으며 그 끝마다 한 개씩 풍경이 달려있다. 그림 그린 들보와 붉은 발에는 금은과 주옥(珠玉)이 주렁주렁 달렸다. 천정(天井) 사면 벽에는 오색팔채(五色八彩)로서 기린, 봉황, 공작, 난학(鸞鶴), 용호(龍虎)가 그려져있는데 계단 한가운데에는 돌 봉황 그 좌우에는 석 단학을 깔았다. 이곳이 바로 용계(龍界)인지 선계(仙界)인지 보통 사람으로서는 볼 수 없는 곳이다." 하였다.[16]

그리고 소서행장(小西行長) 휘하장수 대관(大關)이 쓴『조선정벌기』에 "… 난향(蘭香)이 전각 밖으로 풍기고, 사람 살던 흔적도, 구슬로 장식한 침상들도 고스란히 남아있다. 건물마다 문이 있는데 지키는 자가 없으니 어디를 보아도 처량하기 짝이 없다. …"라는 기록이 있다.[17]

이 기록으로 보면 왜군들이 입성한 후까지 우리 궁궐은 그대로 존재하고 있었다는 증거다.

1592년 4월 14일「선조 수정실록」에는 이렇게 적혀있다.

"도성 안의 대궐들이 불탔다. 먼저 도성 대궐 창고에 앞다투어 들어가 보물을 훔쳐갔고, 어가가 나가자 장예원과 형조를 먼저 불살랐는데 이 두 관청에는 관청 노비와 개인 노비 문서가 있기 때문이다. 경복궁, 창덕궁, 창경궁 세 대궐이 한꺼번에 불탔다." 28일 자에는 "이날 밤에 호위군사들이 모두 흩어져버려 대궐 문에 자물쇠를 잠그지 못하고, 대궐 안의 물시계는 시간을 알리지 못했다."라고 했다.[18]

임진왜란 당시 도성 안에는 단 한 명의 사관(史官)도 없었다고 한다. 몽진길에 동행했던 사관도 도중에 모두 달아나 버렸다. 그래서 이 역사의 현장을 목격한 사람은 아무도 없었다.

다만 몽진 길에 오르면서 도성 안 여러 곳에 불길이 솟아오르는 모습만 뒤돌아보면서 떠났다. 실록이나 『서애집』 같은 데서 우리 측 난민들의 소행으로 기록한 것은 판단착오에 의한 오류이다.

이때 난민들이 주로 불 지른 곳은 공사노비의 문적(文籍)이 있는 장예원(掌隸院)과 형조 건물을 위시하여 백성들과 직접 관련이 많은 관아(官衙)였다.

임진왜란이 일어난 시점은 1592년(선조25) 4월이었는데, 왜인들의 서울 입성은 동년 5월 3일이고, 서울을 퇴각한 것은 거의 1년만인 1593년 4월 19일이었다. 왜군들이 퇴각할 때 남산 쪽을 제외하고는 민가들을 모조리 불 지르고 경복궁마저 불태우고 떠났다. 왜란이 끝나고 선조가 환도하여 경복궁에 임시처소라도 지을 것을 명하여 1606년에는 궁궐 영건도감(宮闕營建都監)을 설치하고 광화문과 근정전 등 주요 건물만이라도 우선 지을 계획을 세워보았으나 일부 대신들이 공사규모가 커서 1, 2년내에 지을 수 없을 뿐만 아니라 경복궁이 길하지 못하다는 풍수설에 따라 중신들의 만류가 매우 심하여 실현되지 못하였다. 왜인들의 손에 의하여 완전히 소실된 경복궁은 이때부터 273년 동안 방치되어 초석만 덩그러니 남아있었다.

1624년(인조2) 이괄의 난 때 이괄이 도성에 들어가 이 빈터에 진을 친 일이 있다. 그 후 1706년 숙종 임금이 근정전 빈터에서 노인들을 위한 경로연을 베푼 자리에서 탄식하며 시 한 수를 남겼다.

> 忍說龍蛇 西狩初 참아 말하리 임진계사의 난을
> 先王宮殿 已丘墟 선왕들의 궁전 오래전 구허(舊虛)이네
> 我來臨此 百年後 백 년 지난 뒤 이곳에 올라
> 追憶當時 倍欷歔 옛일을 추억하니 더더욱 한숨일세[19]

〈제2차 경복궁의 중건〉

결국, 경복궁 대신 창덕궁을 재건하기로 하고 경복궁은 수백 년 동안 빈터로 남아있게 되었다. 광해군도 경복궁 복원을 시도하였으나 실현되지 못하였다. 고종이 즉위한 다음 해인 1865년(고종2) 4월 13일에야 비로소 착공하여 1867년(고종4) 8월에 흥선대원군 이하응

의 고집으로 당시 허약한 국가 재정 형편에도 불구하고 다른 궁궐을 훨씬 능가하는 웅장한 경복궁을 창건하였다.[20]

일단 영선도감(營繕都監)을 설치하고 도제조(都堤調) 영의정 조두순(趙斗淳), 제조(提調) 흥인군(興寅君) 이최응(李最應), 좌의정 김병학(金炳學), 호조판서(戶曹判書) 이돈녕(李敦寧), 부제조(副提調) 대사성(大事成) 이재면(李載冕)으로 편성하여 부역인부(赴役人夫) 3,588명이 동원되었는데, 급료는 매명(每名)당 일전(一錢)을 지급하는 것으로 대역사(大役事)를 시작하였다.

경복궁 빈터는 그동안 어전(御田)으로 이용했는데 호조(戶曹)와 한성부(漢城府)에 명하여 이전시키고 경복궁 담장 밑에 밀집해있는 민가들은 적당한 대가를 지불하고 함춘원(含春苑) 담장 밖으로 이전시켰다. 그리고 나서 동년 4월 13일 기공식을 가졌다.

부역하는 백성들의 편의를 위하여 양반, 상민 할 것 없이 방을 제공하도록 하여 인부들에게 잠자리를 마련해주었다. 이 대역사는 워낙 재정이 많이 소요되는지라 국고가 고갈될 우려가 있으므로 재정 조달의 한 방편으로 매관매직을 정부주도하에 공개적으로 한 것이다. 10만 냥 이상을 납부하는 자는 수령(守令)을 임명하고 1만 냥 이상을 납부한 자는 적당한 관직을 주었다. 그리고 도성 각 성문에서는 출입세를 받기까지 하였는데, 급기야는 당백전까지 발행하였다.

당백전은 1866년(고종3) 11월부터 그다음 해 초까지 6개월여 동안 주조된 화폐인데, 상평통보(常平通寶) 1전을 100배의 명목가치로 통용시키기 위한 극단의 조치였다.[21] 당시의 화폐는 명목가치와 실질가치가 일치하는 선에서 유통 매체 역할을 해왔다. 그런데 당백전은 실질가치가 종전의 5~6배 정도에 지나지 않는데 100배의 가치로 통용하려 보니 종전의 상평통보를 가진 자들이 당백전과의 교환을 꺼리게 되어 오히려 다시 물물교환의 풍조가 일어나고 화폐가치가 떨어지다 보니 극도의 인플레 현상이 일어나 거래 질서의 대혼란이 야기되었다. 물론 발행 당시 일시적으로 재정 적자를 메우는 효과는 있으나 사회적으로 큰 혼란이 일어 1876년 4월에 당백전 주조를 중단하였다. 이듬해 10월에 최익현의 상소로 그 유통까지 중단해버렸다. 이토록 여러 가지 어려움을 겪으며 공사를 진행하고 있는데 설상가상으로 고종 3년 3월 8일과 4년 2월 6일 양차에 걸쳐 목재저장소에 대화재가 나 가뜩이나 어려운 재정 형편에 참기 어려운 극도의 난관에 봉착하였다. 그러나 대원군은 끝까지 밀어붙여 이 대역사의 1차적인 공사를 마쳤다. 각 궁전 또는 궁문(宮門)의 상량일(上樑日)을 보면

신무문(神武門) 2년 9월 22일

광화문(光化門) 2년 10월 11일

강녕전(康寧殿) 2년 10월 11일

연생전(延生殿) 2년 10월 11일

경성전(慶成殿) 2년 10월 11일

교태전(交泰殿) 2년 10월 11일

함원전(含元殿) 2년 11월 16일

인지당(麟趾堂) 2년 11월 16일

영추문(迎秋門) 2년 11월 25일

천추전(千秋殿) 2년 12월 9일

건춘문(建春文) 2년 12월 25일

소동문(小東門) 2년 12월 25일

만춘전(萬春殿) 3년 2월 2일

근정전(勤政殿) 4년 2월 9일 묘시

사정전(思政殿) 4년 2월 9일 묘시

수정전(修政殿) 4년 2월 9일

경회루(慶會樓) 4년 4월 22일 술시

융무당(隆武堂) 5년 9월 29일

융문당(隆文堂) 5년 10월 12일

비단당(丕闡堂) 6년 7월 23일[22]

경복궁의 주요 부분이 완공된 1865년 11월 16일에는 대왕대비(익종비: 조대비) 왕대비 (헌종비)와 중궁을 모시고 근정전에서 축하연을 베풀었다. 1867년(고종4) 11월 18일에 원임대신과 종친 유학자들을 수정전으로 불러 축하하고, 경복궁 영건에 공이 많은 영건도감 도제조(都提調) 이하 신료들을 사정전에 불러 표창하였다. 각 궁전과 궁문의 현판 글씨는 근정전은 이민흥(李敏興), 사정전은 조석우(曺錫雨), 천추전(千秋殿)은 정범조(鄭範朝), 건춘문은 이경하(李景夏), 경회루는 좌참찬 신관호(申觀浩), 신무문은 이현직(李顯稷) 이 썼고, 광화문 앞 해태 1쌍은 이세욱(李世旭)이 조각하였다. 이 공사는 1865년(고종 2) 4월에 시작하여 1867년(고종 4) 8월에 준공될 때까지 총공사비 740만 냥을 썼다.[23]

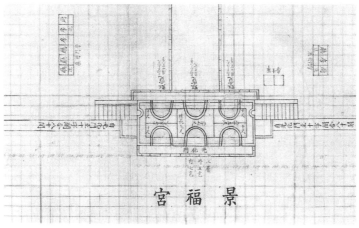

▶광화문 평면도(북궐도형)

이 엄청난 대역사로 말미암아 대원군이 실각하는 원인이 되기도 했지만, 흥선대원군이 아니면 감히 이룰 수 없는 큰 업적을 남긴 것도 사실이다. 이렇게 하여 완성된 경복궁은 높이가 21자 1치 둘레 1,813보, 즉 10,878자 되는 돌담장 안에 면적 126,976평의 대지 위에 7,225칸의 전각들이 세워지고 궁성 네 귀에 각루(角樓)를 지었다.[24] 대원군이 완공한 전각은 근정전, 수정전, 사정전, 강녕전, 교태전, 자경전, 함원전, 만경전(萬慶殿), 흥복전(興福殿), 경성전(慶成殿), 연생전(延生殿), 인지당(麟趾堂), 자미당(紫薇堂), 경회루, 청연루(淸讌樓), 만화당(萬和堂), 제수각(齊壽閣), 자선당(資善堂), 다경각(多慶閣), 흠경각(欽敬閣), 경안당(敬安堂), 함화당(咸和堂), 향원정(香遠亭), 근정문, 흥례문, 일화문(日華門), 월화문, 광화문, 신무문, 건춘문, 영추문 등이었다.

영건도감에서 각 전각의 집 이름과 각 대문의 이름을 특별 문건으로 보고하였다. "자경전의 누각을 청연루로, 북쪽 우에 있는 방을 순희당으로, 서쪽의 작은 침실을 사지당으로, 칸이 작은 침실을 덕필당, 만경전, 흥복전, 만화당으로 할 것입니다. ▶ 강녕전의 남쪽 행랑의 정각문을 향오문과 안지문으로, 동쪽 행랑의 정각문을 불록문, 지도문으로, 안채 행랑의 정각문을 명랑문, 만함문으로, 안채 담장의 한쪽 모서리 문을 적길문으로, 남쪽 행랑의 정각문을 유명문으로 할 것입니다. 교태전의 남쪽 행랑의 정각문을 양의문으로, 대래문의 서쪽 행랑의 정각문을 재성문으로 서쪽 담장문을 원길문으로 북쪽 담장문을 전순문으로 동쪽 행랑의 정각문을 만통문으로 할 것입니다. ▶ 함원전에서 서쪽 행랑의 전각문을 대재문으로, 북쪽 담장문을 순덕문으로, 후원의 한쪽 모서리 문을 선장문으로 할 것입니다. ▶ 인지당 남쪽 행랑의 정각문을 저웅문으로, 동쪽 행랑의 전각문을 가서문과 인후문으로,

북쪽 담장의 한쪽 모서리 문을 자지문으로 할 것입니다. ▶ 자미당의 남쪽 행랑의 정각문을 봉륜문과 규루문으로, 동쪽 행랑의 정각문을 함향문으로, 북쪽 담장의 한쪽 모서리 문을 옥화문으로, 동쪽 담장의 한쪽 모서리 문을 춘휘문으로, 북쪽 행랑의 정각문을 서로문으로, 서쪽 행랑의 전각문을 화대문으로 할 것입니다. ▶ 자경전의 남쪽 행랑 전각문을 장락문과 만세문으로, 동쪽 행랑 전각문을 천추문으로, 북쪽 행랑의 전각문을 순하문으로, 북쪽 담장의 한쪽 모서리 문을 정서문으로, 서쪽 담장의 일각문을 순지문, 판색문, 연복문으로 할 것입니다. ▶ 청연루 서쪽 널관문을 건경문, 장복문으로 할 것입니다. ▶ 만경전의 남문을 대유문으로, 유덕문의 동쪽문을 함춘문으로, 인양문의 서문을 의춘문으로, 경성문의 북문을 평재문으로 할 것입니다. ▶ 홍복전의 솟을대문을 수인문으로, 서쪽 행랑의 전각문을 적경문으로, 숭희문의 북쪽 행랑 전각문을 광순문으로, 상화문으로, 서쪽 행랑 전각의 중문을 수다문으로, 중일각문을 개이문으로, 동쪽 담장의 일각문을 협인문, 서정문으로, 인의문으로, 창차비문을 시오문으로 할것입니다. ▶ 만화당의 남문을 치중문으로, 협강문의 동문을 웅춘문으로 선양문의 서문을 건추문으로, 가성문의 북문을 용함문으로, 동쪽 담 안의 솟을대문을 향옥문, 협광문으로, 일중문의 서쪽 안 담장문을 예성문으로 할 것입니다." 하였다.[25]

몇 개월이 지난 11월 8일, 영건도감에서는 뒤이어 지은 집 이름과 문 이름을 특별 문건으로 보고하였다. "제수합, 다경합, 건복합, 복안당, 연길당, 웅지당, 홍복루, 만의루입니다. 근정전의 동쪽 행랑 전각의 문을 계인문으로, 서쪽 행랑 전각의 문을 협의문으로 할 것입니다. 수정전 안에 있는 행랑 전각의 남쪽 문을 수정문, 봉례문으로, 동쪽 문을 동화문으로, 서쪽 문을 경숙문으로, 북쪽 문을 융지문으로 할 것입니다. 중간 행랑 전각의 남쪽 문을 영화문으로, 동쪽 문을 함수문으로, 서쪽 문을 상현문으로 할 것입니다. 바깥 행랑 전각의 남쪽 문을 숭앙문으로, 동쪽 문을 연명문으로 할 것입니다. 사정전 남쪽 행랑 전각문을 사정문으로, 동쪽 행랑 전각문을 득영문으로, 서쪽 행랑 전각문을 숭헌문으로 할 것입니다. 자경전의 동쪽 행랑 전각문을 유상문, 의록문으로, 북쪽 행랑 전각문을 수기문으로 할 것입니다. 자미당의 북쪽 행랑 전각문을 유하문으로, 자선당 안의 행랑 전각 남쪽 문을 중광문으로, 북쪽 문을 육덕문으로, 바깥 행랑 전각의 남쪽 문을 이극문으로 할 것입니다. 비현각의 남쪽 문을 태모문으로, 재수각의 남쪽 행랑 전각문을 함훈문으로, 동쪽 행랑 전각문을 현강문으로, 서쪽 행랑 전각문을 후령문으로 할것입니다. 건복합 남쪽 문을 광서문으로, 다경합 남쪽 문을 시총문으로, 홍례문 동쪽에 있는 행랑의 전각문을 덕양문으로, 서쪽 행랑 전각의 세 문을 유화문, 서내장문, 건선문으로 할 것입니다." 하였다.

궁성이 완성된 다음 해인 1868년(고종 5) 7월 2일에 고종 임금은 경복궁으로 거처를 옮겨갔다.[26] 대원군이 중건한 경복궁은 모든 전각과 문이 창건 당시 그 자리에 그대로 지었는데, 1873년(고종 10) 신무문(북문) 안에 지은 건청궁만 당초에 없던 건물이다. 1876년(고종 13) 11월 4일 그토록 힘들여 지은 경복궁에 큰 화재가 나 교태전, 자경전, 인지당 등 내전 830여 칸이 소실되었는데, 12년 후인 1888년(고종 25)에야 복구하였다.

순조의 며느리로 들어와 세도 가문인 안동 김씨와의 처절한 정쟁으로 파란만장한 생애를 살아온 신정왕후(神貞王后: 효명은 세자비, 일명 조대비)는 1890년(고종 27) 4월 17일 83세의 고령으로 경복궁 흥복전(興福殿)에서 그 생애를 마쳤다.

당시 우리나라 정치 상황을 되돌아보면 대원군의 철벽같은 쇄국정책에도 불구하고 밀려오는 외세를 감당하기에는 당시 우리 국력으로는 역부족이었다. 그런 데다 고종의 친정 이후 대원군과 민비는 정치적으로 사사건건 맞서는 정적관계에 있었다. 그때 민비는 러시아의 힘에 의존하고 있었고, 대원군은 일본 세력에 업혀있었다. 이러한 갈등과 알력 속에 1895년(고종 32) 8월 20일 새벽, 일본공사 미우라 고로[三浦梧樓(삼포오루)]에게 명성황후가 건청궁 곤녕합(坤寧閤) 옥호루(玉壺樓)에서 무참하게 시해되는 치욕적인 불행한 사건 '을미사변(乙未事變)'이 일어났다. 당시 고종은 옆 건물 장안당(長安堂)에서 명성황후를 폐위하도록 협박받고 있었다. 결국, 명성황후가 죽은 후 3일 만인 22일에 황후의 폐위 조서가 내려졌다.[27] 이 조서는 고종의 의사와는 전혀 무관한 것이었다. 동년 10월 15일에야 국휼조서(國恤調書)를 반포하고 백관들은 경유문(景維門)에서 통곡하였으며, 태안전(泰安殿)에는 빈전(殯殿), 문경전(文慶殿)에는 혼전(魂殿)을 설치하였다. 그리고 16일에는 습(襲)을 하고, 17일에는 소렴(小斂), 19일에는 대렴(大斂), 22일에는 성복(成服)을 하였다. 의식을 갖추었지만, 옥체를 발견하지 못하고 있다가 오운각(五雲閣) 서쪽 녹산(鹿山) 숲 속으로 가서 그곳 땅을 파보니 회사(灰沙)에 촌골(寸骨)이 섞여있는데 부위를 잘 분간할 수 없었다고 한다. 이때 고양군에 사는 어느 노관(老官)이 있었는데 그의 나이 70여 세로 상사(喪事)에 익숙하여 후골(朽骨)도 잘 구분한다는

▶조선총독부 건물

소문이 자자한지라 관리들이 그를 불러 그의 말에 따라 옥골(玉骨)을 칠성판(七星板) 위에 놓고 구분이 안 된 것은 재를 넣어 보충하였다. 그리고는 비단으로 된 어복(御服) 수십 벌로 여러 번 감아 입관하였다. 이것은 성복일(成服日)을 대비하여 만든 것이며 그 부위를 맞추려고 한 것은 아니었다. 이렇게 서두른 지 3일 만에 겨우 장례를 치렀다고 한다. '매천야록(梅泉野錄)'에서 황현(黃玹)은 "나는 이 말을 궁내관(宮內官)으로 이 일에 직접 참여한 정만조(鄭萬朝)에게 들었다."라고 적었다. 이와 같은 충격으로 실의에 빠진 고종 임금이 1896년 2월 11일 이범진, 이윤용 등이 거사하여 궁녀의 교자를 타고 영추문을 빠져나와 러시아 공관으로 거처를 옮겨(俄館播遷)간 뒤로 27년간 거처하던 경복궁은 주인 없는 빈 궁궐이 되고 말았다.[28] 1910년 8월 22일 총리대신 이완용과 일본통감 데라우치 사이에 한국 통치권을 일본에 양도하는 한일 합병조약(韓日合倂條約)을 체결하므로 대한제국은 종말을 고하고, 우리의 국권이 일본의 손아귀에 들어가는 망국의 한을 남겼다. 조약이 체결되면서 그들은 우리나라를 지배하기 위한 정부조직을 총독부 체제로 정비하고 그들 방식대로 행정 조직을 개편해갔다. 그러던 중 1917년 11월 10일 창덕궁의 상궁 거처에서 화재가 나자(실화인지 방화인지 모호한 화재) 경복궁의 교태전 강녕전, 동행각, 서행각, 연길당(延吉堂), 경성전, 연생전, 인지당(麟趾堂), 흠경각, 함원전(含元殿), 만경전(萬慶殿), 흥복전(興福殿) 등을 모두 철거하여 그 재목으로 창덕궁의 대조전과 희정당을 지었다. 이에 그치지 않고 남아있는 전각들도 모두 헐어버리려다 국민들의 여론에 못 이겨 근정전, 사정전, 수정전, 천추전, 만춘전, 경수전, 자경전, 함화전, 집옥재, 경회루, 향원정, 근정문, 일화문, 월하문, 신무문, 건춘문, 영추문, 동십자각 등만 겨우 남았을 뿐이다.

이것은 그들의 조선 통치 중심 기관인 조선 총독부를 짓기 위한 계획된 사전 준비 작업이었다. 총독부 청사는 1918년 7월에 착수하여 1926년 10월에 낙성을 보았다. 조선총독부는 근정문 남쪽 홍례문(弘禮門)과 좌우무랑(廡廊), 유화문(維和門), 용성문(用成門), 협생문(協生門), 영제교 일대를 철거하고 그 자리에 건물을 세운 것이다. 그러고 나서 1927년 9월에 광화문을 건춘문 북쪽으로 옮겼는데, 6·25 사변 때 폭격을 맞아 편전인 만춘전과 함께 누각이 불타버렸다. 걸리적거리는 우리 문화유산을 될 수 있는 대로 없애기로 작정한 왜구들은 경술국치 이후 궁 안의 전각이나 누각 등을 무려 4천여 칸이나 헐어내어 아예 민간이나 사찰 또는 기관에까지 매각하여 총독부 마당을 넓혀갔다. 이와 같이 근정전 정면 앞에 조선 총독부 건물을 짓고 자선당과 비현각 등 동궁 권역에는 석조 건물을 짓는가 하면 건청궁 자리에는 미술관을 지어 조선의 상징인 경복궁은 그야말로 만신창이가 되어 궁궐로서는 폐허에 가까운 지경에 이르렀다. 1945년 8월 광복 후 경복궁은 일반에게 개방되었고, 총독부청사는 대한민국 정부청사로 사용하였다. 1971년 문화유산에 대한 깊은 사려 없이 궁의 동북쪽 담장 가까이에 국립 중앙 박물관이 세워졌고(목조기와 건물을 본뜬 철근 콘크리트건물), 1986년 국립 중앙 박물관이 구 총독부청사 건물로 이전하였다. 1993년 김영삼 대통령의 결단으로 국립 중앙 박물관으로 사용하던 구 총독부청사는 헐리고 꼭대기에 올려놓은 돔만 새로 지은 국립 중앙 박물관에 옮겨놓았다.

정부는(대통령 노태우) 1990년부터 2009년까지 경복궁 복원 20년 계획을 세우고 복원 공사에 착수하였다. 복원 공사 착수 이전에 남아있는 전각이 불과 20여 채뿐이어서 고종년간에 중건된 경복궁의 전각이 330여 동, 면적이 15,600평이었는데 이에 비하면 너무도 황폐한 모습이었다. 1994년 9월에 서소침인 경성전이 복원되고 동년 10월에 왕의 소침전인 함원전과 흠경각이 복원되었으며, 동년 11월에 동소침인 연생전과 강녕전, 부속건물인 응지당, 연길당, 그리고 교태전 서쪽에 연결된 함홍각이 복원되었다. 이어 동년 12월에 왕의 정침인 강녕전과 왕비의 정침인 교태전이 복원되고, 교태전 뒤 아미산을 감싸고 있는 건순각, 상궁 거처인 내순당과 그 주변 행각 그리고 교태전 정문인 양의문이 복원되었다. 1998년에는 세자가 거처하며 공부하던 자선당(資善堂)이 복구되고, 1999년에는 왕세자의 편전인 비현각(丕顯閣), 자선당 협문, 그리고 자선당과 비현각을 둘러싸고 있는 주변 행각 등 동궁 권역 모두가 복원되었다. 이어 2001년 10월에는 근정문과 광화문 사이에 있는 흥례문(興禮門)과 주변 행각 그리고 궁궐 서쪽에 있는 빈청과 연결되는 유화문(維和門)과 기별청(奇別廳)을 복원하였다. 2005년까지 복원된 전각은 흥례문, 유화문, 흥례문 회랑, 강녕전, 연생전, 경성전, 연길당, 응지당, 흠경각, 함원전, 교태전, 건순각, 자선당, 비현각, 태원전, 영사재, 북측 세답방, 동측 세답방, 건숙문, 건청궁 등이고 현재 복원 중인 것은 함화당, 집경당 등이다. 광화문은 그동안 철근 콘크리트조로 겉모양만 복원했었는데, 원래 모습대로 복원함과 동시에 방향과 위치도 제자리에 놓이도록 해체하여 재건 중이다.

정부 계획에 의하여 2009년까지 복원공사가 완공되면 93동(6,207평)을 더 짓게 되어 총 129동이 되므로 고종 때 중건한 경복궁은 40%가 복원되는 셈이다. 일인들이 팔았거나 옮겨놓은 건물로는 남산장 별장은 구 비현각(丕顯閣)이고, 구 선원전은 장충동 장충사 내 조망대(獎忠祠 內眺望臺)이고, 구 융문당은 용산 고야산 용광사(龍光寺)가 되었으며, 수정전 남방에 있던 전각은 남산동 화월별장(花月別莊)이 되었다.[29]

당백전(當百錢)

▶ 당백전 (한국학 중앙연구원 제공)

1866년(고종 3) 11월 이후 6개월여 동안 주조된 고액권 화폐이다. 모양이나 중량이 당시에 통용되던 상평통보의 5 내지 6배에 지나지 않았으나 명목가치는 상평통보의 100배로 하여 통용시킬 목적으로 주조하였다.

이 화폐를 발행한 동기는 조정의 재정 악화에 있었다. 1860년에 들어서서 서구 열방들의 문호 개방 압력이 거세지자 국방을 위한 군대의 양성이 시급해졌고, 안동 김씨의 세도에 실추된 왕권을 회복하기 위하여 무리하게 경복궁 공사를 밀어붙이다 보니 나라 재정이 완전히 바닥이 난 상태에 있었다.

재원을 마련하기 위하여 원납전(願納錢), 호포제(戶布制) 등을 실시하였으나 계속되어온 삼정의 문란은 조정의 만성적인 재정난에서 벗어날 수가 없었다. 결국, 비상대책으로 당백전을 발행하게 된 것이다.

당백전을 주조하게 된 직접적인 동기는 재정 적자에 있었지만, 주조의 명분은 화폐가치의 하락으로 유통상의 불편을 해소하는 데 두었다. 당시 통용된 상평통보는 1매의 가치가 1문(文)인데, 1문은 단위가 너무 작아 고액 거래에는 많은 불편을 주었다.

결국, 1866년 11월 금위영(禁衛營)에서 당백전을 주조하기 시작하여 이듬해 4월까지 6개월 동안 1,600만 량이라는 거액을 주조하였다.

당백전의 주조는 일시적인 재정 적자를 메울 수는 있었으나 화폐 유통 질서에 큰 혼란이 야기되어 당백전과의 거래를 회피하게 되었고, 상평통보를 내놓지 않는 현상이 벌어져 다시 물물교환이 성행하게 되는 유통질서의 역류현상이 야기되었다.

비등하는 여론에 밀려 1867년 4월에 발행이 마침내 중단되고 1868년 10월에는 장령(長令) 최익현(崔益鉉)의 상소로 유통마저 금하게 되었다. 이때는 이미 경복궁 공사도 다 끝난 후였다.

당시에는 화폐의 실질가치와 명목가치가 거의 일치하였다. 그러므로 실질가치와 명목가치가 너무 차이가 나는 당백전의 거래를 회피할 수밖에 없었다. 그리고 문제 되는 것이 당백전을 정부에서 물품 구매용으로만 사용하고 세금은 당백전을 받지 않아 화폐로서의 공신력을 잃었다. 세 번째는 단위가 너무 커 일반 서민들에게 유통 매체의 기능을 할 수가 없었다. 이것이 당백전의 실패 원인이다.

당백전은 결국 물가를 상승시켜 인플레이션을 야기하고 그 종말을 고한 것이다.

왕도(王道)

왕도란 한마디로 말하면 왕으로서 마땅히 해야 할 도리이다.

왕도통삼(王道通三)이란 말이 있다. 왕도는 삼(三)과 통한다는 말이다. 三은 하늘과 땅 사이에 사람이 존재함을 상징하며 천지인(天地人)을 의미하는데, 이것은 주문왕(周文王)의 후천 팔괘(八卦)가 생성하는 순서 중 첫 번째다. 이 三에 하늘로부터 땅으로 내려오는 상형(象形) 1을 그어 왕(王)자가 되었다. 왕은 하늘로부터 힘을 받아 백성을 다스릴 뿐만 아니라 우주 만물의 운행에도 책임을 져야 하는 존재로까지 상승하게 되는데, 이로 인해 왕이 신성시되고 종교적으로도 가장 우월한 지위에 서게 된다.

이것은 춘추전국시대에 흩어진 열강들을 통합해가면서 그 실력자는 더욱 불가사의한 존재로 신격화하는 사조로 심화되었다. 그래서 왕은 하늘과 땅 그리고 인간의 세 영역을 하나로 통일시키는 능력의 소유자임을 상징하게 된다. 조선 시대 혼천의(渾天儀)나 간의대(簡儀臺)를 만들어 우주의 운행질서를 관측·연구하는 것도 천체의 자연과학을 연구하여 인간생활에 유익한 정보를 얻자는 것보다 우주의 운행질서를 바로 알아 왕의 치도(治道)를 바로 세우는 데 주목적이 있었다. 그래서 왕은 하늘의 명을 받아 인간을 지배하고 하늘의 뜻에 따라 사물을 관장하며 하늘의 도를 밝혀서 올바른 삶을 인도하는 책무를 진다.

하늘의 참뜻은 사랑이므로 하늘은 진실한 사랑(仁)의 표본이 된다. 그러므로 공자는 인(仁)을 가장 으뜸으로 여겼다. 사람은 하늘의 뜻에 따라 부모 형제 사이에 우애하고 자비와 은혜의 마음이 있고, 예절과 본분 염치와 겸양의 행실이 있으며, 바르고 그름과 순조와 역조의 치국방략(治國方略)을 갖추고 있어야 한다고 했다. 이것을 총괄하는 존재가 왕이다.

왕의 언행과 감정은 하늘의 현상과 대응한다. 하늘의 현상에 4계절이 있는 것과 같이 사람에게도 기쁨, 성냄, 즐거움과 슬픔이 있다. 기쁨의 기는 따뜻함과 유사하며 봄에 해당하고, 성냄의 기는 서늘함과 유사하여 가을에 상응하며, 즐거움의 기는 더위에 유사하여 여름에 상응하고, 슬픔의 기는 추위와 유사하여 겨울에 해당한다.

이 네 가지 기는 하늘과 사람이 공통으로 가지고 있어서 사람이 절제할 수는 있으나 금할 수는 없다. 따라서 네 계절의 운행과 그 특성은 하늘과 대지의 의지이고, 이는 곧 군주와 신하의 본분으로 연결된다.

하늘에 사계절이 있어 여름에는 봄날에 태어난 것을 자라게 하고, 겨울에는 가을에 거둔 것을 간수하는 데 이것이 큰사람(大人)의 뜻이다.

사랑을 앞세우고 엄격함을 뒤에 세우며 백성들의 삶을 즐길 수 있도록 하는 것이 하늘의 천도다. 천도는 다른 세계에 별도로 존재하는 것이 아니라 인간의 몸에 같은 구조로 내재한다. 임금이 기쁨과 슬픔, 좋아함과 싫어함을 시의에 맞게 적절하게 나타내면 만민이 평안하고 풍족한 삶을 누릴 수 있다. 이것이 바로 왕도다. 이것이 고대 동양의 군주론이다. 그러나 비록 천명사상(天命思想)에 의한 수권론(受權論)에 의할지라도 백성을 너그럽게 이해하고 구휼하는 마음을 가져야 하는 치자의 도리는 고금동서를 막론하고 크게 다르지 않다. 그러므로 유교사상의 전반에 걸친 중심사상은 주로 치자(治者)의 도(道)를 가르치는 것이었다.

맹자의 중심사상을 이루는 왕도(王道)라는 것도 천명정치를 제시한 서경(書經)의 사상과 덕치주의를 주장하는 공자의 사상에 근원을 두고 있다.

왕도가 처음 나오는 것은 『서경(書經)』 「홍범편(洪範篇)」이다. "치우침이 없고 공정하면 왕도가 광대하고, 공정하고 치우침이 없으면 왕도가 평이하며, 뒤집힘이 없고 기울음이 없으면 왕도가 정직하다."라는 말에서 나왔다.**30**

無偏無黨 王道蕩蕩 無黨無偏 王道平平 無反無側 王道正直

서경의 뜻은 하늘의 뜻을 인간이 대신하여 구현한다는 천명사상으로 이어져 맹자의 왕도 사상으로 계승되었다. 그래서 맹자는 왕도의 개념을 구체화하였다.

맹자의 왕도 사상은 군주의 어진 마음이 구체적인 정치 현실로 구현될 때 이상적인 정치가 이루어진다고 한다. 따라서 왕도는 치인(治人)의 도를 말하는 것이지만, 그 근본은 자기 자신을 닦는 치자(治者)의 수기(修己: 자신을 닦음)에 있으며, 이런 논리에서 그 근거를 인간의 내면적인 성선(性善)에 두고 있다.

이를 구현하는 실천 철학은 백성을 구휼하고 평화로운 삶을 영위할 수 있도록 힘써 임금이 덕과 인자함으로 백성을 대하고 다스림에 있어 순리를 따르는 너그러움이 있어야 한다는 것이다.

결론적으로 말하면 맹자의 정치사상의 핵심은 치국의 이념(理念)으로 불인지심(不忍之心), 즉 차마 어쩌지 못하는 마음에 두고 있다. 차마 남에게 잔학하게 굴지 못하는 마음을 가지고, 차마 남에게 잔학하게 굴지 못하는 정치를 한다면 천하를 다스리는 것은 그것을 손바닥 위에서 움직이는 것 같이 쉽게 할 수 있을 것이라 했다.

(以不忍人之心 行不忍人之政 治天下 何運之掌上)

맹자는 왕도의 구체적 실천방법으로 가장 중요하게 여긴 것이 경제적 안정이었다. 항산(恒産)을 가지지 못하고 항심(恒心)을 가질 수 없다는 맹자의 말은 민에게 안정된 생활을 보장해주지 못하고 국가에 대한 충성과 의무만을 강요해서는 안 된다는 것이다. 구체적인 정책까지 제시했는데, 첫째는 정전법(井田法)을 통한 토지제도의 정비였다. 둘째는 침략전쟁이나 부역 등으로 백성이 농사지을 때를 놓치고 고단한 삶을 살지 않도록 할 것이며, 세금은 10분의 1 정도로 하여 부담을 가볍게 해주어야 한다는 것이다. 셋째는 잘 모르고 지은 죄나 실수에 의한 것은 그 죄를 가볍게 처리해야 한다는 것이다.

그러나 이와 같은 것은 왕도정치의 토대를 마련하는 기준일 뿐 그 완성이라고 볼 수 없다. 인간다운 삶을 도외시한 단순한 경제적 안정과 풍요만으로는 삶의 질을 높일 수 없다. 백성들의 지적, 정신적 수준을 높여 인간다운 삶을 살 수 있도록 소위 소프트 인프라의 구축이 국가의 중요한 이슈로 부각하게 된다.

민생의 안정을 통하여 삶의 터전을 평안하게 하고, 더 나아가 삶의 질을 높이는 것이 진정한 왕도 정치로 발전하였다.

성균관과 지방의 향교 그리고 서원의 설치 등 교육기관의 확충으로 백성들의 교육을 통한 정신문화를 향상시켜 삶의 질을 높이기 위한 제도적 배려를 게을리하지 않았다. 이러한 치자의 의지가 각 궁궐 정문에 나타나 있다.

우리나라에는 세계에서 그 유래를 찾아보기 힘든 한 개의 도성 안에 다섯 개의 궁궐이 있다. 경복궁, 창덕궁, 창경궁, 경희궁, 덕수궁이 그것이다.

이 궁궐 정문에 모두 화자가 들어가는데, 경복궁의 정문이 광화문(光化門), 창덕궁의 정문이 돈화문(敦化門), 창경궁의 정문이 홍화문(弘化門), 경희궁의 정문이 흥화문(興化門), 덕수궁의 정문이 인화문(仁化門: 지금은 대한문)이다.

이는 『예기(禮記)』「악기편(樂器篇)」에 나오는 화민성속(化民成俗), 즉 백성을 선도 교화하여 좋은 풍속을 이룩한다. 또는 『한서(漢書: 循吏傳)』에 '화치(化治)'라는 말이 있는데 "좋은 정치를 행하여 백성을 가르쳐 나쁜 풍속을 고친다."라는 의미로 모두 백성을 교화(敎化)한다는 뜻이다.

또한, 이 다섯 개의 궁궐에 임금이 통치하는 핵심 전각이 있는데 정전과 편전이다. 하나

같이 이 왕도를 실천하기 위한 의지와 경각심이 그 전각 명칭에 각인되어있다.

경복궁의 정전이 근정전(勤政殿)이요 편전이 사정전(思政殿), 창덕궁의 정전이 인정전(仁政殿)이요 편전이 선정전(宣政殿), 창경궁의 정전이 명정전(明政殿)이요 편전이 문정전(文政殿), 경희궁의 정전이 숭정전(崇政殿) 편전이 자정전(資政殿), 덕수궁의 정전이 중화전(中和殿) 등이다.

그 명칭에서 알 수 있듯이 모두 왕도정치를 실현하기 위한 실천 의지를 담은 명칭과 현판을 달았다.

특히 조선 개국 초에 지은 경복궁은 대부분의 전각 명칭을 정도전이 지어 올렸는데 크고 작은 전각에도 왕도정치의 통치이념이 곳곳에 각인되어있다.

전각의 배치

창건 당시 경복궁 안에 빼곡히 들어찬 전각이 그동안 소실되거나 헐어내어 몇 채 남아있지 않은 상태에서 복원 작업을 서두르고 있다.

없어진 전각을 찾기란 그리 쉬운 일이 아니다. 궁궐지에 비교적 상세하게 기록되어 있으나 궁궐지에 표시된 전각의 위치는 지형을 표준으로 하여 기록하지 않고, 어떤 전각을 기준으로 하여 동쪽, 서쪽 등의 방향을 표시하였으므로 기준 되는 전각이 동시에 멸실되었을 경우에는 전혀 그 위치를 가늠하기 어렵다. 그래도 궁궐지의 자료가 상세하므로 이를 기준으로 배치 상황을 알아볼 수밖에 없다.

경복궁은 도성의 북쪽 북악산 기슭 풍수지리설에 입각한 주산(主山: 北岳山)의 바로 아래에 위치한다. 앞에는 안산(案山)인 남산이 있고, 그 앞에는 내수인 청계천과 외수(外水)인 한강이 흐르고 있는 배산임수(背山臨水)의 명당 터이다.

궁궐의 둘레는 1만여 척으로 전체적인 모형은 장방형인데, 대부분 전각이 하나같이 남향을 하고 있다.

건물의 배치는 총체적으로 보면 앞부분에 정전과 편전을 두고 뒷부분에는 침전과 후원이 자리하고 있어 정궁(正宮)으로서 전조후침(前朝後寢)의 격식을 제대로 갖춘 건물배치가 다른 궁궐과 대조를 이룬다. 궁의 남쪽 정문은 광화문(光化門), 동쪽에는 건춘문(建春文), 서쪽에는 영추문(迎秋門)이 있고, 북쪽에 신무문(神武門)이 있다. 그리고 장방형을 하고 있는 궁궐의 네 귀퉁이에는 각 루(樓)가 세워져 있었다.

원래 정문인 광화문 앞에 돌로 조각한 해태상이 좌우로 놓여있고 2층 누각을 올려놓은 광화문을 들어서면 동서로 행각이 있는데, 동에는 협생문(協生門)과 서에 명성문(明成門)이 있으며 정북 쪽으로 흥례문(興禮門)이 보인다.

흥례문을 들어서면 서쪽에서 동쪽으로 흐르는 어구(御溝)가 나온다. 그 어구 위에 놓인 돌다리가 영제교(永濟橋)이다. 이 다리를 건너면 원래는 석주(石柱)로 세운 청량전(淸凉殿)과 자신전(紫宸殿)이 동시에 있었고, 이 두 전각을 지나면 동에 덕양문(德陽門)과 서에 유화문(維和門)이 있으며, 정북 쪽으로는 동서로 일화문과 월화문(月華門)이 달린 근정문이

▶경복궁 영제교

있다. 근정문을 지나 좌우로 도열한 품계석 가운데에 놓인 어도를 따라가면 이중으로 높이 쌓은 월대 위에 하늘로 나래를 펴고 날아갈 듯한 높이 쳐들린 추녀를 달고 서있는 웅장한 근 정전이 우뚝 솟아있다. 1층 월대나 2층 월대에 모두 돌난간을 두르고 난간 석주 머리 위에는 12간지에 나오는 동물들의 석상(石像)이 놓여있고, 4면에 계단을 만들어 오르내리게 했다.

근정전 주변은 사면이 행각으로 둘러싸여 있는데, 동행각에는 융문루(隆文樓), 서행각에 는 융무루(隆武樓)가 있다.

근정전을 돌아 뒤로 가면 사정문이 있고, 사정문을 지나면 편전 사정전(思政殿)에 이른 다. 사정전 동쪽에는 만춘전(萬春殿), 그 서쪽에는 천추전(千秋殿)이 모두 남향하여 자리 하고 있다. 사정전은 임금이 평상시 정사를 보는 편전이다.

사정전 뒤에 정북으로 향오문(嚮五門)이 나오는데, 강녕전 정문이다. 강녕전(康寧殿)은 임금이 자기만의 시간을 즐길 수 있는 연침(燕寢)인데, 그 앞 양쪽에 동서로 소침(小寢)인 연생전(延生殿)과 경성전(慶成殿)이 있다. 강녕전 뒤로 1994년 12월에 복원된 양의문(兩 儀門)이 있고, 문안에 왕비가 거처하는 교태전(交泰殿)이 있다.

양의(兩儀)는 음양(陰陽)을 의미하며 전면에 임금의 정침인 강녕전이 있어 임금이 이 문 을 통하여 교태전을 드나들고 때에 따라서는 중전이 이 문을 나가 앞에 있는 강녕전을 찾아가기도 하기 때문에 붙여진 이름이다. 그래서 강녕전, 교태전이 모두 지붕에 용마루가 없다. 교태전에 잇대어 동쪽에 원길헌(元吉軒), 서쪽에 함홍각(含弘閣), 동북쪽에 건순각(健順閣)이 배치되어있다. 교태전을 벗어난 동쪽에 인지당(麟趾堂)이 있고, 서쪽에는 함원전(含元殿)과 흠경각(欽敬閣)이 있다. 교태전 뒤뜰에는 교태전 온돌을 잇는 굴뚝이 솟아있는데 이곳이 아미산이다. 아미산은 경회루 연못을 팔 때 그 흙을 쌓아 만든 작은 동산이다. 광화문에서 교태전까지는 남북으로 일직선상에 배치되어 있으며, 흥례문에서 교태전까지는 동서로 낭무(廊廡)가 각 건물을 둘러싸고 있다. 교태전 서쪽에 경회루(慶會樓)가 연못 동편 물가에 크게 자리 잡고 있으며, 경회루 동쪽에 세 개의 석교가 있어 북쪽 다리와 연결되는 문이 이견문(利見門)인데 이 문은 함원전과 통하는 대아문(大我門)과 마주 보고 있다. 가운데 석교와 연결되는 문은 함홍문(含弘門)이고, 남쪽에 있는 다리와 연결되는 문은 자시문(資始門)이다. 경회루를 둘러싸고 있는 담장 서문은 천일문(天一門)이고, 남쪽 정문으로 경회문(慶會門)이 있었다. 경회루 정남 쪽에 당초 의정부 청사로 쓰였던 수정전이 있고, 그 정남에 수정전 정문인 숭양문(崇陽門)이 있었다. 아미산을 지나 북으로 곧장 가면 흥복전(興福殿)이 있고 흥복전 북방으로 몇 개의 행각을 지나 향원지(香遠池) 남쪽에 영훈당(永薰堂), 집경당(緝敬堂), 함화당(咸和堂)이 있는데, 이 세 건물의 북문이 정중문(正中門)이다. 정중문을 지나면 향원지(香遠池)이며 향원지 가운데에 향원정이 있고 향원정에서 취향교(醉香橋)를 건너면 건청궁(乾淸宮)이다. 향원정을 잇는 취향교는 지금은 남쪽으로 나있는데, 원래는 북쪽으로 나있었다. 건청궁 서쪽에 추수부용루(秋水芙蓉樓)와 장안당(長安堂), 정화당(正化堂)이 있고, 북쪽으로는 곤녕합(坤寧閣)이 있다. 그리고 곤녕합 동쪽으로 잇대어 있는 누마루가 옥호루(玉壺樓)이며, 옥호루 북쪽에 사시향루(四時香樓), 사시향루 후방에 면금당(綿琴堂), 복수당(福綏堂)이 있다. 그 후방이 계무문(癸武門)이다.

건청궁에서 서쪽으로 다리를 건너 신무문(神武門)으로 향하다 보면 동남으로 가회정(嘉會亭)과 보현당(寶賢堂)이 있고, 보현당 북쪽으로 집옥재(集玉齋), 협길당(協吉堂)이 있다. 신무문을 나오면 어원(御苑)인데 이곳 역시 담장으로 둘러싸여 있으며, 어원 서쪽에 추성문(秋成門)과 금화문(金華門)이 있고 동쪽 문이 춘생문이다. 계무문 북쪽 방향으로 계곡에 융문당(隆文堂)과 융무당(隆武堂)이 있고 그 서쪽으로 경농재(慶農齋)가 있으며 융문당 서북쪽 산 위에 오운각(五雲閣)이 있다. 이 신무문 밖이 경무대, 즉 지금의 청와대 자리이다. 다시 발길을 돌려 수정전 서쪽으로 가보면 내각(內閣)과 검서청(檢書廳)이 있고, 검서청 남쪽에는 내반원(內班院), 내반원 남쪽에는 의약청(醫藥廳), 의약청 서남에는 옥당

(玉堂), 옥당 남쪽에는 선전관청(宣傳官廳), 동에는 정원(政院)이 있고, 그 남에는 빈청(賓廳)이다. 궁성 서남쪽 모퉁이에는 일영대(日影臺), 누국(漏局), 내사복시(內司僕寺), 연고(輦庫), 마랑(馬廊), 내구(內廏)가 있다.

궁성 서북쪽 모퉁이에는 간의대(簡儀臺)와 태원전(泰元殿)이 있고, 아미산 동쪽으로는 대비가 거처하던 자경전(慈慶殿)이 있다. 자경전 북쪽으로 만경전(萬慶殿)과 건복각(建福閣)이 있으며, 자경전 동북에 재수각(齋壽閣)이 있다. 그리고 자경전 동쪽에서부터 궁성 동북 선원전까지 사이에 무수한 당(堂)과 각(閣)이 있었는데, 모두 나인들의 숙소와 주방들이다.

경복궁(1954년 당시)

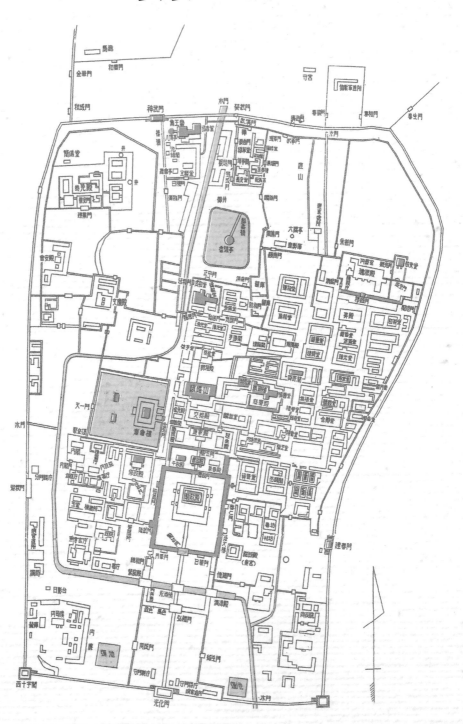

▶ 적색 부분은 당시 남아 있던 전각

자금성(紫禁城) 평면도

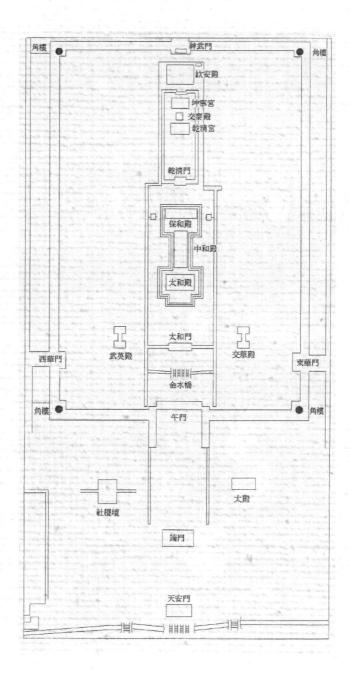

▶ 북경의 자금성(紫禁城)은 1407년부터 1420년 사이에 명(明)의 성조(成祖)가 축조한 것이다. 성조는 명나라 때 황제 영락제(永樂帝)를 이름이다. 네 구석에 각 루를 배치하였으며 남북 1,000m 동서 760m의 성벽을 둘렀으며 담 밖으로 해자(垓字)를 4면으로 파 물을 담았다.

근정전(勤政殿)

근정전 정면

서울특별시 세종로 1가 경복궁 안에 있는 조선 시대 최초의 왕궁의 정전으로 국보 제223호로 지정되어 있다. 신하들의 조회를 받거나 정령(政令)을 반포하는 정전이다. 정전은 조 하나 조참 또는 정승판서 등 고위직 공무원 임명식, 과거시험 합격자 발표, 외국 사신의 공식 접견 등 조정의 중요한 공식행사를 거행하는 곳이다. 조하(朝賀)는 정월 초하루, 동짓날과 같이 정해진 날 또는 왕과 왕비의 탄신일, 세자 탄신일이나 책봉 의식, 그리고 승전(勝戰) 같은 국가의 경사가 있을 때 임금에게 하례를 드리는 것이고, 조참(朝參)은 매월 5일, 11일, 21일, 25일에 정례적으로 열렸는데 특별한 의제 없이 임금을 알현하는 의식으로 열리기 때문에 도성 안에 있는 1품에서 9품까지의 모든 관료는 관복을 입고 모두 참석해야 한다.

조선이 개국한 이래 첫 번째 후계자를 둘러싸고 피비린내 나는 골육상쟁(骨肉相爭)의 변이 일어났다. 태조 이성계가 장성한 아들들을 두고 총애하는 신덕왕후(神德王后)가 낳은 막내아들 방석(芳碩)을 왕세자로 책봉하므로, 이에 불만을 품은 정안대군(靖安大君) 이방원은 세자 방석과 그 형 방번(芳蕃)을 죽이고, 태조의 둘째 아들 방과(芳果: 永安大君)를 왕세자로 세웠다. 이로 인하여 마음 둘 곳 없는 태조는 왕위를 방과에게 물려주고 사찰을 돌며 두 아들의 명복을 빌면서 허둥거리는 세월을 보냈다. 이러한 큰 변란이 근정전과 근정문을 중심으로 일어났다. 1395년(태조4)에 창건하여 임진왜란 때 불타고 현재 건물은 1869년 흥선 대원군에 의하여 중건된 것이다. 중건할 때도 원래 자리에 지었으며 원형을 살리려 노력은 하였으나 당초에 규모가 조금 작아 회랑을 단랑(單廊)에서 복랑(複廊)으로 바꾸고 월대를 겹 기단으로 늘리는 등 규모를 크게 하는 데 따른 변화는 불가피하였다.

근정전에서 최초의 즉위식을 가진 임금은 2대 정종이다. 태조 이성계는 송도(松都: 개성) 수창궁(壽昌宮)에서 즉위하여 1395년(태조4)에 한양으로 천도해왔으며, 일차 왕자의 난으로 태조는 둘째 아들 정종에게 양위하여 1398년 근정전에서 즉위하였다. 1399년 정종은 1차 왕자의 난으로 조정이 어수선한 데다, 궁궐에 까마귀 떼들이 날아들고 밤에 궁궐에 부엉이가 날아와 우는 등 불길한 징조가 자주 나타나자 다시 개성으로 옮겨갔다. 그런데 개성에서 1400년 2월에 2차 왕자의 난을 맞아 동년 2월에 방원이 세제(世弟)에 오르고, 이어 동년 11월 13일에 왕위에 오르니 그가 바로 조선 개국에 주도적 역할을 한 태종이다. 태종은 개경(開京) 수창궁에서 즉위하였다. 1405년(태종 5)에 다시 한양으로 옮겨와 1418년(태종 18) 8월에 셋째 아들 충녕대군에게 양위하여 근정전에서 즉위식을 했다. 이분이 바로 세종대왕이다. 세종 8년에 근정전을 크게 수리하였고, 14년에는 노인들에게 이곳에서 경로잔치를 베풀었다.

1431년(세종 13) 1월 2일, 임금이 지시하기를 근정전이 높아 화재 시 오르기 어려우므로 쇠사슬을 늘어뜨려 오르기 좋게 하고, 지붕 위에도 긴 쇠사슬을 가로놓도록 했다.[32] 아울러 근정전뿐만 아니라 경회루, 사정전, 융문루, 융무루, 창덕궁의 인정전, 광연루, 모화관에도 길게 늘인 쇠사슬을 만들어 올리라고 선공감에 지시를 내렸다. 이후 이어지는 역대 임금들의 근정전 행사를 발췌해보면 1452년(문종 2)에 단종이 12세의 나이로 근정전에서 즉위하

▶근정전 월대 위에 있는 향로

▶1910년대 향로 (원래는 향로에 뚜껑이 있었다.

▶근정전 뜰에 박힌 고리 (차일을 칠 때 사용된다)

였고, 1455년(단종 3) 6월 11일 세조가 근정전에서 즉위하면서 단종은 상왕이 되어 창덕궁으로 옮겨갔다. 1457년(세조 2) 원단(元旦)에 왕이 근정전에 나아가 조하를 받았으며, 영의정 정인지(鄭麟趾) 등이 존호를 올리고 연회를 베풀었다.

1460년(세조 5) 가을에는 신숙주가 야인을 크게 깨뜨렸다는 소식을 듣고 종묘에 고한 다음 근정전에서 하례를 받았다.

1462년(세조 7)에는 친히 원구(園丘: 하늘에 제사 지내는 곳)에서 제사를 지낸 다음 근정전으로 나아가 하례를 받고 유구사신(琉球使臣) 보희고(普須古) 등을 접견하고 멀리서 온 것을 위로하여 환오종경록(圜旿宗鏡錄)과 송원절요(宋元節要)를 내렸다.

1463년(세조 8) 왕은 근정전에 나아가 조참(朝參)을 거행하고 세자에게 이르기를 "너의 입고 있는 무명옷은 값어치는 없으나 온갖 수고를 다해 만든 것이니 이를 절용하는 것이 사람의 수고를 아끼는 도리이니라." 하였다.

1464년(세조 9) 봄에 근정전에서 백관들의 하례를 받았는데, 이 자리에는 야인과 왜인도 참석하였다.

1469년(예종 원년) 성종이 근정전에서 즉위하였고, 1509년 9월 2일에는 중종이 근정전에서 즉위하였으며, 다음 해에 왕이 종묘에 제사 지내고 근정전으로 돌아와 음복 연을 베풀었다.

1512년(중종 7)에는 왕이 대비(성종계비 정현왕후)에 하례를 올리고 근정전에서 하례를 받았다.

1519년(중종14) 근정전에서 친히 현량과를 실시하여 김식 등 28명을 뽑았다. 그리고 중종17년에 세자(인종)관례를 이곳에서 올렸다. 1545년(인종 원년)에 명종이 근정전에서 즉위하였으며, 명종 2년에는 문정왕후에 존호를 올리고, 동 12년에는 백관들에 근정전에서 연회를 베풀어준 일이 있었다. 동 14년에는 양 대비(문정왕후와 인종비, 인성왕후)에 풍성한 연회를 근정전에서 베풀었는데, 이 자리에는 백관들과 왜인들도 동참하였다. 1567년(명종 22) 선조임금이 근정전에서 즉위하여 근정전의 공식행사는 이것이 마지막이 되었다.

근정전은 임금의 즉위식뿐만 아니라 사신을 맞아들이기도 하고 양노연(養老宴)이나 위로연을 베풀기도 하며, 근정전 뜰에서는 정례적인 과거시험을 치르는가 하면 어느 장소에서 시험을 보았든지 문관이나 무관의 합격자 발표는 근정전에서 하였다. 임금이 경복궁에 거처하고 있을 때 한해서다. 다시 말해서 임금이 창덕궁으로 옮겼을 때에는 창덕궁 정전인 인정전(仁政殿)에서 발표한다.

정도전이 쓴 근정전 기문(記文)에 이르기를,

"천하의 일들이 부지런함과 게으름에 따라 성패가 결정된다는 것은 너무도 당연한 이치이다…. 『서경』에 이르기를 '방탕하지 말고 항상 자신을 경계하라. 날로 수많은 일이 일어나니 직관들을 비우지 말고 하늘을 대신하여 다스리라.' 하였으니 순임금과 우(禹)임금의 부지런함을 말함이다. 또 '아침부터 낮이 되고 저녁이 되도록 밥마저 먹을 새 없이 수많은 사람을 융합하라.' 하였으니 문왕(文王)의 부지런함을 말한 것이다.

선유 등이 말하기를 '아침에는 정사를 듣고, 낮에는 어진 이에게 묻고, 저녁에는 명령한 일들을 생각하고, 밤이 되어 편히 쉰다.'라고 하였으니 이것이 인군의 부지런함이다. 또 말하기를 '어진 이를 구하는데 부지런하고, 어진 이에게 정사를 맡기는데 편안히 한다.' 하였다."**33**

임진왜란이 일어난 다음 해 1593년 4월 19일 무렵 왜인들이 서울을 퇴각하면서 궁궐을 모두 불태우고 남산 방면을 제외한 민가까지도 모두 불태워버렸는데, 근정전도 이때 불타버렸다.

1747년(영조23) 근정전 옛터에서 과거시험을 보았고, 1763년(영조39) 근정전 터에서 즉위 40주년 하례를 받았다. 그리고 1774년(영조50) 봄에 왕이 근정전 옛터에 나가 등준시(登俊試: 입시 과거시험)를 여는 등 근정전에 대한 남다른 애착과 아쉬움을 가지고 있었다.

이후 273년 동안 방치해둔 것을 1867년(고종 4)에 이 근정전을 중심으로 주변 중요 전각들이 완성되어 조선말 조정의 중심지가 되었다. 경복궁 중건은 1865년 2월 9일 대왕대

▶근정전 용상

비의 하교로 이루어졌는데, 1866년(고종 3) 3월 10일 영건도감에서 근정전과 사정전 영건 길일(吉日)을 택하여 동년 4월 2일에 대왕대비가 경복궁 중건을 발표하고, 다음 날 3일에 흥선대원군에 중건의 대역사(大役事)를 맡기니 중건에 관한 공역은 4월 13일에 시작되었다.[34]

동년 6월 8일 묘시에 기초를 닦고 24일에 축대를 쌓아 8월 25일 미시에 초석을 놓고 10월 9일에 각 전각의 상량문 제술관(製述官)을 임명하였는데, 근정전은 조두순(趙斗淳), 사정전은 김병학(金炳學), 경회루는 유후조(柳厚祚), 근정문은 김병익(金炳翊), 흥례문은 김병국(金炳國)이었다.

동년 12월 8일 영건도감에서 근정전과 사정전 상량하는 날을 1867년 2월 9일 묘시로 정하였다. 근정문과 흥례문은 동시에 세워졌는데, 1866년 12월 26일 술시에 초석(礎石)을 놓고 1867년 1월 4일 손시에 기둥을 세우고 1월 19일에 상량을 올렸다.

경복궁 주요 공사가 마무리된 1867년(고종 4) 11월 15일 근정전 문을 열 때 흥례문과 광화문을 함께 열도록 하였으며, 11월 16일에는 왕이 경복궁에 나아가 경복궁 근정전에서 하례를 받고 칙령을 반포하였다.[35]

근정전과 사정전은 기둥을 세운 지 32일 만에 조립을 끝내고 상량을 올렸으며, 근정문과 흥례문을 조립하는 데 겨우 15일이 소요되었다.

근정전은 중층으로 정면 5칸, 측면 5칸의 웅장한 건물이며, 건축양식은 조선 말기에 속한다.

건물은 기단 위에 장대석으로 한 단 돋은 위에 주춧돌을 놓고 기둥을 세웠으며, 정면과 측면은 약 10:7 정도의 장방형이다.

계단은 앞뒤로 각각 1개 동쪽과 서쪽에 각각 2개를 만들고, 앞쪽 중앙 계단에 답도(踏道)를 마련하여 답도 중앙 판석에는 구름 속에 노니는 봉황을 새겼다.

월대 주위는 거대 돌을 두르고 그 위에 하엽동자(荷葉童子)가 8각 돌난대(廻欄石)로 짜인 석난간(石欄干)을 세웠다. 각 난간의 엄지기둥에는 십이지상(十二支像)을 방 위에 맞게 조각물을 배치하여 정전을 수호하는 상징적 모습을 하고 있다.

웅장한 모습을 하고 있는 이 건물의 특색은 바깥 두리기둥(外陣柱)과 안두리기둥(內陣柱)을 기본으로 하면서 우고주(隅高柱)를 세운 점이다. 기둥은 모구 둥근 주춧돌 위에 둥근 기둥을 세우고 치솟음 수법으로 양쪽 끝의 창방(昌枋)과 평방(平枋)이 처져 보이지 않도록 처리하고, 측면은 하방(下枋), 인방(引枋), 창방(昌枋), 평방으로 짜이고 벽은 모두 합문으로 되어있으며 문 위에 광창(光窓)을 내었다.

합문은 솟은 빗살로 만들어졌으며, 광창은 문인방과 창방 사이에 설치하였다. 공포는 외삼출목 내사출목이고 기둥머리에는 안초공(按草工)을 두었다. 외부 산미(山彌)에 새들이 집을 짓지 못하도록 1, 2층 모두 부시(罘罳: 망)를 쳤다.

▶근정전 어좌 보개 천장. 발톱이 일곱개인 용이 있다.
(칠조룡: 七爪龍)

천장은 우물천장(格字天障)을 가설하여 천장 한가운데에 장방형의 틀을 끼우고 천개(天蓋)를 마련하였다. 그리고 그 가운데 구름 사이에 비상하는 쌍봉과 여의주를 조각하였다. 내부 뒷면 중앙에 보좌(寶座)를 마련하고 그 위에 어좌(御座)를 놓았다. 어좌 뒤로는 오봉산 일월도(五峰山 日月圖) 병풍을 치고 사룡수(四龍首)를 조각한 삼절병(三折屛)을 두었다. 지붕은 팔작지붕이고 용마루는 양성하였으며 용마루 양쪽 끝에는 취두(鷲頭)와 내림마루에는 용두(龍頭), 추녀마루에는 잡상(雜像)을 배열하고 사래 끝에는 토수(吐首)를 끼웠다.

건물 밖으로 정면 좌우에 청동제 향로가 놓여있어 임금이 임할 때에는 향을 피웠다. 정면 서쪽 계단 옆에는 무쇠로 만든 드므가 있는데, 여기에는 늘 물을 담아두었다고 한다. 드므에 물을 담아두면 화기(火氣)가 지나다가 여기에 얼굴이 비치면 스스로 놀라 도망치기 때문에 화기가 진압된다는 무속에서 나온 것이다.

근정문에서 근정전에 이르는 어도 좌우에는 정9품에서 정1품까지의 품계석이 배열되어있고, 차일(遮日)을 칠 때 줄을 매던 고리가 여기저기 돌에 박혀있다. 근정전은 사면이 행랑으로 둘러싸여 있는데, 동행각 중간에 융문루가 있고 서행각 중간에 융무루(隆武樓)가 있다. 문(文)과 무(武)를 융성하게 한다는 뜻이다. 정도전의 기문에는 "다스림에는 문(文)을 사용하고 국난에는 무(武)를 사용하니 마치 사람에게 두 어깨가 있는 것처럼 어느 한쪽도 없어서는 안 된다. 예악(禮樂)의 문물(文物)과 융병(戎兵)의 무비(武備)를 정연하게 함께 갖추었으며, 사람을 등용함에는 문장도덕의 선비와 과감하고 용기 있고 힘센 무인들을 중외에 포열하였으니 이는 극도의 융문과 융무를 이룬 것이다(下略)." 하였다.

해방 이후 각 궁궐 보수공사가 아주 미미한 정도로 조금씩 있었지만 기존 건물의 보수수준에 지나지 않았는데, 문화재청은 1990년 1월부터 2009년 12월까지 경복궁 복원 20년 계획을 세우고 공사 시행을 5단계로 나누어 시행해오고 있다.[36]

제1단계는 1990년 1월부터 1995년 12월까지 강녕전, 교태전 등 침전 권역 12동 794평을 복원하고 근정전 행각과 사정전 행각 2동 1,084평을 보수할 계획을 세우고 추진하여 공사를 마쳤다.

제2단계는 1994년 1월부터 1999년 12월까지 자선당과 비현각 등 18동 352평을 복원하고 경회루 연지(蓮池)를 준설하였으며, 전통공예관 등 일제시대에 들어선 현대식 건물들을 모두 철거하는 공사를 진행하여 계획대로 완공하였다.

제3단계는 1996년부터 2001년까지 흥례문, 유화문, 회랑 등 6동 517평을 복원하였고 영제교와 어구를 복원하였으며, 자경전, 근정문, 경회루를 보수하였다.

제4단계는 1997년부터 2005년까지는 태원전 영사재 외 주변 행각 25동 496평을 복원하고 근정전 보수공사를 마쳤다.

제5단계는 2001년부터 2009년까지 광화문과 서십자각 101평을 복원할 계획을 세우고 복원 중에 있으며, 건청궁 등 30동 990평은 복원을 이미 끝마쳤으나 아직 단청을 못 한 상태이다. 그리고 이 기간 동안에 제수합 등 고건물 12동을 보수할 계획을 세워 진행 중이다.

근정전 보수공사는 제4단계에서 보수공사를 마쳤는데, 당초에는 서까래정도 교체하는 것으로 생각하였다가 막상 해체하고 보니 귀고주가 파열되어있었다. 총 4본 중 3본이 이미 부러졌고, 1본이 부러지기 직전이어서 모두 교체하다 보니 당초 2000년에 시작하여 2002년에 끝낼 계획이었으나 2003년 9월 3일에야 공사를 마무리 지었는데 총 65억 원의 공사비가 들었다. 건조물을 복원하거나 보수하는 작업에 있어서 가장 중요한 것은 건조 당시에 사용했던 용척이다. 용척이 정확해야만 원래의 크기대로 복원이 가능하기 때문이다. 근정전 준공 당시 부재에 기록된 묵서(墨書)를 근거로 추정해보면 침전권역은 30.7cm 자를 사용하였고, 근정전은 30.5cm의 자를 사용했음이 확인되었다.

근정전을 수리하면서 발견한 유물 중에서 흰색 명주에 먹으로 쓴 '영건도감 감동'과 '흥선대원군'이라고 쓴 붉은색 명주가 주목을 끈다. 가로 79cm 세로 36.5cm 크기의 영건도감 감동에는 당시 공사에 참여했던 도편수와 각종 편수의 명단이 적혀있다.

여기에 나타난 명단을 보면 목수도편수 김치영, 부편수 손영식, 상층편수 김원식, 하층편수 김장성, 공답편수 황용길, 조거복, 김열학, 송동복, 당가편수 김근신, 석수편수 장성복, 개와장편수 황용운, 니장편수 강창성 등 모두 12명이고, 이 기록물에 적힌 공사 관계자는

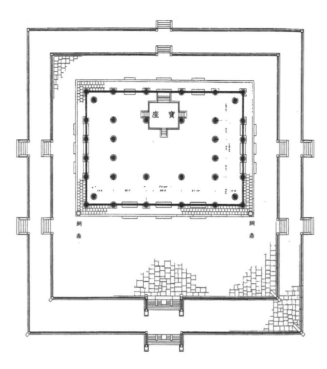

▶근정전 평면도(고적도보)

모두 156명이었다.

　고종 초 중건 당시에 쓴 상량문은 판중추부사 겸 규장각 제학 조두순이 지은 것으로 길이 13.5m, 폭 77cm의 명주에 써 두루마리로 말아 보에 넣어두었는데, 보수를 위하여 해체할 때 원본은 국립고궁박물관에 보관하였다. 상량문은 문화재청 문화재 전문위원 서병패가 번역하였다.[37] 경복궁 각전각 현판은 임진왜란 때 소실되는 바람에 대부분 쓴 사람이나 새긴 사람을 알 수 없다. 고종 때 복원하면서 새로 현판을 달아 관여한 인물만 기록에 남아있다. 근정전 현판은 고종 때 도승지까지 올랐던 이흥민(李興敏)이 썼다.

근정전 상량문

엎드려 생각건대 우리의 큰 기업(基業)을 돕고 오악사독(五嶽四瀆)의 제사할 곳을 청양 (靑陽)의 집에 마련하니 그 무일(無逸)의 처소가 자미원(紫薇垣)에 널리 트여있다.

태평세월을 맞이하여 다시 개설하니 건건불식(乾建不息)의 존건한 천도(天道)운행을 본 것이다. 이것이 성신(聖神), 문무(文武)의 큰 거정(居正)이며, 총명예지의 임어(臨御)할 곳 이다. 규얼(圭臬) 일월의 운행을 살피니 뭇별들은 북극성을 중심으로 운행하고, 동우(棟宇)는 권여(權輿)의 모임에 높이 솟았으니 아침 해가 동방에서 떠오른다. 본보기를 서울에 세우려 함이니 높고 넓은 집으로 수 놓으려 함이 아니오, 본체를 찾아 받들고 도와 나라를 다스리려 함이다.

이야말로 사간(斯干)의 무포(茂苞)이니 어찌 완담여침(莞簟女寢)의 장소일 뿐이겠는가? 깊은 밤의 장려함은 정료문야(庭燎間夜)의 때를 취함이다. 거룩한 경복 옛 궁에 근정 법전(勤政 法殿)이로다. 천지의 화충(和沖) 한 기운이 모였으니 구종삼도(九峻三塗)요, 음양 경위를(經緯)를 분변하였으니 좌로는 종묘요, 우로는 사직이다.

아버지의 일처럼 다투어 나오니 기산(岐山)의 백도(百堵)가 다 일으켜지고 안정됨이 내 마음과 같으니 변경(汴京)의 거듭된 문 활짝 열렸다. 용이 서리고 범이 쭈그림은 수도에 높이 솟아 내려봄이오, 새가 놀라 변하듯 꿩이 날 듯함은 임금님이 그 가운데 거처하심이다. 자리에 올라 예를 행함이 이곳이오, 덕 펴고 행정을 함이 이곳이다.

하루에 세 번 접하는 빛나는 자리는 시(詩), 서(書), 예(禮), 악(樂)의 윤식(潤飾)이오, 구급(九級)의 엄한 뜰에는 고(皐), 기(夔), 직(稷), 설(契)의 도(都), 유(俞)이다.

위대한 개척과 아름다운 대책은 조정을 일월(日月)보다 존중하고 인(仁)의 문(門)과 의 (義)의 호(戶)는 뇌천(雷天) 제도를 따른 것이다. 영염(永念) 두 글자의 명언(名言)은 실로 백왕(百王)의 치요(治要)라 하였다.

하(夏)나라 우(禹)임금의 몸소 천하에 가색(稼穡)함은 아직도 변지(胼胝: 굳은살)의 수 고로움이 사지(四肢)에 남아있고, 주나라 문왕(文王)이 선비를 기다리느라 점심까지 거른 것은 이목(耳目)으로 전할 뿐이겠는가.

당편(唐篇)의 근본에 힘씀은 제루(帝樓)의 찬란한 꼴을 대함이오, 명훈(明訓)의 가색이 어려움을 알아야 하는 임금의 병풍은 산수화를 대체하고 있다.

헤아려 보건대 임금님 만년 귀감(龜鑑)은 연안(宴安)을 근심으로 삼아야 할 것이며, 그러므로 우리 국가 억만년의 큰 도모는 경승(敬勝)의 길(吉)이라 할 것이다.

아! 슬프다. 중엽(中葉)의 끝내 비색 했던 운은 뒤 임금들 광복(光復)의 도모함을 열어준 것이다. 임진(壬辰), 호겁(浩劫)이 이미 지나갔으니 만물은 흥망이 유수(有數)함이오, 주양(朱陽)의 정비(正扉)가 오히려 땅에 높이 솟았으니 고금을 징험할 수 있는 것이다.

목능(穆陵)은 노조(盧漕)와 발사(茇舍)에서 뜻을 취하여 간단히 보수 하였으나 익고(翼考)는 영낙(營洛), 란탁(鑾鐸)에 뜻을 두어 여러 번 옮겼었다.

그러나 때가 어렵고 사치스럽다 할 것이니 어찌 천만 칸의 큰 집을 마련할 수 있으며, 모든 사람의 개탄이 오래가지 않겠는가?

공손히 생각건대 주상전하께서는 조종(祖宗) 유업을 이어받아 희흡(熙洽), 영성(盈成)의 아름다움을 어루만지시며 집을 지으매, 도개(塗塈)하듯 하여 선계(善繼), 선술(善術)하고 초복(初服)에 길철(吉哲)이 부여됨을 알아 무태(無怠), 무황(無荒) 하였다. 선왕의 법도를 잘 따라 박착(樸斲)에 부지런하니 민풍(民風)이 크게 변하여 정치는 마치 포로(蒲盧)와 같은 신속한 효과를 나타내었다.

그러므로 방락(訪落)의 처음에 새로운 이 도모를 거행하게 된 것이다. 자교(慈敎)가 간곡하고 진지하시니 지금이 긍구(肯構)의 기회이며, 무리의 뜻이 기뻐함은 온 나라가 곡식 모으는 정성을 다한다. 재조(在朝), 재야(在野)에 물으니 모든 의논이 동의하여 사공사도(司空司徒)를 불러 토겁(土劫)을 헤아린다.

영광(靈光)의 유지(遺址)에 세우니 날짜 따지고 때 헤아림을 기다리지 아니하며, 화개(華蓋)의 지난 자취가 징험하니 왜 헌도(獻圖)를 번거로이 하여 점을 쳐볼까. 홀연히 영대(靈臺)를 경시(經始)하듯 하니 혁연(奕然)히 정아(正衙)가 높고 깊어졌다. 포산(甫山)의 잣나무와 래산(徠山)의 소나무가 다 이르나 심(尋)과 척(尺)으로 자라고 헤아리며, 영근(郢斤)과 반부(班斧)로 존건히 권면(勸勉)하니 북소리가 그치지 아니한다. 보좌옹앙(寶座顒昂)하니 용의 머리 위로 솟아있고 비단창이 이어지니 봉의 날개 나부끼며 곁으로 펴는 듯하다.

외관으로는 악기를 앞에 많이 걸어놓고 편액(扁額)으로는 옛것을 쓰기로 하였다. 사해(四海) 육합(六合)의 모든 사물이 뜰에 모여들고 8주(八柱), 삼계(三階)가 은하수 높이 솟아있다. 하물며 이름을 들어보고 뜻을 생각함이겠는가? 아름답다. 힘써 다스림을 구함이로다. 태양이 떠오르는 이른 아침부터 새벽을 거쳐 덕을 밝히며 행함을 기다리고 연영(延英)에서 날마다 경연(經筵)의 강연을 하면서 더위도 잊고 피로도 잊는다.

빛나도다. 이에 거처하면서 여가도 없이 스스로 기뻐한다. 그윽하게 구여(九如)의 송(頌)

을 붙이며 육률(六律)의 음악을 아뢴다.

어기어차! 들보를 동녘으로 올리니
아침 해 떠오르며 화창한 바람에 부챗살 펴듯
삼소(三素)의 구름에 서색(瑞色) 드러내니
팔방(八方)이 혼연 태화(太和) 속이로다.

어기어차! 들보를 서녘으로 올리니
성물(成物)의 신공옥촉(神功玉燭)에 보금 자리하네.
아름다움 조짐에 풍년을 점치니
누런 구름 사방의 들에 아름다워라.

어기어차! 들보를 남녘으로 올리니
궁전 지붕 시원하며 하루에 세 번 접견하도다.
남훈전 해온(南薰殿 解慍)의 노래 기다리지 아니하고
온 백성, 성은(聖恩)에 젖어있네

어기어차! 들보를 북녘으로 올리니
뭇 별 북극성 중심으로 벌려있네
황종(黃鐘)이 첫 시동하며 현당(玄堂) 열리니
대 화합의 아름다운 음악 온 누리에 오르네

어기어차! 들보를 위에 올리니
음양조화의 경륜(經綸) 임금님과 나란히 하네
하늘의 도 체득(體得)하여 궤탁(軌躅) 조화롭게 하니
날로 불어나는 만기(萬機) 폐함 없어라

어기어차! 들보를 아래로 던지니
뜰 앞 만 리에 조야(朝野)가 균평하구나

임금님 낮은 백성의 말 듣기 꺼리지 아니하시니

우리 동포 광하(廣廈)의 은혜 입으리라

엎드려 원하옵건대 상량(上梁)한 다음 큰 업은 하늘이 주시는 안녕을 나란히 하며 어진 정사는 밤낮으로 게을리 아니하니 장구벌레 움직이고, 제비 노래하고, 자벌레 굴신하며, 칡 삶으며, 날카로운 보습으로 밭 가니 추읍(郰邑)과 삼서(三滋)와 규모 같구나. 기린의 발꿈치 어질며, 베짱이 모여들고 오이와 북치 뻗어가듯 백대에 승계하리니, 신령한 숭산(嵩山)과 맑은 위수(渭水)의 정숙함이여! 길이길이 우리나라를 보호하며 태산 반석(磐石)의 유구(悠久)함이여! 항상 종묘(宗廟)를 편안히 하리로다.

대광보국숭록대부 행판중추부사(行判中樞府事) 신 조두순(趙斗淳) 왕명을 받들어 지음.

정헌대부 용양위대호군 신 김병덕(金炳德) 왕명을 받들어 씀.

동치(同治) 6년 정월 19일 자시

근정전 보수공사에 참여한 대목장은 도편수에 신응수(申鷹수: 충북 청원군 1942년생) 부편수에 문기현(文基賢: 충남 서산군 1965년생)이다.

근정전 중수공사 상량식은 2003년 3월 18일에 거행하였고, 준공식은 11월 14일에 거행하였다. 상량식은 궁궐 전통의례로 '국조오례' '화성성역의궤' '창경궁 영건도감' 등을 참고하여 재현하였다.

봉안한 상량문은 이번 중수공사 과정을 붉은 명주에 기록하여 '경복궁 근정전 중수기(景福宮 勤政殿 重修記)'와 중건 당시 상량문 필사본과 함께 알루미늄 함에 넣고 밀폐 처리했다. 글은 이정섭 문화재청 전문위원이 짓고 글씨는 소헌 정도준이 썼다.[38]

경복궁 근정전 중수기(景福宮勤政殿重修記)

경복궁은 조선 태조 4년(1395)에 창건되어 선조 25년(1592)에 임진왜란(壬辰倭亂)으로 소실(燒失)되었다가 고종 4년(1867)에 흥선 대원군이 섭정(攝政)할 때에 나라와 왕실의 위엄을 세우고자 중건(重建)하였다. 이때 정전(正殿)인 근정전(勤政殿)을 비롯한 사정전(思

正殿) 등 전각(殿閣) 80여 채를 다시 세웠다.

한일병합(韓日併合. 1910년) 이후 일제(日帝)가 무려 4,000칸의 전각을 헐어버리는 등 의도적으로 조선 왕실(王室)의 상징인 경복궁을 훼손(毁損)하였으나 다행히도 근정전, 경회루(慶會樓), 집옥재(集玉齋) 등 약 20여 채에 이르는 건물은 화(禍)를 면하여 오늘날까지 남아있다.

이 가운데 국보(國寶) 제223호인 근정전은 고종 4년(1897)에 중건된 이후 오늘에 이르기까지 133년이라는 오랜 세월을 거치는 동안 고주(高柱: 높은 기둥) 넷이 추녀와 결구(結構. 짜임새) 부분이 파손되어 건물 전체의 안전 문제가 심각한 데다가 처마가 썩고 목재(木材) 부분이 손상되어 구조물의 주요 부분이 크게 변형된 것으로 확인되었다. 이에 2층 전체와 1층 전면에 대해 드잡이 보수공사를 실시하게 되었다.

보수공사를 하기에 앞서 문화재 관련 전문가와 구조 안전 전문가 등으로 구성된 자문위원회에서 건물의 구조 안전성, 건물 양식, 원형 복원, 단청 등과 관련하여 공사하는 과정에서 생길 수 있는 여러 문제에 대하여 세심하게 검토하고 심의하였다.

공사 도중에 근정전 종도리의 장여에서 붉은색 명주 천으로 된 상량문 한 건, 흥선대원군 별폭(興宣大院君別幅) 한 건, 흰색 명주 천으로 된 영건도감감동좌목(營建都監監董座目) 한 건, 용문양지(龍紋樣紙) 두 건, 부적용 은제품(符籍用銀製品) 다섯 점 등이 나왔다. 상량문은 당시 행판중추부사(行判中樞府事)였던 조두순(趙斗淳)이 짓고 글씨는 용양위대호군(龍驤衛大護軍) 김병덕(金炳德)이 썼다.

발견된 상량문은 영구히 보관하기 위하여 본래 있던 자리에 다시 넣지 않고 용문양지 수자문양지 등과 함께 국립문화재 연구소에서 영구 보존 처리 과정을 거쳐 문화재청 궁중유물전시관에 보존하였다. 본래 있던 자리에는 발견된 상량문을 그대로 필사한 것을 봉안(奉安)하였다.

근정전은 본래 정면 다섯 칸, 측면 다섯 칸(192평)의 중층건물로 다포계(多包系), 겹처마, 팔작지붕으로 되어있었는데, 이번에 파손되거나 변형된 부분을 보수하였을 뿐만 아니라 안팎에 새로 단청하여 옛 궁전의 위용(威容)을 다시 볼 수 있게 되었다. 공사는 2000년 1월 15일에 시작되어 2003년 9월 30일에 마무리되어 총 3년 8개월이 걸렸고, 총 65억의 비용이 들었다. 이러한 보수공사의 내용을 담은 중수기(重修記)를 작성하여 기록으로 남긴다.

아! 일제에 빼앗겼던 국권(國權)을 되찾은 지 50년이 지난 오늘에야 근정전을 새로이 보수하여 선인들의 우수한 건축 문화를 후손들에게 알릴 수 있게 되었으니 이 어찌 경축(慶

祝)할 일이 아니겠는가? 오늘을 사는 우리는 선조(先朝)들이 남긴 문화유산(文化遺産)을 잘 보존하고 관리하는 데에 좀 더 높은 관심과 애착을 가져야 할 것이다.[39]

서기 2003년 3월 18일

문화재청 청장 노태섭 근봉(謹奉)

근정문과 행랑

1395년 경복궁을 창건하면서 함께 건축되었으나 임진왜란 때 소실된 뒤 273년 동안 방치해둔 것을 1867년 경복궁을 재건하면서 다시 지은 것이다. 보물 812호로 지정되어있다.

근정전 정남 쪽에 위치하여 정전으로 출입하는 정문인데, 문 양옆으로 행랑이 이어져 장방형으로 근정전을 둘러싸고 있다. 이 문의 남쪽에는 영제교(永濟橋)가 있고, 영제교 건너에 흥례문(興禮門)이 있다.

근정문은 정면 3칸, 측면 2칸이고, 겹처마이며 중층 우진각 지붕에 다 포식 건물이다. 석조 기단을 낮게 만들고 이 위에 3단계의 계단을 만들었으며 기단 위에 원형의 주춧돌을 놓았다.

주춧돌 위에 두리기둥을 세우고 기둥머리에 창방과 평방을 놓아 평주를 연결하고 외이출목 내 삼출목의 공포를 짰다. 지붕의 각 마루에는 양성을 하고 추녀마루에 잡상과 용두를 놓고 용마루 양 끝에 취두(鷲頭)를 얹었다. 행랑은 창건할 때에는 단랑(單廊)이던 것을 중건할 때 복랑(複廊)으로 지었다. 창건할 때에는 근정문을 중심으로 행랑의 동서쪽 끝에 있던 일화문(日華門)과 월화문(月華門)을 중건하면서 근정문 바로 옆에 잇대어 만들었다.

가구는 오량(五樑) 집이며, 천장은 서까래가 드러난 연등천장이다. 동쪽과 서쪽 행랑에 돌출한 융문루(隆文樓)와 융무루(隆武樓)라는 누각이 있다. 조선 시대의 궁궐 정전의 남쪽 문 중에 유일하게 중층지붕이고, 행랑도 복랑으로 되어있는 것이 특징이다.

경복궁을 중건할 때 창건 때의 위치나 명칭을 그대로 살려 지었으나 행랑의 규모, 궁궐 내부 출입구 위치 등에 다소 변화를 주었다. 1545년(인종원년) 명종(明宗: 慶原大君)이 근정전에서 즉위하였다.

궁궐 문은 대개 주 나라 때 만든 삼문삼조(三門三朝)의 원칙을 따르는데 삼문은 바깥문

(皐門: 고문), 가운데 문(雉門: 치문), 안문(路門: 노문)을 말하고, 삼조는 정무를 맡아보는 관청이 있는 권역(광화문에서 근정문)인 외조(外朝), 정전과 편전이 있는 권역(근정전에서 향오문까지)인 치조(治朝), 임금의 개인 생활의 권역인 연조(燕朝), 즉 강녕전, 교태전, 일곽으로 구분된다. 경복궁의 삼문은 광화문이 고문, 근정문이 치문, 향오문이 노문이다.

　광화문, 홍례문, 일화문, 월화문, 건춘문, 영추문 등의 이름은 세종 8년(1426) 11월에 창덕궁에서 경복궁으로 옮겨온 후 집현전 학자들로 하여금 짓게 하여 붙여진 이름이다. 복원 후 근정문 현판은 고종 때 문신 신석희(申錫禧)가 썼다.

▶ 근정문

일월곤륜산도(日月崑崙山圖)

일월도(日月圖), 일월오봉산도(日月五峯山圖) 등으로 부른다. 임금이 앉는 용상(龍床) 뒤편에 장식용으로 그려놓은 그림이다.

해와 달 그리고 곤륜산을 주제로 하여 그린 그림인데 해와 달은 왕과 왕비를 상징하고, 곤륜산은 중국의 전설에 나오는 천하에서 제일 높은 성산(聖山)으로 서쪽 끝에 위치하며 서왕모(西王母)가 살고 있다고 한다. 곤륜산은 다섯 개의 봉우리가 있어 왕실의 존엄성을 상징하며 우주의 운행질서를 표현하는 오행(五行: 金, 木, 水, 火, 土)이나 인간 생활에서 지녀야 할 다섯 가지 덕목, 즉 오상(五常: 仁, 義, 禮, 智, 信)을 상징하는 영산이다. 그림의 구도는 공식화되어있어 하늘의 왼편에는 붉은 해가 솟아있고 오른편에는 하얀 달이 떠 있는데, 아름드리 소나무가 몇 그루씩 시립하듯 서있고 양쪽 계곡 사이로 폭포수가 흐르며 그 밑에 넓은 바다가 있다.

채색은 하늘과 산 소나무 잎은 청록색이고, 소나무 줄기는 붉은색, 해는 붉은색, 달은 흰색, 물굽이는 갈색, 파도는 흰색이다. 대체적인 소재는 도식화되어있으나 모든 그림이 똑같지는 않고 다소의 변화를 주고 있다.

추상화적인 화풍으로 그린 이 그림에는 해, 달, 산, 소나무, 물 등이 주제로 되어있어 장생을 뜻하는 것으로 보이며, 하늘과 땅 그리고 지상의 모든 생명체가 신의 보호 아래 왕실과 나라가 번창하기를 소망하는 염원이 담긴 그림이라 할 수 있다.

이 그림은 각 궁의 정전과 편전에 있는 용상 뒤에 반드시 배치하는데 지금 남아있는 대표적인 것은 경복궁의 근정전, 창덕궁의 인정전, 창경궁의 명정전, 덕수궁의 중화전, 그리고 최근에 복원한 경희궁 숭정전 등에 있다.

▶일월곤륜산도

사정전(思政殿)

근정전 뒤 북쪽 사정문 안에 자리하고 있다.

왕이 평상시에 거처하면서 정사를 보던 편전인데, 최초의 창건 연대는 1429년(세종 11)으로 4월 3일에 사정전이 낙성되었고 25일에는 사정전에서 처음으로 정사를 보았다고 했는데, 이때 낙성은 큰 수리를 끝냈음을 말한 것이다.[40]

1395년 4월 경복궁이 완성된 뒤에 정도전이 지어 올린 경복궁의 여러 전(殿)의 이름과 그 이름을 지은 취지를 보면 "연침의 남전(南殿) 이름을 사정전(思政殿)으로 하소서." 하였으니 경복궁 창건 당시에 지어진 것이며, "처음으로 정사를 보았다."라는 것은 수리 후 처음이란 뜻으로 보아야 한다. 4월 28일에는 여기서 처음으로 공치기를 하며 군신 간에 즐겼다고 한다.

현재의 건물은 1867년(고종 4)에 중건한 것이다. 사정전에서 있었던 일들을 요약해보면 정사뿐 아니라 세종 14년에는 중궁전에서 이곳에 나이 많은 할머니들을 초청하여 잔치를 베풀기도 했다. 1435년(세종 17)에 세종은 이곳에서 자치통감훈의(自治通監訓儀)를 짓게

▶ 사정전

하여 이를 『사정전훈의(思政殿訓儀)』라고 했다. 단종 3년 세조가 이곳에서 단종을 알현하고 연회를 베풀어준 일이 있다.[41]

1456년(세조 원년) 왕이 사정전에 나아가 사관들에 이르기를,

"나의 과실들을 사관들은 말하라."하니 지적하고 간하는 일은 사관들의 직임이 아니라고 말하였다.

세조 때에는 사정전 앞 낭무(廊廡)에 큰 종을 달아놓고 종을 쳐 궐 안 병사들을 가끔씩 긴급 소집하여 군율을 세웠다.

1460년(세조 5) 주상이 평양에서 돌아온 군사들에게 사정전에서 크게 위로연을 베풀어주었고, 1462년(세조 7) 왕이 사정전에 나아가 성균관 유생들에게 세자에 경연을 강하도록 하였다.[42]

세조 8년에는 주상이 이곳에서 죄수들을 결단하였고, 세조 9년에는 종친들에게 이곳에서 향연을 베풀어주었다.

세조 11년에는 사정전에서 문무과(文武科) 과거시험을 실시하였고, 1510년(중종 5)에도 사정전 뜰에서 문무 신하들에게 시험을 치렀으며, 1513년(중종 8) 10월에 큰 우레가 일어나 왕이 사정전 월랑으로 피한 일이 있었다.

1518년(중종 13)에 지진이 일어나 조광조를 사정전으로 부르니 경구(驚懼)해야 한다는 뜻을 아뢰었다.

1519년(중종 14)에는 주상이 사정전에서 조광조를 세자 보양관(輔養官)으로 임명하였는데, 그 일이 있은 지 얼마 안 되는 11월 15일 밤 사림파(士林派)의 우두머리 조광조가 훈구파(勳舊派)인 남곤(南袞), 홍경주(洪景舟) 등의 모함을 받아 이 사정전 뜰에서 임금의 친국을 받고 마침내 사약을 받았다.

명종 4년 이곳에서 문관들의 시험을 치렀고, 1553년(명종8) 경복궁에 불이 나 사정전 안쪽으로는 모두 불타버렸으나 바로 지었다.

1555년(명종 10) 왜장을 토벌한 호남 순찰사 이준경(李浚慶)과 참여한 선비들에게 향연을 베풀어주었고, 선조 3년에는 삼공육경(三公六卿: 삼정승과 육조의 판서)을 이곳에 불러 을사년에 희생된 여러 사람(을사사화 때 희생된 대윤〈大尹〉)의 원혼을 달래주었다. 이와 같이 임금의 평상 업무는 여기서 행해졌다.[43]

사정전 동쪽에는 만춘전(萬春殿)이 있고, 서쪽에는 천추전(千秋殿)이 있어 이 세 건물이 편전일곽을 이루고 있다.

경복궁 사정전은 정전의 북방에 있는 것이 창덕궁이나 창경궁의 편전이 정전의 측면에 있는 것과 대비된다. 규모는 정면 5칸(58.8자), 측면 3칸(39.07자) 단층 팔작 기와지붕이며 다포집이다.

한 벌의 디딤돌 위에 장대석으로 축대를 쌓고 세 개의 계단을 만들었다. 축대 위에 둥근 초석을 놓고, 초석 위에 둥근 기둥을 세워 기둥 위에 창방과 평방을 올리고 내외 똑같이 2출목(二出目)의 공포(栱包)를 놓았다.

기둥 사이에는 벽을 만들지 않고 사분합의 문으로 사면을 막았고 문틀과 위에 광창(光窓)만 있으며, 그 위에는 교창이 있어 집

▶ 사정문

안을 밝게 하였다. 천장은 우물천장으로 대들보를 가렸고, 처마는 겹처마, 용마루는 양성하고 취두, 용두를 놓았으며 추녀마루에는 잡상을 배열하였다. 고종 때 복원하여 만춘전 현판은 좌승지 송희정(宋熙正)이 썼고, 천추전은 이조참의 정범조(鄭範朝)가 썼다.

사정전 남 행각은 창고로 사용하였는데, 창고 이름을 천자문(千字文) 순서대로 정하여 서쪽에서부터 천자고(天字庫), 지자고(地字庫) 이렇게 하여 월자고(月字庫)까지 10칸으로 나누어 각각 관리책임자를 두어 관리하도록 하였다.

정도전은 사정전으로 정한 이유를,

"천하의 이치는 생각하면 얻고 생각하지 않으면 잃는다. 가장 높은 자리에 있는 분이 인군이다. 뭇사람 중에는 지혜로운 자와 어리석은 자, 어진 자와 불초한 자가 섞여있고, 뭇일 가운데 시비(是非), 이해(利害)가 혼합되어 복잡하니 인군이 깊이 생각하여 자세히 살피지 않으면 옳고 그름을 판별하여 처리하고 사람의 현부(賢否)를 가려 어진 이를 쓰고 불초한 자를 내칠 수 있겠는가? …『서경』에는 '생각이란 것은 밝다는 뜻이니 밝으면 성인이 된다.' 라고 하였다. 생각이란 사람에게 이만큼 중요한 것이다. 이 전각은 매일 아침 정사를 보는 곳으로 수없이 닥쳐오는 일들을 전하에게 아뢰면 전하는 이를 지휘해야 할 것이니 더욱 생각을 하지 않으면 안 될 것이다."라고 하였다.

명종 8년 불탄 뒤 바로 지은 사정전 상량문은 퇴계 이황(李滉)이 지었다.

신숙주(申叔舟)가 지은 "새로 큰 종을 만든 명문(銘文)과 서(序)에 이르기를 '나라가 오래

도록 기강이 해이해지자 거룩한 우리 전하가 군정을 엄히 하지 않을 수 없어 담당 관리에게 명하여 큰 종을 만들어 사정전 앞 무랑(廡廊)에 걸어놓고 금군을 호령하여 정비토록 하였다.'(下略)"**44**

　복원 당시 사정전 현판은 이조판서 조석우(曺錫雨)가 썼다.

▶ 사정전 서쪽에 있는 천추전
▶ 사정전 동쪽에 있는 만춘전

상량문(上樑文)

하늘이 사직을 붙잡고 안정하라 경고하니 경복궁 옛터에 전각을 세우노라.

더구나 정사를 들어야 할 곳인데 불에 탔다고 수리하지 않으랴. 지성으로 세운 전각 누군들 경하하지 않으리. 우리의 거룩한 조정은 중국에 근원을 두어 우(禹)왕처럼 부지런했다. 이어온 자자손손 인자의 덕 깊고 넓어 바다의 파랑 진정되고 향사(饗祀)의 귀신들 흠향하네. 창업한 우리 선왕이 도읍에 집 지으니 구궤백도(九軌百堵)의 제도로 못과 성을 쌓고 천문만호(千門萬戶)의 호사 줄여 궁실 침문 만들었네. 대궐의 남쪽 정아(正衙)의 북쪽에 세운 전궐은 상참과 조참에 편리했네. 봉래산 풍일은 속세와 끊기었고, 도덕 논한 군신은 어수(魚水)라네. 후인들은 추모하여 아침저녁 바라보는데 어찌하여 화마(火魔)가 침노해 이처럼 타버렸나. 불탈 물건 치우지 않고 타버린 뒤 후회하면 무엇하나. 주상의 속 근심 알고서 백성을 도우니 옥청궁(玉淸宮) 짓지 말자 범옹(范雍)은 간했고, 장부를 관리할 때 민손(閔損)은 탐낸 것 없었지. 우수한 목수들 큰 나무 작은 나무 알맞게 사용하고 둥글게 모나게 거실들 옛 제도 따랐네. 대나무도, 소나무도, 노을도, 무지개도 빛을 내어 북두성 윗머리 드리우니 청냉한 호기 감돌고 대장의 높은 기둥 처마지붕 구 층일세. 하늘 같은 임금 자리 빛나는 곤룡포 홍운으로 감싼 듯, 자리에는 시신(侍臣)들 가득하여 이윤(伊尹). 부열(傅說). 주공(周公). 소공(召公)처럼 인군을 돕고 급암(汲黯). 유향(劉向). 위징(魏徵). 육지(陸贄)처럼 충성을 다 하여, 날마다 닥친 일 수 없이 경적을 더욱더 익히니 이것이 근본을 닦는 일이라, 보다 더 어진 이를 가까이하네. 위무공(衛武公) 법 받아 높은 덕 쌓고 송조(宋祖)를 우러러 심학을 닦네. 정일(精一)의 도를 깨닫지 못했으니 시옹(時雍)의 풍화 있었을까. 봉황새 찾아들고 훈풍이 불어오니 아름다운 진실(晉室)과 비하랴. 오래 갈 것 한궁(漢宮)도 못 따르리라. 상량을 올리려고 아랑 노래 부르니 잠시 일손 멈추고 다 함께 즐겨보세.

상량을 동쪽으로 밀치니 떠오른 밝은 햇빛 음예(陰翳)는 사라지고 거룩한 우리 인군 빛난 덕 천세토록 만세토록 이 나라에 비치리라. 서쪽으로 밀치니 저 멀리 보이는 곳 중국의 발해만이라. 옛 도의 밝히고 밝히어 팔조항 옛 교화로 백성을 가르치네. 남쪽으로 밀치니 비 내리고 구름 가고 그 혜택 끝없고 한없어, 땅 위에 사는 만족 비단 적실 뿐이랴. 침함(琛函)을 단장해 길이 올리리라.

북쪽으로 밀치니 태음이 폐색하여 하늘도 아득하고 묵묵해, 이를 소통 시킨 건 성인의 공 아니던가. 마음속 밝은 덕 보존할 뿐이라네. 위쪽으로 밀치니 하늘의 모양 둥글둥글한데 밝고 빛난 것 무엇으로 형용할까. 찬란한 날과 달 모두 다 우러러보네. 아래쪽으로 밀치니 도(道)란 진실인 것 다른 곳에 있으랴. 날마다 강(講)하려고 유신들 기다리고 천장(天章)을 내려서 또 묻고 닦네.

바라건대 상량을 올린 뒤 수많은 복이 찾아들고, 귀신들 옹위하여 전궐은 태산처럼 오래가고, 나라는 반석처럼 안정되며, 성상의 덕은 더욱 새롭고 정사는 덕으로 펴져 황폐하지 말며, 사방의 기운 화평하여 육진(六疹)의 질병 쓸어내고 백성의 풍속 순박하며 해마다 풍년 되어 굶주림 없어지고, 천자에 드린 문안 은총을 받으며 상제에 받은 사랑 길이 자손에 전하리. [大提學 李滉이 지었다.]

천추전(千秋殿)

사정전 서쪽에 있다.
1452년(문종 2) 5월에 왕이 이곳에서 승하하였다.[45]

잡상(雜像)

기와지붕의 추녀마루에 배열해놓은 흙으로 만든 토우(土偶)들을 말한다. 궁궐의 팔작지붕이나 우진각 지붕의 추녀마루에 놓는다. 대개 10가지 이내로 상을 배열하는데 서유기에 나오는 인물과 토신을 형상화하여 추녀마루에 늘어놓아 살(煞)을 막아 재앙을 예방하는 방편으로 삼았다.

이 열 가지 신상(神像)은 ①대당사부(大唐師傅: 삼장법사) ②손행자(孫行者: 손오공) ③저팔계(豬八戒) ④사화상(沙和尙: 사오정) ⑤마화상(麻和尙) ⑥삼살보살(三煞菩薩) ⑦이구룡(二口龍) ⑧천산갑(穿山甲) ⑨이귀박(二鬼朴) ⑩나토두(羅土頭)이다.

건축물 지붕 위에 이와 같은 잡상을 놓는 것은 서유기에서 당나라 태종이 밤마다 꿈속에서 귀신이 나타나 기와를 던지며 괴롭히자 문무관을 궁전 문에 배치하여 수호하게 한 데서 유래된 것으로 본다. 당나라 이후에는 아예 액막이 처방으로 지붕 위에 잡상을 배치하여 악귀를 쫓는 방편으로 삼은 것이다.

잡상은 맨 앞에 말을 탄 도인상(道人像)을 선인상(仙人像)이라 하고 그 뒤에 놓는 상들은 주수(走獸) 또는 수수(垂獸), 평수(平獸) 등으로 쓰고 있는데, 선인상 외에 주수상은 용, 봉, 사자(獅子), 기린, 천마(天馬), 해마(海馬), 고기, 해치(獬豸), 후(吼), 원숭이 상으로 모두 합하면 11상이 된다.

▶ 잡상

중국에서도 9세기 말부터 잡상 자료가 나타나는데 궁궐, 문루, 관아, 능사, 사찰지붕에는 모두 잡상을 놓았지만, 우리나라에서는 개인 집이나 사찰에는 잡상을 놓지 않는다.

조선 시대 『궁궐영건의궤』 등에 의하면 경희궁에 112개, 창경궁에 168개, 창덕궁에 148개의 잡상을 들여놓았으며, 숭례문(1448)은 아래층에는 8개 위층에는 9개씩 네 추녀마루에 놓았고, 창경궁 홍화문(17세기)은 5개, 창경궁 돈화문은 7개, 창덕궁 인정전(1804)은 9개, 경복궁 경회루(1867)는 11개, 경복궁 동십자각(1866)은 5개, 덕수궁 중화전(1906)은 10개씩 네 추녀마루에 놓았다. 지붕 한쪽에 올려놓는 수가 5개 내지 11개로 일정하지 않으며, 그 개수의 기준이나 상의 선택 원인 등에 관한 연구 자료가 없다.

경회루의 잡상을 보면 ①손오공 ②모자 쓴 짐승(瑞獸) ③사자 ④해치 ⑤짐승(瑞獸) ⑥용과 흡사한 것 ⑦해치 비슷한 것 ⑧봉(鳳) ⑨⑤번과 같은 짐승 ⑩해치 비슷한 것 ⑪⑤번과 같은 짐승 순이다.

잡상에 배열되는 대상은 서유기에 나오는 네 주인공 외에는 소성 과정에서 될 수 있으면 험하고 추악한 상을 표현하기 위한 장공인들의 상상력이 마음껏 발휘된 작품들이어서 그 명칭을 분간하기는 어렵다. 중국에는 궁궐, 사찰 또는 개인 집에도 잡상을 놓는데, 서유기의 네 주인공에 한정하고 크기가 아주 작다.

손오공 상은 높이 40cm쯤 되고, 그 밖의 상들은 28~32cm로 모두 네모난 받침 위에 웅크리고 앉은 자세이다.[46]

광화문(光化門)

경복궁의 정문으로 왕실과 국가의 권위를 상징할 만큼 섬세하고 웅장하다.

1395년 경복궁을 창건할 때 정전인 근정전과 편전인 사정전 침전인 경성전(慶成殿), 연생전(延生殿), 강녕전(康寧殿) 등을 지어 궁궐의 기본구조를 갖춘 다음에 1399년에 담을 쌓은 뒤 동쪽에는 건춘문(建春文), 서쪽에는 영추문(迎秋門), 남쪽 정문을 광화문이라 했다.

1395년 4월에 정도전이 지어 올린 광화문이란 이름의 취지는 이러하였다.

"오문(午門)의 이름을 '정문(正門)'으로 하소서. 천자와 제후가 그 위치는 비록 다르나 남면(南面)을 하고서 정치를 하는 것은 모두 정(正)에 근본을 두고 있는 것이니 대체로 그 이치는 하나인 것입니다. 고전을 상고해보면 천자의 문을 단문(端門)이라고 했는데, 단(端)이란 정(正)을 말하니 지금 오문(午門)을 '정문(正門)'이라 칭하소서. 명령(命令)과 정교(政敎)가 필시 이 문을 통해 나갈 것인데, 이때 살펴보고서 윤허한 후에 내보낸다면 참설이 행해지지 않고 교만과 거짓이 발붙일 곳이 없게 될 것입니다. 또 부주(敷奏)와 복역(復逆)이 필시 이 문을 통해서 들어오게 될 것인데, 이때 살펴서 이미 윤허한 후에 들여보내게 한다

▶본래의 광화문(1890년대 추정)

면 간사한 일이 진달될 수 없고, 공적을 상고할 수 있을 것입니다. 문을 닫아서 괴이한 말을 하는 간사한 백성을 근절시키고 문을 열어서 사방의 현인을 오게 하는 이것이 모두 정(正)의 큰 것입니다."[47]

서경 홍범편에 光者, 道德之光 草也 "광이란 폐하의 성덕이 요순보다 뛰어나 중원을 광화하였다."라는 뜻으로 임금의 아름다운 덕이 만백성에게 고루 미처 백성이 아름다운 풍속을 만들어간다는 뜻이다.

창건 당시에는 오문(午門) 또는 정문(正門)이라 했다가 1426년(세종 8) 10월 1일 광화문이라 지어 불렀다.[48] 그 후 1454년 2월 24일 강한 바람으로 문짝이 쪼개지는 사고가 있었던 것 외에 별다른 변화 없이 임진왜란까지 유지해왔다. 이 문은 임진왜란 때 모두 불탔는데, 1865년 흥선대원군에 의해 경복궁을 중건할 때 원래 있던 자리에 다시 지었다. 이때의 현판은 당시 훈련대장으로서 영건도감 직을 맡은 임태영(任泰瑛)이 썼다. 1927년 일제강점기에 일본 총독부 청사를 짓는다는 명분으로 경복궁의 여러 곳이 헐리고 광화문도 헐어

▶동쪽 건춘문 북쪽으로 옮겨간 광화문(1927)

동쪽 문인 건춘문 북쪽에 옮겨다 놓았다. 조선 총독부를 구태여 이곳에 지은 것은 누가 보아도 우리 민족 문화를 말살하려는 지극히 의도적인 것이었다.

옮겨다 놓은 광화문 누각은 6·25사변 때 폭격으로 편전인 만춘전(萬春殿)과 함께 모두 날아가버렸다. 1968년 월단을 남쪽으로 옮기고 문루는 목조가 아닌 철근 콘크리트로 모형을 만들었다. 이때 광화문 현판은 박정희 당시 대통령이 쓴 한글체이다. 세 곳에 무지개문(虹霓門)을 내어 가운데 문은 임금과 왕비만이 드나들고, 동편 문은 문반(文班)이 서편 문은 무반(武班)이 드나드는 문이다.

가운데 문은 높이 17척 5치 너비 18척이고, 양옆은 높이 16척 1치, 너비 14척 1치 5푼이다. 문과 문 사이는 13자 3치이고, 월단문의 두께는 4자 1치이다.

문 안쪽에는 돌을 깔았고, 가운데 문 천정에는 쌍봉(雙鳳)과 보주운문(寶珠雲紋)을 그려넣었다. 동쪽 문에는 파도 위를 달리는 천마를 서쪽에는 거북이 물을 뿜는 모습을 그렸다. 문짝은 모두 철갑을 두른 분합판문(分閤板門)으로, 그 바깥쪽에는 무장(武將)을 그리

었다. 문마다 그 앞면 이맛돌에 괴수(怪獸)의 얼굴이 양각되어있고, 좌우로 돌계단과 난간이 있어 오르내릴 수 있도록 하였다.

기단 축대는 조선 초기 때의 구조 그대로이고 그 위의 목조건물은 1867년 경복궁 복원 당시에 지은 것이다.

광화문에는 섬돌이 없다. 1431년 3월 29일 여러 중신이 광화문 밖에 섬돌이 없어 관리들이 말을 타고 문턱 밑에 와서 내리기 불편하고, 또 이 문은 큰 나라 사신들이 드나드는 곳이므로 돌을 캐다가 계단을 만들고 옆으로 둘레로 쌓으며 볼품 있게 만들자는 건의를 하였으나 농사철에 백성들을 동원하는 것은 불가하다 하여 왕이 윤허하지 않았다.[49]

문루는 앞면 3칸, 옆면 2칸이며 우진각 지붕을 얹은 중층 건물이다. 누의 1층 기둥 사이는 터놓았고, 2층에는 판문을 달아 여닫게 만들었다. 가구(架構)는 아래층 대들보가 고주(高柱)에 합보 형태를 하고 있는데, 대들보와 위층 마루 사이에 공간을 두었다. 이 누각을 지은 사람은 고종 때에 불과 24세밖에 안 된 도편수(都辺手) 김수연(金守淵)이란 목수였다.

1867년 복원할 때 광화문 앞에 동서로 해태 한 쌍이 놓여있었는데, 이것은 경복궁 복원 때 만들어진 것으로 이세욱(李世旭)이 조각한 걸작품이다.

이 문의 현재 위치는 원래 위치보다 북쪽으로 상당히 물러나 있고, 좌향도 원래 축선과 일치하지 않는다. 다행히 2007년 9월 이를 다시 헐고 원래 모습대로 복원을 시작하여 3년여 만인 2010년 8월 15일 본래의 자리에서 완공을 했다. 궁궐이란 말이 궁과 궐의 복합어이며, 궐의 형태는 높다란 석대 위에 2층 누각을 세운 것이 일반적인 것이라고 볼 때 조선 시대 궐문의 형식을 제대로 갖춘 유일한 문이다. 원래대로 다시 축조했으니 그나마 다행인 일이다.

오늘의 광화문이 그 석축 부분이라도 원래 모습을 간직할 수 있었던 것은 일본인 유종열(柳宗悅: 야나기 무네요시)이란 사람에 의해서다. 일제는 경복궁 앞 정면 입구에 조선총독부 청사를 짓기 위하여 광화문에서부터 근정문 앞 일체의 모든 전각과 시설물들을 헐어내기 시작하였다. 당연히 광화문도 헐어내어 없앨 계획이 포함되어있었다. 조선을 두어 차례 방문하여 한국 건축물과 예술품에 심취한 유종열은 귀중한 문화유산이 사라지는 것을 안타깝게 여겨 1922년 9월 초의 시사잡지『개조

▶옮겨간 후 6·25전란을 맞은 광화문(1950), 조선일보 제공

(改造)』라는 책에「사라져 가는 한 조선 건축을 위하여」라는 호소문을 실어 광화문 보존을 주장하는 공개적인 탄원서를 내었다. 광화문의 아름다운 건축미를 찬양하며, 인간의 힘으로 만들 수 있는 최상의 예술품 광화문의 보존을 강력히 주장하고 나선 것이다.

"정치는 예술에 대해서까지 무분별해서는 안 된다. 예술을 침해하는 것과 같은 힘은 자중해야 한다. 나아가서 예술을 옹호하는 것이 위대한 정치가가 할 일이 아닌가? 우방을 위해, 예술을 위해, 역사를 위해, 도시를 위해, 무엇보다도 민족을 위해서 그 경복궁을 구제하시오. 그것이 우리들의 우의가 행할 정당한 행위가 아닐까요?" **50** (비교 문학 16권 71년 판)

이 글은 한글과 영어로 번역되어 국내 외교관을 통해 여러 나라에 강력하게 호소한 결과 광화문은 동쪽 건춘문의 북쪽으로 옮겨 그 모습을 보존하게 된 것이다.

유종열은 일본 도쿄에서 해군소장의 아들로 태어나 (1889) 동경제대 문학부를 졸업하고 잡지『공예(工藝)』를 창간하였으며, 도쿄에 '일본 민예관'을 개설하는 등 예술, 특히 고전 미술에 애착을 가진 일본인이다. 특히 한국의 도자

▶ 1968년에 다시 남쪽에 세워진 광화문
(목조가 아닌 철근 콘크리트로 문루를 세웠다)

기에 대해서는 남다른 애착을 가지고 있다. 그런 데다 성과 이름이 한국 사람들과 유사하여 일본 정부로부터 많은 곤욕을 당한 것으로 알려져 있다. 광화문이 철거될 당시 서슬 퍼런 제국주의 통치하에 침략국의 백성이 혈혈단신으로 그 만행을 규탄하고 결국 광화문을 지켜낸 그의 투철한 예술 애호 정신은 높이 살만한 것이다. 6·25 때 폭격으로 문루는 없어졌을지라도 석축 부분이라도 남아있어 그나마 다행인데 흉물스러운 콘크리트 구조물로 문루를 세워 제자리도 아닌 곳에 거죽만 복원함으로써 뜻있는 사람들의 마음을 안타깝게 하였는데, 이를 해체하여 제자리에 복원하였으니 얼마나 다행스러운 일인지 모른다. 그의 저서『조선과 예술』이란 책에「오! 광화문 이여」라는 개탄의 서사시 일부를 옮겨보자.

오오, 광화문이여! 너는 얼마나 서글프게 네 운명을 저주하겠는가? 너의 친구들은 너보다 앞서 죽음을 당했다. 서울 서쪽을 장식했던 돈의문, 소의문은 이제 시민의 눈에 띄지 않는다. 전년에 나는 혜화문을 찾았는데 돌보는 자가 없어 그 가련한 모습은 이제 비바람에 지탱하기조차 힘들어 보였다. 너의 귀중한 형제인 숭례문은 성벽에서 고립되어 언저리가 없는 울타리로 근근이 가꿔져 있다. 사랑해주는 주인

없는 너희들은 얼마나 짧은 운명을 서글퍼하겠는가? 죽지 않아도 되었을 너희들이 죽어야 하는 이 세상을 나는 부자연스럽게 느낄 것이다.

아아, 문전에 안치된 두 개의 큰 해태(海豸)여! 너희들은 오랫동안 왕궁의 정문을 지켜주었다. 추운 때나 더운 때나 모습을 흐트러뜨리지 않고, 다가드는 자의 마음에 권위로서 임했다. 그리고 문에 걸맞은 위엄과 확실성으로 궁전에 더욱 강한 아름다움을 보태주었다. 너희들은 지금도 묵묵히 앞을 응시하고 있지만, 너희 주인의 신상에 덮친 운명을 알고나 있는가? 너희는 모르겠지만 이미 그는 임종의 자리에 누워있다. 오오, 너희들마저도 떠나지 않으려는 그 장소에서 옮겨질 날이 얼마 남지 않았음을 알고 있는가? 너희들은 어디론가 철거될 것이다. 나도 그것을 모른다. 아니, 철거하는 사람들조차 어디로 가져가는지 그날까지는 모를 것이다. 용서해다오. 나는 모든 죄 있는 자를 대신해서 사과하고 싶다. 나는 그 증표로 삼고자 지금 붓을 들고 있다.

한낮의 더울 때, 아니면 하늘이 휘몰아치는 눈으로 울 때, 또는 저녁 무렵 반달이 창백하게 누상(樓上)에 걸렸을 때, 나는 얼마나 갖가지 상념에 쫓기며 광화문을 우러러보았던가. 지금도 그 거대한 모습이 선연히 눈앞에 떠오른다. 그것이 이 지상에서 사라질 날이 가깝다고 어찌 생각할 수 있겠는가? 그러나 그것은 괴로운 현실의 일이다. 누구도 그것을 파괴하는 편이 낫다고 말하지는 않을 것이다. 그러나 어떤 사정이 이와 같은 파탄에까지 너를 몰아갔을까?

나는 그리스도가 십자가에 못 박혔을 때 한 말을 상기한다. "사람들은 무엇을 하고 있는지 모르는 것이다." 만약 무엇을 하고 있는지 알고 있다면 못할 짓을 하는 그 어리석은 죄에 빠지지 않아도 되었으리라.

광화문이여! 장수했어야 할 너의 운명이 단명으로 끝나려 한다. 너는 괴롭고 쓸쓸하리라. 나는 네가 아직 건재하는 동안, 한 번 더 바다를 건너 너를 만나러 가리라. 너도 나를 기다려다오. 그러나 그전에 시간을 보아 이 한 편의 글을 써두고 싶다. 너를 낳은 너의 친근한 민족은 지금 말을 조심하도록 명령받고 있다. 그래서 그들을 대신해서, 너를 아끼는 자가 이 세상에 있다는 것을 생전의 너에게 알리고 싶은 것이다. 그렇게 하고픈 나머지, 나는 이 말들을 적어 공중 앞에 내보낸다. 이로써 너의 존재가 한 번 더 사람들에게 깊이 인식된다면 나는 얼마나 기쁘겠는가! 그리하여 내가 적고 있는 글로 인하여 그 인식이 길이길이 영속될 수 있다면 너도 그것을 기뻐해 줄 뿐 아니라 그것이 곧 나의 기쁨이 아니고 무엇이겠는가?[51]

— 1924년 9월호 『改造』 所載

해태에 관한 설 두 가지

1. 태조가 서울에 도읍을 정하고 경복궁을 지은 후로 화재가 자주 일어나 이는 안산인 관악산이 화산(火山)이기 때문에 시대는 알 수 없으나 관악산에 우물을 파고 구리로 만든 용을 우물 속에 집어넣는 한편 광화문 양쪽에 해태 한 쌍을 배치하여 관악산의 화기를 막도록 하였다는 설이다. 그래서 해태는 눈을 부릅뜨고 관악산을 노려보고 있다는 것이다.

▶광화문 앞에 놓인 해태상
(고적도보 1910년대)

2. 해태는 선악을 분별할 수 있는 지혜를 상징하는 영물로서 염라대왕이 해태관을 쓰고 있으며, 이 왕궁에 출입하는 관리들은 올바른 사람만 출입할 수 있도록 삼가고 경계하는 의미로 눈을 부릅뜬 해태상을 세운 것이라는 설이다. 현재 법관들이 쓰고 있는 관이 해태관이다.

해태의 의미가 이럴진대 후자가 더 설득력이 있어보인다.

▶ 2010년 8월 복원 완공된 광화문의 현재 모습

흥례문(興禮門)

광화문을 들어서면 첫 번째 만나게
되는 궁내의 문인데 이 문이 흥례문
이다.

광화문과 흥례문은 4면이 행랑으
로 이어져 있다.

이 문의 명칭은 원래 홍례문(弘禮
門)이었다. 궁궐지에 "남쪽은 근정
문, 근정문 남쪽은 홍례문⋯. 홍례
문(弘禮門) 안에 개울이 있는데 다

▶ 흥례문

리 이름을 금천교(錦川橋)라 한다."라고 하여 원래는 홍자(弘字)를 썼다. 그런데 1735년에
청의 제6대 황제로 등극한 고종〈高宗: 연호 건융(乾隆)〉은 그 이름(諱)이 홍력(弘歷)이다.
이 휘자(諱字) 홍(弘)을 피하기 위하여 고종 때 경복궁을 복원하면서 흥(興) 자로 고친 것
이다.

1434년(세종 16) 4월 27일에는 홍례문 밖에 있는 동쪽과 서쪽 행랑을 의정부와 6조 및
각 관청에 나누어주어 조회를 기다리는 장소로 쓰게 하였다.[52]

이 문은 중층 겹처마 우진각지붕이고, 1층은 외2출목 내3출목, 2층은 외2출목 내2출
목이다. 복원공사는 흥례문 주변 행각(양측 15칸, 흘처마, 물도리, 팔작지붕)과 더불어
2001년 10월에 완성되었다. 현판은 서예가인 소헌(紹軒) 정도준(鄭道準)이 쓰고, 오옥진
(吳玉鎭)이 새겼다.

유화문(維和門)

유화는 화(和)를 소중하게 여겨야 한다는 뜻이다.

흥례문으로 들어가 영제교를 건너 서쪽으로 빈청과 연결되는 문이다. 규모는 정면 3칸,
측면 2칸, 단층이고 양식은 겹처마 팔작지붕에 외1출목, 내2출목의 집이다. 유화문은 신
하들이 집무하는 기관들이 있는 외조(外朝)에 해당하는 곳을 출입하는 문으로 빈청으로

▶ 유화문과 기별청

통하는 문이다. 유화문 오른쪽으로 바짝 붙어있는 집은 정면 2칸 측면 2칸, 양식은 홑처마 초익공, 맞배지붕을 한 작은 집인데 기별청이다. 기별청은 매일 승정원에서 행한 일들을 적어 다음 날 아침 배포하는 일을 맡아보는 관청이다. 이 두 건물 모두 2001년 10월에 복원된 것이다. 유화문 현판은 정도준이 쓰고 오옥진이 새겼고 기별청 현판은 정상옥(鄭祥玉)이 쓰고 오옥진이 새겼다.

건춘문(建春文)

경복궁의 동문이다. 궁성 담벽과 같은 높이로 돌을 쌓아 홍예문을 내고 출입하도록 하고 그 위에 세워진 누각은 정면 3칸 측면 2칸으로 검소하게 지어진 단층집이다. 우진각지붕에 익공집인데 골격은 북문인 신무문과 비슷하며 광화문의 상층 다락과 흡사하다. 고주는 없고 평주(平柱) 위에 대들보를 건너 올렸는데 측면 평주에서 휘어 올라간 충량(衝樑)이 대들보 가운데쯤에 짜여졌다. 처마는 겹처마고 각 등성마루는 양성을 하고 취두, 용두, 잡상을 놓았다.

이 문은 종친과 그 친척, 상궁들이 드나드는 등용문이다.

1427년(세종10) 5월 24일 건춘문을 수리하였다.[53] 현판은 이경하(李景夏)가 썼다. 이경하는 고종때 훈련대장을 지낸 무관이다.

▶건춘문

영추문(迎秋門)

경복궁의 서문으로 건춘문을 본따 지었다.

영추문으로는 승지(承旨)와 홍문관(弘文館), 교서관(校書館) 등 궁중 각사(各司)에 봉직하는 벼슬아치들이 출입하는 문이다.

1427년(세종 9) 6월 5일 영추문을 수리한 바 있다.[54]

현판은 당시 경복궁 영건도감 제조로 있었던 허계(許棨)가 썼다.

▶영추문

신무문(神武門)

경복궁의 북문이다.

정면 3칸, 측면 2칸 중루(重樓), 우진각 기와지붕이며 익공집인데 건춘문과 비슷하다. 가끔씩 문밖 북악 기슭(청와대 자리)에서 과거시험을 보거나 임금이 그쪽으로 거동할 때 외에는 평상시에는 열지 않는 문이다.

1519년(중종 14) 11월 15일 남몰래 이 문을 열고 훈구파(勳舊派)인 남곤(南袞), 홍경주(洪景舟)가 숨어들어 가 임금에게 무고(誣告)하여 그날 밤으로 정암(靜庵) 조광조(趙光祖)를 끌어내어 친국하고 사약을 내리는 기묘사화(己卯士禍)를 일으킨 일이 있었다.[55]

또 속설에 의하면 1896년(建陽元年) 2월에 고종 임금이 여인 복장을 하고 남몰래 이 문을 빠져나가 러시아 공관으로 피신(아관파천: 俄館播遷)한 사건이 있었다 하나, 이것은 일인들이 고종 임금을 비하하기 위한 조작된 유언비어 같고, 『매천야록』에는 영추문을 나와 대기 중인 교자를 타고 러시아 공관으로 간 것으로 기록되어있다. 아무튼, 평상시에 닫아둔 문을 열지 말아야 할 때 열어 나라의 비운을 가져다준 사건들이다. 현판은 고종 때 무관 이현직(李顯稷)이 썼다.

▶ 신무문

강녕전(康寧殿)

▶ 강녕전

▶ 향오문(강녕전 정문),
▶ 연생전(강녕전 동소침전)

사정전 정북 쪽에 있는 향오문(嚮五門)에 들어서면 임금이 정무를 떠나 사생활을 누릴 수 있는 왕의 침전 강녕전이 있다.

이 건물은 경복궁 창건 당시인 1395년(태조 4) 6월에 처음 지었다. 건물 이름은 삼봉 정도전이 지었는데, 강녕은 서경(書經) 홍법편(弘法篇)에 나오는 오복(五福) 중 하나이다.

1433년(세종 15)에 크게 고쳐 지었는데, 임금이 경회루에 가서 강녕전을 수리한 제주들인 안순과 노한을 위로해주었다. 그리고 6년 후에 또 한 차례 수리가 있었다. 1553년(명종 8)에 화재로 불타 없어진 것을 이듬해에 바로 지었고, 1592년 임진왜란 때 다시 소실되었던 것을 1865년 대원군에 의하여 경복궁 중건 때 다시 지었다. 그 후 1920년까지 제 위치에 있었는데, 1917년에 불타버린 창덕궁의 대조전을 다시 짓기 위하여 이 강녕전도 헐어내어 그 부재로 사용해버렸다. 얼마나 말끔히 치워버렸는지 강녕전이 있던 자리에는 주춧돌 한 개도 남아있는 것이 없었고, 그 자리에는 일인들이 전국에서 옮겨다 놓은 석탑들만이 즐비하게 배열되어있었다.

지금 서있는 강녕전은 1994년 12월에 중건한 것이다.

1465년(세조 10) 주상이 이곳에서 임영대군 구(璆)를 불러 인견하고 상당부원군 한명회와 인재 등용을 논의하였다. 1466년(세조 11) 세자, 효령대군, 정인지 등이 장수를 천거하도록 하니 하숙산(河叔山)을 천거하여 문신이 선전관을 겸한 것은 이때가 처음이다. 강녕전에서 있었던 일이다.

▶ 경선전(강녕전 서소침전)

1467년(세조 12)에는 세자와 효령대군 보(補)가 정인지 등을 입시하도록 하여 제 신하들과 더불어 이 강녕전에서 향연을 베푼 일이 있는데, 이 자리에 숭의부사(崇義副使) 왕순례(王楯禮)를 불러 빈예로 대접하였다. 예종원년 왕대비(정희왕후)가 사저에 있는 자산군(者山君: 성종)을 강녕전에 불러 만난 일이 있다.

정면 11칸, 측면 5칸(145.7평)이며, 이익공 겹처마에 팔작지붕이다. 강녕전 현판은 서예가 여초(如初) 김응현(金膺顯)이 쓰고 오옥진이 새겼다.

정도전이 지은 강녕전 기문(記文)에는,

"신이 살피건대 홍범(洪範: 書經) 9편의 오복 가운데에 세 번째 것을 '강녕'이라 하였다. 인군이 마음을 정답게 하고 덕을 닦아 황극을 세운다면 강령의 복을 누리게 된다. 그 복 가운데에서도 그 중간에 있는 강령을 든 것은 나머지 네 복은 이에 쌓여 있기 때문이다. … 옛 위나라 무공이 스스로 경계하는 시에 이르기를 '군자와 벗하니 고와진 너의 얼굴 무슨 허물 있으랴. 너 홀로 있을 때도 부끄러운 것 없게 하라.' 하였다. 무공이 이처럼 근신하였기 때문에 구십 세까지 산 것이다. 전하(殿下)의 시를 본받아 만일을 경계하고, 경외를 간직해 황극의 복을 누리고, 다시 자손들에 전해주어 만세토록 이어지도록 하기 바라는 마음에서 연침(燕寢)을 강녕전이라 한다."라고 했다.[56]

1767년(영조 43) 3월 상사일(上巳日)에 중궁이 경복궁에 나아가 친잠례를 거행하고 강녕전에 나아가 혜빈과 세손의 조견례를 받았다.[57] 강녕전 서쪽에 있는 서(西)소침인 경성전(慶成殿)은 규모가 정면 7칸, 측면 4칸, 37.1평이고, 이익공 겹처마 2고주 7량이다. 이 또한 1994년 9월에 복원하였다.

정도전의 문(文)에 이르기를,

"천지의 만물이 봄에 낳고(生), 가을에 익는 것(成), 인(東)과 의(西)로서 백성을 다스린다. … 동쪽의 소침을 경성이라 하여 전하의 정령은 천지의 움직임에 따라 시행하는 것을 밝힌다."[58]라고 하였다.

강녕전 동소침인 연생전은 정면 7칸, 측면 4칸, 37.1평으로 이익공 겹처마며, 팔작지붕 2고주 7량으로 경성전과 똑같은 규모이다. 연생은 좋은 기운을 받아들인다는 뜻이고, 경성은 이룩함을 기뻐한다는 뜻이다. 연생전 현판은 1995년에 달았으며 구당(丘堂) 여원구(呂元九)가 쓰고, 경성전 현판은 우죽(友竹) 양진니(楊鎭尼)가 썼는데 모두 오옥진이 새겼다.

강녕전 소침으로 동서에 연생전과 경성전이 있듯이 두 소침 뒤로 동쪽에 연길당(延吉堂)과

▶ 연생전 뒤에 있는 응지당

▶ 경선전 뒤에 있는 연길당

서쪽에 응지당(膺知堂)이 있다. 연길당은 좋은 기운을 맞아들인다는 뜻이고 응지당은 복을 받아들인다는 뜻인데, 연길당 현판은 서예가 김훈곤(金勳坤)이 썼고 응지당 현판은 운암(雲菴) 조용민(趙鏞敏)이 썼다. 각자는 모두 오옥진이 했다. 모두 정면 4칸, 측면 3칸, 19.1평 규모로 건축양식은 초익공 겹처마 팔작지붕에 1고주 5량이다. 두 건물 모두 1994년 11월에 동시에 준공되었다.

교태전(交泰殿)

강녕전 북쪽에 있는 중전의 침전이다.

주역에서 태괘(☷☰)는 음(陰)의 괘인 곤괘(☷)가 위에 있고, 양(陽)의 괘인 건괘(☰)가 아래에 있는 괘이다. 주역에서 풀이하기를 "태괘 건(乾)이 아래에서 강건하고 곤(坤)이 위에서 유순하여 음양이 균등하게 배합하였다."라고 하였다. 하늘과 땅이 서로 사귐이 태괘이니 나라의 지도자는 본받아 하늘과 땅의 진리를 혜량하여 이룩하며, 하늘과 땅의 마땅한 이치를 체득하여 국민을 태평하게 한다는 뜻이다. 1395년(태조 4) 경복궁 창건 당시에는 없었는데 1440년 9월 6일에 임금과 왕비가 세자궁으로 옮기고 교태전을 수리하였다는 기록이 보이므로 태조 이후 40여 년 동안에 창건된 것으로 추측할 수 있다.[59]

1553년(명종 8)에 불탄 것을 이듬해에 바로 중건하였고, 1557년(명종 12) 비바람이 들이치므로 처마를 내어 증축하였는데, 1592년 임진왜란 때 또다시 불타버렸다.

1867년에 대원군의 손에 의해 다시 지어졌으며, 1876년에 또다시 화재를 만나 소실된 것을 12년이 지난 1888년에 다시 지었다.

1917년에 창덕궁이 화재가 나 대조전 주변이 모두 소실되었는데, 이 대조전을 다시 짓기 위하여 이제는 일인들의 손으로 1920년에 이 교태전을 헐어 대조전의 부재로 썼다. 그리고는 교태전이 있던 자리에 전국에서 옮겨다 놓은 부도(浮圖) 석탑 등의 석물들을 배열해놓았

▶ (위) 교태전 / (아래) 1910대의 교태전

다. 지금의 교태전은 1994년 12월에 우리 정부에서 다시 세운 것이다.

강녕전이 왕의 침전이라면 교태전은 왕비의 침전으로 궁궐 안에 있었던 150여 채의 전각 가운데 가장 화려하게 치장하여 국모의 위엄을 한껏 세워놓은 전각이다.

세조 5년에 주상이 신숙주를 불러 북벌의 뜻을 은밀히 펴보인 곳이기도 하다.

교태전 정문이 양의문(兩儀門)인데 11.65평의 규모로, 초익공 홑처마 맞배지붕의 양식으로 1994년 12월에 다시 복원하였다.

▶ 교태전 정문 양의문

▶ 교태전 뒤 아미산

양의는 음(陰)과 양(陽)을 뜻하므로 임금이 교태전으로 출입하기도 하고 중전이 강녕전으로 출입하기도 하는 문이기 때문에 붙여진 이름으로, 임금 내외가 번갈아가며 두 침전을 사용한 것이다. 그래서 강녕전과 교태전 두 곳이 용마루가 없다. 중전의 침전에 용마루가 없는 것은 그 이유를 설명해놓은 문헌이 없기 때문에 속단하기는 어렵지만, 중전의 몸 안에 들어와야 할 용이 지붕 위에 있으면 안 된다거나 하늘의 용이 강림(왕손)하는데 장애가 되는 용(용마루)이 지붕 위에 있어서는 안 된다는 샤머니즘적 발상에서 비롯된 것이 아닌가 추측하고 있다.

뒤뜰에 있는 아미산은 경회루의 연못을 팔 때 파 올린 흙으로 만든 인공 동산인데, 그 위에는 아름다운 꽃무늬가 새겨진 굴뚝이 남아 있어 왕비의 거처로서 높은 품격을 보여주고 있다.

아미산 굴뚝 또한 자경전 십장생 굴뚝과 마찬가지로 보물 제811호로 지정되어있다. 아미산은 원래 중국 산동성 박산현(博山縣)에 있는 유명한 산인데, 그 이름을 따 붙인 것이다. 이 아미산은 교태전의 후원이 된다.

아미산은 계단식으로 여러 개의 화단(花壇)을 만들고 거기에 화초, 나무, 괴석 등으로 조경하여 다채롭다.

2단식 장대석을 네 층으로 쌓아 그 위에 괴석(怪石)의 석분(石盆)과 석지(石池) 등을 비치하고 주변에 화초를 심어 아름다운 작은 동산을 연출하였으며, 남쪽에 6각형의 굴뚝 4개가 있다.

이 굴뚝은 화강석 지대석 위에 30단 혹은 31단의 벽돌을 쌓고 6각의 각 면에는 네 가지 종류의 무늬를 장식하였다. 맨 아랫부분에는 벽사상(辟邪像: 사귀를 물리치는 형상)을 부조한 직사각형 또는 정사각형의 벽돌을 끼웠고, 그 위의 직사각형 회벽(灰壁)은 십장생, 사군자 또는 만자문(卍字紋)을 새겼다. 그 위에 봉황, 귀신의 얼굴이 부조된 네모 반듯한 벽돌을 끼웠고, 윗부분은 역시 회벽에 당초문(唐草紋: 여러 가지 덩굴풀이 비꼬여 뻗어 나가는 모양의 무늬)을 새겼다. 이들 무늬 위로는 목조 건축물의 소루(小累), 창방, 첨차(檐遮) 형태를 본뜬 벽돌을 쌓고 그 외에 기와지붕을 이었으며, 정상 부위에는 점토로 만든 연가(煙家: 연통)를 지어 연기 배출구를 만들었다.

이 굴뚝은 조각의 형태나 화면의 구성이 아름다워 기왕에 연돌을 만들면서 예술성을 한껏 발휘함으로써 교태전의 품격을 올려놓은 걸작품이다.

아미산 아래에는 낙하담(落霞潭)과 함월지(涵月池)라는 돌연못 두 개가 동서로 나란히 있는데 낙하담은 노을이 내려앉은 연못이란 뜻이고, 함월지는 달을 머금은 연못이라는 뜻이다.

교태전은 정면 9칸, 측면 4칸, 82.9평의 규모로 이익공 겹처마이며 팔작지붕인데 1994년 12월에 복원하였다. 강녕전과 마찬가지로 동서로 원길헌(元吉軒)과 함홍각(含弘閣)이 있는데, 교태전과 잇대어 연결되어있는 점이 독립된 건물로 배치된 강녕전과 다르다. 교태전 동쪽에 붙어있는 원길헌은 임금이 들었을 때 동침하는 침실이고, 서쪽에 있는 함홍각은 중전이 혼자 잘 때 사용하는 침실이다. 원길은 크게 길하다는 뜻이고, 함홍은 주역 곤괘(坤卦)에 함홍광대(含弘光大)란 말에서 나왔는데 포용하며 넓으며, 빛나고 커서 만물이 다 형통하다는 뜻이다.

두 건물 모두 T자형이다.

함홍각은 정면 5칸, 측면 2칸의 북쪽으로 이어지는 날개채와 서행각 일부가 정면 5칸, 측면 1.5칸으로 되어있다. 함홍각은 1994년 11월에 복원되었다.

원길헌은 ㄱ자형으로 정면 5칸, 측면 2칸으로 함홍각과 같고 남행각과 연결되는 동행각은 정면 3칸, 측면 1.5칸이다. 건축양식은 초익공 겹처마로 팔작지붕이다. 원길헌은 1994년 12월에 복원되었다.

교태전 뒤에 아미산을 감싸고 있는 건물이 건순각이다. ㄱ자형인데 양식은 이익공 겹처마 팔작지붕이다. 이 또한 1994년 12월에 복원하였다.

양의문 동쪽에는 승순당(承順堂)이 있고, 서쪽에는 보의당(補宜堂)이 있다. 승순당은 받들어 순종한다는 뜻이고 보의당은 천지의 마땅한 이치를 따른다는 뜻인데, 지금은 보선당(補宣堂)으로 편액이 달려있어 복원하면서 착오를 일으킨 것 같다.

교태전 서쪽 행랑에 내순당(乃順堂)이 있는데, 상궁의 거처이다. 규모는 171.11평이고 양식은 민도리 홑처마 맞배지붕인데 1994년 12월에 복원하였다.

자경전(慈慶殿)

1867년 경복궁 재건 제2단계 공사 때 당시 고종 즉위에 결정적인 역할을 했던 대왕대비 신정왕후(神貞王后: 일명 조대비)를 위하여 만든 연침이다. 보물 제801호로 지정되어있다.

두 차례의 화재로 소실된 것을 1888년 다시 건축하여 오늘에 이른 것인데 동행각, 남행각, 북행각 등의 부속 건물을 거느리고 있다. 전각을 둘러싸고 있는 행각과 담장은 여러 가지 무늬로 아름답게 장식하였고 북행각에 이어져 있는 굴뚝은 십장생도가 그려져 있어

▶자경전

▶자경전 정문 만세문

이 부분만 따로 보물 제810호로 지정되어있다. 건물 내외의 장식이나 세심한 구조에서 조대비에 대한 배려가 얼마나 지극하였는지 엿볼 수 있는 건축물이다. 서북쪽 복안당에 온돌방을 들여 겨울용 침전으로, 동쪽 청연루에는 누마루를 설치하여 여름용 거실로 삼았다.

정면 10칸, 측면 4칸의 장방형 건물이고 정동 쪽으로 정면 1칸, 측면 2칸의 청연루(淸讌樓)와 정면 6칸, 측면 2칸의 협경당(協慶堂)이 있고, 서쪽 뒤편으로 정면 2칸, 측면 6칸의 방과 대청이 딸려있어 전체적으로 보면 L자형을 이루고 있다.

이 전각의 주평면(主平面)은 교태전처럼 중앙에 큰 대청이 있고 대청 좌우에 커다란 온돌방이 있으며 측면에는 누마루가 있다.

가구(架構)를 보면 앞쪽의 퇴주(退柱)와 안쪽의 고주, 고주 사이에는 대들보를 걸고 거기에서 우물천장을 가설하여 서까래를 가리웠다. 정면의 가운데 세 칸은 툇마루로 개방하고 처마는 겹처마, 팔작지붕이다. 지붕의 용마루와 추녀마루는 모두 양성하여 용머리로 장식하였다. 현판은 고종 때 사헌부 대사헌을 지낸 성이호(成彝鎬)가 썼다.

청연루(淸讌樓)

자경전 동쪽에 있는 누마루로 남쪽으로 내달아 ㄱ자 모양을 하였고 벽은 4분합으로 막았다. 맑고 편안한 누각이라는 뜻이다.

인종원년 7월에 왕이 이곳에서 승하하였다.

▶ 자경전과 청연루

십장생 굴뚝

　자경전을 둘러싸고 있는 행각과 담장은 여러 가지 무늬로 아름답게 장식하였고, 북행각에 이어져 있는 굴뚝은 십장생도가 그려져 있어 따로 보물 제810호로 지정되어있다. 자경전의 온돌은 뒤뜰 새 담으로 이어져 여기에 굴뚝을 만들고, 그 아래 외벽 일부를 장방형으로 구획하여 벽돌로 여러 가지 무늬를 짜 맞추었다. 십장생 무늬는 장수를 의미하는 것으로 일본이나 중국에는 없는 우리나라 고유문화이다. 불로장생을 상징하는 해, 산, 구름, 바위, 소나무, 대나무, 거북, 사슴, 학, 연꽃, 불로초 등을 각각 다른 조형 벽돌로 만들어 회

▶ 자경전 십장생 굴뚝

벽에 화면을 구성하였다. 가운데에는 용문(龍紋) 벽돌, 좌우에는 학문(鶴紋) 벽돌을 끼웠는데, 이 학들은 영지(靈芝)를 입에 물고 있어 영지 역시 장수에 좋은 상서로운 영약임을 상징한다. 윗부분에 소로, 창방, 첨차 형태로 만든 벽돌을 쌓고 그 위에 기와지붕을 얹어 연가(煙家: 집 형태로 만든 굴뚝)를 만들었다.

　벽면의 크기는 넓이 381cm, 높이 236cm, 두께 65cm이다.

　제일 아랫부분에는 좌우에 각각 벽사상(辟邪像: 사귀를 물리치는 형상)을 벽돌로 만들어 배치하였고, 그 위 중앙부에 가로 303cm, 세로 88cm의 장방형을 만들었다.

자미당(紫薇堂)

　아미산 동쪽에 위치한다. 단종 2년 왕이 이곳에 임하여 창란(窓欄)을 보시고 크게 탄

식하여 말하기를 "이곳이 세종임금이 계시던 곳이다." 하면서 눈물을 흘리었다 한다.[60]

1469년 예종원년 11월에 왕이 이곳에서 승하하였다.

재수각(齋壽閣)

자경전 동북쪽 담장 밖에 있다.

수정전(修政殿)

▶ 수정전

정사를 잘 수행하는 곳이라는 의미를 가지고 있다.

세종 때 집현전으로 사용하여 왕실 도서를 이곳에 비치하고 집현전 학사들로 하여금 주야로 공부할 수 있도록 모든 여건을 갖추어주었다.

고종 때 재건되면서 건물 명칭이 바뀌었는데 근정전 서쪽 경회루에서 보면 정남 쪽 방향에 위치한다.

세조 때는 집현전을 폐지하고 예문관의 관서로 활용하였다.

단종을 밀어내고 등극한 세조에게 가장 큰 저항세력은 집현전 학자들을 비롯한 유생들이었다.

집권 초에 세조는 인재양성을 위한 집현전을 중히 여겨 자주 찾았고, 집현전 학자들을 가까이하려 노력하였다. 그런 세조의 기대를 저버리고 성삼문, 하위지 등 집현전 학자들이 주동이 되어 태동한 반역 음모가 발각되자 집현전을 폐지해버린 것이다. 피의 숙청이 휘몰아쳐 간 후 세조는 달갑지 않은 집현전을 먼저 없애고 그 자리에 예문관을 두었다.

예문관은 조선 시대 사명(詞命)의 제찬(制撰)을 담당한 관부(官府)로서 조선 왕조가 개국 되면서 고려 말까지 이어오던 제도를 당분간은 그대로 답습했는데 이때부터 예문 춘추관에서 교명(敎命)과 국사(國史)를 정리 편찬하는 일을 맡아 했다.

1401년(태종 1)에 예문관과 춘추관을 따로 분리하고, 1456년(세조 2)에 집현전을 폐지하여 이곳을 예문관으로 사용하면서 인재양성과 학술적 기능의 일부도 맡아 하게 되었다. 고종 때 다시 지으면서 명칭이 수정전으로 바뀌었다.

1867년(고종 4)에 수정전을 재건하고 나서는 한때 대한제국의 군국기무처로 사용하여 내정개혁을 준비한 일도 있었으나 이 기관은 곧 폐지하고 1895년 1월에 내각의 청사로 활용하였다. 1966년에 한국의 민속관으로 임시 이용된 적이 있는데, 지금은 건물 한 채만 외롭게 남아있다.

축조 당시에는 2백여 칸의 행각들이 즐비하였고, 대전장방(大殿長房), 내반원(內班院), 수라간(水剌間), 정원(政院), 빈청(賓廳), 선전관직방(宣傳官直方), 검서청(檢書廳), 옥당(玉堂), 약방, 의관방(醫官房), 내각(內閣) 등의 건물이 서쪽 영추문(迎秋門)까지 빼곡히 들어차있었다.[61]

이들 주변 건물들은 1910년 이후 왜인들의 손에 의해 모두 철거되어버렸다.

이 건물은 높은 월대 위에 세워졌으며, 정면 10칸, 측면 4칸 익공계(翼工系) 팔작기와지붕이고 겹처마이다. 지붕 각 마루에는 취두, 용두, 잡상이 배치되어있다.

일제강점기 동안 원형이 많이 훼손되어 2000년 5월 12일부터 동년 11월 7일 사이에 대보수를 하였는데, 변형된 온돌방과 장마루 등 건물 내부를 원형대로 복원하고 지붕 쪽의 목재부에 부식된 부분을 교체하였으며, 파손된 기와도 교체하였고 이완된 월대 부분도 모두 바로잡았다. 현판은 조선 후기 문신으로 도승지까지 오른 조석원(曺錫元)이 썼다.

건청궁(乾淸宮)

맑은 하늘이라는 뜻을 가지고 있다.

경복궁 중건이 끝난 뒤 1873년 경복궁 가장 깊숙한 북쪽 신무문 근처에 새로 지은 임금 내외의 침전이다.

경복궁은 원래 태조 때 지은 터에 모든 전각을 그 자리에 복원하는 것을 원칙으로 하여 재건하였는데 건청궁은 당초에 없던 것이다.

이 건물은 정부 대신들에게도 알리지 않고 비밀리에 지었으며 내탕금으로 짓다가 공사 도중에 문제가 생겨 중지할 뻔했으나 그대로 공사를 강행하였다.

1895년 을미사변 때 명성황후가 건청궁 안 곤녕합(坤寧閤)에서 무도한 왜인들의 손에 무참하게 시해되는 민족적 참극이 벌어진 곳이다.

▶ 옥호루(안쪽이 곤녕합)

▶ 고종이 거처하던 장안당(동쪽 곤녕합과 복도로 연결되어 있다)

1894년 청일전쟁이 한국에서 시작되어 결국 일본의 승리로 끝나자 청나라 세력이 한국에서 밀려나고 인천으로 상륙한 일본군대는 동년 7월 23일 건춘문에 도달하여 한국 수비병과 잠시 충돌이 있었으나 큰 저항 없이 경복궁을 포위하고 궁성 안에 있는 무기고에서 대포 30문(내산포팔문), 기관포 8문, 소총 2천 개 등 각종 무기를 반출해갔다.

이때 대원군은 고종의 명을 받아 일병(日兵)의 호위 하에 우중에 영추문으로 들어왔으며, 다음 날인 24일에 고종은 신정부조직을 발표하고 소위 개화당 내각을 출범시켰다.

동년 7월 27일 명실상부한 내정개혁을 위하여 임시 군국기무소(軍國機務所)를 수정전에 설치하고 영의정 김홍집을 총재로 하여 그 밑에 28인의 위원을 두었다. 내각(內閣)을 내무, 외무, 탁지(度支), 군무(軍務), 법무, 학무, 공무, 농상무(農商務)의 8아문(八衙門)으로 하고 포도청을 내무소관으로 편입하는 획기적인 조각을 단행하였다. 이것이 갑오경장(甲午更張)이다.

이 군국기무소는 얼마 안 되어 동년 12월 17일에 폐지되고, 1895년(고종 32) 1월 15일 내각이 모두 수정전으로 이전하면서 각 아문의 장을 대신(大臣)이라 불렀다.[62]

1895년 4월 청일전쟁이 일본의 승리로 끝났음에도 전쟁의 와중에서 민비의 궁중파(宮中派)는 오히려 그 세력을 확대하는 기회를 얻게 되어 개화당이 위축되는 바람에 정권은 다시 민씨 일파에게로 돌아갔다.

당시 우리나라 고문관으로 와있던 강본유지조(岡本柳之助: 당시 궁내부 겸 군 고문관)는 이를 좌시할 수 없었던 나머지 민비를 제거하기로 마음을 굳혔다.

기회를 엿보던 그는 안달겸장(安達謙藏)과 더불어 1895년 8월 19일 밤 12시에 민비의 정적인 대원군(당시 78세)을 공덕동 아소정(我笑亭)으로 방문하여 입궐을 강요 20일 새벽 3시에 아소정을 출발한 대원군은 동틀 무렵에 광화문을 지나 근정전에 머물도록 하였다.

대원군을 근정전에 두고 거침없이 치달은 일인 낭인들은 건청궁을 지키고 있던 훈련대 연대장 홍계훈(洪啓薰)을 살해하고 숙직하던 궁내부 대신 이경직(李耕稙)마저 살해한 뒤에 건청궁으로 돌입하였다.

이때 고종은 침전인 장안당(長安堂)에 있었고 민비는 장안당에 이어진 내전침전인 곤녕합(坤寧閤)의 옥호루(玉壺樓)에 있었다. 이 소식을 듣고 나인의 옷으로 변복하고 병풍 뒤에 숨어있다가 일병에게 끌려 나와 무참하게 살해되었다.[63]

황현이 쓴 『매천야록(梅泉野錄)』에는 상당한 차이를 보인다.

"삼포오루(三浦梧樓: 당시 일본 공사)는 박영효(朴泳孝)가 민후(閔后)를 미워하여 시해를 노리고 있다는 소문을 자주 듣고 있었다. 이때 민후는 어느 정도 복권이 되어 밤마다 궁중에서 연극을 관람하며 노래를 듣고 있었다.

그리고 일본인 소촌실(小村室)이 딸이 하나 있었는데, 그는 매우 영리하였으므로 민후가 사랑하여 늘 대궐로 불러들였다. 삼포오루는 그에게 일병(日兵)을 따라 배우들과 함께 연극을 보게 하고 민후의 초상 수십 개를 간직하게 하였다가 거사에 참여하는 무리에게 얼굴을 익히게 한 후 거사를 서둘렀다.

그러나 삼포오루는 거사 후 일어날 후환이 두려워 대원군과 내통한 뒤 한밤중에 공덕리(孔德里)로 가서 대원군을 앞세우고 일본인들과 함께 그의 뒤를 따랐다. 그들은 민후의 초상을 하나씩 들고 소촌실의 딸은 그들을 인도하여 곤녕합에 도착하였다.

궁중에는 횃불이 훤하게 밝아 개미도 다 볼 수 있었다. 그는 이경직(李畊稙)을 만나 민후가 있는 곳을 물었으나 이경직은 모른다고 말한 후 소매를 들어 그들의 시선을 차단하므로 그들은 그의 왼쪽 팔과 오른쪽 팔을 잘라 죽였다.

이때 벽에 걸려있는 옷 뒤로 숨어 있었던 민후의 머리를 잡아 끌어내었다. 소촌실의 딸은 민후를 보고 확인하였다. 민후는 연달아 목숨만 살려달라고 빌었으나 일병들은 민후를 칼로 내리쳐 그 시신을 두루마기에 싸 가지고 녹산(鹿山) 밑 수목 사이로 가서 석유를 뿌리고 불을 질러 태운 후 그 타다 남은 유해 몇 조각을 매장하였다. 민후는 20년 동안 정치를 간섭하면서 나라를 망치게 한 장본인으로서 천고에 없는 변고를 당한 것이다."[64]

황현은 1905년 을사늑약에 이어 국권침탈로 나라를 잃자 절명시(絶命詩) 4수를 남기고 음독 순직한 애국지사이다. 그는 황후가 정권 일선에 나서서 국정을 혼란하게 만든 민비를 몹시 미워한 사람이었다.

그러나 삼포오루 일본공사가 직접 진두지휘하여 궁궐을 침입, 상대국 중전을 살해한다는 것은 아무리 혼탁한 상황일지라도 납득하기 어렵다. 다만 뒤에서 계획을 세우고 지령을 내릴 수 있는 위치에 있을 수는 있다. 명성황후는 살해되면서 세자이름을 세 번이나 불렀다고 한다. 민비가 살해되던 그 순간 고종은 침전인 장안당(長安堂)에서 일본 낭인들에게 명성황후를 폐위하도록 협박당하고 있었다 한다.

▶ 명성왕후의 조난지비(한국민족문화대백과사전)

민비는 살해되자마자 시신을 멍석(薦席)에 말아 건청궁 동편에 있는 작은 언덕(녹산)에서 석유를 뿌리고 불태워 버렸다. 그러고 나서 3일 뒤 8월 23일에 고종은 일인들의 강압에 의하여 민비를 폐위시키는 조칙(詔勅)을 내리게 된다.

그러나 동년 10월 15일 황후의 자리에 다시 복위시키고 1897년(광무 원년)에 명성황후의 시호를 추증하였다.

칙명으로 명성황후의 죽음을 반포한 내용을 보면 1895년 8월 20일 상오 5시에서 7시 사이로 되어있다.

시해되던 날 오전 8시 대원군은 건청궁으로 가 고종을 알현하였고, 오전 9시에는 일본 공사 삼포, 노국 공사 웨버, 미국 공사 실드 등이 참래하였다. 각국 공사들이 일인의 만행에 대하여 일본 공사에게 힐문하였으나 전연 모르는 일이라고 답변하여 각국 공사들이 분개하였다.

당시 한국군 군사고문으로 있던 미국인 '타이' 장군이 일본 주재 미국 공사관에 일련의 사실을 통지하여 세계에 전파하게 하였는데, 이에 당황한 일본 정부는 외무성 정무국장 소촌을 서둘러 서울로 파견하여 진상을 조사하고 사건 관계자 강본(岡本) 이하 48명을 광도(廣島)감옥에 하옥하였으나 곧 증거 불충분으로 전부 석방해버렸다.

이와 같은 긴박한 상황에서 1895년 10월 12일 친로파 일당이 국왕을 빼내기 위하여 경복궁을 습격하였지만 실패하고, 동년 12월 28일 친노파 이범진(李範晉) 등이 왕세자와 함께 정동에 있는 러시아 공관으로 모셨다.

『매천야록』에 기록된 바에 의하면 동년 8월부터 미리 러시아 공관으로 피신해있던 이범진, 이윤용(李允用) 등이 엄상궁에게 은전 40,000냥을 주고 변란이 일어난다고 겁을 주어 고종을 러시아 공관으로 피신시켰다고 기록하고 있다.

이때 고종은 여인 복장으로 변장하여 신무문을 빠져나왔다는 속설이 있는데, 이 또한 『매천야록』의 기록은 1896년 2월 11일 새벽 궁녀의 교자를 타고 영추문을 빠져나왔다고 되어있다. 속설은 고종을 폄하하기 위한 일인들의 각본이 아닌가 싶다.

고종은 러시아 공관에서 1년여 머물다가 경운궁으로 이어한 후 다시는 경복궁으로 돌아오지 못하고 경복궁은 잡초만 무성한 채 황량한 모습으로 해방될 때까지 방치해두었다.

1910년 경술국치 이후 왜인들이 경복궁 안에 있던 수많은 건물을 헐어버릴 때 이 건물도 함께 헐렸다. 그 후 이 자리에 한때 국립 민속 박물관이 세워졌고 그 동쪽에 3단으로 쌓은 기단 위에 명성황후 조난지(遭難地)라는 표석을 세워 놓았는데 이 글씨는 이승만 대통령의 친필이다. 이 표석을 문중에서 가져갔다 하는데, 제자리에 두어야 의미가 있을 것으로 안다.

건물배치를 보면 왕의 침전인 장안당(長安堂)이 서쪽에 있고, 동쪽으로 복도로 이어진 곤녕합(坤寧閤)이 있는데 이것은 중전의 침전이다. 곤녕합 동쪽으로 이어진 누마루가 옥호루이다. 옥호라는 말은 당나라 왕창령(王昌齡)의 시에 "一片氷心 在玉壺 (한 조각 어름 같은 마음이 옥호에 있다 하소)"에서 나온 말이다. 자신의 깨끗하고 순수한 마음을 옥병에 든 얼음에 비유한 것이다. 장안당 북쪽에 면금당(綿琴堂), 면금당 동쪽에 복수당(福綏堂)이 있다.

건청궁 남쪽으로 네모진 연못을 만들고 그 가운데에 둥근 섬을 만들어 천원지방(天圓地方)을 상징하였다. 그리고 섬 가운데 향원정(香遠亭)을 세우고 섬과 건청궁을 잇는 취향교(醉香橋)를 놓았다.

중국 명나라 때 세워진 자금성(紫禁城)에 건청궁, 교태전, 곤녕궁 등이 있는데 중국에서는 일직선으로 배치하는 형식을 띠고 있으나 우리나라는 조선 시대 상류 주택 형식과 비슷한 모양으로 되어있어 이와는 구분되며 창덕궁 후원에 있는 연경당(演慶堂)과 비교된다.

건청궁은 명성황후가 시해된 사건 말고도 우리나라에서는 최초로 전기를 가설한 곳으로 알려졌다.

일제는 1935년 건청궁을 헐어내고 그 자리에 박람회장을 세웠고, 그 후에 조선 총독부 미술관을 신축했다.

대한민국 정부수립 후 1990년부터 2009년까지 5단계 복원공사를 착수하였는데 건청궁은 제5단계인 2001년부터 시작하여 2007년도에 완성하였다.

건청궁 배치도

건청궁 배치도

1. 건청궁 정문
2. 건청궁 남행각·동행각
3. 초양문
4. 장안당 동행각
5. 장안당(추수부용루, 정화당)
6. 장안당 복도각
7. 곤녕합 남행각
8. 함광문
9. 곤녕합 서행각
10. 곤녕합(옥호루, 사시향루, 정시합)
11. 곤녕합 동행각
12. 청휘문
13. 곤녕합 북행각
14. 복수당 서행각(녹금당)
15. 복수당
16. 경화문
17. 장안당 북행각(전기실)
18. 관문각지
19. 취규문
20. 관명문
21. 필성문
22. 인유문

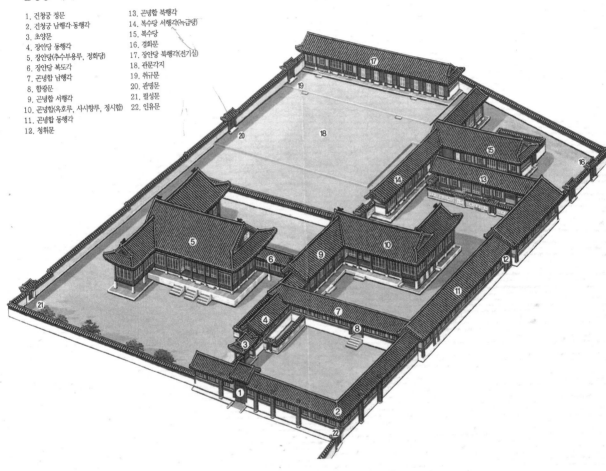

집옥재(集玉齋)

귀한 보배를 모은다는 뜻으로 서책을 모으는 곳이다.

원래는 건청궁에 딸려있는 고종의 서재로 쓰인 건물이다. 그 옆에는 2층으로 되어있는 팔우정(八隅亭)이라는 팔각형의 서고(書庫)가 딸려있다.

집옥재의 본채는 장방형으로 된 높다란 기단(基壇) 위에 지었다. 기단 위에 한 단 높게 장대석을 놓고 그 위에 주춧돌을 배치하였는데 장대석이 그대로 기초돌로 같이 쓰였다. 초석

(礎石)은 북(鼓) 모형이다.

상대갑석(上臺甲石) 아랫부분을 비스듬히 잘라내어 경사면을 만들고 얇게 연판(蓮瓣)을 조각했다. 하대석에도 갑석처럼 비스듬한 면에 풀 모형을 두껍게 새겼다.

하대석 아래에는 널찍한 돌계단을 설치하고 구석돌에는 짐승 모형을 각각 조각해놓았다.

건물 앞면 툇간을 전부 개방하고 바닥을 토간(土間)으로 하였다. 처마는 겹처마로 용마루는 2단으로 양성하여 평기와를 얹었으며, 용마루 양 끝에는 독수리 머리도 아니고 그렇다고 솔개 머리도 아닌 기이한 문양이 새겨진 와제품(瓦製品)이 놓여있다.

집옥재에 서쪽으로 연결된 팔우정은 서고인데 커다란 초석 위에 팔모난 돌기둥을 여덟 개 세우고 그 위에 누(樓)를 올려놓은 다락형식의 건물이다. 처마는 겹처마 지붕은 특별한 장식이 없는 절병통을 올려놓았다. 기둥과 기둥 사이에는 벽이 없고 뺑 둘러 사분합의 광창을 달아 전체적으로 보면 중국풍의 느낌을 주는 색다른 건물 양식이다.

▶ 1910년대의 집옥재 팔우정

▶ 집옥재(서쪽 끝에 팔우정이 보인다)

집옥재 동쪽에 붙어있는 전각은 협길당(協吉堂)인데, 함께 복을 누린다는 뜻으로 현판은 명나라 말기의 서예가 동기창(董其昌)의 글씨이다.

집옥재에 있는 서적 목록을 보면 청대의 것이 대부분인데, 여기에 있는 도서는 그 목록을 팔각루에 비치하였다.

서적 목록 내용을 보면 『무영전총서(武英殿叢書)』가 851권, 『전사(全史)』가 689권, 『도서집성(圖書集成)』이 3,249권인데, 여기에는 집경단에 소장되어있던 내부 비장 도서도 상당수 섞여있는 것으로 보고 있다.

표지 이면에는 집옥재의 목록으로, 여기에 서책 450권 48종 누락 질 769권 46종이었음이 기록되어 있다.(한국민족문화대백과사전, 한국학중앙연구원)

집경당 현판은 북송의 서예가 미원장(米元章)의 서체를 집자한 것이다.

향원정(香遠亭)

▶ 1910년대의 향원정

향기가 멀리까지 미친다는 뜻으로 고종의 어필이다.

1867년부터 1873년 사이에 지어진 것으로 추정된다. 집옥재 남쪽에 자리한 향원지(香遠池) 가운데에 만들어놓은 섬 위에 세워진 육각형 정자다.

원래는 건청궁의 뜰 앞 정원이었으므로 연못의 북쪽에 건청궁과 정자를 잇는 취향교(醉香橋)가 있었으나 6·25 때 파괴되고 지금 있는 남쪽 다리는 1953년에 가설된 것이다.

정자는 초석 위에 1층과 2층을 관통하는 육모 기둥을 세우고 공포(栱包)는 2층 기둥 위에 짜이는데, 기둥 윗몸은 창방으로 결구하고 기둥 위에는 주두(柱枓)를 놓아 끝이 둥글게 조각된 헛첨차를 놓았다.

그리고 기둥과 기둥 사이에는 사분합(四分閤)을 달아 벽을 대신하였다. 일층 평면은 바닥 위로 툇마루를 두고 평난간을 둘렀으며 이층은 계자난간으로 툇마루를 둘렀다.

▶ 현재의 향원정

사방 둘레에 완자 살로 만든 창틀을 달았고, 천장은 우물천장이다. 처마는 겹처마이고, 육모 지붕에 꼭대기는 절병통(節甁桶)을 얹어 장식했다.

경회루(慶會樓)

사정전 서북쪽에 네모꼴 연못이 있고, 그 연못 안 동쪽에 치우쳐 지은 건물이 경회루인데 국보 제224호로 지정되어있다.

1411년 8월에 기록된 실록을 보면 "경복궁 서쪽에 못을 팠으니 동서는 170자이고 남북은 150자인데, 복판에 조그마한 전각을 세운 것이 밝고 아름다웠다."라고 했다.[65]

못에는 연꽃이 있고, 연못 가운데 2개의 섬을 만들어놓았다. 태조 때 처음 축조할 때는 작은 누각이었으나 1412년(태종 12) 4월 2일에 지금과 같은 큰 누각을 만들고, 5월 15일에 못에 물기를 넣고 다음 날 돌로 용의 머리를 만들어 물이 용의 입에서 떨어지도록 조각하고 돌로 둑을 쌓았다. 바닥에는 차돌을 깔고 누각 이름을 경회루라 하라 명하였다.

1421년(세종 3)에 왕이 경회루 동쪽에 별실을 만들었다. 주춧돌을 깎아 만들지 않고 지붕을 띠 풀로만 덮어 검소하게 하였다. 그리고는 왕이 항상 이 별실만을 사용하였다.

태종 임금이 말하기를 "내가 이 누각을 세운 것은 큰 나라의 사신을 대접하는 처소로 쓰자는 것이요, 내가 놀기 위한 것이 아니니 실상 모화루와 뜻이 같다."라고 했다. 경회루에서 있었던 조선왕조 주요 행사 내용을 요약해보면 1417년 4월 8일 태종은 처음으로 여기서 문무과 시험을 치러 문과 33명, 무과 28명을 뽑은 바 있다.[66]

이 누각은 나라의 경사가 있을 때 또는 왕의 기분에 따라 종친들이나 중신들의 연회장소로 이용하였고, 외국 사신들을 접대할 때 많이 이용하였다.

1433년(세종 15) 왕이 경회루에 나아가 서변을 진압하러 나가는 최윤덕(崔潤德)을 전별하였다.

1453년(단종 원년)에 왕이 친히 유생들에게 이곳에서 과거시험을 치렀고,

1455년(단종 3)에 세조가 친히 종묘에 제사를 지낸 뒤 음복연(飲福宴)을 경회루에서 베풀었다.

1456년(세조 원년) 왕이 경회루에서 삼각전법 훈련을 실시하며 활쏘기 구경을 하였고 1459년(세조 4)에는 종친인 장신(將臣)들을 거느리고 활쏘기를 하였다.[67]

1473년(성종 4)에서 다음 해까지 큰 보수공사가 있었으며, 1506년(연산군 12)에 또 한 차례 보수공사가 있었으나 이 누각도 임진왜란 때 방화로 소실되었다가 1867년 대원군에 의해 재건되었다.

경회루는 태조 때 창건 당시 경복궁을 지으면서 이 언저리에 연못을 파고 이 루정(樓亭)을 지었으나 연못이나 건물이 부실하여 1412년(태종 12) 왕은 공조판서 박자청(朴子靑)으로 하여금 지금과 같은 연못과 누각을 짓도록 하여 그해 4월에 준공하였는데, 6월 7일에 임금은 당시 세자였던 양녕대군으로 하여금 경회루란 현판을 쓰게 하였다.[68]

태종 13년 2월에 개수하고 5월에 백 명의 승려를 동원하여 이곳에서 왕비의 병을 회복하도록 기원하는 의식을 가졌고, 태종 16년 7월에 상왕(정종)의 장수를 비는 헌수의 예를 이곳에서 올렸다.

단종 3년 왕은 경회루에서 수양대군을 불러놓고 성삼문으로 하여금 국보(國寶)를 가져오라 하여 친히 누하(樓下)에 내려가 숙부 수양에게 건네주었다. 그 이튿날 수양대군은 익선관에 곤룡포를 입고 사정전에서 단종을 알현하고 근정전에서 즉위식을 거행하였다.

이때 박팽년은 경회루 연못에 빠져 자살하려 했으나 성삼문의 만류로 뜻을 이루지 못했다 한다. 단종은 양위한 뒤 곧바로 경복궁에서 창덕궁으로 거처를 옮겼다.

연산군은 산 위에 오궁(五宮)을 지어 만세궁, 봉래궁(蓬萊宮), 명궁(明宮), 예주궁(藥珠宮), 벽운궁(碧雲宮)이라 했다. 그리고 경회루 아래층에는 붉은 비단 장막을 둘러치고 기생 3천여 명으로 하여금 악기를 연주하게 하는가 하면, 연못 가운데에 산호수(珊瑚樹)를 만들어 세우고 수백 명이 앉을만한 큰 배를 만들어 타고 만세산을 왕래하면서 정사는 뒷전으로 하고 매일 주연을 즐겼다.

1506년(연산군 12) 4월 퇴출당하기 직전에도 만세산에서 관등연을 베풀고 청란등(靑鸞燈), 연화등(蓮花燈), 목단등(牧丹燈), 금조등(金鳥燈), 옥토등(玉兎燈), 은적등(銀鰿燈), 황룡등(黃龍燈), 고소등(姑蘇燈), 봉래산등(蓬萊山燈) 이렇게 갖가지 등을 금과 비치로 장식하여 산 밑에 걸고 임금은 황용주(黃龍舟)를 타고 호유(豪遊)할 때 부용향(芙蓉香) 수백 주를 피우고 밀초 횃불을 대낮같이 켜놓은 가운데 기생들이 주악을 연주하였다고 한다.[69] 또 만세산 옆에 영충산(迎忠山)과 진사산(鎭邪山)을 만들어놓고 영충산에는 군자가 득세하여 안락한 생활을 하는 모습을 만들어 세우고 진사산에는 소인이 귀양 가서 초췌하게 살아가는 모습을 만들어 세웠다. 이렇게 방탕한 생활을 계속하는 중에 어느 날 후원에서 놀다 갑자기 탄식하며 말하기를 "인생은 초로와 같아 만나는 시간이 많지 않은 것을(人

▶1910년대 경회루(고적도보)

▶경회루

生如草路 會合不多時)."하며 눈물을 흘렸다 하는데, 그 후 열흘이 못되어 퇴출되고 말았다. 생물은 자신의 종말을 감지할 수 있는 선천적 직감을 가지고 있는 것일까?[70]

역사 속의 몇 가지 사례를 더 들어보면, 중종 13년에 주상이 경회루에서 무예를 구경하였고, 인종 원년에는 국상을 예고하듯이 경회루 기둥에 벼락이 떨어졌다.

1528년(중종 23) 9월 19일 1월부터 시작한 경복궁 수리가 마무리되었는데, 경회루 물가에 돌을 쌓는 공사도 이때에 모두 마무리되었다. 이후 8년이 지난 1536년(중종 31)에 또한 차례 경회루 수선이 있었다.

1540년(중종 35) 봄에 왕이 경회루에 나아가 활쏘기 구경을 하고 주변의 신하들에게는 시를 짓도록 하여 우수한 자에게는 후원에 핀 꽃을 상으로 주고 술도 내렸다.

명종 5년 왕은 경회루에서 활쏘기 대회를 구경하였고, 15년에는 종친과 부마들을 경회루에 초청하여 연회를 베푼 일이 있었으며, 영조 51년에는 주상이 세손을 데리고 경회루 옛터에서 개국공신들의 자손들을 불러 위로연을 베푼 일이 있었다.[71]

경회루는 창건 당시부터 36간인데 이는 36궁(宮)을 나타내는 것으로 중국 한나라 때 궁전수가 36개이어서 그 후 36이라는 숫자는 왕이 거처하는 곳을 상징적으로 나타내는 수가 되었으며, 다락 바깥에 둘리어진 둥근 연못은 하늘의 둥근 모양을 상징하는 것이고, 네모진 기단은 모난 땅을 상징하는 것으로서 주역의 천원지방(天圓地方)을 나타내었다. 연못 가운데 섬 두 개와 동쪽에 난 세 개의 다리는 양의(兩儀: 陰陽), 삼재(三才: 天, 地, 人)를 상징하는 것으로 되어있다. 지금 못은 네모꼴인데 조선 초기부터 중종 때 물가에 돌을 쌓기 전까지는 원형이었던 것 같다.

건물과 육지를 연결하기 위하여 세 개의 돌다리를 설치하였는데, 그중 남쪽에 있는 돌다리는 어도여서 왕이 출입할 수 있도록 하였기 때문에 폭을 좀 넓게 하였다. 이 다리로 출입하는 문이 자시문(資始門)이다. 만물의 생성이 건원에 의하여 시작한다는 뜻이다. 가운데 다리로 출입하는 문이 함홍문(含弘門), 맨 북쪽 다리에 있는 문이 이견문(利見門)이다.

건물바닥은 외진(外陣)보다 내진(內陣)을 한 단 높게 하여 배석자의 품계에 따라 자리를 달리하도록 하였고, 외진기둥은 네모기둥을, 내진기둥은 둥근 기둥을 세웠다.

하층은 돌기둥으로 하고 상층은 나무기둥인데, 모두 위가 좁고 아래가 넓은 형태로 되어 있다.

태종 때 처음 만들 때에는 이 석주에 꿈틀거리는 용을 조각하여 물가에 있는 정자의 위용과 운치를 더해 주었으며 왕이 임재함을 상징하였는데, 대원군이 재건하면서 용이 새겨진 돌기둥은 사라졌다.

정면 7칸(112.5자), 측면 5칸(93.3자)의 중층 건물로 익공양식(翼工樣式)이며, 전후 퇴칸 11량 구조에 팔작지붕이다.

장대석으로 축대를 쌓아 기단을 만들고 둘레에는 하엽동자(荷葉童子)와 팔각의 돌란대(廻欄石)로 돌난간을 만들고, 난간의 엄지기둥에는 12지상(十二支像)을 조각하였다. 돌난간 안쪽으로 넓은 마당이 있고 아래 직경이 3자에 길이 15자 6치 5푼 되는 48개의 돌기둥이 누각마루를 받치고 있다.

기단 서쪽에 계단을 만들어 배를 탈 수 있도록 하였고, 건물 하층 바닥은 네모로 다듬은 돌들을 깔았다. 동쪽과 서쪽에 하층에서 상층으로 오르내리는 계단을 내고, 상층바닥은 장마루를 깔았다.

상층마루 밑 부분은 마루 귀틀을 숨기기 위해 우물천장(格子天障)을 가설하였으며, 상층마루 끝 기둥 밖으로 계자각(鷄子脚: 난간동자에 조각한 것)에 하엽을 놓고 원죽(圓竹)을 두른 난간이 짜여있다.

퇴칸은 가구(架構)가 노출되는 연등천정이고, 고주간과 내고주간은 모두 우물천장을 하였고, 내고주간에는 변형된 쌍봉(雙鳳)과 여의주를 중앙에 두어 아름답게 단청하였다.

외진기둥인 평주와 고주 사이는 툇칸으로 되어있고 그 고주 내부에 다시 여섯 개의 내진고주를 배열하여 속간(奧間)을 만들었는데, 이들 기둥 사이 칸마다 각각 마루 높이를 다르게 하여 밑에 층과 같이 배석자의 품계에 따라 앉도록 하였다.

지붕 물매곡선을 날카롭게 잡고 용마루를 높게 하여 위용을 갖추려 하였기 때문에 다른 건물에서는 볼 수 없는 커다란 합각머리가 생겨 옆에서 보면 삼각형 모양이 유별나게 웅장한 모습이지만, 평면이 넓어 실제보다는 크게 느껴지지 않는 것이 특색이다.

팔작지붕으로 용마루에 양성을 하였으며, 용두와 취두, 잡상을 배열하였다.

바닥 면적으로는 국내에서 제일 큰 누각이다.

넓은 연못은 길고 큰 돌로 호안을 쌓고 서쪽으로 두 개의 섬인 당주(當洲: 한 쌍의 섬)를 만들어 거기에 나무를 심어 동산을 조성하였으며, 누각 동북쪽 호안에는 이 연못으로 물이 들어오게 하는 석루조(石漏槽)를 만들었다.

이처럼 규모가 큰 건물임에도 수중에서도 오래 견딜 수 있는 내구성이 있고 이익공의 간결한 양식임에도 어느 연회를 진설하여도 손색이 없는 아름다움을 지니고 있기 때문에 건축기법이나 예술성을 높이 평가하고 있다.

1413년(태종 13) 하륜(河崙)이 쓴 기문(記文)에 "전하, 13년 봄에 경복궁 제거사(提擧司)가 궐 뒤의 서루의가 기울어져 위험한 것을 의정부에 알려오니 … 왕은 '누각이 기운 것은 땅이 습하고 기초가 견고하지 않았기 때문이다.'라고 말하였다. 자청(子靑) 등이 지형을 살펴 조금 서쪽으로 옮겨 그 터 위에 옛것보다 약간 넓혀 새로 만들고, 또 땅이 습한 것을 염려하여 루의 둘레에 못을 만들었다. … 전하가 종친, 공신, 나이 든 노인들을 불러 함께 기뻐하고 경회루(慶會樓)라 이름하고 이어서 하륜에게 기(記)를 짓도록 명하시니 … 대개 올바른 정사를 펴는 인군은 올바른 사람을 얻는 것을 근본으로 삼으니 올바른 사람을 얻어야만 경회(慶會)라 할 수 있다. … 경회란 것은 인군과 신하가 덕으로서 서로 만나는 것을 말한다. … 전하는 경회를 조정의 근본으로 하여 전대(前代)에서 폈던 정사를 이어 힘쓰니 창업과 계승 모두 훌륭하지 않은가? … 환한 창문은 총명을 넓히게 한 것이며, 높은 층계는 등급을 엄하게 한 것이고, 아래를 위험하게 보도록 한 것은 경외(敬畏)를 두기 위한 것이며, 멀리 두루 볼 수 있도록 한 것은 포용을 위한 것이다.

제비들이 들어오도록 한 것은 백성들이 기뻐하는 것이며, 파리를 머무르지 못하게 한 것은 간사한 자를 버리는 것이며 사치스럽게 회화를 하지 않는 것은 제도를 알맞게 하기 위한 것이며 때에 맞추어 놀도록 한 것은 문무의 신축을 알맞게 하기 위한 것이다. 이 누각을 오르고 내릴 때마다 이러한 생각을 하며 시행해간다면 누각에서 얻은 것이 참으로 적지 않을 것이다." 하였다.[72]

1998년 8월 대홍수로 피해를 입어 동년 9월 28일부터 수리공사에 착수하여 1999년 8월 30일에 완공하였다. 붕괴된 용마루 일부를 보수할 때, 균열이 생긴 추녀목 3본을 교체하고 추녀의 하중을 가볍게 하기 위하여 적심목과 보토를 없앴다. 그리고 부식된 창방, 도리, 석가래, 부연, 선자연 등을 일부 교체하고 노후된 기와를 교체 또는 보수하였다.

처음에는 양녕대군이 현판을 썼으나 지금의 현판은 1867년에 위당(威堂) 신관호(申觀浩)가 쓴 것이다. 樓자는 옛 서체를 그대로 따랐다.

숙종의 시「경회루」에

池廣樓前 二嶼容
參差紅白 盡芙蓉
禱雨何嘗 靈應感
至今傳說 有神龍

눈앞의 넓은 못 섬 두 개 우뚝한데
붉고 흰 연꽃들이 너무도 곱구나
가물어 비빌 때마다 하늘이 감응하였으니

지금까지 전해온 말은 신용이 있다 하네[73]

정조의 「어제(御製)」에

百架高樓 尙舊基
十尋紋礎 此深池
我朝開刱 規模大
小子今來 燕翼知

백 층 높은 누각 옛 모습이 의연하구나
열 발 주초돌 연못도 깊구나
개국한 우리나라 그 규모가 얼마나 큰 가
소자는 자손을 위한 계책임을 이제야 알겠구나[74]

경복궁 타령

조선말 경복궁을 중건할 때 팔도에서 장정들을 동원하였는데 일하는 장정들이 그 고달픔을 노래한 것이라 하기도 하고 흥선 대원군이 원납전을 거둬들이며 무리하게 공사를 감행하자 그것을 풍자한 노래라고도 하는 두 가지 설이 있다.

타령이라는 것이 어떤 절실함의 한탄이 반복적으로 입에서 튀어나오는 소리를 리듬화한 것이 아닌가 싶다.

이 사설은 그때그때 부르는 사람에 따라서 즉흥적으로 만들어지기도 하는데, 사설 중에 '을축갑자'라고 해서 '갑자을축'을 거꾸로 한 것은 경복궁 공사가 본말을 어긴 것을 암시한 것이며, 눈만 껌벅거린다든지 갈팡질팡한다든지 하는 것은 일하는 사람들이 의욕이 없고 불평에 가득 찬 나태한 모습을 풍자한 것이라 한다.

경복궁 타령

을축 4월 갑자일에

경복궁을 이룩했네

(후렴)에 에헤야 에헤야

얼널널 거리고

방대 흥애로다 에~

을축 4월 초삼일에

경복궁 새 대궐 짓는데

첫 방아 찧는 소리다

조선 여덟도 좋다는 나무는

경복궁 짓느라고 다 들어간다

석수장이 거동을 보소

방 망치를 갈라 잡고

눈만 꿈벅거린다

도편수란 놈의 거동을 보소

남문 열고 바라 둥당 치니

계명산천(鷄鳴山川)에 달이 살짝 밝았네

남문밖에 떡 장사들아 한 개를 베어도

큼직 큼직이 베어라

남문 밖의 막걸리 장사야 한잔을 걸러도

큰 애기 솜씨로 걸러라

창포밭에 금잉어 논다

금실금실 잘논다

화란 춘성 봄바람에

너훌너훌 나비 논다

집현전(集賢殿)

실록에 "1420년(세종 2) 봄에 집현전을 설치하고 선비들을 선발하여 아침저녁으로 강론하게 하였다." 하였다.

집현전은 수정전에 두었는데 집현전이란 이름은 이때가 처음이 아니었다.

집현전이란 이름은 고려 인종 때 연영전(延英殿)을 집현전으로 고치고 문학 하는 선비를 선발하기 위하여 두었는데, 본래의 구실을 못하고 조선 국초까지 그 이름만 있었다. 그 후 1399년 3월에 정종임금은 집현전을 설치하고 문신으로 하여금 하루씩 걸러 회강(會講)하게 하였는데 대사헌 조박(趙璞)이 서적을 많이 비치해주었다.

그리고 며칠 후에 집현전의 이름을 보문각(寶文閣)으로 고쳤다. 이를 다시 세종 임금이 집현전으로 바꾸고 학자들을 발굴한 것이다.

1452년(문종2) 왕은 집현전 학사들에게 귤을 하사하고 시를 지었다.

향나무는 향취만 좋고
기름진 음식 먹기만 좋다네
나는 동정(洞庭)의 귤을 가장 좋아하나니
향취도 좋고 맛도 좋다네[75]

1455년(단종 3) 세조가 도승지 신숙주에게 이르기를 "내가 날마다 경연과 집현전에 나가고 싶으니 사관(史官) 각 1인이 참석하도록 하라"라고 하였다.

1456년(세조 원년)에 양성지(梁誠之)가 집현전 유생들로 하여금 경학(經學)을 일과로 삼아 익히도록 하자고 주청하는 등 집현전에 대한 애착이 많았는데, 성삼문(成三問), 박팽년(朴彭年) 등이 상왕을 복위하려고 모의하다가 거사 전에 발각되어 참혹한 형벌로 다스리게 되자 집현전을 혁파하라 명하고 그곳에 있던 서적을 예문관으로 옮겼다.

집현전이 혁파되고 경오년(庚午年) 즈음에 집현전에 있던 버드나무, 까치와 까치 새끼가 모두 하얗더니 계유(癸酉)년에 버드나무가 다 말라 죽었다.

이를 유성원(柳誠源)과 관련시켜 "화가 반드시 유 씨로부터 일어나더니 과연 버드나무도 죽었다." 하였다.[76]

『국조보감』에는 1399년(정종 원년)에 집현전을 설치하고 문신들로 하여금 하루씩 걸러 돌아가면서 회강하게 하였다고 기록되어있는데, 아마 정종이 즉위하여 보문각으로 고치기 전의 기록으로 보인다.

보루각(報漏閣)

경회루 남쪽에 있는데 1434년(세종 16)에 세웠다. 보루는 시각을 알리는 물시계인데 장영실이 만든 것이다.[77]

1454년(단종 2)에 보루각을 수리하였는데, 이는 세종대왕의 유지를 따른 것이다.[78]

맨 처음 이 누각은 1398년(태조 7)에 종로에 시각을 알리는 누각(漏閣)을 세웠고, 세종 때에 모든 제도 문물을 정돈하면서 보루각을 세운 것인데 1592년 임진왜란 때 없어진 것을 창경궁을 복원하면서 여기에 다시 설치하고 후에 누국(漏局)을 경희궁에 두었다.

태극과 무극의 원리는 1과 0의 2진법을 이용한 현대문명을 주도하고 있는 컴퓨터의 발전에 많은 기여를 했다는 이론이 있다. 논리의 비약이라 할지 모르나 옛 조상들의 지혜로 만들어진 기계문명의 진수를 밝혀내다 보면 현재 과학의 발전에도 상당한 단서를 제공하고 있음을 간과해서는 안 된다. 그런 의미에서 과거의 역사를 피상적으로만 스치고 지나가기보다 당시 발명품들의 구조와 성능을 깊이 연구하여 그 이치를 터득하는 것도 새로운 창조의 시발점이 될 수 있음을 알아야 한다. 그런 의미에서 기록에 나와있는 천문 관측기나 시간을 측정하는 기구들에 대해 역사 자료에 기록된 내용들을 여과 없이 소개한다.

보루각의 기문과 명문(銘文), 일성정시의(日星定時儀)의 명문은 모두 김돈(金墩)이 지었다.

"임금님께서 옛 누기(漏器)는 그다지 정밀하지 못하기 때문에 누기를 다시 만들라고 명하였다. 파수호(播水壺)는 서쪽에는 크고 작은 차이가 있는 수수호(受水壺) 두 개가 있는데, 물을 갈 때에 쓰는 것이며, 길이는 11척 2촌이고 원의 직경은 1척 8촌이며, 두 개의 화살은 길이가 10척 2촌이다. 그 면(面)은 12시(時)로 나누고, 시(時)마다 8각(刻)으로 나누어 초정(初正)의 나머지를 백 각으로 나누고 한 각을 12분(分)으로 만들었다. 야전(夜箭)은 옛날에는 21개였는데, 한갓 갈아 쓰기에 번거로워서 다시 수시력(授時曆)에 의거하여 밤과 낮에 오르고 내림으로 나누고, 대략 두 기운이 화살 한 개와 맞먹게 하였으니, 화살은 모두 13개이다. 간의와 대조해 보니 조금도 틀리지 않았다. 또 임금님은 때를 알리는 자가 착오를 면치 못함을 염려하여 호군(護軍) 신 장영실(蔣英實)에게 명하여, 나무인형으로 된 사신(司辰)을 만들어 때에 따라 저절로 알리게 하고 사람의 힘을 빌리지 않았다. 그 제도는 먼저 전각 세 채를 짓고 동쪽 채 사이에 2층의 자리를 만들고, 위층에 세 신을 세워 하나는 시(時)를 맡아 종을 울리고, 하나는 경(更)을 맡아 북을 울리며, 하나는 점(點)을 맡아 징을 울린다. 가운데 층 아래에는 평륜(平輪)을 설치하고, 윤(輪)을 따라 12신을 배열하여 각각 쇠줄을 간(幹)으로 삼아 오르내리며 각각 시패(時牌)를 잡고 번갈아가며 때를 알린다. 그 기계 운전하는 법은 가운데 채 안에 다락을 만들고, 그 다락 위에는 파수호(播水壺)를 벌여놓고, 밑에는 수수호(受水壺)를 두었으며, 수수호 위에는 모가 난 나무를 꽂되 속도 비고 겉도 비었는데, 길이는 11척 4촌이고, 너비는 6촌이며, 두께는 8푼(分)이고, 깊이는 4촌이다. 빈속에는 격(隔)이 있으며 면(面)에서 1촌쯤 들어가서 왼쪽에 동판(銅版)을 설치했는데, 길이는 화살과 같고 너비는 2촌이다. 판면에 구멍 열두 개를 뚫어 조그만 구리 알을 받는데, 알의 크기는 탄환과 같으며, 구멍에는 모두 기계가 장치되어 열리고 닫히게 할 수 있는데 12시를 맡았다. 오른쪽에도 동판을 설치했는데, 길이는 화살과 같고 너비는 2촌 5푼이며, 동판 면에는 구멍 25개를 뚫어 조그만 구리 알을 받는 것을 왼쪽 동판과 같게 하고, 화살은 12개를 썼는데, 모두 12개의 동판은 절기에 따라 갈아 쓴다. 경(更)과 점(點)을 주장하는 수수호에 화살을 띄워 화살 머리에 가로지른 쇠를 받쳐 놓은 것이 젓가락 같은데, 길이가 4촌 5푼이다. 호 앞에는 구덩이가 있고 구덩이 안에는 넓은 동판을 비스듬히 설치했는데, 그 머리는 모가 나면서 속이 빈 나무 밑에 이어져 있고 꼬리는 동쪽 채에 이어졌다. 자리 밑에는 네 개의 격을 용도상(甬道狀)처럼 설치하고, 격 위에는 큰 철환(鐵丸)을 설치했는데 크기는 달걀만 하며, 왼쪽의 열두 개는 시(時)를 맡고, 가운데 다섯 개는 경(更)과 경마다의 첫 점을 맡았으며, 오른쪽 20개는 점을 맡고 있다. 그 철환을 설치한 곳에는 모두 고리가 있어서 열고 닫힌다. 또 횡기(橫機)를 설치하였으니, 그 기계의 모양은 숟가락 같은데, 그 한 끝은 굽어서 고리를 걸 수 있고 한 끝은 둥글어 철환을 받을 수 있으며, 가운데 허리에는 모두 둥근 축이 있어서 내리고 오르게 한다. 그 둥근 끝은 동통(銅筒)의 구멍에 당했는데, 동통은 두 개로서 비스듬히 격 위에 장치되어있고, 왼쪽 것의 길이는 4척 5촌이고, 원의 직경은 1촌 5푼이며, 시(時)를 맡고 있다. 그 아래 면에는 12개의 구멍이 뚫려있는데, 오른쪽 것의 길이는 8척이고, 원의 직경은 왼쪽의 통과 같으며 경과 점을 맡고 있다. 하면에는 25개의 구멍을 뚫었는데, 구멍에는 모두 기계가 있어서 처음으로 그 구멍이 모두 열려 동판의 조그만 알들이 밑으로 떨어져 기계에 닿으면 기계는 저절로 그 구멍을 막아 다음 알이 굴러 지나가는 길을 만드는데, 차례차례로 모두 그렇게 된다. 동쪽 채 자리의 위층 밑의 왼쪽에는 두 개의 짧은 동통을 달아, 하나는 철환을 받고 하나는 그 안에 숟가락 같은 기계를 장치하여, 숟가락의 둥근 끝이 반쯤 나와 철환을 받게 되어있다. 통 밑 오른쪽에는 둥근 기둥과 모난 기둥이 각각 두 개씩 있다. 둥근 기둥은 속이 비어 그 안에 기계를 장치하였는데, 모양은 숟갈과 같은데 반은 나오고 반은 들어갔다. 왼쪽 기둥에는 다섯 개이고, 오른쪽 기둥에는 열 개이다. 모난 기둥에는 비스듬히 작은 통을 꿰어 기둥마다 네 개씩 설치했는데, 한 끝은 연잎 모양이고, 한 끝은 용의 입 모양인데, 연잎은 철환을 받고 용의 입은 철환을 토한다. 용의 입과 연잎은 위아래로 서로 마주 보고, 그 위에는 따로 짧은 통 두 개가 달려있어서, 하나는 경(更)의 철환을 받고 하나는 점(點)의 철환을 받는다. 오른쪽 모난 기둥에는 연잎 밑마다 각각 세로로 된 짧은 통 두 개와 가로로 된 짧은 통 하나씩을 붙였다. 그 가로로 된 짧은 통 한 개는 왼쪽 모난 기둥의 연잎 밑에 이어져 있고, 왼쪽 둥근 기둥의 다섯 개 숟가락과 오른쪽 둥근 기둥의 다섯 개 숟가락은 그 둥근 끝이 각각 용의 입과 연잎 사이에 당해있고, 오른쪽 둥근 기둥의 다섯 개 숟가락은 그 둥근 끝이 곧은 통 안에 반만 들어간다. 누수가 밑으로 수수호에 닿으면 떠있던 화살이 점점 올라가, 때에 응하여 곧 왼쪽 동판의 구멍의 기계를 건드리며, 작은 철환이 밑으로 떨어져 동통으로 굴러 들어가 구멍에서 떨어지면서 그 기계를 건드리면 그 기계가 열리고, 큰 철환이 떨어져 자리 밑으로 굴러 들어가 달아놓은 짧은 통에 떨어진다. 기계의 숟가락을 움직이면 기계의 한끝이 통 안에서 올라와 시를 맡은 신(神)의 팔꿈치에 닿아 곧 종을 울리는데, 경과 점도 그와 같다. 다만 경의 철환은 달아놓은 짧은 통으로 들어가 떨어지면서 기계 숟가락을 건드리면 왼쪽 둥근 기둥 속으로부터 위로 올라가 경을 맡은 신(神)의 팔꿈치에 부딪혀 북을 울리고는 점통으로 굴러 들어가 거기서 다시 첫 점(點)의 기계를 건드리고, 오른쪽 기둥 속에서 올라와 점을 맡은 신을 부딪쳐 징을 울리고는 연잎 밑의 곧은 작은 통에서 멎는데, 그것이 굴러 들어가는 곳에 기계를 장치하였다. 처음에 경의 철환의 길과 그것이 굴러 들어가는 길을 닫으면 그것이 들어갔던 길은 닫히고 경의 길이 열리는데, 나머지 경도 다 그와 같아서 오경(五更)이 끝남을 기다려서 빗장을 빼고 낸다. 경마다 두 점 이하의 철환이 아래에 달린 짧은 통에 닿아 연잎으로 굴러 들어가서, 그 점의 기계를 건드리고서 그치면 다음 점의 철환이 굴러서 또 그 점의 기계를 건드리고서 멈춘다. 그 철환을 멈추게 하는 통에는 구멍이 있어서 빗장을 걸고 닫게 하고, 다섯 개의 철환이 떨어지면서 가장 밑에 있는 기계를 움직이면 기계에 연결된 쇠줄이 차례로 모든 빗장이 빠져 먼저의 세 점의 철환과 한꺼번에 내려온다. 시를 맡은 큰 철환은 달아놓은 짧은 통에 굴러떨어져 둥근 기둥에 붙은 통에 굴러 들어가 가로지른 나무의 북쪽 끝을 누른다. 나무 길이는 6척 6촌이고, 너비는 1촌 5푼이며, 두께는 1촌 7푼이다. 가로지른 나무 가운데에, 즉 심을 맞추어 짧은 기둥을 세우고, 가로지른 나무를 끼우고 둥근 축으로 받아 아래위로 내리고 오르게 한다. 가로지른 나무의 남쪽 끝에 손가락만 한 둥근 나무를 세웠으니 길이는 2척 2촌인데, 때를 알리는 신(神)의 발밑에 해당한다. 발끝에 조그만 윤축(輪軸)이 있어서, 큰 철환이 떨어지면서 그 북쪽 끝을 누르면 남쪽 끝이 치켜 올라가 신(神)의 발을 쳐들어 자리 가운데 층의 위로 오르게 한다. 가로지른 나무의 북쪽 끝에는 조그만 판자를 세워 여닫게 하였으며, 판자에는 쇠줄이 있어서 위로 시를 맡은 달린 통의 기계 숟가락에 이어져 있는데, 숟가락이 움직이면 판자가 열리어 앞의 철환을 나오게 한다. 가로지른 나무의 남쪽 끝이 낮아지면 시를 알리는 신은 바퀴의 면(面)으로 돌아오고, 다음 시를 맡은 신이 곧 대신 돌아온다. 그 윤전(輪轉)의 제도는 바퀴 겉에 조그만 판자를 가로질러 놓았는데, 길이는 1척쯤 되고 그 중간은 4.5촌쯤 된다. 동판(銅板)을 그 위에 가로로 걸쳐 놓았는데 그 형세는 비스듬히 기울어져 있고, 한끝에는 굴대를 장치하여 열리고 닫히게 하였다. 시를 알리는 발은 처음에 동판 밑으로 반 치쯤 들어가 있는데, 올리면 동판을 열고서 올라오고, 올라오면 도로 닫힌다. 시가 다 되어 바퀴 면으로 돌아오면 발끝의 쇠바퀴는 순하게 동판을 굴러 내려가 잠시도 머무르지 않는다. 그다음의 시를 맡은 신도 그와 같다. 모든 기계가 다 감추어져 있어 드러나지 않고, 보이는 것은 관(冠)과 띠를 갖춘 나무로 만든 사람뿐이다. 이것이 그 대략이다." 하였다.[79]

김빈(金鑌)이 지은 『명병서(銘壬序)』에 이르기를

"제왕의 정사는 때를 맞게 하고 날을 바르게 하는 것보다 중한 것이 없는데, 상고하고 실험할 것은 의상(儀象)과 구루(晷漏)에 있다. 이는 의상이 아니면 천지의 운행을 살필 수 없고, 구루가 아니면 낮과 밤의 한계를 잴 수가 없기 때문이며, 천 년을 헤아림도 한 시각의 어긋나지 않는 데서 비롯하고, 모든 정무의 순조로운 것도 한 치의 세월도 허송하지 않는 데서 말미암기 때문이다. 그러므로 역대의 성왕(聖王)들이 하늘에 순응하여 정치하는 데에 모두 여기에 정성을 다하였다. 삼가 생각건대, 우리 주상 전하께서는 요(堯)의 공경히 따르던 것을 보존하며, 순(舜)의 선기(璇璣)와 옥형(玉衡)으로 살피던 것을 본받아서 해당 관청에 명하여 의상(儀象)을 만들어 천문과 기상을 관측하는 데에 도움을 받고, 다시 누기(漏器)를 새로 만들어 구각(晷刻)을 바르게 하였다. 이에 궐내의 서쪽에 전각 세 채를 세우고 호군 신 장영실에게 명하여 사신(司辰)하는 나무 사람과 3신(神)과 12신을 만들어서, 계인(鷄人)의 직분을 대신하게 하였다. 동쪽 채 안에 자리 2층을 마련하고 3신을 위층에 두고, 한 신 앞에는 종을 두어 그것을 쳐서 시(時)를 알리게 하였다. 한 신 앞에는 북을 두어 그것을 쳐서 경(更)을 알리게 하며, 한 신 앞에는 징을 두어 그것을 쳐서 점(點)을 알리게 하였다. 12신은 각기 신패(信牌)를 잡고 평륜(平輪)에 둘러서서 가운데 층 밑에 숨었다가 때에 따라 번갈아 올라온다. 가운데 채 안에는 항아리를 두고 기계를 장치하여 철환(鐵丸)으로 그 기계를 퉁기는데, 때가 이를 때마다 여러 신은 곧 응한다. 의상(儀象)을 자세히 연구해 보면 하늘과 조금도 다르지 않아서 참으로 귀신이 지키고 있는 것 같아서 보는 사람이 모두 놀라고 감탄하니, 진실로 우리 동방에서는 과거에 일찍이 없었던 훌륭한 제도이다. 그리하여 그 전각 이름을 '보루(報漏)'라 하고, 이제 신 김빈에게 명하여 글을 지어 후인들에게 보여주라 하셨다. 신은 절하고 명(銘)을 지어 올립니다."하였다.

그 명에, "음과 양이 차례를 바꾸고 밤과 낮이 엇갈린다. 천도(天道)는 묵묵히 돌아가고 신공(神功)은 자취가 없도다. 천지(天地)의 도(道)를 도와서 이룩하여 해시계와 물시계를 만들었도다. 황제로부터 시작하여 시대마다 제도가 달랐도다. 오직 우리 동토(東土)에는 옛 제도가 소홀했는데 비로소 빛나는 법을 만들었으니, 우리 임금의 깊은 지혜였다. 먼저는 선기옥형(璇璣玉衡)을 만들고, 다음에 물시계를 만들었도다. 네 개의 파수호(播水壺)에 두 개의 수수호(受水壺)로다. 낮과 밤의 교대는 시간의 차이에서 비롯하나니, 이에 시초점을 치는 산가지를 세워서 이륙(二六)으로 나타내고, 목탁을 치고 혹은 꽹과리를 치는 것은 측후가 어긋날까 함이로다. 나무로 신(神)을 만들어 지키는 관리가 필요 없네. 신을 두어 물시계를 맡기느라 높은 집을 지었도다. 동쪽 채에는 위와 아래로 자리를 설치했는데, 위쪽에 세 신이 있어 종과 북과 징을 나누어 가졌나니, 닭을 대신해 소리를 치매 그 소리는 차례가 있다. 그 아래 열두 신은 제각기 신패(辰牌)를 갖고 평륜(平輪)의 면에 둘러섰다가 번갈아 올라와 때를 알린다. 그 기계의 움직임은 가운데 채에 징험하도다. 층층의 다락으로 칸막이를 하고, 항아리로 서로 이었도다. 구리로 두 개의 판자를 만들고 구멍을 뚫어, 화살을 끼우고 기계를 얹어서 철환을 받아 항아리 안에 쏟아 넣는다. 화살이 올라와 기계를 움직이면 철환이 떨어져 구르도다. 철환의 길은 가로로 비스듬히 신(神)의 밑에 있도다. 두 개의 갈림길이 넷으로 나뉘어 마치 용도(甬道)와 같고, 통의 좌우에 잇대어 있어 쏟아지는 철환을 받도다. 통에는 기계와 구멍이 있어 동판의 수와 맞추었도다. 또 따로 큰 철환이 있어 통가에 벌여있다가 번갈아 기계를 건드리니, 마치 빠른 번개와 같도다. 기계가 닿는 곳에 사신(司辰)이 그 직분을 다하도다. 귀신과도 같아 보는 사람들이 놀라고 감탄한다. 훌륭하여라, 이 큰 규모여! 천도(天道)에 순응하여 만드니 제도가 조화(造化)와 짝하여 조금도 어긋나지 않는 도다. 이 한 치의 광음(光陰)을 생각하여 온갖 업적을 빛내도다. 버들가지를 꺾어 울타리를 만들어도 백성들 스스로 의혹하지 않는다. 이에 여기에 준정(準程)을 세우노

니 밝게 보이어 끝이 없으리." 하였다.**80**

○ 김돈(金墩)의 일성정시의(日星定時儀)의 명과 그 서문에, "의상(儀象)이 있는지는 옛날부터이다. 요순(堯舜)으로부터 한당(漢唐)에 이르기까지 모두 다 소중히 여겼다. 그 글은 경사(經史)에 자세히 나타나지만, 지금은 그때와 시대가 매우 멀어서 그 법이 자세하지 않다. 삼가 생각건대, 우리 전하께서는 신성(神聖)하여 고금에 으뜸가는 자질로써, 모든 정사를 보시는 여가에 마음을 천문법상(天文法象)의 이치에 두시어 옛날의 이른바 혼의(渾儀), 혼상(渾象), 규표(圭表), 간의(簡儀)와 자격루(自擊漏), 소간의(小簡儀), 앙부천평(仰釜天平), 현주일구(懸珠日晷) 등의 기구를 만들어 빠뜨림이 없었으니, 그 하늘에 공경히 순응하여 물건을 개발하여 실효를 거두는 뜻이 지극하였다. 그러나 해가 도는 데에는 백 시각이 있어서 낮과 밤이 그 반을 차지한다. 낮에는 해 그림자를 측량하여 때를 알게 되니 그 기구는 이미 갖추어져 있다. 그러나 밤에 있어서는 『주례(周禮)』에, 별로 밤을 분별한다는 글이 있고, 『원사(元史)』에는 "별로써 밤을 측정한다."라는 말은 있어도, 그 별을 측정하여 활용하는 기술은 말하지 않았다. 이에 명하여 밤낮의 시각을 아는 기구를 만들게 하고, 그 이름을 '일성정시의(日星定時儀)'라 하였다. 그것을 만드는 제도는 구리를 써서 만드는데, 먼저 바퀴를 만들어 그 형세는 적도(赤道)에 표준했다. 자루가 있고 바퀴의 직경은 2척이고, 두께는 4푼이며 너비는 3촌이다. 가운데에 십자(十字)의 거(距)가 있는데, 너비는 1촌 5푼이고, 두께는 바퀴와 같으며, 십자 속에는 축이 있는데, 길이는 5푼 반이고 직경은 2촌이다. 북쪽 면에는 그 중심을 깎아 파서 1리(厘)의 두께로 만들었으며, 가운데에는 겨자씨만한 둥근 구멍을 만들고, 축(軸)으로 계형(界衡)을 꿰고 구멍으로 별을 본다. 밑에는 서려있는 용이 있어서 바퀴 자루를 물고 있는데, 자루의 두께는 1촌 8푼으로 용의 입에 들어간 것이 1척 1촌이고, 밖으로 나온 것이 3촌 6푼이다. 용 밑에는 대(臺)가 있는데 너비는 2척이고, 길이는 3척 2촌이다. 거기에 도랑이 있고 못이 있으니, 그 까닭은 판판하기를 취하려고 한 까닭이다. 바퀴 윗면의 대에 세 개의 고리가 있으니, 주천도분환(周天度分環)과 일구백각환(日晷百刻環)과 성구백각환(星晷百刻環)이다. 주천도분환은 밖에서 운전하는데, 두 개의 귀가 있으며 직경은 2척이고, 두께는 3푼이며 너비는 8푼이다. 일구백각환은 가운데에 있으면 돌지 않는데, 직경은 1척 8촌 4푼이고, 너비와 두께는 바깥의 고리와 같다. 성구백각환은 안에서 운전하는데, 두 개의 귀가 있으며 직경은 1척 6촌 8푼이고, 너비와 두께는 가운데와 바깥 고리와 같다. 귀를 만든 것은 운전하기 위함이다. 세 개의 고리 위에 계형

(界衡)이 있는데, 길이는 2척 1촌이고, 너비는 3촌이며 두께는 5푼이다. 두 머릿속은 비었는데, 길이는 2촌 2푼이고 너비는 1촌 8푼이니, 그 때문에 세 개의 고리에 그어놓은 것을 가리는 것이다. 허리와 좌우에는 각각 용 한 마리씩이 있으니, 길이는 1척으로 모두 정극환(定極環)을 받치고 있다. 고리 두 개가 있는데, 바깥 고리와 안 고리 사이에는 구진대성(句陳大星)이 보이고, 안 고리의 안에는 천추성(天樞星)이 보이는데, 이는 남북과 적도를 정한 것이다. 바깥 고리는 그 직경이 2촌 3푼이고 너비는 3푼이며, 안 고리는 직경이 1촌 4푼 반이고 너비는 4리이며, 두께는 모두 2푼이 조금 모자라는데 서로 십자(十字)처럼 이어져 있다. 계형의 양쪽 끝은 비었고, 안팎에는 각각 조그만 구멍이 있으며, 정극외환(定極外環) 양쪽에도 조그만 구멍이 있는데, 가는 노끈으로 여섯 개의 구멍을 꿰어 계형의 양쪽 끝에 매었는데, 그것은 위로는 해와 별을 살피고 아래로는 시각을 상고하려는 것이다. 주천환(周天環)에는 주천도(周天度)를 새겼는데, 매 도(度)를 4푼으로 만들었으며, 일구환에는 백 각을 새겼는데 매 각을 6푼으로 만들며, 성구환에도 일구환과 같이 새겼는데, 자정(子正)이 새벽 전 자정을 지나는 것이 주천의 1도를 지난 것과 같은 것이 다를 뿐이다. 주천환을 사용하는 방법은 먼저 수루(水漏)를 내리어, 동지(冬至)의 새벽 전 자정이 되면 계형으로 북극의 두 번째 별이 있는 곳을 측후해서 바퀴 옆에 기록하고 주천의 첫 도수의 시초에 맞춘다. 그러나 세월이 오래되면 하늘의 해도 반드시 어긋나니, 수시력(授時曆)으로 상고하면 16년이 조금 지나면 1분이 퇴각하고, 66년이 조금 지나면 1도가 퇴각한다. 이렇게 되면 다시 측후하여 바로잡아야 한다. 북극의 두 번째 별은 북극성에 가까워서 가장 붉고 밝아서 누구나 보기 쉽다. 그러므로 그것으로써 기후를 측정하는 것이다. 일구환을 쓰는 방법은 간의에 성구환을 쓰는 법과 같다. 첫해 동지 첫날 새벽 전의 밤중 자정을 처음으로 하여 주천의 첫 도수의 처음에 맞춘다. 1일에 1도, 2일에 2도, 3일에 3도, 이리하여 364일이 되면 바로 364도가 된다. 다음 해의 동지 첫날 자정이 365도가 되는데, 1일에는 영도(零度) 3푼, 2일에는 1도 3푼이며, 364일이 되면 바로 363도 3푼이 된다. 또 다음 해의 동지 첫날에 364도 3푼이 되면 1일은 영도 2푼, 2일은 1도 2푼이며, 364일이 되면 바로 363도 2푼이 된다. 또 다음 해 동지 첫날에 364도 2푼이 되고, 1일은 영도 1푼이고 2일은 1도 1푼이며, 365일이 되면 바로 364도 1푼이니, 이것을 일진(一盡)이라 하고, 한 바퀴가 다하면 다시 처음으로 돌아간다. 대개 사람의 동정(動靜)의 기틀은 실로 해와 별의 운행과 관계가 있는 것으로, 해와 별의 운행은 의상 속에 밝게 나타나 있다. 옛날의 성인들은 반드시 이로써 다스리는 방법의 첫째 임무로 삼았으니, 요(堯)의 역상(曆象)과 순(舜)의 선

기(璿璣)가 바로 이것이다. 우리 전하의 이것을 만든 아름다운 뜻은 바로 요순과 그 규모를 같이하는 것으로, 우리 동방의 천고 이래로 일찍이 없었던 훌륭한 일이다. 아, 지극하여라! 이것을 마땅히 새겨 후세에 밝게 보여주어야 하리라. 신 김돈은 감히 절하고 머리를 조아리며 명(銘)을 올리나이다." 하였다.

그 글에 "요임금은 역상을 공경히 정하였고, 순임금은 기형(璣衡)을 사용했다. 대대로 서로 전하니 만든 솜씨가 더욱 정묘해졌다. 의(儀)니, 상(象)이니 하여 그 이름은 같지 않으나 굽어살피고 우러러 관찰하여 백성에게 철을 알려주었는데, 시대가 멀어지자 제도가 더욱 폐해졌다. 그것을 기록한 책이 남아있다고 하지만 누가 그 참뜻을 알리? 우리 성신(聖神) 세종대왕이 시기에 응해 요와 순 두 임금을 이어받아 만들었나니, 표(表), 누(漏), 의(儀), 상(象)이 모두 옛 제도를 회복하였네. 시에는 백 각이 있어 낮과 밤으로 나누어지니, 해를 측정하는데 갖추지 못한 기계가 없다. 또 밤까지 측후하고자 하여 새로운 의(儀)를 만드니 그 이름은 무엇이던가? 그것은 바로 일성정시(日星定時)이다. 그 쓰임새는 어떠한고? 별을 보고 해 그림자를 측정한다. 그 바탕은 구리인데 만든 솜씨는 견줄 데가 없다. 먼저 둥근 바퀴를 만들고 거(距)가 서로 설치되었다. 남북이 높고 낮은 것은 적도(赤道)의 법을 본떴네. 용이 그 대에 도사리고 있어 입으로 바퀴의 자루를 물었고, 도랑이 있어 못에 잇대었으니 그 물이 지극히 수평을 이루었도다. 바퀴 위의 세 개의 고리가 스스로 서로 의지해 붙었으니, 바깥 고리는 주천으로서 도(度)와 분(分)을 벌여놓았다. 그 안에 있는 두 개의 고리는 일환과 성환이 그 길을 나누었다. 성환의 각(刻)은 하늘의 도수와 같은데, 안팎의 것은 움직이고 가운데 것만은 꼼작하지 않는다. 저울대는 그 면(面)에 가로질러 있고, 굴대는 그 가운데를 꿰었다. 굴대를 파서 구멍을 만드니 마치 바늘과 겨자씨 같은데, 속이 빈 저울대의 끝에는 도(度)와 각(刻)이 선명하고 뚜렷하도다. 한 쌍의 용이 굴대를 끼고 정극환(定極環)을 받들었고, 고리에는 거죽과 속이 있어 별이 그 사이로 보인다. 보이는 별은 무엇인가? 구진(勾陳)과 천추(天樞)로 남쪽과 북쪽을 정하였으매, 묘(卯)와 유(酉)가 서로 기다린다. 그것을 어떻게 관찰하는가? 선(線)으로 그것을 살펴보나니, 바로 고리의 위에 걸치고 밑으로는 저울대의 끝을 꿰었다. 해를 측량하려면 그 두 가지를 쓰고 별을 살펴보려면 한 가지를 쓴다. 제왕의 자리는 붉고 빛나서 저 북극성에 가까이 있나니 선으로 그것을 엿보면 때와 시각을 알 수 있도다. 먼저 수루(水漏)를 내려놓으면 자정을 바로 거기서 볼 수 있고, 바퀴와 고리에 기록해 표시하나니 천주(天周)가 처음 시작되는 곳이다. 밤마다 지나고 돌고 할 때에 도와 분이 함께한다. 기계는 간단하나 정묘하며 작용은 두루하고 또 세밀하네. 몇 번이나 선철(先哲)들이 지나갔지만 그래도 이 제도 결함이 있도다. 우리 임금님 하늘을 예측하여 이 의(儀)를 일찍이 만들어 저 천문을 맡은 관리에게 주시니 만세에 보배 되리로다.”하였다.[81]

간의대(簡儀臺)

경복궁 궁성의 서북쪽 구석에 있다.

1434년(세종 16)에 세웠고, 1546년(명종 원년)에 중수(重修)하였다.

대간의(大簡儀)의 기문은 김돈이 지었고, 소간의(小簡儀)의 명문(銘文)은 정초(鄭招)가 지었다. 대간의 기문에 이르기를,

“선덕(宣德) 임자년 가을 7월 어느 날, 임금님께서 경연에서 역상(曆象)의 이치를 논하다가 이내 예문관 제학 정인지(鄭麟趾)에게 이르시기를, ‘우리 동방은 멀리 바다 밖에 있어서 모든 하는 일이 한결같이 중화(中華)를 따르는데 오직 하늘을 관측하는 기계는 없다. 그대는 이미 역산(曆算)의 제조(提調)로 있으니, 대제학 정초(鄭招)와 고전을 상고하고 의표(儀表)를 창제(創制)하여 측험(測驗) 하는 데에 쓰이도록 하라. 그러나 중요한 일은 북극성이 나온 땅에 높낮이를 정하는 데에 있다. 그러므로 먼저 간의(簡儀)를 만들어 올려라.’라고 하였다. 이리하여 신 정초와 신 정인지는 옛날 제도를 상고하는 것을 맡고, 중추원사(中樞院使) 신 이천(李蕆)은 공사를 감독하는 것을 맡았다. 먼저 목양(木樣)을 만들어 북극성이 땅에 나온 36도를 정하니, 원사(元史)의 측정한 바와 대략 부합하였다. 드디어 구리쇠로 의(儀)를 만들어 그것이 장차 이루어지려 하자, 호조 판서 신 안순(安純)에게 명하여 후원에 있는 경회루(慶會樓) 북쪽에 돌을 쌓아 대를 만들었는데, 높이가 31척이고 길이는 47척이며, 너비는 32척이었다. 돌난간으로 두르고 그 꼭대기에 간의를 두고 네모반듯한 상을 펴고, 그 남쪽 대의 서쪽에 구리로 된 표를 세우니, 높이는 8척의 얼(臬)의 다섯 배이고 푸른 돌을 깎아서 규(圭)를 만들고, 규의 면(面)에는 장(丈)·척(尺)·촌(寸)·분

▶세종 때 만들어진 천체관측기구 소간의

(分)을 새겼으며, 영부(影符)로서 한낮의 그림자를 취하여 음과 양 이기(二氣)의 차고 줄어드는 단서를 추측하여 알았다. 표의 서쪽에 조그만 집을 짓고 혼의(渾儀)와 혼상(渾象)을 두니, 의는 동쪽에 있고, 상은 서쪽에 있다. 혼의의 제도는 역대에 같지 않지만, 지금은 원나라 오씨〈吳氏: 오징(吳澄)〉가 편찬한 글에 의해서 옻칠한 나무로 의를 만들었다. 혼상의 제도는 옻칠한 베로 본체를 만들어 둥글기가 탄환 같은데, 둘레는 10척 8촌 6푼이다. 세로와 가로로 주천(周天)의 도수를 그었는데, 적도는 가운데에 있고, 황도(黃道)는 적도(赤道)의 안팎에 나왔다 들어갔다 한 것이 각각 24도가 조금 모자라고 중외(中外)의 관성(官星)을 두루 나열하였다. 하루에 한 번씩 돌아 1도를 지나는데, 노끈으로 해를 묶어 황도에 매어두었다. 날마다 1도씩 뒤로 물러가는 것이 하늘의 운행과 부합한다. 그 물을 치는 기계의 운행은 매우 교묘하여 깊이 감추어져 보이지 않는다. 이 다섯 가지는 옛날 역사책에 자세히 적혀있다. 경회루 남쪽에 집 세 채를 세우고 거기에 누기(漏器)를 두었는데, 이름을 보루각(報漏閣)이라 하였다. 동쪽 채 안에 2층으로 된 자리를 설치하고 그 위에 세 신이 있는데, 시를 맡은 자는 종을 치며 경을 맡은 자는 북을 치며, 점을 맡은 자는 징을 친다. 자리 밑에 있는 열두 신은 각각 신패(辰牌)를 잡고서, 사람의 힘을 빌리지 않고 때에 따라 스스로 알린다. 천추전(千秋殿) 서쪽에 조그만 집을 세우고. 이름을 흠경각(欽敬閣)이라 하였다. 종이를 발라 산을 만들었으니 높이는 7척쯤 된다. 그것을 그 집안에 두고 또 그 안에 기륜(機輪)을 설치하고 옥루(玉漏)의 물로 치면, 다섯 빛깔의 구름이 해를 싸고 나왔다 사라졌다 하며, 옥녀는 때를 따라 방울을 흔들고, 때를 맡은 무사(武士)들은 서로 돌아보며, 4신(神)과 12신은 차례로 향해 일어났다 엎드렸다 한다. 산의 4면에는 빈풍(豳風)의 네 철의 경치를 벌여놓았으니, 백성들의 의식(衣食)의 어려움을 생각해서이다. 의기(欹器)를 두어 누수의 남은 물을 받는데, 그것은 천도의 찼다, 비었다 하는 이치를 살피기 위해서이다. 간의(簡儀)가 비록 혼의(渾儀)보다는 간단하지만, 운전해쓰기가 어렵기 때문에 작은 간의 두 개를 만들었으니, 이는 작은 간의가 비록 지극히 간략하나 그 작용은 간의와 같기 때문이다. 하나는 천추전 서쪽에 두고 하나는 서운관(書雲觀)에 내려주었다. 그러나 무지한 사람들은 시각에 어둡기 때문에 앙부일구(仰釜日晷) 두 개를 만들고 그 안에 시신(時神)을 그렸으니 이는 무지한 사람들도 그것을 굽어보고 때를 알게 하려는 것이다. 하나는 혜정교(惠政橋) 곁에 두고, 하나는 종묘(宗廟) 남쪽 거리에 두었으니 낮에 대한 측우기는 이미 갖추어졌다. 그러나 밤이 되면 상고하고 실험할 수 없기 때문에 밤과 낮으로 때를 알 수 있는 기구를 만들고, 이름을 '일성정시의(日星定時儀)'라 하였다. 모두 네 개를 만들어 하나는 만

춘전(萬春殿) 동쪽에 두고, 하나는 서운관에 내려주고, 두 개는 동서 양계(兩界) 원수영(元帥營)에 내려주었다. 일성정시의는 무거워서 행군할 때에 불편하기 때문에 다시 작은 정시의를 만들었는데, 그 제도는 비슷비슷하다. 이 여섯 가지에 대해서 각각 그 서문과 명(銘)이 모두 있다. 또 현주일구(懸珠日晷)를 만들었는데, 방부(方趺)의 길이는 63푼이다. 부(趺)의 북쪽에 기둥을 세우고 부의 남쪽에 못을 파고, 부의 북쪽에는 십자를 긋고 추를 기둥 꼭대기에 달아 십자와 서로 맞게 하니, 꼭 수준(水準)을 쓰지 않아도 저절로 평평하고 바르게 되었다. 작은 바퀴에 백 각을 그었으니 바퀴의 직경은 3촌 2푼이고, 자루가 있어서 비스듬히 기둥을 꿰어 위로는 기둥 끝에 매고, 밑으로는 부의 남쪽에 매어 줄의 그림자가 있는 곳을 보고 곧 시각을 알게 된다. 그러나 흐린 날에는 때를 알기 어렵기 때문에 행루(行漏)를 만들었으니, 몸체는 작고 제도는 간단하다. 파수호와 수수호가 각각 하나씩인데 쏟고는 갈오(渴烏)로써 물을 붓고, 물을 가는 때에는 자(子)·오(午)·묘(卯)·유(酉)시를 쓰고, 작은 정시의와 현주행루(懸珠行漏)는 각각 몇 개씩을 만들어 양계(兩界)에 나누어 주고, 남은 것은 서운관에 두었다. 말 위에서도 시각을 알지 않으면 안 되기 때문에 천평일구(天平日晷)를 만들었는데, 그 제도는 현주일구와 대략 같다. 다만 남북에 못을 파고 부(趺)의 복판에 기둥을 세우고, 기둥 꼭대기에 노끈을 꿰어 두어서 남쪽을 가리키는 것이 다를 뿐이다. 만일 하늘을 관측하고 시를 알려고 한다면 반드시 정남침(定南針)을 써야 한다. 그러나 사람의 힘을 쓰기를 면치 못하므로 정남일구(定南日晷)를 만든 것이다. 이는 비록 정남침을 쓰지 않으나 남북이 저절로 정해져 있는 것이다. 부(趺)의 길이는 1척 2촌 5푼이고, 두 머리의 너비는 4촌이고, 그 길이는 2촌이며, 허리의 너비는 1촌이고, 그 길이는 8촌 5푼이다. 복판에는 둥근 못이 있으니 직경은 2촌 6푼이다. 거기에 수거(水渠)를 두어 두

▶ 앙부일구(해시계)

머리와 통하게 하여 기둥 곁에 두었는데, 북쪽 기둥의 길이는 1척 1촌이고, 남쪽 기둥의 길이는 5촌 9푼이다. 북쪽 기둥의 1촌 1푼 아래와 남쪽 기둥의 3촌 8분 밑에는 각각 굴대가 있어서 사유환(四游環)을 받치고 있다. 동서로 운전하는데 여덟 개의 주천도(周天度)를 새겨 4분으로 만들었는데 북쪽의 16도에서 167도에 이른다. 속은 비어 쌍가락지 모양 같고 나머지는 다 온고리로 되어있다. 안에는 중심에 한 획을 새겼고, 밑에는 모난 구멍이 있는데 가로로 직거(直距)를 설치하였다. 거(距)의 중간은 6촌 7푼으로서 비어서 규형(窺衡)을 받치고 있다. 규형의 위에는 쌍고리를 꿰어 밑으로 온고리에 닿았고, 남북으로 내려갔다 올라갔다 한다. 평평하게 지평환(地平環)을 설치고 지는 시각에 준하고, 반환(半環)을 지평환 밑에 가로로 설치하고 안에는 획(畫)과 각(刻)을 나누어 모난 구멍에 당하게 한다. 부의 북쪽에는 십자를 긋고 북쪽 굴대에 추를 달아 십자와 서로 당하게 하였으니, 이 또한 판판함을 취하기 위해서이다. 규형으로 날마다 태양이 극(極)에서 떨어진 도분(度分)에 당하게 하여, 해의 그림자를 투입시키면 정원(正圓)이 된다. 모난 구멍에 의거 하여 반환의 시각을 굽어보면 저절로 남쪽이 정해져 시를 알게 된다. 그 기구는 대략 15종 인에 구리로 만든 것이 10종이다. 여러 해를 지나서야 준공하게 되니, 그것은 실로 무오년 봄이었다. 유사(有司)가 그 전말을 적어 후세에 밝게 보이기를 청하였다. 이에 신이 그 의논에 참여하였으므로 신에게 명하여 그 일을 기록하라 하였다. 신은 가만히 생각건대 때를 알려주는 요점은 하늘을 측량하는 것을 근본으로 하고, 하늘을 측량하는 요점은 의표(儀表)에 있다. 그러므로 요(堯)는 희씨와 화씨에게 명하여, 일월성신(日月星辰)의 역상(曆象)을 밝게 하고, 순(舜)은 기형(機衡)으로 살펴 일월오성(日月五星)인 칠정(七政)을 고르게 하였으니, 진실로 하늘을 공경하고 백성을 위함을 늦출 수 없었기 때문이다. 한당(漢唐)으로부터 여러 대로 내려오면서 각각 그 기구가 있었으나 혹은 잘되기도 하고 혹은 잘못되기도 하여 갑자기 다 헤아리기가 쉽지 않고, 오직 원나라의 곽수경(郭守敬)이 만든 간의(簡儀), 앙의(仰儀), 규표(圭表) 등의 기구는 정교하다 할 만하다. 그런데 우리 동방에서는 그것을 만들었다는 말을 듣지 못하였는데, 하늘이 아름다운 운수를 열어 문교(文敎)가 한창 일기 시작하였다. 삼가 생각건대, 우리 전하는 신성(神聖)한 자질과 흠경(欽敬)하는 마음으로 온갖 정사를 하는 여가에 역산(曆算)의 정묘하지 못함을 염려하여 상고하라 시키시고, 측험(測驗)의 갖추어지지 못함을 걱정하여 기구를 만들라 하셨다. 비록 요순의 마음씀인들 어찌 여기에 더할 수 있으랴? 그 제작한 기구는 한두 가지가 아니나, 몇 가지에 이르러서는 참고에 대비하였고, 그 규모는 오직 옛것만 본받은 것이 아니라 모두 임금의 마음에 헤아리시어 모두 극히 정묘하니, 비록 원나라의 곽수경이라 하더라도 그 교묘한 기술을 베풀 수 없으리라. 아, 이미 수시(授時)의 역(曆)을 대조하고 또 하늘을 관측하는 기구를 만드니, 위로는 천시(天時)를 받들고 아래로 백성들의 일에 부지런히 하셨다. 우리 전하의 물건을 개발하여 실용을 이룩하는 지극한 인(仁)과 농사에 힘써서 근본을 소중히 여기는 지극한 뜻은 실로 우리 동방에 일찍이 없었던 훌륭한 일이니, 장차 이 높은 대(臺)와 함께 무궁토록 전해질 것이다." 하였다.[82]

▶ 정초(鄭招)의 소간의(小簡儀)에 대한 명(銘)과 그 서문에, "당요(唐堯)가 세상을 다스릴 때에 먼저 희화(羲和)에게 명하여 일구(日晷)를 바투었고, 그로부터 여러 대로 내려오면서 각각 기구가 있었으나 원나라에 이르러서야 갖추어졌다. 지금 임금 16년 가을에 이천(李蕆), 정초, 정인지 등에게 명하여 조그만 모양의 간의를 만드니, 비록 옛날 제도를 본떴다하나 실은 새로운 규모에서 나온 것이다. 정교한 구리로 부(趺)를 만들고 물길을 만들어 두르고 둘러서 준평(準平)을 정하였으니, 자오(子午)가 바로 자리 잡았다. 적도의 한 고리의면에 주천(周天)의 도분(度分)을 나누어 동서로 운전하여 일곱 가지 정사를 측량하였다. 중외(中外)의 관(官)은 별의 도분에 들어가고 백 각의 고리는 적도에 있다. 고리의 내면에는12시와 백 각으로 나누었다. 낮에는 일구(日晷)를 알고 밤에는 중성(中星)을 정한다. 사유환(四遊環)은 규형(窺衡)을 받쳤는데 동서로 운전하고 남북은 낮아졌다가 높아졌다 하면서규측(窺測)을 기다린다. 이에 기둥을 세우고 세 개의 고리를 꿰었으니 비스듬히 기대면 사유(四遊)는 북극을 표준하고 적도는 천복(天腹)을 표준하며, 꼿꼿이 세우면 사유는 입운(立運)이 되고 백각은 음위(陰緯)가 된다. 공사를 마치자 여러사람은 그것에 명(銘)을 새겨 후세에 보이기를 청하니, 임금님은 신 정초에게 명하시므로 신은 절하고올립니다." 하였다. 그 명에 "하늘의 도가 생색내고함이 없으매 기구도 간단한 것을 숭상한다. 옛날의간의는 기둥을 가설하여 얼기설기 엮어놓았는데 지금의 이 기구는 가까이로는 가지고 다닐 만하다. 그러나 그 작용은 간의와 같으니 대개 간단하고도 간

▶혼천의(국립민속박물관)

단한 것이다." 하였다.[83]

흠경각(欽敬閣)

▶흠경각

　하늘을 공경하여 삼가 사람에게 필요한 시간을 알려준다는 뜻을 담고 있다. 강녕전과 교태전 서쪽에 있는데 1438년(세종 20) 1월 27일에 천추전(千秋殿) 서쪽 뜰에 자그마한 소각(小閣)을 건립하여 거기에 장영실(蔣英實)을 명하여 왕이 고안한 옥루기(玉漏機)를 건립하고 북 치는 사람과 종 치는 사람, 사신옥녀(司辰玉女)를 만들어 스스로 치고 행하도록 하여 놓고 준공식 날 때마침 동행한 양녕대군에게 이름을 짓도록 분부하니 이름을 흠경이라 하였다.[84]

　흠경이란『서전(書傳)』「요전편(堯典篇)」에 나오는 "흠약호천(欽若昊天)하고 역상일월성신(歷象日月星辰) 하며 경수인시(敬授人時) 하시다."에서 欽 자와 敬 자를 따온 것인데, 뜻을 풀이하면 "넓은 하늘을 삼가 따르게 하시고, 해, 달, 별의 운행을 관찰하여 사람들에게 때를 알리도록 하셨다."라는 뜻이다.[85]

　흠경각에는 그 외에도 시각과 사계절을 나타내는 기기들을 설치하였는데, 소대간의(小大簡儀), 혼의혼상(渾儀渾象), 앙부일구(仰釜日晷), 일성정시주표(日星定時主表) 등의 천문기구를 설치하였다.

　흠경각 서쪽 행각에 남쪽으로 자안당(資安堂)과 북쪽으로 융화당(隆和堂)이 있다. 현재 현판은 자선당(資善堂)과 융화당(隆化堂)으로 달려있는데 고쳐 달아야 본래의 뜻에 부합한다. (북궐도. 궁궐의 현판과 주련:문화재청)

흠경각은 임진왜란 때 소실된 후 고종 때 재건한 후에는 왕의 소침전으로 사용했는데, 일본 강점기에 헐어낸 후로 줄곧 방치해오다 1994년 10월에 복원되었다. 이때 현판은 오옥진이 쓰고 새겼다.

정면 6칸 측면 4칸 41.5평의 규모이며, 양식은 이익공 겹처마 팔작지붕이고, 2고주 7량이다.

흠경각의 잡상은 매우 정교하였는데 농잠(農蠶)에 신고(辛苦)하는 모양을 만들어 생각하고 반성하는 자료로 삼았다. 그중에서도 의기(欹器: 비뚤어진 그릇, 가득 차면 넘어진다) 제작이 기묘하였다고 한다. 흠경각 현판은 조수호가 쓰고 오옥진이 새겼다.

김돈(金墩)이 지은『기문(記文)』에 이르기를
"제왕들이 정사를 펴서 사업을 이룩한 것을 상고할 것 같으면 반드시 역서를 밝혀 철을 정해주는 것부터 먼저 하였다. 그런데 철을 정해주는 요점은 천문을 관찰하고 기후를 살피는 데 달려있는 것이니 이것이 여러 가지 관측기구와 장치들을 설치하게 된 까닭이다. 그러나 따져보는 방법이 극히 정밀하여 하나의 기구나 하나의 상으로는 정확한 것을 얻을 수 없기 때문에 우리 주상전하는 해당 관청에 지시하여 크고 작은 간의, 혼의, 혼상, 앙부일구, 일성정시, 규표, 금루 등과 같은 여러 가지 의와 상들을 만들게 하였는데, 이 기구들은 모두 극히 정교하여 이전 것보다 훨씬 뛰어난 것이었다. 그런데도 그 제도가 아직 정밀하지 못하고 또 여러 기구가 모두 후원에 설치되어 수시로 관측하기 어렵다는 것을 염려하였다. 그래서 천추전 서쪽 뜰에 한 간의 작은 누각을 짓고 그 가운데다가 종이를 발라서 높이가 7자쯤 되는 산을 만들어 놓은 다음 그 안에다가 옥루기륜을 설치하여 물을 부어 돌리게 하였다. 그리고 금으로 크기가 탄알만큼 한 해를 만들어 오색구름으로 둘러싸고 하루에 한 바퀴씩 산허리의 위쪽으로 돌게 하였는데, 낮에는 천체의 운행에 맞게 하였고 극으로부터의 거리나 드나드는 시간도 각각 절기에 따라 하늘의 해의 운행과 일치되게 하였다.

해 밑에는 옥녀 넷이 손에 금방울을 잡고 4방에 구름을 타고 서있다가 인시, 묘시, 진시의 처음에는 동쪽에 있는 옥녀가 매번 방울을 흔들고 사시, 오시, 미시의 처음에는 남쪽에 있는 옥녀가 방울을 흔들며 서쪽과 남쪽에 있는 옥녀들도 다 이렇게 한다.

그 아래에는 4신이 각각 그 곁에 산 쪽으로 향하여 서 있다가 청룡은 인시가 되면 북쪽을 향하고 묘시가 되면 동쪽을 향하고 진시가 되면 남쪽을 향하고 사시가 되면 원래대로 다시 서쪽을 향하며 주작은 다시 동쪽을 향했다가 차례로 앞의 것과 같이 방향을 바꾸고 다른

신들도 이대로 한다.

산의 남쪽 기슭에 있는 높은 대위에는 시간을 맡은 인형 하나가 붉은 빛깔의 정복 차림으로 산을 등진 채 서있고, 갑옷에 투구 차림을 한 무관인형 셋이 하나는 종채를 쥐고 서쪽을 향하여 동쪽에 서있고, 하나는 북채를 쥐고 동쪽을 향하여 서쪽에 북쪽으로 치우쳐 서있고, 하나는 징채를 쥐고 역시 동쪽을 향하여 서쪽에 남쪽으로 치우쳐 서있다. 매번 시간이 되면 시간을 맡은 인형은 종 치는 인형을 돌아다보고, 종 치는 인형도 시간을 맡은 인형을 돌아다보면서 종을 치며 경마다 북 치는 인형은 북을 치고, 점마다 징치는 인형은 징을 치는데 서로 돌아다보는 것은 역시 위와 같이 하며 경과 점마다 북과 징을 치는 횟수는 모두 일반 규정대로 한다.

그리고 그 밑 평평한 땅 위에는 12신이 각기 자기 자리에 엎드렸고, 12신의 뒤에는 각기 구멍이 있는데 항상 닫혀있다. 자시가 되면 쥐의 뒤에 있는 구멍이 저절로 열리면서 옥녀가 시간을 쓴 패쪽을 쥐고 나오고 쥐는 그 앞에 일어서며 자시가 끝나면 옥녀는 도로 들어가고 구멍도 저절로 도로 닫히는 동시에 쥐도 도로 엎드리며 축시가 되면 소의 뒤에 있는 구멍이 저절로 열리면서 옥녀도 나오고 소도 일어나는데, 12시간마다 모두 그렇게 한다.

오방의 앞에는 또 대가 있고 대우에는 의기를 설치하였으며 의기의 북쪽에는 관리가 있어 금병을 잡고 물을 붓는데 옥루의 나머지 물을 쓰기 때문에 물 원천은 끊어지지 않는다. 의기는 물이 없으면 기울어지고 물이 적당히 차면 바로 서고, 넘치면 뒤집어지는 것이 모두 옛 사람이 말한 것과 같다.

또 산의 동쪽에는 봄철 석 달 동안의 경치를 만들고, 남쪽에는 여름철 석 달 동안의 경치를 만들었으며 가을과 겨울도 그렇게 하였는데 「빈풍(豳風: 시경의 편명)」의 그림에 의거하여 나무로 사람, 새와 짐승, 풀과 나무를 조각해서 그 절기에 따라 배열한 것이 「빈풍」 7월 편의 일들을 남김없이 나타내었다.

각의 이름을 '흠경'이라고 한 것은 『상서』의 요전편에 있는 '하늘에 순응하여 농사짓는 절기를 정하여 준다.'라고 한 뜻을 취한 것이다.

대체로 당우 때부터 기후를 관측하는 기구가 시대에 따라 제도를 달리하면서 당송 이래로 그 규모가 점차 갖추어지게 되었다. 당나라의 황도유의(黃道遊儀)와 수운혼천(水運渾天)이나 송나라의 부루표영과 혼천의 상과 같은 것으로 원나라의 앙의(仰儀)와 간의에 이르기까지 모두 정밀하고 기묘하다고들 한다. 그러나 대체로 제각기 한 제도를 이루었을 뿐 다른 것을 함께 상고하지 못했기 때문에 기구를 대부분 사람이 움직이었다.

지금 만들어진 해가 움직이는 도수, 해시계나 물시계의 눈금과 4신, 12신, 북 치는 인형, 종 치는 인형, 시간을 맡은 인형, 옥녀 등 모든 기구가 순차로 함께 동작하면서 사람의 힘을 빌지 않고 저절로 치며 저절로 움직이는 것이 마치 귀신이 시키는 것 같아서 보는 사람들이 놀랍게 여기며 그 까닭을 알지 못한다. 그리고 위로 천체의 움직임과 털끝만 한 차이도 없으니 만든 법도 묘하다고 할 만하다. 그뿐만 아니라 옥루의 나머지 물을 의기에 부어서 하늘의 도리가 차고 비는 이치를 보여주고 산의 4방에는 「빈풍」의 그림을 배열하여 백성들이 고생하며 농사짓는 정형을 보여주었으니 이는 또 전대에 없는 아름다운 뜻이다.

임금이 항상 이것을 가까이에다 놓아두고 매번 생각을 깨우치며 밤낮으로 애태우는 심정도 부쳤으니 어떻게 단지 성탕이 목욕 그릇에 새긴 글이나 주문왕이 문에다 써 붙인 데다만 비기겠는가? 하늘을 본받고 시절에 순응해서 농사철을 정한 뜻은 지극하고 극진하며, 백성을 아끼고 농사를 중히 여기는 어진 덕은 주나라와 함께 나란히 빛나서 끝없이 전해갈 것이다.

흠경각이 이루어지자 신에게 지시하여 그 사실에 대하여 쓰게 하였기 때문에 삼가 대체적인 내용을 기록해서 두 손 모아 머리를 조아려 절하면서 바친다."[86]

그러나 우리가 여기서 간과해서는 안 될 것은 천지운행의 관찰이 그 이치와 과거를 탐구하여 과학적인 근거를 찾는 데에만 있지 않고 그 이치를 올바로 이해하여 우주 만물의 운행 질서를 바로 알아 통치 규범을 바로 세우자는 데 그 목적이 있었다. 1728년(영조4) 2월 18일 영조가 낮 강론에서 순전의 선기, 옥형의 대목에 이르러 특진관 권이진이 진술한 주해에 잘 나타나 있다.

김동필이 말하기를 "우순이 옥형을 관찰하여 '7정'을 정비하였으며, 우리 세종대왕은 간의대를 설치하고 흠경각과 보루각 두 각을 두었습니다. 숙종 때에는 제정각을 설치하고 선기와 옥형의 기구를 두어 하늘을 받드는 도리를 다하였습니다. 전하는 하늘의 뜻을 체득하고 도리를 실행하는 일에 깊이 유의하기 바랍니다."라고 하였다.

이종성이 말하기를 "그저 선기나 옥형을 관찰하기만 하고 하늘의 뜻에 부합되는 한마음을 지니는 덕이 없다면 역시 소득이 없습니다. 우리 세종은 동방의 성인으로서 예악문물을 크게 완비하였습니다. 세종과 같은 덕행을 지닌 다음에야 간의대와 흠경각이 소용됩니다. 그렇지 않으면 이런 물건들이 있은들 백성들의 칭송을 살만한 덕행을 쌓는 데 무슨 보탬이 되겠습니까?"라고 하였다.[87]

함원전(含元殿)

▶ 함원전

원기를 간직한다는 뜻이다.

교태전 서북쪽 아미산 서남쪽에 있었는데 1917년 창덕궁에 화재가 나 대조전 주변이 모두 소실되었을 때 이 대조전 일곽을 다시 짓기 위하여 교태전 주변을 헐어내면서 같이 헐린 것이다. 흠경각 정북 쪽으로 흠경각보다 약간 작은 왕의 소침전으로 정면 6칸, 측면 4칸 39.9평이며 이익공 겹처마 팔작지붕이고, 2고주 7량으로 흠경각과 같다.

이 건물도 일제강점기 때 헐어버린 것을 1994년 10월에 복원하였다.

인지당(麟趾堂)

교태전 동쪽 자경전 서남에 있었는데, 지금은 없다.

양심당(養心堂)

강녕전 서북쪽에 있었는데, 지금은 없다.
1567년(명종22) 6월에 왕이 여기에서 승하하였다.

연은전(延恩殿)

경복궁 서북쪽 모퉁이에 있다.

성종은 친부인 의경세자(懿敬世子)를 명나라에 주청하여 덕종(德宗)으로 추존하여 종묘에 봉안하였고, 연은전을 지어 덕종의 신주를 봉안하였다.

1547년(명종 2)에 인종(仁宗)을 연은전에 옮겨 모셨고, 1569년(선조 2)에 인묘(仁廟)를 연은전에서 제사 지냈다.[88]

서현정(序賢亭)

1463년(세조 8) 왕이 서현정에 나아가 문신들에게 책(策)을 시험 보였는데, 날이 저물자 등을 하사하고 갔다. 1464년 5월 1일에는 서현정에서 상정소의 관리를 불러놓고 가로로 보는 장부를 만들게 하였다. 1466년(세조 11)에 왕이 이곳에 임하여 2종 종재(宗宰)를 불러 주연을 베풀고 과녁을 하사하였다.

취로정(翠露亭)

1456년(세조1) 3월 5일 대궐 후원에 취로정을 지었다. 취로정 앞에 연못을 파고 연꽃도 심었다.

1459년(세조4) 왕이 취로정에 나가 곡식 심는 것을 보고 이극감(李克堪)에게 명하여 시를 짓고 김수온(金守溫)에게 서문을 짓게 하였다.[89]

청량정(淸凉亭)

1398년(태조 7)에 1차 왕자의 난에 왕이 청량정에 이어하니 조준(趙浚) 등이 백관을 거느리고 정도전(鄭道傳)과 남은(南誾) 등의 죄를 아뢰었다.[90]

보평전(報平殿)

1418년(태종 18) 왕이 보평전에 나아가 태자(세종)를 불러 대보를 주고 별궁에 이어하였다. 처음에 이명덕 등이 불가함을 아뢰었으나 태종이 듣지 아니하고 세종이 뒤따라 이르러 고사하였으나 밤이 되어도 태종이 윤허하지 않자, 드디어 경복궁에서 왕위에 올랐다.[91]

대명전

1456년(세조 원년) 겨울에 대명전에서 양노연을 베풀었는데, 노인 220인이 참석하였다.

수문당(修文堂)

1498년(연산군 4) 주상이 수문당에 나아가 김일손(金馹孫) 등을 국문하였는데, 이는 유자광(柳子光) 등이 무고한 사옥(史獄)이다.

취하정(翠霞亭)

1559년(명종 14) 왕이 친히 취하정에서 사가(賜暇) 학사(學士)들을 시험 보이고 합격자들에게 상을 내리고 술을 하사하여 한껏 즐기게 하였다.[92]

양의전(兩儀殿)

1462년(세조 7) 1월 왕이 양의전에 나아가 승지 김종순(金從舜)을 불러 이르기를 "대간이 말해야 할 만한 일을 가려 말한다면 그 말을 받아들인 인군은 간언을 받아들였다는 명성을 얻게 되고 대간도 인군을 잘 보좌했다는 칭송을 받게 될 것이다."라고 하였다.[93]

화위당(華韡堂)

1464년(세조 9) 가을에 화위당에 나아가 병조 낭관인 최호(崔灝)와 사온서(司醞署) 영 정침(鄭沈)을 불러 음악의 이치에 관해 토론하였는데, 서로 득실이 있었다. 결국 악설(樂 設)을 지어 내렸다.

1466년(세조 11) 왕이 화위당에 나가 최항(崔恒), 한계희, 노사신 등을 불러 주역 건괘 (乾卦)를 강하였다.[94]

1467년(세조 12) 왕이 화위당에 나가 귀성군(龜城君) 준(浚) 등에게 명하여 진법을 익히 도록 하였는데 겸사복 등을 불러 하유하기를 "너희들은 정예(精銳)하여 한 사람이 다섯 사 람을 당해낼 만하다. 다시 훈련하여 10명을 당해 내게 되기를 기약하라." 하였다.

헌선각(獻線閣)

만수전 서쪽에 있었으나 궁궐지 기록 당시에는 없었다. 옛 관문각(觀文閣)에 지었다. 협 화루(協和樓), 관문각, 경복당(景福堂)은 동시에 지어진 것이 아닌가 보고 있다.

충순당(忠順堂)

관저전(關雎殿), 접송정(接松亭), 무일전, 취로정, 충순당은 모두 후원에 있다.

1456년(세조 원년)에 왕이 충순당에 나와 승지 이휘(李徽)에게 말하기를 "깊은 궁궐 안 에 있어 단지 환관들과 함께 지내니 귀와 눈이 가린 것이 많다. 앞으로 종친과 겸사부 그리 고 병조의 관리가 사정전 행랑에서 번갈아가며 숙직을 서고 병조의 당상관은 근정전 동쪽 행랑에서 숙직하도록 하라." 했다.

1459년(세조 4)에 왕이 충순당에 나아가 윤사로(尹師路)를 좌상대장(左廂大將)으로 양 성지(梁誠之)를 우상대장으로 삼아 후원에서 진 치는 연습을 하였다.

1460년(세조 5) 왕이 충순당에 나아가 한명회 등을 불러 일을 의논하고, 신숙주가 야인 을 치러가는 것에 대하여 은밀한 방책을 내렸다. 그 외 충순당의 행사 내용을 보면 왕이 충순당에서 '백성들을 서북 지역으로 이주시키는 것'에 대하여 책문(策問) 시험을 유생들에게 보였는데 성현(成俔)에게 급제를 내렸다.

1463년(세조 8) 충순당에서 예문관 문신들이 시험을 보이고 성균관 유생들과 강론하였다. 그리고 후원에서 농사짓고 누에 치는 것을 보살폈다.

1466년(세조 11) 왕이 충순당에서 신숙주 등과 함께 주역에 나오는 "태극이 무극이다."라는 말의 이치에 대하여 논하였다.

1545년(인종 원년) 명종이 충순당에서 소학(小學)을 강하였다.

대비(文定王后)와 명종이 충순당에 나가자 윤원형(尹元衡) 등이 유관(柳灌), 유인숙(柳仁淑), 윤인 등을 무고하여 사사(賜死)한 일이 있는데 이를 '충순당사화'라고 한다.

1560년(명종 15) 충순당에서 신하들과 경(經)을 강하였다.

청심정(淸心亭)

궁궐지에 "1402년(태종2) 왕이 청심정에 나아가 강(講)하였는데, 김첨(金瞻)이 시강하였다."라고 하였다. 이 청심정은 개성에 있었던 것 같다. 정종이 다시 송도로 옮겨간 후로 한양으로 다시 옮겨온 것은 태종 5년이다. 창덕궁에 청심정은 그 당시 지어지지 않았고, 경복궁에 청심정은 없다.

동궁권역(東宮圈域)

자선당(資善堂)

▶ 자선당

사정전 동쪽에 있으며 세자가 거처하는 곳이다. 그리고 왕위에 오르기 전에 공부하던 곳이다.

세종 23년 7월 단종이 이곳에서 탄생하였고, 단종을 낳은 현덕왕후(顯德王后) 권씨(權氏)는 이곳에서 산후 후유증으로 승하하였다.[95]

1544년(중종39) 1월에 동궁에서 화재가 나 소실되었다. 이때 귀인(貴人) 정씨가 세자가 있는 곳에 달려 들어가 세자를 안고 나오므로 왕이 크게 기뻐하여 상을 내렸다.

그 후 3월에 왕은 세자를 데리고 창덕궁으로 옮겨 갔는데, 다음 해 11월에 창경궁 환경전에서 중종은 57세의 나이로 승하하였다.

정면 7칸, 측면 4칸 39.7평의 규모이고, 건축양식은 이익공 팔작지붕으로 2고주 7량이다. 당초의 상량문은 퇴계 이황(李滉)이 썼다. 고종 때 지은 자선당은 일본으로 옮겨졌다가 지진으로 불타버렸고 기단석만 반환되었다.

지금의 자선당은 1998년 복원하였으며, 자선당 협문도 이때 같이 복원되었다.

비현각(丕顯閣)

▶ 비현각

자선당 동쪽에 있으며 왕세자가 집무하던 편전(便殿)이다. 덕을 크게 밝힌다는 뜻이다.

1465년(세조10) 주상은 비현각에 나와 왕세자를 입시 하도록 하고 성균관 유생들을 불러 상서를 강론한 일이 있다.

1573년(선조 6) 겨울 주상이 이이(李珥: 栗谷)를 불러 상서를 강론하였고, 7년에는 대신들을 불러놓고 천재와 백성들의 질병에 관하여 물었다.

1580년(선조 13) 왕이 비현각에서 이이를 인견하였는데, 이 자리에서 이이는 외환(外患)을 막기 위하여 10만 양병설을 폈다.

기묘사화 때 수상(首相) 이하 대신들을 비현각에 입시 시켜 조광조 일당을 척결하는 전말을 논의한 바 있다.

선조 14년(1581) 임금이 비현각에서 밤에 시를 읊었다.

綠水壁簷 相掩映

無人知道 外邊寒

푸른 나무 푸른 처마 아름답고 따뜻해서

변방의 차가움 말하는 자 없구나**96**

변방을 지키는 병사들의 어려움을 걱정하며 지은 시이다.

자선당과 비현각 주변의 행각도 1999년에 복원한 것이다. 이때 현판은 오옥진이 쓰고 새겼다.

남쪽의 계방 터에는 세자의 경호와 의전을 담당하던 관청이 있었고 춘방 터에는 세자교육을 담당하던 시강원이 있었다.

계조전(継照殿)

자선당 정남 쪽에 있고 동궁이 집무를 보던 곳인데, 아직 복원되지 못하고 있다.

기 타

흥복전(興福殿)

아미산 북쪽 함화당 남쪽에 위치한다.

고종 27년 신정황후(神貞皇后)가 이곳에서 승하하였다.

지금은 없는데, 그 자리는 공원으로 조성되어있다.

함화당(咸和堂)

아미산 북쪽 향원지 남쪽에 있는데, 고종 때에는 내각회의와 외국 사신 접견을 이곳에서 하였다. 궁궐지에 없는 것을 보면 고종 때 신축된 건물이다.

함화는 백성들이 모두 화합하게 한다는 서경 무일편에서 따온 것이다. 함화당 뒤뜰에는 하지(荷池)라는 돌로 만든 연못이 있다.

▶ 함화당

집경당(緝敬堂)

▶집경당

▶장고(장독대)

함화당 동쪽에 위치하며 함화당과 마찬가지로 고종 때 내각회의와 외국 사신 접견 장소로 사용하였다. 일본인 유종열(柳宗悅)이 한국을 사랑하고 아낀 나머지 여기에 한국 최초의 '민족미술관'을 열었다.

선원전(璿源殿)

목임문(穆臨文)이 남쪽 행랑에 있고 동쪽에 경안당(敬安堂)이 자리 잡고 있는데, 본채인 선원전은 없고 목임문과 선원전 동북쪽 구석에 경안당만이 남아있다.

선원전은 문소전의 동북쪽에 있었다. 선왕(先王)과 선왕후(先王后)의 어진(御眞)을 봉안한 곳이다. 1469년 (예종 원년)에 환조 이하의 영정 33합을 봉안하였다.

1471년(성종 2)에 화공 최경(崔涇)과 안귀생(安貴生)에 명하여 소헌왕후(昭憲王后: 세종비)를 모사하게 하고 세조와 예종의 어진을 선원전에 봉안하였다.

1539년(중종 34) 정종과 정안왕후의 영정을 선원전에 봉안하였다.[97]

태원전(泰元殿)

태원은 하늘을 뜻한다. 원래는 왕이나 왕비 등의 장례를 치를 때 발인할 때까지 관을 모시던 전각이다.

경복궁 서북쪽 구석에 있는데 어진(御眞)을 봉안하는 진전(眞殿)이다. 고종 때에 창건된 것은 확실하나 정확한 연도는 분명하지 않다.

1873년에서 1910년 사이에 창건된 것으로 추정하며 남쪽 정문에 경안문(景安門)이 있고, 경안문 남쪽에 건용문(建庸門)이 있다. 서북쪽에 간의당(簡儀堂)이 있었다. 모두 일제 강점기에 사라졌다.

태원전 권역은 태원전을 비롯하여 영사재, 공묵재, 숙문당, 경안문, 세답방, 세답방외 행각 등 총 25동(468평)으로 구성되어있고, 2001년부터 시작하여 2005년 12월까지 복원하였다.[98]

문소전(文昭殿)

1396년(태조 5)에 건립한 태조의 비 신의왕후(神懿王后) 한(韓) 씨의 영정을 봉안하던 사당으로 궁성 동쪽에 있다.

건립 당시에는 인소전(仁昭殿)이라 했는데, 1398년(태조7) 방원의 난 때 태조가 정종에게 양위하던 그해 11월에 모비 한 씨를 신의왕후로 추숭(追崇)하고 그 영정을 별전을 지어 봉안한 것이다.

정종이 개성으로 환도할 때 이 묘전을 개성에 있는 광명사에 옮겨갔다가 1405년(태종 5) 도읍을 한양으로 옮김에 따라 다시 경복궁 옛 세자궁에 봉안하였는데, 다음 해 창덕궁 북쪽에 신전(神殿)을 건립하고 그곳으로 옮겼다. 1414년(태종 14) 왕이 백관을 거느리고 이곳에서 제사를 지냈다. 태조가 죽은 다음에 그의 영정도 이곳에 함께 봉안하였다.

세종은 1432년 선공감제조(繕工監提調) 안순(安純), 예조판서 신상(申商), 풍수지리가 이양달(李陽達) 등에게 명하여 경복궁 안에 새로 신전을 건립하고 이듬해 1433년 광효전(廣孝殿)에 봉안했던 부왕 태종과 모후의 위패를 모아서 여기에 합사(合祀)하고 이름을 문소전이라 하였다. 태조 때 처음 설치할 때에는 계성전(啓聖殿)이라 했다.

1454년(단종 2) 명나라에서 '송사(宋史)'를 보내오자 이곳에 고하고 하례를 받았다.

여기에 배치된 관원은 도제조 2인, 제조 2인, 참봉 2인이었는데, 조선 중엽에 이를 폐지하였다.

1578년(선조 11) 여름에 문소전 뜰에 있는 나무에 벼락이 떨어져 왕이 크게 놀랐다.[99]

종묘나 사당에 신주(神主)를 모실 때 배열하는 순서는 소목(昭穆)을 원칙으로 하여 모신다. 소목은 시조를 가운데에 모시고 그 왼쪽 줄 2, 4, 6세(世)를 소(昭)라 하고 오른쪽 3, 5, 7세를 목이라 하는데 이와 같은 배열 형태를 이름이다.

후침(後寢)이 5간이요, 전전〈前殿: 정면 앞 시조(始祖)〉이 3간으로 되어있는데 각각 감실(龕室)이 있고 앞에는 세 계단이 있다. 전전에는 태조가 중앙에서 남향하여 있고 소(昭) 그 위는 동쪽에서 서쪽을 향하여 있으며, 목 그 위는 서쪽에서 동쪽을 향하여 있다.

후침은 모두 북쪽에서 남쪽을 향하여 있는데 서쪽을 위로 하였다. 삭망(朔望)에는 후침에서 제사를 지내고 사시(四時)의 대향(大饗: 큰 제사)에는 신주를 꺼내 전전에 함께 제사를 지낸다. (궁궐지)

연은전(延恩殿)

경복궁 서북쪽 모퉁이에 있는데, 성종은 친부(親父)인 의경세자(懿敬世子)를 명나라에 주청하여 회간왕(懷簡王)으로 추존하고 묘호를 덕종(德宗)으로 하여 신주를 봉안하기 위하여 연은전을 지었다. 덕종을 종묘에 부묘하고 제사는 문소전과 같이 지냈다.

1547년(명종 2) 인종도 연은전에 옮겨 모셨고, 1569년(선조 12)에는 같이 제사를 지냈다.

육상궁(毓祥宮)

육상궁은 원래 영조임금의 생모 숙빈최씨(叔嬪崔氏)의 신주를 모시던 사당으로 사적 제149호로 지정되어있다.

서울특별시 종로구 궁정동에 있는데, 1725년(영조1)에 창건하여 창건 당시에는 숙빈묘라 한 것을 후에 육상묘로 개칭하였다.

1753년에 육상묘를 육상궁으로 승격하였고, 1882년(고종 19)에 화재로 소실된 것을 이듬해에 다시 건축하여 현재에 이르렀다. 육상궁은 일명 칠궁(七宮)이라고도 한다.

1908년(순종 원년)에 여러 곳에 흩어진 제궁들을 합설(合設)하여 한곳에 모셨는데, 그 대상은 다음과 같다.

저경궁(儲慶宮)은 선조의 후궁이며, 추존된 원종(元宗)의 생모인 인빈김씨(仁嬪金氏)의 신주를 모신 곳이고, 대빈궁(大嬪宮)은 숙종의 후궁이며, 경종의 어머니 희빈장씨(禧嬪張氏)의 신주를 모신 곳이다. 연우궁(延祐宮)은 영조의 후궁이며, 추존된 진종의 생모인 정빈이씨(靖嬪李氏)의 신주를 모신 곳이고, 선희궁(宣禧宮)은 또한 영조의 후궁이며 사도세자로 알려진 장조의 생모 영빈이씨(映嬪李氏)의 신주를 모신 곳이며, 경우궁(景祐宮)은 정조의 후궁이며 순조의 생모인 수빈박씨(綏嬪朴氏)의 신주를 모신 곳으로 모두 합설하고 1926년에 고종의 후궁이며 영친왕의 생모인 귀비엄씨(貴妃嚴氏)의 신위를 모신 덕안궁(德安宮)을 추가하여 모셨다.

육상궁에 이 여섯분의 신위를 합하여 칠궁(七宮)이 되었다.

육상궁은 정면 3칸, 측면 3칸의 비교적 소박한 집으로 겹처마 맞배지붕이다. 앞에 동서각과 배각(拜閣)을 두고 있다.

육상궁 일곽의 왼쪽에는 네 동의 묘우(廟宇)가 독립된 건물로 붙어있다. 이들 건물의 앞쪽에 재실(齋室)이 있고, 그 앞으로 칠궁의 정문이 있다.

칠궁은 조선왕조 역대 임금 중에서 생모가 후궁 출신들로 그 생모를 모신 사당인데 일본 강점기에 궁정동이란 명칭이 붙었다.

궁정동(宮井洞)이란 명칭은 일제가 만든 합성어이다. 조선조에 한성부 북부 순화방의 육상궁동, 동곡 온정동, 신교 박정동(朴井洞)의 각 일부를 합하여 1914년 4월 1일 일제가 육상궁의 '궁' 자와 온정동, 박정동의 '정' 자를 합하여 궁정동으로 이름하였다. 이 일대에는 우리나라 8도를 상징하는 여덟 배미의 논을 만들고 임금이 직접 농사의 시범을 보이던 곳이기도 하다.

경무대(景武臺)- 청와대(青瓦臺)

고려 시대에는 남경(南京)의 이궁(離宮)이었던 경복궁의 북문인 신무문 밖 현 청와대(青瓦臺) 주변이다.

1426년(세종 8)에 신무문을 창건하고 문밖으로 경복궁의 후원을 조성하여 이 지대를 경

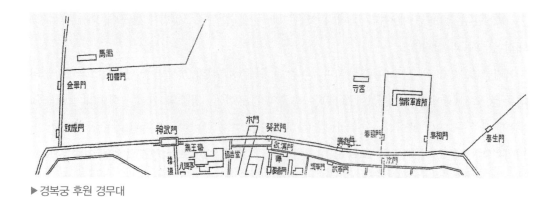

▶경복궁 후원 경무대

무대(景武臺)라 하였다.

경복궁의 궁성 북쪽으로 난 길을 막아서 사람들이 다니지 못하게 한 것은 1415년(태종 15) 7월 18일이었다. 이후 경무대는 아름다운 경관도 즐길 수 있지만, 왕궁을 지키는 어영(御營)의 연무장(鍊武場)이나 과거장(科擧場), 특히 무과(武科) 시험장으로 사용하기도 하고 친히 농사를 체험하며 농사의 시범을 보이는 친경(親耕)의 장소로도 사용되었다.

경복궁에서 경무대로 통하는 문은 신무문 말고도 건청궁 동편 녹산(鹿山) 쪽에서 출입할 수 있는 작은 광무문(廣武門)이 있고, 이 문 동북쪽으로 금위군직소(禁衛軍直所)가 있는데 그 동쪽 후원 경계 울타리에 춘생문(春生門)이 있다.

그리고 서쪽 후원 경계에 추성문(秋成門)이 있고, 그 북쪽으로 금화문(金華門)이 있었다. 금화문 가까이 서북쪽으로 마구간인 마랑(馬廊)이 있다. 이와 같이 경무대는 그 명칭에서 알 수 있듯이 무과시험을 보거나 궁전을 수비하는 군사시설 등 주로 무관들을 양성하는 시설이나 기관들이 배치되어있었다.

이 울안에는 융무당(隆武堂)과 경농재(慶農齋) 등이 있었으나 경술국치 후 1927년 일제에 의하여 헐리고 그 자리에 조선총독의 관저를 지었다.

이 관저에서 제7, 8, 9대 조선총독이 기거하였고, 광복 후에는 조선 주둔군 사령관 하지(Hodge.J.R) 중장이 사용하다가 1948년 8월 대한민국 정부가 수립되어 한국 정부로 이관됨에 따라 초대 이승만 대통령이 관저로 사용하면서 경무대란 이름을 다시 부르게 되었다.

1960년 8월 윤보선 대통령이 입주하면서 지붕이 청기와이기 때문에 청와대(靑瓦臺)로 명칭을 바꾸었다. 그 이후 역대 대통령의 관저로 사용해오고 있다.

▶ 경복궁 후원 경무대에 있었던 융문당과 윤무당
  (1910년대 고적도보)

사직단(社稷壇)

▶ 사직단

서울특별시 종로구 사직동 1번지에 그 유구(遺構)가 있다. 사직단은 대사단(大社壇)과 대직단(大稷壇)으로 나누는데 둘 다 1395년(태조4) 2월에 만들었다.[100]

두 단은 똑같이 1면이 주척(周尺) 25척인 평방형(平方形)이고, 변마다 지대석(地臺石), 면석(面石), 갑석(甲石)을 집의 기단(基壇)처럼 쌓아 올렸고 단의 높이는 3자 4치이다.

사단은 동쪽에 자리하여 국토정위토신(國土正位土神)을 제사 지내던 곳이고, 서쪽에 자리한 직단은 오곡정위곡신(五穀正位穀神)을 제사 지내던 곳으로 국직단(國稷壇)이라고도 하였다.

사직단은 고려 시대에도 있었는데, 그때에는 1면이 50척에 높이가 세자 다섯 치 규모로 조선 시대 것보다 배나 컸다.

조선 시대에는 각 지방 주, 현(州, 縣)에도 동헌(東軒) 서쪽에 사직단을 꾸며 제사 지내도록 하였으므로 이와 구분하기 위하여 서울의 사직단에는 대(大)자를 붙여 부르기도 하였다.

고종 임금 때까지도 단마다 세 층의 돌층계가 있었고, 두 단 둘레는 한편의 길이가 22보(步) 되는 나지막한 담장이 있었다.

담장의 둘레에는 동서남북으로 각각 문이 있었다.

이 울안 넓이는 396평(坪) 4홉(合)이었고, 이것이 다시 넓은 담장으로 둘러싸여서 그 울 전체는 15,179평이나 되었다.

사직단 위에는 방위별로 색깔이 다른 흙을 깔았는데, 한가운데에는 황색 흙을 깔고 동쪽에는 청색, 서쪽에는 백색, 남쪽에는 적색(赤色), 북쪽에는 흑(黑)색을 깔았었다.

사직신에 제사 지내기 시작한 것은 391년 고구려의 고국양왕(故國壤王) 때에 사직신에 제사 지낸 것이 최초이다.

그 후 신라 시대에는 783년(선덕왕 4)에 처음으로 단을 쌓고 제사 지냈으며, 고려 시대에 들어와서는 991년(성종 10)에 사직단을 쌓고 제사 지내면서 왕이 뜻을 밝힌 교서를 내렸다.

"사(社)는 땅의 주인이시다. 땅은 넓어 공경을 게을리할 수 없으므로 흙을 봉하여 사로 삼아 그 은혜에 보답고자 함이요, 직(稷)은 오곡(五穀)의 으뜸이시다. 어느 곡식을 치우쳐 제 지낼 수 없으므로 곡신을 세워 이를 제 지내는 바로다."

그래서 사직단에는 후토신(后土神)과 후직신(后稷神)을 배향(配享)하였다.

후토신은 중국 고대 전설상의 인물인데, 공공(共工)의 아들로서 토지를 맡은 신이다. 치수에 능했으며 높은 곳을 깎고 낮은 곳을 돋우어 홍수 피해가 없는 논과 밭을 잘 일구었다. 바로 하(夏)나라를 세운 우(禹)왕이다.

후직신 역시 요순시대에 농업을 일으켜 큰 공을 세운 전설상의 인물이다. 모친 강원(姜嫄)이 들에서 거인의 발자국을 보고 임신하여 그를 낳았다고 한다. 후세에 그를 농신(農神) 또는 직신(稷神)이라 일컬었다.

사직단은 1395년(태조 4)에 창건된 이후로 1406년(태종 6)에 일차보수가 있었고, 1414년(태종 14)에는 단의 남, 서, 북쪽을 산등성이까지 확대하여 한계를 짓고 동쪽은 백사십 보까지 늘려 담을 둘러쌓았다.

1498년(연산군 4)에 담장이 얕거나 허물어진 곳을 고쳐 쌓았고, 1592년(선조 25) 임진왜란 때 안의 담장이나 밖의 담장이 모두 허물어지고 다른 시설들도 병화(兵禍)를 입어 1608년(광해군 즉위년)에 복구하였다.

1720년(숙종 46)에 신문(神門: 正門)이 허물어져서 복구하였고, 1769년(영조 45)에는 사단 일부를 보수하였다.

1897년(광무 원년)에 고종 임금이 황제(皇帝)에 오르자 사직단도 태사(太社), 태직(太稷)으로 위패를 높여 만들었다.[101]

그러나 1922년 한일병합 이후로 사직단을 포함한 그 주변 땅을 합한 66,619평을 공원으로 조성해버렸다.

1932년에는 북쪽 500평 땅이 매동(梅洞) 공립보통학교(초등학교) 부지로 들어갔고, 지금 있는 신문(神門)도 1962년 앞 도로를 넓히면서 14m나 뒤로 옮겼다. 사직단에서는 기곡제(祈穀祭)는 물론이고 기우제(祈雨祭)를 지내기도 하였다. 1087년(고려 선종 4)에 임금이 사직단에 기우제를 지냈고, 조선 태종 임금 이후로 제4차 제10차 기우제는 반드시 사직단에서 지냈다.

기곡제는 1683년(숙종 9)부터 지내기 시작하는데 그해 첫 신일(辛日)에 대신들을 보내어 매년 기곡제를 드리게 되었고, 1696년(숙종 22)에는 친히 제사를 지내었다.

기우나 기곡뿐 아니고 나라가 외침을 당하였을 때에 사직단에 신병(神兵)의 도움을 기원하기도 하였다.

고려 초기부터 여진족의 침공이 잦아 고려 선종(宣宗)은 1087년에 사직단에 신병의 도움을 청했고, 예종 4년에는 윤관으로 하여금 여진과의 싸움에서 승리를 빌게 하였다. 조선조에는 임진왜란과 병자호란을 겪고 나서 1637년 비변사(備邊司)의 주청으로 국태민안을 사직단에 빌었다.

1897년 고종이 황제의 자리에 오르면서 사직단을 태사단, 태직단으로 격을 높이었으나

1908년(隆熙 2년) 이후 일본의 압력에 의하여 사직단에서의 제례 행사는 모두 폐지되었다.

선농단(先農壇) - 설렁탕의 유래

▶ 선농단

선농제는 원래 농사를 잘 지어 풍년을 기원하는 마음에서 신라 때부터 지내오던 제사였는데 처음에는 특정한 대상이 없이 기원제를 올렸다.

인간에게 영농법을 가르쳤다고 하는 중국의 고대 제왕 신농(神農)과 우순(虞舜) 시대의 후직(后稷)을 대상으로 하여 제사를 지내게 된 것은 988년(성종 7) 고려 성종 때부터이다. 의종(毅宗) 때에는 신농의 신위를 단 위에 남향으로 하고, 후직의 신위는 서향으로 설치하였는데 당시 단은 사방 3장(丈), 높이 5척이고 사방에 섬돌을 놓았으며 2중 담장으로 담장의 길이는 25보(步)이었다.

조선 시대의 선농은 고려 시대의 제도를 그대로 답습한 것으로 알려져 있다. 조선을 개국한 태조는 적전령(籍田令), 적전승(籍田丞)을 두어 왕의 농경시범과 치제(致祭)의 의례를 관장하도록 하였다. 정도전은 "농사는 만사(萬事)의 근본이며, 경적(耕籍)은 권농(勸農)하는 근본이다." 하여 적전제도의 실시를 주청하였다. 당시 서적전(西籍田)은 개성부 동쪽 20리 지점에 두었고 동적전(東籍田)은 한성부 동교10리에 두었는데, 이들을 전농(典農)이라고도 했다.

1406년(태종 6)에는 적전단을 보수하고 이것을 지키고 관리하는 인정(人丁)을 두었다.

1406년(태종 6)에 시강관 이맹현(李孟賢)이 적전을 친경하여 위로는 자성에 이바지하고 아래로는 백성의 근본에 힘쓰는 뜻을 보이도록 해야 한다고 하여 왕이 직접 쟁기를 잡고 논갈이 시범을 보이는 선농제가 이때 처음 시작되었다. 이때 나이 많고 복이 있는 농부를 뽑아 임금을 돕도록 하였다.

세종 때에 규정한 단의 규모는 너비가 2장 1척, 높이는 2척 5촌이고 현재의 단은 총면적이 523평이며 단의 규모는 4m×4m이다. 이 선농단은 1908년(융희 2) 7월에 선잠단과 같이 신위를 사직단에 합사하여 배향함으로써 제사는 중단되고, 선농단 터는 국유화 하였다. 1972년 9월 30일 서울특별시 유형문화재 제15호로 지정되었다가 2001년 12월 29일 사적 제436호로 변경되었다. '서울시 동대문구 제기동 274-1(서울 문화재)'에 있다. 선농제 때 모여든 많은 사람을 접대하기 위하여 손쉬운 방법으로 쇠뼈를 고아 그 국물에 밥을 말아 낸 '것이 오늘날 음식점 식단에 등장하는 설렁탕이다. 원래는 선농탕이었는데, 유사음인 설렁탕으로 변한 것이다.[102]

동십자각(東十字閣)

동십자각은 광화문에서 이어지는 외궁성(外宮城)이 건춘문 쪽으로 꺾이는 동쪽 구석에 세워진 망루(望樓)이다.

서울특별시 유형문화재 제13호로 지정되어있다.

이 망루는 경복궁을 중건한 지 몇 년이 지난 후인 1880년경에 건립한 것으로 본다. 서쪽 모서리에도 이와 똑같은 망루인 서십자각(西十字閣)이 있었다.

원래 궁성의 동서에 이와 같은 망루를 지어놓고 궁성을 경계하는 파수꾼이 주야로 교대근무하였는데, 동십자각에는 그 외에도 사헌부의 감찰(監察) 2명이 교대로 근무하면서 궁성 앞을 지나거나 출입하는 벼슬아치들이 삼가고 조심스러운 행동을 하는지 감시하고 질책하는 일을 하였다.

정면 3칸 측면 3칸의 단층 누각으로 익공계 양식을 한 사모지붕의 건축물이다. 석조기단부는 조선 초 건립 당시의 것이다.

방형의 장대석을 7단으로 축대를 쌓아 하부기단을 만들고 세 줄의 십자 모양으로 투각한 아담한 벽돌을 쌓아 전축여장(塼築女墻)을 둘렀다. 여장 밑에 사주(四周)로 돌린 화강장대

▶동십자각(고적도보 1910년대), 이때까지도
오르는 계단이 있었다.

▶현재의 동십자각

(花崗長臺)의 각 면에는 서수(瑞獸: 상서로운 짐승)의 머리 모형을 조각하여 2개씩 설치하
였다.

지면에서 누각으로 오르는 석조 계단이 있었는데 일제강점기 때 철거해버렸고, 하부 기단
위에 세워진 누각은 4면이 같은 정방형인데, 북쪽에 작은 편문(便門)을 내었다.

누각기둥은 원형으로 기둥과 기둥 사이에는 하방과 창방만을 짜 올리고 창방 아래 몸과
기둥에는 낙양각으로 장식하였을 뿐 벽이 없다.

바닥은 토간(土間)을 그대로 두고 내부 중앙칸은 문비(門扉)를 달아 방으로 꾸몄다. 상부 가구(架構)는 장화반(長華盤)을 두어 간결하게 처리하였으나 귀에는 장식하여 추녀를 바치게 하였다. 천장은 네모 집 특유의 산자(橵子)와 장연(長椽)만의 가구로 삿갓처럼 짜놓았다.

처마는 겹처마이고 네모꼴 지붕의 추녀마루는 모두 양성을 하고 용두와 잡상을 배치하였다. 지붕 맨 꼭대기에는 연화노반형(蓮花露盤型)의 절병통(節瓶桶)을 올려놓았다. 일제강점기 때 중앙청을 지으면서 광화문도 건춘문 북쪽으로 옮기고 이어지는 담장도 모두 헐어내어 그사이에 길을 냈기 때문에 동십자각은 지금 경복궁과 분리되어있다.

규모는 비록 작지만, 조각 기법이 우수한 공예걸작품으로 평가받고 있다.

궁내 관아(宮內 官衙)

조정의 중심기관인 삼정승과 육조 등의 각 기관은 궁궐을 중심으로 하여 궁내(宮內)와 궁궐과 가까운 정문 밖에 배치되는데, 경복궁 안에 있는 기관으로 궁궐지에 기록된 기관은 많지 않았다.

왕명을 출납하는 지금의 대통령 비서실과 같은 승정원(承政院)은 월화문(月華門) 밖에 있고 홍문관(弘文館)은 승정원 서쪽에 있는데 세종 때 집현전 자리이다.

1470년(성종 원년)에 홍문관을 설치하고 학문 있는 선비들을 선발하였다. 홍문관은 궁중의 경서(經書) 사적(史籍)의 관리와 문한(文翰)의 처리를 하며 왕의 각종 자문에도 응한다.

상서원(尙瑞院)은 새보(璽寶), 발병부(發兵符), 마패(馬牌), 절부월(節斧鉞) 등 각종 증명을 관장하는 기관인데, 보루각의 동쪽에 있다. 그리고 국사편찬을 주 업무로 하고 있는 춘추관(春秋館)이 상서원의 서쪽에 있다.

승정원의 서쪽에는 예문관(藝文館)이 있는데 원래는 임금의 말을 모아 편찬하는 기관이었으나 1470년(성종원년)에는 명사를 선발하여 그곳의 관원으로 하고 인재 양성기관으로서 세종 때 집현전 기능까지 하도록 하였다.

내반원(內班院)은 경회문(慶會門) 서쪽에 있다. 하는 일은 수라상의 음식과 기구를 미리 검사하는 일(감선: 監膳)과 명령을 전달하는 일(傳令) 그리고 큰 문을 지키는 일(守門)등을 관장한다.

김종직(金宗直)이 쓴 기문에 이르기를,

"궁신(宮臣)의 국(局)을 둔 것은 오래된 제도인데 천문(天文)에서 상(象)을 본떠 임금 곁에서 모시게 한 것이다.

궁궐 출입을 관장하고 위아래의 의사소통이 원활하도록 하며 직임은 비록 가볍다 할 수 있으나 관계된 것은 매우 중하다. 궁정(宮正)과 궁백(宮伯)이란 명칭은 주(周)나라 때 비롯되었고, 황문(黃門)과 상시(常侍)라는 명칭은 한(漢)나라 때 시작되었으며, 내시(內侍)와 급사(給事)라는 명칭은 당(唐)나라 때에 나타나고 내반(內班)과 전두(殿頭)라는 명칭은 송(宋)나라 때 쓰던 것이다. (중략) 본조(本朝)에서는 도읍을 세운 뒤에 영추문 밖에 내시부를 설치하고, 또 액정(掖庭: 후궁들의 비빈들이 있는 방)과 영창(永蒼: 죄가 있는 궁녀를 유폐하는 방)의 곁에 내소방(內小房)을 만들어 주상을 모시고 심부름하는 자들이 항시 거처하는 곳으로 삼았는데, 우리 성상(성종)께서 비로소 내반원이라고 이름을 지어 주었으니 이는 송나라의 옛 제도를 복구하고 외정(外庭)의 반열과 구별하기 위한 것이다. (下略)"

승문원(承文院)은 원래 계동(桂洞)에 있었는데 세종 때 경복궁 안으로 들어왔다. 조선 시대 사대교린(事大交隣)에 관한 문서, 즉 외교관계 문서를 관장하는 기관이다.

임금의 식사와 궁궐 안의 식사를 맡아보는 사옹원(司饔院)은 승정원의 남쪽에 있고, 임금의 의복 왕실의 금은보화와 장식품들을 공급하던 상의원(尙衣院)은 영추문(迎秋門) 안에 있다.

관상감(觀象監)은 천문, 지리, 역수(曆數), 점산(占算), 측후(測候), 각루(刻漏: 물시계) 등의 일을 관장하는데, 상의원 남쪽에 있다.

조선 시대 임금의 약을 짓던 관청인 내의원(內醫院)은 관상감의 남쪽에 있고, 오위(五衛)를 총괄하던 최고 군령기관인 도총부(都摠府)는 광화문(光化門) 안에 있다.

궁궐 청소를 맡아보는 전연사(典涓司)는 홍례문(弘禮門: 지금 흥례문) 서쪽에 있고, 궁중의 승여(乘輿: 탈 것), 마필(馬匹), 목장(牧場) 등을 맡아보는 태복시(太僕寺)는 영추문(迎秋門) 안에 있다.

신참 신고식

조선 시대 초부터 일기 시작한 풍습인데, 과거시험에 합격하여 처음 등용되면 신고식을 톡톡히 치루어야 한다. 특히 문과에서 있었던 습속인데 처음 출근하면 고참 선배들이 달려들어 진흙을 얼굴에 발라주고 당향분(唐香粉)이라 하였으며 갓을 망가뜨리고 옷을 찢어놓으면서 더러운 물에 옷을 이리저리 굴리어 귀신모양을 만들어 놓는다.

심하면 몸에 상처를 입기도 하고 허약한 사람은 앓아눕기도 하는 경우가 많았다고 한다.

선조는 재위 2년 9월 14일 명하기를 이 제도는 중국에도 없는 제도인데 앞으로 일이 있을 때에는 죄로 다스리겠다 하여 단호하게 금지시켰다.[103]

실록에 적기를, "새로 과거에 합격한 사람을 문과의 네 관청에서는 새로 벼슬길에 나선 사람이라고 부르면서 그들을 못살게 굴고 모욕하는데 못하는 짓이 없다. (중략) 이제부터 신참과 고참 사이에 규찰하거나 단속하는 일을 제외하고 더러운 것을 칠해 주거나 못살게 굴면서 희롱하는 버릇은 엄격히 시정해야 된다. 만약 그대로 악습을 계속하는 자가 있으면 적발해서 죄로 다스릴 것이다."라고 했다.

제2장
창덕궁

동궐도(고려대학교 박물관 소장)

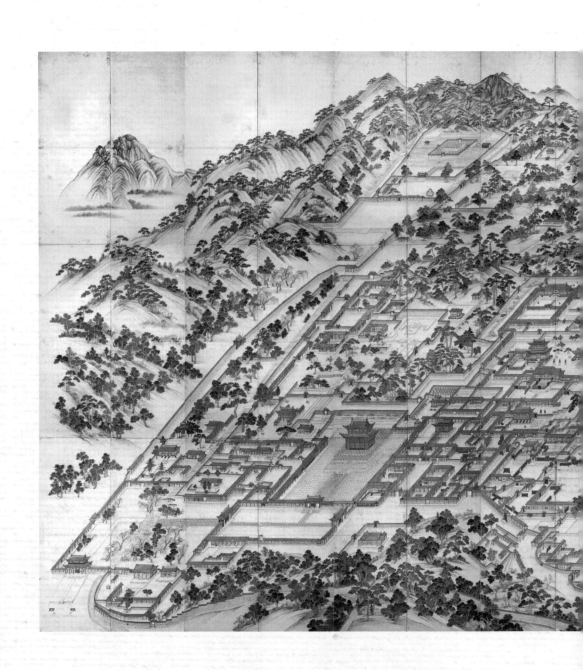

창덕궁(昌德宮) 사(史)

1394년(태조 3) 한양으로 천도한 후 이듬해 9월 25일 경복궁을 완성하여 궁궐로 사용하다 1399년(정조 2) 9월에 다시 송도로 옮기는 바람에 궁궐은 수년간 비워두었다. 수도를 개성으로 옮긴 다음 해에 태종이 수창궁에서 즉위하여 다시 한양으로 옮길 결심을 하면서 경복궁 동쪽에 별궁을 짓고(1405. 10. 9.) 창덕궁이라 했다.[1] 이직(李稷) 신극례(辛克禮), 박자청(朴子靑) 등의 감역으로 창건하였는데, 경복궁 동쪽에 있다고 해서 동관대궐 또는 동궐(東闕)이라 했다. 『실록』에 기록된 창덕궁 창건 당시 규모를 보면 본채의 대청이 3칸, 동쪽 침전과 서쪽 침전이 각각 2칸, 동쪽 복도와 서쪽 복도가 각각 2칸, 남쪽 복도가 6칸, 동쪽과 서쪽의 작은 행랑이 각각 5칸, 거기에는 동쪽과 서쪽의 행랑이 잇닿아 있고 북쪽 행랑이 각각 15칸, 동쪽 누각이 3칸, 낭하로 된 창고가 3칸, 그 외에 임금과 왕비를 위한 수라 칸과 사옹 방, 물 끓이는 칸, 세수하는 칸 등 여러 가지 칸과 누각이 합하여 118칸. 이상은 내전이다. 편전이 3칸, 보평청이 3칸, 정전이 3칸, 월대는 동서의 너비가 63자 9치, 남북의 너비가 33자이며, 위층은 섬돌 높이가 3자 5치, 가운데 층은 너비가 5자에 섬돌 높이가 4자 1치, 대궐 뜰은 남북의 너비가 117자 조금 넘고 동서의 너비가 156자가 조금 넘으며, 동쪽은 위층이 3칸, 가운데 층이 5칸, 행랑이 9칸이고, 서쪽은 위층이 3칸, 가운데 층이 4칸, 행랑이 9칸, 대문이 3칸인데 왼쪽 행랑과 오른쪽 행랑이 각각 9칸이다. 승정원 청이 3칸인데 동쪽 행랑이 10칸, 남쪽 행랑이 4칸, 북쪽 행랑이 4칸, 바깥 행랑이 5칸이며 바깥 누각이 3칸으로 되어있다.[2] 전체 면적이 14만5천 평이며 사적 제155호로 지정되어있다. 창덕궁은 경복궁의 동쪽에 있으므로 동궐이라 했고, 중전이란 호칭도 동전(東殿)이라 했다. (왕비와 왕세자빈이란 호칭은 1427년(세종 9) 1월 26일에 임금이 의견을 내어 이때부터 부르게 된다.)

창덕궁이 완공된 다음 날 태종은 여러 중신과 노인 그리고 종친들과 더불어 창덕궁에서 큰 잔치를 벌였다.

이 자리에서 권근은 화악(華嶽)이라는 시를 지어 올렸다.

높고 높은 화악의 봉우리여
도도히 흐르는 한강이여
산과 강이 굳게 둘러싸인 이곳
나라 터로 하늘이 마련한 게라
맑은 기운 가득 쌓여있기에
우리 임금 이곳을 찾았노니

비결에서 이른바 아홉 번째
바뀐다던 그 터 바로 예여라
윗대에서 터 이미 닦아 놓은 길
아래대가 되돌아 왔노니
거룩한 본 서로 이어받아서
백성들을 길이 보전해가리라

높고 높은 화악의 봉우리여
도도한 한강의 흐름이여
강과 산이 삥 둘러싼 이곳
수도 터로 하늘이 마련한 게라
왕 씨의 자손이 끝장난 뒤
이 씨가 번영할 터라는 길
천 년이나 아득히 미리 앞서서
뒷날의 모든 일 밝혀졌어라
하늘이 이미 다 마련했거니
우리 임금 그대로 따라간 것뿐
이로부터 만년을 두고두고
태평한 시대 이룩해 가리라

한강 물의 도도한 흐름이여
높고 높은 화악의 봉우리여

배와 수레 다 모여드는 이곳

도시로 하늘이 마련한 계라

온 도시의 사람들 허둥지둥

우리 임금 돌아오기 기다렸더니

임금이 말하기를 〈내 가리,

아버지의 뒤를 잇기 위해서〉

이에 새로 궁전을 세웠으며

이에 더욱 기구를 벌렸으며

편안하게 돌아들 왔더니

복도 록도 이리로 모여들어라

한강의 도도한 물결이여

화악의 높고 높은 봉우리여

금성과 철벽으로 된 이곳

궁전 터로 하늘이 마련한 게라

하늘이 무엇하러 마련했을고

우리 왕조 세우기 위함이여라

아버지도 아들도 다 훌륭해

대대로 훌륭한 분 이어오면서

밤낮으로 엄격히 또 공손히

하늘 뜻에 길이 따라가노니

아들 손자 대를 이어가면서

억년이나 만년이나 무궁하리라[3]

　화악은 경기도 가평군 북면의 경계에 있는 높이 1,648m의 산으로 경기도에서 가장 높은 산이며, 서쪽 사면의 북면 적목리에서 발원한 수계는 한강 대 지류의 하나인 북한강으로 흘러들어 한강수계의 하나를 이룬다.

　창덕궁은 경복궁처럼 모든 전각이 남북으로 질서 있게 배열된 게 아니고 지형을 따라 자연스럽게 전각을 배치한 것이 특색이다. 북악의 매봉을 뒤로하고 앞으로 금천(禁川)을 빼내어 배산임수(背山臨水)의 전통적인 명지(名地)의 요건을 갖춘 점이라든가 공식행사나 조하(朝賀)를 받는 정전(正殿)이나 편전(便殿) 등을 앞쪽으로 배치하고 사생활을 위한 공간을 뒤쪽으로 배치하는 전각배치 형식은 대체로 일치한다. 그러나 창덕궁은 태종이 다시 한양으로 옮겨오면서 태상왕(태조)과 상왕(정종)을 모셔야 하는 입장이어서 경복궁이 좁아 별궁으로 지었기 때문에 처음에는 궁궐로서 별다른 시설이 갖추어지지 못하였다. 한양으로 다시 옮겨온 태종은 1406년 초부터 창덕궁의 보완공사를 시작하였는데, 동년 1월 16일 동원된 인력실태를 보면 충청도와 강원도의 장정 3,000명을 동원하여 태조가 거처할 궁전과 창덕궁 공사에 각각 1,000여 명씩 붙이고 한성부에 600명을 주어 개천 파는 일에 투입하였으며, 군자감, 풍리창, 광흥창, 사온서에 각각 100명씩 주어 관청 건물을 수리하도록 하였다. 광연루는 동년 4월 1일에 완성하였고 9일에는 창덕궁 동북쪽 모퉁이에 해온정이 준공되었으며, 태조가 거처할 덕수궁은 29일에 완성되었다고 『실록』은 기록하고 있다.[4] 이때는 창경궁이 창덕궁에 소속되어있어 구분이 안 된 상태인데, 『실록』에 나오는 덕수궁은 개성에 지어진 태조의 거처를 말하는 것이다. 태조는 창덕궁 광연루 별전에서 태종 8년 5월에 승하하였다. 창덕궁을 보완 확장하기 위하여 조달된 재목은 원주, 영월, 인제 등에서 확보한 것인데, 벌목운반에 군사 600명이 동원되었다. 태종은 재위 연간에 창덕궁에 전각을 계속 지어갔는데, 궁내에 연못 등이 만들어지고 1406년에 광연루를 축조한 데 이어 1411년에는 진선문(進善門)과 돌다리인 금천교(錦川橋)를 축조하였다. 진선문, 금천교, 인정전의 감역은 모두 박자청이었다.[5] 금천교는 궁내에 만들어진 다리 중 가장 오래된 것이며, 정교한 솜씨도 높이 평가받고 있다. 정전인 인정전(仁政殿)이 확장 재축조한 것은 1418년(세종 원년)이었다. 세종이 즉위하여 정전인 인정전을 고쳐 지어 거처를 창덕궁으로 옮기어 수강궁에 거처하는 상왕(태종)을 봉양하면서 모든 정사를 상왕과 의논하여 처리하기에 편하도록 하였다. 수강궁은 세종 즉위년 11월 3일에 태종의 거처로 지어 7일에 옮겨갔다. 이때 각 전각의 명칭도 모두 고쳤는데 대부분 이때 고쳐진 명칭이 지금까지 내려오고 있다. 이와 같이 창덕궁은 계속해서 전각을 확장, 보수, 신축하여 궁전을 넓혀갔는데, 1441년 (세종 23) 5월 19일 풍수가 최양선이 창덕궁 터와 수강궁 터가 흉터라고 하여 궁전을 옮겨 지을 것을 주청하였다. "신이 삼가 보건대 창덕궁 터와 수강궁 터는 풍수 보는 견지에서 볼 때 다 좋지 못합니다. 그 까닭은 이러합니다. 창덕궁으로 말하면 종묘의 주되는 산이 왼쪽 줄기인 청룡이고, 수강궁으로 말하면 오른쪽 줄기인 백호가 역시 종묘의 주되는 산입니다. 『동림조담』에 이르기를 '대체로 동쪽 줄기인 청룡과 서쪽 줄기인 백호의 두 산줄기에 사직이나 종묘를 둘 수 없으니 그것은 자손들이 귀신의 피해를 입어 고아와 과부가 다시 생겨나기 때문이다.'라고 하였습니다. 이것은 근거 없는 말이 아닌 것만큼 삼가지 않을 수 없습니다. 그리고 종묘의 주되는 산을 파서 힘줄을 끊고 궁전을 지은 것은 용을 흔들어놓은 것으로서 이른바 그 목구멍을 조르고 힘줄을 끊은 격입니다. 옛사람이 이른 말이 하나의 돌멩이나 한 치의 땅이 금이나 옥보다 낫다고 하였으니 신은 저으기 애석하게 여깁니다. 지금 종묘의 주되는 산의 힘줄을 끊어 기운이 빠지게 한 것보다 더 심한 것이 없고, 궁전의 자리를 종묘의 주되는 산의 왼쪽 줄기와 오른쪽 줄기에 잡은 것보다 더 온당치 못한 것은 더욱이나 없습니다. 신은 밤낮으로 놀랍고 두려움을 금할 수 없어 전하에게 거듭 말씀드리는 것이니 엎드려 바라건대 궁전을 옮겨 지음으로써 좋지 못한 후과가 생기지 않게 할 것입니다. 그리하여 종묘의 주되는 산의 힘줄을 보호하여 좋은 기운을 끝없이 뻗치게 한다면 더없이 다행한 일로 되겠습니다."라고 하였다.[6] 그러나 세종임금은 문종에게 이르기를 "경복궁이 웅장하고 화려하기는 하나 이 수도에서 가장 명당자리는 바로 창덕궁이다."라고 말한 일이 있다. 길지 여부의 논란에도 불구하고 창덕궁은 계속 손을 보아갔다. 1453년(단종 원년)에도 창덕궁을 보수하였는데, 그 이듬해에 곁채 23동이 불에 타버렸다. 단종은 재위 3년(1455)에 세조에게 양위하고 창덕궁으로 거처를 옮겨간 후 이해 가을 세조가 면복 차림으로 행차하여 상왕(단종)을 알현하려 하였으나 응하지 않았는데,[7] 이듬해에 세조가 창덕궁에서 상왕을 위하여 큰 잔치를 베푼 자리에는 응하지 않을 수 없었다.

세조 7년(1462)에 어느 정도 창덕궁의 확장 공사가 마무리되어 갈 무렵 모든 전각에 새로 이름을 지어 붙였다. 정문은 돈화문(敦化門), 편전은 선정전(宣政殿), 후동(後東) 별실은 소덕당(昭德堂), 후서별당(後西別堂)은 보경당(宝慶堂), 정전은 인정전(仁政殿)과 인정문, 정침은 대조전, 그리고 훗날 편전으로 이용한 희정당, 집상전, 동침실인 여일전(麗日殿), 서침실인 정월전(淨月殿), 루(樓)는 징광루(澄光樓), 동별장은 응복정(凝福亭), 서별당은 옥화당(玉華堂), 누하(樓下)는 세광전(世光殿), 광연루의 별실은 구현전(求賢殿)이라 했다. 1462년(세조 7) 1월 30일 창덕궁 후원이 좁아 동쪽 담장을 넓혀서 쌓으라고 지시하여 둘레를 대체로 4,200자 넓혔는데, 철거되는 집이 73호나 되었으며 1463년(세조 8) 2월 7일에 북재 밑에 민가 58채를 헐고 뒤로 400자를 물렸다. 해당 가옥은 2월까지 다 철거하고 쌀로 보상하되 3년 동안 부역을 면제하라 명했다.[8] 당시 부역은 본인이 먹을 양식 40일분 이상을 지니고 와서 노역에 종사해야 하는 가혹한 것이었기 때문에 노역의 면제는 큰 혜택이었다. 그뿐 아니라 화재 위험 때문에 또 철거해야 하는 집이 23호인데 같은 예로 보상하라고 명을 내렸다. 1469년(예종 원년) 9월 1일에는 동리 사람들을 동원하여 창덕궁 서쪽 담장을 쌓았고, 성종 2년(1471) 4월 9일에는 인정문 밖에 억울함을 호소하는 신문고를 설치하였다.[9] 이렇게 창덕궁을 넓히고 수없이 많은 전각을 지어가다 보니 드나드는 문들이 많아졌다. 1475년(성종 6) 8월 23일에 창덕궁 궐문의 이름을 짓고 문액을 걸도록 지시를 내렸는데 예문관 대제학 서거정이 지시를 받고 대궐 문 가운데서 본래부터 현판이 없는 곳에 대하여 각각 두 가지씩 이름을 지어 올리니 임금이 이렇게 찍어주었다. "창덕궁 바깥 동쪽 담장의 문은 선인문으로, 가운데 동쪽 담장의 문은 경양문으로, 새로 세운 대문은 장춘문으로, 가운데 대문은 선명문으로, 남쪽 옆문은 춘홍문으로, 안에 있는 동쪽 담장의 문은 진양문으로, 북동쪽 담장의 문은 기화문으로, 광연정의 서쪽 채의 문은 평창문으로, 남쪽 행랑문은 영화문으로, 북쪽 행랑문은 영평문으로, 내사복시의 남문은 운금문으로, 바깥 동산문은 인양문으로, 왼쪽 옆문은 광범문으로, 오른쪽 옆문은 숭범문으로, 남쪽 담장의 문은 단봉문으로, 안에 있는 서쪽 담장의 문은 의추문으로, 왼쪽 대궐 문은 숙장문으로, 겸-사복청의 새로 세운 대문은 연복문으로, 내사응원 우쪽의 동문은 소출문으로, 북문은 소동문으로, 중궁차비문은 연희문으로, 승정원 남문은 연영문으로, 서쪽 행랑문은 금호문으로, 바깥 서쪽 담장의 문은 진금문으로, 서쪽 담장의 문은 요금문으로, 후원 북쪽 담장의 문은 공신문으로, 새로 세운 북쪽 담장의 문은 려합문으로, 동쪽 담장의 문은 청양문으로, 바깥 북쪽 담장의 문은 광지문이라 했다.[10]

연산군은 즉위하면서 처음에는 치정(治政)에 신경을 쓰는 듯했다. 재위 2년 3월 22일에 인정전 동쪽에 있는 행랑 두 칸을 헐고 창문을 내어 활용하였다. 창덕궁 인정전이 훼손되어 3년간 사용하지 못하여 수리를 시작하였는데, 초겨울이라 날씨가 추우니 공사를 중지하라 했으나 신하들이 말하기를 주로 장공인들이 할 일이므로 공사를 계속해도 백성들에게 피해가 없다고 하여 공사는 계속되었다. 그리고 동년 12월 8일 숭문당을 희정당으로 고치었다. 이와 같이 즉위 초에는 임금으로서의 품위와 너그러움으로 국정을 다스려나갔다. 그러다 1497년 1월 4일 후원의 대궐 담을 높이라는 지시가 내려졌다. 대궐 밖의 민가들이 후원을 내려다보고 있다는 것이 이유였다. 이어 9일에는 융우문을 신우문으로, 융경문을 희경문으로, 융례문을 돈례문으로 고치라는 명이 내려졌다. 융자가 자신의 이름 융(㦀)과 비슷하기 때문이다. 그리고는 제사 지낸 후 음식을 나누어 먹는 음복 연을 인정전에서 열고, 경로잔치, 기영회, 연회 등 궁내 공식 행사를 빌미로 인정전에서 자주 연회를 열어갔다. 그러면서 창덕궁 안이 보이는 곳에는 사람이 다니지 못하도록 단도리를 하기 시작했다. 왕은 또 후원에 짐승을 풀어놓고 사냥을 즐겼는데, 이것을 엿보는 게 싫어서 광지문 밖의 파수 서는 곳을 좀 더 낮은 곳에 지어서 파수꾼들이 대문만 바라보도록 하라는 지시까지 내렸다. 이러는 와중에 동년 6월 26일 밤 2시경에 선정전 기둥이 벼락을 맞았다. 대소 신료들은 하늘의 경고로 받아들였다. 1499년(연산군 5) 11월 2일에는 경비소를 300보쯤 내려 설치하고 창덕궁 대궐 뒤로는 사람의 왕래마저 금하였다. 1503년(연산 9) 9월에 또다시 창덕궁 후원의 동쪽 김철문 외 14명의 집과 첫 경비소 함춘원 남쪽 담장 밖의 한계선 등 14명의 집을 동월 20일까지 철거하도록 명을 내렸다.¹¹ 연산군 10년 5월에는 수성궁에 있는 선대 임금들의 후궁들을 모두 자수궁으로 옮기고 수성궁은 이름을 정청궁으로 고쳐서 성종의 후궁들만 살도록 하고 동년 6월 10일에는 단봉문, 금호문, 선인문 등 문밖 면적을 기준으로 하여 담을 높이 쌓고 군사들로 하여금 파수를 서게 함과 동시에 요금문과 금호문 두 문 사이에 문을 내어 당직서는 군사들이 드나들 수 있도록 조치하였다. 연회를 즐기고 향락 생활에 편리하도록 내부구조를 손보아간 것이다. 동년 8월 1일에는 요금문 밖에 응방을 짓고 빙고는 단봉문 밖으로 옮기도록 하였다. 연산군 11년(1505) 1월 26일에는 후원에 영산홍 10만 그루를 심도록 하고, 동년 9월 16일에는 숙장문 밖 사방에 창칼로 무장한 군사를 세워 경비를 한층 강화했다.¹² 그리고 동년 10월 10일에는 대궐을 잡인이 범하지 않도록 전에 쌓은 성은 그대로 두고 동쪽은 연지의 옛 큰길, 서쪽은 창덕궁의 서쪽 결채, 남쪽은 큰길까지 한정해서 민가를 철거하라 했다. 이래저래 철거한 집이 수만 채였는데 어떤 사람은 운반할 수 없어 재목과 기와를 두고 떠났으며 의지할 데 없는 사람은 길가에 둘러앉아 소리 없이 울었다고 한다. 같은 날 돈화문 밖에 있는 동편 결채에 말 매어 두는 곳을 정하고 '봉순사'라 부르도록 하였다.¹³

연산군은 또 후원에 서총대를 만들어 갔는데, 높이는 수십 발이고 너비와 길이도 이와 맞먹었다. 그 아래에는 경회루와 같은 규모의 연못을 파기 시작하였으나 한 해가 지나도록 공사를 마치지 못하고 폐출되고 말았다. 연산군 재위 동안 연일 이어지는 연회와 궁궐 공사로 지칠 대로 지친 백성들에게 중종반정은 하늘의 응징으로 받아들여졌다. 폭군 연산은 재위 연간에 몇 가지 이야깃거리를 남겼다. 연산군 10년(1504) 4월에 후궁들이 여승 되는 제도를 폐지하였다.¹⁴ 왕이 죽으면 그 후궁들은 삭발하고 중이 되는 것이 당시의 법도였다. 이것은 중국 제도를 따른 것이다. 연산군 11년(1505) 6월에 충신 내관 김처선이 왕의 폭정을 간하다가 처형되었는데, 처용을 풍두라고 고쳐 부르고 처서를 조서로 고쳐 부르라 명을 내렸다.[15] 처자(字)가 들어가는 말을 사용하지 못하게 한 것이다. 동년 9월 21일에는 자식 없는 궁녀들을 나라에서 제사 지내주는 '영혜실'을 설치하고 연산군 마지막 해인 1506년 1월 22일에는 시집가지 않는 여자를 '청녀(靑女)'라 부르도록 하였다.[16] 연산군은 연회로 밤낮 없이 세월을 보내다 보니 용상에 앉아 있을 시간이 없었으므로 공사의 구분이 안 되는지라 왕이 공무가 아닌 놀러 나갈 경우에는 행차라 하지 말고 '거동(擧動)'이라 하라고 했다. 재위 기간 동안에 '원'과 '각'을 세웠는데, 취흥원, 뇌영원, 진향원, 함방원, 취춘원, 회심각, 청환각, 채하각이라 했다. 장악원을 고쳐 연방원이라 하였는데, 그 위치와 용도 등에 관하여는 알 길이 없다(『연산군일기』). 연산군을 폐출하고 등극한 중종은 1508년(중종 3) 6월 창덕궁과 창경궁의 수리를 서둘러 마쳤다.

1529년(중종 24) 2월에 왕비가 내외명부를 거느리고 창덕궁 후원에서 친잠례를 행하였다.[17] 이 의식은 성종 7년(1476) 후원에 시설한 채상단에서 맨 처음 시작하였으며 매년 실시해오던 것을 연산군조에 폐지하고 채상단마저 헐어버렸는데, 이때 다시 시작한 것이다. 이후 창덕궁은 선조 임금 때까지 큰 변화가 없었다. 그러다 선조 25년에 전 국토가 갑자기 전란에 휩싸이게 되었다. 임진왜란(1592.4.)을 당할 때에 선조 임금은 창덕궁에 있었다. 의주로 가는 피난길은 돈화문에서 출발하였고, 왕비는 시녀 수십 명을 거느리고 인화문(仁和門)으로 걸어 나왔다. 이때 모든 궁궐이 거의 전소되는 전화를 입었는데 경복궁 편에서 이미 기술한 바와 같이 이것은 모두 왜인들의 소행이었다. 왜란으로 불타버린 창덕궁의 재건이 시작된 것은 1607년(선조 40) 가을이다. 전소된 세 궁궐 중 1609년 10월에 창덕궁이 제일 먼저 복원되었지만 보완할 부분과 미처 복구되지 못한 부분이 있어 1610년 제2차 복구공사를 다시 시작하여 그 이듬해에야 완전히 복구되었다.

1606년(선조 39)에 경복궁을 중건하려 하였으나 이국필(李國弼)이 경복궁은 풍수지리상 불길한 궁이니 창덕궁을 증수할 것을 주청하여 왕이 그 뜻을 따랐다. 세종대왕도 세자(문종)에게 이르기를 "경복궁이 웅장하고 화려하기는 하나 이 수도에서 가장 명당자리는 바로 창덕궁이다."라고 했다. 이리하여 임진왜란 뒤에는 창덕궁이 중건되면서 조선왕조의 국가 대소사를 모두 여기에서 처리하게 됨으로써 창덕궁은 법궁(法宮)으로 국정의 중심처가 되었다. 선조 말년에 시작된 창덕궁 복원 공사는 일차적으로 1609년(광해군 1) 10월 16일에 끝나고 궁궐 영건도감도 폐지하였다.[18] 광해군은 무척 미신을 신봉하는 임금이었다. 더구나 심화 병까지 앓고 있어 정서적으로 몹시 불안정한 상태였다. 그도 그럴 것이 광해군은 세자로 있으면서 명나라 황제의 책봉고명도 받지 못했다. 명나라 신종황제도 장남인 태창제를 놔두고 차남인 업(鄴)왕을 태자로 책봉하려 하고 있어 장남을 추대하려는 중신들과 첨예한 대립을 하고 있었다. 이러한 명나라 황실 사정으로 겹겹이 쌓인 인의 장막 때문에 황제를 면대하지도 못한 채 허송세월만 보내다 돌아오기를 여러 차례 반복되었다. 거기다 갑자기 밀어닥친 왜란으로 전국이 초토화되는 전화 속에 동분서주하고 있는데 심약한 선조임금은 가끔씩 양위소동을 벌여 석고대죄로 고비를 넘긴 때가 여러 차례 있었다. 설상가상으로 인목왕후(仁穆王后)에게서 늦둥이 영창대군이 태어났다. 오랜만에 얻은 적자이어서 왕실의 기쁨은 더욱 컸다. 선조 임금은 결국 세자자리까지 어린 영창대군으로 바꿀 계획을 하고 있었다. 그러던 중 선조 임금이 갑자기 승하하는 바람에 가까스로 보위에 오르긴 했으나 마음의 상처는 깊었다. 위기를 당할 때마다 광해군은 무당을 찾았다. 창덕궁은 풍수가들의 입에서 불길한 곳으로 여러 차례 오르내린 일이 있거니와 사실 노산군, 연산군이 폐출된 곳이기도 하여 여간 찜찜한 곳이 아니었다. 경복궁보다는 창덕궁을 짓는 데 반대하는 신하들이 적어 복원공사를 끝내기는 하였으나 선뜻 옮겨가지 못한 것은 이 때문이었다. 이사하는 길일을 잡으라 했는데 신하 중에도 의견이 분분하였다. 이러던 중 때마침 세자의 혼례식이 박두하여 일단 창덕궁으로 옮기지 않을 수 없는 상황에 이르렀기 때문에 1611년(광해군 3) 11월 7일 창덕궁으로 거처를 옮겼다.[19] 새로 지은 창덕궁과 창경궁은 굉장히 화려하여 전날의 위용을 능가하는 것이었는데도 왕은 한 번 보고 나서 대뜸 문창과 지계문을 고칠 생각을 하고 단청 그림까지 고치도록 하면서 혼례식이 끝난 후 보수공사를 크게 벌이고 11월 29일 황급히 경운궁으로 다시 옮겨갔다. 그 후 창덕궁 수리가 다 끝났는데도 왕은 옮겨가지 않고 있다가 경운궁에 변괴가 자주 일어나자 1615년(광해군 7) 4월 1일 3년 5개월만에 왕은 결국 창덕궁으로 다시 옮겨 갔다.[20] 창덕궁은 임진왜란 말고도 크고 작은 화재를 입었지만, 그때마다 바로 복구하여 본래의 모습을 잃지 않았다. 그러나 1623년 2월 광해군을 퇴출시킨 인조반정 때 반군이 왕을 찾기 위하여 횃불을 들고 내전에 들어갔다가 실화로 인정전을 제외한 내전 대부분과 외전 일부가 소실되어 이때 남아있는 전각은 수정당, 충북당, 인정전과 그 익각(翼閣) 향실뿐으로 폐허에 가까웠다. 인조가 즉위한 2년 만에 반정공신의 한 사람인 이괄이 공신 책록에 불만을 품고 난을 일으켜 인조는 궁을 버리고 파천하는 난리 통에 남아있거나 복구된 전각마저 또다시 전소되고 말았다. 이를 다시 복구한 것은 1647년(인조 25) 11월이다. 그동안 전란과 부역 등으로 지치고 굶주린 백성들을 더 이상 동원할 수 없어 20년 이상 방치해버렸던 것이다. 이때 복구한 건물은 대조전, 선정전, 희정전, 정묵당, 집상전, 보경당, 옥화당, 태화당, 연화당, 정광당 등이다. 백성들의 부담을 덜기 위하여 광해군이 인왕산 밑에 지었던 인경궁(仁慶宮)을 헐어 그 자재를 주로 사용하였다. 그동안 인조는 창경궁과 경희궁에서 정사를 보았다. 1634년(인조 12) 9월 9일 임금이 세자만 동행하여 후원에 있는 어수당에서 술자리를 벌였다. 마음이 심란해서였다. 어수당은 정묘호란 때 거의 다 무너진 것을 거처를 잠시 창덕궁으로 옮기면서 즉시 수리하고 또 열무정 둘레에 꽃배를 만들게 하여 때때로 연회를 차려 놀면서 여악공을 불러 가무를 즐겼는데, 어떤 때는 밤까지 이어졌다. 이 사실을 비밀에 부치도록 내시들에게 당부했으나 결국 새어나가고 말았다.[21] 청나라의 침공으로 강화도까지 파천했다 환궁한 후로 나라 안은 끝까지 싸우자는 척화파와 평화 협정을 맺자는 주화파의 첨예한 대립으로 큰 혼란에 빠져있었다. 양쪽 모두 나라를 위한 충정에서 나온 주장이므로 임금으로서는 어떤 용단도 내리기 힘든 상황이었다. 착잡한 마음에 임금은 잠시 향락에 빠져든 것이다. 창덕궁은 인조반정 때 불타고, 창경궁은 이괄의 난 때 불타버려 주로 경덕궁에서 거처하며 정무를 처리하였는데 1632년 6월 28일 대왕대비가 승하하여 경덕궁에 빈전을 설치하게 되자 궁이 너무 좁아 특단의 조치를 내렸다. 동년 10월 27일 발상은 하였으나 혼전 그리고 대비의 처소 등으로 경덕궁은 이미 한계에 도달하였으므로 창덕궁의 도총부를 왕비의 처소로 하고 내의원의 약방을 임금의 처소로 하며 춘추관을 정사 보는 곳으로, 그리고 도총부 낭하관의 방이나 비승각 중에서 골라 세자의 침실로 하며 홍문관을 서연청으로 하도록 지시를 내렸다.[22] 그리고 1633년 3월 25일 창덕궁을 수리하라고 지시하고 영선도감을 수리소로 고침과 동시에 수리소에서 정무를 보았다. 동시에 창경궁 불탄 전각들을 다시 짓는데 인경궁 전각들을 요량하여 허물어 재목으로 사용하도록 하여 동년 6월에 창경궁 수리도 완료하였다.[23]

인조임금은 후원을 몹시 좋아하여 1636년(인조 14)에 탄서정, 운영정, 청의정을 지었고, 1640년(인조 18)에는 취규정을 1644년에 육면정, 1645년(인조 23)에 취향정을 새로 지었다. 창덕궁은 인조반정 때 다 타버리고 인정전 하나만 남았는데, 그동안 인정전만 조금씩 손보아 쓰다가 1647년 6월 15일 창덕궁을 재건하도록 지시를 내렸다. 임금은 창경궁을 다시 지은 후 거처를 창경궁으로 옮겼는데 창경궁에서 방자(무속처방)를 한 후 재변이 있어 창덕궁 수리가 끝난 후 11월에 창덕궁으로 거처를 다시 옮겼다. 창덕궁 수리는 인경궁의 남은 전각을 모두 헐어다 지었으며 새로 지은 것이 많아서 옛 규모와 비슷하였다. 왕궁 안에 대조전, 선원전, 희정당, 정묵당, 집상당, 보경당, 옥화당이 있고 징광루가 있는데, 징광루가 가장 웅장하고 화려하다 했다. 그리고 나서 다음 해인 1648년 7월 19일 정초군을 내시소관에서 병조 소속으로 옮겼다. 인조는 즉위 다음 해에 창덕궁, 창경궁 두 궁궐을 호위하기 위하여 정예한 장정들을 뽑아서 정초군이라 하고 내시가 이들을 장악하도록 한 바 있었다. 인조 27년(1649) 5월 8일 임금이 창덕궁 대조전에서 승하하고, 13일 효종이 인정문에서 왕위에 올랐다. 효종 3년(1652) 1월 2일에 왕은 창덕궁과 창경궁을 수리하면서 백성들이 어려우니 승군만을 쓰도록 지시를 내렸다. 이때 동원된 승려들은 동북계와 서북계, 황해도를 제외한 5도인데, 경기도 50명, 강원도 100명, 충청도 200명, 전라도 500명, 경상도 350명을 배정하고 그 후 추가로 5도에 800명의 승려를 배정하였다.[24] 그 후 4년 후인 1656년 가을에 대비의 처소를 위하여 토목공사를 크게 벌였는데 이듬해에 만수전이 완공되어 4월 1일 대비가 만수전으로 처소를 옮겼다. 효종은 1659년 5월 4일 창덕궁 대조전에서 승하하였다. 얼굴에 부스럼이 났는데 침이 혈관을 찔러 출혈이 심하여 사망한 것으로 실록은 기록하고 있다. 이어 현종 임금이 5일이 지난 9일에 인정문에서 왕위에 올랐다. 현종 임금도 1674년 8월 18일 창덕궁 재계하는 곳에서 승하하고 5일이 지난 23일에 숙종이 인정문에서 즉위하였다. 왕의 즉위식은 대개 상중에 하기 때문에 애도하고 삼가는 마음에서 정전을 이용하지 못하고 정전 정문에서 간략하게 올린다. 숙종은 재위 기간 동안 궁궐의 보수와 신축에 많은 노력을 기울였다. 1691년(숙종 17) 2월 8일에 창덕궁 창경궁 두 궁전을 수리하기 시작하여 동년 7월 29일에 공사를 끝내고 감독자들과 내시들에게 푸짐한 상을 내렸다. 이듬해 5월 12일에 영화당을 짓고 1693년 9월 15일에는 대조전을 보수하고, 1704년(숙종 30) 12월 21일 창덕궁 서쪽에 대보단을 만들고 도성 곳곳을 손보았다. 단은 창덕궁 후원 서쪽 요금문 밖 별대영 자리에 만들었다. 숙종의 뒤를 이어 등극한 경종이 창덕궁 환취정에서 승하하고, 1724년 8월 30일에 세제(영조)가 창덕궁 인정문에서 왕위에 올랐다. 경종이 승하한 지 6일 만이다. 영조는 숙종 20년 9월 13일 창덕궁 보경당에서 태어났다. 1744년(영조 20) 10월 13일 창덕궁 인정문에 불이나 좌우 행각이 모두 타고 연녕문까지 이르렀다. 이듬해 2월 4일에 이 정문이 복구되었다. 1747년 10월 25일에는 밤에 중궁의 차비가 화재를 내어 인정전 행각까지 번졌고, 1756년 5월 1일에는 낙선당에서 불이나 양정합까지 태웠다.[25]

영조는 재위 25년(1749) 1월 23일 세자(사도세자)에게 정사를 대리하도록 지시하여 세자는 28일부터 시민당에서 정사를 보고 임금은 창경궁 환경전에서 정사를 보았다. 당시의 시민당은 창덕궁에 속해있는 것인지 창경궁에 속해있는 것인지 모호하다. 『궁궐지』에는 분명 창경궁 관내로 구분하고 있는데 현재 창덕궁 안내 홍보물에는 창덕궁 관내로 되어있다. 영조가 경희궁에서 승하하자 1776년 3월 11일 정조가 경희궁 숭정문에서 즉위하여 우선 인재양성에 힘을 기울였다. 즉위년 9월 25일 창덕궁 후원에 규장각을 세우고 내국 서적을 모으는 한편 중국에서 많은 책을 사들여 놓고 관리들로 하여금 학문을 게을리하지 말도록 채근하였다. 이곳에는 제학, 직제학, 직각, 대교 등의 관리들을 두었다.[26] 즉위년(1777) 6월 7일에 창덕궁 자경당 신축공사와 궁전 수리 공사를 끝내고 8월 15일에는 인정전 뜰에 품계석을 세우도록 지시하였고, 1799년 7월 25일 경봉각 개수공사까지 완공되었다. 경봉각은 황단의 서쪽에 자리 잡고 있는데, 경봉(敬奉), 흠봉(欽奉)이라는 두 현판을 각의 안팎 문 들보에 달았다. 모두 영종의 친필이다(『궁궐지』). 여기에는 황제의 칙서, 조서, 명나라에서 보내준 인장 찍은 사본이라든가 글씨, 그림 등과 태조, 선조 등이 쓴 글씨나 그림 등을 보관해온 곳이다.

정조 4년(1780) 7월 13일 시민당이 불에 타버렸다.[27] 「동궐도」에 '시민당터'로 되어있고 그 후 복원된 기록이 없는 것을 보면 이때 화재 이후 복원되지 않았던 것으로 보인다. 1786년 5월 11일 정조의 큰아들 문효세자(文孝世子)가 창덕궁 별당에서 세상을 떠났다. 이후 3년이 지난 1789년 9월 30일 창경궁으로 처소를 옮긴 뒤 정조 임금은 창덕궁에 머문 기간은 많지 않았다. 다만 창경궁에 아주 가까운 춘당대에서 활쏘기를 즐겼다. 정조의 활 솜씨는 달인에 가까웠다. 10순을 쏘아 49개를 맞추었다. 그것도 완벽은 약간 부족함만 못하다 하여 한 개는 늘 과녁을 비켜 쏘았다. 1792년(정조 16) 12월 27일에는 20순을 쏘아 98개를 맞췄다. 1순은 다섯 발이다. 그뿐만 아니라 문무과 과거시험장으로 춘당대를 이용하였다. 정조 임금은 결국 창경궁에서 승하하였고, 뒤를 이어 순조가 1800년 7월 4일에 12세 어린 나이로 창덕궁 인정문에서 즉위하였다. 대왕대비의 수렴청정은 희정당에서 시작되었다. 궁궐이 자주 화재 피해를 입었지만, 창덕궁은 순조 때에 화재를 많이 입었다. 순조 3년 12월 13일 유시에 선정전 서쪽 행각에서 난 불이 인정전까지 번져 소실된 것을 이듬해 12월에 복구하였다. 순조 11년(1811) 3월에 예문관과 향실이 불에 타 소실되었으나 바로 복구하였는데, 이듬해 12월 18일에도 수정전 행각이 불에 탔다. 순조 19년 9월 27일에도 창덕궁 사복시에 화재가 나 여러 창고 64간이 소실되었고, 1824년 8월 24일에는 경복전이 화재를 또 입었다.[28] 거기에다 순조는 재위 30년에 외아들을 잃었다. 효명세자가 1830년 5월 6일 묘시에 창덕궁 희정당에서 승하한 것이다. 세자는 순조 임금의 건강이 좋지 않아 1827년 2월 18일부터 창덕궁 중희당에서 왕을 대신하여 정사를 보았는데, 보위에 오르지도 못하고 3년 만에 승하한 것이다. 순조 31년 4월 28일, 그간 훼손되거나 화재로 소실된 창덕궁 전반을 영건도감에서 수리를 마쳤는데, 순조 33년(1833)에 또 큰 화재가 났다. 내전에서 솟은 불길로 정침인 대조전을 비롯한 주변 전각들이 모두 소실되어버렸지만, 하나같이 중요한 전각들이어서 서둘러 이듬해에 완전히 복구하였다.

순조의 손자요, 효명세자의 아들 헌종이 1834년 11월 18일 조선왕조 역대 임금 중 가장 어린 8세의 나이로 보위에 올랐다. 경희궁 승정문에서 즉위한 헌종은 이듬해 4월 18일에 창덕궁으로 옮겨왔다. 모든 정사는 익종비(조대비)의 수렴청정으로 이루어졌다. 창덕궁으로 옮긴 후에는 모든 정무나 경연을 편전인 희정당에서 행했다. 왕은 재위 9년(1843) 9월 27일 마마병을 앓았기 때문에 중희당에서 치료받으면서 정무를 보았다. 헌종은 희정당과 중희당을 번갈아가며 이용하였는데, 장성하면서 중희당을 더 많이 이용하였다. 헌종은 1846년(헌종 12)에 경빈 김씨를 맞아들이면서 임금의 처소로 낙선재를 짓고 나서 그 이듬해에 경빈 김씨의 처소인 석복헌과 대왕대비의 처소인 수강재를 새로 지었다. 헌종은 아주 어린 나이에 보위에 올라 15년간 왕위에 있었으나 처음부터 친모인 조대비의 품 안에 있었고, 조대비와 안동김씨의 세력다툼에 임금이란 존재는 조대비 손에 쥐고 있는 새보(璽宝)에 불과했다. 그나마 단명하여 물정을 좀 알만한 나이 23세에 창덕궁 중희당에서 세상을 떠났다.

급등하는 안동김씨의 세력과 조대비의 정치적 알력으로 보위를 이어갈 만한 왕손은 거의 사라졌다. 김씨 세력들이 기회 있을 때마다 모두 역모로 몰아 제거한 것이다. 영조의 직계 후손으로 살아있는 사람이 강화도에서 나무꾼으로 살아가고 있는 원범이 뿐이었다. 이 사람이 사도세자의 셋째 아들인 전계군(全溪君)의 둘째 아들 소위 강화도령이다. 순원 황후의 수소문으로 찾아내어 1849년 6월 9일 헌종이 승하한 3일 만에 창덕궁 인정문에서 왕위에 올랐다.[29] 순원왕후(純元王后)는 순조의 비요, 당시 안동김씨의 대표인물인 김조순(金組淳)의 딸이다. 철종은 19세에 왕위에 올랐으나 촌부로 자라왔기 때문에 궁중의 법도는 전혀 문외한일뿐더러 왕관이나 곤룡포는 꿈에도 그려보지 못한 어처구니없는 생소함이었다. 나이에 불구하고 순원왕후의 수렴청정이 뒤따를 수밖에 없는 상황이었다. 철종 2년(1851) 9월에는 안동김씨 문중인 김문근(金汶根)의 딸을 왕비로 맞게 되니 이때부터 안동김씨의 세도가 다시 오르게 되었다. 철종은 반대로 안동김씨의 손에 쥐어진 새보 외에 아무 의미가 없는 존재가 되었다. 재위 기간 14년 내내 창덕궁에만 있었고, 정무는 희정당에서 보았다. 단 한 번 1860년 9월 26일 경희궁으로 옮겼다가 이듬해 4월 25일 7개월 만에 창덕궁으로 돌아온 것이 다였다.[30] 그리고 재위 14년(1863) 12월 8일 묘시에 창덕궁 대조전에서 세상을 떠났다.

이어 고종이 동년 12월 13일 인정문에서 즉위하였다. 1865년(고종 2)에 시작된 경복궁 복원 공사가 끝나 경복궁으로 옮겨갈 때까지 왕은 창덕궁에 있었다. 그리고 경복궁으로 옮긴 후에도 몇 개월씩 창덕궁에 머물면서 창덕궁과 창경궁을 수리(1877. 3. 13.)하고 춘당대 북원(北苑)에서 명나라 구 황실에 대한 추모식을 거행(1878. 5. 10.)하기도 하면서, 1884년 10월 13일 임금이 마지막으로 창덕궁으로 왔다가 이듬해 1월 17일 경복궁으로 옮겨간 후로는 창덕궁은 방치해두었다. 그 후 1907년 7월 27일 순종 황제가 경운궁 돈덕전에서 즉위하였는데, 동년 11월 13일 황후, 황태자와 함께 창덕궁으로 옮겨왔다. 순종 황제는 고종 11년(1874) 창덕궁의 관물헌에서 태어났다. 창덕궁으로 옮겨와서는 주로 인정전에서 일본 측 인사들과 접견해왔는데, 결국 1910년 8월 22일 창덕궁에서 경술국치 조약이 체결되어 조선의 국권은 일본의 손아귀에 들어가고 말았다. 일제강점기인 1917년에 내전에서 불이 나 대조전 전각을 모두 태워 버렸다. 화재가 난 2년 뒤인 1919년에 일인들의 손에 의하여 복구되었지만, 그 자재를 경복궁 내전건물을 모두 헐어다 사용하는 기막힌 만행이 자행되었다. 그래서 일부에서는 창덕궁 내전의 화재는 계획된 방화로 보는 시각도 있었다. 경복궁에서 헐어 온 건물은 강녕전, 연생전, 동행각, 서행각, 연길당, 경성전, 응지당(膺祉堂), 흠경각, 향원정, 만수전, 흥복전이었고, 이 자재로 창덕궁의 대조전, 희정전(熙政殿) 등의 내전을 지었다. 그러다 보니 원형대로 복원되지 못하고 구조가 양식(洋式)이 가미되어 본래의 전통미를 잃어버린 것이 많았다. 일제는 이런 방식으로 경복궁 앞 일부 전각을 헐고 지은 조선총독부 주변을 쓸어내어 공간을 넓혀가기 시작하였다. 그뿐만 아니라 1912년부터 창경궁과 창덕궁 일부를 공원화하여 창경궁에는 동물원과 식물원을 만들어 일반에게 공개하면서 창경원이라 불렀고, 창덕궁 후원을 공개하면서 이를 관리하는 기관을 비원(秘苑)이라 하였다. 창덕궁은 태종 때 창건된 이후 임진왜란 때 소실되었고, 두 번째는 인조반정 때 소실되었으며, 세 번째는 1917년에 대화재를 입어 많은 전각이 불에 타 없어진 것을 다시 지었다. 그러나 지금의 창덕궁은 기단이나 위치 등을 그대로 살려 지었기 때문에 창건 당시에 비하여 외형상으로는 크게 변하지 않았다. 창덕궁이 완전 전소된 것은 임진왜란 때인데 광해군 때 복구된 후 여러 차례 화재를 입었음에도 지금까지 남아있는 건물은 창덕궁의 돈화문과 창경궁의 홍화문(弘化門)이다. 그래서 이 두 문은 조선 중기의 건축양식을 엿볼 수 있는 유구(遺構)로서 역사적 가치가 높다. 창덕궁 후원은 일명 금원(禁苑) 또는 궁의 북쪽에 있다 해서 북원(北苑)이라 부르는데, 창덕궁과 창경궁 두 궁궐의 정원으로 조선 시대 궁궐 조경 문화 수준을 가늠할 수 있는 귀중한 문화유산이다. 후원이 처음 조성된 것은 조선 초기 태종 때인데, 임진왜란 후 광해군이 창덕궁을 복구하면서 이곳에 새로 건물을 많이 지었고 연못도 팠다. 인조 때에도 많은 정자를 지었는데, 숙종 때에 또다시 건물을 늘렸다.

조선 후기에는 경복궁이 복원되지 않아 창덕궁이 정치의 중심지가 되었고 역대 임금들이 주로 창덕궁에 거처하면서 정사를 보았으며, 연회장소나 휴식공간으로 많이 활용하였다. 그래서 창덕궁은 역사적으로나 건축사적으로 그리고 궁궐조경이라는 측면에서도 빼놓을 수 없는 귀중한 가치를 지니고 있는 것이다. 국보로는 정문인 돈화문과 정전인 인정전이 있고, 보물로는 인정문, 선정전, 희정당, 대조전, 구 선원전이 있다.

순조 때 저술한 『궁궐지』에 의하면 창덕궁 안에 있는 전각은 인정전(仁政殿), 선정전(宣政殿), 보경당(寶慶堂), 태화당(泰和堂), 정묵당(靜默堂), 대조전(大造殿), 흥복헌(興福軒), 융경헌(隆慶軒), 양심각(養心閣), 재덕당(在德堂), 연화당(讌和堂), 영월헌(迎月軒), 관리각(觀理閣), 징광루(澄光樓), 경훈각(景薰閣), 영휘당(永輝堂), 옥화당(玉華堂), 연양루(延陽樓), 집상전(集祥殿), 수정전(壽靜殿), 희정전(熙政殿), 제정각(齊政閣), 동문헌(同文軒), 극경재(克慶齋), 흠문각(欽文閣), 성정각(誠正閣), 희우루(喜雨樓), 보춘정(報春亭), 양성재(養性齋), 담월루(淡月樓), 천한각(天翰閣), 관물헌(觀物軒), 대종헌(大鐘軒), 중희당(重熙堂). 유덕당(維德堂), 석류실(錫類室), 자선재(資善齋) 소주합루(小宙合樓), 의신각(儀宸閣), 삼삼각(三三閣), 칠분서(七分序), 삼선재(三善齋), 대축관(大畜觀), 연현각(延賢閣), 만수전(萬壽殿), 천수루(天壽樓), 백복헌(百福軒), 경복전(景福殿), 사취헌(㴱翠軒) 창송헌(蒼松軒) 영모당(永慕堂), 선원전(璿源殿), 양지당(養志堂), 억석루(憶昔樓), 영의사(永依舍), 숙경재(肅敬齋), 무일전(無逸殿), 흠경각(欽敬閣), 규장각(奎章閣), 주합루(宙合樓), 서향각(書香閣), 희우정(喜雨亭: 醉香閣), 천석정(天石亭), 부용정(芙蓉亭: 澤水齋), 열고관(閱古觀), 개유와(皆有窩), 봉모당(奉謨堂), 열무정(閱武亭), 술성각(述盛閣), 영화당(映花堂), 의두각(倚斗閣), 영춘루(迎春樓), 운경거(韻磬居), 어수당(魚水堂), 진장각(珍藏閣), 청방각(淸防閣), 광운각(廣運閣), 녹음대(綠陰臺), 서총대(瑞蔥臺), 춘당대(春塘臺), 애련정(愛蓮亭), 심추정(深秋亭), 청연각(淸讌閣), 관덕정(觀德亭), 척뇌당(滌惱堂), 존덕정(尊德亭), 망춘정(望春亭), 천향각(天香閣), 폄우사(砭愚榭), 청심정(淸心亭), 낙민정(樂民亭), 취한정(翠寒亭), 농산정(籠山亭), 소요정(消遙亭: 歎逝亭), 태극정(太極亭: 雲影亭), 청의정(淸漪亭), 취규정(聚奎亭), 능허정(凌虛亭), 사가정(四佳亭), 백운사(白雲舍), 연경당(演慶堂), 개금재(開錦齋) 축화관(祝華觀), 운회헌(雲繪

軒), 옥류천(玉流川), 영타정(靈鼉亭), 관풍각(觀豊閣), 경성각(慶成閣), 전사(田舍), 상림원(上林苑), 대보단(大報壇), 봉경각(奉敬閣), 만세송은(萬世誦恩), 소덕당(昭德堂), 대유재(大酉齋), 동이루(東二樓), 소유재(小酉齋), 승문원(承文院), 홍문관(弘文舘), 비궁당(匪躬堂), 예문관(藝文舘), 도총부(都摠府), 내병조(內兵曹), 상서원(尙瑞院), 상의원(常衣院), 사옹원(司饔院), 전연사(典涓司, 태복시(太僕寺), 내반원(內班院), 매월정(梅月亭), 경의제(敬義齋), 장춘헌(長春軒), 이문헌(摛文軒) 등이 있었고, 그 외에 시강원(侍講院), 익위사(翊衛司), 내의원(內医院), 주조소(鑄造所) 등이 있었다.[31] 순조가 친히 지은 「창덕궁 병명서(昌德宮幷銘序)」에

"대저 창(昌)이라는 것은 성(盛)이요, 덕(德)이라는 것은 도(道)이다. 성(盛)은 성(聖)이요, 도(道) 또한 성(聖)이다. 성(聖)이 있은 연후에 도(道)가 있고, 도가 있은 연후에 반드시 덕(德)이 있으며, 덕이 있은 연후에야 비로소 창(昌)하게 할 수 있다(下略)." 하였다.[32]

현재 남아있는 건물은 인정전(仁政殿), 선정전(宣政殿), 대조전(大造殿), 희정당(熙政堂), 융경헌(隆慶軒), 경훈각(景薰閣), 수정전(壽靜殿), 흥복헌(興福軒), 정관헌(靜觀軒), 성정각(誠正閣), 삼삼와(三三窩), 승화루(承華樓), 상량정(上凉亭), 낙선재(樂善齋), 석복헌(錫福軒), 수강재(壽康齋), 취운정(翠雲亭), 비궁당(匪躬堂), 양지당(養志堂), 춘휘전(春輝殿), 봉모당(奉謨堂), 인정문(仁政門), 돈화문(敦化門), 경추문(景秋門), 단봉문(丹鳳門), 금천교(錦川橋)가 있고, 후원에는 부용정, 어수문(魚水門), 영화당(暎花堂), 주합루(宙合樓), 서향각(書香閣), 희우정(喜雨亭), 의두각(倚斗閣), 애련정(愛蓮亭), 연경당(演慶堂), 선향제(善香齊), 농수정(濃繡亭) 폄우사(砭愚射), 승재정(勝在亭), 관람정(觀纜亭), 존덕정(尊德亭), 청심정(淸心亭), 취규정(聚奎亭) 취한정(翠寒亭), 소요정(逍遙亭), 어정(御井), 청의정(淸漪亭), 태극정(太極亭), 농산정(籠山亭), 옥류천(玉流川), 능허정(凌虛亭)이 있다.

전각(殿閣)의 배치

창덕궁은 크게 네 부분으로 구분할 수 있는데, 중국 주나라 궁전 배치 제도인 삼조(三朝)에 따르면 후원을 빼놓을 수 없다. 첫 번째, 뜨락을 중심으로 하여 주변에 배치된 왕을 보필하는 관청 권역, 두 번째 인정전 사정전 일곽의 왕이 직접 정무를 보는 소위 치조(治朝) 권역(圈域), 세 번째 왕과 왕비가 사생활을 영위할 수 있는 연조(燕朝)의 권역과 네 번째 휴식과 연회를 위해 준비한 넓은 후원이다. 창덕궁 정문인 돈화문(敦化門)을 들어서면 걸음을 느슨하게 하는 넓은 뜨락이 나온다. 왼편 서쪽 담장에 붙여 지은 수문장청이 있고, 서편 행랑에 의장고, 무비사, 금호문, 금호문을 지키기 위한 수문장청, 위장소, 남소, 훈국 순라직소, 동쪽으로는 두 번째 뜨락으로 통하는 진선문, 진선문 아래로 결속색, 정색, 전설사, 북쪽으로 내각과 속당이 있고, 남쪽에는 어필 불면각(韍冕閣), 상의원(尙衣院) 등이 자리 잡고 있다. 여기 불면각의 현판은 영조의 어필이다.

뜰 중간쯤을 조금 지나 오른쪽으로 꺾어가면 몇 발 앞에 금천교(錦川橋)에 이른다. 경복궁의 영제교(永濟橋), 창경궁의 옥천교(玉川橋)와 함께 보통명사로 금천교(禁川橋)라 하는데, 이 돌다리는 비단 금(錦) 자를 써서 금천교다. 금천(錦川)은 비단같이 아름다운 물이라는 뜻이다. 이 다리를 건너면 궐내 첫 문인 진선문(進善門)에 이른다. 서쪽 담장에 있는 금호문(金虎門)과 진선문 사이가 첫째 마당 경계인데, 첫째 마당 북쪽에 임금을 보좌해야 할 중요한 관청들이 들어앉았다. 내각(內閣), 옥당(玉堂), 약방(藥房), 예문관(藝文館) 등이 여기에 있다. 원래 있던 것은 일제 때 다 없어지고 지금 있는 것은 1991년에 다시 지은 것이다. 진선문의 행랑과 내각과 옥당의 행랑은 다시 지으면서 내부가 비어있는 겉모양만 갖춘 것이어서 기관이 들어있던 당시의 모습을 볼 수 없다. 진선문 좌우로 행랑이 6간씩 이어져 있고, 진선문을 들어서면 첫 번째 뜰보다 좀 작은 두 번째 마당이 있다. 진선문에서 마당을 건너 마주 보고 있는 문이 숙장문(肅長門)인데, 두 문 사이의 마당은 직사각형이 아니고 사다리꼴 모양으로 숙장문 쪽이 조금 좁다. 이로 인해 당시 상왕으로 있던 태종은 판 우군도총제부사(判右軍都摠制府事) 박자청(朴子靑)과 판선공감사(判繕工監事) 신보안(申保安)을 의금부에 하옥하였다. 인정문 밖 행랑을 지으면서 박자청으로 하여금 공사감독을 시켰

창덕궁 배치도

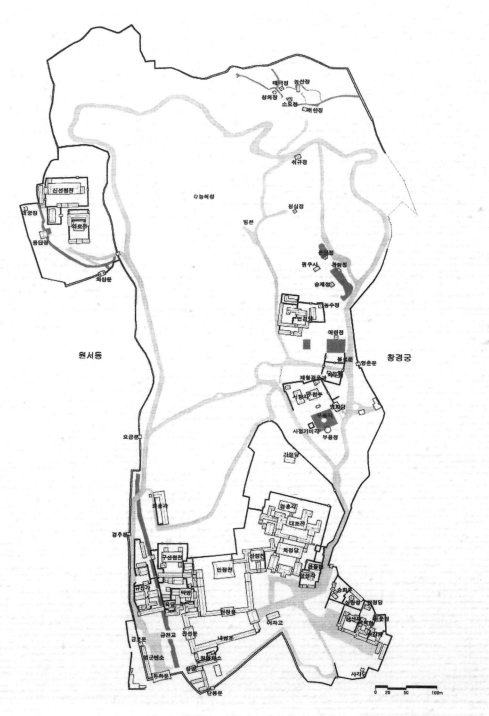

▶ 현재 건물 배치도(문화재청)

는데, 뜰의 좁고 넓은 것도 요량하지 못하고 이미 기둥을 세우고 상량까지 올렸으니 상왕이 몹시 진노하여 이것들을 모두 헐어버리라 하고 박자청 등을 하옥시키면서 행랑 대신 담만 쌓게 하였는데 지금까지 박자청의 의도대로 남아있는 것을 보면 그럴만한 이유가 충분히 있었던 것 같다. 종묘로 내려가는 산의 맥을 자를 수 없었던 게 아닌가 하는 견해도 있다.

진선문과 숙장문은 1991년 이후에 복원되었는데 원래는 이곳에 호위청, 상서원, 배설방 등의 관청이 있어서 방과 마루로 채워져 있었다. 진선문과 숙장문 현판은 원래는 정난종(鄭蘭宗: 1433~1489)의 글씨인데 복원 후에는 정도준이 쓰고, 오옥진이 새겼다. 진선문 남쪽으로 잇대어 있는 행랑에는 결속색, 정색이 있었고, 동편 숙장문에 잇대어 있는 행랑에는 배설방이 있다. 진선문을 지나 어도를 따라 동쪽으로 가다 보면 어도는 좌측으로 꺾인다. 인정문(仁政門)으로 통하는 길이다. 돈화문 밖 월대 끝에서부터 나있는 어도는 돈화문을 거쳐 진선문 그리고 인정문을 지나 인정전 월대까지 이어진다. 인정문을 들어서서 양쪽

▶ 진선문

▶ 숙장문

으로 도열한 품계석 가운데 어도를 따라가면 웅장한 인정전(仁政殿)이 우뚝 서 있다. 이곳이 창덕궁의 정전(正殿)이다.

인정전은 2중의 기단 위에 건물이 서 있는데, 사면의 행랑으로 둘러싸여 있다. 인정전 서쪽 행랑에는 향실(香室)과 내삼청(內三廳)이 있다. 향실은 궁중 제사나 기우제를 지낼 때 쓰이는 향과 축문을 보관하던 곳이다. 이것을 서쪽 행랑에 둔 것은 서쪽에 제례를 위하여 지은 선원전이 있기 때문이다. 「동궐도」에 보면 선원전 북쪽으로 경복전기(景福殿基)라 표시한 곳이 있다. 궁궐도가 그려진 당시에 이미 이 건물은 없어진 것이다. 경복전 남쪽으로 직사각형의 연못이 있었고, 연못 북쪽에 애련재(愛蓮齋)가 있었는데 이 또한 경복전과 같이 소실되었다. 연못 서쪽에 풍기석(風氣石)이 있다. 경복전은 원래 만수전 터에 지은 것인데 경종 때 수리하고 경복당이었던 것을 전(殿)으로 당호(堂號)를 높였다. 숙종의 계비 인원왕후를 모신 자리이다. 경복전 서북쪽으로 영모당(永慕堂)이 있는데, 이 건물은 본래 경복전을 관리하던 내시들이 있던 곳이다. 1833년(영조 33) 대왕대비였던 인원왕후가 이곳에서 승하하자 기록에 남기기 위하여 당호가 필요하였으므로 '영원토록 사모한다'는 뜻으로 '영모'라 하였다. 지금은 이 주변 모든 건물이 없어지고 일본 강점기에 지어진 의풍각(儀豊閣)이란 건물만 남아있다. 동쪽 행랑으로 뚫린 광범문(光範門)을 나서면 남향을 하고 있는 선정문(宣政門)이 있다. 이 문은 임금의 편전인 선정전(宣政殿)을 드나드는 문이다. 선정전 주변에는 왕의 치정에 필요한 여러 가지 기관들이 배치되어있다. 선정문 바로 안 서쪽에 선전관청(宣傳官廳)이 있고, 동쪽으로 장방(長房)이 있다. 선전관청에 근무하는 선전관은 숙직하면서 임금을 주변에서 호위하며 긴급사태가 발생하면 군사를 동원할 수 있도록 연락하는 임무를 맡는다. 장방은 내시를 일컫기도 하지만 이들이 거처하는 곳을 말하기도 한다. 이 두 기관이 임금의 집무실에 가장 가까이 있는 것은 그 임무의 성격 때문이다. 선전관 바로 남쪽에 동서로 우사(右史)와 당후(堂后)가 있다. 왕의 말과 행동을 기록하는 사관(史官) 제도는 중국 하나라 때부터 시작된 것인데 예문관에 소속되어있다. 우사는 임금의 말을 기록하고 좌사(左史)는 임금의 행동을 기록한다. 당후는 고려 때 왕명을 출납하고 군사업무까지 관장하던 중추원 정칠품(正七品) 벼슬을 일컫는 말인데 고려 태종 5년에 왕명의 출납만을 관장하는 승정원(承政院)으로 독립하면서 승정원 정칠품 주서(注書)를 당후라고도 불렀다.[33]

우사 정남 마당 가운데에 문서고가 있다. 이 문서고는 임금 주변에서 일어나는 모든 일을 기록하는 사초나 승정원의 당후 일기를 보관하는 서고이다. 문서고 남쪽으로 상서성(尚書

省)과 은대(銀臺)가 같은 지붕 아래 동서로 나란히 자리 잡고 있다. 은대는 왕명을 출납하는 승정원의 다른 이름이고, 상서성은 고려 시대의 관청으로서 이 역시 승정원과 같은 임무를 띠고 있다. 이 두 간판을 동시에 달아놓은 것은 이색적인 일이다. 승정원이 고려 시대 상서성의 후예임을 밝혀두고자 하는 의도에서 그런 것이 아닌가 싶다. 승정원 건물 서쪽 행랑은 인정전 동쪽 행랑을 말하며, 이곳에 육선루(六仙樓)가 있는데 이는 승정원에 속한 다락이다.

육선이란 승정원의 육방을 말하는데 도승지는 이조, 좌승지는 호조, 우승지는 예조, 좌부승지는 병조, 우부승지는 형조, 동부승지는 공조를 담당하여 이를 각각 이방, 호방, 예방, 병방, 형방, 공방이라 하였다. 육선루 남쪽으로 이어진 행랑에 궁중 악기들을 보관하는 악기고가 있고, 승정원 남쪽 행랑채에 사간원과 사헌부의 관리들이 임금에게 간할 일이 있는 때 모이는 곳으로 온돌이 없어 대청이란 말을 썼다. 원래 온돌이 있었는데 숙종 임금이 간관들이 시도 때도 없이 몰려와 간하므로 온돌을 없애고 마루를 깔았다. 우사와 당후 동쪽 행랑에 동쪽으로 이어진 행랑 중간, 즉 선정문 정남에 영연문(英延門)이 있는데 문 동쪽에 조선조의 당상관이나 병조판서 등 문무관을 선발하는 지위에 있는 사람이 근무하는 정청(政廳)이 있고, 정청에 남북으로 인접해있는 행랑에 궁궐 내 각 기관의 서리(書吏)가 머무는 서리 방이 있다. 서리 방 동쪽 마당 가운데에 공상청(供上廳)이 있는데, 이곳은 사옹원에 소속된 기관으로 채소와 생선을 공급한다. 공상청 북쪽에 주원(廚院)이 있는데, 왕의 식사와 음식을 공급하는 기관으로 사옹원(司饔院)의 다른 이름이다. 주원 정북쪽에 궁방이 있는데 활과 화살촉을 보관하는 곳이다. 여기에 보관되는 활과 화살은 전투용이라기보다 임금이 직접 사용하거나 하사품으로 많이 쓰였다.[34]

주원 동쪽으로 등촉방(燈燭房)이 있는데 궐내 등불이나 촛불을 관장하는 기관으로 내시부에 속한다. 그 외에 액정서, 사알방, 내반원 등이 배치되어있다. 액정서(掖庭署)는 임금이 쓰는 붓과 벼루를 공급하고 궁궐의 자물쇠를 관리하며, 궁궐 문 안에 있는 정원을 가꾼다. 액(掖)은 겨드랑이를 말함인데 액문(掖門)이란 사람의 겨드랑이처럼 큰 문 옆에 있는 작은 문을 말하고, 액정(掖庭)은 액문 안에 있는 정원을 뜻한다. 사알방(司謁房)은 액정서에 소속된 정육품 잡직이 근무하는 곳으로 임금의 곁에 있으면서 왕명을 전달하고 임금의 알현을 주선하는 기관이다.

선정전 우측으로 침전인 희정당(熙政堂)과 그 뒤에 내전인 대조전(大造殿)이 있고, 그 위쪽 좌편에 경훈각(景薰閣)이 있다. 경복궁이 평지에 질서 있게 전각을 배치한 반면 창덕궁은 높직한 산기슭에 자리 잡고 있어 돈화문, 인정전, 선정전 등의 정문, 정전, 편전을 지형에 따라 자연스럽게 배치하여 궁전의 위엄을 살리면서 풍광의 미도 조화시키는 금상첨화의 멋을 연출한 걸작품이라 할 수 있다. 선정문 동쪽 가까이에 내반원(內班院)이 있고 좀 떨어진 곳에 대현문(待賢門)이 있는데, 이 문을 지나면 왼쪽으로는 성정각(誠政閣) 그 옆에는 영현문(迎賢門)이 있으며, 오른쪽으로는 세자와 세자빈이 거처하던 중희당이 있다. 성정각 위쪽으로는 관물헌(觀物軒)이 있는데 이곳은 세자가 독서하던 곳이다.「동궐도」에는 유여청헌(有餘淸軒)과 금사루(琴史樓)라는 현판을 같이 달고 있으며『궁궐지』에는 관물헌으로 되어있는데, 현재는 '집희(緝熙)'라는 현판이 걸려있다. 관물은 '사물을 관찰한다'는 뜻이고 집희는 '전왕의 업적을 이어받아 밝힌다'는 뜻으로 공부하는 장소임을 그 명칭에서 밝혀주고 있다.

집희라는 현판은 어필이라는 표시와 함께 갑자원년(甲子元年)으로 되어있고, 1864년(고종 원년)으로 되어있어 고종이 즉위한 다음 해(14세)에 쓴 것으로 보인다.

대현문 동쪽에 조그마한 정자가 하나 있는데, 그 아래로 흙담이 처진 승화루(承華樓)가 있고 그 동쪽 문인 중앙문을 지나면 낙선재(樂善齋)에 이른다. 낙선재 남쪽 서편으로 진수당(進修堂), 장경각(藏經閣), 누각(漏閣), 일영대(日影臺)가 있었다. 숙장문(肅章門) 쪽으로 발길을 돌려 그 옆을 지나면 연영문(延英門)이 있었다. 지금은 불에 타 없어졌지만 구황실이 있었던 뒤쪽으로 내병조(內兵曹)가 있었고, 인정전 서쪽으로는 약방, 홍문관인 옥당(玉堂), 검서청(檢書廳), 규장각(奎藏閣), 봉모당(奉謨堂)이 있다. 예전에는 선원전(璿源殿)이 선정전 서쪽에 있었는데, 여기서 북쪽으로 난 길을 따라가면 숲 속에 새 선원전이 나온다. 이곳은 원래 대보단 자리였다. 대보단 제사는 순종 1년(1908)에 개정된 '제사제도 칙령'에 의하여 폐지되고 조선총독부는 1921년에 대보단 자리에 선원전을 옮겨지었다. 내전의 후방 언덕에 올라서면 후원이 펼쳐지는데 이 후원은 동쪽으로 창경궁과 연결되고 후원 경내는 울창한 숲과 연못, 그리고 그 주변에는 크고 작은 정자들이 군데군데 있어 빼어난 자연경관을 이루고 있다. 개유와(皆有窩)를 지나면 부용정에 이른다. 부용정은 연못 쪽으로 누마루가 있고, 그 밑에 두 돌기둥이 연못 속에 마치 발을 담그고 있는 것처럼 물속에 잠겨있다. 이 부용정에서 맞은편 북쪽 언덕을 올려다보면 어수문(魚水門)이 보이고, 그 문을 지나면 주합루(宙合樓)이다. 주합루 아래층은 장서를 보관했던 규장각(奎章閣)인데, 그 주위에 서향각(書香閣), 제월광풍관(霽月光風觀), 사정비각(四井碑閣), 영화당이 부용지(芙蓉池)를 중심으로 배치되어있다. 여기서 자그마한 언덕 하나를 올라 왼쪽으로 내려가면 희우정(熹雨亭)이 있고, 오른쪽으로 급한 돌층계를 내려가면 언덕 아래에 이안재(易安齋)와 운림거(韻碄居)가 나온다. 이 두 건물은 동서로 나란히 북향하여 서 있다. 현재 기오헌이라 부르는 곳이다. 단청도 하지 않은 아주 검소한 작은집으로 1827년(순조 27)에 효명세자가 책을 읽기 위하여 지었기 때문에 조용하고 한적한 곳에 자리 잡았다. 건물의 규모나 외형으로 보아 이안재가 주된 건물이고 운림거는 부속 건물로 보인다. 의두합 기오헌으로 부르게 된 것은 이 건물의 동쪽 누마루에 익종의 어필로 된 영춘루(迎春樓)라는 현판이 달렸었고, 대청에는 기오헌이라는 현판을 달았는데 현재는 기오헌 현판만 남아있어 기오헌이라 부르게 된 것이다. 엄밀히 말하면 기오헌은 의두합의 대청 이름으로 명나라 고승 수인(守仁)의 서재에 붙인 당호에서 따온 것이며, 이곳이 책 읽는 곳이라는 뜻을 가지고 있다.

의두합에서 북쪽으로 아담한 연못이 있고, 연못 북쪽 언저리에 두발을 물속에 담그고 있는 애련정(愛蓮亭)이 내려다보인다. 『궁궐지』에 의하면 1692년(숙종 18)에 연못 가운데 섬을 만들고 정자를 지었다고 했는데, 그 섬은 없어지고 섬에 있던 정자를 지금 있는 곳에 옮겨 놓은 것이 아닌가 싶다. 숙종이 지은 『어제기(御製記)』에 애련정의 유래가 나와있다.

"정자를 애련으로 이름한 것은 그 미세한 의미를 잘 보여준다. 대체로 보아 사계절의 꽃들이 심히 변화하지만 사람들이 그것을 좋아함에는 각기 치우친 바가 있으니 은일(隱逸: 세상을 피하여 숨어 사는 것)의 꽃인 국화는 처사 도잠(陶潛: 당나라 도연명)이 사랑하였고, 부귀의 꽃인 모란은 당나라의 여러 사람이 사랑하였으며, 군자의 꽃인 연꽃은 원공(元公: 송나라 주돈이의 시호) 주무숙이 사랑하였다. 좋아함은 비록 같을지라도 마음에는 얇고 깊은 다름이 있으니 내 평생 이목(耳目)을 부리지 않고 홀로 연꽃을 사랑함은 붉은 옷을 입고 더러운 곳에 처하여도 변하지 않고 우뚝 서서 치우치지 아니하며, 지조가 굳고 범 속을 벗어나 맑고 깨끗하여 더러움을 벗어난 것이 은연히 군자의 덕을 지녔기 때문이다. 이것이 새 정자 이름을 지은 까닭이거니 수천 년 동안 나와 더불어 뜻을 같이하는 이가 어찌 주렴계(周濂溪: 주돈이) 한 사람이겠는가?"**35**

기오헌 아래 뜰과 담 하나를 두고 애련지 사이에 뜰 하나가 또 있는데, 그곳으로 출입하는 문이 불노문(不老門)이다. ∏ 자로 된 돌문인데 언뜻 보아 별 특색 없는 단조로운 문으로 보이지만, 이음새가 없는 것으로 보아 아주 큰 바위 하나를 쪼아내어 만든 것이라는 생각이 미치자 눈길이 한 번 더 간다. 늙지 않고 오래 살기를 바라는 염원을 담은 지성(至誠)이 이와 같은 작품을 만들어낸 것일 게다. 불노문 밖에 불로지(不老池)가 있었다고 하는데 지금은 없다. 이 언저리 널찍한 뜰을 지나 다시 북쪽으로 가면 후원의 중심인 연경당(演慶

堂)에 이른다. 연경당은 앞쪽으로 2중 행랑이 있어 바깥 행랑에 소슬 대문이 있는데, 이문이 장락문(長樂門)이라 한다. 장락문을 들어서면 좌측으로 안채로 들어가는 수인문(修仁門)과 사랑채로 들어가는 장양문(長陽門)이 있다. 본채인 연경당 외에 부속 건물로는 서재로 쓰이는 선향재(善香齋)와 청수정사(淸水精舍), 농수정(濃繡亭)이 있다.

연경당 뒤로 오솔길을 따라 한참을 내려가면 반월지(半月池)가 나온다. 이 연못가에 폄우사(砭愚榭), 존덕정(尊德亭), 관람정(觀纜亭), 승재정(勝在亭) 등이 배치되어있다. 『궁궐지』에 기록된 것으로 보면 여기에 심추정(深秋亭), 청연각(淸讌閣), 척뇌당(滌惱堂), 존덕정, 폄우사, 청심정(淸心亭), 망춘정(望春亭), 천향각(天香閣) 등의 정자가 있었던 것으로 되어있는데, 없어진 전각도 많다. 「동궐도」 상에는 연못도 여러 개가 보이고 이름없는 초가집과 세 칸으로 되어있는 정자도 보여 현재 모습과는 사뭇 다른 경관을 연출하고 있다. 존덕정 동쪽 옆길을 따라 오르다 보면 중간에 오른쪽으로 청심정이 보이고, 시냇물을 따라 좀 더 오르다 보면 작은 능선 위에 비교적 넓은 길이 있다. 이 길을 따라 서쪽으로 몇 발을 떼면 길 남쪽 가에 취규정(聚奎亭)이 서있다. 취규정에서 가던 길을 조금 더 가면 북쪽으로 내려가는 오솔길이 나오는데 오솔길을 따라 잠깐 내려가면 창덕궁 후원의 북쪽 끝 옥류천에 이른다. 옥류천 입구에서 제일 먼저 만나는 것이 취한정(翠寒亭)이고, 옥류천과 마주보고 있는 정자가 소요정(逍遙亭)이다. 소요정 북쪽에 태극정(太極亭)이 있고, 저만치 서북쪽으로 초가지붕을 이고 있는 청의정(淸漪亭)이 보인다. 그리고 소요정 동쪽으로 농산정(籠山亭)과 어정(御井)이 있어 자연과 조화를 이루도록 아름다운 경관을 연출해놓았다.

옥류천에서 다시 능선길로 올라와 서쪽으로 조금 더 가다가 궁궐 쪽으로 꺾어가면 능허정(凌虛亭)이 높은 자리에 서있다. 능허정은 창덕궁 후원 정자 중 가장 높은 곳(해발 90m)에 있어 거기서 동편을 바라보면 청심정이 내려다보인다. 창덕궁 안에 있는 건물들은 시대에 따라 나타났다가 없어지기도 하고 없어졌다가 다시 복구되기도 했지만 완전히 없어진 건물도 많다. 창덕궁은 그 후원과 창경궁을 포함하여 203,769평인데, 그중에서 창경궁이 53,600평, 후원이 61,937평이다. 지금 창덕궁 담장 안은 약 88,232평에 이른다.

월대(月臺)

궁궐의 정전 같은 중요한 건물 앞에 만들어진 넓은 대를 말하는데, 궁중의 각종 행사가 있을 때 이용되며 월대(越臺)라고도 한다. 대개 네모꼴의 넓은 단(檀)으로 그 위에 지붕이나 다른 시설을 하지 않는다.

달을 보는 대라는 말에서 유래되어 월견대(月見臺)라고도 한다. 고려 시대 이전의 건축양식에서는 볼 수 없으며 조선 시대의 건축양식으로 제례(祭禮), 가례(嘉禮), 하례(賀禮) 등 큰 행사 때 이용한다.

인정전 (仁政殿)

▶ 인정전

창덕궁의 정전으로 서울특별시 종로구 와룡동에 있으며 국보 제225호로 지정되어있다. 인정전은 임금이 어진 마음을 가지고 백성을 다스리는 곳이라는 뜻이다. 순조가 지은「인정전명(銘)」에 “인(仁)하면 반드시 흥(興)한다는 선왕의 성대한 뜻을 우러러 받든다. … 왕도는 우뚝하고 인정전은 드높다. 인정(仁政)을 베풀어 전호(殿号)에 어긋나지 말라(下略).” 하였다. 인정전은 1405년(태종 5)에 창덕궁이 창건될 때 지어졌으나 1592년 임진왜란 때 소실되었다. 1607년(선조 40)에 복구공사를 시작하여 1609년(광해군 1)에 완공되었는데, 1647년(인조 25) 12월 10일에는 인정전 섬돌을 수선하였다. 1803년(순조 3)에 대화재로 다시 불타버린 것을 그 이듬해에 복구하였다.[36] 1842년(헌종 8)에 대대적인 수리가 있었지만, 현재 건물은 1804년에 완성된 것이다. 정면 5칸, 측면 4칸 중층 팔각 기와지붕의 다포식 건물로 2단의 장대석 높은 기단 위에 세워졌다. 창경궁의 명전전이나 경복궁의 근정전보다는 연대로나 수법 등이 앞선 것으로 본다. 효종, 현종, 숙종이 모두 인정전에서 즉위하였고, 조정의 각종 의식이나 외국 사신의 접견이 여기에서 있었으며, 왕세자나 세자빈 책봉 또는 대비의 수연(壽筵) 등 경사가 있을 때 왕은 인정전에 나아가 신하들로부터 축하를 받는 조선왕조의 법궁(法宮)이다. 기단은 2중으로 되어있어 지대석(地帒石) 위에 겹으로 장대석을 쌓고 그 위에 부연(副椽)이 있는 장대석을 놓았다. 인정전은 사면이 행랑으로 둘러 쌓여있고, 앞뜰에는 판석을 깔고 품계석을 박았다. 중앙 계단 가운데 판석(板石)에는 구름 사이로 나는 두 마리의 봉황이 새겨져 왕실의 위엄을 나타내주고 있다. 앞면 한가운데에 다시 장대석을 한단 더 놓아 높이고, 그 위에 다시 주춧돌을 놓아 둥근 기둥을 세웠는데 아래층에는 평주 10개와 고주 10개를 세웠다. 그래서 외관상 중층으로 되어있지

▶ 인정전 어좌

만, 내부는 하나로 터져있다. 벽은 사분합의 문짝과 광창을 설치하였고 기둥 위의 공포는 내4출목 외3출목의 조선 후기 건축양식을 따랐다. 내부는 살미 첨차를 한데 모아 둥글게 장식한 운궁(雲宮)으로 처리하여 내목도리보를 만들었다. 위층은 고주 위에 대량(大樑)을 걸고 고주 밖으로는 퇴량을 걸어 사면을 퇴칸으로 만들었다. 중앙의 대량 안쪽에는 우물천장을 만들었는데, 천장 한가운데에는 구름 사이로 나는 봉황 두 마리를 채색하여 그려 넣었다. 맨 뒷면 중앙 퇴칸에는 용상(龍床)을 만들고 그 뒤로 오봉산일월도(五峰山日月圖)의 병풍을 쳤다.

중층지붕의 마루에는 양성하고 처마는 겹처마이며 용마루에는 취두, 내림마루에는 용두, 추녀마루에는 잡상을 두었다. 용마루 양성 부분에 이화문장(李花紋章)이 있는데, 이것은 1897년에 고종황제가 대한제국 황제에 즉위하면서 황실을 상징하는 문장을 새긴 것이다. 그러나 불행하게도 한말에 외부 쪽 일부와 내부를 상당 부분 개조하여 전등을 가설하는 등 시대 변화에 따른 수선을 가하였는데, 이것은 거의 일제의 강압에 의한 것이어서 양복 입고 갓 쓴 것 같은 부자연스런 모습으로, 본래의 모습을 되찾아 우리 고유문화의 진수를 간직하는 것이 더 중요한 것 같다.

창덕궁 뜰에는 본래 박석(薄石)을 깔았는데, 이 박석은 주로 강화도와 황해도 해주에서 공급되었다. 창덕궁은 당초에 별궁으로 지어졌지만, 임진왜란 이전에도 정궁으로 자주 이용하였고 임진왜란 이후로는 경복궁이 소실되어 복구하지 못하는 바람에 창덕궁이 정궁으로 이용되어 273년 동안 인정전이 조선왕조의 역사상 주 무대가 되었던 점에서 다른 정전과는 또 다른 의미를 가진다. 인정전에서 행한 주요 행사를 보면 1417년(태종 17) 정월에 인정전에서 연회를 베풀고 가무를 즐겼다. 1419년(세종 원년) 정월 주상이 원유관을 쓰고 강사포를 입고 인정전에서 조하를 받았는데, 이때 참석자 중에는 승려들과 왜인 회회인(回回人: 아랍인)들이 같이 참여한 것이 이색적이다.

1734년(현종 15) 숙종이 인정전에서 즉위하였다. 동년 숙종은 박태보 등을 인정전에서 친국하였고, 1735년(숙종 16) 겨울 밤중에 인정전에서 여우가 울어 불길한 징조라고 조정이 술렁거렸다. 1721년(경종 원년) 가을 연잉군(延礽君: 영조)이 인정전에서 세제책봉(世弟冊封)을 받았고, 영조 3년에는 세자빈을 책봉하고 인정전에서 백관들의 하례를 받았다. 영조 4년 여름 도순무사(都巡撫使) 오명항(吳命恒)의 군대가 개선하여 주상이 인정전에서 모든 신하에게 선온(宣醞: 임금이 신하에게 술을 하사함)하고 백관들의 하례를 받았다. 오명항은 1728년(영조 4)에 병조판서로 있었는데 이때 이인좌의 난이 일어나자 경기, 충청, 전라, 경상 4도의 도순무사로 임명되어 박문수를 종사관으로 데리고 내려가 난을 평정하고 돌아온 것이다. 1747년(영조 23) 주상이 대왕대비(숙종 비: 仁元王后) 전에 나가 회갑연을 베풀고 인정전에서 하례를 드렸다.[37] 우리 민족에 가장 큰 치욕을 안겨준 국권침탈이라는 경술늑약(慶戌勒約)이 1910년 8월 22일 이곳 인정전에서 체결되어 대한제국의 종말을 고하기도 했다. 인정전의 상량문은 대제학 이만수(李晩秀)가 지었다. 인정전과 인정문만 원래의 것이고, 인정전을 둘러싸고 있는 행랑은 1991년에 새로 지은 것이다.

인정문(仁政門)

▶인정문

　인정전의 남쪽 정문인데 보물 제813호로 지정되어있다. 효종, 현종, 숙종, 영조 등의 임금들이 이 문에서 즉위식을 올렸다. 왕의 즉위식은 대부분 국상 중에 있었으므로 정전을 피하고 삼가는 뜻에서 장소나 형식을 간소하게 하는 것이 상례였다. 이 문이 처음 창건된 것은 1405년(태종 5) 창덕궁을 창건할 때이다. 이 문도 임진왜란 때 소실되었다가 광해군 즉위년에 창덕궁을 재건하면서 같이 지어진 것이다. 1701년 9월 26일 인정문에서 장희빈 소속 궁녀 등을 심문하여 대 옥사가 있었고, 결국 동년 10월 10일 장희빈이 영숙궁에서 목숨을 끊는 대참사가 일어났다.[38] 1744년(영조 20)에 인근 승정원에서 불이 나는 바람에 이 건물 또한 소실되었는데, 이듬해인 1745년에 복구하여 지금에 이른 것이다. 1649년(인조 27) 5월 13일 효종이 이 문에서 즉위하였고, 1659년(효종 10) 5월 9일에 현종이 이 문에서 즉위하였으며, 1674년(현종 15) 8월 18일에 숙종이 이 문에서 즉위하였고, 1724년(경종 4) 8월 30일에 영조 임금이 이 문에서 즉위하였다.

　서쪽 행랑에는 향실(香室), 내삼청(內三廳)이 있었고, 동쪽 행랑에는 관광청, 육선루, 악기고 등이 있었다. 천장은 연등천장으로 서까래와 가구(架構)를 노출시켰다. 공포는 내외 2출목으로 3제공이 중첩되고 도리받침 부재는 운형(雲形)으로 깎았다. 지붕 용마루는 양성하고 대한제국 황실을 상징하는 3개의 이화문(李花文)을 장식하였다. 각 마루에는 취두, 용두, 잡상을 두었다. 인정문 좌우에는 10칸의 행랑이 뻗쳐있고 행랑은 북으로 꺾여 인정전 좌우의 월랑과 만난다. 인정문과 주변 행랑은 왜인들이 일부 개조하여 인정전 출입문을 외벽 어간에 축소하여 설치하고 창호도 모두 바꾸었으며, 행랑의 벽체는 일본풍의 양식이 가미되었다. 이곳은 임금이 때로는 즉위식을 거행하는 곳이어서 인정전과 함께 조선왕조 궁궐의 위엄을 잘 나타낸 격조 높은 건축물로 평가하고 있다.

개화령(改火令)

1406년(태종 6)에 왕이 개화령을 내렸는데, 개화(改火)는 찬수개화(鑽樹改火)의 준말로 나무를 문질러 불을 일으키는 원시적인 점화방식을 말한다. 느릅나무와 버드나무는 푸르기 때문에 봄에 불을 취하고, 살구나무와 대추나무는 붉기 때문에 여름에 불을 취하고, 박달나무는 검기 때문에 겨울에 불을 취하며, 조롱나무와 줄참나무는 희기 때문에 가을에 불을 취하고, 6월에는 토기(土氣)가 왕성하여 뽕나무와 산뽕나무에서 불을 취하는 행사를 했다. 행사일이 정해져 있는 것이 아니고 철 따라 적정한 날을 받아 이 행사를 하였으며, 내병조에서 이 행사를 주관하였다.

태종 6년 3월 24일 자『실록』을 보면 "불씨를 갈아 쓰는 것에 관한 지시를 내렸다. 예조에서 글을 올리기를 '주례의 하관을 보면 사훼란 벼슬이 불을 사용하는 것과 관련한 정사를 맡고 앉아 사계절이 바뀌는 대로 나라의 불씨를 바꿈으로써 철을 따라 유행하는 질병을 예방한다고 하였습니다. 옛 선비들은 해석하기를 불씨가 오래된 것을 바꾸어 쓰지 않으면 불꽃이 너무 성해져서 양편의 기운이 지나치게 올라가는 동시에 전염병을 발생시키는 관계로 철 따라 불씨를 바꿔 써야 합니다. 불씨를 바꾸는 법은 나무를 맞부벼서 불을 일으키는 것인데 느릅나무와 버드나무는 푸르기 때문에 봄철에 쓰고 살구나무와 대추나무는 붉기 때문에 여름철에 쓰며 6월에 이르러서는 흙 기운이 왕성해짐에 따라 뽕나무와 같은 누른 빛깔의 나무를 쓰고, 떡갈나무와 상수리나무는 흰 데 비하여 괴화나무와 박달나무는 검기 때문에 각각 그 철에 해당한 빛을 따라 가을과 겨울에 쓴다고 하였습니다. 대체로 불이란 물건은 사람들의 일 상생활에서 사용되는 것으로서 그 성질을 이용하지 않을 수 없기 때문입니다. 세월 이 오래면 법도 폐지되기 마련이니 불씨를 바꾸던 제도도 오랫동안 실시되지 못하였 습니다. 그와 함께 음양을 이롭게 하는 데서도 일정한 결함을 면치 못합니다. 바라건 대, 사계절을 따라 불씨를 바꾸어 사용하도록 지시를 내리고 서울 안은 병조에서, 지 방은 고을원들이 매해의 입춘일, 입하일, 입동일 6월의 토왕일마다 각기 그 철에 해 당한 나무를 맞부벼서 그 철에 맞는 불씨를 가지고 음식을 만들어 먹게 한다면 음과 양의 기운이 순하게 되고, 전염되는 질병도 없어져 버려서 음양을 이롭게 하는 데서 도 아무런 결함이 없게 됩니다.'라고 하였다."**39**

임금이 말하기를 "예천백 권중화가 내게 하는 말이 옛날에는 불씨를 바꾸는 제도 가 있었는데, 우리나라에서 옛날의 제도대로 따르지 않기 때문에 화재가 나는 것이 라고 하던 말을 내가 잊지 않고 있다."라고 하고는 의정부에 내려보내어 협의하여 실 시하게 하라고 하였다. 이 행사는 고종 때까지도 이어져 왔다.

선정전(宣政殿)

조선 중기 건물로 보물 제814호로 지정되어있다. 선정전이 처음 창건된 것은 1404년(태 종 4) 10월에 왕명에 의하여 짓기 시작하여 이듬해 10월에 완공된 것이다. 창건 당시에는 조계청(朝啓廳)이라 했는데 1461년(세조 7)에 선정전으로 고쳤다. 선정전에서 있었던 크 고 작은 사건이나 행사들을 간추려 보면 이러하였다. 세조 원년에 선정전에서 제 공신들을 인견하고 주연을 베풀었다. 1471년(성종 2) 9월에 왕비가 80세 이상 노인 154명을 불러 양노연(養老宴)을 베푼 후로 매년 같은 달에 노인들을 위한 잔치를 선정전에서 베풀었다. 1477년(성종 8) 3월에 왕비가 처음으로 후원에서 친잠례를 행하고 선정전에서 주연을 베풀 었다. 1493년(성종 24) 봄에 왕비가 후원에서 친잠례를 행하고 선정전에서 위로잔치를 베 풀었다.

연산군 3년에는 선정전 기둥에 벼락이 쳤다. 1545년(명종 즉위년)부터 8년간 문정대비

▶선정전

(文定大妃)는 선정전에서 수렴청정했으며 1553년 대신들을 불러놓고 여기에서 수렴청정을 거두었다.

1583년(선조 16) 주상이 선정전에서 2품 이상을 불러놓고 박근원(朴謹元), 송응개(宋應慨), 허봉(許篈)을 유배시켰다. 1774년(영조 20)에 선정전훈의소학(宣政殿訓義小學)을 간행 반포하였다.[40] 이와 같이 왕이 종친들이나 중신들을 위한 잔치도 가끔씩 여기서 베풀었으며, 왕비가 내외명부의 하례도 여기서 받았다. 선정전은 임금이 평상시에 집무하던 곳으로 편전(便殿)이라 하는데, 오랫동안 왕의 전용 건물로 사용되어 오다가 조선 후기부터 내전인 희정당을 편전으로 사용하면서 별로 사용하지 않았다. 이 건물은 창덕궁에 있는 건물 중에서 유일하게 남아있는 청기와 집이다. 연산군 11년에 인정전과 선정전을 청기와로 덮으려고 시도했으나 그 이듬해 중종반정으로 뜻을 이루지 못하고 반정의 소란 속에 소실되었는데, 1647년(인조 25)에 창덕궁 중건 때 회회청(回回靑: 아라비아에서 나오는 푸른 안료)을 써서 청기와를 올린 것으로 본다. 당초 창덕궁에도 청기와가 몇 동 있었는데 현재는 선정전 지붕만 청기와로 남아있다. 그 뒤 1674년(현종 15)에 수리한 바 있고, 1803년(순조 3) 12월에 서행각(西行閣)이 소실된 것을 다음 해 12월에 다시 지었다. 선정전은 원래 편전으로 사용해오다 순조 즉위년(1800)에 정조의 혼전으로 사용하면서 희정당을 편전으로 사용하고 선왕의 3년 상을 선정전에서 치른 뒤 이후 역대 임금의 혼전으로 사용하였다. 그로 인하여 제사를 위한 음식을 만들어 제사상을 차리는 진설청을 만들다 보니 진설청은 혼전 정문 앞에 설치하게 되어있어 선정전은 이때부터 정자각(丁字閣)이 되었다.

　장대석으로 월대를 쌓고 윗부분에 네모진 얇은 돌을 깔아 마무리하였으며 양 끝에 드므를 놓았다. 장대석 위에 또 한 번의 기단을 쌓고 원형의 초석을 놓아 두리기둥을 세우고, 내부 앞쪽으로 고주(高柱)를 세웠다. 정면 3칸, 측면 3칸인데 4면 모두 벽을 만들지 않고 정면과 후면 측면 어간에 띠살 창호의 4분합을 달고, 측면의 전후 퇴칸에는 2분합을 동서 전퇴칸과 후면 동 측칸에는 2분합의 판문(板門)을 달았다. 천장은 우물천장으로 보와 서까래를 가렸고 어간후면 대량간(大樑間)에는 장방형의 보개(寶蓋)를 달았다. 공포는 외2출목 내3출목이고, 안쪽은 보 밑에서 운궁형(雲宮形)으로 양봉(樑棒) 되게 하였다. 그래서 조선 중기의 공포기법을 잘 보여준 대표적인 건물로 꼽히고 있다. 선정전 한가운데 뒤편 퇴

▶ 선정문

칸에 보개를 올렸는데 인정전보다 비교적 간략한 것이다. 보개 아래 용상(龍床)이 놓여있고 의자 뒤로 나지막한 십장생 병풍이 쳐져있다. 보개 안 천정에는 봉황 한 쌍이 구름 사이로 날갯짓을 하는 그림이 부각되어있다. 단청은 모두 모루단청이며 처마는 겹처마이고, 용마루 양 끝에 취두를 내림마루 끝에 용두를, 사래 끝에 토수(吐首)를 놓았다. 선정전만 원래의 건물이고 주변에 있는 모든 건물은 대부분 없어지고 선정전 앞의 정자각과 선정문 그리고 선정전을 둘러싸고 있는 담장은 최근에 복원된 것이다. 선정전 앞에는 선전관(宣傳管)이 근무하는 선전관청과 임금을 가까이 모시는 내시들이 있는 장방(長房)이 있다.

태화당(泰和堂)

재덕당(在德堂)

모두 선정전 북쪽에 있다.

연화당(讌和堂)

선정전 동쪽에 있었는데 지금은 없다.

돈화문(敦化門)

서울특별시 종로구 와룡동에 소재하는 창덕궁 정문으로 보물 제383호로 지정되어있다. 이문은 1412년(태종 12)에 창건하여 1451년(문종 원년) 6월 13일에 선공감에 지시하여 개수하였고, 1506년(연산군 12)에 좀 더 높고 크게 고쳐 지으라는 왕명을 내렸으나 뜻을 이루지 못하고 1개월 후에 폐출되었다. 임진왜란 때 소실된 것을 1608년(광해군 즉위년)에 창덕궁이 복구되면서 문도 함께 세워졌다. 현재의 건물이 임진왜란 이후의 건물로 보는

▶창덕궁 정문 돈화문

것이 일반적인 견해이나 아직도 돈화문이 임진왜란 이전의 건물이냐 이후의 건물이냐 하
는 논란이 있다. 당초에는 이렇게 큰 건물이 아니었으나 중건하면서 현재와 같이 커진 것
같다.

　다른 궁궐과 달리 돈화문이 정전의 정남에 있지 아니하고 서남쪽 모퉁이에 치우쳐있는 것
은 바로 남쪽 정면에 조상들의 영혼을 모신 신성한 종묘가 있기 때문에 그 산의 맥을 끊는
것을 피하기 위하여 그랬을 것이라는 해석이 지배적이다. 창덕궁은 당초에는 별궁으로 창건

되었으나 경복궁이 불타 없어지고 도참설에 의하여 복원되지 못하자 창덕궁이 본궁의 구실을 하게 됨에 따라 그에 걸맞은 위엄을 갖출 필요가 있게 되어 그 규모가 커진 것이다. 1413년(태종 13)에는 이문에 1만5천 근의 동종(銅鐘)을 매달았다고 실록에 기록되어있는데, 이때의 건물이 소실되었으므로 종을 건 목적이나 종을 매단 구조 등을 알 길이 없다.41

1728년(영조 4) 이인좌의 난이 있을 때 난을 진압하고 적장의 머리를 임금에게 바치는 헌괵례(獻馘禮)를 돈화문 2층에서 받았다. 이 의식을 하고 나서 영조는 성안에 사는 노인들을 초청하여 잔치를 베풀고, 난의 원인이 당쟁에 있었음을 깨달아 재위 기간 내내 탕평책을 써 당쟁을 근절하는 데 많은 힘을 썼다. 돈화문은 정면 5칸(하층 73.7자), 측면 2칸(하층 26.1자)의 중층 건물로 창경궁 정문인 홍화문(弘化門)과 함께 조선 중기의 건축 문화를 엿볼 수 있는 중요한 문화유산이다. 12개의 평주가 사방에 있고 가운데에는 4개의 고주(高柱)가 있어 고주 사이에는 거대한 판문이 두 짝씩 달려있다. 공포는 상하층이 모두 내외3출목으로 바깥 부분에는 3제공(諸工)이 겹쳐져 있다.

귀공포에 가첨차가 없는 것이 특색인데, 그것이 남대문에는 남아있고 돈화문에는 없다. 공포의 형태를 보면 제3제공부터 끝이 둥글둥글한 운궁(雲宮)으로 장식되어있어 주칸에서는 이것이 천장까지 이르고 보 아래에서는 보아지가 되어있다. 이것은 조선 초기의 양식과는 구분되는 17세기의 건축양식을 반영한 것으로 본다. 상층은 천장을 만들지 않았고 중고주를 생략하여 공간을 넓게 쓸 수 있도록 하여 사람이 서서 활동하기에 충분한 공간을 확보하였다. 맨 끝 칸에 층계가 나있는데 위층 바닥은 장마루로 홍화문과 같다. 지붕마루에

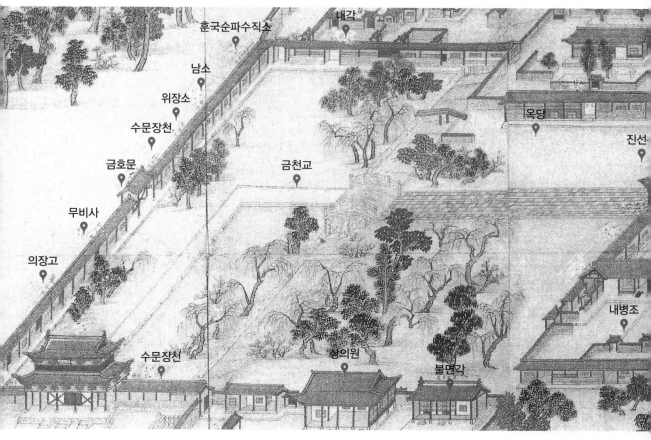

▶동궐도상의 돈화문 주변(상의원, 불면각은 동궐도의 오류를 바로잡은 것이다.)

는 취수, 용두, 잡상 등을 설치하였는데 한 가지 이상한 것은 「동궐도」에 그려진 돈화문의 지붕은 팔작지붕인데 현재 돈화문은 우진각(隅陳閣) 지붕이다. 「동궐도」가 그려진 것은 순조 임금 때이기 때문에 지금 돈화문은 그때에도 같은 모습이었을 것이다. 「동궐도」 상에 보면 돈화문 앞 월대 가운데 어도가 있고 임금이 가마 탈 때 딛고 오르는 노둣돌이 두 개 있으며, 가마를 올려놓는 목마가 두 개 있다. 그리고 지붕이 현재 모습과 달리 팔작지붕으로 그려진 것은 오류이다. 각 궁궐의 정문이 모두 우진각 지붕인 것을 보면 현재 돈화문의 형식은 궁궐 정문으로서 처음부터 우진각 지붕이었던 것으로 보인다. 「동궐도」의 오류가 여러 군데 발견되지만, 이 오류는 「동궐도」가 사생화의 성격보다 배치도의 성격이 강하기 때문에 궁내의 모든 중요 건물이 팔작지붕이어서 무심코 그려넣은 것이 아닌가 싶다. 돈화문을 들어서면 창덕궁 서쪽 담장을 따라 남쪽에는 금호문(金虎門)이 있고, 조금 위 북쪽에는 경추문(景秋門)이 있다. 금호문은 평소에 신하들이 출입하던 문이고, 경추문은 군사를 동원할 때만 사용하는 문으로 평소에는 닫아둔다. 창덕궁에는 중요한 문 몇 개 외에는 문의 이름이 없었는데, 성종 임금이 예문관대제학 서거정 등에 명하여 모든 문에 이름을 지어 현판을 걸도록 했다. 금호문, 단봉문, 경추문 등의 이름도 이때 지은 것이다.[42]

돈화문에도 종과 북을 매달아 놓고 파루 때는 북을 쳤다 했는데 지금은 없다. 인정 때 종을 친 것은 쇳소리는 음(陰)의 소리이기 때문에 밤이 깊어감을 알릴 때 치고 북소리는 양(陽)의 소리이기 때문에 낮이 밝아오는 것을 알릴 때 친 것이다. 몹시 가물어 기우제를 지낼 때에도 양의 문인 남대문을 닫고 음의 문인 북대문을 열어 음기를 성하게 하고 북소리는 일절 내지 못하게 하고 음의 소리인 종소리나 징소리만을 내게 하였다.

금호문(金虎門)

금은 서쪽을 가리키고 백호도 서쪽을 가리키므로 금호문이라 했다.

창덕궁 서쪽 담에 있는 문인데, 궐내 진선문을 정면으로 마주 보고 있다. 인조반정 때 김류, 이귀 등이 능양군(綾陽君:仁組)을 모시고 이문을 통하여 궁내에 돌입하였다. 평상시에는 승정원의 승지 홍문관의 교서관 등이 출입하는 문이다.

희정당(熙政堂)

내전(內殿)인 대조전 남쪽에 있는 편전이다.

이 건물을 처음 창건한 연대는 확실하지 않으나 1496년(연산군 2)에 궁내 수문당(修文堂)이라는 건물이 소실된 것을 그 자리에 다시 짓고 이름을 바꾸어 희정당이라 했다. 이것은 다시 임진왜란 때 소실되었다가 1609년(광해군 1)에 창덕궁을 재건할 때 다시 지었으며 인조반정 때 또다시 불타 없어진 것을 1647년(인조 25)에 재건하였다. 이때는 인경궁(仁慶宮: 광해군이 인왕산 밑에 지은 궁궐)의 전각을 철거하여 그 자재로 세웠다. 희정당의 역사를 요약해보면 1674년(현종 15) 희정당 연못에 꼭지와 꼭지가 맞붙는 꽃이 피었다. 숙종 때 노론의 거두 송시열은 장희빈의 아들(경종)을 원자로 하는 것을 반대하다 야반에 희정당

▶ 희정당

▼ 희정당 남행랑 정문
(어차를 댈 수 있도록 전면 출입
구가 돌출되어 있다.)

에서 원지유배형을 당했다.

창덕궁의 편전은 본래 선정전이었는데 정조 임금이 승하하며 혼전으로 사용하면서부터 순조는 희정당을 편전으로 사용하였다. 순조 30년 5월 익종이 여기에서 승하하였다.

고종 원년 신정왕후(神貞王后: 조대비)가 이곳에서 수렴청정을 시작하였는데, 1917년 큰 화재로 불타 없어진 것을 1920년 일인들의 손에 의하여 경복궁의 내전을 헐어다 지었다. 희정당은 원래 규모가 크지 않았으나 여러 차례 화재를 당하여 다시 복구하면서 그 규모를 늘려 오늘에 이른 것이다.

인조 때 재건될 때만 해도 총 15칸에 불과하던 것을 후에 편전으로 이용하면서 정면 11칸, 측면 4칸의 큰 건물이 되었다. 희정당은 외전에 속하는 인정전, 선정전의 동편에 놓여

있으며 북쪽에는 대조전이 있다. 건물 앞 왼쪽에 하월지(荷月池)라는 연못이 있고 작은 뜰이 마련되어있었으나 1920년 다시 지으면서 연못도 없어지고 주변에 많은 변화가 있었다.

대제학 채유후(蔡裕後)는 그가 지은 희정당 상량문에서 희정(熙政)의 뜻을 이렇게 밝히고 있다.

"당의 위치가 침전에 연결된 것은 휴식을 즐기기 위함이 아니며 정전에 연립된 것은 방문과 영접의 편의를 위함이다. 주상 전하는 효성이 지극하고 궁실을 검소하게 하여 선왕에 부끄러움이 없을 뿐 아니라 사치한 궁실로 인한 폐단을 항상 경계하여 대지(臺池)의 향락을 일삼지 않고 국가의 영원한 안정을 도모해왔다. 지난번 화재는 전에 없었던 큰 변고로 중건이 불가피했다.

주희(朱喜)가 증전(曾傳:大學)에서 희(喜)를 명(明)의 뜻으로 밝히고 채침(蔡沈)이 우서(虞書)에서 광(廣)으로 해석한 뜻을 본뜬 것이다. 정사를 밝혀 백성을 접하니 백성이 충정을 다하고 정사를 넓혀 백성을 구제하니 백성이 혜택을 입지 않은 이가 없다는 의미에서 희정(熙政)이라 이름하였다."[43]

장대석을 5단으로 쌓은 기단 위에 방형 초석을 놓고 원형이 아닌 네모기둥을 세웠다. 대조전과 같은 높이의 기단 위에 나란히 지어졌다. 우물천장으로 서까래를 가렸고 처마는 겹처마로, 지붕은 마루를 양성하고 용마루 끝에 취두, 합각마루 끝에 용두와 추녀마루에 잡

▶ 순종황제 어차

순종황제가 탔던 어차 캐딜락. 이 캐딜락은 미국 GM사가 제작한 리무진이다. 초기에 제작된 모델로 전 세계적으로 20대가 남아있다(등록문화재 제318호, 국립고궁박물관 소장).

어차가 도입되면서 희정당, 남행랑 정문을 돌출시켜 황제가 출입할 때 승차할 수 있도록 하였다.

상을 두었다. 일인들의 손으로 다시 지으면서 내부를 개조하여 정면 9칸, 측면 3칸을 거실로 하고 주위는 퇴칸으로 하여 통로로 사용하였는데, 이 중에서 정면 3칸을 통칸으로 터서 응접실로 만들었다. 서쪽은 회의실로 꾸몄고 동쪽은 여러 개의 방으로 나누어 다용도실을 만들었다. 이 건물은 1920년에 재건하면서 한식에 양식을 가미하여 응접실과 회의실 바닥에 마루를 깔고 유리창을 달았으며 휘장이나 벽체 등을 양식으로 꾸미고 탁자를 비치하였다. 희정당도 원래는 순수한 궁궐 양식으로 지어졌으나 일인들의 손에 의하여 내부에 전기가 가설되고 현대식 집기가 배치되는 등 서구식으로 개조되어 왕실 고유의 전통미를 상실해 버렸다.

희정당 중건(重建) 상량문은 대제학 홍석주(洪奭周)가 지었다.

건물 안 양쪽 벽에는 김규진(金圭鎭: 1868~1933)이 그린 「총석정 절경도(叢石亭 絶景圖)」와 「금강산 만물초승경도(金剛山萬物肖勝景圖)」가 그려져 있다.

동문헌(同文軒)

극수재(克綏齋)

모두 희정당의 서쪽에 있다.

흠문각(欽文閣)

희정당의 남쪽에 있는데 서적을 갈무리하는 곳이다.

경의재(敬義齋)

희정당의 동쪽에 있었는데 1651년(효종2)에 지어 1674년(현종5)에 철거하였다.

대조전(大造殿)
<양심각(養心閣), 징광루(澄光樓), 관리각(觀理閣)>

　　대조(大造)란 뜻은 지혜롭고 현명한 왕자의 탄생을 의미한다. 현판 글씨는 순조의 어필이다.
　　창덕궁 내전의 정당(正堂)으로 보물 제816호로 지정되어있다. 희정당 북쪽에 있다. 남쪽
정문은 선평문(宣平門), 동문은 함광문(含光門), 서문은 경주문(慶柱門)이다. 이 건물이
1405년(태종 5)에 창덕궁 창건 당시에 지어진 것인지는 확인할 수 없으나 1496년(연산군
2)에 중수(重修)하였다는 기록이 있어 일단 연산군 이전부터 있었던 것만은 분명하다. 희정
당에서 대조전 정문인 선평문까지는 행랑으로 연결되어있고, 선평문에서 대조전 월대까지는
어도가 깔려있다. 이곳은 왕비가 거처하던 곳으로 지붕에 용마루가 없다. 왕비의 몸에 들
어와야 할 용이 지붕 위에 올라있으면 안 된다거나 아니면 내전으로 들어올 용의 길목을 막
아서는 안 된다는 전래의 타부(Taboo)가 아닌가 싶다. 1494년(성종 25) 12월에 왕이 이
곳에서 승하하였다. 광해비 유씨는 왕비로 있을 때 대조전 각 방에다 촛불을 켜놓고 비밀
히 기도를 드렸는데 후생에는 제발 왕비로 태어나지 말게 해달라고 빌었다고 한다.[44] 비교적
아늑한 곳이어서 그런지 역대 왕과 왕비가 이곳에서 운명하였다. 1649년(인조 27) 5월에

▶대조전

왕이 이곳에서 승하하였다. 1659년(효종 10) 5월에 주상이 이곳에서 승하하였고, 1674년 (현종 15) 8월에 주상이 대조전 양심각에서 승하하였으며, 1809년(순조 9) 8월에 익종이 이곳에서 탄생하였다. 1863년(철종 14) 12월에 주상이 이곳에서 승하하였고, 순종이 1926년 4월 25일 대조전 흥복헌에서 승하하였다. 757년(영조 33) 2월에 영조비 정성왕후 (貞聖王后)가 대조전 관리각(觀理閣)에서 승하하였고, 순조비 순원왕후(純元王后)가 대조전 양심각에서 승하하였다. 관리각은 숙종이 지은 이름이다. 순조 33년에 이 건물이 소실되었는데, 다음 해에 증건하였으며 헌종비 효현황후(孝顯王后)가 대조전에서 승하하였다.

대조전은 임진왜란 때 소실되었다가 1609년(광해군 1) 창덕궁이 증건될 때 다시 지어진 것으로 보고 있으며, 그 후 인조반정 때 내전이 모두 불타면서 이 건물도 불타 없어진 것을 1647년(인조 25)에 다시 증건하였다. 이때 중건하면서 인경궁(仁慶宮)의 경수전을 철거해다 옮겨 지었다. 1833년(순조 33)에 또다시 화재를 당하여 소실된 것을 그 이듬해에 안으로는 흥복헌(興福軒), 융경헌(隆慶軒), 양심각(養心閣), 관리각, 징광루(澄光樓), 옥화당(玉華堂)에서부터 밖으로 희정당, 극수재(克綏齋)에 이르기까지 모두 370여 칸이 복구되었다.[45]

1917년 일제 강점기에 또다시 화재를 당하여 소실된 것을 1919년 경복궁에 있는 교태전을 헐어다가 1920년 12월에 완공하여 지금에 이른 것이다. 그러므로 희정당과 대조전 일대는 본래의 전각이 아니다.

1917년 대화재 당시를 『순종실록』은 이렇게 적고 있다.

"대조전에 오후 다섯 시에 불이 났다. 불은 대조전 서쪽의 온돌이 연립한 나인들의 갱의실(更依室)에서 일어나 내전 전부를 태웠다. 대조전, 흥복전, 통명문, 양심각, 장순문, 희정당, 참광문이 탔다. 불은 오후 8시에 비로소 진화되었다. 이날만 순종과 왕비는 잠시 연경당(演慶堂)으로 피하고 진화 후에 인정전 동행각에 옮겨가서 임시 침소를 성정각에 정하였다. 이 때문에 내전에 소장되었던 귀중품 및 훈기(薰記), 훈장(薰章), 휘장(徽章), 기념장(記念章) 등이 모두 불에 타버렸다."[46]

현재 대조전은 선정전의 동편 희정당의 정북쪽에 있으며 건물 서편에 평상시 왕비의 전용 침전인 융경헌(隆慶軒)이 있고, 동쪽으로 임금과 동침하는 흥복헌(興福軒)이라는 양 날개의 전각을 달고 있다. 행각으로 연결된 함광문(含光門), 청향각(淸香閣) 등이 이어져 있다. 윤경헌의 서남에는 관리각이 잇대어 있다. 그 주변에 양심각(養心閣)과 경훈각(景薰閣)이 있는데 경훈각은 대조전 바로 뒤편에 위치하여 왕과 왕비의 휴식처로 원래는 이층집이었으나

경훈각 집상전 대조전 융경헌 흥복헌 함광문 경극문 선평문 양심합 희정당

▶동궐도상의 대조전일원(경훈각은 원래 2층이었는데 2층이 징광루이다.)

인조반정 때 불타 다시 지으면서 단층으로 하였다. 경훈각은 징광루 아래층으로 온돌방이 있다. 경훈은 경관이 훈훈하다는 뜻이다. 그래서 아래층 경훈각은 가을과 겨울에 이용하고, 위층 징광루는 봄과 여름에 이용했으므로 여러 임금이 휴식처로 애용하였다. 경훈각 앞뜰에 어정(御井)이 있었다.

순조 때 예문관 이지연(李止淵)이 쓴 징광루 중건 상량문을 보면

"… 옛 여름날 납량(納凉) 계절에 옥근(玉筋: 전서체의 하나)의 편액을 걸어놓아 흠모하는 감회가 열성조(列聖朝)에 이어졌으니 실로 군자가 오를만한 곳이다. … 희정당과 함께 착공하여 어진 임금의 뜻에 따라 소박하게 하고 내고(內庫: 왕실의 재정)를 사용하여 백성의 힘을 덜었다 하여 징광루의 건축 의미와 성격을 엿볼 수 있다.[47]

순조가 지은 징광루 명(銘)에는

"… 향기로운 아지랑이 아른아른 피어나니 신선의 누각일세. 아래는 경훈각이었으니 그 이름이 어떠한가? 가을과 겨울에는 각에 머물고, 봄과 여름에는 누에 머무니 사계절 동안 머물기는 이 누각이 제일이다."[48]

경훈각 앞뜰에는 어정(御井)이 있다. 대조전과 징광루는 행랑으로 연결되었으며, 징광루 지붕은 청기와다. 징광루는 다른 건물보다 높고 앞이 터져있어 앞에 전개되는 아름다운 경관을 즐길 수 있다. 19세기경에는 2층 누각인 징광루와 대조전, 용마루가 없는 집상전(集祥殿) 등 수많은 전각과 행랑들이 빼곡히 들어앉아 웅장하고 아름다운 경관을 보여주었다. 경훈각 서편에는 영휘당(永輝堂)이 있어 옥화당(玉華堂)과 연결되어있어 경훈각의 서익(西翼)이다. 여기에 숙종의 어진을 봉안했는데, 뒤에 선원전으로 옮겼다. 영휘당 동쪽에는 연양루(延陽樓)가 있다. 대조전은 인조 때 재건될 당시 45칸이었으나 현재 남아있는 건물은 정면 9칸, 측면 4칸으로 36칸으로 줄었으며, 2익공으로 된 단층 팔작지붕으로 건물 전면에 3칸 크기의 넓은 월대를 쌓았다. 가운데 정면 3칸, 측면 2칸을 통간(通間)으로 하여 거실로 만들었으며, 거실 동서쪽으로 정면 2칸, 측면 2칸을 통칸으로 하여 왕과 왕비의 침실로 사용하였다. 왕과 왕비의 침실과 작은방에는 천장 높이를 낮게 하여 종이반자를 하였다. 각 침실 측면과 후면에는 작은 방을 두어 시중드는 사람들의 처소로 삼았다. 월대 뒤에 장대석을 쌓고 건물을 지었는데, 바깥 기둥은 네모기둥이고 내부 기둥은 원주를 세웠다. 앞면 퇴칸 평주 밖으로 쪽마루를 이어 깔고 그 끝에 아자헌란(亞字軒欄)으로 된 난간을 만들어 기단과 조화를 이루었다. 기둥 사이에는 화반(華盤)과 운공(雲工)을 배치하여 주심도리를 받게 하였고, 일반적인 형식의 2익공이다. 내부는 고주 위에 대량을 걸고 그 상부에 우물천장을 가설하였다. 지붕에는 용마루를 두지 않고 내림마루와 추녀마루만 양성하여 용두에 잡상을 배치하였으며, 처마는 겹처마이다.

대조전은 희정당보다 훨씬 넓은 앞마당과 뒷마당을 가져 왕비의 활동이 밖으로 노출되지 않도록 배려하였으며, 뒷마당에 휴식공간으로 징광루와 집상전을 만들었다. 이 건물은 조선왕조 왕실 생활을 영위하던 최고의 건물이며, 특히 한말 황실의 내실 모습을 남겨두고 있는 점에서 중요한 의미를 지닌다. 그러나 일인들의 손에 의하여 개조된 대조전은 당초의 전통적인 왕실의 장엄하고 우아한 맛을 모두 잃어버려 아쉬움이 크다. 중건(重建) 상량문은 홍문관 제학 박종훈(朴宗薰)이 지었다. 대조전의 남행랑이 양심각(養心閣)이다. 옛 이름은 보문각(宝文閣)이었는데, 1661년(효종 2)에 왕이 양심각이라 이름하였다. 희정당 동북쪽에 있어 장순문(莊順門)으로 들어간다. 1674년(현종 15) 8월에 왕이 양심각에서 승하하였다. 지금은 없어졌지만, 양심각의 동헌이 영월헌(迎月軒)이다.

경술국치의 현장 흥복헌(興福軒)

흥복헌은 대조전 동쪽에 붙어 있는 왕비의 소침전이다.

1905년에 체결된 을사늑약으로 국권을 반쯤 빼앗겨버린 후 고종황제는 절치부심 이를 다시 찾기 위하여 갖은 노력을 다하였다. 1907년 6월 때마침 네덜란드 헤이그에서 만국 평화회의가 열려 여기에 자주독립을 호소하기 위한 밀사 셋을 파견하게 된다. 이상설(李相卨), 이준(李儁), 이위종(李瑋鍾)이다. 이 일이 탄로되어 고종황제는 뜻을 이루기는커녕 1907년 8월 일제에 의하여 황제의 자리마저 내놓게 되었다. 타의에 의해 강제로 즉위한 순종 황제는 창덕궁으로 옮겨진 후 실권 없는 황제라기보다 유폐 생활이나 다름없는 지경에 이르고, 조정에서는 일제의 꼭두각시들이 양국의 합병을 위한 수순을 거침없이 밟아가기 시작하였다. 1910년 8월 22일 일본 헌병들의 위협적인 경호하에 흥복헌에서 어전회의라는

▶ 대조전 동쪽 침전 흥복헌

모양새를 갖추어 한일합방(韓日合邦)조약 조인을 성사시켰다. 조인된 합방조약은 대한제국 내각 총리대신 이완용과 일본통감 데라우치(寺內正毅)의 이름으로 조인되었다.

조약 내용은 다음과 같다.

조문(詔文)

"짐이 동양의 평화를 위하여 한일 양국이 친밀한 관계로 피차가 서로 한 국가로 합하는 것은 상호 萬世의 행복을 위한 것입니다. 그러므로 이에 한국의 통치권을 짐이 극히 신뢰하고 있는 대일본 황제 폐하에게 讓與하기로 결정하고, 그에 필요한 조약을 규정하여 장래 우리 황실의 영구한 안녕과 민생의 福利 및 保障을 위하여 總理大臣 李完用에게 全權委員을 임명하여 대일본제국 統監 寺內正毅와 회동하여 이 일을 相議, 協定하도록 하였으니 諸臣들도 짐의 뜻을 본받아 확실하게 奉行하기 바랍니다."

조약 내용

1. 韓國皇帝陛下는 완전하고도 영구히 한국에 관련된 일체의 통치권을 일본제국 황제 폐하에게 讓與한다.

2. 日本國皇帝陛下는 전 조약에 揭載한 양여를 수락하고 또 한국 전역을 일본제국에 병합할 것을 承諾한다. (전날 乙巳條約은 무효로 하며 外交自主權을 還收하고 의미가 있는 이구는 첨가할 것)

3. 日本國皇帝陛下는 한국 황제 폐하, 태황제 폐하, 황태자 전하와 그 后妃 및 後裔에게 그 지위에 상당한 존칭, 위엄 및 명예를 갖게 하고 또 이것을 維持할 것이며, 이것을 유지하는 데 필요한 자금을 제공하기로 약속한다.

4. 日本國皇帝陛下는 功勳이 있는 한국인에 대하여 특히 그에 적당한 표창을 인정하여 榮爵을 제수하고 또 恩賜金도 지급한다.

5. 일본 정부는 한국인에 대한 前記 병합결과를 擔任하여 한국의 施政을 모두 준수하고, 該地에 시행할 법규는 그 신체와 재산을 십분 보호하고, 또 그 복리의 增進을 도모한다.

6. 일본 정부는 한국인이 성의를 가지고 충실하게 신제도를 존중하여 상당한 자격이 있는 사람에게는 그 사정이 허용하는 범위 내에서 한국의 皇國官吏로 기용한다.

7. 본 조약은 한국 황제 폐하와 일본국 황제 폐하가 裁可한 것이므로 공표일로부터 시행한다.

(右를 證據 하기 위해 全權委員이 본 조약에 記名, 調印하였다.)

이 조약을 발표함으로써 야기될 사회적 혼란에 대비하기 위하여 일주일이 지난 8월 29일에 발표하면서 한국 국호를 조선(朝鮮)이라 하고 통감부를 조선총독부(朝鮮總督府)로 고쳤다.

같은 날 일본 천황은 조서를 반포하였다.

"짐이 생각할 때 동양의 평화를 영구히 유지하려면 帝國의 안전과 장래의 보장이 필요합니다. 그리고 한국은 禍亂이 빈번하므로 지난날 짐의 정부가 한국 정부와 협정하여 한국을 제국의 보호 하에 두어 그 禍源을 두절하고 화해를 확보하기로 하였습니다. 그 후 4년여가 지났습니다. 그사이 짐의 정부는 한국의 施政을 개선하는 데 銳意勞力하여 그 성적도 볼 만한 것이 있었습니다.

그러나 한국의 현 제도는 아직 치안을 유지하기는 완전하지 않아 그 의구심은 언제나 국내에 충만하여 국민들이 안도하지 못하고 있으므로, 참으로 公共의 안녕을 유지하고 민중의 복리를 증진하는 길은 현 제도의 革新을 피할 수 없다는 것은 瞭然한 사실입니다. 그러므로 짐은 한국 황제 폐하와 함께 이런 사태를 보고 생각다 못하여 한국을 일본제국에 합병한 것입니다. (하략)"

그리고 한국 황제를 창덕궁 이왕(李王)으로 황태자는 왕세자(王世子)로 태황제(太皇帝: 고종)는 덕수궁 이태왕(李太王)이라 낮추어 봉하였다.[49]

천한각(天翰閣)

대조전 서익실(西翼室)인데 1694년(숙종 20)에 그대로 수리하고 뒤섞이고 흩어져 방치해둔 문종, 성종, 선조, 원종, 인조, 효종, 현종의 어필과 간판(刊板)들을 손질하여 여기에 보관하였다. 영휘당(永輝堂) 동쪽에 있는 이곳은 옛날 경소재(敬所齋) 자리인데, 이때 수선하고 천한각이라 하였으나 지금은 없다. 처음에는 서익각에 보존하였으나 뒤에 동익실로 옮겨 보전하고 있다고 『궁궐지』에 기록되어있다.[50]

집상전(集祥殿)

　대조전 뒤뜰에 있는데 들보가 없다. 1667년(현종 8) 겨울(『승정원일기』 12월 1일)에 경덕궁 집희전(集禧殿)을 철거하여 집상당(集祥堂) 터에 옮겨 짓고 인선대비를 봉안하여 당을 전으로 바꾸었다. 당초의 집상당은 1667년(인조 25)에 세웠다. 집상은 모든 상서로움이 여기에 모인다는 뜻으로 임금의 효심이 담긴 문구이다. 집상전은 세조 때부터 있었으나 광해군 15년(1623)에 반정군이 휘젓고 다니는 횃불에 소실된 후 인조 25년(1647)에 집상전 옛터에 중건하여 집상당이라고 했었다. 이 건물이 언제 없어졌는지 자세한 기록이 없어 알 길이 없으나 현종 8년 무렵에는 분명 빈터로 있었음이 확실하다.

　대제학(大提學) 김수항(金壽恒)이 지은 집상전 상량문에 '당을 전으로 고쳤으니 당초의 의미도 그대로인 셈이다. 새로 짓지 아니하고 다른 궁궐의 건물을 일부 옮겨 지은 것은 검소하게 지으라는 자전(慈殿)의 뜻에 따라 백성들의 부담을 덜고 낭비를 막기 위한' 자애로운 배려에서였다.

▶ 집상전 주변

병약했던 현종은 집상전에서 주로 치료를 받았다. 1747년(영조 23) 3월에 집상전에 보관하던 물건들을 점검하다 옥대가 나왔는데, 그것은 선조와 숙종이 착용했던 것이다.[51]

매월정(梅月亭)

집상전 북쪽에 있었던 서묵당(庶默堂) 자리인데 집상전을 지을 때 철거하였다.

수정전(壽靜殿)·가정당(嘉靖堂)

옥화당의 북쪽에 있다. 1623년(인조 원년) 반정을 일으킨 날 밤에 대내가 모두 불탔는데 수정전만 남았다.[52] 수정전은 대비가 거처하는 곳으로 처음에는 1654년(효종 5) 인조의 계비 장렬왕후(壯烈王后)를 위해 고쳐 짓고 수정당(壽靜堂)이라 했는데, 정조는 재위 18년(1794) 12월에 수정당을 크게 수리하고 이름을 수정전으로 높였다. 그것은 다음 해에 왕대비 정순왕후(貞純王后)가 쉰 살이 되고 어머니 혜경궁 홍씨(惠慶宮洪氏)가 환갑이 되기 때문에 기념 행사를 위한 준비작업이었다. 그리고 나서 정조는 수정전 마루를 임시로 넓히고 수정문 수리를 직접 감리하였다. 그래서 수정전은 왕실 최고 어른인 영조의 계비 정순왕후의 거처가 되었다. 수정(壽靜)이란 말은 조용하게 쉬면서 장수를 누린다는 뜻이다. 다음 해 1월에 정조는 이 수정전에서 이틀 동안 왕대비, 혜경궁, 그리고 아버지 사도세자에게 존호를 올리는 의식을 가졌다. 현재 이 수정전 자리는 잔디밭으로 변하고 가정당이라는 건물이 남아있다. 일제 강점기에 덕수궁에 있던 가정당을 뜯어 옮긴 것이 아닌가 싶다. 『궁궐지』에는 가정당을 대조전 후원으로 표기하고 있다. 순종 임금이 1926년 3월부터 병을 앓기 시작하여 4월 25일 대조전에서 세상을 떠났는데, 투병 중에 있을 때 왕을 모시던 상궁들이 이 가정당에서 임금의 쾌유를 비는 기도를 주야로 드렸다 한다.[53]

▶ 가정당

건양(建陽)재
(반달 이야기)

건양재는 창덕궁에서 창경궁으로 넘어가는 고개 이름으로 이곳에 건양문이 있었다. 이 골짜기는 창경궁과 창덕궁의 중간 지점에 있으며, 연못도 있고 숲도 우거져 경치도 좋으려니와 한적하여 은밀한 곳이기도 하다.

헌종은 조선 역대 왕 중에서 가장 어린 8세 때 즉위하여 대왕대비(순원왕후) 수렴청정으로 정사에 임했기 때문에 정치에는 큰 관심이 없었다. 왕은 '반월'이라는 여인의 미색에 빠져 건양재에 육각정을 지어놓고 반월이를 이곳에 살게 하고는 정사는 뒷전이고 미복 차림으로 건양재를 찾기에 바빴다. 이 미모의 반월이는 자신의 미색을 이용하여 청나라 사신을 접대하면서 대국의 힘을 얻게 되고, 이를 기화로 국정에 상당한 영향력을 행사하게 되었다. 당시 우리나라는 청나라와 일본의 각축장이 되어있었고, 안동 김씨와 조대비의 세력다툼이 극에 달한 때라 민생은 뒷전이 되다 보니 백성은 도탄에 빠지고 반달이의 치마폭에는 재물만 쌓여갔다. 이에 반달이를 원망하는 참요가 백성들 사이에 번져갔다.[54]

> 당당홍의 정초립이
> 계수나무 능장짚고
> 건양재로 넘나든다
> 반달이냐 왼달이냐
> 네가무슨 반달이냐
> 초생달이 반달이지

반달이가 살았던 건양문 밖은 음기가 성한 터의 조화인지 과거 장희빈이 거처하던 취선당이 그곳에 있었고, 또 헌종은 그 자리에 석복헌을 지었는데 이 역시 헌종이 오매불망 그리워하던 후궁 경빈 김씨의 처소였다. 헌종은 여기에 석복헌 외에도 대왕대비의 처소로 수강재를 짓고 그 후원 연못가에 승화루, 의진각, 한림각, 취운정 그리고 상량전을 지어 또다시 건양재를 넘나들었다.

건양재에 창덕궁과 창경궁을 드나드는 건양문이 있고 건양문 남쪽 산자락 아래에는 별감

방 금위군번소(禁衛軍番所), 패장직소(牌壯直所), 문기수번소(門旗手番所) 등이 있다. 문기수번소와 패장직소 사이에는 전루(傳漏)가 있는데, 이곳은 야간에 북을 쳐서 시간을 알리는 곳이다. 군사 두 명씩을 배치하는데 창덕궁, 창경궁을 합쳐 12곳이 있었다.

선원전(璿源殿), 만안문(萬安門), 양지당(養志堂), 춘휘전(春輝殿)

인정전 서쪽에 만안문이 있고 만안문 안에 양지당(養志堂)이 있는데, 양지당 서쪽 담 너머에 선원전이 있다. 만안문은 임금이 선원전에 제사 지낼 때 출입하는 문으로 만안문을 들어와 양지당에서 재계하고 선원전에 제사를 지냈다. 선원전은 1656년(효종 7년) 경덕궁의 경화당(景和堂)을 뜯어다 인정전 서쪽에 원래 도총부 자리에 짓고 춘휘전(春輝殿)이라한 것을 1695년(숙종 21)에 선원전으로 이름을 고치고 자신의 어진을 여기에 봉안했다. 그후로 영조, 정조, 순조, 익종, 헌종의 어진을 추가로 봉안하고 매월 1일과 보름날에 분향 배례만 하였다.[55] 따라서 참봉(慘奉)을 두지 아니하고 만수전의 내관으로 하여금 수직을 서게하였다. 생신일에는 다례를 행했다. 나중에 태조(太祖), 세조(世祖), 원종(元宗), 철종(哲宗), 고종(高宗), 순종(純宗)의 어진을 추가로 봉안하여 12제왕의 초상화를 모셨다.

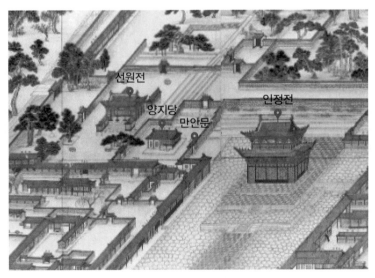

▶ 동궐도상의 선원전

선(璿)은 천체의 중심인 북두칠성을 말하므로 임금을 상징하며 선원(璿源)은 왕의 근본, 즉 왕실의 족보를 뜻한다. 이 선원전은 영조 갑술년 1월 갑인일에 구들의 연기가 새어 중수(重修)한 일이 있다. 영조 을사년 지은 지 오래되어 건물이 서쪽으로 기울어졌으므로 왕은 대비에 고하여 내탕금으로 수리하였는데, 공사는 중춘(仲春)에 시작하여 3개월 걸렸다. 숙종은 조상을 모시는 일이 후대에 짐이 될까 우려하여 의례를 간소화하도록 선원전 운영지침을 내렸다.

첫째, 매월 초하루와 보름에 분향만 한다.

둘째, 별도의 관리를 두지 않고 만수전(萬壽殿)의 내시에게 관리토록 한다.

셋째, 임금이 다른 곳으로 거처를 옮기더라도 선원전은 옮기지 않는다.

넷째, 선원전을 수리할 일이 있으면 임시로 양지당으로 어진을 모시고 일이 끝나면 선원전에 모신다.

다섯째, 시위하는 소리는 낮게 한다.

여섯째, 분향은 품계가 높고 오래 근무했던 내관을 시켜서 하고, 향은 내수사에서 갖다 쓴다.

▶ (위) 일인들의 손에 의하여 대보단에 지은 신선원전
(아래) 구선원전

선원전은 효종 7년에 지어 처음에 춘휘전이라 했다 했는데, 『궁궐지』에는 "원래 도총부인 데 1624년(인조 2) 이괄의 난으로 임금이 이곳에서 한동안 상주한 일이 있다."라고 되어있 어 선원전은 인조 이전부터 건물이 있었던 것을 중간에 소실되어 빈터로 있었는데 효종이 다시 지은 것이 아닌가 싶다. 일제는 대보단 터에 선원전을 지어 신선원전이라 하고 선원전 의 내용물을 옮겼다. 현재 선원전은 본채만 남아있고 주변의 부속 건물과 양지당은 모두 최 근에 복원된 것이다. 부속채 네 개와 양지당은 1991년 복원하였는데 부속채 중 전면에 있 는 두 개와 뒷면 서쪽에 있는 것은 제사 때 제사상을 차리던 진설청(陳說廳)이고, 뒷면 동 쪽에 있는 것은 내재실(內齋室)이다.[56]

흠경각(欽敬閣)

1550년(명종 5)에 창덕궁의 흠경각을 개수하라는 명을 내렸다는 『궁궐지』의 기록을 보 면 창덕궁의 흠경각은 명종 이전에 이미 지어진 것으로 보인다. 이것은 옛날 도총부 자리 에 지은 것이다. 그러나 창덕궁의 흠경각은 복원되지 않아 지금은 없다. 창덕궁 흠경각 지 붕 위에 올려놓은 잡상은 좀 특이했던 것 같다. 『궁궐지』에 기록하기를 "흠경각의 잡상은 매 우 정교하였는데, 잠업농에 애쓰는 모양을 만들어 놓고 느끼는 자료로 삼은 것은 그 뜻이 우연함이 아니니 논자(論者)들은 완물(玩物)에 가깝다고 말하고 있으며 그중에서도 비뚤 어진 그릇의 제작이 가장 기묘하다." 하였다.[57] 아마 양잠 과정을 와우(瓦偶)로 연출해놓은 것 같다. 비뚤어진 그릇(欹器)은 노나라 환공(桓公)이 좌우에 놓았던 그릇인데 가득 차면 넘어지는 것이어서 지나침을 경계하는 교훈의 징표로 삼았다.

헌선각(獻線閣)

만수전 서쪽에 있었는데 지금은 없다. 옛 관문각이다.
협화루(協和樓), 관문각(觀文閣), 경복당(景福堂)은 동시에 지어진 것으로 추측된다.

천경루(千慶樓)

만수당 서남쪽에 있었는데 옛 협화루(協和樓) 터에 있었고, 경덕궁의 만상루(萬祥樓)를 뜯어다가 이곳에 지었다. 1687년(숙종 13)에 소실되어버렸다.[58]

양지당(養志堂)

선원전의 동쪽에 있으며, 그 동쪽에 만안문(萬安門)이 있어 바로 인정전으로 통한다. 임금이 선원전에 제사 지내기 전날 재계하던 어재실(御齋室)이다. 옛 이름은 손지당(遜志堂)인데 효종 때에 지금 이름으로 고쳤다. 1756년(영조 32)에 명나라에서 내린 망의(蟒衣: 용의 무늬가 있는 명·청 시대의 관복) 보장(宝章)에 임금이 친히 글을 짓고 어서어화(御書御畵)의 궤(櫃)에 넣어 양지당 서쪽 협실에 보관해두었다.[59] 양지당은 선원전을 수리할 경우 어진을 임시로 옮겨 보관하도록 하였다. 해가 갈수록 늘어나는 선원전의 어진으로 인하여 될 수 있으면 비용을 절감하고 의례를 간소화함으로써 후손들에게 번거로움을 덜어주려는 영조 임금의 배려가 여러 측면에서 나타나고 있다. 원래 건물은 없어지고 지금 있는 건물은 1991년에 복원된 것이다.

▶ 양지당

억석루(億昔樓)

선원전의 서쪽에 있고, 어필로 편액하였다.

▶ 억석루

영의사(永依舍)

선원전의 남쪽에 있다.

숙경재(肅敬齋)

선원전의 서쪽에 있는데, 어필로 편액하였다.

금천교(錦川橋)

 돈화문을 지나 북쪽으로 가다 오른쪽 진선문 방향으로 꺾어가면 중간쯤에 금천(禁川)이 흐르고 그 위에 놓인 돌다리가 금천교(錦川橋)이다. 뒷산 응봉계곡을 흐르는 줄기 하나를 끌어들여 개울을 만들고 배산임수(背山臨水)의 명당조건을 인위적으로 조성한 것이다. 이 다리는 1411년(태종 11)에 만들어진 것으로, 궁궐 안에 만들어진 다리 중 가장 오래된 다리이다. 경복궁의 영제교(永濟橋), 창경궁의 옥천교(玉川橋) 외에는 모두 금천교(禁川橋)라는 일반명사를 쓰고 있는데, 창덕궁의 이 다리는 비단 금(錦) 자를 써서 금천교라 한 것이다. 헌종 년간(1834~1849)에 편찬된 『궁궐지』에 의하면 "홍례문(弘禮門) 안에 개울이 있는데, 다리 이름은 금천교(錦川橋)라 한다. 동서에 수각(水閣)이 있다."라고 기록되어있

▶금천교

어 창덕궁의 금천교와 혼동을 주고 있다. 홍례문은 경복궁에 있고 경복궁의 영제교라는 이름이 세종 8년에 지어진 것이 기록상 분명한데 이 기록은 오기(誤記)인 듯하다. 이 다리는 두 개의 아치형으로 기단을 만들었는데, 가운데 교각을 세우고 그 위에 돌로 월단(月團)을 만들어 하마와 비슷한 짐승 모형을 새겨놓았다. 월단 기석(基石) 위에도 사잇돌(間石)에 사자 머리 형상이 조각되어있다. 다리 바닥 양쪽 가에는 이주석(螭柱石)이 놓였고, 돌난간은 회란석(廻欄石)으로 연결되었다. 금천교의 네 모서리 기둥에는 산예(狻猊)라는 상상의 동물이 조각되어있다. 산예는 사자 비슷한 상상의 동물인데 산예는 어떤 동물이든 보기만 하면 도망친다는 무서운 동물이다. 이주석 사이에는 동자 돌기둥이 각각 네 개씩 있고, 그 사이에 연잎동자(荷葉童子)가 놓여서 회란석을 받았고 연잎동자 사이에는 궁판돌이 깔렸다. 이 다리의 특징은 창경궁의 옥천교보다 다리 폭이 넓고 짜임새가 정교하며, 조각 기법이 섬세하여 우리 고유의 우수한 예술성을 보여주는 귀중한 문화유산으로 평가되고 있다.

지금의 금천교는 「동궐도」에 나타난 위치와는 좀 차이가 있다. 「동궐도」 상에는 금천교와 어도가 직각으로 교차하게 되었는데, 현재 위치는 북쪽으로 더 올라가 있어 상당히 틀어져 있다. 어느 때 옮긴 것인지 또는 「동궐도」에 오류가 생긴 것인지 그 원인이 명확하지가 않다. 금천교 밑을 흐르는 금천(禁川)은 궁궐 남쪽을 빠져나가 청계천과 합류한다.

제정각(齊政閣)

희정당 남쪽에 있는데, 1687년 7월에 하교하여 1688년(숙종 14) 4월에 천체를 관찰할 수 있는 선기옥형(璇璣玉衡)을 이곳에 설치하기 위하여 왕명으로 지었다. 선기는 북두칠성의 앞의 4자리 별을 대표하는 별이고, 옥형은 북두칠성의 뒤의 3자리 별을 대표하는 별을 말하는 것으로 선기옥형은 천체의 중심으로 여긴 북두칠성을 말한다. 현종 때 이민철이 천체를 관측하기 위하여 혼천의(渾天儀)를 만들었는데, 고장으로 오랫동안 방치해버렸다. 혼천의는 선기옥형의 또 다른 이름이다. 1688년(숙종 14)에 또다시 이민철에게 명하여 혼천의를 수리하게 하여 이것을 제정각에 두었고, 1732년(영조 8)에는 창덕궁의 제정각을 본떠서 경덕궁 내에 규정각(揆政閣)을 짓고 또 하나의 선기옥형을 설치하였다. 이때 영조가 쓴 『규정각기(揆政閣記)』에 제정각의 창건에 관한 내용이 기록되어있다.

"창덕궁 희정당 남동쪽 부근에 소각(小閣)이 있는데, 그 이름이 제정(齊政)이다. 선조(先祖) 때에 서운각(書雲閣: 기상청)에 명하여 선기옥형을 보수하고 희정당 남쪽 회랑에 두게 하였는데, 이것에 연유해서 소각의 이름을 지었으니 아마도 『서경』의 「순전(舜典)」에 나오는 이제칠정(以齊七政)의 뜻에 따른 것이리라."[60]

1728년(영조 4) 임금의 명에 의하여 이조판서 김동필(金東弼)이 선기옥형에 대하여 자세히 아뢴다.

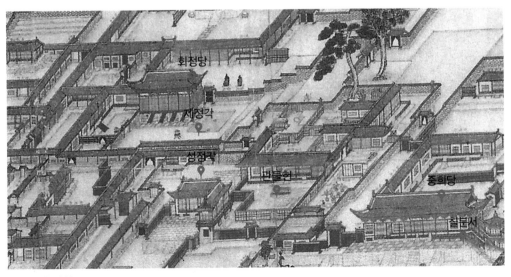

▶ 제정각 일원

"순임금은 옥형을 살펴 천체의 운행을 가지런하게 했으며, 우리 세종대왕께서는 간의대(簡儀臺)를 설치하고 흠경각과 보루각(報漏閣)을 세웠으며, 숙묘조(肅廟朝)에서는 제정각을 설치하고 선기옥형을 안치하여 공경하는 도리를 다하였습니다. 원하건대 전하께서는 하늘을 본받아 도를 행하는 일에 깊이 유의하소서."[61]

경연청 전경(典經) 이종성(李宗城)은 선기옥형을 통하여 천체를 살피는 것에 그치지 말고 그 본래의 뜻을 잘 헤아려 줄 것을 임금에게 주청하였다.

"다만 선기옥형만 살피고 한마음이 하늘의 덕과 합하지 않는다면 또한 아무런 이익이 없습니다. 우리 세종대왕께서는 동방의 성인으로의 예악과 문물이 크게 갖추어졌으니 세종대왕의 덕화(德化)가 있은 후에 간의대와 흠경각을 사용하실 수 있습니다. 만약 그렇지 않다면 비록 이 물건이 있더라도 어찌 백성들이 찬탄(讚歎)하여 마음에 잊히지 않는 은덕이 있겠습니까?"[62]

숙종 때에 쓴 「제정각기(齊政閣記)」에 이르기를

우리 전하께서 즉위하신 후 13년 7월에 하교하시기를 "선기옥형(璇璣玉衡)을 수개(修改)하도록 일찍이 명하였으나 유사(有司)가 아직까지 봉행하지 않고 있다. 이민철(李敏哲)로 하여금 속히 다시 제작하게 하라."하시고 신 석정(錫鼎)으로 그 일을 주관하게 하였으며, 영원군수(寧遠郡守)로 있는 이민철을 경직(京職)으로 옮기도록 하셨으니, 대개 현종 때에 이민철로 하여금 혼천의(璿天儀)를 만들게 하였으나 중간에 버려두고 사용하지 않은 지 30년이 되었던 것이다. 갑자년(甲子年: 肅宗 10년) 가을에 신(臣)이 승지(承旨)를 시켜 혼천의를 폐기(廢棄)한 것은 가석한 일이므로 고치는 것이 마땅하다고 진언(進言)하여 윤허하셨으나 마침 유사(有司)가 시기가 적절하지 못하다고 하여 시행되지 못하다가 이제에 이르러 이 명이 있게 된 것이다. 신(臣)은 명을 받들고 어찌할 바를 몰랐으나 피하지 못하여 마침내 국(局)을 관상감(觀象監)에 설치하고 공장(工匠)을 소집하여 일을 독려(督勵)하였다. 계속하여 전하께서는 신에게 명하기를 "내가 천상(天象)을 보고 싶어 작은 건물 하나를 희정당 남쪽에 지어 선기옥형(璇璣玉衡)을 안치하고 제정각이라 이름 붙이고자

하니 경(卿)이 이 일을 주관하고 '기(記)'도 지으라." 하셨다. 신은 더욱 황공하였으나 사양할 수 없었다. 이듬해 4월에 일은 끝이 났는데, 그 제도는 범금(範金: 金屬으로 鑄造하여 模形에 넣음), 격수(激水: 水力을 이용함)로 「순전(舜典): 『書經』의 篇名)」 채주(蔡註: 蔡沈의 註釋)에 있는 혼천의(渾天儀)의 학설을 모방하고 꽤 많은 윤색을 가한 셈이다. 밖에 있는 것이 육합의(六合儀)로 흑단환(黑單環)을 평면으로 설치하였는데 둘레가 12척 남짓으로 사방의 위치를 표시하였고, 흑쌍환(黑雙環)을 입체로 설치하여 흑단환의 남북(南北)에 연결하여 상하의 위치를 표시하였는데 이는 천경(天經)이고, 적단환(赤丹環)을 비스듬히 기대게 하여 위에는 주천도수(周天度數)와 열두 별자리를 새겨 동서로 연결하였으니 이는 천위(天緯)인 것이다. 안에 있는 것이 삼신의(三辰儀)인데 흑쌍환(黑雙環)을 입체로 설치하고 남북에 이극(二極)을 두어 삼광(三光)의 전도(躔度: 躔은 星座의 뜻)가 의부(依附)하는 형체(形體)를 만들었으며, 적단환의 중간을 남북극(南北極)으로 나누어 천행(天行)의 적도(赤道)로 삼았다. 황단환(黃單環)은 절반은 적도 밖으로 나오고 절반은 적도 안으로 들어가 있으며, 왼쪽은 추자(娵訾: 별자리 이름)와 겹치고 오른쪽은 순미(鶉尾: 별자리 이름)와 겹쳐있으니 일전(日躔)의 황도(黃道)가 된다. 백단환(白單環)은 황도와 적도 사이에 있어 달이 매인 백도(白道)가 되는데 모두 흑단환과 연결되어있고, 금으로 해와 달을 만들었는데 달의 형체는 절반을 검게 하여 현망(弦望: 반달과 보름달), 비백(朏魄: 초승달과 그믐달)을 삼았으니 옛 법은 버린 것이다. 형관(衡管)을 바로 지른 가운데에 평탄(平坦)한 땅을 만들어 구주(九州)와 오악(五嶽) 및 비해(裨海: 작은 바다)의 여러 나라를 그려 넣었고, 육합(六合: 天地四方)의 네 모퉁이에는 나무를 깎아 용(龍)을 만들어 하늘을 우러르고 명령을 받드는 형상을 만들었다. 육합(六合)은 고정되어 움직이지 않았고, 삼신(三辰)은 하늘을 따라 선회(旋回)하나 질서(疾舒: 빠르고 느림)와 순역(順逆)이 있었으니, 이는 바로 혼천의의 제도인 것이다. 격수(激水)의 법은 곁에 기륜(機輪)을 만들고 나무로 기가(機架)를 만들었는데 높이는 땅에서 구척(九尺), 넓이는 오척(五尺) 가량이며 종(縱)으로는 그 넓이를 배로 하였고, 남쪽은 상면(上面)을 비워 혼천의를 안치하였고, 북극(北極)을 꿰뚫어 기가(機架) 안에 추축(樞軸)을 만들어 아륜(牙輪: 톱니바퀴)을 가설하였다. 동남쪽 모퉁이에는 구리 그릇(銅壺)을 세우고 호(壺) 위에는 누부(漏釜)를 안치하였는데 높이는 기가(機架)와 같았고, 기가(機架)의 서쪽 칠척(七尺)되는 땅에는 나무로 종인(鐘人)을 만들었는데, 관상(冠裳)을 갖추고 왼손에는 홀(忽)을 쥐었으며 오른손에는 종을 치는 망치를 쥐고 북향하여 섰다. 그 위에는 작은 종을 달아놓고 종을 달아

놓은 앞에는 난간(欄干)을 만들었으며, 난간 안에는 팔격(八格: 격은 눈금의 뜻)을 그려 초정(初正)의 신각(辰刻)을 표시하였고, 종가(鐘架) 안에는 주시관(奏時官) 열둘을 만들어 공복(公服)을 갖추어 입히고 신패(辰牌)를 잡고 섰게 했으며, 또 금령(金鈴) 24개를 만들었는데 크기는 비둘기 알만 하였다. 종가(鐘架)의 동쪽 윗면에 구멍 하나를 만들어 안에는 방울이 굴절(屈折)하며 사통(斜通)하게 하였고, 종가 위에는 동준(銅樽)을 안치하고 저면(低面)에 구멍을 뚫어 물을 저장(貯藏)하여 호(壺) 속으로 통하게 하였으며, 호 속에는 구리로 주조한 부차(浮車)를 설치하여 물이 차서 뜨게 되면 이 작용으로 기륜(機輪)이 회전하여 의(儀) 위의 삼신(三辰)이 저절로 제 궤도(軌道)에 따라 돌면서 금령(金鈴)을 구멍으로 떨어뜨리고 그것이 차차 굴러 내려가면서 기아(機牙)를 움직이게 하였다. 그리하여 매양 때가 되면 종인(鐘人)은 종을 치고 주시관(奏時官)은 때에 응하여 출현하여 신각(辰刻)의 소재를 알리며 때가 다하면 도로 들어간다. 격수(激水)는 비록 고법(古法)이기는 하나 그 기능에 대해서는 말한 바가 없으므로 오로지 요즘 사람의 지혜에서 나왔고, 종인(鐘人)이나 신패(辰牌)도 채주(蔡註)에는 있지 않은 바였다. 이 기구는 크기가 한 길도 되지 못하나 하늘의 높고 큼과 해와 별의 멀리 떨어진 것을 밖에 나가지 않아도 그 운행(運行)의 궤도를 마치 부계(符契)를 맞추어 보듯이 알 수 있으니 가히 기특하다 하겠다. 신(臣)이 생각건대 옛날의 제왕 중에서도 덕은 요순(堯舜)보다 성(盛)한 이가 없었는데「요전(堯典: 『書經』의 篇名)」에 이르기를 "희화(羲和)에게 명하여 호천(昊天)에 순응하여 일월성신을 측정하라." 하였고, 순전(舜典: 『書經』의 篇名)에 이르기를 "선기옥형(璇璣玉衡)을 살려 칠정(七政: 日月과 五星)을 정제(整齊)하라." 하였으니, 정사(政事)는 하늘을 공경하고 백성을 걱정하는 것보다 앞서는 것이 없으나 진실로 의상(儀像)의 기구가 없으면 하늘을 관찰하고 계절의 변화를 살필 도리가 없는 것이다. 한(漢), 당(唐) 이래로는 대대로 이 기구가 있었으나 그중에서도 원(元)나라 곽수경(郭守敬)이 만든 것이 제상(諸象)의 호칭(呼稱)이 가장 정교하고 명(明)나라 말기에 탕약망(湯若望)이 올린 통헌(通憲)이 더욱 섬실(纖悉)하였으나 제작 방법은 우리나라에 전해지지 않았다. 우리 세종대왕께서는 간의대(簡儀臺)를 경회루(慶會樓) 북쪽에 설치하고 또 흠경(欽敬), 보루(報漏) 두 각(閣)을 두었는데, 제도의 정비는 전대(前代)를 훨씬 능가하였다. 그러나 중간에 병화를 겪어 구제(舊制)는 깡그리 없어졌다. 지금 전하께서는 신성(神聖)하신 자질로 무강(無疆)한 역수(曆數)를 이어서 근정(勤政)과 전학(典學: 학문에 힘씀)에 숙야(夙夜: 밤낮)로 힘쓰고 계신다. 생각해보면 이 기형(璣衡)은 사실 선왕께서 좌우(座右)에 두셨던 유기(遺器)였던 것을 신신당부하여 완수(完修)하시고, 또 이 각(閣)마저 지어 정치를 하는 여가에 항상 여기에 눈을 돌리셔서 받들어 모시는 뜻을 다하시니, 순(舜)이 요(堯)를 이어 정치를 베풀면서 맨 먼저 칠정(七政)의 정제(整齊)를 말하였음과 같다고 할 것이니 어찌 성(盛)한 일이 아니겠는가! 오호라 기형(璣衡)이란 기구이고 하늘에 실린 수리도, 냄새도 없는 것은 도(道)인 것이다. 하늘과 사람이 가까워지는 데에는 도와 기구가 서로 호존(互存)하여야만 그 대충의 형적(形跡)을 보아 묵묵히 운행하는 지극한 이치를 살필 수 있는 것이다. 따라서 그 운행하여 쉬지 않았음을 본받고 비복(庇覆)의 사사로움이 없음을 본받아, 하늘에 나아가 하늘을 받드는 실적을 거두어야 하는 것이니, 이는 또 신이 전하에게 바라는 바이기도 하다. 후일 지치(至治)가 이루어져 예악(禮樂)을 제정하고 흠경(欽敬) 간의(簡儀)의 제도가 갖추어지면 점차 옛 법규도 회복될 것이고, 비가 알맞게 내리고 백성과 만물이 다 순조로워 만세토록 태평을 누리게 될 것이니, 신은 또 전하를 위하여 간절히 기원하는 바이다. 〔최석정(崔錫鼎)이 지었다〕

명(銘)에 이르기를

성상(聖上) 14년 여름 4월에 선기옥형(璇璣玉衡)이 이루어졌으니, 대체로 선조(先祖)의 유제(遺制)를 수개(修改)한 것으로 시공자(施工者)는 호군(護軍) 신 이민철(李敏哲)이오, 동역자(董役者)는 부제학(副提學) 신(臣) 최석정(崔錫鼎)이다. 또 소각(小閣)을 지어 제정(齊政)이라 편액(扁額)하고 최석정에게 명하여 '기(記)'를 짓게 하고, 신 도일(道一)에게 명하여 명(銘)을 지어 기함(機函)의 우측에 쓰게 하셨다. 신이 생각건대 이 기구는 크기가 한 길도 못 되지만 양의(兩儀:陰陽)의 추뉴(樞紐)와 삼광(三光: 日, 月, 星)의 전도(躔度)와 사해(四海) 육합(六合)의 범위를 포괄하여 그 이동, 회전하는 묘리(妙理)는 바로 대조화와 부합(符合)하여 조금의 오차도 없다 하겠다. 사실 만기(萬機)를 살피시는 여가에 항상 관심을 가지시고 형상에서 묵운(黙運)하는 이치를 탐구하고 행건(行健)을 본받아 쉬지 않는 노력을 더하셔서 위육(位育)을 참찬(參贊)하는 경지에 이르게 된다면, 우리 전하의 홍복(洪福) 성열(盛烈)은 거의 우순(虞舜:堯舜)과 맞먹을 수 있을 것이며, 동방의 만세토록 태평할 기틀이 필시 오늘에서부터 시작한다 할 것이니 참으로 성대한 일이 아닐 수 없다. 그러기에 신은 삼가 머리를 조아리고 명(銘)을 짓는다.

명(銘)에 이르기를

　현기(玄機)가 말없이 움직이니 조화의 묘리(妙理)를 헤아릴 수 없네. 하늘을 본받아 칠정을 다스리려고 선기옥형(璇璣玉衡)을 지었다네. 창조는 순(舜) 임금에서 시작하였으나 역대(歷代)마다 만드는 법은 달랐는데, 우리 동방에는 지난날 이 제도 없었다네. 선왕께서 처음 만드셨으나 그 기구 중간에 없어졌는데, 아! 훌륭하신 우리 임금님 잘도 그 규범 본받으셨네. 대개의 규모는 채주(蔡註)에 따랐고 신기(神機)의 묘체(妙諦)는 더욱 윤색을 가하였네. 경위(經緯)의 모형은 구리로 둥글게 만들었는데, 혹은 세우고 혹은 뉘었으며 혹은 겹으로 하고 혹은 홑으로 하였다네. 순미(鶉尾: 별자리)와 추자(娵訾: 별자리)는 좌우에서 만나고 육합(六合)과 삼신(三辰: 日月星)은 내외에 두었는데 기륜(機輪)은 번갈아 돌고 추축(樞軸)은 서로 관통하여 양요(兩曜: 日月)는 교대하여 밝고 여러 별은 서로 빛을 내네. 동서로 마주 보고 서서 의젓이 관홀(冠笏)을 갖추고 종을 치며 때를 알림이 마치 부절(符節)을 합하는 듯한데, 무엇이 그 일을 맡아 하는가? 수격(水激)과 영척(領擲)이라네. 한 길에도 미치지 못하지만, 대조화(大造化)에 한 치의 어김도 없나니, 하늘과 사람은 멀지 않으나 천도(天道)는 기구를 필요로 한다네. 만기(萬機)의 겨를에 형상을 보고 이치를 탐구하면 무강(無疆)한 경상(慶祥)이 필시 여기에 기인하리라. 신은 이에 명(銘)을 지어 우러러 홍도(洪圖)에 협찬(協贊)하노라. 〔오도일(吳道一)이 지었다.〕63

　서운관(書雲觀)에서 일영(日影)을 만들어 올리니 북제(北隄)에 안치하고 「어제시(御製詩)」를 지어 대(臺)의 서쪽 모퉁이에 새겼는데, 그 시에 이르기를

　　형상은 비록 지극히 미세하지만
　　양의(兩儀:陰陽)의 홍대(洪大)함을 포괄하였네.
　　절후(節候)와 시각 조금도 틀림없으니
　　때도 알고 내외도 변별(辨別)하는구나.64

　또 누기(漏器)도 만들어 함께 각(閣) 안에 두었다.
　【增】숙종이 지은 「일영대명병소서(日影臺銘幷小序)」에 이르기를

새로 일영(日影)을 주조하여 사신(詞臣)의 기(記)와 명(銘)이 갖추어졌다. 이번의 이 대명(臺銘)은 다만 제정각(齊政閣)의 동쪽에 두었다는 뜻만 적는다.

명(銘)에 이르기를

공장(工匠)을 불러 대(臺)를 만듦은 새 기구를 위함인데, 제정각(齊政閣)의 동쪽에 설치하였네. 옥형(玉衡)의 시보(時報)에 오차(誤差)가 잦았는데, 이것이 아니면 어찌 그것을 바로잡을 것인가? 그 정묘(精妙)함이 비교할 데 없다네.[65]

순조가 지은 「제정각명(齊政閣銘)」에 이르기를

남쪽에는 선기(璇璣)를 설치하고 위쪽에는 복도(複道)가 있는데, 혼천(渾天)의 의상(儀象)은 땅의 넓음을 본받았다네. 우리 숙종 임금께서는 간의(簡儀)의 형상을 본떴는데 간의란 무엇인가? 세종임금께서 병행(竝行)한 것이라네. 전성(前聖)과 후성(後聖)이 그 규모는 같았나니, 열두 시각에 회삭(晦朔)과 일월(日月)이네. 호천(昊天)을 순봉(順奉)함은 요순의 일이었는데, 훌륭하신 우리 성조(聖祖) 요순(堯舜)의 규모를 본받았다네. 동정(動靜)에 천기(天機)와 합했듯이 만물의 이치는 돎에 있는데, 추기(樞機)는 두우(斗牛: 별자리)를 돌려 곧바로 운소(雲霄)에 달하네. 시각의 흐름은 물의 출입에 달렸고, 임금의 정령(政令)은 덕에 힘씀에 있다네. 선기옥형(璇璣玉衡)으로 칠정(七政)을 다스렸는데, 수레바퀴는 양쪽에서 밀어야 하고 새 날개도 둘이라야 날게 되네. 그 미묘함 측량할 수 없어 이루 다 표현할 수 없구나.[66]

선기옥형은 중국의 한(漢) 당(唐) 이래로 이 기구가 있었으나 그중에서도 원나라 곽수경(郭守敬)이 만든 것이 가장 정교하고, 명나라 말기에 탕약망(湯若望)의 것이 더욱 섬세하였으나 제작 방법은 우리나라에 전해지지 않았다. 그러므로 우리나라 선기옥형은 우리 두뇌, 우리 기술로 제작된 것이다. 세종대왕은 경회루 북쪽에 간의대(間儀臺)를 설치하고 흠경(欽敬), 보루(報漏) 두 각(閣)을 두었다. 선운관에서 일영(日影: 해시계)을 만들어 북쪽 계단에 안치하고 누기(漏器)도 만들어 각 안에 두었다. 옥형의 시보에 오차가 생기면 일영이 바로잡았다.

보경당(寶慶堂)

선정전 북쪽 대조전 서쪽에 있었다. 선정전 후방에 양주방(洋廚房)이 있는데 이곳이 보경당 터이다. 보경당, 태화당, 대덕당은 다 없어지고 지금은 빈터만 남았다. 보경당은 영조의 친모 숙빈(淑嬪) 최씨가 거처하던 곳으로 숙종 20년 9월 13일 이곳에서 영조 임금이 탄생하였다. 숙빈 최씨는 침방나인 출신이다. 장희빈의 간계로 인현왕후가 폐출되자 그를 모셨던 최씨는 밤마다 인현왕후를 위하여 치성을 드렸는데, 숙종이 무료함을 달래기 위하여 산책 나와 우연히 이 광경을 보고 매우 기특하게 여겨 인연을 맺어 영조를 낳았다. 영조 임금

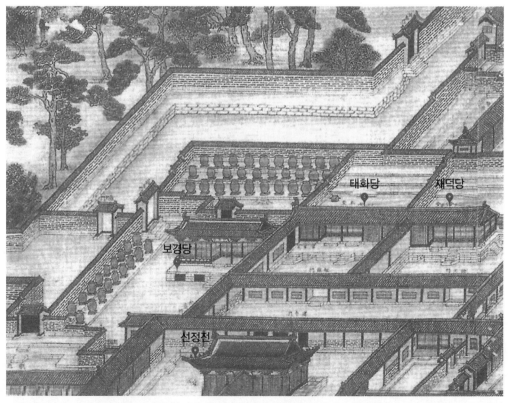

▶동궐도상의 보경당 일원(보경당은 양지바른 쪽에 있어서 내전 수라간에서 사용하는 간장, 된장 등을 보관하는 장독대가 서쪽과 북쪽에 있었다.)

이 19세 때에 사저로 나갔는데 입궐할 때마다 이곳에 묵게 되어 영조 임금으로서는 이 보경당에 남다른 애정을 가지고 있다고 할 수 있다.

영조 임금은 숙빈 최씨의 제삿날 보경당에서「기묘년 3월 10일 보경당에서의 감회를 적은 글」을 남겼다.

"… 아, 이날은 어머님께서 돌아가신 날이다. 아! 이 당은 곧 내가 탄생한 곳이며, 예전에 부모를 모신 곳이다. 아! 칠순을 바라보며 상복을 입고 이달을 만나고 또 이날을 맞아 나를 낳아 길러주신 이 집에서 유숙하누나. 아! 옛날 이해에 어머님이 이 집에 계셨고 나는 건극당(建極堂)에 있었다. (하략)"**67**

또「보경당에 대한 감회의 글」로 과거를 회상했다.

"아, 창덕궁 대조전 서쪽에 보경당이 있으니 내가 탄생한 곳이다. … 돌아가신 어머님께서 나를 이곳에서 낳으셨다. 내 나이 열아홉 살 때 사저로 나갔고 그 후 입궐할 때마다 어머님을 따라서 이 집에 거처하였다. 내 나이 서른한 살 때인 갑신년 9월 초하루에, 즉위한 지 5개월 만에 이 집에서 여막살이 했고, 지금 일흔한 살 되는 갑신년 갑술월 13일에 여러 신하를 이 집에서 접견하니 한편으로는 나를 낳으시고 나를 기르신 은혜를 우러르고, 한편으로는 구경(九經: 중국 고전 아홉 가지)의 이른바 여러 신하의 의(義)를 몸소 실천하기 위함이다. (하략)"**68**

영조 즉위년 9월 국상 중에 이곳에서 여막살이를 하였고, 영조 임금이 80세가 되던 영조 49년(1773)에「탄생 당 팔십서(誕生堂八十書)」라는 글을 써서 현판에 새겨 이곳에 걸게 하였다. 영조 임금은 어느 날 숙빈 최씨에게 침방나인 시절 제일 힘들었던 점이 무엇이냐고 물은 일이 있었다. 그때 숙빈이 누비를 만드는 일이라고 대답하자 임금은 그 자리에서 누비 토시를 벗어던지고 평생 누비옷을 입지 않았다고 한다. 보경당 앞뒤로 장독대가 즐비하게 있었다는데, 이곳에 햇볕이 잘 들어 수라간에서 사용되는 된장, 간장을 여기다 저장하였던 것이다. 효심이 많은 영조 임금은 어머니 숙빈 최씨의 출신 성분 때문에 어려움이 많았다고 한다.

성정각(誠正閣)

▶ 성정각(동쪽 누각이 보춘정이다.)

희정당 남동쪽 승화루(承華樓) 서쪽에 있는데 세자가 서연(書筵)을 하던 곳이다. 동쪽에 희우루(喜雨樓), 남쪽에 보춘정(報春亭)과 영현문(迎賢門)이 있다. 그 외에 성정각 주변에는 인현문(引賢門), 대현문(待賢門), 친현문(親賢門) 등 문의 현판에 현(賢)자를 사용하였는데, 이는 어진 선비를 가까이하라는 뜻일 게다. 1781년(정조 5)에 왕은 선공감주부 조윤형에게 명하여 「경계십잠도(儆戒十箴圖)」를 그려 성정각에 걸게 했다.

첫째는 삼조(三朝)를 본받는 잠(箴)이다.

　　온갖 행실은 효(孝)가 아니면 서지 못하나니 천경(天經)과 지의(地義)는 만교의 변동이 없다. 오직 효만이 대경(大經)이 되므로 문왕을 본받아 날로 세 번 침소에 문안드리며 성실하고 변함없이 행할지어다.

두 번째는 현사(賢士)를 가까이하는 잠

세 번째는 강학(講學)에 힘쓰는 잠

네 번째는 유독(幽獨: 혼자 있음)에 조심하는 잠

　　혼자일 때 조심하지 않으면 마음이 방종하기 쉽다.

다섯 번째 일예(逸豫: 안일)를 경계하는 잠

여섯 번째 충언(忠言)을 좋아하는 잠

일곱 번째 참설(讒說)을 미워하는 잠

　　　남을 참소함은 화(禍)가 되나니 참소를 미워하고 아첨을 멀리하여 서로 믿도록 힘쓰는 일

여덟 번째 희노(喜怒)를 삼가는 잠

아홉 번째 검약(儉約)을 숭상하는 잠

열 번째 상벌(賞罰)을 분명히 하는 잠[69]

순조가 지은 성정각 명(銘)에

"천하의 만사는 성(誠)에서 벗어남이 없나니 힘쓰고 힘쓰며 쉬지 않고 노력해야 한다."라고 하여 성(誠)의 중요성을 강조하였다. 양성재(養性齊)와 담월루(淡月樓)는 모두 성정각 남쪽에 있다. 성정각 동쪽에 누(樓)가 하나 붙어있는데 남쪽에는 보춘정(報春亭)이라는 현판이 달려있고, 동쪽으로는 희우루(喜雨樓)라는 현판을 달고 있다. 보춘은 봄을 알린다는 뜻으로 아직 추위가 가시기도 전에 가장 먼저 피는 꽃이 매화 이어서 매화꽃을 보춘화(報春花)라고도 한다. 보춘정 남동쪽에 있는 자시문(資始門) 밑에 선조 때 명나라에서 보내온 매화나무가 있었다고 한다. 매화는 옥설개화(玉雪開花)로 고고한 선비를 상징하기도 한다. 그래서 보춘정이라는 현판은 선비를 기다리는 마음을 상징적으로 나타낸 것이라 할 수 있다. 희우는 반가운 비라는 뜻으로 어진 선비를 기다리는 간절한 마음을 표현한 것이기도 하다. 1777년(정조 1)에 이 누를 고쳐 지었는데 누를 짓기 시작하면서 기다리던 비가 내려 신하들이 희우정이라 하자고 했는데 바라던 만큼 흡족한 비가 내리지 않아 임금이 승낙하지 않다가 준공할 때 흡족한 비가 내려 왕이 승낙한 것이라 한다.

관물헌(觀物軒) - 집희(緝熙)

성정각 북쪽 뒤에 있고 고종 11년 2월 순종이 이곳에서 탄생하였다. 유여청헌(有餘淸軒)과 금사루(琴史樓)라는 현판이 같이 달렸었는데, 지금은 집희(緝熙)라는 현판이 달려있다. 집희는 전왕의 덕업을 계승하여 밝힌다는 뜻인데 현판에 어필(御筆)이라 했고, 갑자원년(甲子元年)이라 한 것을 보면 1864년(고종 원년)에 쓴 임금의 친필이다. 당시 고종 임금은 13세의 어린 나이여서 필치가 좀 미숙해보인다. 정조는 관물헌에서 문신들에게 경서 외우는 시험을 치렀고 여기서 독서를 즐겼으며, 고종은 여기서 주로 유교 경전 강론을 하였다. 효명세자가 이곳에서 서연을 한 일이 있었다.

익종이 지은 춘하추동 사계절을 노래한 「관물헌사영시(觀物軒四詠詩)」가 남아있다.

대종헌(待鍾軒)

관물헌 북쪽에 있는데, 익종이 동궁으로 있을 때 지었다.

중희당(重熙堂)

성정각 동쪽에 있었는데 지금은 빈터만 남아 후원 입구라 부른다. 1782년(정조 6)에 건축하였는데 동쪽에는 중양문(重陽門)이 있고, 서쪽에는 자시문(資始門)이 있었다. 첫째 아들을 본 정조 임금이 1782년(정조 6)에 이 건물을 짓고 친히 현판을 썼다. 이때 낳은 아들이 3살이 되면서 이곳에서 세자 책봉을 하였는데 불행하게도 4년 후에 문효세자(文孝世子)는 홍역을 앓다가 죽고 말았다.70 중희당의 북쪽 행랑이 유덕당(維德堂)인데, 1827년(순조 27)에 중수하였다. 유덕당의 서쪽으로 이어지는 행각이 석류실(錫類室)이다. 중희당의 북재(北齊)는 자선재(資善齊)인데, 액자는 순조의 어필이다. 중희당은 마당이 넓어 해시계, 측우기, 풍기대(風棋臺), 소간의(小簡儀) 등이 있었다. 중희당 측우기는 1783년(정조 7)에 가뭄을 걱정하던 정조의 지시로 설치하였다.71 삼선재(三善齊), 대축관(大畜觀), 연현각(延賢閣)은 모두 중희당의 남랑(南廊)이다. 중희당은 1827년(순조 27)부터 순조의 아들 효명세자가 3년간 대리청정을 할 때 집무하던 곳인데 그 후 헌종이 이곳에서 신하들을 접견하였고, 철종이 후사 없이 세상을 떠나자 고종을 후사로 삼는다는 발표를 이곳에서 하였다. 고종 비, 명성왕후가 이곳에서 최종 간택을 받아 왕비가 되었고, 고종은 일본과 청나라의 사신을 주로 이곳에서 만났다. 1891년(고종 28) 임금이 이 건물을 다른 곳으로 옮겨 지으라는 왕명이 있어 옮겨갔으나 어디로 옮겨 갔는지 알 길이 없다.『고종실록』,『순종실록』은 조선총독부에서 편찬한 것이므로 왕명 여부도 믿기 어렵다.

측우대(測雨臺)

측우대는 15세기 초 세계에서 최초로 세종 때 만들어졌는데 이것은 그 뒤에 여러 차례 전국에 보급되었으나 지금까지 남아있는 것은 측우기 하나와 측우대 넷뿐이다. 이 측우대는 그중 하나로 측우기의 중요성을 설명하는 긴 명문이 남아있어 그 가치가 높다. 이 명문에 의하면 1782년(정조 6)에 정조가 여름 가뭄을 걱정하여 창덕궁의 이문원(摛文院) 앞마당에 측우기를 만들어 세웠다고 써있다. 기우제를 지내고 언로를 열며 죄인을 풀어주는 등의 조처가 계속되자 가뭄이 그치고 비가 흡족하게 내렸으므로 이를 기념하기 위하여 임금과 백성의 기쁨이 함께 얽혀 이 측우기를 만들었다고 직제학 심염조(沈念祖)가 글을 지었다. 대리석으로 만든 측우대는 크기가 높이 303cm, 너비 45.3~45.5cm로 측우기와 받침대는 보물 제844호로 지정되어있다. 1782년 가뭄 끝에 새로 측우기와 측우대를 만들었는데, 그 가운데 측우대만이 남아있는 것으로 보이며 이 측우대는 1910년에는 창덕궁 규장각 앞뜰에 있었고, 1920년쯤에는 당시 경성 박물관 앞 계단에 옮겨졌는데 그때까지도 측우기가 그 위에 있었다 한다. 그 뒤 6·25동란 때 측우기는 없어지고 측우대만 창경궁의 명정전 뒤에 전시되었는데 1960년대에 세종기념관으로 옮겼다가 1970년대 후반에 다시 지금의 영릉전시관으로 옮겼다고

승화루(承華樓)·소주합루(小宙合樓)

「동궐도」에는 소주합루(小宙合樓)로 표기하였고 이층누각인데 중희당의 동쪽에 있다고

▲ (위)삼삼와와 칠분서
▶ (아래)오른쪽에 붙어 있는 승화루

했다. 이어 의신각(儀宸閣)은 바로 소주합루의 아래층이라 했다. 2층은 누(樓)이고, 아래층은 각(閣)이다. 도서를 보관하고 독서하는 곳으로 후원에 지은 주합루(宙合樓)가 2층이고 규장각(奎章閣)이 그 아래층인 것과 비슷하다. 이 두 건물은 모두 서책을 보관하고 학문을 닦는 공간이다. 다만 주합루는 임금이 주관하는 공간이고, 승화루는 동궁이 주관하는 공간이다. 승화루를 소주합루로 부른 것은 후원에 있는 주합루와 그 사용 목적이 비슷하여 별칭 또는 애칭으로 부르게 된 것이 일반화된 듯하다. 이 건물에 보관되었던 도서 목록이 '승화루 서목'이고, 당시 승화루 현판을 모사한 책을『승화루현판첩(承華樓顯板帖)』이라 한 걸 보면 공식 명칭이 승화루인 것만은 분명하다. (최종덕,『창덕궁』) 현재도 승화루라는 현판이 붙어있다. 정조 임금은 '정구팔황(庭懼八荒) 호월일가(胡越一家)'라는 글자를 써서 승화루 문에 걸어두었다. '먼 변방도 뜰처럼 가까이하고 오랑캐도 한집안처럼 본다'는 뜻으로 당색이나 빈부귀천이 없이 인재를 구하려는 정조의 의지가 담긴 문구이다.**72** 그런데 좀 더 관찰해야 할 것은 아래층이 의신각으로 장서를 보관한 곳이라면 사면을 막았을 것인데 지금과 같은 돌기둥은 당시의 건축 기법상 거의 볼 수 없는 것이어서 언제부터인가 이 승화루는 개조한 것으로 보아야 한다. 처음부터 돌기둥을 세워 아래층이 빈 공간으로 있었다면 '의신각'이란 명칭을 달지 않았을 것이다.

순조가 지은 「의신각」 시에

화각은 들쭉날쭉 솟아있는데
운루(雲樓)는 햇볕에 비스듬히 비치네
긴 소나무는 석체(石砌: 섬돌)에 바짝 다가섰고
맑은 연못은 금빛 꽃으로 뒤덮였다.
일없으매 바둑이나 구경하고
마음 맑으라고 향기로운 차를 마시네
새벽 햇빛 막 떠오르는 곳에
구슬 같은 방목(榜目)이 홍하(紅霞)에 띠었네[73]

승화루는 정면 3칸, 측면 1칸 이익공이다. 처마는 겹처마이며, 팔작지붕으로 용마루는 양성되어있지 않고 용마루에는 취두, 합각마루에는 용두 그리고 사례 끝에는 토수(吐首)를 끼웠다. 위층 4면은 띠살무늬 창호를 달고 창 앞에는 모두 퇴를 놓고 난간을 둘렀다. 천장은 소란 반자로 마감하고 단청을 하였는데, 반자 가운데를 팔각형으로 한층 높여 달고 봉황을 그려 넣었다. '육우정(六隅亭)'은 '삼삼와(三三窩)'라고도 하는데 중희당에서 소주합루로 올라가는 보루(步樓)이다. 중희당과 삼삼와 사이에 칠분서(七分序)가 있다.

연영합(延英閤)

중희당 동쪽에 단청하지 않은 연영합이 있다. 서쪽에 본채에서 남쪽으로 달아낸 누(樓)가 있어 ㄱ자형을 이룬다. 연영합 왼편에 학몽합(鶴夢閤)이 있고 오른편에는 천지장남지궁(天地長男之宮: 효명세자의 집이라는 뜻)이라 쓴 현판이 나란히 붙어있다. 효명세자는 학(鶴)을 좋아했던 것 같다. 「동궐도」상에 보면 연영합 뜰에 학 두 마리가 한가롭게 노니는 모습이 보인다. 길들인 학을 애완동물로 기른 것을 보면 학의 고고한 자태에서 자신이 추구하는 학문과 인격의 경지를 관조해보는 상징적 기준으로 삼은 것이 아닌가 싶다. 효명세자의 호가 학석(鶴石)이고 연영합 서쪽 현판이 학몽합(鶴夢閤)이며, 정문인 화청관(華淸觀)을 나가 바깥 행랑채 문에도 학금(鶴禁)이란 현판이 붙어있다. 연영합 뜰 안 맞은편에는 규모는 작지만, ㄱ자형의 집이 있는데 서쪽으로 향한 현판은 확여실(確如室)이고, 연영합과 마주보는 북쪽으로 향한 현판은 영하루(暎霞樓)이다. 연영합 서쪽으로 이국풍의 건물이 있는데 문화각(文華閣)과 수방제(漱芳薺)란 현판을 나란히 달고 있다. 연영합과 이어지는 복도에는 사금랑(寫琴廊)이란 현판이 달려있다. 이 건물들은 모두 중국풍의 벽돌로 지어졌다.

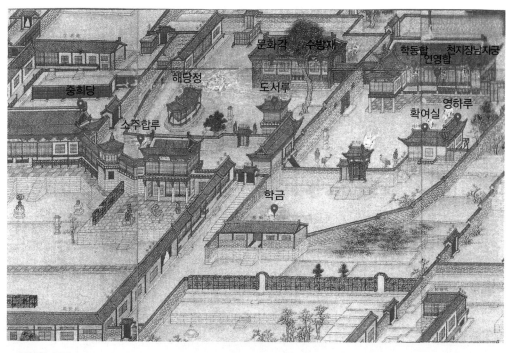

▶ 연영합 일원

낙선재(樂善齋), 석복헌(錫福軒), 수강재(壽康齋)

1847년(헌종 13)에 창건한 창덕궁 동쪽에 있는 건물 일곽(一廓)을 말한다. 이 건물은 궁의 동쪽 건양문(建陽門) 밖에 있으며 원래는 태조가 임종을 맞았던 광연정(廣延亭) 자리이고, 그 후 왕세자 동궁의 처소인 저승전(儲承殿)이 있었던 곳이다. 낙선재란 '착한 일을 즐겨 하라'는 뜻이다. 이 건물은 임금이 머물던 낙선재와 경빈 김씨(慶嬪金氏)가 거처하던 석복헌(錫福軒) 순원왕후(純元王后: 순조 비)가 거처하던 수강재(壽康齋) 세 건물이 서에서 동으로 나란히 이어져 있다. 수강궁은 세종이 상왕으로 물러난 태종의 거처를 마련하기 위하여 1418년(세종 즉위년)에 지은 궁궐인데 1484년(성종15)에 세 대비, 즉 세조의 비 정희왕후(貞熹王后) 윤씨(尹氏), 덕종의 비 소혜왕후(昭惠王后) 한씨(韓氏), 예종의 비 안순왕후(安順王后) 한씨(韓氏)를 모시기 위하여 이곳에 창경궁을 지었다. 그래서 창경궁을 지을 때의 수강궁과 수강재는 일치하지 않는다.

헌종은 여덟 살 때 보위에 올랐다. 조선 역대 왕 중에서 가장 어린 나이에 왕위에 오른 것이다. 1843년(헌종 9)에 효헌왕후(孝憲王后)가 후사 없이 열여섯 살 나이로 세상을 떠나고 명헌왕후(明憲王后) 홍씨(洪氏)를 계비로 맞았다. 그러나 계비 역시 3년이 되어도 후사가 없자 대왕대비는 결국 후궁을 뽑아 대통을 이으라는 언문 교지를 내렸다. 헌종은 계비를 얻을

▶ 낙선재

때 3간택에 참석한 일이 있었다. 궁중법도에는 없는 일이었으나 대왕대비를 졸라 3간택에 참석하게 된 것이다. 그때 헌종은 마음에 드는 여인이 한 사람 있었지만, 불행하게도 그 여인이 간택되지 못했다. 결정권은 대왕대비에 있었기 때문이다. 일단 3간에 올랐던 여인은 출가하지 못하는 것이 당시의 법도였다. 대왕대비의 교지가 떨어지자마자 헌종은 간택할 때 마음에 두었던 그 여인을 수소문했다. 이런 곡절 끝에 오매불망 그리던 여인을 다시 만나게 되었고, 평생 수절하고 살아야 할 한 여인을 구제하게 된 것이다. 그 여인이 바로 경빈 김씨이다. 후궁은 대개 임금의 눈에 드는 궁녀 중에서 선택되는 것이 보통인데 경빈 김씨는 출신 성분부터가 달랐다. 경빈 김씨는 사대부가의 출신으로 임금이 정식으로 장가를 들어 후궁이 된 것이다. 그러므로 경빈 김씨는 다른 후궁들과는 특별한 대우를 받았다. 거처라든가 옷차림이 왕비와 버금가는 대우를 받았다고 한다. 당시에 만들어진 순화궁첩초(順和宮帖草)라는 것이 있다. 순화궁은 경빈 김씨의 궁호인데, 순화궁이 계절에 따라 입는 옷과 장신구 등에 세부 지침서를 만들 정도로 마음을 썼으니 얼마나 지극한 예우를 받았는가를 알 수 있다.

경빈 김씨가 거처하던 석복헌은 '복을 내리는 집'이라는 뜻인데 낙선재를 지은 다음 해에 지었다. 석복헌을 낙선재와 수강재 사이에 둔 것은 양쪽에 임금과 대왕대비를 가까이 모시고 효도하며 한편으로 왕세자를 생산하는 데 모든 힘을 다하기 위한 배려였다.

상량문에도 그 염원이 담겨있다. 낙선재 현판은 청나라 문인 섭지선(葉志詵, 1779~1863)의 글씨이다.

▶ 석복헌

오색 무지개 기둥을 감도니 아기를 내릴 약속이로다.

하늘이 장차 난초 향기 그윽한 방에 계시를 하려는데

대인이 점을 치니 아들을 낳을 것이라 하였고

그중에서 먼저 의남초(宜南草)를 얻는 것이 좋다네.**74**

수강재는 1785년(정조 9)에 태종 때 지었던 수강궁 터에 다시 지어 문효세자의 글 읽는
장소로 하였고, 1827년(순조 27)부터 3년 동안 효명세자가 대리 청정하면서 집무실로 사
용된 일이 있다. 1848년(헌종 14)에 순원왕후 육순을 맞아 고쳐 짓고 대비의 처소로 삼았
다. 낙선재 일곽이 단청을 하지 않은 검소한 집이었는데, 수강재만은 중수하고 단청을 하였
으나 그 후 손보지 않아 퇴색하여 단청을 하지 않은 것처럼 보인다. 대왕대비가 거처하는 수
강궁을 가장 동쪽에 배치한 것은 중국 한나라 때 미앙궁(未央宮) 동쪽에 황제의 어머니 태
후가 거처하던 장락궁(長樂宮)이 있었기 때문에 이를 본뜬 것이고, 대왕대비의 거처를 동
조(東朝)라 한 것도 여기서 유래한 것이다. 그래서 낙선재 남쪽 정문이 장락문이다. 수강
(壽康)이란 이름도 대왕대비의 건강과 장수를 염원하는 뜻에서 지어진 이름이다. 낙선재는
임금이 독서하며 할머니를 섬기고 사랑하는 사람과도 같이 지내는 한가롭고 여유 있는 시
간을 보낼 수 있는 공간이어서 단청도 하지 않은 채 검소하게 지어진 집이다.**75** 헌종은 아버
지 효명세자를 닮아서 글씨를 잘 썼다. 헌종은 사랑방에 보소당(宝蘇堂)이라는 현판을 걸

▶수강재

어놓고 틈틈이 시문을 즐겼다. 보소당이란 북송시대의 시인 소동파를 보배로 여긴다는 뜻
이다. 헌종은 결국 후사를 잇는 소망을 이루지 못하고 재위 15년(1849) 6월 6일 중희당에
서 세상을 떠났다. 그 후 이 건물은 국상을 당한 후궁들이 소복으로 은거하던 곳이 되었다.
1917년 창덕궁 내전이 화재로 불타 버리자 순종과 순종비 윤황후(尹皇后)는 재건될 동안
낙선재에서 임시 거처하였고, 1926년 순종이 죽은 뒤 윤비(尹妃)가 여기서 살다 1966년
이곳에서 죽었다. 1963년 일본에서 환국한 영친왕 이은(李垠)은 이곳에서 생애를 마쳤다.
영친왕 비 이방자 여사도 이곳에서 1989년까지 살다 생을 마쳤고, 고종의 막내딸 덕혜옹
주도 이곳에서 세상을 떴다. 낙선재, 석복헌, 수강재가 각기 후원을 가지고 있어 휴식할 수
있는 정자를 세워 탁 트인 남쪽 경관까지 감상할 수 있는 여유로움을 주고 있다.

　낙선재 바로 뒤안에는 금사연지(琴史硯池)라는 네모난 작은 돌연못이 있는데, 거문고를
연주하면서 역사책을 읽는 벼루 같은 연못이란 뜻으로 학문을 닦으며 한가로움을 즐기는
선비의 여유로움을 표현한 것이다. 그 옆에는 괴석을 받치고 있는 대(臺)에는 소영주(小瀛
洲)라 새겨있다. 영주산은 도교에서 말하는 삼신산(三神山)의 하나, 즉 봉래(蓬萊), 방장
(方丈), 영주를 말하는데 우리나라에서는 금강산, 지리산, 그리고 영주는 한라산으로 비유
한다.

▶ (위)만월문

▶ (아래)상량전

낙선재 후원에 있는 정자는 육모정으로 상량
정(上凉亭)이라는 현판이 작은 글씨로 붙어있는
데, 원래는 평원루(平遠樓)였다. 상량정으로 바
뀐 것은 일제 강점기로 보고 있다.[76] 낙선재 후
원은 동궁 영역인 승화루 후원과 담장으로 구분
짓고 있는데 가운데 만월문(滿月門)이라는 출
입문이 있어 서로 왕래할 수 있도록 하였다. 이
출입문이 원형으로 되어있고 담벽을 장식하여
후원의 아름다운 경관을 한층 돋보이게 하였는
데 다분히 중국풍이다. 승화루 후원에는 커다
란 돌학이 있는데 향천연지(香泉硯池)라 새겨져
있다. 석복헌의 후원에 있는 정자는 한정당(閒
靜堂)이다. 이것은 일제 강점기에 지어져서 동
쪽에 있는 누(樓)에 벽 대신 가설한 4분합 문에

▶ 한정당

▶ 취운정

는 유리를 달고 기단에 타일을 깔아 전통 한옥으로 지어졌으면서도 이국적 이질감이 배어난
다. 전면 3칸, 측면 2칸이고 팔작지붕이다. 수강재 후원에 있는 것은 취운정(翠雲亭)이다.
취운정은 1686년(숙종 12)에 건축하였다. 이름에 걸맞게 취운정은 후원의 가장 높은 곳에
있어 조망이 좋다. 앞에 연못이 있었는데 지금은 없다.

숙종이 지은 「취운정제영시(翠雲亭題咏詩)」에

내려다보며 노니 단장한 수키와가 연이어 있고
멀리 바라보니 눈앞이 탁 트이는 도다
봄 가을 좋은 시절이 돌아오니
어찌 날마다 감상하지 아니하리오[77]

취운정에는 유정유일 윤집궐중(惟精惟一 允執厥中)이라는 어필이 편액으로 걸려있었다는
데 지금은 없다. 『서경(書經)』의 「우서(虞書), 대우모(大禹謨)」 편에 나오는 말인데, "정신 차
리고 오직 하나로 모아 그 중정(中正)을 진실로 잡아야 한다."라는 뜻이다. 지금은 이 편액은

물론 취운정이라는 현판마저 없어졌다. 낙선재의 앞과 오른쪽에는 행랑이 있어서 외부와 단절되어있다.

사대부가의 주택 사랑채를 닮은 소박한 건물로 정면 6칸, 측면 2칸에 누마루가 딸려있는데 모두 17칸 반의 규모다. 가운데 3칸은 퇴를 개방하였고, 나머지는 분합문이나 회벽으로 벽체를 꾸몄는데 분합문의 창살 무늬가 다양하고 섬세하여 여성다움을 띄고 있다. 단층 팔작지붕이고 익공집이며, 집 밖으로 거느림 집(廡廊)이 있다. 집은 돌기단 위에 세워졌고 모기둥이며, 기둥 위에 대들보를 걸고 그사이에 도리를 올려놓았다. 창방과 장려 사이에는 소로가 끼어있고 창방머리에는 초각(草刻)이 되어있다. 낙선재 동쪽으로 잇대어있는 석복헌은 전면 6칸, 측면 2칸이며, 그 동쪽에 있는 수강재도 같은 규모이다. 수강재 동쪽에는 중춘문(中春門)이 있고, 서쪽에는 수강문(壽康門)이 있다. 연초루(燕超樓), 경녕루(慶寧樓), 유호헌(攸好軒), 도시관(都是觀), 홍서각(弘書閣), 오서각(梧書閣), 근취헌(近翠軒)은 모두 수강재 동서쪽의 행랑 누각이다. 세 건물 뒤로 조성된 후원은 장대석으로 높게 여러 단의 화계(化階)를 꾸미고 각 단에는 사철에 알맞은 화초를 심었으며 건물에서 연결된 굴뚝 또한 이 후원의 한 요소를 이루어 운치가 있다. 낙선재, 석복헌, 수강재를 둘러싸고 있던 건물들은 일본 강점기에 모두 철거해버렸다.

만수전(萬壽殿)

인정전의 북쪽에 있다.

옛날 제정당(齊政堂)의 흠경각(欽敬閣) 터이다. 1656년(효종 7) 가을에 인조의 계비 장열왕후(莊烈王后)를 위하여 지었는데 1686년(숙종 12)에 화재가 나 모두 소실되었다. 흠경각은 1434년(세종 16)에 경복궁의 강녕전 곁에 처음으로 지어졌는데, 중간에 화재로 소실되었고 1554년(명종 9)에 옛터에 다시 지었으나 병화(兵火)를 입었으며, 1614년(광해군 6)에 창덕궁 선린문 안에 다시 지었다. 1655년(효종 6)에 임금이 대비를 모시기 위하여 만수전과 춘휘전(春輝殿)을 흠경각 옛터에 지었는데, 1657년(효종 8)에 임금이 만수전에서 경로잔치를 베풀어 쌀과 고기를 내렸다.[78] 1687년(숙종 13) 9월에 창덕궁의 만수전과 천경루(天慶樓)에 화재가 나 소실되었는데 1695년(숙종 21)에 춘휘전 터에 다시 짓고 선원전이라 했다. 만수전도 내시들의 처소로 이때 같이 지은 것으로 보고 있는데 지금은 없다. 상량문은 대제학 채유후(蔡裕後)가 지었다.

후에 이곳에 경복전을 지었다.

백복헌(百福軒)

천경루 아래쪽에 있는데 옛날 비승각(丕承閣)이다.

경복전(景福殿)

선원전 북쪽 인정전의 서북쪽에 있다.

1805년(순조 5) 1월에 영조의 계비 정순왕후(貞純王后) 김씨가 이곳에서 승하하였다. 1830년에 작성된 「동궐도」에는 경복전기(基)로 되어있어 「동궐도」 작성 전에 없어진 건물이다. 1824년(순조 24)에 불이나 명경대비(明敬大妃)의 옥책(玉冊)과 금보(金寶)가 모두 불에 타 다시 만들었다.[79]

원래 만수전 터에 지었는데 경종 때 수리하여 당호를 경복전으로 바꾸고 숙종의 계비 인원왕후(仁元王后)를 모셨다.[80] 처음 만수전은 인조의 계비 장렬왕후를 모시기 위하여 효종이 지은 것이다. 전각의 뒤쪽으로는 소나무가 우거져 있었고, 앞에는 연못이 있었다.

순조가 지은 『경복전기(景福殿記)』에 따르면

경복전은 인정전의 서북쪽에 있는데 우리 대왕대비께서 지금 거처하는 곳이다. 소나무는 푸르러 울창하게 뒤를 두르고 연못이 앞에 있어 넓이는 10여무(畝)인데 매년 여름과 가을이 겹칠 무렵이면 연꽃이 피어 맑은 향기는 사람을 엄습하고, 전(殿)위에서 굽어보면 노는 물고기가 펄펄 뛰어 볼만하다. 남쪽에는 연못가에 애련재(愛蓮齋)가 있고 북쪽에는 송죽헌(松竹軒)이 있으며, 동쪽에는 습취헌(拾翠軒)이 있고, 서쪽에는 만영문(萬寧門)이 있어 붉은 난간과 채색 누각이 빙 둘러 연이어 있다 했다. 지난 정미년(1787)에 자궁(慈宮: 모친)께서 조회를 받으실 때 이 전에서 예를 행하셨고, 계해년(1803)에는 곤전(坤殿: 중전)이 이 전에서 관례를 행하였는데 자전께서 매우 기뻐하셔서 이 전의 이름을 생각하시고 소자에게 말씀하시기를 "이 전은 참으로 아름답다. 우리 왕실의 경사스러운 예식은 반드시 이 전에서 행하였는데 어찌 우연한 일이겠느냐? 성조(聖組)께서 이름 지으신 뜻은 마치 기대하심이 있었다는 듯하다. 어찌 훌륭하지 아니하랴?" 하시고 마침내 이 전으로 옮기셨으니 대체로 복을 내리시겠다는 뜻에서 나온 것이다. (하략) 계해(癸亥)년 양월(陽月: 동짓달) 상한(上澣)에 짓다.[81]

정리하면 창덕궁 흠경각 터에 만수전을 지었고 만수전 터에 경복전을 지은 것인데, 이마저 없어지고 「동궐도」에는 경복전기(基)로만 표시되어있다. 「동궐도」에는 애련재가 있던 자리가 애련정기(基)로 되어있어 후원에 있는 애련정과 혼동을 일으키고 있는데 애련재기(터)로 해야 맞을 것이다.

영조 임금은 벼슬하는 종친들을 시켜서 '절용애민 사민이시(節用愛民 使民以時)'란 글씨를 써서 경복전에 걸게 하였다. "씀씀이를 절약하고 백성을 사랑하며 백성을 부리는 것은 때를 따라서 하라."라는 뜻으로 농사철에 백성을 동원하지 말라는 계훈을 내린 것이다. 경복전 남쪽으로 풍기석이 있는데, 여기에 풍기죽을 꽂아 바람의 세기와 방향을 측정할 수 있게 하였다. 경복전 앞에는 남북으로 직사면체의 연못이 있었고, 연못 북쪽에 애련재가 있었는데 경복전과 함께 불타버렸다.[82]

영모당(永慕堂)

경복전의 서쪽에 있고 경복전을 수직하던 내관(內官)이 살던 곳이다. 본래 이름이 없었는데 1757년(영조 33) 3월에 대왕대비 인원왕후 김씨(金氏)가 이곳에서 승하하자 영모당이라 이름 붙여 영원히 추모하는 마음을 여기에 담았다. 대왕대비의 죽음은 역사에 기록되어야 하기 때문에 당의 이름이 필요했다.

영조가 친히 써 계판(揭板)한 영모당 소지(小識)에

이 당은 옛날 경복당을 수직하던 내관이 살던 곳으로 자전의 장방(長房)이 된 곳
이다. 정축년(丁丑年) 3월 초 4일에 자성(慈聖)께서 이 당에 납시어 26일 승하하였
으니 이 뒤로 이 당을 어찌 감히 소홀히 하겠느냐? 또, 승하(昇遐)한 처소는 마땅히

사기(史記)에 기재 되어야 하기 때문에 그 당을 영모라 이름하고 몸소 써서 걸었다. 오호라, 영모(永慕) 두 글자는 소자가 종신토록 애모한다는 뜻이다. 피눈물로 적어 방의 북량(北樑)에 걸고 수직중관(守直中官)은 당의 오른쪽 월랑(月廊)에서 기거하게 하였다. 숭정(崇禎) 기원후(紀元後) 삼정축(三丁丑) 맹하(孟夏)에 체위(涕位)하며 기록하다.[83]

1775년(영조 51)에 인원왕후 제삿날을 맞이하여 '억석영모(億昔永慕) 친전향축(親傳香祝)'이란 여덟 글자를 써서 영모당에 계판(揭板)하였다. "옛날을 돌이켜보니 영원토록 사모하는 마음이 들어 향과 축문을 전한다."라는 뜻이다. 영모당 남쪽에는 생과방(生果房)과 소주방(燒廚房)이라는 임금님의 수라간이 있다. 생과방은 음료와 다과 등 찬 음식을 만들고 소주방은 식사 등 가열하여 만든 더운 음식을 요리한다. 소주방은 임금님 수라만을 담당하는 내소주방(內燒廚房)과 궁궐 내 연회 때 쓰는 음식을 만드는 외소주방으로 구분한다. 경복전, 영모당, 수라간 등은 다 없어지고 일제 때 지어진 알 수 없는 의풍각(儀豊閣)이란 건물만 빈터를 지키고 있다.[84]

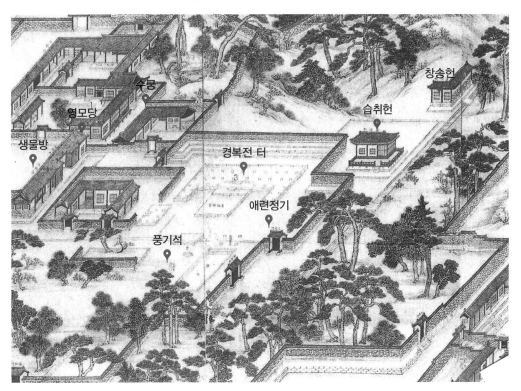

▶ 영모당과 경복전 터 일대(경복전 터는 옛 만수전 터이다.)

소덕당(昭德堂)

1565년(명종 20) 4월에 문정왕후(文定王后: 중종계비) 윤씨가 이곳에서 승하하였는데 지금은 없다.[85]

장춘헌(長春軒)

1718년(숙종 44) 2월에 단의왕후(端懿王后) 심씨(沈氏: 경종비)가 이곳에서 승하한 곳으로 지금은 없다.[86]

원년(元年)

원년은 즉위년칭원법(卽位年稱元法)과 유년칭원법(踰年稱元法)이 있다. 즉위년칭원법은 왕이 즉위한 해를 원년(元年)으로 하여 재위 년 수를 가산해가는 방식이고, 유년칭원법은 즉위한 다음 해를 원년으로 하여 재위 년 수를 더해가는 방식이다. 즉위년을 원년으로 할 경우 직전 임금의 마지막 연도와 겹치기 때문에 우리나라에서는 고려 말부터 유년 원년제를 사용하였다. 『조선왕조실록』은 유년 원년제로 편찬된 것이다. 다만, 예외가 몇 차례 있었다. 태조와 세조, 중종, 인조 이 네 임금의 경우이다. 태조 이성계는 조선왕조를 새로 건국했기 때문에 즉위년을 원년으로 하는 것은 당연하다. 그러나 다른 세 임금은 전대를 왕으로 인정하지 않았으므로 즉위년을 원년으로 한 것이다. 세조는 노산군을 이어받았고 중종은 연산군을, 인조는 광해군을 폐출시키고 이어받았기 때문이다. 다만, 노산군은 중종 때에 단종으로 복위하여 숙종 때에 종묘에 배양하여 왕으로 추존되었지만, 『실록』은 그대로 두었다. 그래서 『국조보감』과 차이를 보인다.

『국조보감』은 세종 때 시작하였으나 완성을 보지 못하고 세조 3년(1457) 1월에 최초로 완성되어 마지막 순종 때까지 편찬이 이어진 것인데 조선 시대 역대 군주의 업적 가운데 선정만을 모아 편찬한 편년체 사서(史書)이다. 『국조보감』에는 단종을 왕으로 인정하여 세조는 유년 원년제를 적용하였다. 연호는 사용 연도를 기준으로 하기 때문에 전대의 연호와 겹친다. 광무 11년(고종44:1907)은 융희 원년(순종 즉위년)이다.

궐내각사(闕內各司)

내각(內閣), 이문원(摛文院)

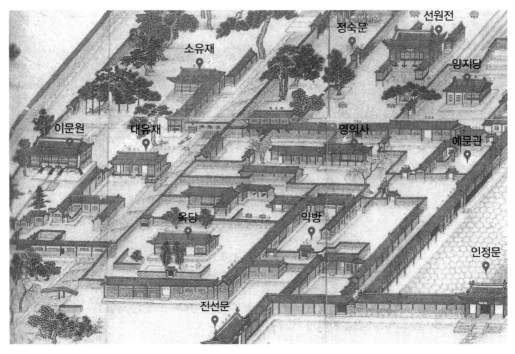

▶동궐도상의 궐내각사

　창덕궁 정문인 돈화문을 들어가 북쪽으로 곧장 올라가면 내각이란 현판이 붙은 문(門)에 이른다. 창덕궁은 자연 지형을 이용하여 전각을 배치하였기 때문에 경복궁과는 배치형태가 다르지만, 여기에서도 주나라 때의 궁궐 배치형식인 삼조(三朝: 外朝, 治朝, 燕朝)의 원칙을 벗어나진 않는다. 바깥문(皐門: 고문)과 가운데 문(치문: 雉門) 사이에 임금을 보좌하여 조정업무를 수행하는 각 기관이 배치되었기 때문이다. 이곳은 궐내에 들어와 있는 관청들이 모여있는 곳으로 '궐내각사'라 불렸다. 내각(內閣) 옥당(玉堂) 약방 그리고 예문관 등이

창덕궁 궐내각사

©ahngraphics
❶규장각 ❷검서청 ❸봉모당 ❹홍문관 ❺내의원

이곳에 있었다. 내각은 규장각의 또 다른 이름으로 이문원(摛文院)이라고도 했다. 이문원은 원래 선원전의 서쪽에 있어 규장각 학사가 숙직하던 곳이다. 본래 도총부(무관의 최상위 기관)로 쓰던 곳인데, 1781년(정조 5)에 규장각을 이곳으로 옮겨 어진(御眞), 어제(御製), 어필(御筆), 선원보첩(璿源譜牒)과 내부(內府) 서적들을 봉안하였다. 이문원 마당에는 구리로 만든 측우기를 설치하였는데, 1782년(정조 6)에 왕이 가뭄을 걱정하여 세운 것이다. 1776년(정조 즉위년) 9월에 후원에 규장각을 짓고 규장각 직속관청인 이문원을 주합루 서쪽에 있는 영숙문(永肅門)밖에 있던 국별장청(局別將廳)으로 옮겼으나 너무 한쪽에 치우쳐있어 이용이 불편하다 하여 규

▶ (위)궐 내로 옮겨온 규장각
▶ (아래)약방

장각 제학 유언호(兪彦鎬)의 제의로 1781년 옛 도총부 자리인 이곳으로 옮겼다.[87] 그다음 해 1782년에 강화도에 외규장각이 설치되어 내외규장각 체계가 되므로써 내각은 내규장각 별칭으로도 사용하였다. 내각 바로 동쪽에는 소유재가 있고, 북쪽에 대유재가 있다. 정조 때에 선원전과 황단에 전배(展拜)할 때마다 이곳에서 재숙하였고 순조, 익종도 자주 나아 가 재숙(齋宿)하였다. 대유재(大酉齋), 소유재(小酉齋)는 모두 어재실(御齋室)이다. 소유 재는 1795년(정조 19)에 검서관의 근무처가 협소하다 하여 새로 지은 것인데 건물 일부가 금천에 기둥을 세웠다. 실학자 박재가가 감독해서 그다음 해에 완공한 것이다. 임금이 여기 서 하룻밤을 묵는 바람에 어재실이 되어 소유재라 했고, 검서관으로 하여금 지키게 하여 검 서관 근무처가 되었다.[88] 1826년(순조 26) 초봄에 종묘와 사직에 제사 지내는 춘향(春享) 때에 효명세자(익종)가 임금을 모시고 소유재에서 재숙을 한 일이 있다. (『궁궐지』에는 대유 재는 이문원 북쪽에 있다 했는데 「동궐도」에는 동쪽에 있어 대유재와 소유재가 바뀌어 있 다.) 이문원에는 종과 경쇠가 달려있는데 종은 명나라 황제(영락제)가 보내준 것이고 거문 고, 비파 등 악기도 보관하고 있어 경쇠도 여기 있는 것이다. 내각 동쪽으로 흐르는 금천을 건너면 옥당과 약방이 있다. 옥당은 홍문관의 다른 이름이다. 원래 걸려있던 현판은 임진년 9월에 이원영(李元英)이 전서로 썼는데 유물번호 670번으로 박물관에 보관 중이고, 또 하 나는 숙종 25년(1699) 정월 초하룻날에 죽천(竹泉) 김진규(金鎭圭: 1658~1716)가 예서 로 쓴 것인데 유물 1000번으로 보관 중이다. 지금 현판은 정도준이 쓰고, 오옥진이 새긴 것이다. 옥당은 유교경전이나 중요한 문장과 문서를 관리하면서 왕을 자문하는 기관이다. 감찰이나 언론의 기능이 있어 삼사하면 사간원, 사헌부에 이어 홍문관이 포함된다.

▶책을 관리하는 검서청

창덕궁의 복원된 전각 중 광범문(光範門) 숭범문(崇範門) 향실(香室) 내각(內閣) 양지당 억석루의 현판은 이동익(李東益)이 쓰고, 규장각 옥당 예문관 약방(藥方) 연경문(衍慶門) 보춘문 정숙문(正肅門) 영휘문(永輝門) 만수문(萬壽門) 만안문(萬安門) 만복문(萬福門) 정청(政廳) 내병조 원역처소(員役處所) 호위청(扈衛廳) 상서원(常瑞院) 등은 정도준이 썼는데 각자는 모두 각자장 오옥진이 했다. 철제(銕齊) 오옥진(吳玉鎭)은 1935년생으로 4대를 이어온 각자장이다. 그는 1996년 중요 무형문화재 제106호 각자장 기능 보유자로 인정받았다.

동이루(東二樓)

대유재 동쪽에 행랑처럼 남북으로 연해있는데 1785년(정조 9)에 세워 서적을 보관하던 곳이다. 여기에 보관된 서적은 무려 다섯 수레 분이나 된다 하였다.

상량문은 규장각 제학 오재순(吳載純)이 썼다.[89]

홍문관(弘文館)

이문원의 동쪽 내의원(內醫院)의 남쪽에 있는데 옛날의 사인사(舍人司)이다. 또 하나는 창경궁 승문원(承文院) 동쪽에 있는데 장경각(藏經閣)이 있어 경연(經筵)에 필요한 여러 가지 서적들을 보관하는 소임을 맡고 있다. 학사관(學士館)이란 편액은 영조의 어필이다.

정조가 지은 홍문관지서(弘文館之序)에

"… 경사(經史)를 토론하고 궐유(闕遺)를 논의하게 하여 우례(優禮)로서 그 일신을 영예롭게 하고 풍근(風勤)하여 문교(文敎)를 넓게 하는 것 …."이 홍문이라 하였다.

상량문은 대제학 조복양(趙復陽)이 지었다.[90]

봉모당(奉謨堂)

▶ 내각에 있는 봉모당

▶ 봉모당 정문 운한문

규장각 부설기관으로 서향각(書香閣), 열고관(閱古觀), 개유와(皆有窩), 서고(西庫), 봉모당이 있었다. 주합루 남쪽에 열고관이 있었고, 봉모당은 열고관 서남쪽에 있었다. 봉모당은 규장각 부설기관 중 가장 으뜸가는 기관으로 모훈(謨訓)의 자료를 받들어 보관하던 곳이다. 모훈이란『상서(尙書)』제1편「우서(虞書)」에 나오는 대우모(大禹謨), 고요모(皐陶謨), 이 두 절(節)에서처럼 백성을 다스림에 있어서 임금과 신하가 진지하게 논의한 것을 적은 것과 백성들에게 훈도한 것을 적은 글의 합성어이다. 순 임금 시절 우(禹)와 고요(皐陶)라는 두 신하와 대화한 내용을 상서에 적어 교훈으로 삼았다. 그래서 이 봉모당에는 어제(御製), 어필(御筆), 어진(御眞), 임금의 유언을 적은 고명(顧命), 유고(遺誥: 선왕이 남긴 교훈) 임금이 은밀히 내린 밀교(密敎), 왕실 족보, 왕실의 역사, 보인(寶印), 보감(寶鑑: 귀감이 될만한 책), 장지(狀誌) 등을 보관한다.[91] 봉모당은 옛 열무정을 이용한 것인데, 건물이 협소하여 1857년(철종 8) 1월에 이문원 북쪽에 있던 대유재로 옮겼다. 1867년(고종 4)에 경복궁이 완공되어 규장각의 이문원을 경복궁으로 옮기면서 봉모당에 소장된 어제, 어필, 어진, 선원보 등에 관한 업무가 종친부에 소속되었는데, 갑오경장 때에 직제를 개편하여 규장각이 '규장원'으로 개칭되면서 국내부에 소속되었고, 종친부에서 분리 관장하던 것을 다시 규장원으로 환원시켰다.

1908년에 새로운 직제개편에 따라 전모과(典謨課), 도서과(圖書課), 기록과(記錄課), 문서과(文書課) 등 4개 과로 나뉘었고, 그중 봉모당과 종친부 업무는 전모과에서 관장하였다.

일제 강점기인 1911년에 창덕궁의 옛 대유재, 소유재 자리에 새로운 건물을 지었는데 남쪽에 운한문(雲漢門)을 세우고 북쪽에 모각(謨閣), 그 옆에 봉모당을 붉은 벽돌로 남향집을 지어 왕실 자료를 보관하였다.

우리 정부가 들어선 후 1969년 7월에 그 건물은 철거되고 그곳에 보관되어있던 장서들은 창경원 안에 있던 장서각으로 옮겨져 그것이 다시 1981년 한국학중앙연구원(구 한국정신문화연구원)으로 이관되었다.[92] 지금 규장각 뒤에 지어진 봉모당은 문화재 복원 사업으로 1991년부터 2005년 사이에 지은 건물이다.

예문관(藝文館)

인정전 서월랑(西月廊)에 있었다.

1738년(영조 14) 왕이 친히 예문관에 나와 '태공사필(太公史筆)'이란 네 글씨를 써 문미(門楣)에 달았는데 이 뜻은 "사필(史筆)이 크게 공정하다는 것이 아니고 곧 사필을 크게 공장하게 하려는 것이다."라고 왕은 우의정 송인명(宋寅明)에게 설명하였다.[93] 1756년(영조 32)에는 '창수고풍(刱守古風)' 네 글자를 써서 관중(館中)에 걸었는데, 옛것을 조심하고 정성껏 지킨다는 뜻이다. 1811년(순조 11)에 화재로 사적(史籍)이 모두 불타버렸는데 다시지었다. 하나는 창경궁 명정전에 있는데, 임금이 짓는 글과 명령 그리고 관직의 임명장 등을 작성하는 곳이다. 이 또한 1991년에 복원된 것이다.

승정원(承政院)

창덕궁에는 인정전 동쪽에 있고, 창경궁에는 문정문(文政門) 밖에 있는데 왕명의 출납을 담당하는 곳이었다.[94]

비궁당(匪躬堂)

▶ 빈청(비궁당)

빈청(賓廳: 삼정승이 정무를 보는 곳)을 말하는데 연영문(延英門) 밖에 있고 창경궁에는 승정원 동북쪽에 있다.[95]

연영문은 선정문 정남 쪽 상서성과 사옹원을 잇다는 행랑을 만들고 그 가운데에 낸 문이다. 비궁당은 정면 다섯 칸 규모의 비교적 큰 집이고, 당초에는 온돌방이었으나 숙종 때 마루로 바꾼 것으로 알려졌다. 순종 때 이후 어차고(御車庫)로 이용되었고, 어차고 안에 순종이 타던 자동차와 각종 가마를 한동안 전시하였으나 이 전시물들은 박물관으로 옮겨갔다.

서거정(徐居正)이 기문(記文)을 지었다.

"『주역』의 건괘(蹇卦) 62에 이르기를, '임금의 신하가 어렵게 함이 자신의 연고가 아니다(匪躬).' 하였으니, 이는 비궁이란 임금이 있는 것만 알고, 내 몸이 있는 줄은 모른다는 말이다. 무릇 우리 조정에 있는 신하들은 비궁의 도를 아는가? 이제 시험 삼아 논해보리라. 삼공(三公)은 위로는 태계(台階)를 본받고 아래로는 세 발이 있는 정상(鼎象)을 취하나니, 모든 관리의 위에 위치하고 모든 백성이 우러러보는 지위에 있어서 높은 관면(冠冕)이고, 깊고 넓은 묘당(廟堂)이다. 우뚝이 국가의 기둥과 주춧돌이고, 밝기는 인물의 서구(筮龜)와 같으니 가히 임금을 보좌하는 직책과 논섭(論燮)의 도리를 몰라서야 되겠는가? 곤직(袞職)에 빠뜨림이 있으면 어떻게 보충하며 왕의 계획이 빛나지 못하면 어떻게 드러낼 것인가? '도(都)'라 하고 '유(兪)'라 하는 문답을 어떻게 할 것이며, 좋은 꾀와 아름다운 계획을 어떻게 아뢸까를 마땅히 생각하여 조화(造化)를 도와 만물을 양육하고, 하늘의 꾸지람〔天災〕을 겁내어 삼가고 두려워하여 한마디 말도 임금을 깨우치기를 생각하고, 온갖 꾀로 임금을 협박할 것을 생각하지 말라. 약석(藥石)으로써 아뢰도록 생각하고, 짐독(鴆毒)으로써 미혹시키지 말라. 일을 도모하고 계책을 헤아려서 성심(誠心)을 열어 공정한 도(道)를 펴고, 안색을 바로 하여 아랫사람을 거느려서 대체(大體)를 보존하고 하찮은 일을 생략하면 비궁(匪躬)의 뜻에 거의 가깝게 되리라. 만일 혹 지위가 아주 높아 공명(功名)이 마음에 걸리고, 녹(祿)이 많아서 부귀(富貴)가 그 뜻을 방탕하게 한다면 권세를 독차지하고 싶고 재물을 탐내어 나라가 위태하여도 붙들지 않고, 기울어져도 일으키지 않으며 또는 일에 다다라서는 어름어름하여 세상과 함께하면서 베 이불로 이름을 낚으며 상아(象牙)의 산가지로 이익을 도모하기도 하여, 반식(伴食)의 비웃음을 받거나 복속(覆餗)의 비방을 초래한다면 비궁이라 하겠는가? 저 삼공(三公)의 부관(副官)인 이공(貳公)은 덕화를 넓히고, 육경(六卿)은 직분을 나누고, 모든 대부와 중신들은 지위가 높고 봉록이 후하고 임무가 전일하고 책임이 크니 만나기 어려운 좋은 때를 만났고, 일할 만한 때를 마침 만났으니 마땅히 삼가 정성을 다해 공경히 받들어 보좌하기를 어떤 도로 하며, 임금의 마음을 열어드리며 돕기를 어떤 계책으로 할까를 생각하라. 제작하는 데에 있어서는 윤색(潤色)할 것을 생각하고, 현준(賢俊)은 추천해 등용할 것을 생각하고, 어떻게 하면 형벌을 없게 하고 어떻게 하면 백성들의 재물을 풍부하게 할까 하며, 어떻게 하면 전쟁을 쉬게 하고 어떻게 하면 토지를 개간할까 하여 큰 계책을 의논하고, 큰 의심을 결정할 때에는 말은 국가의 중요함이 되어 나라만 알고 집을 잊고 공(公)만 알고 사(私)를 잊어 몸이 안위(安危)를 맡아서 충신(忠信)과 절의(節義)로 스스로를 가다듬기를 생각하고, 성패(成敗)와 이둔(利鈍)으로써 스스로 움츠러들지 말며 일찍 일어나고 밤늦게 자면서 몸과 힘을 다하면 비궁의 뜻에 거의 가까우리라. 만일 혹 대중을 따라 나아가고 물러나서, 벼슬을 얻기 전에는 얻으려고 걱정하고, 얻고 나서는 잃을까를 걱정하여 임금의 총애를 빙자하여 권세를 굳히고, 능력도 없으면서 지위만 차지해서 어진 이의 진출을 방해하여 조정에 서서는 큰 절개가 없고, 세상에 도적질하는 것은 모두 헛이름뿐이며, 현실에 어두우면서 재능이 없고 고집불통이어서 스스로 옳다 하여 정사를 방해하고 다스림을 해치며, 직무를 게을리하고 직분을 제대로 수행하지 못하여 만족할 줄 아는 기미에는 어둡고 시소(尸素)의 비웃음을 산다면 비궁이라 할 수 있겠는가? 또 임금이 사랑하고 신임하는 신하로는 근시(近侍)만 한 사람이 없고, 신하로서 임금과 친밀한 이가 근시만 한 사람이 없다. 이는 근시란 것은 항상 임금의 좌우에 있으면서 홀로 요직을 맡은 사람으로 천안(天顏)이 지척에 있고, 구중궁궐이 매우 가까우매 임금의 말이 간곡하고 임금이 자주 돌아본다. 근시는 귀와 눈과 같은지라 임금의 총명을 틔워주고 목구멍과 혀와 같은지라. 임금의 명령을 대신 발표하니 추기(樞機)는 비밀히 하지 않으면 안되고, 출납(出納)은 성실히 하지 않으면 안 된다. 사정을 참작하여 의견을 아뢰어 조용히 선한 것은 진술하고, 그렇지 못한 것은 바꾸게 한다. 임금의 은택이 혹 백성에게로 내려가지 못한다고 생각되면 통하여 내려가게 하고, 백성의 마음이 임금에게로 전달되지 못함을 두려워하거든 진술하여 알릴 것이다. 넓은 집 부드러운 담요 위에서 임금을 모시고 의논하며 생각하고, 장막 속에서 일을 계획한다. 위에서는 지나친 행동이 없고 밑에서는 실정을 숨김이 없이 정하고 깨끗한 한마음으로 오직 삼가 받들어야 하나니, 만일 그렇게 한다면 비궁이라 하여도 좋을 것이다. 또, 혹 임금의 성내고 기뻐함을 살피고 임금의 얼굴빛을 맞추어 교묘한 생각으로 기쁘게 하고 기이한 꾀로 유혹하여, 충성된 말은 임금의 귀에 미치지 못하고 남을 참소하고 중상하는 말을 묘하게 얽어 만들어, 말을 들이는 승지(承旨)의 직분을 폐하고 아첨을 하는 것이 풍습이 된다면 비궁이라 할 수 있겠는가? 또, 대간(臺諫)으로 말하면 조정의 공론(公論)을 맡은 사람이다. 임금은 건괘(乾卦) 구오(九五)의 높은 자리에서 억조(億兆) 백성의 위에 있으니 높기는 해와 달과 같을 뿐만이 아니고, 그 위엄은 우레나 천둥 같을 뿐만이 아니다. 그렇지만 임금께 항거하고 임금을 거스르는 것은 오직 대간만이 할 수 있는 것이고, 금문(金門)을 헤치고 들어가 대궐에서 부르짖는 것도 오직 대간만이 할 수 있는 것이다. 임금의 좌우에 서서 임금과 시비를 다툴 때 임금이 '옳다'해도, 대간은 '옳지 않다' 하며, 임금이 '옳지 않다' 해도 대간은 '옳다' 하면서 위험을 무릅쓰고 꺼리지 않으며 강직하여 흔들리지 않아서 비록 머리를 부수는 것이라도 사양치 않는데, 어찌 죽음을 피하겠는가? 만일 그렇다면 임금의 옷자락을 끌어당김도 다시 할 수가 있으니 난간을 부러뜨림이 어찌 홀로 옛적에만 아름답겠는가. 이러하여야 비궁이라 함이 옳을 것이다. 또, 혹 만일 겉으로는 대간인데 마음은 대간이 아니며, 말은 대간인데 행동은 대간이 아니어서 임금 앞에서는 밝게 다투고 숨김없이 간하여 그 책망을 면하고는 이세(利勢) 속에서 몰래 옮기고 묵묵히 빼앗아서 그 욕심을 채우며 그 의논이 사사로운 비밀에서 나오고, 그 논박(論駁)이 좋아하고 미워하는 감정에서 나오며, 일을 만나되 말하지 않기는 금인(金人)과 같고, 일을 의논하되 입을 다물기는 촉추(蜀椒)와 같으며, 또 일을 의논할 줄만 알되 그 대체는 모르며, 사람을 의논할 줄만 알되 그 장단점은 몰라서 어지럽게 떠들고 자질구레하게 따져서 위로는 임금의 이목을 번거로이 하고 아래로는 조정의 이목을 놀라게 하여, 아무개는 충성하고 아무개는 간사한지를 알지 못한다면, 또한 누구를 헐뜯고 누구를 칭찬하겠는가? 그렇다면 그를 비궁이라 하는 것이 옳겠는가? 또 혹은 크거나 작거나 간에 요(寮)라 하고 채(寀)라 하여 밝고 거룩한 이들이 지위에 벌려 있어, 문무(文武)를 아울러 쓰되 각각 그 장점을 다하게 하고, 잘거나 굵거나 버리지 않고 오직 그 그릇에 맞도록 쓴다면 재주를 품고 기예를 가진 뛰어나고 영걸스러운 선비들이 떼 지어 활발히 일어나 훌륭한 계책을 떨치고 좋은 기예를 발휘하여 평소에 뜻한 바를 행하고 평소의 포부를 펴려고 힘써 직무에 나아가고 다스림을 도와 덕화를 받든다면 비궁의 뜻에 가까울 것이다. 또 혹은 만일 요행히 출세하기를 바라서 시세를 엿보아 권세 있는 사람의 집에 대해서 더우면 붙고 차가우면 등져서 비록 성문을 지키고 야경을 도는 변변치 못한 자리라도 얻으면 기뻐하고, 잃으면 성내어서 분주히 달려가는 것으로 출세의 길을 삼고 뇌물을 쓰는 것으로 벼슬에 나아가는 발판을 삼으면서도 낯가죽이 두꺼워 수치심이 없고 무지해서 아는 것이 없는데도 비궁이라 할 수 있겠는가? 아, 『우서(虞書)』에 구관(九官)을 임명한 것이나 상훈(商訓)의 벼슬하는 이를 경계한 것이나, 『주관(周官)』에서 육직(六職)으로 나눈 것은 모두 안팎의 모든 벼슬을 총괄하여 정한 것이니 위로는 이것으로써 훈계하여 인도하려 하였고, 아래로는 이것으로써 서로 깨우치고 경계하였으니 그 상하 사이에서 권하고 경계함의 깊고 간절함이 후세에서 미칠 수 없는 것이다. 어찌하여 왕우칭(王禹稱)은 『대루원기(待漏院記)』를 지어서 재상들만 경계하고 일반 관리에게는 미치지 않았던가? 선성(先聖)이 말하기를, '임금 되기는 어렵고, 신하 되기도 쉽지 않다.'라고 하였으니 임금 되기 어렵다는 것은 성상(聖上)은 밤낮으로 부지런히 정사하는 것을 본받아 행해야 하기 때문이고, 신하 되기가 쉽지 않다는 것은 신하들로서 그것을 아는 이가 적기 때문이다. 진실로 신하 되기가 쉽지 않은 줄을 안다면 비궁의 뜻을 알 수 있을 것이고, 또 비궁의 뜻을 안다면 신하 된 직분을 저버리지 않을 것이다. 이렇게 써서 벼슬자리에 있는 이들을 경계하고 이어서 이것으로 나 자신을 경계하노라." 하였다.**96**

내병조(內兵曹)

▶ 내병조(지금은 창덕궁 관리사무소로 사용하고 있다.)

인정문 남쪽에 있다. 창경궁에는 태복시(太僕寺)의 서북쪽에 있는데 병조 임무 중에서 궁내의 무선(武選), 군무(軍務), 의위(儀衛), 우역(郵驛), 병갑(兵甲), 기장(器仗), 문호(門戶), 관약(管鑰)의 정무를 관장한다.97 내병조는 두 번째 마당 남쪽 행랑에 있으며, 남향하고 있다. 병조의 부속기관으로 임금을 호위하는 일과 의식에 쓰이는 무기와 도구 등을 관리하는 일을 맡는다. 대신이 궁궐에 출입할 때 안내하기도 한다. 이는 주례(周禮)에 따른 것이다.

도총부(都摠府)

옛날 금호문 안 이문원에 있었다. 창경궁은 광정문(光政門) 밖에 있었는데, 옛 도총부의 '흥감(興感)'이라는 현판은 영조의 어필이다. 1781년(정조 5)에 창경궁 광정문 밖으로 옮기고 오위(五衛)의 군무(軍務)를 관장하였다.98

상서원(尙瑞院)

인정문 밖에 있다. 창경궁에는 선인문 안에 있는데 새보(璽寶), 부패(符牌), 절의(節儀) 등을 관장하였다.[99]

불면각(黻冕閣)

불면각은 숙종계비 인원왕후(仁元王后)의 부친인 경은 부원군 김주신(金柱臣)이 이 집을 세웠는데, 왕의 법복(法服)을 간수하던 곳이다. 불면각(黻冕閣)은 영조의 어필이다.[100]

▶불면각

상의원(尙衣院)

병조의 남쪽에 있고, 또 하나는 창경궁 선인문 안에 있다. 왕이 입는 옷과 내부(來附)의 재화(財貨), 금보(金寶) 등의 물건을 관장한다. 1392년(태조 원년)에 고려의 제도를 본떠 공조서(供造署)를 두었다가 1711년(숙종 37)에 상의원으로 고쳤다. 김만기가 기(記)를 찬 하였으며, 상의원에는 충청도, 전라도, 경상도, 강원도 기생 중에서 차출된 침선비(針線婢) 20명이 의복과 패물을 바느질

▶상의원

하였다. 명나라의 복식(服式) 제도에 따라 면복(冕服), 평천관(平天冠), 강사포(絳紗袍), 원유관(遠遊冠), 익선관(翼善冠) 등을 만들었다.[101]

사옹원(司饔院)

선정문 밖에 있다. 하나는 창경궁 내반원(內班院) 남쪽에 있는데, 왕의 음식과 궐내의 공궤(供饋) 등의 일을 관장한다.[102]

전설사(典設司)

인정문 밖에 있는데, 장막(帳幕)을 공급하는 일을 맡는다.

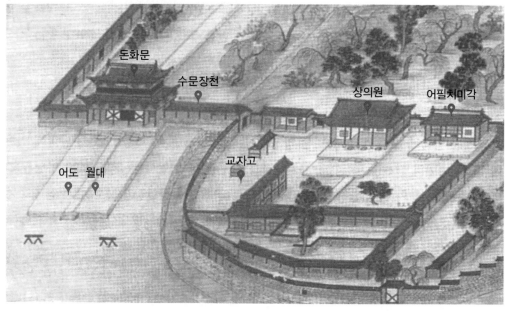

▶ 돈화문: 동궐도상에 돈화문이 팔작지붕으로 그려져 있는데 현재 돈화문은 우진각 지붕이다. 궁궐 정문이 모두 우진각 지붕인 것으로 보아 동궐도의 그림이 잘못된 것 같다.

▶ 어필치미각: 동궐도상의 어필치미각은 어필불면각의 오류이다. 궁궐지나 한경지략에 불면각은 창덕궁 상의원에 있고 치미각은 경희궁에 있는 것으로 되어 있다.

▶ 교자고: 궁궐에 가마를 타고 들어갈 수 있는 사람은 3정승뿐이다. 종일품 이상이나 기로소의 당상관이 타는 가마(평교자)를 보관하는 곳이다.

교자고(轎子庫)

평교자를 보관하던 창고다. 평교자는 종일품 이상의 높은 벼슬을 가진 사람이나 종이품 이상으로 일흔 살이 넘는 문관이 타고 다니는 의자처럼 생긴 가마다. 3정승 이외에는 누구나 걸어서 출입해야 하기 때문에 가마 보관소를 궁문 옆에 두었다. 벼슬의 품계에 따라 가마의 종류도 달랐다.[103]

전연사(典涓司)

인정문 밖 남쪽에 있으며 궁궐을 수리하고 청소하는 소임을 담당하였는데, 폐지하였다. 왕이 창경궁으로 이어하면 전설, 전연의 양사도 따라서 가까운 빈터로 장소를 옮기는 까닭에 일정한 처소가 없다.[104]

태복시(太僕寺)

창경궁 보루각(報漏閣) 동쪽에 있는데, 수레와 말을 돌보는 일을 한다.[105]

내반원(內班院)

희정당 남쪽에 있다. 다른 하나는 창경궁 건극당(建極堂), 요화당(瑤華堂) 남쪽에 있는데, 대내(大內)의 감선(監膳: 수라상의 음식과 기구를 미리 검사함), 전명(傳命: 명령을 전달), 수문(守門) 등의 일을 관장한다. 1688년(숙종 14) 8월에 장렬왕후(裝烈王后: 인조의 계비) 조씨(趙氏)가 창경궁 내반원에서 승하하였다.[106]

시강원(侍講院)

시민당 동쪽에 있는데 경사(經史)의 시강(侍講)과 도의(道義)의 규풍(規風)을 관장한다.[107]

익위사(翊衛司)

시강원 동쪽에 있는데 동궁(東宮)을 배위(陪衛)한다.[108]

내의원(內醫院)

홍문관 북쪽에 있다. 또 하나는 창경궁 명정전 북쪽에 있는데, 임금에게 약(藥)을 올리는 일을 관장한다. 옛날 계판(揭板)은 영조의 어필이다.[109]

주자소(鑄字所)

선인문 북쪽에 있는데 내부(內府) 활자를 보관한다.

후원(後苑)

창덕궁 뒤에 있는 정원이라 해서 후원이라 했고, 위치가 창덕궁 북쪽이므로 북원(北苑)이라고도 했다. 『실록』에는 대부분 후원이란 말을 많이 썼다. 궁궐 안에 있는 동산을 관리하는 관청 이름이 상림원(上林圓)이었기 때문에 상림원이라고도 했다. 임금의 허락 없이 마음대로 드나들 수 없는 곳이라 하여 금원(禁苑)이라고도 했는데, 1904년 7월 15일 일인들의 손에 의해 비원(秘苑)이란 이름으로 부르게 되었다. 1904년 2월 일제는 우리 정부와 한일의정서를 체결하였는데, 그 제1조에 '한국은 시설 개선에 관한 일본의 충고를 용납해야 한다'는 조항에 따른 것이다. 중국이나 일본 황실 정원을 금원이라 하기 때문에 의도적으로 이를 피하고자 이 후원을 관리하고 지키는 관청 이름을 비원(秘苑)이라 하여 그때부터 후원을 비원이라는 명칭으로 바꿔 부르게 된 것이다. 비원이란 관청은 1903년(고종40)에 반포된 궁내부관제에 '비원은 창덕궁 후원을 관리하며 지키는 사무를 맡아 본다'고 하여 이미 궁내부직제에 편입시켜놓고 있었다. 후원에 정자를 짓기 시작한 것은 1405년(태종 5) 10월에 창덕궁을 별궁으로 창건하고, 1406년(태종 6)에 후원 동부에 해온정(解溫亭)을 짓고 정자 앞에 못을 판 것으로 시작된다. 1407년(태종 7) 8월에는 후원 북쪽에 인소전(仁昭殿)을 지었는데 이것은 1408년(태종 8)에 문소전(文昭殿)이라 개명하고, 그해 태조와 신의왕후(神懿王后) 한씨(韓氏)의 신주를 여기에 모셨다. 문소전을 지을 당시에는 후원 담장 밖에 있었다. 문소전 동쪽에 태조를 위한 원찰(願刹)이 있었으나 1433년(세종15)에 문소전을 경복궁으로 옮기면서 일곱 승려가 거주하던 원찰도 철거하였다.[110]

1459년(세조 5)에 세조가 경복궁에서 창덕궁으로 옮겨와 새로운 못을 또 파고 열무정(閱武亭)을 지었다. 세조는 영순군(永順君)과 오산군(烏山君)을 불러 이 열무정 부근에 네 개의 우물을 파게 하였다. 1462년(세조 8)에 후원이 좁으니 넓히라는 임금의 지시로 후원 동쪽에 인접한 민가 73채를 철거하고 다음 해에 북쪽에 있는 민가 58채를 헐어내어 담을 그 밖으로 쳐버렸다. 이는 북악에서 뻗어 내려온 매봉의 맥을 궁 안으로 끌어넣기 위함이었다. 이때 종전 담에서 100자를 더 늘였으며, 담 둘레는 4,200자였다.[111] 이 공사를 위하여 도성 주변에 있는 주민들을 징발하였는데, 109가를 1통으로 하여 1통이 25자씩 쌓도록 하여 모두 160통이 동원되었다. 1467년(세조 13) 4월 기록에 신모정(新茅亭)이라는 정자가 나타나고, 1468년에 무일전(無逸殿)이 건립되는 등 시설을 늘려갔다.[113] 후원은 태종 때 조성을 시작하여 세조 때 크게 확장한 것이다. 세조는 또 후원에 논을 만들어 농사짓는 광경을 직접 구경하여 농사의 어려움도 살폈다. 1497년 연산군은 밖에서 후원 쪽을 엿본다고 하여 담을 높게 쌓았고, 1503년에는 동쪽과 서쪽 담 밑에 있는 민가를 모두 헐어내어 근접하지 못하도록 하고는 후원에 새나 짐승들을 풀어놓아 사냥을 즐겼다. 1504년에는 이도 모자라 성균관이 후원에 인접해있다 하여 다른 곳으로 옮기도록 하였으며, 이듬해에는 경복궁에 있는 경회루와 같이 춘당대 동남쪽에 서총대(瑞蔥臺)를 만들라 하였다. 10여개의 대(臺) 위에는 1,000명이 앉을 수 있도록 넓게 만들었으며, 이 공사에 동원된 감독관만 해도 100명이나 되었고 수만 명의 일꾼이 동원되었다 한다. 또한, 후원에 1만 그루의 영산홍을 심게 하고 서총대 옆에 못을 만들어 군인들로 하여금 양강의 배를 끌어다가 즐기려 하였으나 완공을 보지 못하고 중종이 즉위하면서 철거해버렸다. 1592년 임진왜란 이후 이 후원은 20여 년간 방치해두었는데, 1610년 소실된 창덕궁을 다 복원한 뒤에 여러 별전과 소정(小亭)을 짓고 기화요초를 심어 곳곳에 괴석을 배열하여 전보다 더 아름다운 경관을 연출하였다. 그동안 전란과 흉년으로 백성들이 굶주림에 허덕이고 있는 터라 많은 신하가 반대하는 가운데 이 공사를 강행하게 되었는데, 이때에 영화당(暎花堂)도 지었다.

1636년(인조 14)에 후원 북쪽 깊숙한 곳에 바닥에 깔린 바위를 파 옥류천(玉流川)을 끌어내고 그 개천 언저리에 탄서정(歎逝亭: 뒤에 逍遙亭으로 개칭), 운영정(雲影亭: 뒤에 太極亭), 청의정(淸漪亭)을 짓고 어정(御井)을 팠다. 1642년에 관덕정(觀德亭), 1643년에 심추정(深秋亭), 1644년에 육면정(六面亭)인 존덕정(尊德亭), 1645년에 취향정(醉香亭: 뒤에 喜雨亭), 1646년에 벽하정(碧荷亭: 뒤에 淸讌閣), 1647년에 취승정(聚勝亭: 뒤에 樂民亭), 관풍정(觀豊亭)이 건립되었다. 이 모두 인조 때 지은 것인데, 인조가 후원에 정자를 많이 건립한 동기는 세자가 북경에 볼모로 잡혀가 있을 때 청나라의 궁관 제도를 보고와서 왕에게 많은 자료를 주어 이를 본뜬 데 연유한 것이라고 한다. 현재 후원에 남아있는 정자는 대부분 그때 지은 것이다. 1688년(숙종 14)에 청심정(淸心亭), 1691년(숙종 17)에 능허정(凌虛亭), 1692년(숙종 18)에는 애련정(愛蓮亭)을 짓고, 1704년 창덕궁 서쪽에 명나라 신종황제를 봉사(奉祀)하는 대보단(大報壇)을 지었으며, 1707년에 척뇌당(滌惱堂)을 지었다.[114]

1777년(정조 1)에 왕의 영정과 글씨, 보책(宝冊), 인장(印章) 등을 보관하는 규장각(奎

章閣: 주합루 아래층)을 짓고, 1792년(정조 16)에는 1707년(숙종 33)에 건립한 택수재(澤水齋)를 헐고 다시 지으면서 이름을 부용정(芙蓉亭)이라고 고쳤다.[115] 정조 때 옛 열무당 터에 왕의 글씨를 보관하는 봉모당(奉謨堂)을 건립하였는데 현재 후원의 으뜸가는 것으로 꼽히는 부용지 일대의 경관은 정조가 이루어놓은 것이다. 1827년(순조 27)에 의두각(倚斗閣)을 짓고, 1828년에는 효명세자가 대리청정하는 동안에 연경당(延慶堂)을 건립하였다. 그리고 1921년에는 후원 서북에 일인들의 손으로 대보단에 신선원전(璿源殿)을 건립하였다. 대보단은 황단(皇壇)이라고도 하며, 경복궁의 사직단처럼 만들어졌는데 임진왜란 때 파병해준 명나라 신종황제를 제사 지내기 위하여 만든 제단이다. 일본인들은 이것을 고깝게 여겨 선원전을 대보단에 짓고 인정전 서쪽에 있는 선원전의 어진과 제기들을 모조리 이곳에 옮겼다. 후원은 깊은 산 북악산을 등지고 있어서인지 가끔씩 맹수들이 나타나기도 했다. 1465년(세조 11)에 후원에 뱀이 들어왔다는 기록이 있고, 1607년(선조 40)에는 군사들이 후원에서 호랑이를 사냥하였고, 1622년(광해군 14)에는 후원에 표범이 들어왔다는 기록이 있다. 후원은 또한 북악산의 매봉을 등지고 있어서인지 곳곳에 차고 맑은 샘물이 솟는다. 후원 서쪽 담 안으로 흐르는 계류(溪流)는 금천교(錦川橋) 밑을 지나 남으로 흐르고, 후원 동북쪽 옥류천 물은 동쪽으로 흘러나간다. 땅 밑에서 솟는 샘은 반드시 애련지, 부용지를 지나 다시 넘쳐 흘러서 창경궁 춘당지에 들었다 창경원 밖으로 나간다. 창덕궁에 현재 남아있는 연못은 부용정이 있는 부용지, 애련정이 있는 애련지, 연경당 앞의 장방지(長方池), 존덕정 앞의 반월지(半月池), 관람정(觀纜亭) 앞의 반도지(半島池), 옥류천 주위의 청의정이 있는 소형 연못, 태극정 앞의 연못 등이다.

규장각(奎章閣)과 주합루(宙合樓)

부용지 북쪽에 있으며 아래층은 규장각이고, 위층은 주합루이다. 이 건물은 1776년(정조 즉위년) 3월에 착공하여 9월에 완공하였다. 앞에는 어수문(魚水門)이 있으며, 주합루라는 이름은 정조 임금이 지었고 현판도 어필(御筆)이다. 주합은 우주와 합한다는 뜻이다. 주합은 상하(上下)와 사방(四方)을 가리키는 육합(六合)을 말하는 것으로, 하늘과 땅이 하나 됨을 일컫는다.

▶규장각과 주합루

　규장각 검서관이었던 이덕무는 주합루의 뜻을 규장각의 상층루가 곧 주합루로 임금이 명
명한 것인데 세상 사람들은 그 뜻을 모른다. 『관자(管子)』「주합」 편을 상고해보면 "천지는
곧 만물의 풀무이다."라고 하였다. 즉 주합은 천지를 풀무질하고, 천지는 만물을 감싸주기
때문에 만물의 풀무라 한다. 또한, 주합의 뜻은 하늘 위에 통하고, 아래로 땅 아래에 이르
고, 밖으로 사해 밖에 나가며, 천지를 뭉뚱그려서 한 뭉치로 만들고, 흩으면 틈 없는 데까지
이른다.[116]

　규장각은 원래 세조 때 시도했으나 실현되지 못하였고, 1694년(숙종 20)에 종부시(宗簿
侍)에 작은 집을 하나 지어 어제(御製)나 어서(御書) 등을 보관하도록 하고 그곳에 숙종의
어필 규장각이라는 현판을 걸었지만, 공식기관은 아니었다. 규장(奎章)이란 원래 임금의 어
제와 어필을 말한다. 당초 주합루 서쪽에 영숙문이 있었는데, 이 문은 원래 담연문(淡烟
門)이라 하던 것을 1528년(중종 23)에 궁궐 이름으로는 적합하지 않다고 하여 영숙문(永
肅門)으로 고친 것이다.[117] 앞에 부용정이 있고 오른쪽에 술성각, 왼쪽에 영화당이 있으며

그 경치가 빼어난 후원의 첫 번째 구역으로 후원의 중심지라 할 수 있다. 원래는 역대 군주와 비빈이 여흥을 즐기던 곳이기도 하다.

이 규장각에 정조의 어필, 어진, 어제, 보 책, 인장 등을 보관하였다. 정조 임금은 활자에도 관심이 많아 자신이 지시하여 만든 임진자(壬辰字), 정유자(丁酉字), 한구자(韓構字), 생생자(生生字), 정리자(整理字) 등 80여만 자를 규장각에 비치해놓고 서적을 발행하도록 하였다.[118]

『국조보감』에 기록하기를

"우리 동방에서 활자로 책을 인쇄하는 법은 국초에 시작되었다. 태종조에 경연청에 소장된 고주본(古註本)『시(詩)』, 『서(書)』, 『좌전(左傳)』을 본으로 하여 이직(李稷) 등에게 명해서 10만 자를 주조하였으니 이것이 계미자(癸未字)이고, 세종조에 이천(李蕆) 등에게 명하여 고쳐 주조하게 하였으니 이것이 경자자(庚子字)이다. 경인년에는 경자자가 조밀하다는 이유로 경연청에 소장된『효순사실(孝順事實)』, 『위선음즐(爲善陰騭)』 등의 책을 본으로 하여 김돈(金墩) 등에게 명해서 20여만 자를 주조하게 하였는데, 이것이 갑인자(甲寅字)로서 300년간 사용되었다. 상이 동궁에 있을 때 대조(大朝)에 우러러 청하여, 안에서 내려준 갑인자로 인쇄된『심경(心經)』, 『만병회춘(萬病回春)』 두 책을 본으로 하여 5만 자를 주조하였으니, 이것이 임진자(壬辰字)이다. 원년인 정유년에 관서 관찰사에게 명하여 갑인자를 본으로 하여 15만 자를 주조하게 하였고, 또 임인년에 관서 관찰사에게 명하여 본조(本朝) 사람 한구(韓構)의 글씨를 본으로 하여 8만여 자를 주조하게 하였다. 임자년에 명하여, 중국 사고전서(四庫全書) 취진판식(聚珍版式)을 모방하여 자전(字典)의 글 자체를 모아서 나무로 크고 작은 32만여 자를 새기게 하고는 이를 생생자(生生字)라고 이름하였고, 또 생생자를 본으로 해서 글자를 주조하게 하였다. 이때에 이르러 일이 끝나니 큰 글자가 16만, 작은 글자가 14만여 자였는데, 이를 정리자(整理字)라고 이름하였다. 그리고는 일곱 개의 서가(書架)에 나누어 꽂아 규영신부(奎瀛新部)에 보관하였다. 감인소(監印所)를 주자소(鑄字所)로 개칭할 것을 명하였는데, 국초에 처음 설치했던 때의 옛 명칭을 따른 것이었다."하였다.

규장각은 송나라의 용도각(龍圖閣)이나 천장각(天章閣)을 모방한 것이다. 세조 때 양성지(梁誠之)가 송나라의 제도를 본떠 어제 등을 보관할 전각을 세워 이름을 규장각으로 하고, 또 여러 책을 보관할 건물은 따로 세워 비서각(祕書閣)이라 할 것을 건의하였는데 승낙만 해놓고 실현되지는 못했다. 결국, 정조 임금 때에 실현되었는데, 처음에는 어제각(御製閣)이라 했다가 후에 숙종 때에 만든 현판을 주합루 1층에 달고 규장각이라 한 것이다.[119] 정조는 규장각 관원들을 후원에 불러놓고 규장각 설립 취지를 설명하였다.

" … 나는 춘저(春邸) 때부터 어진 신하를 내 편으로 하고 척리(戚里)는 배척해야 한다는 의리를 깊이 알고 있었다. 그래서 즉위 초에 맨 먼저 내각을 세웠던 것이니 이는 문치(文治) 위주로 장식하려 해서가 아니라 대체로 아침저녁으로 가까이 있게 함으로써 나를 계발하고 좋은 말을 듣게 되는 유익함이 있게끔 하려는 뜻에서였을 뿐이다."[120]

정조 임금이 이 규장각을 설립한 동기는 해이해진 관리들의 기강을 바로잡고, 노론 벽파 등 반대파를 숙정하고 외척이나 환관들의 횡포를 막는 혁신 정치의 일환이었다. 1781년(정조 5)에는 청사를 옛 도총부로 옮겼으며, 부설기관으로는 규장각이나 기타 부속 건물에 보관된 서책들을 말리고 통풍을 시키는 곳으로 서향각(書香閣), 중국 서적을 보관하는 열고관(閱古觀), 조선 서적을 보관하는 서고(書庫), 정조가 중국에서 직접 사들인 책을 보관하는 개유와(皆有窩), 역대 임금의 어제, 어필, 어화(御畵), 고명(임금의 유언), 유교(선왕이 남긴 교훈), 밀교(密敎: 임금이 내린 밀서), 세보(世譜: 왕실역사), 보감(寶鑑: 본보기가 될 만한 것을 적은 책), 선보(璿譜: 왕실 족보) 등을 보관하는 봉모당(奉謨堂) 등이 있다. 이때부터 내각일력(內閣日曆)이라는 상세한 일기를 남겼다. 1779년(정조 3)에는 새로이 규장각 외각에 검서관을 두고 여기에 서얼 출신들을 임용하였는데, 이는 국초부터 금지된 서얼 출신들의 등용문을 열어준 파격적인 조치였다.

이 해에 등용된 검서관은 이덕무, 유득공, 박제가, 서이수인데, 임금이 이 네 사람과 더불어 규장각에 올라 시흥을 돋구었다. 이덕무의 시가 가장 으뜸으로 꼽혔다. 그의 규장각 팔경은 봉모당의 은하수, 서향각의 연꽃과 달, 규장각에서의 선비 시험, 불운정(拂雲亭)에서의 활쏘기, 개유와의 매화와 눈, 농훈각(弄薰閣)의 단풍과 국화, 희우정의 봄빛, 관풍각의 추사(秋事)라는 제목의 시이다.[121]

1781년(정조5) 6월 29일에는 『규장총목』이 완성되었다. 임금은 일찍부터 책을 좋아하여 세손 시절에도 없는 책들을 구해 들이는가 하면 존현각 옆에다 건물을 넓혀지어 공자가 쓴 주역의 계사 편에 있는 말을 따서 집 이름을 '정색'이라 하고 여기에 책들을 보관하였다. 보위에 오른 뒤에는 첫해부터 『도서집성』 5,000여 권을 북경의 저자에서 사들이고, 다시 옛날 홍문관에 보관했던 책과 강하의 행궁에 보관된 책들과 명나라에서 보내온 여러 가지 책들을 옮겨다 보충하였다. 그러면서 당나라와 송나라의 옛 규례를 본 따 『방서록』 2권을 편찬하여 규장각의 여러 관리로 하여금 그에 의거하여 책을 사들이도록 한 결과, 지리 관계 서적들을 포함하여 전에 없던 희귀한 책들이 수천 권에 달했다. 이에 규장각의 서남쪽에 열고관을 지어 중국 서적을 보관하고 다시 북쪽으로 잇대어 지은 서쪽채(개유와)에 조선 서적을 보관하니 총 3만여 권에 달했다.[122] 그리고 표시하기를 경서에는 붉은 빛깔의 쪽지를, 역사책에는 푸른 빛깔의 쪽지를 도덕과 학식이 높은 사람들의 책과 제가들의 책에는 노란 빛깔의 쪽지를, 문집류에는 흰 빛깔의 쪽지를 붙여 구분, 정리해놓았다. 햇볕을 쬐거나 출납하는 것은 전부 규장각 관리들이 주관하도록 하였고, 당직 서는 규장각 관리가 열람할 일이 있으면 상아패를 가지고 대출을 청하도록 하였다. 규장각 관리 서호수에게 도서 목록을 편찬하도록 지시하였는데 대체로 경서류가 9갈래이고, 역사류가 8갈래, 제가들의 저서가 15갈래, 문집 류가 2갈래이며 열고관의 도서 목록이 6권, 서쪽채의 도서 목록이 2권으로 모두 합쳐 『규장총목』이라 불렀다.[123]

규장각이 설립되어 큰 변화 없이 지속되어 오다 1894년 갑오경장 때 궁내부에 소속되었다. 그 이듬해에 규장원으로 고쳤다가 1897년(고종 34)에 다시 규장각으로 환원시켰다. 1908년에는 근대적인 직제로 변경하여 전모(典謨), 도서, 기록, 문서 등 4과로 나누어 사무를 집행하였고, 각지에 설치된 적상, 태백, 오대, 정족 등 사고(史庫)의 장서도 관찰하였다. 1912년 총독부에 참사관실이 설치되면서 이 업무는 참사관실로 이관되고, 1922년에는 학무국으로 이관되었다가 또다시 경성제국대학으로 이관되었는데 이때 15만 119권이 대학도서관으로 옮겨갔다. 이 책들은 1945년 8·15 이후에 서울대학교로 옮겨 보관하고 있다.[124]

규장각은 조선 후기의 목조건물로 정면 5칸(44.8자), 측면 4칸(31자)인 2층 겹처마 이익공식 팔작 기와지붕이다. 단청은 검소하게 하였으며, 주합루 현판은 정조 임금의 친필이다. 기단의 윗면에 전돌을 깔고 그 위에 주춧돌을 놓아 건물을 세웠다. 바깥쪽은 네모기둥이나 안쪽은 원기둥인데 바깥쪽 네모기둥 둘레에 계자난간을 두르고, 안쪽 기둥과의 사이에는 마루를 깔았다.[125] 마루 위 천장에는 단청을 한 소란반자(小欄天障)를 설치하고 2층 기둥 위 창방에 익공과 화반(花盤)을 놓아 지붕을 받쳤다. 지붕은 용마루, 내림마루, 추녀마루 모두 양성을 하였고, 취두, 용두, 잡상, 토수 등 장식 기와를 얹었다. 규장각의 상량문은 홍국영(洪國榮)이 지었다. 여기서 한 가지 짚고 넘어가야 할 것이 있다. 희정당과 대조전은 1995년에 보물로 지정되었다. 이 두 건물은 1920년 일제의 손으로 경복궁 내전을 뜯어다 지은 것이다. 경복궁을 지은 것도 고종 즉위 초에 지은 것이다. 그러면서 1776년(정조 즉위년)에 지은 주합루가 문화재로 지정되지 않은 것은 정말 이해할 수 없는 일이다.

서향각(書香閣), 열고관(閱古觀), 개유와(皆有窩), 서고(書庫), 봉모당(奉謨堂)

▶ 동궐도상의 열고관 주변(개유와 열고관의 위치가 바뀌었다.)

규장각 부설기관으로 서향각, 열고관, 개유와, 서고, 봉모당이 있었는데, 지금 남아있는 것은 서향각뿐이다. 서향각은 '책의 향기가 풍기는 집'이란 뜻으로 규장각의 서쪽에 있다. 주합루에 보관된 서책을 말리고 손질하는 장소로 이안각(移安閣)이라고도 했다. 순조의 어진이 이곳에 있으며, 현판은 당대의 명필 조윤형이 썼다. 남쪽 누대에는 표암(豹菴) 강세황(姜世晃)이 쓴 향명루(嚮明樓)라는 현판이 달려있다. 열고관은 주합루 남쪽에 있으며, 서총대의 옛터라 했다. 상하 2층으로 북쪽으로 꺾인 부분이 개유와인데 주로 중국 책을 보관하던 곳이다. 「동궐도」에는 열고관과 개유와의 위치가 바뀌어있다. '관'은 '누(樓)'를 뜻하므

▶ 1910년대 열고관과 개유와(고적도보)

▶ 서향각

로 열고관이 2층 누각이어야 맞을 것이다.[126]

봉모당은 열고관 서남에 있는데 정조 때 열무정(閱武亭) 터에 지었고, 남쪽에는 운한문 (雲漢門)이 있다. 옛 임금이 손수 지은 글과 친히 쓴 어필 및 임금의 유언, 밀교, 선원 보첩 (璿源譜牒) 등을 보관하였다. 정조는 세자 시절부터 책을 좋아해 많은 책을 구하여 소장하 였다. 정조는 1776년(즉위년) 즉위하자 책 구입에 관심을 가지고 힘을 기울였다. 청나라에 사은정사 이은(李溵) 부사 서호수(徐浩修)에게『사고전서(四庫全書: 1773~1782에 완성 된 청나라 백과사전)』를 구해오도록 지시했는데『사고전서』가 아직 완성되지 않아 대신 사 고전서의 원본인『고금도서집성』을 찾아내서 모두 5천20권에 502상자- 그 값은 은자(銀 子) 이천오백 량을 한양으로 실어 보냈는데 이 책을 모두 개유와에 보관했다고 한다.[127]

열고관 북쪽에 서고(西庫)가 있는데, 여기는 우리나라 책을 보관하는 곳이다. 서고를 서 서(西序)라고도 불렀다. 서고에 있는 우리나라 도서 목록을 당년 6월에 완성하고, 개유와

책의 목록은 9월에 완성되었다. 지금은 개유와에 있던 중국 본의 목록만으로 편성된『규장총목』과 열고관의 목록인 열고관서목(閱古觀書目)만 남아있다.[128]

어수문(魚水門)

이것은 주합루로 올라가는 계단 맨 아래에 세워진 일주문(一株門)이다. 두 개의 사각기둥 위에 화려한 조각과 단청으로 장식된 구조물을 올려놓은 겹처마 우진각 지붕으로, 작은 건물임에도 큰 전각의 형태를 그대로 갖춘 앙증맞은 모습을 하고 있어 주합루의 품격을 정문에서부터 압도하려는 의도가 보인다. '어수(魚水)'라는 이름은 물고기와 물처럼 임금과 신하가 불가분의 관계임을 상징적으로 표현해주는 명칭이다. 연못을 사이에 두고 부용정과 마주 보고 있는데 높이는 12.14자, 폭 7.4치의 아담한 규모이다. 어수문은 장대석 기단 위에 돌출된 심방석(心枋石)을 놓고 그 위에 심방목을 얹은 다음 기둥을 세우고 기둥 안쪽으로 문설주를 세워 문을 달았다. 기둥 몸에 용지판(龍枝板)을 대어 보강하고 기둥 위로 보를 얹어놓고는 사면으로 창방을 돌려 공포를 얹어놓았다. 창방, 서까래, 부연 등은 아주 작게 되어있고, 공포의 재목도 모두 작게 만들었으며 기와 등도 적당히 줄여 얹었다. 어수문 양쪽에 아치형을 한 작은 문이 하나씩 나있어 임금과 신하들이 출입하는 문을 구분하는 삼문(三門) 형식을 하고 있는데, 현재의 문은「동궐도」상에 나타난 문과는 많은 차이를 보이고 있다. 그리고「동궐도」에는 문양 옆으로 덩굴 울타리 취병(翠屛)이 둘러있어서 운치를 더해주고 있는데 지금은 흔적도 없다. 한편 지금은 없어졌지만,「동궐도」상에는 주합루 북쪽으로 어수당(魚水堂)이 보인다. 어수문과는 거의 일직선상에 위치하는데 무언가 연관이 있을 듯한 궁금증을 자아내게 한다.

제월광풍관(齊月光風觀)- 천석정(千石亭)

주합루 동북쪽 언덕에 'ㄱ'자 모양의 천석정이 있는데 지금은 '제월광풍관'이란 현판이 달려있다. '제월광풍관'이란 '맑은 하늘에 밝은 달빛과 시원한 바람'이라는 뜻이다. 그래서 지금은 천석정이란 이름은 사라지고 제월광풍관으로 부르고 있다. 송나라의 황정견(黃廷堅)

▶ 제월광풍관

▶ 희우정

은 북송의 주돈이의 정신세계를 표현하는 중에 "용능(春陵)의 주무숙으로 말하면 인품이 매우 고매하고 흉중이 쇄락하여 마치 제월광풍을 연상케 한다."라고 한 데서 그 이름을 따온 것이다.[129]

희우정(喜雨亭)

규장각 북쪽, 천석정 서쪽에 자리 잡고 있는데 원래 이름은 취향정(醉香亭)이다. 1645년 (인조 23)에 초가로 정자를 짓고 취향정이라 했는데, 1690년(숙종 16)에 이곳에서 기우제를 지낸 후에 비가 흡족하게 내려 임금이 기쁜 나머지 이름을 희우정으로 바꾸고 기와를 얹었다. 정말 '반가운 비'였기에 숙종 임금은 「희우정명병서(喜雨亭銘幷書)」를 남겼다.

"영화당 북쪽에 한 정자가 있는데 이름은 취향(醉香)이다. 언덕을 등지고 시내에 임하여 경치가 맑고 그윽하니 내가 만기(萬機: 많은 정무)를 살피는 여가에 휴식하고 함양하는 처소이다. 경오년(숙종 16) 봄에 비가 오고 개고 함이 순조로워 풍년을 예상할 듯하더니 사월이 되어 여름에 이르자 달포를 비가 내리지 않아 마음으로 걱정이 되기를 마치 몸에 병이 있는 듯하였다. 이에 상신(相臣: 삼정승)에게 명하여 묘사(廟社: 종묘와 사직)와 교야(郊野: 궁궐 밖)에서 비를 빌도록 하였는데, 이날 기축에 비가 내려 봄보리와 가을보리가 차츰 되살아나고 벼도 성하게 자랐다. 나라 사람들이 길에서 서로 기뻐하였고 농민은 들에서 서로 좋아하였으며, 걱정하던 이 즐거워하고 병든 자도 기뻐하였다. 이 어찌 보필하는 신하의 정성이 남김없이 신명(神明)에게 달하였기에 이루어진 결과가 아니었겠는가? 오호라! 보리도 없고 벼도 없어 죽음이 가까워지면 비록 이 정자에서 우유(優遊: 한가롭게 지냄) 하려 한들 그러지 못할 바가 있으니 어찌 이 기쁨을 기록하지 않을 수 있겠는가? 이에 정자의 이름을 바꾸어 달기를 희우라 하고, 이내 명(銘)을 지어 잊지 못하는 뜻을 나타냈다."[130]

영조 임금은 희우라는 제목으로 시를 짓고 사위에게 화답하는 시를 지어 올리게 했다.

새벽부터 한밤까지 가뭄 걱정 이 마음
온갖 정성 산과 내에 다하라고 명하였네
반가운 비 어제오늘 내 시름 씻어주니
바라건대 단비 넉넉하게 온 나라에 내려라.

사위 김한신(金漢藎)이 시를 지어 화답했다.

붉은 깃발 선명하고
가뭄 오래되어 냇물도 말랐네
기우제를 지내려니 하늘이 멀리 감동하여
주룩주룩 단비가 뿌려주네[131]

세자가 서연을 하던 성정각 동쪽에도 희우루(喜雨樓)가 있다. (성정각 참조) 이곳에서는 백성들이 비를 기다리듯이 좋은 인재를 기다려야 된다는 뜻을 담고 있다.

영화당(暎花堂)과 춘당대(春塘臺)

▶ 영화당

술성각 동쪽이며 연못 동쪽에 있다. 창건연도는 확실하지 않으나 건국 초기에 창건한 것으로 보인다. 1692년(숙종 18)에 옛터에 다시 짓고 당의 북쪽에다 작은 연못을 파고 감로(甘露)라 했는데, 감로라는 현종의 어필이 있다. 서쪽에 있는 연못은 부용지(芙蓉池)인데, 가운데에 섬이 하나 있고 옛날에는 그 섬 위에 청서정(清署亭)이란 정자가 있었다. 이 정자도 현종 때 지은 것인데 무너져서 없애버렸다. 영화당 현판은 영조가 쓴 어필이다.[132] 영화당 앞 광장이 춘당대인데 임금이 주관하는 모든 야외 행사나 특히 문과 무과의 과거시험을 주로 여기서 치렀다. 인일제(人日製: 正月 七日), 춘도기(春到記: 四月 四日), 삼일제(三日製: 三月 三日), 추도기 또는 칠석제(秋到期又七夕製: 七月 七日)에 실시하는 과거시험은 거의 이곳에서 치렀다. 광장이 넓어 군사훈련도 이곳에서 많이 했는데, 세조 때는 진을 치는 군사교육 및 훈련을 세조가 직접 지휘하여 실시하기도 했다. 활쏘기, 말타기 훈련까지도 주로 이곳에서 할 정도로 뜰이 넓었다. 활쏘기 시합을 할 때는 짐승의 머리를 과녁으로 사용했는데 이것을 사후(射侯)라 했다. 사후는 신분에 따라 종류가 다른데 임금은 곰 머리, 종친과 문무관은 사슴 머리, 무과 교습 시에는 돼지 머리를 사용하였다.

숙종의 어제 시에 이르기를

빙그레 화란(畫欄: 단청한 난간)에 기대어 작은 연못 굽어보며
조용한 정원에 일없으니 맑은 빛 구경한다
한 쌍의 오리는 옥체(玉砌: 섬돌) 위에 뒤뚱거리고
고기 새끼는 스스로 마음에 흡족한 것처럼

그 모습이 양양하다. (이것은 어필로 현판을 걸었다.)133

영조가 지은 영화당 명(銘)에

"영화당 방 안에는 인쇄한 인조의 어필이 있고 대청 안의 동서에 스무 자의 어필이 있고, 북쪽 들보에는 여덟 자의 어필이 있는데 모두 선조의 어필이다. 좌우의 기둥에 써있는 당시는 효종의 어필이고, 남쪽 들보 아래에는 네 자의 어필이 있으니 현종의 어필이며, 북쪽 기둥 밖으로 서쪽에는 어제(御製)의 어필이고, 북쪽에 있는 네 자의 어필은 선조(先朝)의 어필이다. 한 당(堂)에 다섯 임금의 어필이 있는 것은 실로 보기 드문 성대한 일이다. 작년에 이 일을 추모하여 당의 이름을 친히 썼으니 가히 다섯 임금을 이었다고 말하겠다. 이 마음 갑절 더 경개(梗槪: 대강의 줄거리)를 약술하고 이어 명(銘)을 지었는데 이르기를

瞻彼當中 璀璨御墨 一玩一詠 感懷深切
何時建此 今己一甲 拜手作銘 彌于千億

저 당 안을 바라보니 어필이 찬란하도다
한번 보고 한번 읊으니 감회가 한층 간절하다
어느 때 이 집을 지었던가 지금 벌써 일갑이 지났다네
한 번 절하고 명을 짓나니 천억 년을 전해지소서"134

1727년(영조 3) 정월 대보름날 종친 63명을 영화당으로 불러 술을 내리고 춘당대에서 활쏘기를 하였다. 정면 5칸(34.05자), 측면 3칸(20.05자)이며 장대석 기단 위에 퇴칸 3면이 모두 트인 정자 모형의 집으로 사람이 거처하는 방 하나만 온돌방이고, 나머지 대청 두 칸과 삼면 둘레의 퇴칸에는 마루를 놓고 왼편 퇴칸에는 아궁이를 낸 골방으로 꾸몄다. 퇴량은 고주 몸에 끼어서 대들보보다는 한층 낮은 곳에서 이음하였고, 대들보머리 아래에는 기둥머리와 같이 짜인 초공이 그것을 받고 있다. 공포는 이익공이다. 사각기둥 머리에는 창방과 도리받침 장려가 짜여지고, 퇴량 위에 기둥도리가 놓였다. 단층 팔작 기와지붕이며 처마는 겹처마인데 용마루는 양성되지 않았고, 취두와 용두를 올렸다. 당액(堂額)은 영조의 어필이며 상량문은 대제학 권유(權愈)가 지었다.

당(堂)에 걸려있는 다섯 임금의 어필은

선조의 어필	懲忿窒慾 改過遷善
	遠客坐長夜雨聲孤舍秋
	請量東海水看取淺深愁
효종의 어필	御前新賜紫羅 不下金階上軟輿
	宮屬摠來爲喜樂 院中新拜內尙書
현종의 어필	孝烓忠臣
숙종의 어필	竹林可愛
영조의 어필	映化堂 당액[135]

녹음대(綠陰臺)

영화당의 동남에 있다.

1561년(명종 16) 여름에 왕이 녹음대에 친히 임하여 선비들에게 시험을 치렀는데 벼락이 정문과 대독(大纛: 임금을 상징하는 큰 기)을 때렸다.[136]

서총대(瑞葱臺)

녹음대 남쪽 춘당대 동남쪽에 있었다.

1505년(연산군 11)에 건축하였다. 서총이란 성종 때에 "후원에서 파가 났는데 한 줄기에 아홉 대여서 이름을 서총이라 하였다."라고 했다. 연산군은 창경궁 후원에 높이 100여 자나 되며 천명이 앉을 수 있는 누대를 쌓고 이름을 서총대라 하였다.[137] 아래는 연못을 파고 곁에는 전각을 지었다. 창덕궁 후원에서 경복궁 경회루까지 3천여 간이나 되는 임시 건물을 잇대어 짓고, 창덕궁의 수각 밑을 뚫어서 망원정 아래의 강물을 끌어들이려고 도감을 시켜 물길의 깊이와 너비, 지형의 높고 낮음을 재게 하고 부역 군을 계산하니 50만 명이나 되었다. 이듬해에 공사를 시작하려 하였으나 뜻을 이루지 못하고 폐출되고 말았다. 연산군은 서총대를 쌓고 앞에 연못을 파 경복궁의 경회루 못지않은 아름다운 경관을 조성하여 유흥을 즐기려 하였으나 완성을 보지 못하고 퇴출되었다. 망원정은 마포구 한강 변에 있는 양화도 주변에 있는 정자로 원래는 희우정(喜雨亭)이었다. 실로 엄청난 공사를 계획하고 있었던 것이다. 중종이 즉위하자마자 서총대를 헐어버렸다. 서총대를 비롯한 연산군이 지으려던 향락시설은 모두 헐어버렸으나 서총대는 공간이 넓어 그 후로도 종종 활용되었다. 『궁궐지』에 의하면 1561년(명종 16) 가을에 이곳에서 음악을 연주하며 연회를 베풀었다. 1583년(선조 16) 9월 16일에 무신들의 활쏘기 대회가 있었고, 이듬해 3월 13일 유생들에게 글짓기 시험을 이곳에서 치렀으며, 동월 25일에는 2품 이하 무인들에게 활쏘기 시험을 치렀다. 1611년 10월 15일에는 광해군도 이곳에서 유생들에게 무예 시험을 보게 하였으며, 1787년(정조 11) 2월 3일에도 정조가 이곳에서 활쏘기 시험을 보았다.[138]

관덕정(觀德亭)
(왕비가 친잠례를 행한 곳)

영화당 동쪽에 있는 장원봉(壯元峰) 북쪽에 있고 남쪽에는 잠단(蠶壇)이 있는데, 이것은 1472년(성종 3)에 채상단(採桑壇)의 옛터에 지어 공혜 왕후 한씨(恭惠王后韓氏: 성종비)가 항상 이곳에서 친잠례(親蠶禮)를 행했다. 1642년(인조 20)에 세워 처음에는 취미정(翠微亭)이라 했다가 1664년(현종 5)에 개수하고 이름을 관덕정으로 고쳤으나 지금은 없다. 1682년(숙종 8) 관덕정의 못 가운데에서 연꽃이 피었는데, 한 꼭지에서 두 송이가 피어난 일이 있었다.[139] 관덕정은 주변의 단풍 숲이 아름다웠던 것 같다.

숙종이 지은 「관덕풍림(觀德楓林)」 시에

하늘 높고 서리 내리는 늦가을 되니
눈에 들어온 풍림 비단이 쌓였는 듯
날씨 개고 하늘이 맑아 흥취가 나자
거문고와 술을 가지고 춘대에 오르네[140]

정조가 지은「관덕풍림」시에

　　　과녁이 울 때 화살은 중심을 맞혔는데

　　　구름 같은 부도의 장막은 선림(仙林)을 둘렀구나

　　　선계(仙界)의 물색은 원래 어떻게 생겼을까

　　　즐거이 제군(諸君)과 더불어 끝없이 취해보누나

순조가 지은「관덕풍림」시에

　　　바람은 연꽃 향기를 보내고 나비는 춤추듯 오는데

　　　아침노을 붉은 잎 새 수처럼 더미를 이뤘네

　　　상림원(上林苑)은 가장 절경이 많은 곳이라서

　　　지팡이 이끌고 느린 걸음으로 옥대(玉臺)에 이르네**141**

영타정(靈鼉亭)

관덕정의 북쪽에 있었는데 지금은 없다.

　1689년(숙종 15)에 불로문 밖 못 남쪽 변에 지었는데 1694년(숙종 20)에 관덕정의 북쪽
으로 옮겨 지었다.**142**

관풍각(觀豊閣)
(왕이 농사의 시범을 보인 곳)

서총대의 동쪽에 있다.

　1647년(인조 25)에 부용정처럼 못과 뜰에 걸쳐서 각을 지었는데 후원의 여러 곳의 물이
그 아래로 흘렀다 한다. 북쪽으로는 논이 있고 이 각 앞에는 연지(蓮池)가 있었다. 농사를
권장하고 영농의 시범을 보임으로써 농사를 잘 지을 수 있도록 함과 동시에 풍년을 기원하

는 마음을 가지고 왕이 직접 농사짓는 모습을 살핌으로써 백성과 고락을 같이하는 수행처이기도 하다.

숙종의 「관풍각에서 벼를 심다」라는 시에

단비 시절을 알아
평전(平田)에서 비를 맞고 가네
한가히 각 위에 앉았노라니
소 쫓는 소리 자주 들리네[143]

「관풍각에서 벼를 베다」라는 시에

서리 내리니 정히 추수절이 되었음인가
모당(茅堂)에 한가히 앉아 벼 베기 살피네
비바람 순조로움 금년부터 길을 열었으니
해마다 풍년 가을 즐겨보세[144]

영조의 「관풍각에서 원량(元良)과 더불어 벼 심는 멋을 구경하다」라는 시에

백성의 농사 중히 여김은 열조(列朝)가 같았나니
지난날 계술(繼述)함도 오직 농사에 있다네
바야흐로 가뭄에 가슴 졸일 때 당했으니
주야로 한마음 풍년들기만을 비노라[145]

정조가 지은 「관풍각 밭갈이」 시에

비둘기 새끼 날개 떨고 어미 따라 우는가
물은 공전(公田)에 가득하니 논갈이 시작하누나
제왕은 본래부터 가색(稼穡)에 근간(勤幹)해야 하므로
보기당(宝岐堂) 아래에서 가을 추수 고한다네[146]

경성각(慶成閣)

숙종이 지은 「경성각에서」라는 시를 보면 어수(魚水) 동쪽에 있고 앞에는 관풍각과 마주하고 있었는데 지금은 없다.

숙종의 「경성각에 올라 벼 수확을 구경하다」라는 시에

소원(小苑)에서 향기로운 벼를 거두는데
평전(平田)의 몇 되지기라네
높이 오르니 화각(畵閣)이 새롭고
멀리 바라보니 정녕 가을 산일세
날씨 따스하니 추운 빛 없고
바람 화창하니 기쁜 얼굴일세
사실 절기로는 이미 늦었지만
일부러 상강(霜降) 늦추어 줌이라네[147]

전사(田舍)

관풍각 북쪽에 있는데 1826년(순조 26) 익종이 세자로 있을 때 지었다.
농사를 짓기 위하여 만든 집인 것으로 보이는데 지금은 없다.

친잠례(親蠶禮)와 수견례(收繭禮)

친잠이란 백성들에게 양잠을 권장하고 그 중요성을 일깨워주는 의식으로, 친잠례와 수견례로 나눌 수 있다. 1423년(세종 5) 2월 16일 잠실 별좌 대호군 이시흠과 군지사를 지낸 서계릉 등이 올린 보고서에 경복궁에 뽕나무 3,590그루, 창덕궁에 1,000여 그루, 율도(밤섬)에 9,286그루를 심었고, 이것은 누에 알 2근 10량 중을 칠 수 있는 양이라 하였다. 이에 임금은 경복궁과 창덕궁에 누에 알 21량 중을 주라고 지시한 바 있다.[148] 1455년(세조 즉위년)에는 호조의 제청에 따라 뽕나무 심는 법을 다시 시행하였는데, 대호(大戶)는 300주, 중호(中戶)는 200주, 소호(小戶)는 100주, 잔호(殘戶)는 50주를 주어 기르게 하고 나무를 베는 자는 처벌하였다.[149] 이어 다음 해 1월에는 내원(內苑)의 뽕나무를 여러 관청에 나누어주어 담장 아래나 밭 두럭에 심게 하고 소홀히 하여 말라죽게 되면 처벌하라 명하였다. 양잠을 그만큼 소중하게 여긴 것이다. 친잠에 대한 예(禮)는 성종 때 왕명으로 친잠에 대한 자세한 규정과 절차를 마련하였다. 친잠을 처음 시작한 것은 1411년(태종 11)이지만 예를 갖추어 의식으로 시작한 것은 1476년(성종 7) 봄 후원 채상단에서 실시한 것이 최초이며, 이에 따라 다음 해에 이를 제도화하여 친잠응행절목(親蠶應行節目)이 제정되었다. 성종이 처음 시작할 때에는 3월에 시작하였으나 1529년(중종 24)에는 2월 중에 한 기록이 보이는데, 이것은 계절의 이르고 늦은 변화에 따라서 뽕잎이 피어나는 때를 보아 실시하였기 때문인 것으로 보인다.[150] 성종은 후원에 뽕나무를 심도록 하여 우승지 임사홍(任士洪)에게 명하여 예조 당상관과 함께 친잠단 터를 후원에 정하도록 하였는데 이에 의하여 선공감(繕工監)에서 채상단(採桑檀)을 후원에 쌓았다. 단은 사직단과 같은 방법으로 쌓아 중국 옛 오제시대 황제(黃帝)의 황후 서릉(西陵)씨를 누에의 신으로 모시고 제사 지냈다. 1908년 7월 선잠단이 선농단의 신위와 함께 사직단으로 옮겨 배향되면서 지금은 자그만 터가 남아있다.

이 예식은 왕비가 주도하는데 이때 세자빈과 그 외 공직을 받은 내외명부들을 거느리고 의식을 거행한다. 『친잠의궤(親蠶儀軌)』에 기록된 것을 보면 왕비는 5개, 내외명부는 7개, 2, 3품의 부인들은 9개의 뽕잎을 땄다. 이렇게 하여 친잠 의식이 끝나면 만조백관들이 왕비에게 하례를 드린다. 이 의식은 양잠을 시작할 때 하는 것이고, 누에고치가 성견이 되면 고치를 거두고 씨고치를 갈무리하는 의식이 따로 있다. 이것이 수견례이다. 1767년 5월에 작성된 『장종수견의궤(藏種受繭儀軌)』를 보면 영조의 계비 정순왕후(貞純王后)의 수견 의식은 5월 26일에 덕유당(德遊堂)에서 행하고 백관의 하례를 5월 29일 숭정전(崇政殿)에서 받았다고 했다. 1924년 순정효황후(純貞孝皇后) 윤비의 친잠 의식은 양력 5월 13일 수원의 잠업시험장에서 어린 누에떨기를 시작으로 하여 수견은 창덕궁 주합루 서편 친잠실에서 양력 6월

17일에 있었다. 친잠은 원래 채상(採桑)에서부터 시작하여 씨고치를 갈무리하는 과정을 통틀어 일컫는 말이나 초기의 친잠은 채상 단에서 뽕잎을 따는 것으로 그쳤다. 친잠 의식을 거행하는 절차와 범절을 기록한 책이 『친잠의궤(親蠶儀軌)』이다. 이 책은 1767년(영조 43) 3월에 예조에서 편찬한 것으로 1919년에 개수(改修)하였는데 내용은 전교(傳敎), 계사(啓辭), 반견사전(頒繭謝箋)으로 편성되었다. 전교는 선대의 선례나 가르침이 기록되어있는데 성종, 중종, 선조 때의 친잠 의식에 관한 내용이 주를 이룬다.

계사는 다시 이문(移文), 내관(內關), 감결(甘結), 의주(儀駐)의 순으로 되어있다. 이문에는 잠종을 순천부에서 가져오고 잠구를 공조 선공감(繕工監)에서 마련하는 등 친잠 의식의 준비와 절차를 기록하였고, 내관에는 채상단의 크기와 모양, 그리고 친잠단은 사초(沙草)로 덮는다는 등 의식의 거행 장소와 환경 등의 내용을 담고 있다. 감결에는 친잠하는 곳에 잠실을 만들기 힘들면 장막을 치고 거행한다는 것과 잠모(蠶母)의 수, 복장 등에 관한 내용이고, 의주는 친잠례를 행하기 위하여 왕비와 동궁빈 등이 왕궁에 드나드는 절차와 제단의 모식도, 친잠례를 행할 때 쓰이는 각종 잠구에 대한 도해와 설명 등이 기록되어있다.[151] 반견사전에는 친잠하여 얻은 고치를 모든 신하에게 하사하고 신하들은 감사의 예를 올리는 내용이 담겨있다.

▶ 선잠단지 홍살문과 표지석

부용정(芙蓉亭)

주합루 남쪽에 있는 연못 부용지의 남쪽 연안에 있다.

1707년(숙종 33)에 창건했는데 당시의 이름은 택수재(澤水齋)이던 것을 정조 16년에 고쳐 지으면서 부용정으로 바꾸었다. 남쪽은 언덕으로 가려있고, 북쪽에 있는 연못도 처음에는 태액지(太液池)라 했었다.[152] 후원 안에 있는 조선 후기의 목조건물로 기초는 +자형 평면이다. 원기둥을 세우고 2익공을 짜 돌려 지붕을 받친 겹처마로 아담한 단층 정자이다. 현판이 걸린 곳은 건물 동쪽인데 이것은 3면이 모두 낮은 언덕으로 가려있고 동쪽만 트여있기 때문에 동향집이 되었다. 건물은 다양한 입체미를 부각시키기 위하여 난간이나 창호도 위치에 따라 다양한 형식을 취하고 있다. 부용은 '활짝 핀 연꽃'을 말하는데 부용정이 활짝 핀 연꽃 모양을 하고 있다. 부용정 상량문은 정조가 직접 썼다. 1795년(정조 19) 3월 정조는 어머니 혜경 궁의 환갑을 맞아 규장각의 각신과 그 아들 조카 형제들까지 후원으로 초청하여 함께 꽃구경을 하고 태액지에서 낚시도 하였다 한다.[153] 꽃구경도 하고 낚시도 하였다고 하여 '상화조어(賞花釣魚)'라 했는데 여러 신하도 물가에 앉아 낚시를 같이 즐겼다. 정약용은 후일 정조를 그리워하는 「부용정가(芙蓉亭歌)」, 「부용정시연기(芙蓉亭侍宴記)」를 남겼다.[154]

평면은 T자형 집에 아자(亞字)형 집 일부가 합쳐져 다각집이라 할 수 있는데, 종전에 볼 수 없었던 특이한 형태의 집이다. 기둥 사이에는 장화반(長華盤)만이 놓여서 장서(長舌)와 도리를 받았고 창방 아래에는 사분합이 달려있다. 집 밖으로는 쪽마루가 쭉 돌아가면서 놓여있고 계자난간을 둘렀다.

▶부용정

술성각(述盛閣: 四井記碑)

이 비각은 부용정 좌측 연못 서편 물가에 있다.

세조는 샘물을 무척 좋아하여 재위 6년 영순군(永順君:廣平大君의 子) 부(溥)와 오산군(烏山君) 주(澍)에 명하여 주합루 부근에 깊은 우물을 파도록 하였다. 두 사람은 열심히 노력하여 각자 두 개씩의 우물을 팠는데, 물이 차고 맛이 좋아 주상이 크게 기뻐하여 그 이름

▶ 사정기비

을 지었다. 첫째 우물을 마니(摩尼), 둘째 우물을 파려(玻瓈), 셋째 우물을 유리(琉璃), 네 번째는 옥정(玉井)이라 하고,「마니정가(摩尼井歌)」를 친히 지어 여러 신하에게 보였다. 대체로 그 우물의 모양은 가마솥을 위로 향하여 놓은 것처럼 생겼는데 안에는 물이 두어 섬쯤 있어서 사람이 엎드려 물을 뜰만 하였다고 한다. 불행하게도 이 네 개의 우물은 전란 등으로 방치하여 숙종 대에 이르러서는 두 개만 남았는데 1690년(숙종 16) 4월에 왕은 남아있는 우물을 보수한 후 역사의 발자취를 남겨놓기 위하여 술성각(述盛閣) 터에 사정기비(四井記碑)를 세웠다.[155] 지금 유일하게 남아있는 것은 비각 북쪽에 있는 것뿐이고, 나머지는 그 정확한 위치조차 파악하기 어렵다.

연경당(演慶堂), 진장각(珍藏閣)

후원에 있는 조선 후기의 목조건물이다.

연경당 정문은 장락문(長樂門)인데 장락문을 들어서면 궁궐에 있는 건물이면서 사랑채, 안채, 안 행랑채, 바깥행랑채, 반빗간, 서재, 후원정자 및 연못 등 전형적인 사대부가의 주택양식을 본뜬 단청하지 않은 건축물들이 들어서있다. 장락문은 솟을대문으로 되어있으며 낙선재의 정문과 이름이 똑같다. 사대부가의 건물은 아무리 많아도 99칸 이상을 지을 수 없다고 하였으나 최근까지 이 건물의 규모는 109칸이다.「동궐도」에는 반빗간 구역에 5칸

규모의 창고와 5간 규모의 행각이 있고 측(厠) 1간, 허(虛) 3간이 그려져있어 총 규모가 129간 정도로 계산되는데『궁궐지』에는 120칸으로 적고 있다.

연경당이라는 이름은 사랑채의 당호(堂号)이지만 장락문 안에 있는 일곽을 이루고 있는 집 전체를 포괄하는 이름으로 통칭되고 있다.『궁궐지』에 기록된 바로는 1828년(순조28) 진장각(珍藏閣) 옛터에 창건하였으며 효명세자가 사대부가의 현장 체험을 위하여 왕에게 주청하여 건립한 것으로 알려져있다. 연경당은 병풍과 간막(障子)이를 보관하던 옛날 진장

▶ 연경당 안채

▶ 연경당 사랑채

각(珍藏閣) 터에 지었다. 그러나『동국여지비고(東國輿地備考)』,『궁궐지』,『진작의궤(進爵儀軌)』,「동궐도」,『순조실록』등을 종합해보면 연경당은 1827년 진장각 옛터에 창건된 것인데 그 동기는 순조 임금에게 존호를 올리는 의식을 거행할 장소로 건축한 것이며, 연경이란 이름도 경사스러움을 행하는 집이라는 뜻으로 이때 지은 것이라고 한다.[156] 1828년에는 이 건물을 다소 고쳐 지었고, 이때에는 큰 변화를 주지 않았으며 세자로 하여금 사대부가의 현장 실습도 고려한 것이 아닌가 싶다. 그런데 헌종 때『궁궐지』를 간행하던 당시에는 여기에 익종의 초상화를 모셔놓았다고 했다. 임금의 초상화를 모신 전각은 생존한 임금의 거처와 같이 반드시 단청을 하게 되어있다. 그렇다면 이때까지는 모두 단청을 하였거나 일부 단청한 건물이 있었을 것으로 보인다. 장락문 안으로 들어가면 좌측에 안채로 들어가는 수인문(修仁門)과 오른쪽으로 사랑채로 들어가는 장양문(長陽門)이 있다. 부속 건물로는 서재로 사용하던 중국풍의 벽돌집 선향재(善香齊)가 있고, 청수정사(淸水精舍)와 울창하게 우거진 숲 속에 연경당을 한눈에 내려다볼 수 있는 농수정(濃繡亭)이 있다. 농수란 '비단을 펼쳐놓듯이 숲이 울창하게 우거진 것'을 말한다. 연경당 뒤쪽 담 너머에는 연경당에서 필요한 음식을 장만하는 반빗간이란 건물이 있다. 연경당은 주합루 뒷산 넘어 아늑한 골짜기에 자리 잡고 있는 정남향 집으로 동서 북쪽이 낮은 산으로 둘러있고, 북서쪽에서 흘러나온 물은 남쪽 집 앞을 거쳐 동쪽으로 빠져나가도록 되어있어서 배산임수(背山臨水)의 인위적 풍수 명당을 연출하였다. 주택 배치는 조선 시대 상류층의 전형적인 배치 형식에 따라서 맨 앞쪽에 행랑채를 두 겹으로 짓고, 중문 행랑채에는 각각 사랑채와 안채로 통하는 출입문을 좌우에 배치하였다. 그러나 사랑채와 안채 사이를 담으로 막고 출입문을 설치하여 남녀의 공간을 엄격하게 구분하는 것이 사대부가의 법도인데 연경당은 사랑채와 안채를 붙여지어 양쪽을 드나들 수 있게 하였다.

▶ 연경당 선향재

▶ 연경당 농수정

사랑채 안 서쪽에는 누다락을, 동쪽에는 누마루를 두었고, 그 동쪽 마당에 있는 서실인 선향제 후원에는 높다란 화계(花階)를 쌓아 정원을 만들고 그 위에 정자를 지어 휴식처를 만들었다. 안채의 뒤쪽으로 담을 쌓아 구분 짓고 바깥 행랑채 동쪽으로 마구간과 가마 두는 곳을 마련하였다. 사대부가의 주택을 모방했다 하나 창문이라든가 담장, 문양전(文樣塼)으로 조성한 벽 등에서 보여주는 섬세한 기법이라든가 기단, 주춧돌, 기둥, 보, 서까래 등에서 볼 수 있는 세련된 가공 솜씨는 일반 사대부가에서 흉내낼 수 없는 탁월함이 있다. 농수정 주변의 돌난간, 사랑 마당에 연출한 괴석(怪石), 사랑채 출입문인 장양문 앞 양쪽에 놓인 궁정 양식의 정료대(庭燎臺) 등은 이 집의 품격을 돋보이게 한다. 한 가지 주목해야 할 것은 「동궐도」에 보면 연경당이 어수당 서쪽에 놓여있는 것으로 되어있는데, 현재 건물의 위치는 어수당 서북쪽에 있다. 『궁궐지』에는 어수당이 연경당 동남쪽에 있다 했으니 「동궐도」의 그림이 잘못 그려진 것 같다.

1884년(고종 21) 갑신정변 때 임금이 김옥균(金玉均), 박영효(朴泳孝) 등과 함께 연경당으로 피난 왔고, 고종 32년 6월에 명성황후가 내외 빈객 천여 명을 초청하여 향연을 베푼 일이 있다. 아무튼, 많은 의문을 가지게 하는 연경당 자료는 1890년 이후 제작된 『궁궐지』와 「동궐도형(東闕圖型)」 및 건물 기둥에 걸어놓은 주련(柱聯)이 있어 내역을 살필 수 있지만 언제, 왜 사대부가의 주택 형식으로 바뀌었는지 여전히 의문이다. 현장 안내문에는 1865년에 고종이 새롭게 건립했다고 했는데, 중건(重建)인지 수선인지 구분이 안 된다. 이때 지금과 같은 형태로 바꾸었을 수도 있다.

백운사(白雲舍)

연경당의 서북쪽에 있다.

사가정(四佳亭)

백운사의 서북쪽에 있었는데 지금은 없다.

연경당 평면도

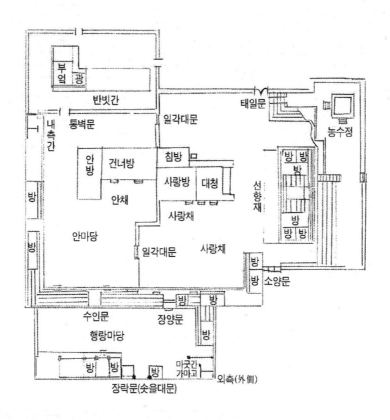

부엌　광
반빗간
내측간
통벽문
일각대문
태일문
농수정
방
안방　건너방　침방
방 방
선향재
안방　건너방
사랑방　대청
방
안채
사랑채
방 방
방
안마당
일각대문　사랑채
방
방
방 소양문
수인문　장양문　방
행랑마당
방
방　방　방
마굿간가마고
장락문(솟을대문)　외측(外側)

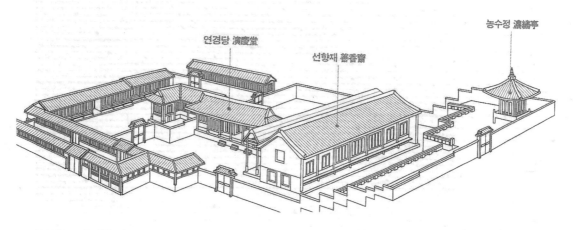

농수정 濃繡亭

연경당 演慶堂　　선향재 善香齋

개금재(開錦齋)

연경당의 동쪽에 있다.

축화관(祝華觀)

연경당의 동쪽에 연해있다.

운회헌(雲繪軒)

개금재의 남쪽에 있다.

의두합(倚斗閤)과 기오헌(寄傲軒)

▶ 의두합

영화당 앞에서 춘당대를 지나 북쪽으로 조금만 가면 산 밑에 북향집 두 채가 나온다. 이 두 건물은 기오헌과 의두합으로 불리고 있는데 여러 문헌의 기록으로 볼 때 자칫 혼동을 일으킬 수 있다. 「동궐도」에 표시된 것으로 보면 보다 큰 건물이 이안재(易安齋)이고 작은 건물이 운경거(韻磬居)로 나타나 있다. 『궁궐지』에는 "의두합은 영화당 북쪽에 있는데 옛날 글 읽던 자리"라 하였고, 의두합 동쪽에 영춘루(迎春樓)라는 현판이 달려있는 누마루가 있는데 이 현판은 익종의 어필이라 했다.[157] 의두합은 원래 있던 건물을 1827년(순조 27)에 익종이 동궁으로 있을 때 고쳐 지은 것이다.

이로 미루어 동쪽에 누마루가 달린 곳은 이안재이며 주된 건물이고, 서쪽에 있는 작은 건물이 부속 건물인 운림거이다.

1865년(고종 2)에 의두합을 수리했다 했는데(『승정원일기』) 이안재와 운림거 모두를 수리했다는 의미이다. 의두합은 주 건물인 이안재와 운림거를 포괄하는 명칭이며, 기오헌은 이안재의 대청만을 한정해서 붙인 명칭이다. 처음에는 이안재 누마루에 영춘루라는 현판(익종의 어필)이 붙어있었고, 대청에는 기오헌이라는 현판이 걸려있었는데 현재는 기오헌이라는 현판만이 남아있어 집 전체의 당호로 착각하고 있는 것이다. 이 집은 북향집으로 1827년(순조 27)에 효명세자(익종으로 추존)가 조용하게 책을 읽기 위하여 지은 집으로 단청도 하지 않고 검소하고 간결하게 지었다. 상량문도 효명세자 자신이 지었다. 기오헌은 원래 명나라 고승 수인(守仁)의 서재에 붙인 당호였다. 효명세자가 쓴 이 집 상량문에도 곳곳에 이 집이 독서하는 집이라는 것을 밝히고 있다. 상량문에 나오는 동루(東樓)는 영춘루를 가리키며 서헌은 기오헌을 가리킨다.

효명세자는 의두합을 몹시 사랑하여 「의두합십경(倚斗閤十景)」이란 시로 노래했다.

동루에 비친 달, 북쪽 난간에 기댄 북두칠성, 뜰에 가득한 산살구, 먼 숲 속에서 우는 두견새 소리, 맑은 밤의 소나무, 늦바람의 연꽃 향기, 술동에 비친 노란 꽃(黃花), 서리를 머금고 있는 붉은 잎, 비 갠 뒤의 청초(淸楚)한 매미, 눈 속에 우는 학(鶴) 이 열 가지이다.[158]

의두합 북쪽에 또 하나의 마당이 있는데 동쪽 문이 금마문(金馬門)이고, 서쪽 문이 석거문(石渠門)이다. 그다음 이어지는 북쪽 마당 동쪽에는 불노문(不老門)이 있다. 불노문은 '늙지 않는 문'이란 뜻인데 문기둥이 장수를 상징하는 십장생 중의 하나인 돌로 되어있다. 언뜻 보기에 평범한 돌 문설주이고 장식이 없는 비교적 단조로운 조각품이어서 무심코 지나쳐 버리기에 십상이다. 그러나 ∩ 자 모형의 돌 구조물이 중간 이음새가 없는 것을 보면 굉장히 큰 돌을 쪼아내어 만든 것임을 알 수 있다. 장수를 염원하는 정성만큼이나 큰 정성을 들인 비범한 작품임을 음미해볼 수 있다. 불노문이 있는 뜰은 담이 없이 애련지와 경계하고 있다. 불노문 밖 동쪽으로 불노지(不老池)가 있었는데 지금은 없다.

어수당(魚水堂)

지금은 없어졌지만 『궁궐지』에는 영화당의 북쪽에 있다고 하였고, 「동궐도」에는 제1연지(蓮池)와 제2연지 사이에 있다(在演慶堂東南 兩池之間). 달리 표현하면 이 두 연못은 어수당 서쪽과 동쪽에 있고 두 개의 문이 있는데 하나는 영소문(靈沼門)이고, 남쪽에 있는 문은 석거문(石渠門)이라 했다. 이 건물은 후원에 있는 건물로는 상당히 큰 것으로 집 둘레에 난간을 두르고 지붕 용마루는 양성을 한 것으로 보이는데 지금은 없다. 인조반정 때 광해군비 유씨가 잠시 이곳에 피신한 일이 있었다. 반정이 있기 전날, 광해군은 이 어수당에서 여러 신하와 연회를 열었는데 술이 많이 취해있어서 반정의 낌새를 귀띔해준 신하들의 말을 흘려들었다. 인조반정 당일에는 광해군비 유씨(柳氏)가 여러 궁녀와 함께 어둠 속에 이 어수당에 숨어들었다. 이틀 동안 이곳에 갇혀있던 유씨는 모든 것을 체념하고 한씨(韓

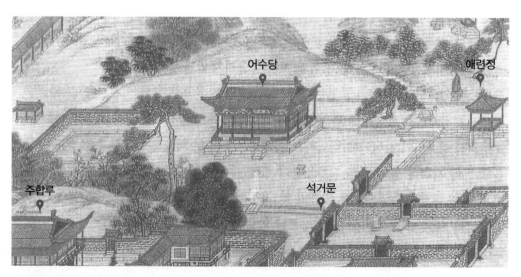

▶ 동궐도상의 어수당 주변

氏) 성을 가진 보향(保香)이라는 궁녀로 하여금 중전이 여기 있음을 알리도록 했다. 이어 반군의 대장이 달려오자 보향이라는 궁녀가 유씨의 뜻을 받들어 "오늘 이 일이 종묘사직을 위한 것이오? 아니면 부귀영화를 위한 것이오?"라고 묻자 "종묘사직이 거의 망하게 되었기에 우리들이 새 임금을 받들어 반정을 하지 않을 수 없으니 어찌 부귀영화를 위한 것이라 하겠소?"라고 했다. "이미 의거라 한다면 어찌 전왕의 비를 굶겨 죽이려 하오?"라고 보향이 외치니 이를 전해 들은 인조는 음식을 후하게 차려주었다고 한다.[159]

어수당은 임금의 별당으로 임금이 신하들과 정사를 논하기도 하고 한가로운 시간을 보내기도 하였는데 특히 효종은 학자들을 어수당에 불러 대화를 나누었고, 영조, 정조, 순조 임금은 정사를 논했을 뿐 아니라 유생들에게 여기서 시험을 치르기도 했다. 순조는 자주 어수당에서 유생들에게 시험을 치렀는데, 1827년 12월 26일 세자가 정사를 보기 시작하면서 1830년 5월 6일 승하할 때까지 이곳에서 문관과 유생들에게 시험을 보게 하였다.[160] 영조는 1728년(영조 4) 7월 7일 친히 관리들의 근무성적을 평가하는 도목정사(都目政事)를 행하면서 사사로운 감정을 버리고 공정한 인사를 단행하도록 문관의 인사를 담당하는 이조(吏曹)와 무관의 인사를 담당하는 병조(兵曹)에 경고의 시를 내렸다.

이조에 내린 시는

　　어수당의 관리임명 우연한 뜻이 아니라네
　　이제 당장 급한 일은 고을 원을 잘 뽑는 것
　　사사로운 내 마음 자제하고 공정한 도리를 앞세우라
　　간곡한 이 가르침 그대들은 명심하라

병조에 내린 시는

　　어수당의 관리조동 그대들은 명심하라
　　오랜 벼슬살이에 나는 청백하다 하지 마라
　　무신들의 당파는 나라운명에 관계되는 것이니
　　이편저편 갈라지지 말고 이 패 저 패 휩쓸리지 말라[161]

「무신친정계첩(戊申親政契帖)」은 영조가 어수당에서 도목정사를 행한 것을 묘사한 그림 (1727년, 영조 3)인데 여기에 나타나는 동쪽의 애련지는 의도적으로 연꽃을 강조한 느낌을 주는데 서쪽에 있는 못은 원앙 2쌍이 한가롭게 노니는 모습을 묘사하여 이곳에 원앙이 자주 날아들었음을 보여주고 있다.

효종이 지은 「어수당 원앙시」에

　　　채우(彩羽) 가지런하니 수(繡)의 문채(文彩)보다도 나은데
　　　정심(貞心)은 뭇 새와 무리 짓기 부끄러워한다네
　　　못의 얼음 갓 풀리자 봄 물결 잔잔하니
　　　정히 쌍쌍이 물결무늬 희롱할 때구나162

그 외 정조 「어수 핍주시(魚水乏舟詩)」, 순조 「어수 관등시(觀燈詩)」와 숙종 「어수 관등시」가 있다.

숙종 「어수 관등시」는

　　　華堂左右 挾池塘 老栢盤松 似蓋張
　　　燈火熒煌 天萬點 却嫌化月 奪明光

　　　화당은 좌우로 연못을 끼고 있는데
　　　해묵은 잣나무와 반송이 보개를 펼친 듯하구나
　　　헬 수 없이 많은 등불이 휘황찬란하게 켜졌으니
　　　달빛이 이 광명을 앗아갈까 두렵구나163

애련정(愛蓮亭)

▶ 애련정

연경당 동남쪽 애련지(愛蓮池: 第二蓮池) 북쪽 물가에 있다.

1692년(숙종 18)에 지었다. 못 가운데 섬을 만들고 정자를 지었는데 이름을 애련이라 한 것을 보면 원래 못 가운데 있던 정자를 언젠가 북쪽 물가로 옮긴 것 같다. 『궁궐지』에는 동쪽에 석문이 있는데 불노문(不老門)이라 하였고, 정자 남쪽에는 옛날 함벽정(涵碧亭) 터가 있었는데 지금은 폐하였다. 석문 밖에는 한 못이 있는데 불노지(不老池)라 일컫는다 했다. 불노지도 지금은 흔적도 없다. 숙종은 연꽃을 무척 좋아하여 정자를 애련정이라 이름하고 숙종이 쓴 「애련정기(肅宗御製愛蓮亭記)」가 전해온다.

정자를 애련으로 이름한 것은 그 미세한 뜻을 잘 보여줌이다. 대저 사계절의 꽃들이 심히 번화하지만, 그것을 좋아함에는 각기 치우친 바가 있으니 은일(隱逸: 속세를 떠나 숨어 사는 것)의 꽃인 국화는 처사(處士) 도잠(陶潛: 도연명)이 사랑하였고, 부귀의 꽃인 모란은 당나라의 여러 사람이 사랑하였으며 군자의 꽃인 연꽃은 원공 주무숙(周茂叔: 북송의 주돈이)이 사랑하였다. 좋아함은 비록 같을지라도 마음에는 깊고 얕은 차이가 있으니 내 평생 이목(耳目)을 부리지 않고 홀로 연꽃을 사랑함은 붉은 옷을 입고 더러운 곳에 처하여도 변하지 않고 우뚝 서서 치우치지 아니하며 지조가 굳고 범 속을 벗어나 맑고 깨끗하여 더러움을 벗어난 것이 은연히 군자의 덕을 지녔기 때문이다. 이것이 새 정자의 이름을 지은 까닭이거니와 수천 년 동안 나와 더불어 뜻을 같이하는 이가 그 어찌 주렴계(周濂溪: 주돈이의 자) 한 사람에 그치겠는가. 내가 왕위를 계승한 지 18년째 되는 봄에 창덕궁 후원 어수문 동쪽 연못 가운데에 정자를 지었는데 앞에는 영화당이 임해 있고 뒤에는 심추각이 등져있으니 천년 묵은 높은 소나무를 쳐다보면 마치 서린 용이 일산을 편듯하고 한 굽이 흐르는 물을 바라보면 마치 구슬을 뿌리며 붉게 일어나는 듯하였다. (하략)[164]

▶반월지 일대(동궐도상에는 관람정이 안 보이고 알 수 없는 정자 하나가 언덕 위에 있다.)

정조가 지은 「애련정」 시에

　　굽은 난간 앞에 연밥 따는 소리 들리는데
　　푸르고 붉은빛 수척(水尺)에 비치네
　　부평초 흐름을 보려고 길을 열어
　　연꽃 깊은 곳에 배를 멈추네[165]

저자가 애련정을 찾았을 때 때마침 재두루미 한 마리가 애련정 옆에 졸고 있었다. 가장 좋아하는 풍광을 연출하고 있어 가벼운 흥분마저 느낄 수 있었다.

광운각(廣運閣)

어수당의 남쪽에 있었는데 지금은 없다.

존덕정(尊德亭)

▶존덕정

심추정 서북쪽에 있다. 반달처럼 생긴 못이 있어 반월지(半月池)라 부른다. 1644년(인조 22)에 지었는데 지을 당시에는 그 모습대로 육면정(六面亭)이라 했다. 다리 남쪽에는 시간을 재는 일영대(日影臺)를 설치하였다. 동서로 형성된 작은 산 능선 사이로 흐르는 계곡을 연못과 정자가 자리 잡고 있다.[166] 「동궐도」에 그려진 모양을 보면 맨 앞쪽에 반달모양의 못이 있고 그다음에 네모진 못이 있는데, 이 네모진 못 가에 존덕정이 서있다. 지금은 두 못이 하나로 합쳐져서 그 모양이 마치 우리나라 지도와 흡사하다 하여 일인들이 반도지(半島池)

라 하였는데 이것은 어디까지나 일인들의 조어(造語)이고, 원래 이름은 반월지이다. 한 면이 7자 3리 4푼 되는 여섯 모 집으로 단층, 주심포(柱心包) 기와지붕이다. 다른 정자와 다른 것은 다섯 개의 둥근 기둥을 세워 몸채를 짓고 그 처마에 잇대어 툇간을 한 겹 둘러서 지붕을 따로 꾸며 육각형 지붕이 두 겹이 되도록 하였다. 특히 바깥지붕을 받치는 기둥은 하나씩만 있어도 되는데 세 개씩을 세워 맵시를 부리면서 안정감을 주는 편안함이 있다. 여기에 선조 임금의 어필 3점이 있었는데 지금은 춘휘전(春輝殿: 구선원전)으로 옮겼다.

> 自是三千第一名 內家叢理獨分明 芙蓉殿上中元旦 手拍銀盤弄化生
> 獨抱瑤琴過玉溪 琅然淸夜月明時 今己是無心久 却怕山前荷簀知
> 莫怪頻過有酒家 多情長是惜年華 春風堪賞還堪恨 終見化開又落花

본래 삼천 가운데 제일이어서 내가(內家)의 떨기 속에서 유독 분명하구나. 부용정 위의 중원(日中)에 손으로 화생을 희롱하네

홀로 요금 안고 옥계를 지나는데 드높이 맑은 밤 달 밝은 때여라.

지금은 이미 무심한지 오래이나 문득 산 앞의 하궤가 알까 두렵도다.

술 있는 집 자주 찾음을 괴이히 여기지 말라. 다정한 사람 본래 세월을 애석해한다오.

춘풍을 구경하려다 도리어 한스럽기만 하구나. 결국은 꽃피고 지는 것만 보게 되었네.**167**

> 獨抱道德

홀로 도덕을 안고 있다. 이 또한 선조의 어필이다.

인조의 어필도 한 점 남아있다.

> 林風滌煩

숲 속에 이는 바람이 걱정을 씻어낸다.

숙종이 존덕정을 찾아「존덕정 우유(優喩: 즉흥시)」를 남겼다.

　　永解池塘 春水緣

　　赤魚時逐 白魚遊

　　閑庭無事 日初永

　　斜倚危欄 伴睡鷗

　　연못에 얼음 풀리니 봄물이 푸른데

　　붉은 고기 흰 고기 어울려 노는구나

　　조용한 뜰에 일은 없고 날 또한 길기에

　　높은 난간에 기대어 조는 갈매기 짝하네[168]

　존덕정 안에 "만천명월주인옹자서(萬川明月主人翁自序)"라는 글이 나무판에 새겨 걸려있다. 이것은 1798년(정조 22)에 정조 임금이 자신이 지어 부른 자호(自号)로, 이를 설명하는 서문까지 친히 짓고 써서 목판에 새겨 걸게 하였다.

　1799년 12월 직제학 이만수(李晚秀)에게 설명한 내용은

　　　내가 만천명월주인옹(萬川明月主人翁)으로 자호를 삼았는데 그 뜻은 자서(自序:
　　　저자가 쓴 서문)를 보면 잘 알 수 있다. 그 서 가운데 "달은 하나이나 물(水)의 부류
　　　는 만 가지이다. 물은 세상 사람이고 달은 태극(太極)이니, 태극이란 나이다."라는
　　　구절이 있다. 조정신하 수십 명으로 하여금 각각 써서 올리게 한 다음에 새겨서 연침
　　　(燕寢)의 여러 곳에 걸어 두었는데 점을 찍고 획을 그은 것을 보면 그 사람의 규모와
　　　기상을 상상할 수 있으니 이것이 실로 이른바 만천명월(萬川明月)이라는 것이다.[169]

　정조 임금은 원래 학문을 좋아했다. 세손 시절부터 많은 학자와 담론하면서 서책을 모아
들였고, 정치적인 색깔을 전혀 드러내지 않으면서 내실을 다지고 자질을 길러오면서 끊임없
이 닥쳐오는 노론의 위협을 비켜 갔다. 왕위에 오르면서 점차 자신의 정치적 입지를 착실하
게 드러내고 아버지인 사도세자의 원한을 갚으면서도 붕당을 배제하고 외척을 경계하면서
인재발굴에 많은 힘을 기울였다. 그렇게 하여 재위 22년쯤에는 비로소 자신의 의지를 펼

수 있는 질서와 틀을 마련하여 '만천명월 주인옹'이라는 자호로 자신에 찬 임금의 모습을 대신들에게 과시한 것이다.

망춘정(望春亭)

존덕정 북쪽에 있었는데 지금은 없다.
정조가 지은 「망춘문앵(望春聞鶯)」 시가 남아있다.

아지랑이와 흰나비 개인 봄 희롱하는데
나무그늘 짙은 곳에 꾀꼬리 우네
철새가 저 혼자 우는 것도 조화일진데
인천(仁天)의 위육(位育)은 성인의 마음 같다네**170**

천향각(天香閣)

척뇌당 서북쪽에 있는데 1653년(효종 4)에 세웠다. 인조의 어필로 "오늘은 길게 취하도록 마셨는데 성정을 기름과 상관이 있어서가 아니다. 사람들이 다 취함을 눈으로 보고 어떻게 혼자만 초롱초롱할 수 있겠던가. 자금(紫禁)엔 향기 안개와 같고 청천(青天)엔 달빛이 서리와 같네. 어느 곳에서 운소(雲韶)를 연주하는가 알겠구나. 이는 소양전(昭陽殿)에서 연주함이라네."라 하여 계판(揭板)하였다.**171**

폄우사(砭愚榭)

존덕정 서쪽 연경당 정 북쪽에 폄우사가 있다.
폄우란 송나라 학자 장재(張載)의 좌우명에서 따온 것이다. 장재는 서재 양쪽에 '폄우'(어리석음을 고친다.)와 '정완'(訂頑: 아둔함을 고친다.)이라는 글자를 걸어놓고 자신을 경계하는 좌우명으로 삼았다.

건축연대를 알 수 있는 기록이 없어 명확하지 않으나 존덕정과 비슷한 시기로 보인다. 정자인데도 사(榭: 정자 사) 자를 쓴 것이 특이하며, 누마루와 온돌방을 갖추어 사계절을 이용할 수 있기 때문에 효명세자가 글방으로 자주 이용하였다. 「동궐도」에 보면 행랑으로 이어진 동향(東向) 집이 있어 T자형의 집이었는데 지금은 남향 채만 남아있다. 정조 임금은 폄우사 사계절을 노래한 「폄우사사영(砭愚榭四詠)」이라는 시를 남겼다. 봄에 금원 깊은 곳에 핀 백화(百花), 단오날 달무리를 보고 뜨거운 햇볕을 가려주는 여름 구름, 누각 동쪽에 뜬 가을 달, 용의 비늘인 양 옥같이 흩날리는 겨울의 눈을 노래했다.

그중에서 눈 오는 겨울 정취가 감미롭다. 정조의 「폄우사사시영」 중 동설(冬雪) 부분만을 소개한다.

▶ 폄우사

　　疎梅孤燭 夜相親
　　金鴨添香 煖似春
　　簾外時聞 風撼竹
　　滿天飛動 玉龍鱗

저만치 피어있는 매화, 외로운 촛불, 밤이면 가까이 지내는데
향로(金鴨)에 향을 더하니 봄처럼 따습구나
주렴 밖에 대나무 흔들리는 소리 때때로 들리는데
옥 같은 용의 비늘처럼 하늘 가득히 나르네[172]

관람정(觀纜亭)

직영하면 닻줄을 바라본다는 뜻인데 앞에 연못이 있으니 뱃놀이를 구경한다는 의미로 생각할 수 있다.

동궐지에 보면 존덕정 남동쪽으로 연못 세 개가 있다. 2개는 네모꼴이고, 맨 아래는 원형을 이루고 있다. 모두 인공적으로 만든 연못임이 확연한데 지금은 하나로 합쳐져서 자연스러운 모습을 하고 있다. 관람정은 다른 정자와 달리 부채꼴 모양을 하고 있어 특이한 건축

▶ 관람정과 관람정 현판

형태를 보이고 있다. 현판도 나뭇잎 모양으로 조각한 나무판에 글을 새겨 자연미를 살렸다. 지붕의 형태는 용마루가 있고, 한끝에 세 개씩의 내림마루를 만들어 육각 정자가 되도록 하고 용마루 내림마루 모두 양성을 하지 않았다.

승재정(勝在亭), 심추정(深秋亭), 죽정(竹亭)

관람정 앞 연못을 사이에 두고 서쪽 언덕 위에 마주 보고 있는 정자가 승재정이다. 관람정과 마찬가지로 「동궐도」상에는 나타나지 않는다 했지만, 이것은 옛날 심추정(深秋亭)이 아닌가 싶다. 심추정의 기록을 보면 인조 21년에 창건하고 죽정(竹亭)이라했다. 숙종 18년에 개수했는데 동쪽으로 연못 3개가 있고, 연경당 북쪽이라 한 것으로 보아 심추정이 승재정이 아닌가 생각하는 단서이다.[173] 「동궐도」에 초가집처럼 보이는 것은 대나무를 쪼개서 이었기 때문에 그렇게 그린 것으로 이것이 죽정, 즉 심추정으로 보인다.

숙종이 지은 「어제시(御製詩)」에

남쪽 대나무 쪼개서 기와에 갈음하니
기상이 맑고 그윽하여 단청집보다 낫구나
무엇보다도 사시(四時)의 경치가 두루 좋아
한 번 올라가 굽어보니 온갖 시름 잊는다 **174**

이 시로 보면 기와 대신 대나무를 쪼개어 지붕에 얹은 것으로 보인다.

숙종의 어제시 「심추상련(深秋賞蓮)」에

죽정은 쇄락하여도 황강(黃岡:黃泿坂)보다 나은데
세 못 굽어보니 물빛은 푸르기도 하구나.
늦으막에 설렁설렁 서풍이 불어오기에
연꽃이 은은한 향기 전해오게 방치해두었다.**175**

▶ 승재정

청연각(清讌閣)

『궁궐지』에는 심추정 북쪽에 있다 하나 정확한 위치를 알 길이 없다.

1646년(인조 24)에 세워 벽하정(碧荷亭)이라 했는데 숙종 때 청현각으로 바꾸었다. 북쪽에 태청문(太清門)이 있다.[176]

척뇌당(滌惱堂)

『궁궐지』에 따르면 만월지 주변에 심추정, 청연각, 척뇌당, 존덕정, 폄우사, 청심정, 망춘정(望春亭), 천향각(天香閣) 등의 정자가 있었는데, 이 중 정확하게 확인할 수 있는 것은 존덕정, 폄우사, 청심정 정도이다. 1707년(숙종 33)에 세워졌다. 숙종이 지은 「척뇌당 사영시(四詠詩)」에 문묘(文廟)에서 들리는 궁중음악 소리와 풍요로운 밭에서 논갈이하는 모습을 구경하는 목가적 풍경, 경치 좋은 후원에 그네 놀이, 소나무숲 속에 우뚝 솟은 능허각(凌虛閣)의 경관을 감상하는 네 가지 감회를 시로 남겼다.[177]

청심정(清心亭)

폄우사 북쪽 언덕에 있으며 『궁궐지』에는 남쪽에 태청문(太清門)이 있었다고 되어있으나 지금은 문이 없다.

태청문은 청심정과 폄우사 사이에 있었고 문 양쪽으로 폄우사를 감싸듯 지형을 따라 꺾인 담장을 쌓았는데 이 담장도 흔적이 없다. 1688년(숙종 14)에 천수정(淺愁亭) 옛터에 건립하고 이름을 청심정으로 고쳤다. 정자 남쪽에 돌확을 만들고 그 앞에 거북을 조각하여 그 등에 빙옥지(氷玉池)라는 숙종의 어필을 새겼다. 빙옥지라는 말은

▶ 청심정

청심이라는 정자 이름에 걸맞게 "옥처럼 티 없이 맑은 못"이라는 뜻이다. 『궁궐지』에는 청심정 동쪽 좁은 계곡에 무지개다리가 있어 왕래할 수 있게 했다고 했는데 지금은 없다.[178]

숙종은 어제 「청심정기(淸心亭記)」와 「사시영(四時詠)」을 남겼다.

기(記)에 이르기를

"창덕궁의 후원에 한 정사(亭榭)가 있어 이름하여 청심(淸心)인데 중강(重岡) 첩만(疊巒)이 좌공(左栱) 우포(右抱)하고, 푸른 기와 붉은 난간이 해에 비춰 눈이 부시며, 푸른 소나무는 쭉쭉 뻗어 에워싸고, 비취색의 잣나무는 빽빽하여 쫑깃쫑깃하다. 앞으로는 정자에 임하고 뒤로는 옥류천을 등졌는데 무지개다리는 아득히 구름을 핍박하고 서기(瑞氣)는 왕성하여 창공에 서렸다.[179] (下略)."

숙종이 「청심완월시(淸心玩月詩)」를 남겼다.

> 玉露侵階 久未晞 一輪柱魄 玩明輝
> 萬里秋千 如白晝 憑軒愛月 夜眠遲
> 옥같이 이슬이 뜰에 내려 녹지 않는데 둥근달(桂魄: 계백) 밝은 빛 비춤이라
> 만 리의 가을 하늘 대낮과 같으니 난간에서 달구경 하느라 밤잠을 설치네.[180]

순조가 지은 「청심완월(淸心玩月)」 시에 이르기를

> 仙漏沈沈 露未晞 雲開玉宇 月生輝
> 吾心此夜 同淸朗 仰看氷輪 倚檻遲
>
> 물시계는 침침하고 이슬 마르지 않았는데
> 구름 개자 하늘엔 달빛 솟아오르네
> 내 마음도 오늘 밤엔 달과 함께 맑아
> 얼음같이 맑은 달을 쳐다보느라 난간에 기댈 줄 모르네[181]

낙민정(樂民亭)

청심정 서쪽에 있었는데 지금은 없다.

1647년(인조 25)에 세워 취승(聚勝)이라 했는데, 숙종 때 낙민정으로 바꿨다. 골짜기가 깊고 바위들이 많이 있으며 옆에 우물이 있다. 낙민정으로 이름을 바꾼 이유가 숙종이 친히 쓴 기(記)에 나와있다.

"혹자가 나에게 묻기를 '전에는 취승으로 편액하였는데 그 뜻이 좋지 않은 것이 아닌데 지금 낙민(樂民)으로 바꾼 것은 어인 일이옵니까?' 하여 내가 대답하기를 칠정(七情) 중에서 방탕하기 쉽고 막기 어려운 것은 즐거움이 가장 심한 법이다. 대체로 즐기기만 하고 절제할 줄 모르면 유연황망(流蓮荒亡)을 하지 않은 것이 없게 되는데 몸을 망치고 나라를 뒤엎음이 항상 여기서 연유하게 된다. (中略) 이럴 때에 절제하는 도리를 생각지 않고 탐락(耽樂)만을 일삼으면 비록 한때는 마음에 상쾌할런지 모르지만, 재앙은 마침내 하늘에 넘치게 될 것이다. 사실 밤새워 전전긍긍하여 일심으로 도모하여 치화(治化)는 위에서 행해지고 풍속은 아래에서 아름다워지면 사방의 민서(民庶)는 너 나 없이 즐기며 태평 속에서 누리게 될 것인데, 이는 정자의 이름을 바꾼 본의(本意)로 깊이 경계하는 뜻을 붙인 것이니 취승의 뜻보다 낫지 않겠느냐? 옛날 이백(李白)의 궁중행락(宮中行樂)의 글에 '군왕은 즐거운 일 많으나 되려 만방(萬方)과 같이해야 한다네.' 하였는데 이는 그 임금으로 하여금 백성과 함께 즐기려 함이니 옛사람의 풍자하여 간하던 뜻은 바로 나의 오늘날의 마음이다. (下略)"[182]

취규정(聚奎亭)

존덕정 옆길을 따라 북으로 오르다 보면 낮은 능선에 비교적 넓은 길이 있어 옥류천을 인도하는데 몇 발자욱 가는 길목에 취규정이 홀로 서있다. 이 정자는 1640년(인조 18)에 세웠다.[183] 취규정은 후원에서 두 번째로 높은 곳에 있는데 취규(聚奎)란 말은 규성(奎星)에 모인다는 뜻이다. 규성은 우주의 일월성신 28수(宿) 중 서방 7사(舍)에 속하는 우두머리 별 규수(奎宿)를 말한다. 서방 7사는 추분 날 초저녁에 동쪽 지평선 위로 떠오르는 별이다.

취규란 "규성(奎星: 규수라는 별자리)에 모인다는 뜻인데, 규성은 학문과 문장을 관장하는 별이므로 이 별이 밝으면 천하가 태평하다고 했다. 송나라 태조 5년(967)에 금성, 목성, 수성, 화성, 토성 다섯 개의 별이 규성에 모였는데 이후부터 천하가 태평해졌다는 고사에서 이 이름을 지었고, 학문을 좋아하는 선비들이 모여드는 곳이라는 의미를 담고 있는 것이다.[184] 그래서 조금 높은 곳에 이 정자를 지었으리라 본다.

▶ 취규정

능허정(凌虛亭)

취규정 서쪽에 위치하며 1691년(숙종 17)에 건립하였다.[185] 능허란 "허공(하늘)에 오른다."라는 뜻과 같이 후원에서 가장 높은 곳(해발 90m)에 자리 잡고 있다. 「동궐도」에서 능허정 서쪽에 보이는 담장은 후원의 서쪽 경계로 이 담장은 북쪽으로 능선을 따라 이어져 다시 동으로 돌아 창경궁까지 한울 안으로 넣는 후원 경계 담이다. 능허정에도 여러 임금이 아름다운 경치를 노래한 시들이 남아있다.

▶ 능허정

▶동궐도상의 능허정

숙종 임금의 「능허재설시(凌虛齋雪時)」에

風吹一夜 滿瑤塵 踏雪登樓霽景新
最是上林 奇絶處 天岩萬樹總如銀

하룻밤 바람이니 아름다운 누(樓)에 눈빛이 가득하여 눈 밟고 다락에 오르니 눈
갠 경치 새롭구나.
무엇보다 상림(上林)의 절경은 수많은 바위와 숲이 모두 은과 같음이라.186

정조의 어제 「능허정모설(凌虛亭暮雪)」시가 있다.

세색(歲色)은 높고 해는 저물려 하는데
가벼운 눈송이 예쁘기도 하구나
잠깐 사이에 산과 들에 뿌리고 지나가니
나무에 핀 설화가 앞뒤로 감쌌네187

순조가 쓴 「능허설제(凌虛雪霽)」시에

옥같이 아름다운 눈 쌓인 곳에 세상은 씻기 우고

눈 개자 날씨는 차고 달빛 새롭다

능허정에 와 앉아 바라보노라니

도성의 나뭇가지들 모두가 은빛이로구나.[188]

능허정의 설경은 후원에서 가장 아름다워 역대 임금들이 눈 올 때면 주로 이곳을 찾았던 것 같다.

옥류천(玉流川)

관람정 동쪽 옆길을 따라 북쪽으로 조금 오르면 낮은 능선이 있는데, 능선길 서쪽으로 따라가다 취규정(聚奎亭)을 조금 지나면 북쪽으로 약간 가파른 내리막길이 나온다. 그 내리막길에서 멀지 않은 곳에 옥류천이 있다. 옥류천은 1636년(인조 14) 가을에 넓은 바위 소요암(逍遙岩)에 둥글게 홈을 파 흐르게 하여 흐르는 물에 술잔을 띄워 유상곡수(流觴曲水)를 즐기기 위하여 만들었다.[189] 옥류천은 창덕궁 후원에서 가장 깊은 곳에 있는데 그 주변에 지형에 따라 다섯 개의 정자를 배치하여 아름다운 자연경관에 걸맞은 조형미를 연출하였다. 그리고 옥류천 곁에 어정(御井)이 있는데 물이 깨끗하고 달다 했다. 옥류천 북쪽에

▶옥류천

▶옥류천(玉流川)이라는 인조
의 어필과 숙종의 어제시가
새겨진 옥류천 바위

태극정(太極亭)이 있고, 태극정 서북쪽에 후원에서 유일한 초가지붕 청의정(淸漪亭)이 있다. 옥류천 동쪽에 소요정이 옥류천과 마주 보고 있으며, 소요정 동쪽에 농산정이 있고, 농산정(籠山亭) 남쪽으로 취한정(翠寒亭)이 있다. 옥류천 물은 소요정(逍遙亭) 앞에서 폭포수가 되어 떨어진다.

옥류천에 있는 커다란 바위 밑에 '玉流川'이란 글씨는 인조의 어필이고, 그 바로 위에 새겨진 시는 숙종의 어제, 어필(御製, 御筆)이다.

飛流 三百尺

飛落 九天來

看是 白虹起

飜成 萬壑雷

흩날리는 물길 삼백 척

저 멀리 구천에서 떨어지네

보아하니 흰 무지개 일고

온 골짜기에 번개 치듯 요란하구나[190]

정조가 단풍정(丹楓亭)에서 무신들의 시강(詩講)을 마친 뒤에 관찰사가 서울과 지방의 각 고을 수령의 치적을 심사 평가하여 올린 평가서(전최: 殿最)를 개탁(開坼: 뜯어봄)한 뒤에 용무로 임금을 알현하러 온(등연: 登筵) 중신들과 옥류천에 이르러 폭포수를 구경하며 시 한 수를 남겼다.

백 줄기 청천(淸泉)이 솟으니

증운(蒸雲)이 감히 날지 못하누나

우연히 작은 모임 이루어

만량(晩涼)을 나눠주어 보내노라.[191]

소요정(逍遙亭)

▶ 소요정

　취한정의 서쪽에 있고 옥류천 동쪽에 위치하여 옥류천과 마주하고 있다. 옥류천에서 흥취를 머금은 물은 소요정 앞에서 폭포수로 떨어진다. 1636년(인조 14)에 건축하여 탄서정(歎逝亭)이라 했는데, 후에 소요정으로 바뀌었다.[192] 소요란 산책을 말함인데 "마음의 여유를 가지고 거닐어 돌아다닌다."라는 뜻으로 마음이 속세를 떠나 유람하는 상태를 이름이다. 순조 임금은 옥류천 주변의 정자 중에서 소요정을 가장 으뜸으로 꼽았다.

　숙종은 「소요관천(逍遙觀泉)」이란 시를 남겼다.

　　樹綠高亭 日正悠 閑看洞壑 玉泉流
　　別有此中 無限興 傳觴曲水 滌幽愁

　　푸른 나무 높은 정자에 해는 긴데 한가로이 동학(洞壑)의 옥천류를 지켜본다
　　이 중에 한없는 흥 따로 있나니 술잔 전한 굽이진 물 시름을 씻네.[193]

정조 임금이 「소요정에 이르러 폭포를 구경하고 거문고 소리를 들으면서 벽상의 운에 화답하다(到逍遙亭觀瀑 聽琴次壁上韻)」라는 시에

　　　　林端飛沫 濺鳴琴 空翠濛淰 小閣深
　　　　偶然諸君 同此席 逍是無心 却有心

　　　　나무 위로 흩날리는 물보라 울리는 거문고에 뿌려지는데
　　　　푸른 하늘 어둠은 작은 정자에 깊어가네.
　　　　우연히 제군과 자리를 함께하니 도란 본시 무심한 것인데
　　　　오늘따라 도리어 유심해지누나194

정조 임금의 「소요정기」에

　　　정자를 소요로 이름 지은 것은 마음과 땅이 서로 맞았기 때문이다. 마음이란 사물이 아니지만, 능히 물(物)에 소요하게 되는데 그럴만한 땅을 얻지 못하면 비록 소요하고 싶어도 되지 않는 것이다. (中略) 지경(地境)과 마음이 함께 비고, 사람과 물(物)이 서로 맞아 천양(天壤) 사이에 무슨 물건이 또 있는 줄을 모를 정도가 되어야만 나의 마음의 즐김을 이곳으로 옮길 수 있는 것이니 이는 소요정이 소요로 이름을 얻게 된 연유이기도 하다.195 (下略)

　　그러면서 말미에 당부하기를 "가을에 장마가 달포를 끌어 이 정자를 쓰러뜨렸는데 내탕금으로 이것을 다시 세우면서 이 정자는 단순히 한가롭고 여유로운 생활을 즐기기 위함이 아니라 임금이 여유롭게 국정을 구상하여 나라를 경영함에 도움이 되고자 하는 것이다."라는 뜻을 밝히고 옛 모습을 잃지 않도록 당부하였다. 소요정의 아름다움은 역대 임금의 시흥을 자극하여 많은 시를 남겼다.

　　순조가 쓴 「소요관천」 시도 남아있다.

　　　　綠陰芳草 日悠悠 噴玉飛泉 九曲流

閑坐逍遙 亭上看 心淸意潔 滌憂愁

녹음방초 해는 길고 긴데 옥을 뿜는 비천은 아홉 구비 흐른다.
한가롭게 소요정에 앉아있으니 마음 맑고 생각이 깨끗하여
시름이 씻겨지는구나 **196**

순조의 '소요정에서 금직학사를 불러 난정(蘭亭)의 수설(修禊)을 모방하다'라는 「逍遙亭 召禁直學士倣 蘭亭 修禊序」 서(序)에 이르기를

"원(苑) 중에는 밭이 있는데 길이는 겨우 40보이고 넓이 또한 70보이다. 그 곁에 정각(亭閣)을 지었는데 이름하여 관풍(觀豊)이고, 그 북쪽에 단(壇)을 쌓았는데 이름하여 춘당(春塘)이다. 앞에는 일무(一畝) 남짓한 못이 있어 백연담(白蓮潭)이고, 못에서 장원봉까지는 수백 보가 됨직한데 여기가 사후(射帿)하는 장소이다. (帿: 활 쏠 때 과녁으로 쓰는 천) 그리고 서쪽에 정자가 있어 관덕정(觀德亭)이고, 이 정자에서 2리쯤을 돌아가면 우물이 있어 이름이 옥류천이며, 골짜기 이름 역시 옥류동(玉流洞)이다."**197** (하략)

신하들과 더불어 술잔을 나누며 회포를 풀면서 단순한 유흥이 아니라 현사들과 더불어 뜻을 펴보려는 것임을 일깨우고 밤 늦도록 시를 짓고 노래를 불렀다.
끝맺음하기를

終日盡飮 玉兎已於東嶺 金鳥將暮 於西山
諸臣各扶 醉而歸徹御前 金燭一枚 道文焉

종일토록 진탕하게 마시고 즐겼다. 달(玉兎)은 이미 동령(東嶺)에 밝아오고 해는 곧 서산에 지려는데 제신들은 각자 술에 취하여 돌아갔으므로 어전의 금촉 한 자루를 들어 앞서 인도하게 하였다.**198**

후원 관풍정 근처에 밭을 일구고 가꾸었으며, 춘당대는 무관들의 훈련장소로 썼음을 밝

했다. 소요정에는 성종의 어필과 선조의 어필, 인조의 어필을 계판하였다.

성종의 어필

遠上寒山 石巡斜 白雲深處 有人家
停車坐愛 楓林晚 霜葉紅於 二月花

멀리 한산에 오르려니 돌길은 비탈졌는데 흰 구름 깊은 곳에 인가있더구나
수레 멈추고 단풍 저물어 감을 아까워하는데 서리 맞은 잎은 2월의 꽃보다 붉더구나.

선조의 어필

富貴良非願 林泉畢比生
酒因隨量飮 詩或偶然成
秋水和烟釣 春田帶雨耕
頹然無絳塔 且石費經營

부귀는 나의 바람이 아니니 임천(林泉)에서 이생을 바치려네
술은 양대로 마시나 시는 혹 우연히도 이루어진다네
가을 물에선 연기와 섞여서 낚고 봄밭에서 비를 띠고 간다네
무봉탑 기울었으나 손을 쓰려 하지도 않네

인조의 어필

林下風煩

수풀 아래에선 바람이 스산하다.[199]

취한정(翠寒亭)

옥류천 입구에서 제일 먼저 만나는 정자가 취한정이다. 취한은 "푸른 소나무들이 추위를 무시한다."라는 뜻으로 이 무렵에는 소나무가 많아 여름에도 한기를 느낄 정도였다고 한다. 건축연대는 자세히 알 수 없으나 옥류 천 부근의 정자 가운데 규모가 가장 크다.

숙종은 취한정의 여름 경치를 보고 「취한정제영(翠寒亭題詠)」이란 시를 남겼다.

森森簇簇 總環亭 冒雲凌寒 色愈靑
愛汝獨持 君子節 不渝夷險 一心貞

나무들이 촘촘하게 정자를 둘렀는데
눈을 무릅쓰고 추위 견디며 빛 더욱 푸르구나
네 홀로 군자의 절개 간직함이 사랑스러운데
편안하거나 위태로움에도 흐려 짐 없이 한마음 곱구나.[200]

▶ 취한정

정조는 숙종의 이러한 시운을 공경하여 화답하는 시를 지었다.

澗翠空濛開畵境 庭松偃蹇鬧琴聲

佳山未許遊人到 可愛幽禽隔樹鳴

안개 자욱한 푸른 시냇물 그림 같은 경관이 열렸는데 뜰에 비스듬히 누운

소나무 거문고 소리 시끄럽다.

좋은 산수엔 노는 이의 발길을 허락하지 않으니

사랑스러운 새들만이 저만치 나무에서 우네 **201**

농산정(籠山亭)

취한정의 서북쪽에 있다.

취한정을 지나 북쪽 길로 접어들어 작은 돌다리를 하나 건너면 농산정이다. 농산이란 산
으로 둘러싸였다는 말인데 그만큼 아늑한 곳에 자리 잡고 있으며, 유사시 임금이 머물 수
있도록 온돌방과 마루를 갖추고 있다. 취침은 물론 간단한 음식을 만들 수 있는 부엌도 갖

▶농산정

추었다. 정조는 황단에 제사 지낼 때 이곳에서 재계하였고, 사도세자 묘인 현륭원(顯隆圓) 참배 갈 때 모친 혜경궁을 모시고 가는데 가마 매는 연습을 후원에서 하고 농산정에서 수행한 신하들에게 음식을 하사한 일이 있다.[202] 순조 임금은 여러 차례 과거시험을 통하지 않고 조상들의 공덕으로 벼슬살이하는 음관(陰官)들에게 임시 과거시험을 보게 하여 떳떳하고 당당한 벼슬길을 열어갈 수 있도록 기회를 주었다.[203] 「동궐도」에는 농산정 남쪽으로 산울타리를 하여 외부와 차단하고 독립된 뜰을 형성하였는데 지금은 없다. 임금의 임시처소로 사용할 수 있는 별당의 성격을 띠고 있기 때문에 반드시 울타리가 있었을 것이다.

태극정(太極亭)

옥류천 북쪽에 태극정이 있다.

1636년(인조 14)에 지었는데 서쪽에는 작은 연못이 있다 했다. 옛 이름은 운영정(雲影亭)이었는데 이름을 바꾸었다.[204] 태극정 앞 개울에 태극이 새겨진 돌확이 있어 이 정자의 명칭이 가지고 있는 의미를 표상하고 있다. 지금은 사방이 터진 정자이나 「동궐도」 상에는 분합문이 사면에 달려있다. 서쪽에 있다는 작은 연못도 지금은 없다. 태극은 우주 만물의 근원이다.

▶ 태극정

숙종은 태극정, 소요정, 청의정의 아름다운 경치를 보고 「상림삼정기(上林三亭記)」를 지었다.

지난날 우리 성조(聖祖)께서 산수를 사랑하셔서 상림의 맑고 그윽한 곳에 땅의 편의를 보아 세 정자를 지었는데 태극, 청의, 소요가 바로 그것이다. 또, 정자의 곁에는 못을 파서 물을 대고 돌을 뚫어 샘물을 끌어들였는데 규모는 그리 크지도, 사치스럽지도 않았으나 경치는 매우 아름다웠으니 이는 실로 세 정자의 장관이라 하겠다. 그러나 마침 오랫동안 내리던 비가 개고 훈훈한 바람이 남에서 불어오면 폭포는 날의 듯이 흐르고 골짜기는 우레를 이루는데, 비록 여산(廬山)과 난정(蘭亭)이라 하더라도 어찌 이보다 나을 수 있으랴205 (下略)

고종 21년 갑신정변 때 고종임금은 이곳으로 난을 피해왔다.
정조가 지은 「태극정시」가 있다.

積雨初收晚日妍 生來高閣聽新泉
泉聲渾與心俱淨 耐許纖塵到此筵

계속되던 비가 개자 석양이 아름답구나. 높은 누각에 올라
신선한 샘물 소리를 듣는데, 물소리는 마음과 함께 담담한데
속세의 티끌을 이기고 이 자리에 이른다네206

선조의 어필도 여기에 걸려있다.

三顧頻繁天下計兩朝開齊老臣心

삼고초려 빈번히 행했던 것은 천하를 도모하고자 함이요
양조(兩朝: 유비와 아들 유선)를 도운 것은 늙은 신하(제갈공명)의 마음이었네207

청의정(淸漪亭)

▶ 청의정

태극정 서쪽 옥류천 북쪽에 있는데 1636년(인조 14)에 작은 연못을 파고 가운데 섬을 만들어 거기에 정자를 지었다.

청의란 '맑은 물결'이란 뜻인데 이 정자에 선조의 어필 현판이 달려있었다.

春服初成 麗景遲
步隨流水 玩淸漪

봄옷이 처음 만들어지니 따뜻한 해는 길고 긴데
흐르는 냇물 따라 거닐면서 맑은 물결 구경하네 **208**

이 현판은 지금 국립고궁 박물관에 보관 중이다.

청의정은 후원에서 유일하게 초가지붕을 이고 있어 지붕이 가볍기 때문에 기둥과 서까래가 다른 정자에 비해 가늘다. 그래서인지 농촌의 모정처럼 시원한 느낌을 준다. 『궁궐지』에는 청의정에 작은 연못이 있는 것(池中築島)으로 기록되어있는데 지금은 작은 논으로 벼가 자라고 있다. 언제부터인지는 몰라도 못이 메워져 수심이 얕아지고 못의 기능이 없어지자

매년 초가지붕으로 갈아 이는 번거로움 때문에 아예 주변에 벼를 심어 저간의 어려움을 해결하려는 의도에서 고안된 발상이 아닌가 싶다.

정조가 지은 「청의정」 시에 이르기를

방초(芳草) 명화(名花)는 늦게야 개었는데
홈통의 구슬 같은 거품에서 새로운 소리가 요란하구나
여울물 구경에 방편 있어 오래도록 머물자니
대궐 숲에 저녁노을이 비칠 때까지 있었네.209

정조의 또 한 편의 시 「淸漪亭 賞花日 吟示在筵諸臣詩: 청의정 상화일(賞花日: 꽃구경하는 날)에 읊어서 연석에 있는 제 신하에게 보이다」라는 시에

彈琴花底石 携釣水中亭
雅會仍探勝 雲端畫鵠聽

꽃 아래 돌에서는 거문고를 타고 물 가운데 정자에서는 낚시질하네
아름다운 이 모임은 그대로 명승지를 탐방하는 모임되었구나
구름 끝에서 화곡(畵鵠: 과녁)의 소리 들리네210

청의정은 건축 기법상 기교는 없으나 그 별난 특색으로 옥류천 주변 경관의 한 단면을 각인해주고 있는 것은 사실이다.

산단(山壇)과 부군당(府君堂)

불교를 억압하고 유교를 숭상하였던 조선 초기에도 사대부가나 왕실에서조차 사라지지 않고 눈치를 보아가며 틈틈이 부타에 발원하는 신앙이 그 잔뿌리를 번성시켜가고 있었다. 더구나 수천 년 이어온 우리 민족 토속신앙은 별 제약 없이 민중의 생활 속에 배어있었다.

산신제니, 기우제니 풍년제 같은 것들이 그것이다. 유교를 숭상하던 조선 시대에도 토속신앙은 변함없이 궁중이나 일반 대중 속에서 오히려 더욱 활발하게 번성하고 있었다. 오랜 전통을 지녀온 불교가 박해를 받으면서 토속신앙이 더욱 활기를 띠었는지도 모른다. 산단은 궁 안에서 산신령에 제사를 지내는 제단이다. 인조가 산단에서 기우제를 지냈고, 정조는 제사를 지내면서 아악을 연주하게 했다. 임금이 제단에 직접 제사를 지내는 것은 국가 공식 행사나 다름없다. 산단은 연경당 서북쪽에 있다. 능허정 서쪽 담장을 따라 남쪽으로 내려오면 부군당(府君堂: 또는 付裙堂)이라는 작은 집이 보인다. 부강당(富降堂)이라고도 하는데, 증보 문헌 비고에는 "본조 풍속에 도하 관부들에게는 으레 수호신을 모신 한 작은 숲을 두고, 그 사단에 지전을 걸고 부군이라 일컫는다."라는 기록이 있다. 부군이란 칭호는 한(漢)나라 태수의 칭호였다고 하는데, 그런 이름을 사용한 사유가 모호하며 옛날 관청 내에 두었던 사당 이름이 부군당이었음이 『열려실기술』에 기록되어있다. "서울 안에 있는 관청에는 으레 작은 집 하나를 마련해두고 지전(紙錢)을 빽빽하게 걸어두어 부군당이라 부르며 서로 모여 제사를 지냈다."라고 했다.[211]

원래 부군당에 봉안된 부군신은 마을을 보호하는 무신적(武臣的) 성격을 띠고 있다. 무당이 입는 무복(巫服)이 장군의 복식인 구군복(具軍服)이라는 점에서 알 수 있다. 이 부군당은 주로 서울과 경기 지역에서 마을의 수호신을 모시는 신당(神堂)이었다. 부군당의 제사

▶동궐도상의 산단과 부군단

는 봄, 가을에 마을에서 공동으로 지냈다. 이것이 관청에서 복을 빌기 위한 사당이 된 것이다. 성균관 유생들에게 제공하는 양식을 맡아보는 관청인 양현고(養賢庫) 안에 부군당이 있어 제사를 지내왔다. 중종 때 대간(臺諫)에서 이를 문제 삼았으나 임금이 이를 간과해버렸다.[212] 궁궐에서도 후원에 부군당을 짓고 제사를 지내며 왕실의 번영을 빌었던 것이다.

황단(皇壇)·대보단(大報壇)

▶동궐도에 그려진 대보단(황단)

「동궐도」에 황단이라 표시된 이 제단은 숙종 30년(1704년) 9월 25일에 시작하여 12월 24일 완공된 것이다. 옛 내빙고(內氷庫) 자리에 지었는데, 대보단(大報壇)이라고도 한다. 임진왜란 때 파병해준 명나라 신종(神宗) 황제를 제사하기 위하여 예조, 공조에 명하여 창덕궁 후원 서쪽 요금문 밖 별대영(別隊營)의 창고를 철거하고 그 자리에 단을 만들었다. 명나라의 은혜에 보답하는 제단이라는 뜻이다. 창덕궁의 서북쪽에 있는데 남쪽에는 열천문(洌泉門)과 공북문(拱北門)이 있고, 동쪽에는 조종문(朝宗門)이 있다. 의춘문(宜春門)에서 금원(禁苑)을 따라 조종문(朝宗門)으로 나가면 단에 이른다.[213] 이미 명나라는 망하고 청조가 들어서 힘에 의한 청(淸)의 지배를 받고는 있었으나 마음속에 명나라를 섬기는 정성은 지극하였다. 병자호란 때 겪었던 치욕의 상처가 너무 컸기 때문에 명조에 대한 그리움이 더 했는지도 모른다. 1705년(숙종 31) 3월 9일에 대보단에 나가 명나라 신종제에 제사를 지냈는데, 임금이 의춘문으로부터 궁중후원을 따라가다가 서쪽으로 조종문을 나와 제단이 있는 곳에 이르러 제사를 지낸 기록이 있다. 영조는 대보단을 세운 지 45년 만에 크게 수리하여 다시 짓고, 1749(영조 25) 명태조와 의종(毅宗)도 함께 제사 지냈다.[215] 제사 때는 아악을 연주했는데 황제의 예에 따라 팔일무(八佾舞)를 추었고, 악장은 문묘(文廟: 공자사당)의 악장을 썼다.

우리는 오랜 역사 속에 중국의 영향력에서 벗어나지 못했다. 이 황단은 경복궁의 사직단과 외형이 비슷하게 만들어졌는데, 매년 3월에 제사를 지냈다. 임금이 제사 지낼 때에는 대보단 동쪽 창덕궁 후원에 있는 만세송은(萬世誦恩)이란 어제실에서 재계하였다.

『숙종실록』에 보면

"대보단이 준공되었는데 단은 창덕궁 금원의 서쪽 요금문(曜金門) 밖 옛날 별 대영의 터에 있었다. 단의 제도는 좌의정 이여(李畬)의 말에 따라 우리나라 사직의 제도를 모방하여 제단 둘레에 낮은 담을 쌓고 장(墻)이 있는데 담장 높이는 4척으로 사직단에 비하여 1척이 높고, 정방형으로 한 변의 길이가 25척이며 네 면에 모두 9단계의 층계가 있었다. (이것은 중국 천단의 계단 수에 맞춘 것 같다). 유(壝)와 장의 네면은 모두 37척이요, 제단이 있는 곳으로 터 외장(外墻)을 쌓아 행인이 내려다보지 못하게 하였다. 10월 초삼일로부터 역사를 시작하여 이때에 이르러 공사를 마쳤는데, 예조판서 민진후(閔鎭厚), 공조판서 서종태(徐宗泰), 호조판서 조태채(趙泰采) 등이 시종 감독하였다.[216]"

황단에 제사 지내는 의식은 조선왕조 마지막 임금 순종 때까지 계속되었다. 1908년(순종 1)에 개정된 제사제도 칙령이 제정 공포되어 폐지되고, 일제는 그 자리에 새 선원전을 짓고 신선원전(新璿源殿)이라 불렀다. 임진왜란 때 우리나라를 도왔다 해서 만든 고깝잖은 제단도 없애고, 창덕궁을 연회장이나 유원지로 개발해가던 그들의 의도와 걸맞지 않은 역대 임금의 혼전인 본래의 선원전을 후원으로 옮겨 공간을 유용하게 활용하려는 이중의 효과를 노린 것이다.

○ 봉실(奉室): 대보단의 동쪽에 있는데 삼실(三室: 신종, 명태조, 의종)의 위판(位版)을 봉안하고 있다.[217]

○ 경봉각(敬奉閣): 대보단의 서쪽에 있는데 황조(皇朝)의 어제, 어필 및 황조 사적(事蹟)을 봉안하고 있다.
경봉각과 흠봉각(欽奉閣)은 영조의 어필을 편액하였다.[218]

○ 만세송은(萬世誦恩): 조종문 밖에 있는데 어재실(御齋室)을 말한다. 숙종이 지은 『사자교소기(獅子橋小記)』에 보면 황단에 제사 지내기 위하여 궁궐 담을 헐고 문을 세워 조종문(朝宗門)이라 하고, 그 안에 돌다리를 만들어 연을 타고 갈 수 있도록 하였다. 다리 왼쪽에 작은 바위 하나가 엎드려 있는데 마치 사자가 돌아보는 형상이라 그 다리 이름을 사자교라 하였다.[219]
1765년(영조 41) 3월 영조가 쓴 『대보단 중수후소지(大報壇 重修後小識)』에

"지난 갑신(甲申: 1704)년 겨울에 금원에 단을 설치하고 기미년(己未年: 1739) 봄에는 신실을 지었으며, 신유(辛酉: 1741)에는 악기를 만들고 을축(乙丑: 1745)년 봄에는 재전(齋殿)을 지었다. … 또 삼간(三間) 정실(淨室)을 단의 동쪽 찬만대(饌幔臺)의 곁에 세우고 봉실이라 이름하여 신좌(神座)와 신탑(神榻)을 봉안하고 옛날의 신실(神室)을 향실(香室)이라 이름을 바꾸고, 제사 때에는 향축(香祝)을 봉안하고 평일에는 제기(祭器)를 보관하도록 하였다. … 단의 오른쪽 담장밖에는 전사청(典祀廳) 재생소(宰牲所)와 악공청(樂工廳)을 지어 수복(守僕) 두 사람을 두었으되 황조인(皇朝人)의 자손이 아니면 맡기지 못하게 하였고 모든 의문(儀文)도 많이 첨삭(添削)을 가하였다.[220] (하략)"

숭정(崇禎) 기원후 122년 기사(己巳: 1749) 초여름 홍무정운(洪武正韻)을 어필로 편액하였다.[221]

몽답정(蒙踏亭)과 괘궁정(掛弓亭)

대보단 안에 세워진 신 선원전 경내에는 몽답정과 괘궁정이 있다. 괘궁정은 선원전 서쪽에 있는데, 활터에 세운 정자로 '활을 걸어 놓은 정자'란 뜻으로 평소에 활을 걸어 놓았던 곳으로 짐작된다. 정조 임금은 자신이 활을 잘 쏘아 50발 중 49발을 맞추는 발군의 실력을 갖추고 있었다. 정조는 문무를 갖춘 인재를 양성하기 위하여 신하들에게도 활쏘기를 권장하였다. 규장각의 여러 신하에게 춘당대에서 활쏘기를 하여 50발 중 4발도 못 맞춘 신하들에게 북영에서 하루에 100발씩 쏘아 20발 이상 맞출 때까지 귀가시키지 않고 연습을 계속하도록 하였다. 정약용도 1791년(정조 15) 북영에서 숙박하며 활쏘기 연습을 했다.[222]

몽답정은 1759년(영조 35)에 창덕궁의 서북쪽에 있는 훈련원의 군영인 북영(北營)에 지은 정자다.[223] 훈련대장 김성응(金聖應)이 지었는데, 영조 임금이 대보단에 행차하였다가 이 정자를 보고 몽답정이라 이름을 내렸다. 정자이면서 마루와 큰 방을 갖추고 있어서 가을과 겨울에도 활용할 수 있는 후원에서 가장 큰 정자이다. 맑은 물, 시원한 바람 그리고 우거진 수목과 함께 아름다운 경관이 잠시 세상 시름을 덜어줄 만한 요새이었던가? 1795년(정조 19) 임금은 신하들의 접근조차 금지하고 몽답정에서 하루를 묵으면서 답답한 심사를 풀었다. 이때 정조는 떠나면서 이렇게 지시를 내렸다. "연꽃이 흐드러지고 비 갠 뒤에 더위가 물러갔으니 정녕 유쾌하게 이야기할 수 있는 계절이다. 그러므로 북쪽 영문의 몽답정에 가서 밤을 자면서 오직 울적한 심사를 풀려고 한다.[224]" 몽답정이란 이름에 대하여『동국여지비고』에는 "훈국 북영 안에 있는데 천석(泉石)의 승경(勝景)이 있다. 숙종이 일찍이 꿈에 이 정자에 행차한 일이 있었기 때문에 지금 이름을 하사한 것이다. 또 사정(射亭)이 있는데 괘궁정이라 하며 연꽃 구경하는 정자를 군자정(君子亭)이라 한다."라고 했다.[225] 이 정자를 지은 것은 영조 35년인데 몇십 년 전인 전대(숙종) 임금의 꿈에 나타났다는 것은 납득하기 어려운 설명이다.

▶몽답정

▶괘궁정

이제칠정(以齊七政)

　　서경(書經) 순전(舜典)에 재선기옥형(在璿璣玉衡), 이제칠정(以齊七政)이라는 말
이 나온다. 순 임금이 선양(禪讓)의식을 마치고 먼저 천체의 운행을 관찰하여 역법
을 바로잡았다는 뜻이다. 칠정은 일(日), 월(月)과 화, 수, 목, 금, 토(火, 水, 木,
金, 土)의 5성(五星 또는 五常)을 말한다. 서운관(書雲官)에서 해시계를 만들어 올
리니 제당 동편에 대를 만들어 설치하고 각(閣) 안에 물시계를 만들어놓았다. 옥형
의 시보에 오차가 잦아 이것을 바로잡기 위함이었다.

제3장

창경궁

창경궁(昌慶宮) 사(史)

서울특별시 종로구 와룡동에 있는 조선 시대 궁궐로 사적 제123호로 지정되어있다. 궁궐의 위치가 도성의 동쪽에 있기 때문에 창덕궁과 함께 동궐(東闕)이라 부르기도 한다.

1418년(세종 즉위년)에 태종이 임금 자리를 물려주고 태상왕으로 눌러앉으면서 창덕궁 동편 한 자락에 수강궁을 짓고, 1422년(세종 4)에 승하할 때까지 이곳에 거처하였다.[1] 본래의 수강궁(壽康宮)은 고려 공민왕 5년(1356)에 승 보우(普愚)의 진언에 따라 남경(南京)으로 천도할 계획으로 다음 해 2월에 신축한 궁터로 보고 있다. 태종은 세종에게 왕위를 물려주면서 병권만은 가지고 물러났는데, 효심이 지극한 세종 임금은 수강궁에 가까운 창덕궁에 거처하면서 매일 수강궁을 드나들며 병권뿐만 아니라 조정 대소사를 모두 태종의 재가를 받아 처리하였다.

이때의 수강궁은 지금 창경궁 명정전 부근으로 보고 있는데, 1419년(세종 원년)에 대수리를 하여 어느 정도는 정식 궁전의 모습을 갖춘 것으로 보인다.

세종 원년 4월에 수강궁 남쪽 행랑이 준공되고 이어 수강궁 궁문(宮門)의 역사(役事)를 시작하였다. 당시 수군(水軍)과 서울에 있는 군인들을 동원하여 6월에 역사를 마치고 동원된 군인들을 일단 해산시켰다.

그해 7월에 다시 공사를 시작하여 수강궁의 누대(樓臺)와 침실(寢室)을 만들었다. 이와 같이 수강궁은 처음부터 궁궐의 형태가 갖추어진 것이 아니고 점진적으로 궁궐의 형태를 갖추어 가면서 상왕은 정전에서 국사를 보고 대비는 내전 또는 별전에서 거처하게 되었다.

세종은 위로 정종과 태종의 두상왕을 모셨는데 정종은 노상왕(老上王)으로 인덕궁(仁德宮)에 거처하였고, 태종은 상왕으로 수강궁에 거처하였기 때문에 효심이 돈독한 세종은 매일 수강궁, 인덕궁을 빈번하게 왕래한 것으로『실록』은 기록하고 있다.

『궁궐지』에 의하면 인덕궁은 이천의 동쪽 15리에 있는데 1412년(태조 12) 6월에 정종 비 정안왕후(定安王后)가 여기서 승하하였고, 1419년(세종 원년) 9월 26일에 정종이 여기서 승하하였다고 기록되어있다.[2] 그렇다면 어떻게 그 먼 길을 빈번하게 왕래하였을까?『궁궐지』의 기록은 잘못된 것이다. 정종의 능은 해방 전 주소로는 경기도 개풍군 흥교면 흥교리인데 북한의 행정구역은 경기도 판문군 영정리이다. 『궁궐지』에서 말한 인덕궁이 이천에서 동쪽으로 십오 리라면 현재의 능과의 거리는 200리가 넘는 거리이다. 그 먼 길을 상여를 메고 운구(運柩)했다는 것은 상상하기도 힘들다. 정종이 거처한 인덕궁은 개성 백용산 기슭에 있다. 정종은 이곳에 거주하면서 격구, 사냥, 온천, 연회 등으로 한가로운 생활을 즐기다 천명을 다한 것이다.[3] 정종이 승하한 지 272년 동안 묘호(廟號)가 없다가 1681년(숙종 7)에 숙종은 정종이라는 묘호를 올렸다.[4]

세종 2년 7월 태종 비 원경왕후(元敬王后)가 수강궁 별전에서 승하하였고, 세종 4년 5월에 태종은 천달방(泉達坊) 신궁(新宮)에서 승하하고 나서는 수강궁의 사용이 거의 없었다.

세종 8년에 임금이 경복궁으로 거처를 옮긴 뒤에는 수강궁의 사용이 아주 불필요하게 되었다.

그 후 1468년(세조 14) 9월에 병약해진 세조 임금이 잠시 수강궁에 머물다 수강궁 정전에서 승하하고, 예종이 선위 받아 수강궁에서 즉위하였다.[5]

병약했던 예종은 재위 1년여 만에 승하하고, 뒤를 이어 조카인 성종이 제9대 임금으로 등극하였다. 성종은 위로 3대 과부를 모시게 되었는데 조모인 세조 비 정희왕후(貞熹王后)와 생모인 소혜왕후(昭惠王后:덕종 비) 그리고 예종의 계비 안순왕후(安順王后)다. 이 세 분을 위하여 1483년(성종 14)에 구 수강궁터에 건물을 짓기 시작하여, 이듬해 9월에 완공하고 창경궁이라 하였다.

정식 궁전의 위용을 갖춘 것은 이때부터이다. 왕이 정사를 보는 곳이 아닌데 정식 궁전의 격식을 갖춘 이유는 무엇일까?

세조는 슬하에 두 아들을 두었다. 첫째가 의경세자(懿敬世子)이고, 둘째가 해양대군(海陽大君)이다. 첫째인 의경세자는 보위에 오르지도 못하고 19세의 젊은 나이에 세상을 떠났다. 당시 세자의 슬하에는 월산군과 자산군 두 아들이 있었으나 나이가 어려 세자 동생인 해양대군이 18세의 나이에 보위를 이어받으니 이분이 예종이다. 그러나 불행하게도 예종은 병약하여 보위에 오른 지 1년여 만에 승하하고 말았다.

세조 비 정희왕후는 큰아들(덕종: 의경세자)을 잃은 지 11년 만에 남편을 잃었고, 다시 1년여 만에 둘째 아들을 잃었다. 예종이 네 살된 제안대군을 남겨두고 승하하자 대를 이어갈 만한 세조의 직계후손은 월산군과 자산군뿐이었다. 친자식인 제안대군이 보위를 이어가야 하나 이제 네 살밖에 안 되어 덕종의 장남인 월산군이 보위를 이어가야 했다.

그럼에도 불구하고 둘째 아들인 자산군이 보위를 이어간 데는 세조 비 정희왕후와 친모인 인수대비의 역할이 컸다. 의경세자(덕종)가 보위에 오르지도 못하고 일찍 세상을 떠났으나 세조는 월산군과 자산군을 한동안 궁중에서 길렀다. 월산군은 병약했으나 자산군은 건강했으며 영특하고 담력이 있었으므로 세조의 총애를 받았다. 거기에 인수대비는 세조의 신임을 돈독하게 받고 있는 조정 실세인 한명회의 딸을 자산군의 아내로 맞아 주변을 다졌다. 예종이 승하하자 자성(慈聖: 세조 비)인 왕대비가 강녕전에 나아가 신숙주, 한명회, 홍윤성 등에 하교하기를

"원자(제안대군)는 강보에 있고, 월산군은 평소에 병이 있었다. 자산군이 비록 나이는 어리나 세조께서 매번 그의 그릇과 도량이 태조 대왕과 닮았다고 칭찬하였으니 그를 세워 뒤를 잇게 하는 것이 어떻겠는가?"

하니 신숙주 절하며 아뢰기를 "사직의 계책이 정해졌습니다." 하였다.[6] 한명회야 사위가 보위에 오르는 것이고 신숙주는 한명회와 사돈 간이다. 한명회 큰딸이 신숙주의 며느리가 된 것이다. 홍윤성은 한명회의 심복 중 심복이다. 이론의 여지가 있을 수 없는 사람들이었다. 이렇게 하여 성종은 13세의 어린 나이에 보위를 이어받았다.

세조 비 정희왕후에게 있어서는 큰며느리 인수대비와 작은며느리 안순대비는 일찍 청상과부가 되어 너무도 측은하고 가여운 며느리들이었다. 더구나 정희왕후는 불심(佛心)이 깊어 세 고부간의 우애는 지극하였다.

이 세 대비는 성종에게는 할머니요, 친어머니요, 작은어머니였다. 거기에 어린 나이에 보위에 오르고 보니 대비들의 수렴청정이 불가피했다. 눈에 넣어도 아프지 않을 귀여운 손자요, 아들이 보위에 오른 데다 수렴청정을 하게 되니 세 대비의 위상은 지존 위에 있었다. 더구나 성종은 어릴 적부터 효심이 지극하여 세 대비를 하늘같이 모셨다.

그러니 조정 대소사는 당연히 세 대비의 손안에 있었다. 이와 같이 지존 위에 있는 세 대비를 모시는 처소는 당연히 궁궐이어야 했다.

창경궁은 이렇게 하여 또 하나의 궁전으로 탄생한 것이다. 인수대비의 처소가 문정전이었는데, 정희왕후가 살아 입궁하였다면 그의 처소는 분명 정전인 명정전이었을 것이다.

이때 세 대비는 경복궁에 있었기 때문에 성종은 창덕궁에서 문안 왕래가 불편하였으므로 좀 더 가까이 모시기 위하여 수강궁터에 창경궁을 새로 지은 것이다.

건물이 완성되어 입주할 때에는 정희왕후는 이미 온양행궁에서 승하한 뒤이어서 인수대

비와 안순대비 두 분만을 모시게 되었다.[7]

수강궁 수리를 시작한 동기는 중전(성종 비)이 있어야 할 내정전(內正殿)에는 정희왕후인 대왕대비가 머물고 있어서 중전은 아주 협소한 곳에 머물게 되니 민망한 나머지 대왕대비가 수강궁으로 거처를 옮기고자 하여 이루어진 것인데 막상 입궁할 무렵에는 대왕대비는 승하한 후였다.

성종은 대신(大臣) 서거정(徐居正)에 명하여 전각의 이름을 짓게 하였는데, 전(殿)은 명정전(明政殿), 문정전(文政殿), 수녕전(壽寧殿: 지금은 없다), 환경전(歡慶殿), 인양전(仁陽殿: 今涵仁亭), 통명전(通明殿)이오, 당(堂)은 양화당(養和堂), 여휘당(麗暉堂:今無)이오, 각(閣)은 사성각(思誠閣)이오, 정(亭)은 환취정(環翠亭: 今無) 등이다.[8] 환취정 터는 통명전 후방 층대 위에 있다. 동쪽의 정문은 홍화문(弘化門), 홍화문 안에 있는 돌다리는 옥천교(玉川橋), 홍화문 동북쪽에 있는 담장 문은 통화문(通化門), 북쪽 궁문은 집춘문(集春門), 동남쪽 궁문은 선인문(宣仁門)이라 하였다. 창경궁 기(記)는 성종 15년 3월 20일에 우부승지(右副承旨) 김종직(金宗直)이 썼다. 이렇게 하여 궁의 둘레는 4,325자이고, 담장의 높이는 왕의 전교에 의하여 바깥 담은 한 키 반(一身半)으로 하고 안담은 한 키(一身)로 하였다.[9] 원래 창경궁은 창덕궁에 소속되어있어서 확연하게 경계를 말하기가 어렵다.

태조 이성계가 거처하다 승하한 광연전(廣延殿)은 건양문(建陽門: 창덕궁 東門)밖에 있었는데 광연전의 소속이 창덕궁이라 할 수도 있고, 창경궁이라 할 수도 있다.

그러므로 성종 때 창경궁을 세우기 전까지는 수강궁을 비롯한 건양문 근처의 전각들이 창덕궁 소속인 것으로 볼 수 있다.

창경궁의 모든 공사가 끝난 것은 성종 15년 9월 27일이었는데 정희왕후는 성종 14년 3월 30일 온양행궁에서 승하하고, 소혜왕후(昭惠王后: 덕종 비)는 20년간 창경궁에서 거처하다 1504년 연산군 10년 4월 27일에 경춘전(景春殿)에서 승하하였다. 안순왕후(예종 비)도 이 궁에서 연산군 4년에 승하하였다.[10]

성종 5년 왕비 공혜왕후 한씨(恭惠王后 韓氏: 한명회의 딸)는 구현전(求賢殿)에서 승하하였다. 이 구현전은 원래 광연전 터로, 성종 17년에 춘궁(春宮)이라 개칭하였다가 후에 저승전(儲承殿)이 되었으며 숙종 9년에 현종 비 명성왕후(明聖王后) 김씨가 역시 이곳에서 승하하였다.

연산군은 재위 기간 내내 방탕한 생활을 즐기다 1506년 중종반정으로 쫓겨났는데 창경궁 동쪽에 있는 선인문(宣仁門)을 빠져나가 서대문인 돈의문을 통하여 연희궁(衍喜宮)에서 하룻밤을 묵었다 한다.

이렇게 완성된 궁궐은 임진왜란 때 모두 소실되어버렸다. 얼마나 황급하게 왜병들이 밀려 왔는지 1592년(선조 25) 순회세자(順懷世子) 빈 윤씨(尹氏)가 죽었는데 미쳐 장례를 치르지 못하고 창경궁 뒤뜰에 묻었다.

이때 소실된 궁전 가운데 복구를 시작한 것은 1607년(선조 40) 창덕궁 중건을 먼저 시작하여 광해군 원년(1609)에 완공하였고, 창경궁은 광해군 7년 4월에 착공하여 8년 4월에 준공하였다. 이때에 중건된 전각은 명정전(明政殿), 문정전(文政殿), 환경전(歡慶殿), 인양전(仁陽殿), 통명전(通明殿), 양화전(養和殿)이었다. 경복궁이 복구되지 않은 채 창덕궁, 창경궁이 복구되었으므로 이때부터 양 궁궐이 조선왕조 역사의 중심처가 되었다.[11]

창경궁은 1624년(인조 2)에 이괄의 난으로 통명전, 경춘전, 환경전, 양화전, 인양전 등 내전의 대부분이 소실되었다가 9년 후인 1633년(인조 11) 7월에 재건되었다. 이토록 오래 방치했다가 재건한 것은 1627년(인조 5)에 정묘호란이 있었고, 1632년 6월 28일 인목대비가 승하하여 복구할 겨를이 없었다.

이때 재건한 주요 재목은 광해군이 짓다가 다 완성을 못 한 인왕산 밑의 인경궁 일부 자재를 뜯어다 사용하였다. 재건 당시에 기록된『창경궁수리소의궤(昌慶宮修理所儀軌)』에 의하면 공사감독과 헐어 옮긴 전각, 자재 등이 기록되어있어 이괄의 난 때 재해를 입은 전각과 인경궁의 헐어낸 전각을 알 수 있다.

이때 보수한 전각은 화재를 입지 않은 전각이고, 신축한 건물은 화재를 입었거나 없었던 건물을 새로 지은 것이다. 창경궁을 보수 또는 신축하면서 인경궁에서 헐어낸 전각과 창경궁으로 옮겨 지은 전각을 보면

화재로 재건된 전각	창경궁		인경궁
	통명전(通明殿)	←	청와전(靑瓦殿)
	사성각(思誠閣)	←	환희당(歡僖堂)
	서책방(西冊房)	←	함인당대청(涵仁堂大廳)
	양화당(養和堂)	←	무일당(無逸堂)
	연희당(延禧堂)	←	광운당(廣運堂)
	연경당(演慶堂)	←	헌잠당(獻箴堂)

환경전(歡慶殿)	←	문명전(文明殿)
경춘전(景春殿)	←	수루당(壽縷堂)
함인정(涵仁亭)	←	경수전후행각5간(慶壽殿後行閣五間)

신축된 전각   통명전 남월랑(南月廊), 정양문(正陽門)

내차수행로각(內差修行路閣), 정변곡가(井邊曲家)

대전장번내궁청(大殿長番內宮廳), 중전(中殿)

동궁전(東宮殿), 빈전장번내궁청(嬪殿長番內宮廳)

보수된 부분   명정전 내부, 문정전 내부, 세자대유청(世子待留廳)

시민당(時敏堂), 진수당(進修堂), 동책방(東冊房),

숭문당(崇文堂), 야대청(夜對廳), 관광청(觀光廳),

환경전(歡慶殿), 주변 월광, 양화당, 동월랑,

여휘당(麗輝堂), 수자각(水剌閣) 등이다.[12]

이 공사를 주관 감독하는 사람은 당상(堂上)에 해숭위(海嵩尉) 윤신지(尹新之), 완풍부원군(完豊府院君) 이서(李曙), 평성부원군(平城府院君) 신경진(申景眞) 등과 도청(都廳)에 홍문관 교리(校里) 심연(沈演), 동부교리(同副校里) 신계영(申啓榮) 등이다.

이 공사에 종사한 공장(工匠)의 이름과 인원수를 적었는데, 우두머리급인 목수변수(木手邊首)에 배금(裵金), 곽업신(郭業信), 온돌변수에 박수진(朴守辰), 니장(泥匠)변수에 김줏금(金乭金), 칠장(漆匠) 변수에 김승복(金承福)이고, 그 밑에 목수 99명, 석수 80명, 니장 29명, 칠장 52명, 화원(畵員) 38명, 소목장(小木匠) 9명, 개장(盖匠) 18명, 제각장(蹄刻匠) 11명, 기계(機械) 변수 8명, 각자장(刻字匠) 1명, 관자장(貫子匠) 1명, 야장(冶匠) 11명, 주장(注匠) 10명, 박배장(朴排匠) 2명이 종사하고 잡역부로 모집한 군(軍)이 4월에 442명, 5월에 493명, 6월에 433명, 7월에 298명인데 조역군(助役軍)이 20명이었다.[13]

1648년(인조 26)에도, 창경궁에 있는 동궁의 처소인 저승전을 중수할 때에도 인경궁의 전각을 철거하여 그 자재로 공사를 마쳤다.

구현전은 광연루의 별전으로 건양문 밖에 있었는데 그 위치는 명확하지 않으나 지금 낙선재(樂善齋) 부근으로 보고 있으며, 앞에 연못이 있었다 하는데 지금은 없다.

17대 효종은 1656년(효종 7)에 통화전(通和殿: 今通和堂), 서북에 요화당(瑤華堂), 난향각(蘭香閣), 취요헌(翠曜軒), 계월각(桂月閣)을 창건하고, 18대 현종은 1670년(현종 11)에 난향각 서북쪽에 건극당(建極堂)을 창건하였는데, 이는 다 장서각 동편 언덕 아래에 있던 건물들이었으나 지금은 모두 없어졌다.

1686년(숙종 12)에는 함인정 서쪽에 취운정(翠雲亭)을 새로 지었다. 1703년(숙종 29) 겨울에 연잉군(延礽君: 영조)의 관례를 홍화문 동쪽 행랑에서 거행하였다.

19대 숙종 대에 와서는 그의 정비 인현왕후(仁顯王后) 민씨(閔氏)를 폐출하고 희빈 장씨를 왕비로 승차시키는 사단이 벌어졌다. 이때 장희빈이 모사를 꾸민 그 중심지가 창경궁 취선당이었다.

💬 취선당과 장희빈의 비극

희빈(禧嬪) 장씨(張氏)는 역관의 딸로서 아비가 통역을 잘못하여 역모죄로 죽고 결국 장열왕후(莊烈王后: 인조 비)의 이종동생 조사석(趙師錫)의 종으로 있었는데 조사석의 추천으로 궁중에 들어가 대비를 모시고 있다가 숙종의 총애를 받게 되어 후궁으로까지 들어앉게 된다. 그런데 숙종의 생모인 명성왕후(明聖王后: 현종 비)가 그의 성품이 간사하고 포악한 것을 알고 궁에서 축출해버렸다.

그런 후에 숙종 비 인경왕후(仁敬王后) 김씨가 승하하고 이어 인현왕후 민씨가 왕비로 책봉된다. 왕비 민씨는 마음이 어질고 착하여 승은(承恩)한 궁인이 외간에 있는 것이 불가하다 하여 그의 시어머니 되는 명성왕후에게 장씨를 입궐하도록 주청하였으나 "사람됨이 간악하니 다시 주상에게 총애를 받게 되면 큰 화가 미칠 것이다."하고 끝까지 허락하지 않았다.

결국, 명성왕후가 승하하고 나서야 인현왕후가 숙종에게 주청하여 장씨를 다시 입궐하게 했다.[14]

입궐하자마자 장씨는 내명부 서열 종4품 숙원(淑媛)으로 봉해짐에 그 오만방자함이 말로는 다할 수 없었다. 얼마 안 있어 내명부 정2품 소의(昭儀)로 몇 단계 뛰어넘는 파격적인 대우를 받게 되자 그 기세는 하늘을 찔렀다. 그 덕에 조사석은 우의정으로 승차하고 동평군 항(東平君 杭)은 혜민원제조(惠民院提調)가 되었다.

동평군은 숭선군(崇善君)의 아들인데, 장씨가 처음 궁궐에서 축출당하였을 때 숭선군의 집에 가있게 되었다. 그때 숭선군의 처 신씨는 희빈 장씨를 따뜻하게 잘 보살펴주었고, 이러한 연유가 있어 동평군의 등용은 전적으로 장씨의 입김에 의한 것이었다.

장씨의 권세가 조정에서 한창 떨치고 있던 1688년(숙종 14) 10월 28일에 장소의는 창경궁 내에 있는 취선당(就善堂)에서 왕자(경종)를 낳았다.

인경, 인현 두 왕비에게서 후사가 없자 노심초사하던 숙종에게는 더 이상 기쁜 소식이 없었다. 왕은 말할 것도 없거니와 온 궁궐이 축제 분위기에 들떠있었다.

이때 뜻하지 않은 변고가 생겼다. 취선당은 지금 낙선재 부근에 있었는데 장소의가 해산하던 날 그의 모친이 8인교를 타고 창경궁 동쪽 홍화문 남쪽으로 나 있는 선인문(宣仁門)으로 들어오다 저지를 받았다.

당시의 법도로는 밖에 사람이 가마를 타고 궁문으로 들어올 수 없었다. 더구나 천인 신분으로는 언감생심이었다.

지평(持平) 이익수(李益秀)와 이언기(李彦紀)가 법을 집행하는 관리들을 시켜 가마를 부수고 장씨 어미를 욕보이고는 일개 천인 신분으로 8인교를 타고 궁중에 출입하는 것이 부당함을 상소하였다.

그러나 장소의의 읍소(泣訴)로 장씨 어미를 욕보인 금리(禁吏) 2인만 결국 처형되고 말았다. 숙종은 30년 만에 처음으로 득남하게 되니 기쁘기 한량없었다. 숙종 15년 정월에 왕자를 원자로 봉하고 장소의를 또 한 급 뛰어넘어 정1품 지위를 가진 빈(嬪)에 봉하였다.

장희빈의 간계는 주효하여 15년 5월에 결국 인현왕후를 폐출하고 중전의 자리를 차지하는 데까지 이르렀다.[15]

숙종은 성격이 좀 급하고 과단성이 있기는 해도 곧잘 자기성찰을 게을리하지 않는 덕을 가진 임금이었다. 폐비 민씨는 숙종의 깨달음으로 안국동 사가에서 6년 동안의 인고 끝에 다시 복위하게 되는데 민씨가 다시 들어올 때에는 임금이 창경궁 경복당(景福堂: 구 선원전 후방 터)까지 친히 나가 영접하였고, 장씨는 다시 희빈으로 강등되어 취선당으로 쫓겨났다.[16]

일이 여기에 이르렀는데도 희빈 장씨는 조금도 뉘우침이 없이 원한을 품고 복수의 날을 세웠다. 취선당에 쫓겨와서도 은밀히 무당을 불러 인현왕후를 저주하다 결국 덜미를 잡혀 취선당에서 사약을 받고 죽었다.

숙종 24년 10월에는 노산군(魯山君)을 복위시켜 묘호(廟號)를 단종으로 하고 그 원혼을 달래주었는데, 창경궁 시민당(時敏堂: 수강재 동편)에 와서 단종과 정순왕후(定順王后)의 위폐(僞幣)를 친히 써서 종묘에 배향했다.[17]

숙종 43년(1717) 7월에 왕이 건강상의 이유로 세자(景宗)로 하여금 국사를 대신하게 하니 세자는 시민당에서 정사를 보았다.[18]

경종은 원래 영민한 사람이었다. 그러나 희빈 장씨가 폐출된 후 어린 시절에 어미로부터 무수한 구타를 당하고 신체의 요소까지 상해를 입어 후사마저 없게 되니 심화병으로 우울한 날이 많았다 한다.

가뜩이나 병약한 데다 숙종이 승하하여 장례의식에 몇 개월을 전념하다 보니 경연에 참석하기조차 어려울 정도로 그의 병은 깊어만 갔다.

경종이 병약한 데다 후사가 없음에 즉위 원년에 동생(英祖)으로 왕세제(王世弟)를 책봉하였다.[19]

경종은 동생을 몹시 사랑하였지만, 당시 정정(政情)은 노론(老論)과 소론(少論)으로 갈라져 그 대립이 극심한 때였다.

노론은 왕세제를 지지하고 소론은 경종을 따르는 입장이었다.

소론 측에서 현 임금을 받들고 있는 이점을 기화로 노론파와 왕세제를 축출하기 위하여 모든 간계를 꾸몄다. 경종이 몸이 허약하여 왕세제로 하여금 대리하도록 어명이 내리면 소론 측에서 일제히 들고 일어나 반대 상소를 올려대니 결국 형제간의 우애도 깨져 불목하게 만들었다.

소론의 영수 조태구(趙泰耉)는 어느 날 대리의 명이 내린다는 말을 듣고 선인문(宣仁門) 밖에서 돌입하여 결사반대한다는 주청을 올렸다.

소론 측에서는 현 임금 재위 동안에 모든 일이 매듭지어야 한다는 조급함에서 종내는 노론파와 왕세제를 축출하려는 간계까지 꾸몄다.

환관인 박상검(朴尙儉)과 문유도(文有道)라는 자는 왕의 정신이 혼미함을 틈타 소론이 유리하도록 왕의 전교까지 조작하다 결국 발각되고 말았다. 왕세제는 청음정(淸陰亭: 창경원 시절 표본실 부근)에 나와 사실을 추궁한 후 두 사람을 처단하였다.

이런 일이 있고 난 뒤에도 소론은 멈추지 않고 음모를 계속하였는데, 소론파 김일경(金一鏡)은 목호룡(睦虎龍)이란 자를 시켜 임금에게 고변하도록 하였다.

그 내용인즉 "노론파가 왕을 죽이려 하는데 대급수(大急手), 소급수(小急手), 평지수(平地手)의 세 가지 방법을 쓸 것이다. 대급수는 칼이요, 소급수는 독약이요, 평지수는 폐출을 의미하여 왕을 처리한 후에 왕세제를 추대한다."라는 내용이었다.

이로 인하여 대 옥사가 일어나게 되었는데 노론의 4대신(金昌集, 李頤命, 李健命, 趙泰采)과 무수한 인사들이 도륙을 당하였다. 이것이 소위 신임사화(辛壬士禍)인데, 경종원년 신축(辛丑)년과 2년 임인(壬寅)년에 일어난 당화(黨禍)를 말하는 것이다.

💬 영조와 사도세자

1724년(경종 4)에 왕은 창경궁으로 옮겨 통명전 후방(장서각 서편) 환취정(環翠亭)에서 8월 25일 승하하였다.[20] 결국 영조는 보위를 이어받는 데 성공하였다.

1750년(영조 26) 왕은 왕세자(사도세자)에게 대리청정을 명하여 중요하지 않은 서정(庶政)은 왕세자에게 위임해버리고 왕은 중요한 사안만 처리하였다. 이때 정치의 중심은 창경궁이었다.

왕은 대체로 환경전(歡慶殿)에서 정무를 보고 왕세자는 시민당(時敏堂)에서 서정을 결재하였다.

숭문당(崇文堂)에서는 태학생(太學生)들을 불러 친히 시험을 치게 하고 어주를 하사하였고, 함인정(涵仁亭)에서는 문무과(文武科)의 장원급제(壯元及第)한 사람들을 소견(召見)하였으며, 명정전(明政殿)에서는 조하(朝賀)를 받았다.

환경전에서는 가끔씩 밤중에 입직한 신하들을 불러들여 귤을 나누어주고 시를 지어 군신들로 화답하게 하였다.

영조 임금 재위 중에 고심했던 분야의 하나가 여러 해 동안 폐단을 안고 온 양역세제(良役稅制: 병역을 나가지 않는 대신 내는 세금)를 개혁하는 일이었다.

영조 26년 5월에 왕은 창경궁 정문인 홍화문(弘化門)에 나아가 도성 안에 있는 오부(五部)의 백성들을 친히 불러 호포(戶布: 戶別稅), 결포(結布:取得稅) 중 어떤 것이 편리한가에 대한 자문을 구했으나 어떤 이는 호포가 편리하다 하고 어떤 이는 결포가 편리하다 하니 결론을 내리지 못하고 있다가 동년 7월에 다시 홍화문에 나아가 여러 관리와 선비 그리고 일반 백성들을 상대로 자문을 구했으나 역시 마찬가지였다. 결국, 왕은 친히 명정전에 나가

호포나 결포나 간에 현재 징수하는 2필(疋)의 세금을 1필로 감하라 명했다.[21]

하지만 문제는 절반의 세수 부족을 어떻게 충당하느냐였다. 임금은 호조판서 박문수에게 하문하였으나 신통한 답변을 얻지 못하자 박문수를 충주목사로 좌천시켜버렸다.

이때 두 가지 방안이 모색되었는데 하나는 경비의 절약이고, 하나는 어염(魚鹽)의 수입으로 충당하는 것이었다. 그리하여 어염사(魚鹽使)를 각 도에 파견하여 어염 수입을 조사하도록 하는 한편, 명정전으로부터 환경전 문을 거쳐 통명전(通明殿)에 이르는 궁중 행로촉(行路燭)과 명정전 월랑(月廊)으로부터 양정각(養政閣)을 거쳐 저승전(儲承殿)에 이르는 궁중 행로촉을 감(減)하였다.

영조의 비 정성왕후 서씨(貞聖王后徐氏)와 계비 정순왕후 김씨(貞純王后金氏)는 후사가 없었는데 후궁 정빈 이씨의 소생, 효장세자(孝章世子: 眞宗)마저 영조 4년 창경궁 진수당(進修堂: 시민당 북쪽)에서 죽고 효장세자 부인 효순빈(孝純嬪) 조씨(趙氏)도 영조 27년에 창경궁 건극당(建極堂) 의춘헌(宜春軒: 장서각 동편)에서 죽었다.

후궁 영빈 이씨 소생 제2세자 장조(莊祖)는 영조 11년에 창경궁 집복헌(集福軒: 迎春軒西行閣)에서 탄생하였는데 자식이 귀한고로 이듬해인 영조 12년에 세자로 책봉하였다. 장조는 영특하여 3세 때 이미 효경을 외웠고, 7세 때 동몽선습을 떼었다. 그는 10세 때 정치적인 안목이 생겨 신임사화를 비판하기도 했는데, 이러한 자질로 인하여 15세인 영조 25년에 가벼운 정무를 대리하도록 명을 받았다.[22]

장조는 나이 6, 7세 때부터 궁중의 당쟁에 휘말리기 시작하였다. 영조의 후궁 중에 문소의(文昭義)라는 여인이 있었는데 임금의 총애를 받고 있어 방자하기 이를 데 없었다.

문소의는 어느 날 장조의 생모 영빈과 내명부 서열을 무시하고 언쟁과 욕설을 퍼부은 일이 있었다. 이를 안 대왕대비(숙종 비: 仁元王后)가 문소의를 불러 왕세자를 옆에 세우고 "네 왕세자의 안면을 보아서라도 영빈에게 이토록 무례할 수 있느냐!" 하고 종아리를 때렸다. 이때부터 문소의는 왕세자를 미워하고 기회가 있을 때마다 왕에게 세자를 모함하기 시작하였다.

이때 사도세자의 동복이요, 영조 임금의 아홉 번째 딸인 화완옹주(和緩翁主)가 왕의 특별한 총애를 받고 있었는데, 일성위(日城尉) 정치달(鄭致達)에게 출가한 후로는 남편의 입지도 있어 차츰 국정에도 간섭하기 시작하니 그 기세가 하늘을 찔렀다. 그러다 보니 자연 문소의와 의기가 투합되었고 장차 대권을 쥐게 될 세자의 힘을 견제하기 시작하였다.

이 무렵 1756년(영조32)에 저승전 낙선당(樂善堂)에서 화재가 나 저승전을 비롯한 청음정(淸陰亭) 경극당(敬極堂) 양생전(養生殿) 취선당(就善堂) 숭경당 등 여러 전각이 소실되는 사건이 일어났다.[23]

두 여인은 이것이 세자의 소위라고 고변하여 임금이 세자를 불러 꿇어 앉혀 놓고 밤새도록 꾸짖었다. 이에 그치지 않고 이때 금주령이 내렸는데도 세자가 술을 마실 뿐 아니라 야밤에 궁 밖을 나가 여색을 즐긴다는 등의 말을 유포하여 왕이 점점 세자를 불신하게 만드니 세자가 눈에 띄기만 하면 질책하는 바람에 세자에게는 왕이 두려움의 대상이 되었다.

이 지경이 되고 보니 조정 대신들도 세자를 자연 경원하게 되고, 간신들은 물론 아무것도 모르는 유생들까지 세자를 탄핵하는 사면초가 지경이 되고 말았다.

이로 인하여 세자는 마음이 위축되고 차츰 우울증이 심하여 병이 깊어가고 있는데 이를 기화(奇貨)로 문소의가 생각이나 한 것처럼 바람이나 쏘일 겸 평양이나 다녀오라 권하였다. 화완옹주까지 나서서 강력하게 권하는 바람에 아무것도 모르는 세자는 영조 37년 4월 2일에 궁궐을 떠나서 22일에 환궁하였다.

세자가 도성을 비운 동안 문소의는 슬그머니 임금에게 고자질하였다. 진노한 영조는 세자궁에 있는 시신(侍臣)과 당직 승지 등 10여 명의 관직을 거두고 유배를 보내버렸다. 세자는 대죄를 청한 지 며칠이 지나서야 환궁을 허락받았다. 그러나 이에 그치지 않고 세자의 모함은 계속되었다. 한번은 이런 일도 있었다. 1757년 11월 1일 초경에 임금이 상복 차림으로 걸어서 승화문 밖의 한지에 나가 엎드려 있는데 세자 역시 상복 차림으로 뒤에 엎드려 있었다. 승화문은 바로 효소정의 바깥문이다. 대신들이 묻기를 "전하는 무엇 때문에 이러합니까?" 하니 "세자가 잘못을 뉘우친다는 말이 있어 네가 뉘우치는 잘못이 무엇이냐고 물으니 대답을 못 한다."라고 꾸짖었다. 세자는 임금 앞에서 너무 어려워 말을 제대로 못 하는 병증이 있었다. 그리고는 왕은 승지에게 왕위를 넘겨준다는 지시를 내리니 세자는 임금 앞을 물러 나오다 그만 졸도하고 말았다.

문소의는 이에 그치지 않고 세자궁에 있는 노복 나경언(羅景彦)이란 자까지 사주하여 동궁의 환관 내시들이 반역을 꾀한다고 하면서 여러 가지 동궁의 과실을 왕에게 고변하였다.

이로 인해 또 한차례 엄한 질책을 받았는데 설상가상으로 생모인 영빈까지 화완옹주의 말을 듣고 눈물을 흘리며 왕에게 고변하는 사단이 벌어졌다.

첫 번째는 세자가 중관(中官) 나인(內人) 노비 백여 명을 죽이고 말할 수 없는 낙형(烙刑)을 하여 장번(長番) 중관을 축출하고 소중관(小中官) 별감(別監)만을 데리고 밤낮으로 재물을 챙기어 물 쓰듯 하며 기생과 여승들을 불러들여 음란한 행동을 하는가 하면 궁중의 내시들을 구류하고 후원에 무덤을 파놓고 자기와 왕을 살해하여 매장하려고 내시로 하여금 검을 준비하도록 하고 있다는 것이다. 둘째는 자기가 세자궁에 갔다가 세자에게 죽을 뻔하였다는 것, 셋째는 이 흉악한 자식을 그대로 두면 왕의 신변이 위험하다는 것이며, 넷째는 자기가 왕에게 이 말을 여쭈려고 하였으나 모자의 정으로 지금까지 참았는데 지금은 사태가 급박한 고로 할 수 없이 말씀을 올리게 되었다는 것 등이다.[24]

1762년(영조 38) 5월 13일 왕은 이때 경희궁 경현당(景賢堂) 관광청에 있었는데 기우제를 지낸다는 명목으로 급히 창덕궁으로 나와 다시 창경궁 휘녕전(徽寧殿)으로 향하였다.

휘녕전은 명정전(明政殿) 남월랑(南月廊) 향실(香室)인데 문정전(文政殿) 구내(構內)에 있었다. 이곳은 역대의 재전(齋殿: 재계하는 곳)으로 사용하던 곳으로 영조 비 정성왕후(貞聖王后) 서씨(徐氏)가 승하한 후 이곳에 재전을 모시고 이 재전의 이름을 휘녕전이라 하였다.[25]

임금이 선원전으로 거동할 때에는 두 길이 있다. 만안문(萬安門)으로 거동하면 탈이 없지만, 경화문(景華門)으로 거동하면 탈이 있을 징조다. 그날 왕은 경화문으로 거동하였다.

임금은 휘녕전에 당도하여 동궁(사도세자)를 불렀다. 평상시 동궁은 즙희당(緝熙堂)에 거처하였는데 그날은 양덕당(養德堂)에서 식음을 전폐하고 누워있었다.

부왕의 거동령을 듣고 교자를 타고 가며 아내 홍씨를 덕성합(德成閣)으로 불러 대책을 호소했다. 그때 정오쯤 무수한 까치떼가 경춘전을 에워싸고 울었다고 한다. 세손(정조)은 환경전(歡景殿)에 있었다.

임금은 휘녕전에 당도하자마자 세자를 불러내어 계단 아래 꿇어 앉히었다.

그리고는 위졸에게 명하여 칼을 뽑게 하고 선전관에게 명하여 궁성을 호위하라 하였다.

혜경궁이 숭문당(崇文堂)에서 휘녕전으로 나가는 건복문(建福門) 밑에 당도하니 아무도 보이지 않고 임금이 칼 두드리는 소리와 세자의 용서를 비는 소리만 났다.

왕은 칼을 뽑아 들고 소리높여 세자에게 물었다.

"네가 상복과 상장(喪杖)을 만들어놓고 토굴을 팠다는데 무슨 의도로 그리했느냐?"세자가 답하기를 "정성왕후(貞聖王后:영조 비) 상을 당하였을 때에 쓰던 상복과 상장을 그냥 내버릴 수 없어 토굴을 파고 묻었나이다."라고 하였다. 왕은 주서(注書) 홍경언(洪景彦)을 보내어 파본 즉 세자 말대로 새것이 아니고 옛날 쓰던 것이었다. 그러나 왕의 추궁은 계속되었다. 궐 안에 비밀토굴을 판 것은 자기를 죽여 묻으려고 한 것이 아니냐고 몰아붙였다.

세자가 파놓은 토굴은 문만 달으면 찾을 수 없도록 장치를 해놓았다. 결국, 왕은 세자에게 자살을 명하였다.

"내가 죽으면 나라가 망할 것이고, 네가 죽으면 나라는 망하지 아니할 터이니 네가 죽어야 겠다. 그렇지 않으면 칼로 목을 베이리라." 하니 처음에는 세자가 허리띠를 풀어 자기 목을 졸랐다. 결국, 기절하여 엎드러지니 좌우에 있는 신하들이 울며 풀어주고 내의(內醫)를 불러들여 물에 청심환을 타 마시게 하였더니 왕은 내의마저 몰아내고 영상을 비롯한 대신들이 들어오려 하였으나 왕명으로 물리쳤다.

사서(司書) 임성(任珹)이 남아 가만히 시신(侍臣)들에게 명하여 세손(世孫: 正祖)을 데려오게 하였다. 왕은 세손이 들어오는 것을 보고 빨리 데리고 나가라고 불호령이 떨어졌다. 별군직(別軍職) 김수정(金守貞)이 안고 나가려 하나 세손이 막무가내였다.

그러나 왕의 지엄한 불호령으로 수정이 세손을 억지로 안고 나갔다. 왕은 계속하여 세자의 자살을 재촉하였다. 세자는 곤룡포 자락을 찢어 자기 목을 졸랐지만, 강관(講官)이 또 풀어놓았다.

날이 저물어가자 왕은 뜬금없이 뒤주를 가져오라 명하였다. 어영청 뒤주가 먼저 도착하였다. 소주방 뒤주는 멀리 있어 늦게 도착한 것이다.

이때 여러 시신(侍臣)과 별감들이 나서서 말리려 하다가 애꿎은 별감 한 사람만 목 베이고 다 쫓겨났다.

세자는 하는 수 없이 "아버님 저를 살려주십시오." 하고 울며 애원하면서 뒤주 안으로 들어갔다.

왕은 친히 뒤주에 큰 못을 박고 자물쇠를 채웠다. 밤 3경에 살펴보니 뒤주 한편에 틈이 있고 옹이구멍이 난 것을 알고 대신 이광현(李光鉉)과 사서 임성(任珹)이 약과 미음을 들여 보냈다. 이광현은 지필묵을 가지고 어명을 받아쓰는 임무를 맡은 고로 그 자리에 있는 것을 허락받았다. 날이 몹시 더워 세자는 뒤주 안에서 옷을 벗고 넣어준 삼베옷으로 갈아입었다. 조금 후에 왕은 뒤주에 틈이 난 것을 알고 이것마저 막아버렸다. 이어 왕은 도승지 이이장(李彛章)에 명하여 왕세자를 폐하라고 교지를 내리라 하였으나 성상이 부인의 말만 믿고 이러한 분부를 하시는 것은 받아 쓸 수 없다 하니 왕은 크게 노하여 당장 이이장을 참하라 하고 또 정순검(鄭純儉)에게 쓰라 하니 순검 역시 거절하였다.

하는 수 없이 왕은 직접 교지를 써서 반포하였다. 밤 4경(새벽 1시에서 3시 사이)에 세자빈 홍씨는 세손을 데리고 청휘문(淸輝門)을 거쳐 저승전 차비문(差備門)에서 가마를 놓고 사제(私第: 궁 밖 개인 집)로 옮겨갔다. 세자를 폐하였으니 법도 상 궁궐에 머무를 수가 없었다.

이튿날(14일) 왕은 뒤주를 선인문(宣仁門) 안뜰에 옮기도록 하고 풀과 두엄을 덮어 공기마저 통하지 못하도록 차단하였다. 그리고 병졸 100여 명으로 지키게 하고 포도대장 구선복(具善復)과 옥당 홍락순(玉堂 洪樂純)으로 하여금 감시하라 하였다.

가끔 뒤주를 흔들어 생사를 알아보는데 뒤주에 들어간 지 7일까지는 숨소리가 들리며 흔들면 "어지러우니 흔들지 말라." 하더니 8일째에는 아무 소리가 없었다.

왕은 뒤주에 구멍을 뚫고 손을 넣어 만져보라 하니 이미 절명하였다. 이날이 윤 5월 21일 새벽이었다.[26]

뒤주를 춘방(春坊: 세자시강원)으로 옮기고 못을 뽑고 열어보니 세자는 누워 한 다리를 꼬부렸는데 도저히 펼 수가 없고 판장을 뜯어보니 박은 못이 다 휘어져 꼬부라져 있었다 한다.

왕은 이를 확인하고 다시 경희궁으로 환궁하였다. 그리고 14년 동안 세자에게 대리케 하였던 업무를 친정한다고 반포하였다.

세자의 관은 시강원에 안치한 후 시민당(時敏堂)에서 발상(發喪)하고, 세손은 건복합(建福閤)에서 발상(상제가 머리를 풀고 울어서 초상난 것을 발표하는 일)하였다. 왕세자가 죽고 얼마 안 있어 영조는 왕세자를 복위시키고 시호를 사도세자(思悼世子)라 하였다. 이어 세자빈과 왕세손을 환궁하도록 명하고 궁관(宮官)으로 하여금 복상(服喪)케 하였다. 세자의 상사(喪事)가 모두 끝난 후 세손은 경희궁으로 옮겨 공부에 전념하도록 하고, 혜경궁 홍씨는 경춘전(景春殿) 남쪽 가효당(嘉孝堂)에서 거처하였다.

영조는 아들은 미워했는데 며느리 혜경궁 홍씨는 무척 사랑했던 것 같다. 원래는 자경전(慈慶殿)이었는데 가효당 현판을 영조가 친히 써 가효당 상방(上房) 남쪽 문 위에 걸어주었다.

이렇게 아버지를 잃은 세손(정조)은 1752년(영조 28) 9월 22일 창경궁 경춘전(景春殿)에서 태어났다. 정조가 탄생하기 전날 밤 사도세자의 꿈에 황룡이 경춘전으로 들어가는 것을 보고 정조가 탄생했으므로 그 기쁨을 기리기 위하여 꿈에 본 용을 친히 그려 전내(殿內) 동벽(東壁)에 걸어놓았다.

1775년(영조 51)에 정조는 왕을 대리하여 정무를 보았다. 그 후 일 년 만인 1776년(영조 52)에 정조는 즉위하였는데 즉위하자마자 부친 사도세자 시호를 장헌(莊獻)이라 추증하고 묘호(墓號)를 영우원(永祐園)이라 하였으며, 묘(廟)는 경모궁(景慕宮)이라 하였다.[27]

1777년(정조 원년)에 창경궁을 수리하면서 생모 혜경궁 홍씨를 위하여 자경전을 다시 지었다.**28**

그리고 당초 양주 배봉산에 장사했던 사도세자의 묘를 수원에 있는 화산(花山)으로 옮기고 영우원을 현융원(顯隆園)이라 고쳤으며, 수원에 성을 쌓고 화성(華城)이라 하였다.

왕은 수시로 현융원에 행차하여 처절했던 과거사를 회상하며 묘소 앞에 엎드려 땅을 치며 통곡하였다. 그리고 정문인 홍화문(弘化門) 밖에 있는 사도세자의 묘(廟)인 경모궁(지금 서울대학교 의대 부속병원 북편)에 수시로 참배하기 위하여 1777년 홍화문의 북쪽 담장을 헐고 일첨문(日瞻門) 가까운 곳에 월근문(月覲門)을 만들었다.**29**

정조 24년 정월에 왕은 현융원을 배알하고 애통한 마음을 금치 못하여 자리를 뜨지 못하였는데 군신들이 위안하고 환궁을 권하니 왕은 "지극한 슬픔이 마음속에 있으니 어떻게 참을 수가 있겠느냐." 하고 땅에 엎드려 일어나지 못하였다. 묘소를 떠나면서 시 한 수를 남겼다.

明發華城 回首遠 遲遲臺上 又遲遲
오늘 출발하여 멀리 화성을 돌아보니 지지대 위에 또 머뭇거리는구나**30**

이때 정조는 10세에 죽은 효장세자(孝章世子: 사도세자의 형)를 추존하여 왕으로 받들고 진종(眞宗)이란 시호를 올렸다. 그러나 자기의 생부이며, 14년간이나 왕을 대리하여 정사를 본 사도세자를 추존하지는 못했다. 이것은 영조가 생전에 사도세자를 추존하지 말라는 유교(遺敎)를 남겼기 때문이다.

영조는 생전에 세손(정조)에게 "후일 너의 아버지의 추존을 말하는 자가 있으면 나에게 불충하는 것이며, 너에게도 불순(不純)한 자니라."라고 눈물을 흘리며 하교한 바 있었다. 그러므로 누차 추존의 상소가 있었고, 정조 자신도 바라는 바이었으나 왕가의 법도에 선왕의 명을 준수해야 하는 것이어서 그러한 간곡한 염원을 흉중에 간직한 채 끝내 실현하지 못하고 말았다.**31**

그 후 1899년 광무 3년(고종 36) 11월에 비로소 묘호를 장조(莊祖)로 추존하여 왕으로 높이고 동년 12월에 의황제(懿皇帝)로 추존하였다.**32**

정조는 창경궁 영춘헌(迎春軒)에서 거처하다가 1800년(정조 24) 경신 6월에 영춘헌에서 승하하고 생모인 경의왕후(敬懿王后: 사도세자 비) 홍씨는 순조 15년(1815)에 창경궁

경춘전(景春殿)에서 승하하였다. 그리고 정조 비 효의왕후(孝懿王后) 김씨는 순조 21년
(1821) 양화당(養和堂) 북방 층계 위에 있는 자경전(慈慶殿)에서 승하하였다.

순조는 1790년(정조 14)에 창경궁 집복헌(集福軒)에서 탄생하였고, 그 뒤를 이은 헌종
(헌종)은 1827년(순조 27) 창경궁 경춘전(景春殿)에서 탄생하였다.

1830년(순조 30) 8월에 환경전에서 불이 났는데, 이듬해에 복구공사에 착수하여 함인
정(涵仁亭), 공묵각(恭默閣), 경춘전(景春殿), 숭문당(崇文堂), 영춘헌(迎春軒), 양화당,
오행각(五行閣) 등이 모두 복구되었다.[33] 현재 남아있는 창경궁 대부분의 전각은 이때 중건
한 것들이다. 이 4년 동안에 시행된 창경궁 중건 일정을 보면 1831년(순조 31) 7월 21일부
터 목재를 준비하여 다듬기 시작했다. 다음 해 8월 2일 신시(申時)부터 궁터를 다지는 공사
가 있었는데, 동 8월 8일부터 신하들의 주청으로 중단했다가 그 이듬해(1833) 10월에 다
시 치목(治木)을 시작하였다. 11월 15일에 초석을 놓고 21일에 통명전과 함녕전의 기둥을
세웠다. 그리고 5일 뒤인 26일에 두전각에 상량을 올렸다.[34]

이듬해(1834) 3월 7일에는 경춘전에 기둥을 세우고 다음 날 상량을 올린 뒤에 4월
20일까지 공사를 모두 마쳤다. 이때에 환경전, 양화당, 연희당, 영춘헌, 연경당도 같이 지
었다.

이 기간 동안에 창경궁뿐만 아니라 창덕궁, 경희궁 공사도 함께 진행하였는데 경희궁에
는 회상전, 융복전, 흥정당, 집경당, 사현각이 순조 30년에서 31년 사이에 지어졌고, 순조
33년과 34년 사이에는 창덕궁에 대조전, 희정당, 징광루, 경춘각, 옥화당, 융경헌, 흥복
헌, 양심각, 정묵당을 지었다.

『창경궁영건도감의궤(昌慶宮營建都監儀軌)』에 의하면 총괄 기술자는 '전당목수도편수
(殿堂木手都邊首)'라는 칭호가 붙고 그 밑에 목수, 석수 등 총 972명의 공장(工匠)이 이 공
사에 종사했다.[35]

1857년(철종 8)에는 선인문이 불에 탔다. 그 바람에 동북소(東北所), 부장청(部將廳),
아장소(衙將所), 주자소(鑄字所), 대청판당(大廳板堂) 등 62간이 불에 탔고, 고종 10년
(1873)에는 자경전이 소실되었다.[36]

그리고 철종 비 철인왕후(哲仁王后) 김씨가 고종 15년 5월에 창경궁 양화당에서 승하하
였다. 조선말 경복궁이 완성되기 전에는 창경궁을 더 많이 이용한 것 같다.

1907년(순종 원년)에 임금이 덕수궁에서 창덕궁으로 옮겨가자 일제는 창덕궁 바로 옆
에 있는 이 창경궁은 동물원과 식물원을 꾸며 유원지로 개발하고 일반에게 공개하더니

1910년(융희 4)에는 아예 궁(宮)을 원(苑)으로 고쳐 창경원(昌慶苑)이라 하였다.

이렇게 유원지로 개발한 뒤에 남아있는 건물은 명정전, 숭문당, 함인정, 환경전, 장서각, 명정문, 선인문, 월근문, 춘당지(春塘池) 등 뿐이었다.

『궁궐지』(宮闕志)에 따르면 창경궁 안에 명정전(明政殿), 문정전(文政殿), 숭문당(崇文堂), 재실(齋室), 인양전(仁陽殿), 함인정(涵仁亭), 취운정(翠雲亭), 수강재(壽康齋), 연초루(燕超樓), 강녕루(康寧樓), 유호헌(攸好軒), 도시관(都是觀), 오서각(悟書閣), 근취헌(近翠軒), 용안재(容安齋), 중광원(重光院), 함정사(涵靜舍), 시민당(時敏堂), 진수당(進修堂), 손지각(遜志閣), 장경각(藏經閣), 저승전(儲承殿), 구현전(求賢殿), 광연정(廣延亭), 청음정(淸陰亭), 낙선당(樂善堂), 경극당(敬極堂), 양생각(陽生閣), 양정각(養正閣), 취선당(就善堂), 숭경당(崇敬堂), 추경원(秋景苑), 환경전(歡敬殿), 공묵각(恭默閣), 경춘전(景春殿), 가효당(佳孝堂), 순역헌(純亦軒), 풍순헌(風淳軒), 함안각(咸安閣), 통명전(通明殿), 사성각(思誠閣), 장춘각(藏春閣), 자경전(慈慶殿), 환취정(環翠亭), 여휘당(麗暉堂), 양화당(養和堂), 체원각(體元閣), 연희당(延禧堂), 연춘헌(延春軒), 연경당(延慶堂), 정일재(精一齋), 영춘헌(迎春軒), 집복헌(集福軒), 여경헌(餘慶軒), 통화전(通化殿), 요화당(瑤華堂), 난향각(蘭香閣), 취요헌(醉耀軒), 계월각(桂月閣), 신독재(愼獨齋), 고서헌(古書軒), 건극당(建極堂), 구용재(九容齋), 의춘헌(宜春軒), 해온루(解溫樓), 수녕전(壽寧殿), 보루각(報漏閣), 장경재(莊敬齋) 등이 있었는데 이것을 보면 얼마나 많은 집이 헐려나갔는지 안타까운 마음 금할 길이 없다.

알성시(謁聖試)

국왕이 문묘(文廟: 공자에 제사 지내는 廟宇)에 참배한 뒤에 성균관 유생들에게 보이는 시험으로 1414년(태종 14)에 처음 실시하였다. 알성시에는 문과(文科)와 무과(武科)가 있는데, 국왕이 친임(親任)하여 실시한다. 알성문과는 시험 당일에 합격자를 발표하였기 때문에 다른 시험에 비해 시험관을 많이 배치하여 독권관(讀卷官) 10명 대독관(對讀官) 20명이었다. 알성문과는 왕이 직접 친임하기 때문에 시험관의 아들이나 친척도 응시할 수 있었고, 초창기에 성균관 유생과 3품 이하의 조사(朝士)에게만 응시자격을 주었으나 뒤에는 지방 유생들에게도 기회를 주었다. 알성무과는 초시(初試)와 전시(殿試)로 나뉜다. 초시는 두 곳에서 각각 50명씩 선발하고, 전시는 국왕이 친임하여 선발하였는데 합격 인원은 일정하지 않았다. 열성조(여러 대의 임금)께서 문묘에 참배할 때에는 반드시 집춘문(集春門)을 통하여 나갔다. 집춘문은 성균관을 다니기 위한 문으로 창경궁 제일 북쪽에 나있다.

창경원(昌慶苑)

1907년(隆熙元年) 순종(純宗)은 경운궁에서 창덕궁으로 옮기면서 거기에 거처하고 있는 고종(高宗)의 만수무강을 비는 뜻에서 경운궁을 덕수궁(德壽宮)으로 고쳐 불렀다.[37] 그 뒤 일제는 창경궁을 창경원으로 만들어 공원을 조성하고 일반에 공개했다.

순종 황제는 일제에 의하여 강제 양위를 받아 덕수궁에 부친을 남겨두고 창덕궁으로 옮겨와 할 일 없이 나날을 보냈다. 대한제국의 모든 실권은 일제의 손에 다 넘어가고, 부친마저 덕수궁에 남겨둔 채 넓은 궁전에서 외롭고 우울한 세월을 보낼 수밖에 없었다. 이러한 무료한 시간을 달래기 위하여 황제는 창경궁을 산책하는 날이 잦았다. 이러한 낌새를 엿본 일인들은 진기한 동물들을 사육하고 아름다운 식물들을 재배하여 황제의 산책길을 즐겁게 하는 친절을 베풀기 시작했다. 이것이 나중에는 고색창연한 창경궁을 파괴하여 공원화하고 동물원과 식물원을 만들어 관광객을 유치하게 된 동기가 되었다. 1922년에는 궁 안에 일본의 국화인 벚꽃을 수천 그루 심었다.[38]

옛날 권농장(勸農場) 터는 큰 연못을 만들고 춘당지(春塘池)라 불렀으며, 연꽃을 심어 물고기도 기르고 그 주변에 일본식 정자를 지었다. 그 뒤쪽에는 식물관(植物館)을 짓고 동쪽에는 배양당(培養堂)을 지었다. 그리고 보루각(報漏閣) 일대는 동물원을 만들고 춘당대(春塘臺) 일부는 식물원을 만들었다.

자경전(慈慶殿) 터에는 장서각(藏書閣)을 건축하여 황실 도서관을 만들고, 구 시민당(時民堂) 부근에는 표본실을 만들어 각종 동식물의 표본을 진열하였다.

1911년 11월에는 박물관이 준공되어 여기에는 도자기, 조화, 서화, 목죽품(木竹品), 무기, 불상, 금속 공예품, 옥석류(玉石類), 민속에 관련된 유품 등 1만 점이 훨씬 넘는 박물을 전시하였다.

결국, 명정전 남북 행각 외에는 모든 행각과 담장 그리고 궁문(宮門)을 모두 없애버렸다. 그 화려했던 역사 유적들이 일인들의 손에 의하여 처참하게 파괴되고, 남아있는 것마저 개조하여 박물관 진열실을 만들었는데 통명전에는 회화류, 양화전에는 고분벽화 사진들, 경춘전에는 도자기와 칠기류, 명정전에는 석각품(石刻品), 행각에는 행렬할 때 쓰는 장신구와

창경원(1954년 당시)

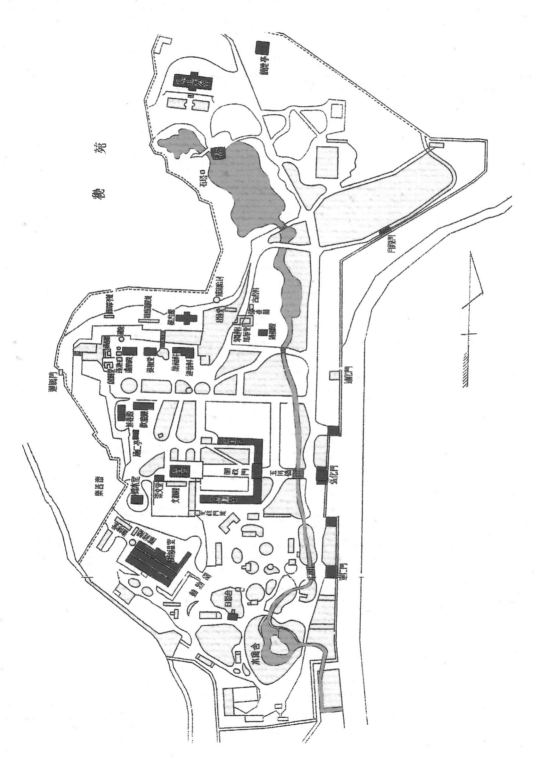

토기품을, 영춘헌에는 관리소를 만들어 모든 전각을 관광객을 위한 관람 장소로 개조해버렸다. 다만 통명전, 양화당, 경춘전, 환경전, 함인정, 명정전 등의 건물들만이라도 남아있어 아쉬운 대로 옛날의 정취를 다소 느낄 수 있었다.[39]

고종 연간까지만 해도 창경궁은 2,379간에 달하는 모든 전각이 그대로 있었다. 그런데 경술국치 후에 계속 관광객 유치를 위한 개조와 변조를 거듭하여 통명전 뒤 언덕에는 일본식 건물을 세워 박물관 본관으로 삼는 등 창경궁의 흔적이 점차 사라져 가고 있었다.

1983년 늦게나마 정부의 결단으로 궁의 복원사업을 착수하여 창경원이란 이름부터 창경궁으로 환원하고, 궁내의 동·식물원들을 모두 과천에 있는 서울대공원으로 옮겼다. 그리고 상춘객들을 위하여 일인들이 심어놓은 벚나무는 모두 뽑아 여의도 광장공원으로 옮겼다.

1986년에 발굴조사를 마치고 명정전 남쪽에 편전으로 사용했던 문정전(文政殿)이 복원되고 명정전과 정문 사이에 있던 좌우 행각이 복원되었다.

그러나 너무 많은 전각이 헐려 나가 어느 전각이 어느 위치에 있었는지 알 길이 없다.『궁궐지』같은 것에도 어느 건물의 동쪽 또는 서쪽 하는 식으로 표기되어 기본이 되는 전각까지 없어지면 위치 파악이 어려워진다. 1985년에 문화재관리국(文化財管理局)에서 발간한 창경궁 발굴조사 보고서에 기록된 창경원의 역사 개요를 보면,

1908년: 선인문 안에 동물원 설치

1909년: 동·식물원의 개원식 대중 관람 허용

1911년: 박물관 건립

1915년: 장서각 건립

1923년: 맹수사 건립

1924년: 낙타사, 타조사 건립

1927년: 사자사 건립

1931년: 원숭이사 건립

1938년: 박물관 유물 덕수궁으로 이전하고 장서각으로 사용.

　　　　장서각 도서를 구 박물관으로 이전하고 그 건물을 생물 표본관으로 사용.

1944년: 제2차 세계대전으로 인한 폭격 우려와 사료 및 인력 부족으로 맹수류 및 동물 독살.

1945년 8월: 구 황실 사무청으로 개칭 (미군정)

1949년: 개천절 기념행사로 이곳에서 백일장 베풀어짐

1950년 4월: 구 황실 재산관리위원회 설치.

　　　 6월: 6·25 동란 폐원

1951년: 1·4 후퇴로 전 동물 동사 또는 아사

1954년: 동·식물원 재건위원회 결성

　　　 3월: 서울 수복으로 개원

1955년: 식물원 온실 대수리

　　　 6월: 구 황실 재산 사무총국으로 직제 공포

1957년 12월: 생물 표본관 보수

1958년 4월: 밤 벚꽃놀이 개시

　　　 11월: 동·식물원 재건위원회 해체

1961년 12월: 대온실 보수

1962년 1월: 문교부 문화재관리국으로 개편과 동시에 창경원 사무소로 개칭

　　　 11월: 코끼리사 증축

1964년 4월: 어린이 마장(馬場) 개장

　　　 11월: 대수금사(大獸禽舍) 개수

　　　 12월: 비원(秘苑) 일부 대지에 초식동물사(草食動物舍) 신축

1965년 4월: 하마 옥외 풀장 준공

　　　 12월: 물개 옥외 풀장 준공

1966년 8월: 산양, 악어, 낙타 및 타조사 방양장(放養場) 준공

　　　 10월: 수정(水亭) 개축 준공 및 야외무대 이설

1967년 10월: 열대 동물관 신축으로 소맹수사(小猛獸舍) 이설

1968년 7월: 문화공보부 문화재관리국으로 개편

　　　 10월: 열대 동물관 기공

1969년 10월: 홍학 쇼 스테이지 준공

　　　 11월: 동·식물원 개원 60주년 기념사업의 일환으로 열대 동물관, 하마사, 물개사

　　　　　 및 식물원 동·서관 준공. 창경원 사무소로부터 장서각 분립.

1971년 9월: 과학의 문 신축 개통

11월: 명정전 행각 전시 유물 창덕궁으로 이전

1972년 4월: 동물병원 및 기린사 방사장 준공

1973년 3월: 명정전 일대 전반 보수와 명정전 단청

1974년 8월: 홍학사 이전

11월: 큰물새 집 신축 이전

1975년 5월: 꿩사 신축 이전

6월: 제2, 3호 온실 및 소조사(小鳥舍) 철거

8월: 재배온실 철거

10월: 맹금사 및 식물원 난온실(蘭溫室) 준공

1976년 4월: 종묘 간 통로 확장 개통 및 식물원 대온실 보수

9월: 맹수사(猛獸舍) 신축 준공

1977년 1월: 남서울 대공원을 건립하여 동물을 이관할 계획

1981년 11월: 장서각 사무소를 폐지하고 한국 정신문화연구원에 고전 서적류 이관

1983년 7월: 공개 관람 폐지

9월~1984년 5월: 남서울 대공원으로 동물 이관 계획

12월~1984년 8월: 동물사 유기장 시설 매점 등 철거 계획

12월: 창경원 본래의 이름인 창경궁으로 환원[40]

전각의 배치

　원래 창경궁은 창덕궁에 소속되어있어서 확연하게 경계를 말하기가 어려웠다. 창경궁의 정문은 동쪽으로 나있는데 홍화문(弘化門)이다. 숙종이 지은 「홍화문을 나서다(出弘化門郞事)」라는 시에

　　　가마가 궁문을 나서니 날은 저무는데
　　　향 연기 피어올라 아지랑이에 머물렀구나
　　　탁 트인 거리에 남녀들 많이 무리 지어있는 것 같은데
　　　건 듯 건 듯 봄바람이 얼굴을 스치며 불어오는구나

(『궁궐지』 II 서울학연구소)

　홍화문 남쪽으로 선인문(宣仁門)이라는 작은 문이 있고, 홍화문 북쪽으로 선인문과 대칭되는 지점에 통화문(通化門)이 있었는데 지금은 없다. 그리고 통화문을 지나 북쪽으로 올라가면 월근문(月覲門)이 있다. 이 문은 1777년(정조 원년)에 지은 것인데 사도세자의 묘(廟)인 경모궁을 다니기 위하여 만든 것이다.

▶ 선인문

▶옥천교

▶옥천교 나티

정문인 홍화문을 들어서면 경복궁이나 창덕궁과 마찬가지로 배산임수(背山臨水)의 명당 터를 조성하기 위한 작은 내(禁川)가 나오는데, 이것은 북쪽 연지(蓮池)에서 끌어온 물길이다. 그 위에 옥천교(玉川橋)라는 돌다리가 있다.

옥천교를 지나면 명정문(明政門)이 나오는데 이 문은 명정전의 정문이다. 명정문 좌우로 행랑이 잇대어있다.

명정문을 지나면 정전인 명정전이 서있고, 양옆에 품계석이 도열해있다. 명정문 좌우에서 이어진 행랑채가 남북으로 가다 서쪽으로 꺾어져 명정전에 이르는데, 이곳이 창경궁의 중심이다. 명정전 남쪽으로 건복문(建福門)이 있고, 건복문을 지나면 임금의 편전인 문정전(文政殿)이 있다. 궁의 정전이 모두 남향인데 반해 명정전은 동향이고 문정전은 남향이다.

문정전 바로 옆 서쪽에 태학생(太學生)을 접견하고 때로는 주연을 베풀기도 하는 숭문당(崇文堂)이 동향하여 문정전을 바라보고 있고, 숭문당 뒤쪽 빈터에 일제가 표본실을 만든 바 있는데, 그 북쪽으로 여유 있는 공간에 펼쳐지는 정원 한가운데 함인정(涵仁亭)이 있다. 「동궐도」상에 보면 명정전과 함인정 사이에 많은 전각이 있었는데 모두 헐어내버린 것이다.

함인정은 여늬 정자와는 달리 비교적 낮은 곳에 있으며, 물가도 아닌 곳에 정자가 자리함은 매우 이색적이다.

함인정 북쪽으로 동서에 환경전(歡慶殿)과 경춘전(景春殿)이 있는데 환경전은 남향하여 있고, 경춘전은 동향이다. 환경전 북쪽으로 몇 걸음 옮겨가면 동서로 양화당(養化堂)과 통명전(通明殿)이 남향하여있다. 통명전 서쪽에는 연지가 있고, 뒤쪽으로는 장대석으로 단을 쌓아 화계(花階)를 만들었는데 그 아래에 어천인 열천(列泉)이 있다. 연지(蓮池)는 남북이 12.8m, 폭이 5.2m이고, 못의 네 벽을 모두 장대석으로 쌓고 못가 둘레에는 돌난간을 아름답게 돌렸다. 연못 위에는 동서로 돌다리가 가설되어있다. 통명전 서쪽으로는 여휘당(麗暉堂)과 장춘각(藏春閣)이 남북으로 자리 잡고 있다.

양화당 북쪽 계단을 한참 오르면 서쪽으로부터 환취정(環翠亭) 그리고 그 동쪽으로 자경전(慈慶殿)이 있다. 양화당 동쪽에는 집복헌(集福軒)이 있는데, 집복헌에 동으로 잇대어 영춘헌이 있다.

영춘헌 동북쪽으로 1656년(효종 7)에 지은 숙휘(淑徽)공주와 숙안(淑安)공주 처소인 취휘헌(翠輝軒)과 요화당(瑤華堂)이 동서로 잇대어있고, 그 동편에 통화전(通和殿) 북쪽으로는 숙명공주(淑明)의 처소인 난향각(蘭香閣)과 고서헌(古書軒)이 있었다.

북쪽 언덕 위 숲 속에는 성종의 태봉(胎封)이 있고, 그 언덕 남쪽 아래에 건극당(建極堂)이 있었다. 창경궁의 제일 북쪽에 있는 북궁문(北宮門)은 집춘문(集春門)이다.

「동궐도」에 보면 창경궁 남쪽 끝에 사도세자가 14년간 집무하던 시민당(時民堂) 터가 남아있는데 현재는 창덕궁 관내로 구획하고 있다.

창경궁과 창덕궁 사이의 남쪽 경계에는 세자인 동궁(東宮)의 처소가 있어 이곳에도 많은 전각이 있었다. 인조 때에는 이곳에 저승전, 경극당(敬極堂), 낙선당(樂善堂), 숭경당(崇敬堂), 시민당 등의 건물이 있었다.

광해군 때의 건물로는 외전 중심으로 홍화문, 명정문, 명정전뿐이다.

홍화문 좌우로 있는 행랑채와 광덕문(光德門) 밖에 헤아릴 수 없는 많은 집이 있었지만 모두 헐어내어 옛 궁궐의 모습을 찾아볼 수 없었는데, 1996년에 그나마 일부 복원하여 가까스로 궁궐의 면모를 되찾아가고 있다.

창경궁의 주위는 4,325자이고 바깥 담 높이는 1장 반(一丈半)이고, 안 담이 1장이었다. 창경궁 총면적은 52,600평이다.

창경궁 배치도

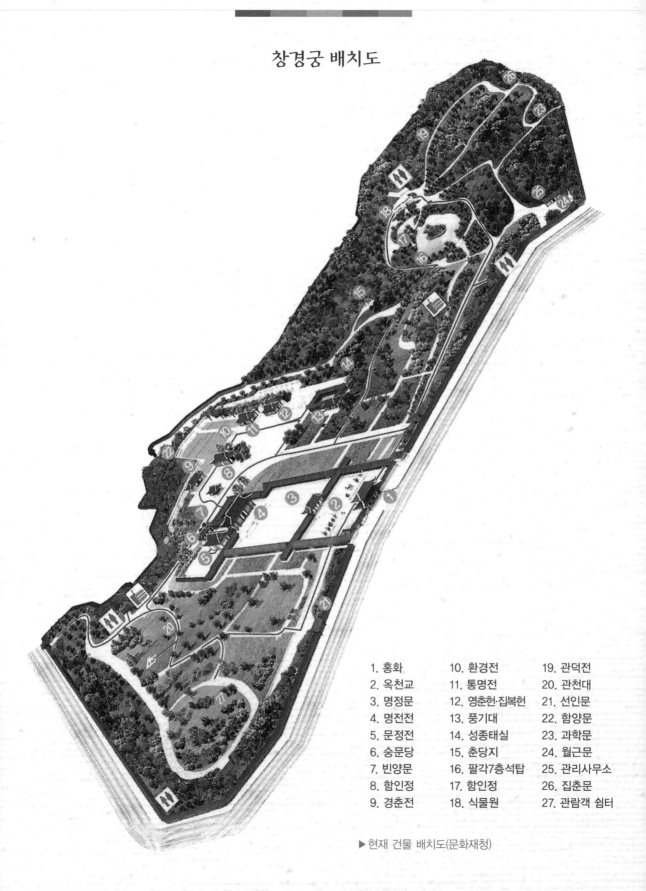

1. 홍화
2. 옥천교
3. 명정문
4. 명전전
5. 문정전
6. 숭문당
7. 빈양문
8. 함인정
9. 경춘전
10. 환경전
11. 통명전
12. 영춘헌·집복헌
13. 풍기대
14. 성종태실
15. 춘당지
16. 팔각7층석탑
17. 함인정
18. 식물원
19. 관덕전
20. 관천대
21. 선인문
22. 함양문
23. 과학문
24. 월근문
25. 관리사무소
26. 집춘문
27. 관람객 쉼터

▶ 현재 건물 배치도(문화재청)

명정전(明政殿)

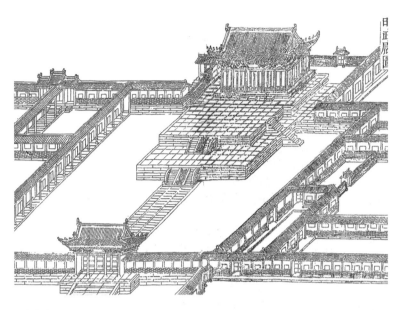

▶ 명정전도

밝은 정치를 편다는 뜻이 있다.

창경궁의 정전(正殿)으로 1484년(성종 15)에 처음 세워졌는데 국보 제226호로 지정되어있다. 명정전이 처음 지어졌을 때에는 성종 임금은 매달 초하루가 되면 이 궁에 모신 성종의 친모인 인수대비 한씨(덕종 비), 안순왕후 한씨(예종 비)에게 신하들을 거느리고 문안인사를 드리고 명정전에 들어 신하들의 조하(朝賀)를 받았다. 1592년 임진왜란 때 불타버린 것을 1616년(광해군 8)에 다시 세웠다. 이때 마당에 깐 판석은 강화도에서 조달하였는데 2,400여 장이라 한다. 1544년(중종 39) 인종이 명정전에서 즉위하여 하례를 받았고, 1634년(인조 12)에는 명정전에 벼락이 떨어졌다. 이후 인조 때와 순조 때 큰 화재가 있었지만 무사히 보존되었고, 1983년과 1985년 사이에 중수공사가 있었는데 이때에 주변 행각과 문정전을 복원하였다.

조선 중기에 지어진 건물로 남아있는 것이 명정문과 그 좌우 행각 및 홍화문, 그리고 창덕궁 돈화문인데 조선 중기 목조 건축물을 연구하는 데 중요한 자료가 되고 있다. 다른 궁궐의 정전에 비하여 명정전은 규모가 작고 단층건물인데 이것은 원래 왕의 치정을 위한 건물이 아니라 왕대비가 거주할 이궁으로 지었기 때문이다. 마당에는 장방형으로 다듬은 판석(板石)을 깐 다음 가운데에 어도를 만들고, 어도 좌우에는 품계석을 배열하여 정전의 면모를 갖추었다. 어도 끝에 위아래 2층 월대를 2.5m 높이로 쌓고 정면과 양옆에 오르는 계단을 만들었다. 이 월대 위 3.2m 안쪽에 나지막한 기단 한 단을 쌓고, 원형 주춧돌을 배열한 뒤 기둥을 세우고 건물을 지었다.

▶창경궁 향나무(명정전 뒤뜰에 있다.)

정면 5간(18.03m: 60.4자), 측면 3간(9.64m: 32.28자)에 뒤로 툇간(退間) 1간을 내달아 평면을 구성하였다.[41] 다른 정전과 비슷하나 근정전과 같은 돌난간이 없다. 기단에는 원래 전돌(磚石)을 깔았던 듯하나 지금은 흔적만 남아있다. 앞쪽 돌층계의 넓이는 17.7자인데, 그것을 세간으로 나누고 맨 가운데 간에는 비스듬히 판석을 놓고 겉에 쌍봉이 구름 사이를 나는 모습을 양각하였다.

건물 내부는 세 번째 기둥을 모두 생략하여 보좌 주위를 넓게 하였고, 건물 외부 뒤쪽에 퇴를 내달아 복도를 만든 점이 특이하다. 집은 겹 기단 위에 다시 장대석으로 한층 돋우고 그 위에 지었는데, 주춧돌은 둥근 모양이다. 공포는 내 4출목, 외 3출목의 포작을 평방 위에 바짝 붙여 짰다. 공포의 짜임새는 아주 견실하다. 쇠서의 곡선과 조각 솜씨가 견실하고 팽팽한 맛이 있어서 조선 초기의 건축기법을 엿볼 수 있다. 처마는 겹처마이고 마루는 양성

▶명정전

을 하였으며, 용마루에는 취두를 놓고 합각 마루 끝에는 용두를 놓고 추녀마루에는 잡상을
나열하였다. 꽃살 창호의 아름다움과 내7포, 외5포의 다포집으로 규모에 불구하고 궁전의
위엄을 다 갖춘 전각이다. 내부 보좌는 3면에 나무계단을 설치하고 둘레에는 연꽃 모양으
로 기둥을 장식하여 난간을 두른 다음 어탑을 놓고 그 뒤에 일월오봉병(日月五峰屛)으로 장
식하였다.

　보좌 위에 보개를 얹고 보개 한복판에 두 마리의 봉황이 구름 사이를 나는 조각을 새겼
다. 이 건물은 그 형태의 특징으로 인하여 조선 전기의 초창기에 지어진 것으로 추정된 때
도 있었지만, 1963년 합각머리에서 발견된 묵서명(墨書銘)에서 광해군 때 재건된 것이 분
명해졌다. 명정전의 동쪽(사실상 정면)에는 명정문, 남쪽에는 행랑과 광정문(光政門), 북
쪽에는 행랑과 영청문(永淸門)이 있다.[42]

영조 26년 7월에는 이곳에서 하교를 내려 백성들에게 세금으로 내는 면필을 2필(疋)에서 1필로 감해주었다. 명정전의 상량문은 점필재(佔畢齋) 김종직(金宗直)이 지었다.

▶ 명정전 정면 돌계단

▶ 명정전 보좌 천정

명정문(明政門)

　명정전 정문으로 보물 제385호로 지정되어있다. 명정문은 정면 3간, 측면 2간의 단층 팔작지붕 다포집이다. 다른 궁궐의 정전 정문과 비슷한 형태이나 공포와 합각머리 아래의 쪽 천장이 좀 다르다. 공포는 내3출목, 외2출목이다. 천장은 연등천장인데, 합각머리 밑은 우물천장으로 가렸다. 문의 기단은 문과 같은 폭의 계단으로 구성되어있는데 세 구간으로 나뉘어있다. 이 건물의 공포 형태는 좀 다른데 내3출목, 외2출목으로 일반적인 공법이지만 외부의 구성에서 출목을 하나 생략하고 제공(諸工)을 하나만 둔 것이 특이하다.[43] 문의 남북으로 행각이 있는데 행각은 각각 통이 2간, 길이 19간, 합이 38간으로 명정전과 연결되어있다.

▶ 명정문

홍화문(弘化門)

▶ 창경궁 정문 홍화문

덕화를 널리 펼친다는 뜻으로 문 이름은 당시 의정부 좌찬성 서거정이 지었다.

　조선 중기에 지어진 창경궁 정문으로 보물 제384호로 지정되었다. 1484년(성종 15)에 처음 창건하였는데 1592년 임진왜란 때 불타버린 것을 1616년(광해군 8)에 복구하였다. 현재 홍화문의 건축 연대에 대하여는 다소 이론(異論)이 있다. 종래에는 이 홍화문이 성종 15년에 지은 건물이 지금까지 보존된 것으로 알았으나 이제는 이것도 임진왜란 때 불타 없어지고 광해군 8년에 창경궁 재건할 때 지은 것으로 보는 견해가 높다. 홍화문은 1834년(순조 34)에 보수공사를 한 데 이어 여러 차례 수리를 거친 데다 1961년부터 단청을 거듭하여 고색을 상실한 감이 있다. 문 양옆으로 궁장(宮墻)이 이어져있고, 궁장 끝에 십자각(十字閣)을 세워 행각(行閣)과 연결하여놓고 행각 가운데로 물이 흐를 수 있도록 수각(水閣)을 만들었다. 이 수각은 연지 북쪽에 있는데 순종이 연회를 베풀며 즐기던 곳이다.

　홍화문은 정면 3간(13.35m), 측면 2간(6.48m)의 2층 우진각 지붕으로 위층 기둥의 길이는 8척, 아래층 기둥의 길이는 14척이다. 내7포, 외5포의 다포집이며, 출목 수는 내3출목, 외2출목이다. 1층은 위 천장 가운데 간은 서까래를 노출시킨 연등천장이고, 양옆 간은 반은 반자로 막고 반은 노출시켰다. 북쪽에 2층으로 연결되는 꺾은 계단이 있으며, 2층은 4면 모두 판장문을 달아 여닫을 수 있게 하였다. 2층 바닥에는 마루를 깔고 천장은 서까래를 노출시켰다.[44] 처마는 겹처마로 추녀의 사래 끝에 토수(吐首)를 끼웠다. 용마루는 높게 양성하고 양쪽 끝에 취두를 놓았으며, 내림마루에는 용두와 잡상을 놓았다. 홍화문도 다른 궁궐의 정문과 마찬가지로 우진각 지붕이다. 당초의 현판은 성종 때 명필 성임(成任)이 썼다고 하는데, 지금 글씨는 임진왜란 이후 재건 한 것이어서 미상이다. 하지만 일부 인조 때 사자관(寫字官)이던 수곡(壽谷) 이지한(李之翰)의 솜씨라는 설도 있다.

문정전(文政殿)

▶ 문정전

　명정전 남쪽에 있으며 왕이 정사를 보는 편전이다. 정전인 명정전이 동향집인데, 문정전은 남향집이다. 정면 3간, 측면 3간의 단층 팔작지붕으로 다포집이다. 1484년(성종 15) 창경궁 창건 때 처음 세워졌는데 1592년 임진왜란 때 소실되었다. 1616년(광해군 8)에 다시 세운 뒤 인조 때 이괄의 난이나 순조 때 큰 화재를 당하였는데도 이 건물은 무사히 보존되었는데, 공원으로 개발하면서 일인들의 손에 의해 헐렸다. 1624년(인조 원년) 3월 문정전에서 이이첨을 비롯한 폐모론(인목대비)을 주청한 자들을 단죄하였다. 1983년에서

1986년 사이에 창경궁 중수공사가 있었는데 이때 문정문과 동행각 등 주변 행각을 복원하면서 문정전도 복원하였다.

기둥은 4각 기둥이며 공포는 내 3출목, 외 2출목으로, 다포집이며 겹처마이다. 광해군 7년 12월과 8년 2월에 왕은 문정전의 기둥을 원기둥으로 하려 하였으나 사간원의 반대로 원래대로 사각기둥으로 하고 방향도 종전대로 남향으로 하기로 하였다.[45] 창호는 정자살로 네 면 모두 사분합으로 막았다. 내부에는 북쪽으로 어좌(御座)와 뒤에 일월오악도를 배치하고 천장에 보개(宝蓋)를 달았다. 1985년 창경궁 발굴 조사결과 건물터가 모두 노출되었는데 동서와 남북이 모두 20m 정방형으로 건물은 정면 3간, 측면 3간임이 확인되었다. 이 건물의 중앙간이 14.5자, 좌우 협간이 13.5자이고 측면 중앙간이 14자, 툇간이 9자이다.

보루각(報漏閣)

문정문 밖에 있었다.

1550년(명종 5) 6월 1일 종묘의 동구 밖에 있는 앙부일구(仰釜日晷)와 창경궁의 보루각에 있는 물시계를 고치도록 관상감에 명하였다.[46]

1614년(광해 6)에 다시 세우고 후에 누국(漏局)이 되었다가 지금은 없어졌다.

통명전(通明殿)

아주 밝은 집이란 뜻으로 옥황상제가 거처하는 집을 말하기도 한다.

경춘전 북쪽에 있는데 창경궁 내전 중 정전으로 보물 제818호로 지정되어있다. 다른 궁궐의 내전과 마찬가지로 용마루가 없고(無樓閣) 합각마루 추녀마루는 양성하였다. 1484년(성종 15)에 지었는데 임진왜란 때 불타 없어진 것을 1616년(광해군 8)에 중건하였고, 인조 2년 이괄의 난 때 또다시 소실되었다. 9년 후인 1633년(인조 11)에 통명전, 양화당, 환경전 등을 복구하여 사용하여 오다 1777년(정조 원년) 창경궁의 모든 전각을 수리하면서 통명전도 손을 보았다. 통명전 지붕은 원래 푸른 기와를 올렸는데 정조 때 화재로 소실되어버렸다. 1790년(정조 14) 1월에 불타버린 것을 복구하였고, 1830년(순조 30) 8월에 환경전에서 난 불로 또다시 내전이 거의 다 불탔는데 1834년(순조 34)에 모두 복구하였다.[47] 지금 있는 것은 순조 때 다시 지은 것이다.

통명전 남쪽에는 경춘전이 있고 북쪽 언덕 위에 자경전이 있었으며, 서쪽에는 석축으로 된 연못이 있는데 주위를 돌난간으로 둘렀다.

처음 상량문은 지제교(知製敎) 정백창(鄭百昌)이 썼고 중건 상량문은 예문관 제학(提學) 조인영(趙寅永)이 지었다. 전액(殿額)은 순조(純祖)의 어필이다.

통명전에서 영조가 술회한 내용을 보면 무릇 술을 올리거나 존호를 올리거나 가례(嘉禮)를 수행할 때 모두 이 궁전에서 하였다. 이 궁전에서 1757년 9월까지 책봉례를 올린 것이 일곱 차례요, 장수 술잔을 올린 것이 세 번이었다. 임금이 글을 써 걸었는데 서쪽에 "瞻宝座祝岡陵(보좌의 자리를 바라보며 축하드림)"이고, 동쪽에 "奉長樂賀回甲(오랜 즐거움을 받들고 회갑을 축하드림)"이란 내용이다.

북쪽에는 "所基無逸(게으르지 아니하는바)"라는 숙종의 어필이 걸려있다.[48] 1575년(선조 8) 정월에 명종의 비 인순왕후(仁順王后) 심씨(沈氏)가 여기서 승하하였다. 그리고 임신년 봄에 의소세손(懿昭世孫)이 여기서 염을 하였다.

▶통명전

▶통명전 서쪽에 있는 연지

정면 7간(21.5m), 측면 4간(11.1m), 기둥 높이 11척이다.⁴⁹ 남쪽으로 두 겹의 행각을 두르고 앞면에 20자가량의 여유 있는 월대를 쌓아 6단 높이의 계단을 만들어 연회나 의례를 거행할 수 있도록 하였다. 내정전(內正殿)임을 말해주는 시설들이다. 이 집 장대석 대단(臺壇) 왼편 끝은 양화당 기단과 통하도록 되어있고, 기단 위 바닥에는 전 돌을 깔았다. 기단 바른편에 있는 돌층계는 개울을 가로지른 돌다리에 잇대어있다. 정면 가운데 3간은 마루를 깔고 터놓았으며, 그 기둥 사이에는 사분합의 광창(光窓)과 문짝이 달려있다. 마룻바닥은 우물마루가 깔렸고, 처마는 겹처마로 용마루가 없다. 굽은 암기와, 수키와로 용마루 부분을 처리하였는데 합각머리만 양성하고 용두와 잡상을 놓았다. 사래에는 토수가 끼어있다. 기둥 길이는 11자라 하였고, 보의 길이는 정간(正間)이 11자, 툇간이 7자이다. 도리 방향의 기둥 사이는 어간(御間)이 13자, 협간이 10자이고 좌우 툇간이 7자씩이라 하였다.⁵⁰ 같은 내전의 중요 건물보다 크다.

인조 2년 이괄의 난으로 통명전을 비롯한 여러 전각이 불타고 임금은 남주(南州)로 피신하였다. 임금이 다시 돌아왔으나 거처할 곳이 없어 할 수 없이 경덕궁으로 거처를 옮겼으며, 금나라에서 사신이 왔을 때는 인경궁(仁慶宮) 홍정전(弘政殿)에서 거처하였다. 경덕궁으로부터 거처를 다시 옮겨와서는 도총부 대청에서 거처하고, 1633년(인조 11) 계유(癸酉)년에 인경궁 소기별당(蘇基別堂)을 철거해와 통명전을 중수하니 임금이 통명전에서 거처하게 되었다.⁵¹

숙종이 통명전 시를 남겼다.

　　紫氣香烟 繞曙光 袞衣深拱 殿中央
　　列仙稻無 嵩呼地 萬宋彤雲 擁玉皇

　　자줏빛을 띤 향기로운 연기가 새벽빛을 에워싸고
　　임금의 옷이 궁전 가운데 깊숙이 드리워져 있구나
　　여러 신선이 춤을 추며 백성들이 만세를 부르는 곳이로다
　　만 송이 붉은 구름은 옥황상제를 둘러 쌌도다[52]

영조가 지은 통명전 진연일(進宴日) 시에

　　幾年抑鬱志 高殿大宴開
　　妙舞淸歌裡 靄然和氣來

　　억울한 심정 몇 해련가? 높은 궁전에 커다란 연회 열렸구나
　　교묘한 춤과 청아한 노래 뒤로 뭉게뭉게 조화로운 기운이 나오는구나[53]

사성각(思誠閣)

통명전 동남쪽에 있었는데 지금은 없다.

양화당(養和堂)

조화로움을 추구한다는 뜻이다.
통명전 동쪽에 있는데 1484년(성종 15)에 창건하였다.
1565년(명종 20) 봄에 임금이 양화당에 납시어 독서당 문신들에게 친히 시험을 보였다.

창건 당시에는 독서당이었는데, 숙종 18년에 양화당으로 고쳤다. 당초에는 임금의 편전으로 지어진 것이다. 1637년(인조 15) 병자호란 때 청나라에 항복하고 남한산성을 나와 창경궁 양화당에 거처하게 되었다.[54] 창덕궁이 인조반정 때 소실된 후 복구되지 않아 왕이 이곳을 거소로 삼은 것이다. 1665년(현종 6)에는 여기서 문신들의 시험을 보기도 했는데, 1830년에 소실된 것을 1833년(순조 33)에 다시 지어 그것이 지금의 건물이다. 현판은 순조의 어필이다.

정면 6간, 측면 4간, 팔작 기와지붕으로 익공집이다. 집은 장대석 기단 위에 세워졌고 주춧돌과 기둥은 모가 나있고, 기둥 위에는 초익공의 공포가 놓여 있다. 정간에는 우물천장을 툇간에는 연등천장을 드렸다. 우물 천정에는 수(壽) 자와 박쥐 무늬가 그려져있다. 초석과 기둥은 네모꼴인데 네면 기둥 사이는 여살문, 정자무늬의 사분합 문과 소슬 빗살문의 교창(交窓)이 짜여졌다. 겹처마이며 팔작지붕으로 용마루와 합각마루, 추녀마루는 양성하였다. 고종 15년(1878) 5월 12일 철종비 철인왕후(哲仁王后)가 양화당에서 승하하였다.[55]

▶양화당

체원각(體元閣)

양화당 남쪽 행랑이다.

체원각도 1833년에 중건된 것인데 지금은 없다.

연희당(延喜堂)

양화당 남행각인데 지금은 없다.

1795년(정조 19)에 정조 임금이 여기서 혜경궁에 술잔을 올린 일이 있다. 1833년(순조 33)에 중건된 것이다.

연춘헌(延春軒)

연희당 동쪽에 있고, 연경당(延慶堂)은 남쪽에 있는데 체원각, 연희당과 함께 1833년 (순조 33)에 중건하였다.

정일재(精一齋)

양화당 동행각에 있고 옛날에는 독서당(讀書堂)이라 했는데 1692년(숙종 18)에 이름을 정일재로 고쳤다. 정원 앞에 돌을 파서 물을 끌어들이고 재 동쪽에 팔각대와 괴석이 있었다. 경전과 서적을 보관한 서재로 문신들이 독서하는 곳이었는데 지금은 없다.

환경전(歡慶殿)

기쁘고 경사스럽다는 뜻을 담고 있다.

▶ 환경전

　함인정 북쪽에 있으며 임금이 늘 머무는 연침(讌寢)이다. 1484년(성종 15) 창경궁을 창건할 때 지었다. 중종 39년 12월에 주상이 이곳에서 승하하였다. 선조 25년 임진왜란 때 소실된 것을 1616년(광해군 8)에 중건하였고, 인조 2년 이괄의 난으로 임금이 남주(南州)로 피신하였는데 그때 통명전, 양화전, 환경전 등이 모두 불에 탔다.[56]

　영조 26년 정월 9일 주상은 환경전에 있었고 세자(壯祖)는 시민당(時敏堂)에 있었는데, 왕이 밤에 신하들에게 귤을 나누어주고 시를 짓게 하여 여러 신하와 화목한 한 때를 보냈고 동년 7월 11일 주상이 환경전에서 교지를 내려 양민들에게 2필(疋)씩 내던 세금을 1필씩만 내도록 하였다.

　1830년(순조 30) 8월 환경전을 익종(翼宗: 孝明世子)의 빈소(殯所)로 삼았는데 첨보각(添補閣)에서 불이 나 환경전을 포함하여 경춘전, 양화당, 함인정, 숭문당, 영춘헌까지 옮겨붙어 전소된 것을 1833년(순조 33)에 중건하였다. 화재 당시 익종의 시신은 화염 속에서 가까스로 구해냈다.[57]

　상량문은 대제학(大提學) 정홍명(鄭弘溟)이 썼다. 정면 7간(19.116m), 측면 4간(8.623m), 기둥 높이 10척, 이익공(二翼工)이며, 기둥 간격은 보 방향은 정간(正間)이

8자, 툇간이 6자, 도리 방향은 정간이 10자, 툇간이 6자이다.[58] 통명전과 비슷하나 규모가 약간 작다. 왕의 침전이므로 남향으로 짓고 남, 서, 북은 행각을 두르고 동쪽은 담장을 둘렀다. 지금은 여기에 속해있는 부속 건물들은 모두 없어졌다. 모든 구조가 경춘전과 비슷하나 평방, 공포, 처마 밑, 서까래 등의 단청이 다르다.

천장은 대청간은 소란반자, 양 옆방에는 종이 반자로 막고 툇간만 서까래를 그대로 드러나게 하였다. 내부가 침전이었는데도 칸막이나 벽이 남아있지 않아 당시의 침전을 볼 수 없다. 원형을 복원하고 주변 행각도 복원하여 옛 모습을 찾았으면 하는 아쉬움이 남는다.

내전의 정침인 통명전에 비하여 규모 면에서 상당한 차이를 보이기 때문에 임진왜란 이전에는 몰라도 그 이후에 왕의 정침으로 사용하였다는 것은 재고의 여지가 많다는 견해가 다수이다.[59] 상량문은 대제학(大提學) 정홍명(鄭弘溟)이 썼다.

함안각(咸安閣)

환경전 남쪽 누각이다.

경춘전(景春殿)

경춘은 햇볕이 따사로운 봄이란 뜻이다.

환경전 서쪽에 있으며 동향집인데 창경궁의 내전, 즉 왕비의 침전이다. 1504년(연산군 10) 소혜왕후 한씨(昭惠王后 韓氏: 德宗妃)가 여기서 승하하였다. 1701년(숙종 27) 8월 14일 인현왕후 민씨(仁顯王后 閔氏: 肅宗妃)가 이곳에서 승하하였으며, 숙종계비 인원왕후 김씨(仁元王后 金氏)가 늘 이곳에서 지냈다. 1752년(영조 28) 9월 22일 정조가 이곳에서 탄생하였고, 그 후 사도세자가 이곳에서 지냈다. 1815년(순조 15) 경의왕후 홍씨(敬懿王后 洪氏: 莊祖妃)가 여기서 승하하였는데, 홍씨는 자경전을 순조비 순원왕후에게 넘겨주고는 말년에 이곳에서 거처하였다. 순조 27년 헌종이 또한 여기서 태어났다.[60] 동쪽 벽에는 장조가 밝은 대낮에 황룡이 경춘전으로 들어오는 꿈을 꾸고 그것을 그림으로 그려 늘 걸어 놓았다 하는데 지금은 없다.

경춘전은 1484년(성종 15)에 지었으나 임진왜란으로 불타 없어지고, 1616년(광해군 8)에 다시 지었다. 그 후 이괄의 난 때에는 화재를 면했으나 1830년(순조 30)에 일어난 대화재 때 소실되었는데, 1833년(순조 33)에 다시 지었다. 지금 있는 것은 이때 지은 것이다. 1802년부터 혜경궁 홍씨가 다시 여기서 거처하게 되었고, 1805년에 영조의 계비 정순왕후(貞純王后)의 상을 당하여 2월 14일 저녁 무렵부터 순조 임금이 여기서 여묘(廬墓)를 지내게 되었다. 그것은 임금이 상중에 두종(痘腫)을 앓았기 때문에 궁 안에 전염되는 것을 막기 위함이었다.

정면 7간(19.67m), 측면 4간(9.56m), 기둥 높이 10척으로 외형과 규모가 환경전과 거의 같다. 단층 팔작지붕이며 익공(翼工) 집이다. 4면에 너비 1간의 퇴(退)를 두르고 정면퇴 한가운데를 터 대청 출입을 하도록 하였다. 건물 내부 대부분이 대청으로 되어있고 대청양옆에 1간짜리 방을 마련하였다. 환경전과 마찬가지로 일제 강점기에 내부 칸막이와 방을 없애고 모두 대청을 놓아 옛 침전의 모습을 볼 수 없어 아쉬움이 크다.

중건 상량문은 예문관 제학 박기수(朴綺秀)가 썼다. 탄생전(誕生殿)이란 정조의 어필이 있고, 경춘전이란 전액(殿額)은 순조(純祖)가 썼다. 정조와 순조는 경춘전 기(記)를 남겼다. 순역헌(純亦軒)은 경춘전 남쪽 누각이고, 풍순헌(風淳軒)은 순역헌과 서로 이어있는

▶경춘전

집서문(集西門) 서쪽에 끼어있는 방이다. 서쪽으로 가효당(佳孝堂)이 있고, 남쪽으로 희강재(喜康齋)와 남쪽 누각 순역헌(純亦軒)이 있으며 순역헌에 잇대어 풍순헌(風淳軒)이 있었는데 지금은 없다.[61]

공묵각(恭默閣)

환경전 남쪽에 있다. 경춘전에서는 동쪽이다. 1783년(정조 7) 가을에 부실한 궁전을 수리할 것을 담당관이 주청하였으나 때마침 흉년이 들어 공사하기에 부적합하니 진전(眞殿: 정전) 처마기둥 갈라진 곳만 수리하도록 명하였다. 수리가 다 끝나 돌아보다 공묵각에 이르러 공묵각이 너무 훼손된 것을 보고 아무리 어려워도 서둘러 수리하도록 하였다. 공묵각은 정조 임금으로서는 잊을 수 없는 추억이 담긴 곳이기 때문이다.

영조 임금은 1757년(영조 33)부터는 주로 여기서 거처하였는데, 정조는 세손 때 주로 여기서 면대하였으며 이 전각 북쪽 작은 방에서 독서하였다.

가효당(佳孝堂)

경춘전 서쪽에 있었는데 지금은 없다.

내전(內殿)의 보조 건물로 전각은 비교적 웅장하나 단청을 하지 않은 비교적 소박한 건물로 보인다. 순조가 지은 가효당율 부(佳孝堂律賦)가 전해진다.

자경전(慈慶殿)

통명전 북쪽 층계 위에 있었는데 지금은 없다.

장서각에서는 서쪽이다. 1777년(정조 원년)에 지어 혜경궁 홍씨(惠慶宮 洪氏)를 여기에 모셨다. 순조 21년 3월 효의왕후(孝懿王后) 김씨(正祖妃)가 이곳에서 승하하였다.

순조가 지은『자경전기』에

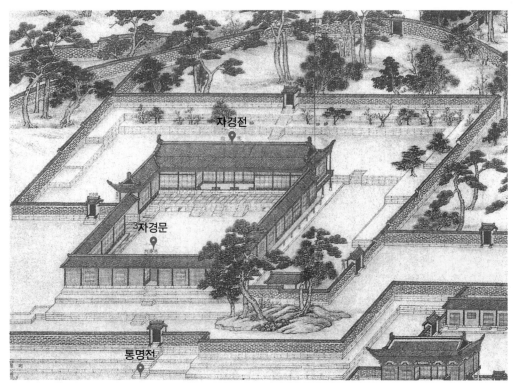

▶동궐도상의 자경전 일원

"창덕궁에 자경전이 있는데 왕대비가 거처했던 곳이다. 좌측에 환취정이 있고, 오른쪽에 양화당이 있으며 경춘전은 그 앞에 있다. 그 뒤쪽은 금원(禁苑)이다. 그 존엄함이 정전에 버금간다. 자전(慈殿: 정조의 비 효의왕후)이 이미 여기에 거처하니 불과 수십 보 사이에 희정(熙政: 창덕궁 왕의 편전인(희정당)이 있다. 문안을 드리러 조석으로 다니는데 상서로운 기운이 난간에 가득하였다. 이는 자전의 덕이 크고 어질며 온갖 좋은 일들이 아닌 것이 없다. 소자(순조)는 자전의 덕에 의지하고 받들면서 보살핌을 받고 자랐다. 왕위에 오른후에 모든 백성에 대한 긍휼함과 사물 하나에 대한 사랑은 자전의 교화에 의한 것이며, 내가 밤낮으로 게으르지 않은 까닭은 오로지 궁전 이름의 보살핌 때문이다."

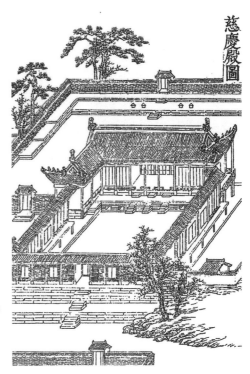

▶자경전도(순조기축 진찬의궤)

또 기문에 이르기를

"창경궁에 전당이 있는데 바로 자전이 거처하는 곳이다. 예전에 영고(寧考: 正祖)께서 효도하는 마음과 축복하는 소원을 가지고 관할 관청에 명하여 전당을 창건하였다. … 자궁(慈宮: 정조의 어머니 혜경궁 홍씨)이 화려한 궁전을 보고 기뻐하지는 않았으나 영고(寧考: 정조)의 효성에 감동하여 여기에 옮겨 살았다. … 임금이 이전의 편액을 '자경전(慈慶殿)'이라 하였다. 자(慈)란 자비로운 은혜이고, 경(慶)이란 경사스런 예언서(譽言書)이다. … 임술년에 이르러 자궁(慈宮:혜경궁 홍씨)께서는 그 궁전을 자전(慈殿: 정조의 비 효의왕후)에게 물려주면서 "나는 선조(先祖)에게 천승(千乘)의 봉양을 받았고, 나는 경춘전에서 쉬어도 족하니 대비(大妃)가 이 궁전에 거처하여 주상의 한없는 효도를 받고, 이 늙은이가 힘써 권하는 뜻에 보답하라." 하였다.

자전은 여러 번 사양하다가 할 수 없이 자궁의 명령을 따랐다. 날짜를 정하여 이 궁전으로 옮기시고, 옛 뼈대를 그대로 두고 수리하여 새로 단청을 하였다.

또 기문에 이르기를

" … 창덕궁에 문이 있어 망춘(望春)이고, 망춘문에서 10여 보쯤에 문이 또 하나 있는데 영응(迎鷹)이다. 영응에서 수십 보 가까이에 바로 이 자경궁이 있다. 내자궁(혜경궁 홍씨)이 내자전(효의왕후)에게 맡겨 소자의 효성스러운 봉양을 받도록 건립한 것이다."(『궁궐지』, 서울학연구소)

상량문은 수찬(修撰) 이병모(李秉模)가 썼다. 자경전과 환취정은 동서로 나란히 있었는데, 그 터를 찾는데 많은 노력을 하였다 한다.[62]

숭문당(崇文堂)

▶숭문당

명정전 서쪽에 있으며 선비들이 시험을 보는 장소이기도 하다.
1742년(영조 18) 11월 태학생(太學生)들을 이 숭문당에 불러 만나보고 말하기를,

"선조(先朝)가 이 당을 세운 것은 대개 문(文)을 숭상하는 뜻에서였다. 지금 내가 그대들

을 이 당에서 친히 시험 보이는 것도 문을 숭상하려는 뜻이니 그대들은 이러한 뜻을 깊이 유념하라."**63**

이 건물은 임진왜란 후 광해군 때 창건한 것으로 보이는데, 1830년(순조 30)에 환경전에서 난 불이 옮겨붙어 소실된 것을 이 해 가을에 다시 지었다.

영조의 친필 "日監在玆(날마다 여기에 살피어 임하다)"란 현판이 걸려있다. 정면 4간, 측면 3간, 단층 팔작지붕의 익공(翼工)집이다. 건물의 일부를 네모난 돌기둥을 받쳐 누(樓)처럼 꾸몄으며, 후면 툇마루에는 낮은 난간을 둘렀다. 툇마루 양 끝에는 목조 계단을 만들어 명정전이나 문정전 쪽에서 바로 툇마루에 오르도록 하였다. 북측 3간을 방으로 하고 중앙 3간을 청(廳)으로, 남쪽을 방(房)으로 꾸몄다. 기둥 사이는 굴도리장혀 밑에 소로만을 끼웠다. 기둥 사이 짜임은 우물 무늬 교창(交窓)과 사분합(四分閤)을 달고 토벽(土壁)에 판문(板門)을 달았다. 처마는 홑처마이고, 용마루는 양성하지 않고 용두만을 놓았다.

휘녕전(徽寧殿)·재실(齋室)

숭문당 동쪽 (앞)이며, 명정전 남행랑으로 문정전 구내에 있다.

제1행랑이 방 2간, 대청 6간으로 재전(齋殿)이고, 제2행랑은 대청 3간으로 동궁의 재실이다. 제3행랑은 부들자리 방 1간이고 대청이 3간인데, 왕자가 거처하는 대청이다. 제1행랑과 제3행랑의 방은 서쪽에 있고, 제2행랑의 방은 동쪽에 있다. 제3행랑은 영조가 즉위하기 전 1720년에 거처하던 대청이고, 제2행랑은 동궁으로 있을 때 재실이 된 것이다. 제1행랑은 1724년 왕위 계승 후에 재전(齋殿)이 되었다. 이 재전은 1724년에는 경종의 재전이었고 1730년에는 경종비 선의왕후(宣懿王后) 어씨(魚氏)의 재전이었으며, 1757년에는 영조비 정성왕후 서씨(貞聖王后 徐氏)의 재전으로 34년 동안에 재전이 된 것이 3번이었다.

재전 3실은 왕자가 거처하던 대청인데 1720년 겨울과 다음 해 봄, 여름에 여기서 거처하였다. 제2행랑은 영조가 동궁으로 있을 때 재실이었는데 1758년 가을 겨울을, 1759년(영조 35)에 봄과 여름을 여기서 거처하였다. 남쪽 행랑 3실은 숙종의 재실이었고, 영조 어머니 숙빈 최씨의 재실이기도 했다.

영조가 왕위에 오른 후 1757년 2월 21일 죽은 왕비 서씨의 시호를 정성(貞聖)으로 하고 전각을 휘녕전이라 했다. 창경궁 명정전 남쪽 행랑은 문정전(文政殿) 구내(構內)로 1709년 부터 영사전(永思殿), 경모전(敬募殿), 경사전(敬思殿), 효경전(孝敬殿), 영소전(永昭殿), 영모전(永慕殿), 효사전(孝思殿), 경령전(敬寧殿), 효령전(孝寧殿), 영휘전(永徽殿), 경소전(敬昭殿), 경휘전(敬徽殿), 효소전(孝昭殿) 등 13위를 봉안했다. 처음에는 명정전 남쪽 행랑이 향실(香室)이었으나 이제는 재전(齋殿)이 되어버린 것이다. 효소전 바로 옆이 휘녕전이다. 휘녕전은 정성왕후의 재전인데, 영조 38년 5월 사도세자(思悼世子)는 휘녕전 앞뜰에서 비운을 맞게 되었다.[64]

시민당(時敏堂)

수강재(壽康齋) 동쪽에 있는데 세자가 정무를 보던 곳이다.

지금은 없어졌지만 일제 때 만들어놓았던 표본실 남쪽에 있었다. 그래서 시민당부터 함춘원까지는 원래부터 창경궁에 속해있었다. 시민(時敏)이란 말은『서경(書經)』「열명편(說命篇)」에 나오는 "때에 민첩하기에 힘쓴다(務時敏)."라는 뜻에서 연유한 것이다.

1636년(인조 14) 종묘와 사직의 신주를 강도에서 받들어오니 주상이 친히 시민당에 봉안하였다. 1698년(숙종 24)에 단종과 정순왕후(定順王后: 단종비) 신위를 시민당으로 옮겨 받들고 종묘에 알현하여 부례(祔禮: 합사례)를 행하였다. 1750년(영조 26) 왕세자(사도세자)가 시민당에서 왕을 대리하여 정무를 보았으며, 1755년 왕이 교지를 내리기를 "시민당 북쪽은 충민공(忠愍公) 임경업(林慶業)이 살해당한 곳이다(時敏堂北郎 忠愍公 林慶業 見殺之處)."라고 하였다. 인조 24년 정월 임경업을 심양으로부터 압송하여 왕이 친국하고 쓰려고 했으나 김자점이 옥졸을 시켜 살해해버렸다.[65]

시민당은 왕세자가 독서하고 강론(冑筵 또는 書筵)하는 곳인데, 정확한 시기는 알 수 없으나 정조 대에 소실되어버렸다.

손지각(遜志閣)이 시민당에 있었는데 지금은 없고 영조가 지은 시 한 편이 남아있다.

붉은 난간 옥색 홈통 실은 향기 새로운데
바로 때는 삼경에 여름이로다
이 가운데 기묘한 곳 물어온다면

금빛 뜰에 달 떠 은빛 비늘 비추는 듯함이라 (달빛에 향기 싣고)

일없는 작은 방에 마음 절로 한가롭고

저녁 해 난간에 기대어 낚시대에 드리운다

맑으매 느릿느릿 걸어 때로 돌아보나니

북악과 인왕(仁王)에 상서로운 놀이 듬성듬성하고나 (서쪽으로 인왕 바라보며)[66]

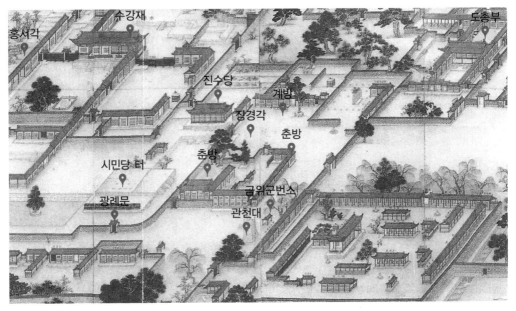

▶ 시민당 주변

저승전(儲承殿)

건양문 밖에 있는데 지금 낙선재 자리이다.

옛날에는 광연전, 구현전 터로 앞에는 연못이 있었다. 1486년(성종 17)에 다시 지어 춘궁(春宮)으로 개칭하였다. 1623년(인조 원년) 화재(이괄의 난) 때 타버렸는데, 1648년(인조 25)에 인경궁을 철거한 후 다시 지었다. 1683년(숙종 9) 12월 5일에 명성왕후(明聖王后) 김씨가 여기서 승하하였고, 1756년(영조 32)에 저승전이 또다시 불타버렸다.[67]

숭경당(崇敬堂)

저승전 북쪽에 있는데 지금은 없다.

저승전 주변의 전각은 저승전 화재 때 모두 타버렸다(1756). 이 불은 낙선당에서 일어났는데 경극당, 양생각, 양정각, 취선당, 그리고 이 숭경당을 태웠다.

구현전(求賢殿)

뒤에 저승전 터가 되었는데 1474년(성종5) 4월, 공혜왕후(恭惠王后:성종 비) 한씨(韓氏)가 이곳에서 승하하였다.

경극당(敬極堂)

양생각(陽生閣)

양정각(養正閣)

모두 저승전 동쪽에 있다. 양정의 뜻은 "어두움을 길러서 바르게 한다."라는 뜻이라고 영조가 쓴 명문(銘文)에 기록되어있다. 1736년 3월 15일 여기서 세자 책봉이 정해지고 인정전에서 세자 책봉식을 가졌다. 저승전은 왕자가 거처하는 곳이고, 이 양정각은 세자가 교육받는 곳이다.[68]

광연전(廣延殿)

광연루는 1406년 4월 1일에 완성하여 활쏘기 또는 연회장소로 활용하였는데, 1408년 (태종 8) 5월에 태조 이성계가 광연루 아래 별전(別殿)에서 승하하였다. 『실록』의 기록에 태종 6년 1월 9일 자에 임금이 '덕수궁'에 가서 태상왕(태조)에 문안을 올린 사실과 4월 28일 덕수궁이 완공되었다 했는데 이곳은 태조가 말년에 머무를, 한성으로 다시 오기 전에 개성에 지은 전각이다. 1456년(세조 원년)에 광연전에서 중국 사신에게 연회를 베풀 계획 이어서 이때를 이용하여 성삼문을 비롯한 사육신 등이 상왕을 복위하려고 꾀하였다. 이를 눈치챈 한명회가 장소가 비좁다는 이유로 운검(雲劒: 임금 뒤에 장검을 들고 시립하는 의 전)을 폐하도록 하여 뜻을 이루지 못하고 실패하고 말았다.[69] 성삼문의 아버지 성승(成勝) 이 운검을 서는 것을 기화로 세조를 처단하려 하였지만 수포가 된 것이다.

1411년 7월에 태종이 상왕을 받들어「광연루에 술을 놓고 연꽃을 감상하다 (辛卯七月奉 酒廣延樓賞蓮)」라는 시를 지었다. 오랜 가뭄 끝에 비가 흠뻑 내리니 시적 감흥이 떠오른 것 이다.

車賀榮臨 獻玉危 霈然甘霈 濕紅衣
半濃半淡 新粧艶 西子盒橋 欲語時

수레 영광스럽게 임하여 조심스럽게 옥 술잔을 바치노라
흠뻑 단비가 내려 붉은 옷을 적시는구나
반은 짙고 반은 엷어 새 단장이 요염하구나
서시(西施:춘추시대 월나라 미인)가 교태를 머금고 말하려는 때와 같도다[70]

숙종도 이와 같이 효도하는 모습을 그리며 연꽃을 찬미하는 시를 지었다.

玉樓躬奉 萬年危 和氣氤氳 帶御衣
碧藕龍池 霈喜雨 正逢堯舜 太平時

구슬 같은 누각에서 만년 술잔을 조심스럽게 바치었네
조화로운 기운이 어리어 임금 옷에 걸치누나
푸른 연꽃 빼어난 연못에 기쁜 비로 적시오니

바로 요순의 태평 시대를 만난 것 같도다[71]

광연전 터는 후에 구연전을 지었고, 구연전 터에는 저승전을 지었다. 1453년(단종 원년) 1월 24일에는 여기에 피서용 별궁을 지었다. 현재는 낙선재가 있는데, 그때마다 중수(重修)한 것이 아니고 빈터에 다시 지었다.

진수당(進修堂)

시민당 북쪽에 있으며, 1728년(영조 4) 11월에 진종(眞宗: 사도세자의 형)이 여기서 10세에 승하하였다. 현판 글씨는 영조 임금이 썼다. 평상시 왕세자가 머무는 곳이었는데, 후에 별군직(別軍職) 관청으로 사용하였다.[72] 진수당 동편에 세자를 호위하는 관청인 계방(桂坊:익위사)이 있고 계방 동편에 누국(漏局), 즉 시각을 측정하는 보루각(報漏閣)이 있었다.

장경각(藏經閣)

진수당 동남쪽에 있는데 창건연대는 알 수 없다.
계방 정남에 춘방(春坊)이 있는데 춘방은 세제를 교육하는 시강원이다. 춘방 동쪽 옆에 책을 보관하던 장경각이 있다.

청음정(淸陰亭)

시민당 북쪽에 있었는데 지금은 없다.
1721년(경종 원년)에 임금의 명으로 왕세제(영조)가 청음정에 앉아 검소함을 숭상함에 길이 있음을 밝히었다.[73]

추경원(秋景苑)

청음정의 동쪽에 있다.

낙선당(樂善堂)

저승전 동쪽에 있었는데 지금은 없다.

1756년(영조 32) 저승전에 불이 났을 때 맨 처음 이 낙선당에서 불이 나 번진 것이다. 영조가 지은 낙선당 시가 남아있다.[74]

취선당(就善堂)

저승전 서쪽에 있었는데 지금은 없다.

1688년(숙종14) 10월에 경종이 이곳에서 탄생하였다. 희빈 장씨는 중전이 되기 전에 이곳에서 거처하였고, 중전에서 폐출된 후에도 이곳에서 머물렀으며 그의 최후를 여기서 마쳤다. 1701년(숙종 27)에 희빈 장씨는 폐출되어 취선당에 거처하면서 다시 복위된 인현왕후를 저주하기 위하여 취선당 서쪽에 신당(神堂)을 차려놓고 무당을 불러 온갖 저주를 다 퍼부었는데, 일이 발각되어 희빈은 사약을 받았고 희빈의 오빠 장희재(張希載)는 주살당했다.[75] 이를 신사고변(辛巳蠱變)이라 한다. 인현왕후전(仁顯王后傳)에는 희빈 장씨가 영숙궁(永肅宮) 서편에 신당을 차려놓고 인현왕후를 저주하다 발각되어 영숙궁에서 사약을 받은 것으로 기록되어있는바 이 궁은 아마도 장희빈이 휘정당이 좁다고 응석을 부려 취선당 후원에 별채를 하나 지어주었다 했는데 그곳을 말하는 것 같다.

함인정(涵仁亭)

어진 마음에 흠뻑 빠진다는 뜻으로, 명정전 서쪽에 있다.

▶ 함인정

　명정전 서쪽이라면 명정전이 동향이기 때문에 명정전 뒤를 이름이다. 본래는 인양전(仁陽殿) 터이었고, 동쪽으로 빈양문(賓陽門)이 있다.『궁궐지』에 의하면 1633년(인조 11)에 인경궁에 있는 함인당(涵仁堂)을 이곳에 옮겨 짓고 처음에는 호칭을 그대로 썼으나 나중에는 당의 이름을 정으로 고친 것으로 되어있다. 그러나 창경궁을 복원할 당시에 쓴『창경궁 수리소의궤(昌慶弓修理所儀軌)』에 의하면 함인정은 인경궁에 있는 경수전(慶壽殿) 뒤 행각 5간을 헐어 옮겨 지었고, 나머지 4간은 새로 지은 것으로 기록되어있다.『궁궐지』는 영조 초에 기록하여 현종 때 증보 수정된 것으로, 인조 11년 창경궁을 복원할 때 쓴『창경궁수리소의궤』가 더 신뢰성이 높다.

　그 의궤에 의하면

　　　　涵仁亭一間退九間
　　　　慶壽殿後行閣五間移造
　　　　四間新造라 하여**76**

인경궁 경수전 뒤 행각 5간을 헐어다 함인정 1간과 퇴9간을 재목으로 쓴 기록이 명확하다.

인경궁 함인정은 헐어서 대청 부분은 통명전의 서책방 조성에, 온돌 부분은 동행각에 옮겨지은 것이 명시되어있다. 『궁궐지』에 인경궁의 함인정을 옮겨 지었다는 기록은 오류로 판명되었다. 1830년(순조 30)에 화재로 소실된 것을 순조 33년에 복원하였다. 영조 26년 정월 25일 임금이 함인정에 납시었고, 3월 26일에는 친히 임하여 함인정에서 문무과 장원급제한 자를 불러 접견하였다.

함인이란 뜻은 해동(海東)의 모든 것이 인의(仁義)에 흠뻑 젖는다는 뜻이다. 원래는 문신들이 정사를 보는 곳이었는데 영소전(永昭殿), 경녕전(敬寧殿)을 받들고 경자년에는 효녕전(孝寧殿), 갑진년에는 경소전(敬昭殿), 그리고 경휘전(敬徽殿)을 잇달아 받드는 혼전(魂殿)으로 이용함이 여러 차례였다.[77]

중건 상량문은 예문관제학 신재식(申在植)이 썼다. 정면 3간, 측면 3간, 단층 팔작지붕으로 익공집이다. 이 정자는 이중으로 쌓은 장대석 기단 위에 네모난 초석을 놓고 그 위에 네모기둥을 세워 사방 1간의 고주간(高柱間)에 주위로 툇간(退間)을 삥 두른 것이다. 퇴량은 평주 위의 보아지에 받쳐 고주 위에 짜돌린 창방(昌枋)몸에 박혔다. 고주 사이의 가구(架構)도 평주상의 가구와 같으나 귀 부분에는 벽선첨차 외에 45각도의 천장으로 하고 사방 툇간은 연등천장이다. 단청(丹靑)은 모루단청이고, 처마는 겹처마이다. 연산군은 유흥으로 세월을 보내면서 궁궐 관리는 소홀히 한 것 같다. 1504년(연산군 10) 8월 29일 유순과 강귀손이 제의하기를 "공사를 하도록 지시한 차양각, 환취정과 명정전의 계단 아래에 돌 까는 일, 수라간, 인정전, 문소전의 온돌, 모화관 열무정, 황부 열무정, 망원정, 연영문, 선정전으로부터 숙장문에 이르기까지 거동할 길을 닦고 수채를 내는 일, 승정원의 겨울과 여름에 일보는 대청과 온돌방, 명정전의 계단 보수, 좌우 행랑, 빈청, 경양문의 남쪽 편으로부터 선인문에 이르기까지 담쌓는 일, 사복시의 대문에 마주 문을 내는 일, 사복시의 서편에 남쪽을 향하여 문을 내는 일, 함춘원의 남쪽 모퉁이로부터 사복시의 담 모퉁이에 이르기까지 담을 쌓고 그사이에 대문을 내며 좌우 결문을 갖추는 일, 사복시의 동쪽 담 밑 두 곳의 수채를 내고 선인문 담 밑에 수채를 내어 돌문을 세우는 일, 외따로 있는 궁전 50간, 사복시 정문, 궁방으로부터 다락우의 창고, 창경궁, 홍문관의 남쪽 행랑 4간, 대궐 안의 복도 35간, 월랑 85간에 이르기까지 수리하는 일 중에서 어느 것을 먼저 해야 하겠습니까?" 지시하기를 "인양전을 먼저 지을 것이다."라고 하였다.[78] 인양전은 후에 함인정을 세운 곳이다.

함인정 부근에 광해군 때 창건한 흠명전(欽明殿)이 있었다 하는데 지금은 없어졌다. 현재의 함인정은 순조 때 지은 건물이다.

취운정(翠雲亭)

함인정 서쪽에 있는데 1686년(숙종 12)에 세웠다.
숙종의 현판이 걸려있다.

惟精惟一 允執厥中
"정성스럽고 한결같은 마음으로 진실로 그 중도를 잡아라."라는 뜻이다.

숙종이 지은 취운정을 주제로 한 시에

내려다보며 조니 단장한 수키와가 연이어있고
멀리 바라보니 눈앞이 탁 트이는 도다
봄 가을 좋은 시절이 돌아오니
어찌 날마다 감상하지 아니하리오[79]

수녕전(壽寧殿)

함인정 북쪽에 있었는데 지금은 없어졌다.
1633년(인조 11)에 세워진 것으로 보고 있다.

수강재(壽康齋)

취운정 남쪽에 있는데 동쪽으로 중춘문(中春門)이 있고, 서쪽으로 수강문(壽康門)이 있
다. 연초루(燕超樓), 경영루(慶寧樓), 유호헌(攸好軒), 도시관(都是觀), 홍서각(弘書閣),

오서각(梧書閣), 근취헌(近翠軒) 등은 모두 수강재 동서쪽의 행랑 누각이다. 수강재는 본래 태종이 왕위를 세종에게 물려주고, 물러나 거처하던 수강궁 자리이다. 뒤에 세조에게 양위하고 단종이 거처하다 영월로 유배되었다. 세조가 이곳에서 승하하고 예종이 이곳에서 즉위하였다. 수강궁은 없어졌지만, 그 뒤 정조가 그 자리에 수강재를 다시 지었다. 1827년(순조 27) 2월 18일부터 효명세자가 대리청정을 하기 시작했는데, 그때 정한 별당이 수강재이다. 수강재 서쪽에 있는 홍서각(弘書閣)은 세자의 책을 보관하는 집이다.

용안재(容安齋)

수강재 동쪽에 있다.

함정사(涵靜舍)

용안재 동쪽에 있다.

중광원(重光院)

수강재 남쪽에 있는데 세손의 강독(講讀)을 감독하는 곳이다.

장춘각(藏春閣)

통명전 서쪽에 있었는데 지금은 없다.

각 앞에 작은 못을 팠고 못 둘레에 돌난간을 둘렀으며, 못의 북쪽에 우물이 있다. 현종비(顯宗妃: 명성왕후)가 늘 머물던 곳이다.

숙종이 지은 「제영시(題永時)」에

春日天桃 正灼灼 每臨畵閣 任逍遙

玉琴時對 晴窓弄 氣曠神給 世盧消

봄날 천도복숭아 진정 아름답구나

매번 그림 같은 누각에서 소요하는구나

옥 거문고 때로 마주하여 맑은 창가에 농하는구나

기운이 밝고 마음이 기쁘니 세상근심이 사라지누나[80]

숙종이 지은 「장춘각 벽상시(壁上詩)」에

서쪽 벽에는

仁祖昔年 治此軒 一間如斗 力何煩

命以覆舟 圖壁上 思危思구 戒常存

인조 임금께서 예전에 이 집을 지으셨네

한 간이 한 말 같으니 힘이 어찌 번거로웠겠는가

명하여 전복되는 배를 벽 위에 그리게 하였으니

위태로움을 생각하고 두려움을 생각하여 늘 경계하도록 함이라

동쪽 벽에는

聖母平時 愛此軒 增修略略 石會煩

茌茞流光 餘舟載 每臨憶昔 慥懷存

명성왕후(현종 비)께서 평상시에 이 집을 사랑하여

증수하면서도 될 수 있는 대로 간략하게 하여 번잡함이 없었네

세월이 흐르는 빛이 다른 곳에 실리는구나

매번 올 때마다 옛날을 생각하니 감회가 새롭구나[81]

열천(洌泉)

통명전 북쪽 층계 밑에 있는데 명성왕후가 경춘전에 거처하면서 늘 애용한 우물이다. 이것은 경자(1660)년 이후로 있던 것인데, 처음에는 조그마한 구멍에 불과하던 것을 현종 비 명성왕후가 이 우물을 사랑하여 넓히도록 명하였다. 그 물은 맑고 차며, 사철 마르지 않는다. 물 북쪽에 희고 반듯한 돌 하나가 있는데 아름다운 주변 경관과 조화되어 왕은 일렁이는 감회를 억누를 수 없어 못가에 돌을 더 쌓고 이름을 열천이라 하여 돌에 새겼다. 때는 1757년(영조 33) 5월 29일이었다.[82]

환취정(環翠亭)

통명전 서북 층계 위 자경전 서쪽에 있었는데 지금은 없다.

1484년(성종 15) 7월에 임금이 창경궁 통명전 북쪽에 정자를 짓도록 명하여 완성되니 환취라 하였다.[83] 창경궁을 수리하기 위하여 두 대비가 잠시 옮겨갈 수 있도록 배려한 것이다. 1724년(경종 4) 8월에 임금이 여기서 승하하였다. 주변에 소나무가 울창하고 수천 개의 대나무를 빽빽하게 심었고, 멀리 담 밖에 저자가 있는데 저자 바깥에 외성(外城)이 있으며 외성 바깥에 바위굴이 있다고 김종직(金宗直)이 지은 「상량문」에 쓰여있다. 이어지는 상량문에 남쪽 끝의 연기와 구름, 동쪽 성곽의 풀과 나무가 푸르름을 모으고 녹색을 칠하였으니 정자 이름을 환취라고 한 까닭이 여기에 있다 했다.

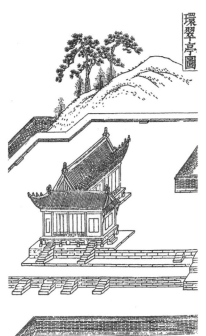

▶ 환취정도(순조 진찬의궤)

숙종의 어제시(御製詩) 「황혼에 환취정에 올라 남한주성 담의 불빛을 바라보며(黃昏上環翠亭望南雉堞火光)」라는 시를 남겼다.

步登環翠亭 遙望漢州城

雨後春寒峭 風來夜氣淸

須臾千黙火 羅絡一時明

元帥西臺上 應知大閱兵

걸어서 환취정에 올라 멀리 한주성을 바라보노라

비 온 뒤 봄 추위 매섭고 바람 불어 밤기운 맑다

순식간에 천 개의 불이 쭉 이어 한꺼번에 밝다

원수가 서쪽 망대에 오르니 큰 열병(閱兵)이 있는 줄 알겠구나.[84]

여휘당(麗暉堂)

통명전 서쪽에 있으며 돌층계 밑 남방 즉 창춘각 남쪽에 있었는데 지금은 없다. 1635년 (인조 13) 12월에 인조의 비 인열왕후(仁烈王后) 한씨(韓氏)가 이곳에서 승하하였다. 1790년(정조 14)에 통명전과 함께 불탄 것을 1833년(순조 33)에 건인문(建仁門) 아래로 옮겨 세웠다.[85]

영춘헌(迎春軒)

집복헌(集福軒) 동쪽에 있는 자그마한 전각이다. 정조 임금은 늘 이곳에서 거처하다 1800년(정조 24) 6월에 임금은 여기서 승하하였다. 임금이 거처하기에 너무 작은 후궁 의 처소이다. 정조 임금은 어려운 백성들을 생각하며 스스로 검소한 생활을 실천하였다. 1830년(순조 30)에 소실된 것을 1833년(순조 33)에 임금의 명으로 장남궁(長男宮)을 철 거하여 그 재목으로 옮겨 지었다.[86] 정조는 영춘헌을 독서실 겸 집무실로 이용하였다.

정조가 지은 「영춘헌에서 술잔을 올리며 기뻐 낙남전운을 사용한 시(迎春軒 奉觴志喜雨 絡南前韻詩)」에

▶ 영춘헌

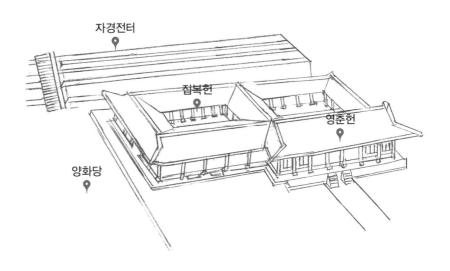

자경전터

집복헌

영춘헌

양화당

椒塗衍慶自光前 綵舞重開獻壽愆

軒敞迎春春不老 恭將此會又年年

향기 발라 경사를 더하니 그 앞에서 스스로 빛나누나

비단 춤 겹쳐 열려 장수 연회를 바치노라

마루가 탁 틔어 봄을 맞으니 봄이 늙지를 않는구나

삼가 이 모임을 받들어 해마다 이어 가리[87]

▶집복헌과 영춘헌(현재 두 건물의 위치가 동궐도상의 위치와 사뭇 다르다. 일제의 손에 의해 그려진 듯하다.)

집복헌(集福軒)

영춘헌의 서쪽 행랑 누각이다.

후궁의 처소이어서 1736년 1월 영빈 이씨(瑛嬪李氏)가 거처하여 이곳에서 사도세자가 태어났고, 그 후 정조 임금이 총애하던 수빈 박씨(綏嬪朴氏)가 여기에 거처하여 1790년(정조 14) 6월에 순조 임금이 이곳에서 태어났다. 순조 임금은 정조 24년 여기서 세자로 책봉되었다. 1830년에 영춘헌과 함께 불탔는데 1833년에 영춘헌과 같이 중수하였다.

여경헌(餘慶軒)

영춘헌 동쪽에 있으며 동쪽 문을 천오문(千五門)이라 한다.[88]

연경당(延慶堂)과 연희당(延禧堂)

　연경당은 대비의 처소로 임금의 침전인 환경전 바로 뒤에 있다. 임금이 수시로 문안할 수 있도록 배려한 것이다. 연경당 서북쪽에는 연희당이 있고 동북쪽으로는 연춘헌(延春軒)이 있다. 대비의 생활공간인데 모두 연(延) 자가 들어간 것은 좋은 일, 기쁜 일, 봄날 같은 행복한 날들이 오래 지속되기를 기원하는 뜻이 담겨있다.

　연경당은 정면 3칸, 측면 3칸 모두 9칸인데 비하여 연희당은 모두 20칸으로 비교적 규모가 크다. 정조의 모친 혜경궁 홍씨가 이곳에 머문 일이 있는데 1795년 6월 18일 회갑 날에 연희당에서 회갑잔치를 열었다. 이 잔치 과정을 그린 것이 『원행을묘정리의궤(園幸乙卯整理儀軌)』이다. 이 의궤에서 눈에 띄는 것이 구증(狗蒸: 개고기찜)이다. (『동궐에 들다』, 한영우 저) 궁궐 요리에서도 개고기가 있었음을 보여주는 기록이다. 환경전과 양화당 사이에는 이 건물 말고도 통명전의 부속 건물로 보이는 채원합(體元閤)과 행랑 등 여러 전각이 빼곡히 들어있었으나 지금은 빈터만 남아있다.

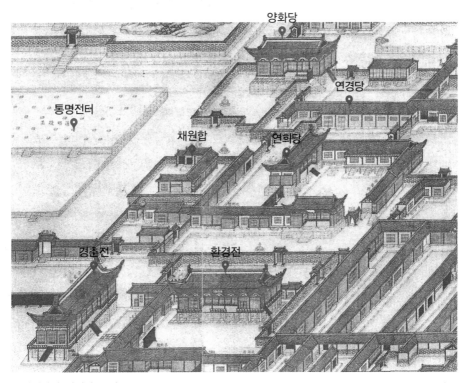

▶ 연경당과 연희당 주변

통화전(通和殿)

　요화당 동쪽에 있고 남쪽 문을 통화문(通和門)이라 한다.

　「동궐도」상에 보면 팔작지붕에 4면이 행랑으로 둘러있고 대문이 솟을대문으로 세 칸짜리 통화문이 있는데, 순종 때 쓴 『궁궐지』에는 본채가 열두 칸으로 되어있고 세 칸짜리 측간이 있는 것으로 되어있어 용도가 분명하지 않다. 정자 건물이 된 것은 효명세자의 혼전을 설치하면서 만들었다고 볼 수 있으나 정전이나 편전에는 측간이 없기 때문에 편전으로 사용하였다고 보기에는 어려움이 있다. 옛날 궁중에는 매우통(매화틀)이라는 변기를 사용하여 임금이나 왕비는 여기에 일을 보고 나인들이 이것을 처리하였다. 그래서 정전이나 편전 근처에는 측간이 없다. 1830년 5월 효명세자가 죽자 통화전에 혼전을 설치하였는데, 이해 8월에 환경전에서 난 불이 번져 이 일대가 모두 소실된 후 통화전은 중건하지 않았다.

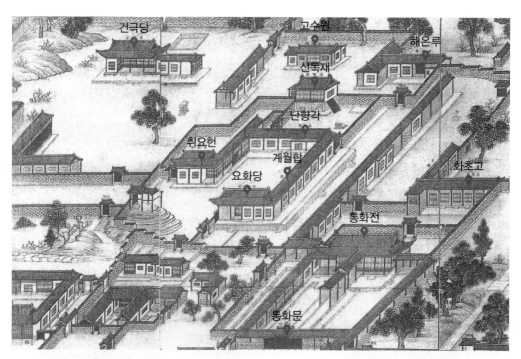

▶동궐도상의 통화전 일대

요화당(瑤華堂)

통화전 서쪽에 있었는데 지금은 없다.

창경궁 건극당(乾極堂)의 동남쪽에 요화당, 취요헌(翠耀軒), 난향각(蘭香閣), 계월합(桂月閤)이 있는데 이는 1656년 7월에 효종이 숙안(淑安), 숙명(淑明), 숙휘(淑徽), 숙정(淑靜)의 4공주가 익평(益平), 청평(聽平), 인평(寅平), 동평(東平)의 4도위(都尉: 임금의 사위)를 위하여 지은 것이다.

숙종이 지은 「요화당시」에

앉아서 옛날의 현포문(玄圃門)을 보노라
홀연히 난새와 봉황이 아름다운 난간에 거처하는 것을 생각하노니
가문(家門) 사람에 대한 특별한 예우는 천고를 뛰어넘누나
이 모든 것이 선왕(先王)의 세상에 다시없는 은혜로다[89]

난향각은 요화당 북쪽에 있고 취요헌은 난향각 서쪽에 있다. 계월합은 신독재 남쪽에 있었는데 요화당을 비롯한 모든 전각이 지금은 없다.

신독재(愼獨齋)

난향각의 북쪽에 있는데 춘궁(春宮: 세자)의 서당이다. 숙종이 지은 서문(序文)에 신독이란 "은밀함에서 보이지 말고 그윽함에서 나타나지 마라."라는 데서 취한 것이라 했다.

판(板)에 걸린 숙종의 사(辭)에

"그 가운데 어둠이 있고 그곳에 홀로 있다. 보이지도, 들리지도 않으나 신령이 바로 너에게 있다. 너 사람 욕심을 막고 너 하늘의 이치를 넓혀라. 시간이 혹 놓아줄지 몰라도 성인이 반드시 이를 판단하리. 밝고 밝음이 위에 있고 빛나고 빛남이 아래에 있다. 알지 못한다 하지 마라. 누구를 속일 수 있겠는가? 내 말이 늙지 않았으니 이로써 대야의 명문을 바꾸어라. 너 원량(元良: 세자)이여, 지극히 생각하고, 지극히 성실하라. 잠시도 소홀히 하지 마

라. 항상 지켜보는 눈이 있으니 집안 가장 으슥한 곳에 있더라도 근신한다면 네 마땅히 스승 되리."라 하였다.[90]

해온루(解慍樓)

신독재 북쪽에 있었는데 지금은 없다.

처음에는 이름이 없었는데 숙종 조에 이름을 붙였다. 통화전에서 해온루까지는 지금 장서각 동쪽 지대 언덕 아래에 위치한다.

고서헌(古書軒)

신독재 북쪽에 있었는데 지금은 없다.

건극당(建極螳)

고서헌 서쪽에 있었는데 지금은 없다.

1670년(현종 11)에 건축했다. 1751년(영조 27) 11월에 진종(眞宗: 영조의 큰아들 효장세자)의 비 효순왕후(孝純王后) 조씨(趙氏)가 이곳에서 승하하였다.[91]

의춘헌(宜春軒)

건극당 동쪽 행랑인데 이 또한 없어졌다.

구용재(九容齋)

건극당 동쪽에 있었으나 지금은 없다.

건극당 동쪽에 문이 하나 있으니 중정문(中正門)이다. 그 문밖에 작은 재실이 하나 있는데 이곳이 구용재(九容齋)이다. 당초에는 세자가 독서하는 방이었으나 임진왜란 후로 한산한 곳이 되었다. 1724년(영조 즉위년) 겨울에 다시 왕자의 서실이 되었다가 다음 해 봄에 세자로 책봉된 뒤에 여기서 서연(書筵)도 하고, 왕이 불러서 입대하여 정사에 대한 의견을 상주하는 곳이기도 했다.

구용(九容: 九思)의 뜻은 『예기(禮記)』에

"다리는 무거움을 받아들이며 손은 공경함을 받아들이고 눈은 단정함을 받아들이며 입은 그침을 받아들이고 소리는 조용함을 받아들이며 머리는 바름(正)을 받아들이고 기운은 엄숙함을 받아들이고 서는 것은 덕을 받아들이며 색은 엄정함을 받아들인다."에서 연유한 것이다.

재실 뒤에 잠언(箴言)을 덧붙여 걸었다.

"중정(中正) 작은 재실은 옛 나의 강당이라. 지금 그 이름을 걸어 내 원량(元良: 세자)을 가르치노라. 어린이를 가르침에 무엇을 먼저 할 것이뇨? 반드시 바르고 반듯한 것이라. 구용의 뜻은 경전에 상세히 갖추어져 있노라. 학문에 힘쓰면 앎이 더욱 자라노라. 뜻을 굳게 하고 도리를 실행하며, 덕행도 또한 스스로 강해지리라. 이 정성을 준수하며 마음에 두고 잊어버리지 말라. 때에 민첩하여 길이 빛나며 천록이 스스로 번창하리라."[92]

장경재(莊敬齋)

창경궁 동쪽에 있었는데 지금은 없다.

1725년 봄에 춘궁(春宮: 세자)이 강론하는 집을 장경재라 했다. 효종의 주연(冑筵: 경연) 장소이다.[93]

함춘원(含春苑)

홍화문(弘化門) 동쪽에 있는데 지금은 없다.

인조 때에 반을 떼어서 사복시(司僕寺)에 주어 말을 방목하는 장소로 만들었다.

함춘원은 원래 창경궁 동쪽 후원(後苑)이었다. (도성 경모궁 참조)

수강궁(壽康宮)

지금 창경궁이 수강궁 자리이다.

성종 대에 세 대비(세조 비, 덕종 비, 예종 비)를 모시기 위하여 수강궁 옛터에다 창경궁을 세웠다. 1420년(세종 2) 7월에 후덕왕대비(厚德王大妃: 태종 비 元敬王后)가 수강궁 별전에서 승하하였다. 1455년(단종 3)에 단종은 세조에게 왕위를 물려주고 수강궁으로 옮겼다. 1468년(세조 13) 9월 7일 예종이 선위 받아 수강궁에서 즉위하였다.[94]

상량문은 직제학(直提學) 김소(金訴)가 지었다.

수각(水閣)

연지(蓮池) 북쪽에 있으며 순종이 연회를 베풀며 즐기던 곳이다.

관덕정(觀德亭)

수각 북쪽 언덕 위에 있는데 활 쏘는 곳이 아닌가 싶다.

옛날에는 후원(後苑) 일부이었으나 한때 창경원이 만들어지고 나서 창경원에 속했다.

장서각(藏書閣)

▶ 1911년 일인들에 의해 자경전 자리에 박물관을 지었는데 1937년에 장서각
으로 사용하다가 1981년 장서각을 한국학 중앙연구원으로 옮기고 이 건물
은 헐어버렸다.

양화당 북쪽 높직한 곳에 세워진 2층 벽돌집이다.

1911년 일제 강점기에 구 황실 박물관으로 지었는데, 1937년부터 장서각으로 고쳐서 한때 7만 여권의 책을 보관하기도 했다. 고궁에 어울리지 않는 이질감을 주는 건물이었는데 1969년 11월 5일 대통령령 제4263호에 의거하여 그 주관 처가 창경원 사무소에서 문화재관리국으로 넘어갔다. 그 후 다시 1981년 대통령령 제10588호에 의하여 장서각에 있는 도서가 당시 한국 정신문화연구원(현 한국학 중앙연구소) 도서관으로 옮겨가고, 창경궁의 장서각 건물은 헐어내어 지금은 빈터만 남았다. 이 터는 옛날 자경전 자리이다.

풍기대(風淇臺)

조선 시대에 바람의 세기와 방향을 관측하기 위하여 세모꼴 깃발을 매달아 꽂았던 깃발 대이다. 높이 228.1cm, 하대석 높이는 92.4cm, 넓이 62.8~61.5cm 상부 깃발 대 높이

▶ 풍기대

135.7cm이다. 보물 제846호로 지정되어있다. 깃발 대의 팔면에는 구름무늬 양각을 하였고, 아래 기단부는 상(床) 모양을 조각하여 마치 상위에 깃발 대를 올려놓은 모습을 하고 있다. 풍기대 옆에는 앙부일구(仰釜日晷: 해시계)가 있다.

관천대(觀天臺)

조선 시대 천문관측 시설로 보물 제851호로 지정되어있다. 현재 창경궁에 있는 관천대는 1688년(숙종 14)에 축조된 것으로 높이 2.2m, 가로 2.4m, 세로 2.3m의 규모이다. 그 위에는 소간의(小簡儀)를 설치하여 천문을 관측하였다. 계방(桂坊)은 세자를 호위하는 관청인데 계방 동편에는 물시계인 보루각(報漏閣)이 있고, 남쪽으로 세자를 교육하는 춘방(春坊: 시강원)이 있는데 춘방 남쪽에 관천대가 있다.

이 관천대는 북쪽에 오르는 계단이 있고 계단을 오르면 대 위 한가운데 다시 조금 작은 돌대가 있는데 그 위에 소간의를 설치하였다. 지금은 소간의가 없어지고 석조물들만 남아있다.

▶ 관천대

춘당지

본래의 춘당지는 온실 앞에 있는 작은 못이다. 전면에 있는 대 춘당지는 조선왕조에서 왕이 몸소 농경의 시범을 보이던 11개의 논이 있었다. 이 논은 내농포(內農圃)에서 관장하여 왕은 농사의 시범을 보이고, 왕비는 양잠의 시범을 보여 풍년을 기원하였다. 1909년 일제는 이곳에 큰 연못을 파서 연꽃(일본산 수련, 睡蓮)을 심어 유원지로 조성하였다. 연못 가

▶춘당지

운데 섬은 1986년에 조성한 것이다.

성종태실

옛날부터 왕가에서 출산을 하면 그
태를 함부로 버리지 않고 소중하게 보
관하였다. 특히 왕실인 경우에는 특별
한 절차에 의하여 소중하게 다루었다.
보통은 항아리에 안치하는 것이 통례
이나 다음 보위를 이어갈 왕세자나 왕
세손의 경우에는 석실(石室)을 만들어
보관하였다. 우리나라에서 가장 길지
로 태실이 가장 많은 곳은 경북 성주

▶성종태실

군 월향면에 있는 서진산(棲鎭山)으로 알려져 있다. 여기에 13위의 태실이 있어 세칭 태봉
이라고도 한다.

풍기대 북쪽으로 100여m 쯤 가면 성종의 태실이 있는데 처음 만들어진 것은 1471년(성
종 2) 윤 9월이고, 이곳으로 옮겨온 것은 1928년 11월이다.

😄 창경궁에 현존하지 않거나 현판이 없는 건물(2017년 현재: 문화재청)

구용재(九容齋), 십선루(十仙樓), 천오문(千五門), 소금마문(小金馬門), 중정문(中正門), 인양전(仁陽殿), 내사복(內司僕), 육우정(六隅亭), 일화문(日華門), 일영대(日影臺), 이녕문(以寧門), 북마랑(北馬廊), 북장문(北墻門), 고수원(古修院), 고서헌(古書軒), 사알청(司謁廳), 외삼문(外三門), 평원루(平遠樓), 홍인문(弘仁門), 홍서각(弘書閣), 홍교문(弘敎門)정중문(正中門), 정양문(正陽門), 영강문(永康門), 영상문(永祥門), 용부문(用敷門), 유인문(由仁門), 석거문(石渠門), 석거청(石居廳), 교태문(交泰門), 광예문(光禮門), 다기문(多技門), 주명문(朱明門), 주작문(朱雀門), 고문관(考文館), 서청문(西淸門), 함춘원(含春苑), 함양문(含陽門), 유호헌(攸好軒), 구현전(求賢殿), 가효당(佳孝堂), 협상문(協祥門), 으기문(宜其門), 의춘헌(宜春軒)), 거인문(居仁門), 연생문(延生門), 연화문(延和門), 연춘헌(延春軒), 연희문(延喜門), 연양문(延陽門), 연경당(延慶堂), 연희당(延禧堂), 불영문(拂盈門), 명광문(明光門), 명우문(明雨門), 동정문(東井門), 동마랑(東馬廊), 무예청(武藝廳), 영화문(迎和門), 영응문(迎鷹門), 근취헌(近翠軒), 장경문(長慶門), 청양문(靑陽門), 보정문(保定門), 함안각(咸安閣), 진상문(秦祥門), 규영선부(奎瀛仙府), 선명문(宣明門), 건인문(建仁門), 건양문(建陽門), 건극당(建極堂), 건복문(建福門), 건예당(建禮堂), 사성각(思誠閣), 공거문(拱居門), 춘방(春坊), 춘운문(春雲門), 병경문(炳景門), 추경원(秋景苑), 중광원(重光院) 중춘문(重春門), 중후문(重華門), 중양문(重陽門), 중희당(重熙堂), 풍순헌(風淳軒), 소관청(哨官廳), 용안문(容安門), 용안재(容安齋), 사정(射亭), 공묵합(恭默閣), 시민당(時敏堂), 계방(桂坊), 계월합(桂月閣), 태형문(泰亨門), 신당(神堂), 진상문(秦祥門), 순역헌(純亦軒), 납청문(納淸門), 함봉문(唧鳳門), 숭화문(崇化門), 숭경당(崇敬堂), 숭덕문(崇德門), 오서각(梧書閣), 청음정(淸陰亭), 청휘문(淸輝門), 함일문(涵一門), 함정사(涵靜舍), 견마배청(牽馬陪廳), 통장청(統長廳), 장경재(莊敬齋), 통화문(通化門), 통천문(通天門), 통화문(通和門), 통화전(通和殿), 통화재(通和齋), 통덕문(通德門), 통경문(通慶門), 도시관(都是觀), 도총부(都摠府), 보루각(報漏閣), 취선당(就善堂), 보화문(普和門), 경화문(景化門), 조양문(朝陽門), 흠명문(欽明門), 무량각(無樑閣), 무강문(無疆門), 저방실(貯芳室), 진수당(進修堂), 진덕문(進德門), 개광문(開廣門), 양생각(陽生閣), 융효문(隆孝門), 집영문(集英門), 집서문(集瑞門), 집의문(集義門), 집현문(集賢門), 자경문(慈慶門), 자경전(慈慶殿), 신독재(慎獨齋), 경극당(敬

極堂), 회경문(會慶門), 육경문(毓慶門), 만팔문(萬八門), 만생문(萬生門), 만춘문(萬春門), 만보문(萬寶門), 수덕당(綏德堂), 군옥재(群玉齋), 해온루(解慍樓), 가응문(嘉應門), 수강문(壽康門), 수강궁(壽康宮), 수녕전(壽寧殿), 요화당(瑤華堂), 정일재(精一齋), 취명문(翠明門), 취운문(翠雲門), 취운정(翠雲亭), 취요헌(翠耀軒), 손지각(遜志閣), 동용문(銅龍門), 광연정(廣延亭), 광선문(廣善門), 덕응방(德應房), 경선문(慶善門), 경영루(慶寧樓), 낙선당(樂善堂), 확여실(確如室), 연고(輦庫), 양정각(養正閣), 여경헌(餘慶軒), 연초루(燕超樓), 적경문(積慶門), 흥경문(興慶門), 석류실(錫類室), 저승전(儲承殿), 대양문(戴陽門), 영군직소(營軍直所), 환취정(環翠亭), 재실(齋室), 빈양문(殯陽門), 장춘각(藏春閣), 장서각(藏書閣), 장경각(藏經閣), 근독합(謹獨閤), 여화문(麗華門), 여휘당(麗暉堂), 보경문(寶慶門), 난향각(蘭香閣), 체원합(體元閤), 관광청(觀光廳), 관풍각(觀豊閣)

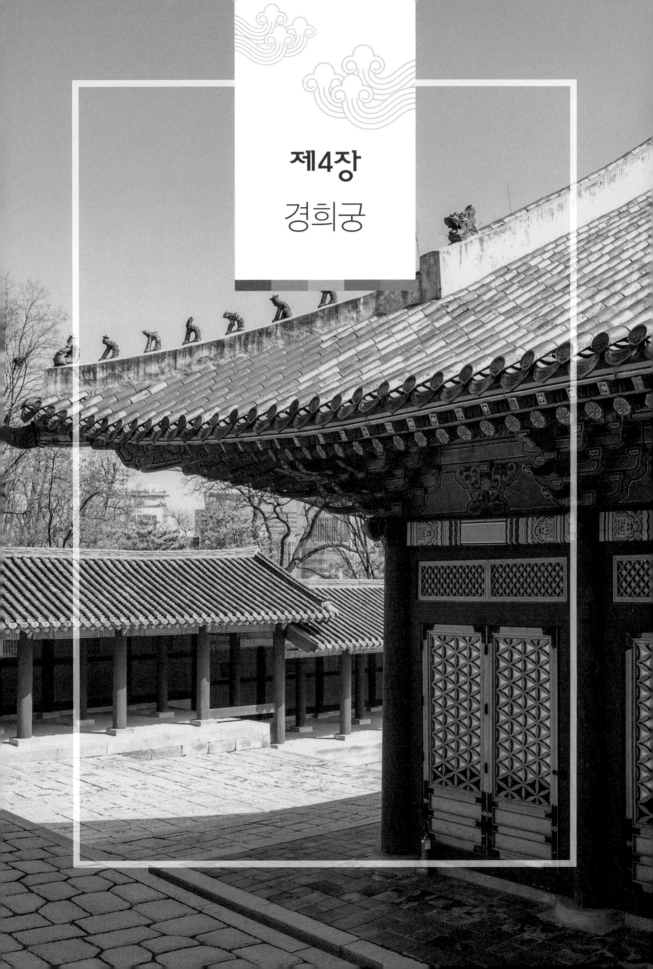

제4장
경희궁

서궐도안
(370~371)

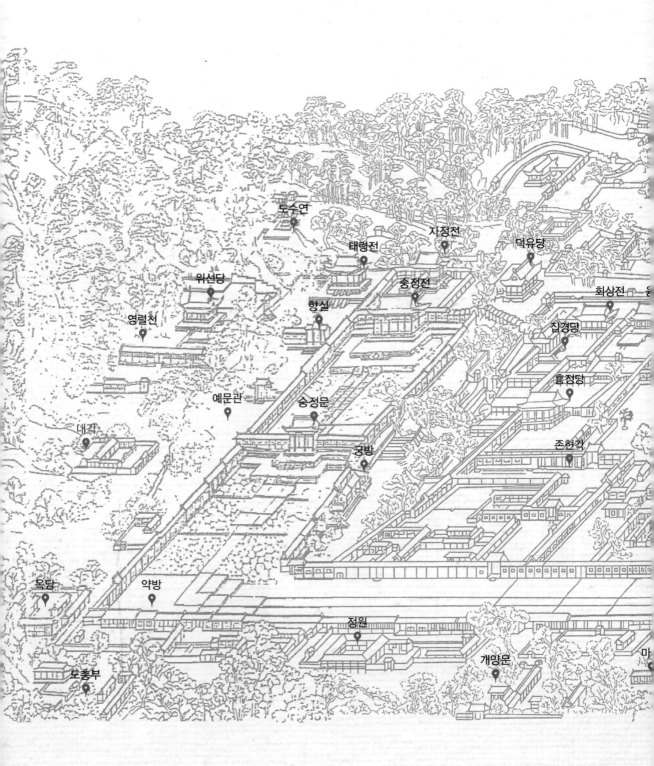

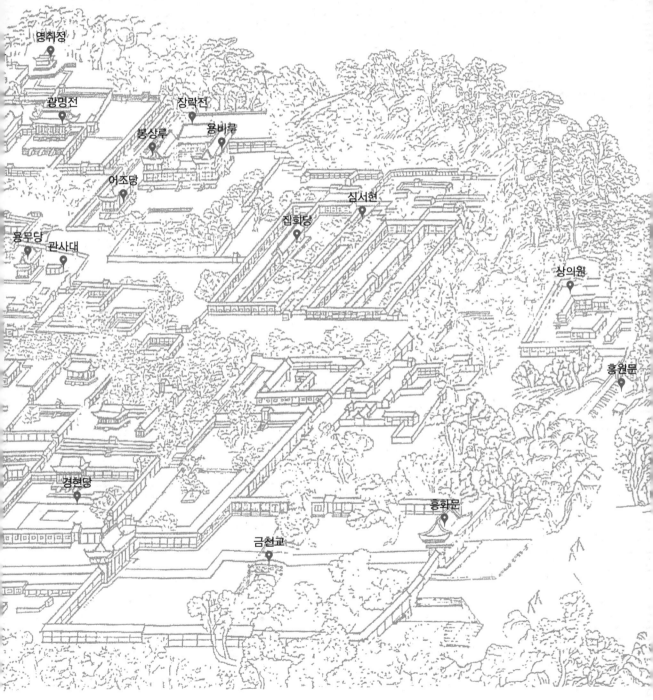

영취정

광명전　　　　　장락전

봉상루　　　용비루

어조당

　　　　　　　　　　　심서헌

　　　　　　　집희당

용무당

관사대

　　　　　　　　　　　　　　　　　상의원

　　　　　　　　　　　　　　　　　　　　흥원문

경현당

　　　　　　　　　　　　　흥화문

　　　금천교

서울역사박물관 제공

경희궁(慶熙宮) 사(史)

서울시 종로구 신문로에 소재하며 사적 제271호로 지정되어있다. 원래 이름은 '경덕궁(慶德宮)'이었다.

경희궁은 본래 선조의 다섯째 아들 정원군(定遠君)의 사저(私邸)이었는데, 광해군 8년(1616)에 새문동궁(塞門洞宮)에 왕기(王氣)가 있다는 풍문을 듣고 그 집을 강제로 빼앗아 그 터에 경희궁을 지었다.[1]

그래서 새문동 대궐, 새문안 대궐 또는 야주개 대궐이라고도 했다. 광해군은 경희궁을 짓기 전에도 창덕궁이 길지가 못 된다고 하는 점위 설에 의하여 인왕산 밑에 인경궁(仁慶宮)과 자수궁(慈壽宮)을 지었다.

이 궁을 지을 때 민가 수천 호가 헐려나갔고 거기다 재목까지 바치게 하여 가혹한 착취를 자행하였고, 인부는 주로 승군(僧軍)을 많이 동원하였다.

인조반정으로 광해군을 폐출하고 나서 인경궁과 자수궁은 바로 헐어버렸으나 경희궁만은 부친인 정원군의 사저이었으므로 헐지 않았다.

인조반정이 있은 후 부친인 정원군을 정원대원군(定遠大院君)으로 추승하고 1632년에 이귀 등의 주청에 의하여 왕으로 추존, 묘호(廟號)를 원종(元宗)으로 하고 종묘에 신주를 봉안하였다.[2]

경덕궁은 1617년(광해군 9) 6월에 착공하여 1620년(광해군 12) 11월에 완공하였다. 경덕궁을 착공할 당시 광해군은 이미 인왕산 밑에 인경궁(仁慶宮)을 건설하고 있었다. 6월 21일에 공사를 시작하면서 광해군이 지시하기를 "창덕궁과 창경궁을 지을 때 돌은 창의문 밖의 돌을 썼다. 새 궁궐도 같은 돌을 쓰라."라고 지시하고 우이동의 돌은 전각을 짓는 데 쓰며, 큰 돌들은 봉교와 석교를 놓는 데 쓰라고 하였다.[3] 토지 보상은 토지 1결에 베 한 필로 하고, 벼슬아치는 1계급 승진시켰다. 이때 당시 영의정 기자헌(奇自獻)과 대신들은 도성 내 궁궐이 많다는 점과 백성들의 과중한 부담을 들어 새 궁궐 건립을 반대하였지만 왕은 듣지 않고 강행하였다.

인경궁은 창덕궁이 터가 좋지 않다고 하여 길지를 찾아 인왕산 밑에 짓기 때문에 규모도 크고 웅장했으며, 모든 정성을 다 쏟아 지은 반면 경덕궁은 왕기를 누른다는 속설 때문에 착공한 것이어서 별궁의 형태로 형식에도 구애됨이 없이 간편하게 지었다.

창건 공사를 시작하였을 때 색문동(塞門洞)에 있다 하여 색문궁(塞門宮)으로 불리고 있었다. 색문궁은 새문궁으로 변하여 항간에서는 최근까지도 새문안, 새문동 등의 이름이 불리고 있다.

공사가 본격화되면서 광해군은 궁호를 지어 올리도록 하였다. 그런 과정에서 우선 여경방(餘慶坊)에 있다 하여 경녕궁(慶寧宮)으로 호칭하도록 하였다. 그러나 공사가 끝나고 옮겨가기 전에는 임시 서별궁(西別宮)으로 부르도록 하였는데(1617년 6월 12일), 동년 7월 29일에 공식 명칭을 경덕궁(慶德宮)으로 정하였다.

그러다가 1760년(영조 36) 2월 28일에 경덕궁의 경덕이 원종의 시호인 '공양경덕 인헌 정목 장효대왕(恭良敬德 仁憲靖穆 章孝大王)'의 경덕(敬德)과 음이 같다는 이유에서 정식 명칭을 경희궁(慶熙宮)으로 바꾸어 부르도록 하여 지금까지 공식 명칭으로 사용해오고 있다.[4]

경희궁이란 이름은 이때 처음 생긴 것이 아니고, 『실록』에 보면 광해군 때부터 사용해온 흔적이 보인다. 1619년(광해군 11) 2월 21일 영건도감에 전교하기를 "대어의 요망한 변고가 근래 더욱 심해지고 있으니 경희궁에 이어할 기일을 11월로 먼저 택하여 아뢰라 하였다."라는 기록에서 이미 등장하고 있었다.[5]

그러나 공식 명칭은 경덕궁이었고, 별칭으로 경희궁 외에도 새문안 대궐, 새문동 대궐, 야주개 대궐 등으로 불려왔다.

인조는 인조반정으로 광해군을 폐출시키고 임금에 올랐으나 반정의 내란통에 창덕궁이 소실되고 곧이어 이괄의 난으로 창경궁마저 소실되는 바람에 하는 수 없이 인목대비를 받들고 경덕궁으로 거처를 옮겼다.

지존의 자리에 올라 어릴 때 살던 옛집 자리에서 정사를 보게 되니 풍설이 사실로 이루어진 것이다. 이후 역대 임금들이 자주 이용하여 왕의 즉위식과 탄생, 승하 등의 행사가 많이 있었다.

경덕궁 창건 당시 규모는 1,500간이었고, 창건 후인 1693년(숙종 19)에 전반적인 수리를 한 바 있다.

그 후 1829년(순조 29) 10월 3일에 큰불이 나 회상전, 융복전, 흥정당, 정시각, 집경당, 사현각 등 주요 전각이 소실되어버렸다.[6]

1830년 초부터 서궐 영건(營建) 공사가 시작되었는데, 당시 효명세자는 1827년(순조 27) 2월부터 대리청정을 하였기 때문에 모든 공사가 효명세자 주도로 이루어졌다.

세자의 대리청정은 안동김씨의 세도를 견제하기 위한 순조 임금의 배려로 단행된 것이기 때문에 세자의 처족인 풍양조씨 일문을 중심으로 참모진이 구성된 것은 지극히 자연스러운 것이었다.

효명세자의 장인인 조만영(趙萬永)을 훈련대장 겸 이조판서에 임명하여 필요한 물자를 조달하도록 하여 공사를 주관하도록 조치했고, 동년 3월에는 동생 조인영(趙寅永)을 비변사 제조에 임명하여 서궐 영건에 협조하도록 하였다.

한창 준비를 서두르는 와중에 1830년(순조 30) 5월에 갑자기 효명세자가 죽었다. 이로 인해 서궐 공사는 잠시 중단되었는데, 동년 9월 15일에 준비 작업은 계속되었다.

모든 사전준비를 마치고 1830년 12월 서궐영건도감(西闕營建都監)을 설치하고 제조(提調)에 조만영, 낭청은 호조정랑 김초순(金初淳), 이형재(李衡在) 등으로 구성하여 짓기 시작한 결과 이듬해인 1831년 2월과 3월에 회상전, 강복전, 흥정당, 집경당의 상량을 올렸으며 4월에 공사를 마쳤다.[7]

서궐 영건에 동원된 장인은 853명인데 그중 목수 304명, 석수 109명, 선장(船匠) 75명, 화사(畵師) 51명, 걸거장 50명, 그 외 가칠장, 조각장, 목례장, 야장 등 24종의 장인들이 동원되었다. 총공사비는 13만 6,300냥이고, 공가(貢價: 헌납품)를 합하면 24만 8,940냥이었다.

서궐이란 명칭도 이때부터 공식화했다.

1618년 4월 무술(戊戌)조에 인경궁 정문은 돈화문의 예에 의하여 층문(層門)으로 조성하고, 경덕궁은 다만 피우처(避寓處)이므로 단층문(單層門)으로 조성하라 하여 경덕궁이 피우처임을 밝히고 있다.[8]

처음에는 유사시에 왕이 잠시 이용하는 이궁(離宮)으로 지어졌으나 차츰 궁의 규모가 커지고 여러 임금이 본궁을 떠나 이곳에서 정사를 보는 일이 잦아짐에 따라 궁궐로서의 면모를 갖추어가다 보니 창덕궁을 동궐이라 하고, 경희궁을 서궐이라 함에 조금도 손색이 없게 되었다.

1626년(인조 4) 인조의 생모 원종비 인헌왕후 구씨(仁獻王后 具氏)가 경덕궁 회상전(會祥殿)에서 승하하고, 인조 5년에는 왕은 청나라 병사들을 피하여 일시 강화도로 옮겨갔다가 화의가 성립된 후 경덕궁으로 환어(還御)하였다.

1632년(인조 10) 인목대비(仁穆大妃)가 인경궁에서 승하하였는데, 그 관을 경덕궁으로 옮겨 모셨다. 1659년(효종 10)에 현종이 효종의 위를 계승하고는 계승하자마자 바로 창덕궁에서 경덕궁으로 옮겨왔고, 숙종은 현종 2년 8월 15일 회상전에서 탄생하였다. 1674년(현종 15)에 효종비 인선왕후 장씨(仁宣王后 張氏)가 회상전에서 승하하였고, 1680년(숙종 6)에 숙종 비 인경왕후 김씨(仁敬王后 金氏)가 회상전에서 승하하였다.

1693년(숙종 19) 겨울 경덕궁을 중수하였고, 1701년(숙종 27) 겨울에 거처를 경덕궁으로 옮겨왔다. 1718년(숙종 44) 경덕궁 높은 곳에 올라 소현 세자의 묘를 멀리 바라보고는 강석기(姜碩期), 김홍욱(金弘郁)의 관직을 복직하도록 명하였다.[9]

강덕기는 1636년(인조 14)에 이조판서에 올랐으며, 1640년에는 우의정에 세자부(世子傅)까지 겸하였다. 부승지로 있을 때 딸이 소현세자 빈이 되었으나 세자가 부왕에 의해 독살되고 강빈(姜嬪)마저 역모로 몰려 사사된 뒤 앞서 죽은 강석기도 관직을 추탈하고 그의 부인마저 처형되었다.

김홍욱은 효종 때(1654) 황해도 관찰사로 있으면서 인조 때 억울하게 죽은 강빈을 비호하다 왕의 친국을 받는 중에 장살(杖殺)되었다. 강빈의 죽음은 효종의 즉위와도 관련이 있기 때문에 굉장히 민감한 사안이어서 아무도 함부로 말을 꺼내기 어려운 때였다.

1720년(숙종46)에 임금이 융복전에서 승하하고, 경종은 승정전에서 즉위하였다. 숙종이 태어난 곳도 경덕궁 회상전이었다.

제21대 영조는 조선 역대 임금 중에서 최장수한 임금이었는데, 1776년 83세를 일기로 경희궁 집경당(集慶堂)에서 생을 마쳤다. 그전 1730년(영조 6) 6월에 경종의 계비 선의왕후 어씨(魚氏)도 어조당에서 승하하였다.

영조의 뒤를 이어 제22대 정조가 이궁의 숭정전(崇政殿)에서 즉위하였고, 1829년(순조 29) 10월에 큰 화재로 회상전, 융복전, 집경당, 정시각, 사현각 등 궁내의 주요 전각들이 절반가량 소실되었다. 1831년(순조 31)에 서궐영건도감(西闕營建都監)을 설치하고 중건(重建)하였으며, 1834년(순조 34) 11월 13일에 순조 또한 회상전에서 승하하였다.

뒤를 이어 제24대 헌종이 숭정문에서 즉위하였고, 1860년(철종 11)에는 전각의 부분적인 수리를 한 후 9월에 경희궁으로 이어하였으며, 1902년 일부 전각의 수리를 끝으로 더 이상의 손질은 없었다.

인조 이후 철종 때까지 10대에 걸쳐 왕이 경희궁을 자주 이용하였는데 그중에서 영조는 그의 치세 절반을 이곳에서 보냈다. 사도세자의 비극이 있던 날도 임금은 이곳에 있다가 창경궁으로 온 것이다. 이와 같이 조선 후기에는 대부분의 왕이 이곳에서 즉위하거나 승하하였고, 조정 대소사가 이곳에서 이루어져 한때 국정의 중심처가 되기도 했다.

1889년(고종 26)에 숭정전과 회랑이 소실되었으며, 동 38년(광무 5년: 1901)에는 도로를 가로질러 경운궁(덕수궁)을 잇는 구름다리를 놓았다(구 서울고등학교 정문에서 도로 건너편으로). 1902년(광무 6)에 전각의 수리가 있었는데 그 후 궁궐의 외조 및 동궁이었던 자리는 대운동장으로, 침전이 있었던 자리는 방공호로, 북쪽에 있던 수많은 별당은 소운동장으로 변했다.

1907년 경희궁 서쪽 대부분이 일제의 통감부 중학으로 사용하게 되면서 궁궐의 모습을 잃어가기 시작했다.

1910년(융희 4) 일제가 우리나라를 합병한 후 전각을 모두 민간에 방매하고 1915년 경성중학교로 학교 이름을 바꾸었는데, 1911년 6월 26일에 경희궁의 토지와 건물이 전부 총독부에 이미 인계된 상태였다.

1926년에 숭정전은 중구 필동 3가(구 大和町三丁目: 현 동국대학교 구내 正覺院)에 있는 조계사 본당(당시)이 되고, 1928년 회상전도 조계사의 한 건물로 되었다. 동년에 흥정당은 장충동 2가(구 西四軒町) 광운사(光雲寺)에 매각되고, 1932년 흥화문(興化門)은 일인들이 세운 절 박문사(博文寺) 정문이 되었다. 황학정(黃鶴亭)은 사직단 후방으로 옮겨 짓고, 광선문(光宣門)은 적십자 본사가 되기 전 일본인 사원(寺院) 정문이 되었다.[10]

궁궐의 흔적으로 남아있는 유구(遺構)는 숭정전의 기단부로 제자리에서 옮겨 놓기는 했지만, 석수(石獸), 노주석(路柱石), 맷돌 등이 남아있을 뿐이었다.

〈해방 후의 경희궁〉

대한민국 정부가 들어서면서 이곳은 서울중·고등학교로 사용하여 이때는 이미 궁궐의 면모를 찾아볼 수 없을 정도로 변해있었다.

정부에서는 1978년 5월 서울중·고등학교를 강남으로 이전하고 전체 부지를 현대에 매각하여 연수원 등으로 사용해오다가 1984년에 이곳을 시민을 위한 공원으로 조성하였는데, 이듬해에 궁터를 사적지로 지정하면서 일부를 발굴조사 하였으며 1986년부터 개방하였다.

신문로2가와 당주동의 경계 그리고 신문로2가와 내수동의 경계 지점에 담장이 군데군데 남아있는 등 당시의 궁역을 확인할 수 있는 흔적이 있는 것으로 보아 학교 운동장 동쪽과 동북쪽에 있는 주택가와 숭정전 자리의 서쪽에 있는 서울시 교육위원회 건물과 중앙 기상대까지도 경희궁의 영역이었음을 알 수 있다.

서울시에서는 단국대학교 박물관에 발굴조사를 의뢰하여 1차 발굴조사는 1985년 8월 7일부터 11월 20일까지, 2차 발굴조사는 1987년 3월 2일부터 5월 15일까지 두 차례에 걸쳐서 발굴조사를 실시하였다.

1차 발굴조사에서는 모두 53개의 트랜치를 설정 진행한 결과 정전인 숭정전의 기단 주위에서 동서 행각 터와 숭정문 터의 유규를 확인하였고, 원래 2중으로 되어있던 숭정전의 아래 월대도 찾아내었다.

그리고 행각 터에서 문 앞쪽에 설치된 계단석과 주춧돌, 적심석(積心石) 등 여러 곳이 확인되었다.

1차 발굴조사에서 나온 것은 기와와 사기 조각이 대부분인데 철기, 석기, 토기도 약간씩 출토되어 모두 1천여 점을 수거했다.[11]

원래는 총 7만여 평으로 100여 개의 크고 작은 전각들이 있었는데 지금은 29,787평(98,485㎡)밖에 남아있지 않다.

1988년에는 흥화문(興化門)을 복원하였고 1994년에 숭정전과 주변 행각을 복원하였으며, 2002년 5월에 금천교 안에 서울 역사박물관을 세웠다.

전각의 배치

『궁궐지』에 의하면 건물 배치가 불규칙하다.

경복궁은 남향으로 외전(外殿)과 내전(內殿)이 질서 있게 남북으로 배치되어있는 데 반해 경희궁은 궁의 정문이 바른쪽 모퉁이에 있으며 동향이다. 경희궁은 경사진 언덕 지형을 그대로 이용해 지었기 때문에 규모는 작으나 경치는 뛰어났다고 한다. 정원군 사저인 데다 지은 동기도 왕기를 누른다는 의도가 있었기 때문에 의도적으로 품격을 낮추어 지은 흔적들이 엿보인다.

다른 궁궐의 정문이 모두 2층으로 되어있는데 경희궁만 단층으로 되어있는 점이 쉽게 구분되는 점이다. 필요할 경우 잠시 피우처(避寓處) 정도로 생각하고 지었기 때문에 정궁과는 차별이 있었다.

당시 행정구역인 서부 적선방(積善坊)에 위치하며, 수레나 가마가 드나드는 동쪽 정문이 흥화문(興化門)이다

광해군 8년에 건립된 것인데 이 문을 들어서면 다른 궁궐과 마찬가지로 금천교(禁川橋)가 나온다. 여기도 배산임수(背山臨水)의 길지(吉地)의 입지를 인위적으로 조성한 것이다.

흥화문 좌측에 흥원문(興元門)이 있고 서쪽에 숭의문(崇義門), 남쪽에 개양문(開陽門), 북쪽에 무덕문(武德門)이 있다.

그래서 원래 흥화문은 금천교 앞에 있어야 하는데 그 자리에 이미 구세군 교회 본부가 자리 잡고 있기 때문에 지금 있는 곳은 숭정전 정남쪽으로 옮겨 지은 것이다.

금천교를 건너면 궁궐 남쪽에 동에서 서로 어도가 나있다. 서쪽 끝에서 북쪽으로 꺾어 들어가면 숭정문(崇政門)이 나오고, 숭정문 안에 숭정전(崇政殿)이 있다. 숭정전도 경희궁의 정전(正殿)인데 사면이 행각으로 둘러있다.

정전인 숭정전이 궁의 맨 서쪽 가에 치우쳐있는 것이 특이하다. 숭정전 뒤, 즉 북쪽에 자정전(資政殿)이 있고 그 서북쪽으로 수어소(守御所)인 태령전(泰寧殿)이 있으며, 태령전 뒤인 서북쪽으로 경희궁의 명물이라 할 수 있는 암천(巖泉)이란 샘이 있다. 원래 이름은 왕암(王巖)이었는데 그 이름으로 인하여 광해군이 이곳에 경희궁을 지었다는 속설도 있다.

경희궁 배치도

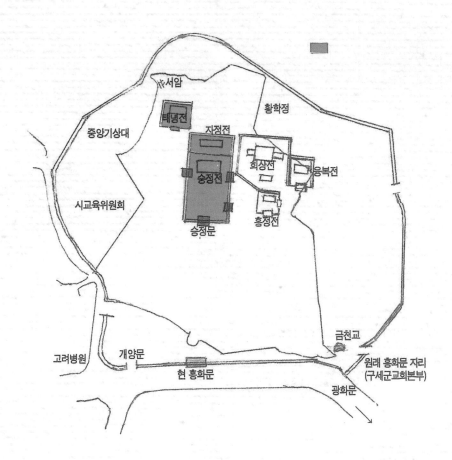

태령전 뒤에 다섯 개의 문이 있는데 동쪽은 집화문(集和門), 그 동쪽에 건경문(建慶門), 남쪽에 태령문(泰寧門), 서쪽에 제광문(霽光門), 북쪽에 현무문(顯武門)이 있다.

숭정전의 동쪽에 왕이 신료들과 정사를 논하고 경연을 여는 흥정당(興政堂)이 있고, 그 주변에 세자가 독서하는 존현각(尊賢閣), 석음각〈惜陰閣: 후에 정색당(貞賾堂)〉이 있었는데 이것은 정조 임금 대에 이미 없어졌다.

존현각 위에 있는 주합루와 관문루(觀文樓) 그 옆에 있는 동이루(東二樓), 홍월루(紅月樓) 또 그 옆에 있는 정색당은 모두 정조 임금이 책을 보관해두던 곳이다.

외전을 구성하는 전각들의 오른편에 내전(內殿)이 나란히 있는데 내전의 정침인 회상전이 있고 그 동쪽에 융복전(隆福殿)이 있으며, 그 동쪽과 서쪽으로 별실이 각각 따로 있다. 그

▶복원 중인 경희궁

리고 주변에 연못과 죽정(竹亭)이 있었다.

정조가 지은 『궁궐지』에 의하면 회상전(會祥殿)의 동쪽에는 회장각(會藏閣)이 있고 서쪽에는 무일각(無逸閣)이라는 별실이 있으며, 회상전 아래에 벽파담(碧波潭)이라는 연못이 있다. 이 연못가에 한 칸짜리 자그마한 정자가 있고 이 정자의 서쪽에 집경당이 있는데, 1766년부터 영조가 평상시에 거처하던 곳이다.

집경당에는 다섯 개의 문이 있는데 동쪽 문이 금명문(金明門), 서쪽이 연경문(延慶門),

연경문 서쪽으로 청상문(淸商門)이 있다. 남쪽은 일영문(日永門), 북쪽은 개경문(開慶門)이다.

융복전 동편에 대비를 모셨던 장락전(長樂殿)이 있고, 거기에 딸린 두 개의 누각이 있는데 좌측에 용비루(龍飛樓)가 있다. 그 아래에 경의헌(敬義軒)이 있으며, 우측에 봉상루(鳳翔樓)라는 누각과 그 아래에 백상헌(百祥軒)이 있다.

집경당의 동북쪽에 있는 어조당(魚藻堂)은 큰 연못이 있는 별당이다.

장락전의 동쪽에 있는 집희당(緝熙堂)은 영조 임금이 동궁 때 쓰던 내당(內堂)으로 그 뒤로도 계속 사용하였으며, 광명전의 남쪽에 있는 중서현(重書賢)은 동궁이 관료들을 접견하는 소실(小室)이다. 광명전 동쪽에 있는 경선당(慶善堂)도 별당이다.

양덕당(養德堂)은 경현당(景賢堂)의 북쪽에 있는데 승휘전(承暉殿)이 소실 되기전에 쓰던 동궁의 내당으로 정조 임금 당시에 이미 없어졌다.

양덕당의 동쪽에 함춘전(含春殿)이 있고 서쪽에는 안희각(安喜閣)이 있으며, 그 동쪽으로 영선창(永善廠)이 있고 그 서북쪽으로 지효각(至孝閣)이 있다. 또 그 서쪽으로는 청한정(淸閒亭)이 있는데 이 모두가 임금이 편히 쉬는 휴식 공간이다.

정전인 숭정전 주변에 여러 개의 문이 있는데 동쪽에 여춘문(麗春門), 서쪽에 의추문(宜秋門), 남쪽에 숭정문(崇政門), 북쪽에는 자정문(資政門)이 있다. 자정문 안에 자정전이다.

자정전 서쪽으로 우문각이라는 협실이 있고 북쪽에 명덕문(明德門), 동쪽에 함화문(咸

和門)과 숙성문(肅成門) 그리고 숙성문 서쪽에 관덕대(觀德臺)가 있다.

태녕전은 자정전의 서쪽에 있고 영조 임금의 어진을 모신 곳이다. 또한, 광명전(光明殿)이라는 내전이 있는데 주로 축하연을 받는 곳이다. 그 외에도 집경당 등 무수한 전각과 승정원, 예문관, 시강원, 상서원, 도총부 등 각 기관이 전부 내전 주변에 정비되어있어 경희궁은 내전을 지나 서쪽 끝에 있는 정전에 도달하는 특수한 배치 형태를 띄고 있다.

광명전의 서북에는 상휘당(祥暉堂)이라는 협실이 있고, 광명전의 서쪽에는 두 개의 정자가 있는데 하나는 영취정(暎翠亭)이고 또 하나는 춘화정(春和亭)으로 모두 정원에 있는 정자다.

융무당은 내원(內苑)의 별당으로 회상전 동쪽에 있다. 융무당의 남쪽에는 관사대(觀射臺)가 있고 북쪽에는 봉황정이 있는데, 활쏘기와 무예를 익히던 곳이다. 또 하나의 내원의 별당인 덕유당(德遊堂)은 회상전의 서쪽에 있고, 덕유당 서쪽에는 사물헌(四勿軒)이 있다. 북쪽에는 서암(瑞巖: 또는 王巖)이라는 샘이 있다.

대궐 북쪽 봉황정 아래에 12개의 당이 줄지어있는데 소성당(小星堂), 계성당(啓星堂), 상란당(祥鸞堂), 어관당(魚貫堂), 계명당(鷄鳴堂), 자란당(紫蘭堂), 봉생당(鳳笙堂), 순지당(順祉堂), 복수당(福綏堂), 첨선당(添線堂)이다.

광명전 서쪽에 있는 선당(善堂)은 거기에 세 개의 온천이 있어 모두 영열(靈洌)이라 이름하였다.

홍정당의 서쪽에 있는 정시합(正始閤)은 내시들이 명령을 기다리는 곳이고 북쪽에 있는 사현합(思賢閤)은 측신들을 만나는 곳이다.

승정원(承政院)은 숭정문 남쪽에 있고 홍문관은 금상문(金商門)의 서남쪽에 있으며 예문관(芸文館)은 숭정전 서쪽, 시강원(侍講院)과 익위사(翊衛司)는 숭현문(崇賢門)의 남쪽 승정원의 동쪽에 있다.

『궁궐지』에 나타난 전각과 문루는 99동에 달하는데 화재로 소실되거나 낡아 철회된 것 외에는 1909년 궁의 서쪽 방면에 학교를 세우면서 대부분 철거하거나 이축되었다. 이축된 것 중에서 소재가 확인된 것은 숭정전, 홍화문, 황학정 등이다.

정조(正祖)가 지은 「경희궁지(慶喜宮志)」에 이르기를

경희궁의 정침(正寢)은 융복전(隆福殿)이다. 융복전의 서쪽에는 회상전(會祥殿)이 있는데 임금이 거처하는 내전(內殿)이다. 회상전의 동쪽에는 회장각(會藏閣)이, 서쪽에는 무일각(無逸閣)이 있는데 모두 다 별실이다. 회상전 아래에는 벽파담(碧波潭)이라는 연못이 있고 그 연못가에는 한 칸 되는 정자가 있다. 또 이 정자의 서쪽에는 집경당(集慶堂)이 있는데 바로 인원성후(仁元聖后)가 천연두를 앓았을 때 거처한 곳이고, 영조(英祖)께서 병술년(1766)부터 평상시 거처하신 곳이다. 집경당에는 다섯 개의 문이 있는데 동쪽은 금명문(金明門)이고 서쪽은 연경문(延慶門)이고 또 그 서쪽은 청상문(淸商門)이고 남쪽은 일영문(日永門)이고 북쪽은 개경문(開慶門)이다. 융복전의 동쪽에 있는 장락전(長樂殿)은 대비를 모신 곳으로 거기에는 2개의 누각이 있는데 좌측에 있는 것이 용비루(龍飛樓)이고 그 아래에 경의헌(敬義軒)이 있고, 우측에 있는 것은 봉상루(鳳翔樓)이고 그 아래에 백상헌(百祥軒)이 있다. 집경당의 동북쪽에는 어조당(魚藻堂)이 있는데 그곳은 큰 연못이 있는 별당이다. 또한 광명전(光明殿)이라는 내전(內殿)이 있는데 축하연을 받는 곳이다. 광명전의 서북에는 상휘당(祥暉堂)이라는 협실(夾室)이 있고 광명전의 서쪽에는 두 개의 정자가 있는데, 하나는 영취정(暎翠亭)이고 다른 하나는 춘화정(春和亭)으로 모두 원정(苑亭)이다. 영취정의 풍경은 그 기문(記文)에 상세하다. 융무당(隆武堂)은 내원(內苑)의 별당으로 회상전의 서쪽에 있다. 융무당의 남쪽에는 관사대(觀射臺)가 있고 북쪽에는 봉황정이 있는데 모두 활쏘기와 기예를 익히는 곳이다. 덕유당(德遊堂)도 또한 내원(內苑)의 별당으로 회상전의 서쪽에 있다. 덕유당의 서쪽에는 사물헌(四勿軒)이 있고 북쪽에는 조그마한 바위가 있는데 바로 서암(瑞巖)이라는 것이다. 그리고 12개의 당이 있는데 대궐의 북쪽에 있다. 소성당(小星堂)·계성당(啓星堂)·상란당(祥鸞堂)·어관당(魚貫堂)·계명당(鷄鳴堂)·자란당(紫蘭堂)·봉생당(鳳笙堂)·순지당(順祉堂)·복수당(福綏堂)·첨선당(添線堂)이 그것인데 모두 봉황정(鳳凰亭)의 아래에 줄지어있다. 광명전(光明殿)의 서쪽에 있는 선당(善堂)은 태녕전(泰寧殿)의 서쪽에 있고 거기에는 세 개의 온천이 있는데 이름하여 영렬(靈洌)이다. 집희당(緝熙堂)은 장락전(長樂殿)의 동쪽에 있으며 바로 영조 임금이 동궁 때 쓰던 내당(內堂)으로 그 뒤에도 계속 쓰였다. 광명전의 남쪽에는 중서헌(重書軒)이 있는데 동궁(東宮)이 관료들을 접견하던 소실(小室)이다. 광명전의 동쪽에 있는 경선당(慶善堂) 또한 별당이다. 양덕당(養德堂)은 경현당(景賢堂)의 북쪽에 있는데 바로 승휘전(承暉殿)이 불타기 전에 쓰던 동궁의 내당(內堂)으로 지금은 없다. 양덕당의 동쪽에는 함춘전(含春殿)이 있고 서쪽에는 안희각(安喜閣)이 있으며 그 동쪽으로는 영선창(永善廠)이 있다. 그 서북쪽으로는 지효각(至孝閣)이 있고 또 그 서쪽으로는 청한정(淸閒亭)이 있는데 이 모두는 임금이 편히 쉬는 궁전이다. 경희궁의 정전(正殿)은 숭정전(崇政殿)으로 바로 임금이 신하의 아침 인사를 받는 곳으로 경희궁의 서쪽에 위치한다. 숭정전의 동쪽에는 여춘문(麗春門)이 있고 서쪽에는 의추문(宜秋門), 남쪽에는 숭정문(崇政門), 북쪽에는 자정문(資政門)이 있다. 자정문 내에 전(殿)이 있는데 바로 숭정전의 후전(後殿)이다. 그 이름도 또한 자정전(資政殿)이다. 자정전의 서쪽에는 우문각(右文閣)이라는 협실(夾室)이 있고 북쪽에는 명덕문(明德門)이 있고 동쪽에는 함화문(咸和門)과 숙성문(肅成門)이 있고, 그 문의 서쪽에는 관덕대(觀德臺)가 있다. 태녕전(泰寧殿)은 자정전의 서쪽에 있다. 영조 임금의 초상을 모시는 곳이다. 태녕전의 뒤에는 암천(巖泉)의 풍경과 5개의 문이 있는데, 동쪽은 집화문(集和門)이고 또 그 동쪽에는 건경문(建慶門)이, 남쪽에는 태녕문(泰寧門)이, 서쪽에는 제광문(霽光門)이, 북쪽에는 현무문(顯武門)이 있다. 흥정당(興政堂)은 임금이 신료들과 함께 경연을 여는 곳으로 회상전(會祥殿)의 남쪽에 있다. 흥정당의 동쪽에는 석음각(惜陰閣)이 있고 또 그 동쪽에는 존현각(尊賢閣)이 있는데 그곳은 역대의 임금들이 세자로 있을 때 강독하던 곳이었지만 후에는 없어졌다. 영조 임금이 경진년(1760)에 궁을 옮기시고 지금 나는 존현각에서 독서를 하고 있다. 존현각 위에는 주합루(宙合樓)와 관문루(觀文樓)가 있고 그 옆에는 동이루(東二樓)와 홍월루(虹月樓)가 있고 또 그 옆에는 정색당(貞賾堂)이 있는데 그 전에는 석음당(惜陰堂)이었다. 이러한 곳들은 내가 책을 모아두는 곳이다. 흥정당의 서쪽에 있는 정시합(正始閤)은 시인(寺人)들이 명령을 기다리는 곳이고 북쪽에 있는 사현합(思賢閤)은 가까운 신하들을 만나는 방이다. 경현당(景賢堂)은 바로 동궁이 관례를 받았던 정당(正堂)으로 양덕당의 남쪽에 있다. 경현당의 동쪽에는 협화문(協和門)이, 또 그 동쪽에는 만상문(萬祥門)이, 서쪽에는 청화문(淸華門)과 통현문(通賢門)이, 남쪽에는 숭현문(崇賢門)이, 북쪽에는 숭덕문(崇德門)이 있고 그 서북쪽으로 일중문(日中門)이 있다. 흥정당의 동쪽에 있는 문헌각(文獻閣)은 책을 모아두는 곳이다. 이러한 모든 곳은 임금이 정사를 보는 궁전이다. 경희궁의 정문은 대체로 5개이다. 동쪽에 잇는 흥화문(興化門)은 수레나 가마가 드나드는 정문으로 그 좌측은 흥원문(興元門)이고, 그 우측은 개양문(開陽門)이다. 서쪽은 숭의문(崇義門)이고, 북쪽은 무덕문(武德門)이다. 승정원(承政院)은 숭정문(崇政門)의 남쪽에 있고 홍문관(弘文館)은 금상문(金商門)의 서남쪽에 있다. 예문관(藝文館)은 숭정전(崇政殿)의 서쪽에 있고, 시강원(侍講院)과 익위사(翊衛司)는 숭현문(崇賢門)의 남쪽과 승정원의 동쪽에 있다. 그 나머지 관사와 관청들은 모두 원지(原志)에 갖추어져 있으므로 다시 상세하게 서술하지 않겠다. 경희궁은 광해군(光海君) 때 세워졌고, 인조반정(仁祖

反正) 후에는 광해군 때의 모든 궁궐이 없어지고 오직 이 궁궐만이 원종(元宗)이 살던 옛집으로서 그대로 보존되었다. 이 궁궐에는 계마(繫馬)라는 두 그루의 나무가 있는데 한 그루는 흥정당의 서쪽에 있는 통양문(通陽門) 안에 있고, 다른 한 그루는 흥정당의 동쪽에 있는 흥태문(興泰門) 안에 있는데 모두 고적(古蹟)이다. 무릇 궁궐이라는 것은 임금이 거처하면서 정치를 하는 곳이고, 모든 백성이 우러러보고 향하고 있으니 그 제도를 장엄하게 하여 존엄함을 보이고 그 이름을 아름답게 하여 경계함을 나타내야지 그 거처를 아름답게 꾸미고 건물을 화려하게 해서는 안 된다. 이 때문에 조선을 건국해서 한양을 도읍으로 정했을 때 경복궁을 처음으로 짓고 또 창덕궁을 지은 것은 때때로 임금이 궁궐을 옮기는 것을 대비한 것이다. 성종(成宗) 때 창경궁을 지어 삼 대비(三大妃)를 받든 것은 끝없는 효성에서 나온 것이다. 지금 경복궁이 화재로 없지만, 삼궁(三宮)이 있고 정사를 베풀기에 부족함이 없으니 선왕들의 훌륭한 업적이 아닌가? 내가 경희궁의 전각과 편액을 살펴볼 문헌이 없고, 내전(內殿)은 깊고 엄하여 비록 내사(內史)라고 하더라도 그 위치와 순서를 상세하게 알 수 없을 것을 두려워하여 기록을 만들어 살펴볼 수 있게 한다.[12]

숭정전(崇政殿)

경희궁의 정전(正殿)으로 서울특별시 유형문화재 제20호로 지정되어있다. 신료들의 조하(朝賀)를 받는 정전이라 남향으로 지었다.

1616년(광해군 8)에 지었는데 그간 화재를 입지 않아 조선 중기의 건축양식이 그대로 보존 되어있기 때문에 건축사 연구에 중요한 자료가 되고 있으나 일제에 의하여 1926년 조계사에 매각하여 현재 동국대학교 구내에 옮겨져 정각원(正覺院)이란 법당으로 사용하고 있어 안타까운 마음을 금할 길이 없다.

불당으로 쓰고 있기 때문에 내부는 원형을 거의 찾아볼 수 없다.

1720년(숙종 46) 경종이 숭정전에서 즉위하였고, 1744년(영조 20) 겨울에 영수각(靈壽閣)에서 받은 궤장(几杖)을 가지고 숭정전에서 연회를 베풀고, 기로소(耆老所)의 여러 신하와 영수각에 이르러 밤새도록 즐겁게 술을 마신 일이 기록에 남아있다.

정전이므로 1776년 정조가 이곳에서 즉위하였고, 1834년 헌종 또한 이곳에서 즉위하였다.

▶ 2008년 3월에 중건한 숭정전

▶ 숭정전 용상

▶ 숭정전 현액

▶ 1910년대 본래의 숭정전

▶ 동국대학교 구내에 옮겨간 본래의 숭정전(정각원이란 현판이 붙어 있고 법당으로 사용하고
있어 본래의 모습을 많이 잃었다.) 숭정전 1910년대의 사진이 지금 동국대학교 정각원이다.

▶숭정문

　건축물은 정면 5간 측면 4간의 단층 팔작기와지붕을 한 주심포 양식의 건물이다. 공포는 외2출목 내부는 양봉(梁奉)형식으로 보를 받치고 있으며, 주간에 차반이 있어 장려를 받혔다.

　2중 기단 위에 둥근 주춧돌을 앞면에 6개 옆면에 5개가 배열되고 그 위에 둥근 기둥을 세웠다. 기둥 위에 주두(柱枓)를 놓고 평방 없이 창방을 얹었다.

　기둥 있는 바로 위쪽에만 공포(栱包)를 배열하는 주심포식(柱心包式) 건물이다. 천장은 소란 반자로 마감하고 한복판이 움푹 들어간 조정(藻井) 천장이다.

　원래 있던 자리에는 기단부와 전계석(殿階石)만 남아있었는데 월대는 상월대가 파손되었고, 기단 석축도 헐고 다시 쌓은 것이다.

　앞뜰에는 돌을 쌓고 품계석을 세웠으며 주위 사면에는 행각을 둘렀다.

　1684년 9월 19일 숙종은 숭정전에서 잔치가 끝나고 시를 지었다. (崇政殿外宴罷作)

　　　지난 겨울의 액운은 비상한 일이네
　　　병이 계속된 여덟 달 동안 온갖 생각 재가 되었네
　　　오늘 축하연 받을 것을 어찌 생각했겠는가
　　　다시 정전에 임하여 술잔을 머금는구나13

　지난해에 세자가 여덟 달 동안 천연두를 앓고 난 후 숭정전에서 축하를 받은 일이 있었다.

흥화문(興化門)

경희궁의 정문이다

서울특별시 유형문화재 제19호로 지정되어있다.

흥화문 역시 창건 때(1616)의 건물이 그대로 보존되어왔으나 1915년 일제에 의하여 남쪽 담장으로 옮겨 갔다가 1932년에 이전되어 일본인들이 세운 사찰 박문사(博文寺)의 문으로 썼는데 그 후 신라호텔 정문으로 사용되기도 했다.[14]

1988년 현재의 자리로 복원하였으나 그 과정에서 원형이 많이 손상되었으리라 본다. 원래 위치도 지금 구세군 회관 자리에 있었으므로 궁성의 동쪽에 동향으로 지어졌었다.

경희궁은 일명 '야주개 대궐(夜照峴大闕)'이란 별명으로 부르기도 했는데 그것은 흥화문의 현판 글씨가 명필인 데다 글씨가 광채가 나 밤에도 훤히 비친다고 하여 '야주고개''야주개'라고 부른 데서 유래된 이름이다.

▶ 현재 흥화문

▶ 현 구세군 자리에 있었던 흥화문(1910년 고적도보)

정면 3간 측면 2간 우진각 단층 기와집으로 건축면적 88㎡이다.

평면은 4개의 기둥을 4줄로 배열하고 문인방위에는 전방(箭方)을 설치하였다.

기둥 위에는 창방과 평방을 두었고, 공포의 구성은 외2출목 내2출목이다. 천장은 가운데 칸은 연등천장이고 좌우협간은 우물천장이다.

현판 글씨는 이신(李紳)이 쓴 것이라 한다.

경희궁의 전각 1백여 채 가운데 지금까지 남아있는 건물은 숭정전, 흥화문과 황학정뿐이다.

자정전(資政殿)

정사를 돕는다는 뜻이다.

숭정전 북쪽에 있으며 원래는 왕이 정무를 보는 편전이다. 남쪽에는 자정문이 있다.

1756년(영조 32) 경종을 종묘에 안치하고 종묘 동쪽에 붙은 날개를 넓히고 11곳에 나누어 모시던 신위(神位)를 경덕궁의 선당(善堂), 읍화당(揖和堂) 그리고 이 자경전에 나누어 모셨다.15

1720년 숙종이 승하하자 빈소를 자정전에 차리고 자정전이 협소한 관계로 거상은 예문관에서 하고 제사는 자정전 서쪽 행랑에서 지냈다.

1769년(영조 45) 겨울에 얼음이 얼지 않아 유신(儒臣)을 보내어 사한단(司寒壇)에서 제사를 지내게 하고 왕은 밤3고(鼓: 밤 12시)에 자정전에서 나와 자리를 깔고 엎드려 제사를 지낸 후 인시경에 내전으로 들어왔다. 다음 날 아침에 얼음이 얼었다.16

숙종이 지은 자정전에서 태조의 초상을 우러러 배알하며 지은 시에

높게 쌓인 인덕(仁德)으로 넓은 기틀을 마련하시니

크고 위대한 공덕 세상에 전해주는구나

지금 다행히 태조 임금의 얼굴을 우러러 바라보니

마치 옛날을 대하는 듯하며 슬픔만 깊어가네.17

▶자정전

우문각(右文閣)

자정전의 서쪽에 있다.

1720년(숙종 46) 6월 8일 숙종 임금은 융복전에서 승하하였을 때 자정전에 신주와 의장을 진열하고 예문관에서 거상하였는데, 자정전이 협소하므로 제사는 이 행랑 3째 간에서 지냈다. 둘째 간은 형님(경종)을 제사 지낸 곳이다.

1720년 5월 1일부터 1732년까지 여기서 제사를 지냈는데 한 가지는 옛날을 추모하는 뜻이 있고, 또 하나는 후세에도 없어지지 않게 하기 위함이었다.

옛날에는 장막에 불과하였으나 두 칸 정도를 막아 창도 만들고 하여 방을 만든 행랑채이다.

경희궁의 자정전의 서쪽에 집화문(集和門)이 있고, 그 북쪽에 다섯 간짜리 행랑이 있었는데 1730년에 영조 임금이 선정전의 행랑을 본떠 창을 만들고 문도 내어 우문(右文)이라 이름 지었다.[18]

1730년 5월부터는 경종 비(영조의 형수) 제사를 지내기 위해 수리도 하였는데 제사 장소가 문정전(文政殿)으로 옮겨간 뒤에는 별로 사용하지 않다가 1762년부터 아침저녁으로 자정전 서쪽 행랑에서 신하들과 마주하였다.

이때 주로 『심경(心經)』을 강독하였는데 영조 임금은 39세에서 69세까지 이곳에서 『심경』을 강독하였다. 여기는 옛날에는 행랑이었는데 지금(1771년 6월 6일)은 각(閣)이 되었다.

이날은 창덕궁으로 옮겨가기 이틀 전인데 관직에서 물러난 홍계희(洪啓禧)를 우문각에서 만나 밤늦도록 『황명통기(皇明通記)』를 살펴보고 조상들을 잘 모시기 위하여 『명사강목(明史綱目)』을 중수(重修)하도록 하였다.

태녕전(泰寧殿)

자정전의 서쪽에 있고 남쪽에 태녕문(泰寧門)이 있다. 1733년 (영조 9)에 이 전을 다시 지어 옛 이름 그대로 사용하였고 오래된 임금 초상을 잠저인 창의궁(彰義宮) 장보각(藏譜閣)에 봉안하고 새로이 베낀 두 개의 초상은 경희궁 태녕전에 봉안하였다.[19]

푸른 기와를 얹었으며 상량문은 영조가 직접 지었고, 현판은 한석봉의 글씨를 집자하여 만들었다. 일제에 의하여 모두 헐렸는데 2000년 「서궐도안」에 의하여 정면 5간 측면 2간의 건물로 복원하였다.

오른쪽에 위선당(爲善堂)이 있고, 앞에 청계(淸溪)가 있다.

▶ 태녕전

위선당(爲善堂)

태녕전 서쪽에 있으며 옛 이름은 영경당(靈慶堂)이었는데 1700년(숙종 26)에 선조(宣祖)가 쓴 큰 글자를 모아 이름을 위선당으로 고쳤으나 지금은 없다. 영렬천(靈冽泉)이라는 우물이 있는데 바위틈에서 나오는 물이 마르지 않고 맑고 차가워 초정(椒井)이라고 불렀다.

숙종이 영경당을 위선당으로 이름을 고치고 시를 남겼다.

선조 임금의 글씨 매우 신기로워
힘찬 세 글자가 처마에 걸려있네
바라보면 나의 감회가 더욱 깊어
새로운 이름을 지어 옛정을 새기네
선(善)이 막히는 곳에 길흉이 나누어지니

소열(昭烈: 유비의 시호)은 늘 자식에게 힘쓰도록 경계하였네
적은 곳에서부터 경사는 쌓이는 것이므로 곤(坤)괘를 찾아 길이 헤아리노라[20]
(이 내용이 현판으로 걸려있었다)

읍화당(浥華堂)

자정전의 서쪽에 있었는데, 『궁궐지』기록 당시 이미 없어졌다.

도수연(陶邃椽)

위선당의 북쪽에 있다.
효명세자가 지은 도수연의 네 가지 경치를 읊은 시가 남아있다.

대나무 난간에서 거닐며 담장을 바라보고
발을 들어 올리니 달은 내려와 붉은 침상 비추네
바람 높은 층계에는 서늘한 기운이 많고
이 저녁 운가(雲街)는 벽광(璧光)에 합치되네
[높이 솟은 바위로 등불을 봄]

층계에 지는 붉은 해는 유유하고
감천(甘泉)은 돌에서 굽이굽이 흘러나오네
바람을 몰고 나무 위의 한가로운 구름 그림자 비치니
위에는 난정(蘭亭)의 경치 거두네
[옥렬(玉洌)에서 샘물을 맛봄]

눈 갠 하늘은 차고 대나무 숲 푸르니
바람 차고 달 떠오르자 거문고를 껴안네

멀리 백악(白岳)의 종소리 들리니
하룻밤 산정(山亭)에 경계의 마음 드네
[대나무 숲에 개인 달]

개인 후 응긴 빛이 걷어 올린 발에 비치고
구름이 나르고 달이 떠 서암(西巖)을 비추네
높은 정자의 난간은 선인들이 있는 곳이니
그림자 비친 소나무 가운데는 학의 울음소리네
[소나무 서까래 학 울음소리]21

회상전(會祥殿)

숭정전 동북쪽에 있는 내전(內殿)의 정전(正殿)인데, 본래 원종(元宗: 定遠君)이 옛날에 살았던 집이다.

1626년(인조 4) 1월에 인헌왕후(仁獻王后) 구씨(其氏)가 여기서 승하하였고, 1661년(현종 2) 숙종이 이곳에서 탄생하였으며, 1674년(현종 15) 2월에 효종 비 인선왕후(仁宣王后) 장씨(張氏)가 여기서 승하하였다. 1680년(숙종 6) 10월 숙종 비 인경왕후(仁敬王后) 김씨가 여기서 승하하였고, 1834년(순조 34) 11월에 순조 임금이 이 내전에서 숨을 거두었다.22

회상전은 정면 일곱 간의 팔작기와지붕이며 창경궁 통명전과 같이 지붕에 용마루가 없다. 상량문은 대제학 홍석주(洪奭周)가 지었다.

정조가 지은 회상전의『단오첩』(會祥殿 端午帖)에

지리한 좋은 날로 빗줄기 드문드문
궁궐의 횃 나무 내리는 비에 피려 하네
검소한 임금 마음을 밝혀 옷을 엷게 하니
임금을 받든 지루한 교화는 관저(關雎: 왕비의 덕화를 노래함)에 짝하네

회상전 입면도(서궐영건도감의궤 규장각)

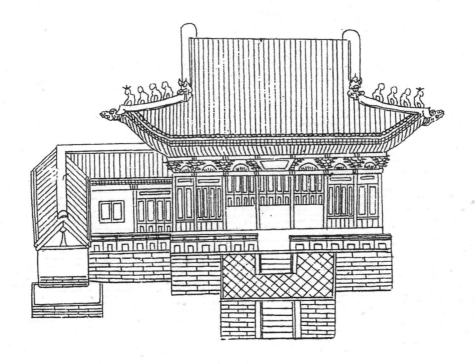

황학정(黃鶴亭)

1898년에 회상전 북쪽에 지었던 정자인데 1922년 일제에 의하여 민간인에게 매각되었다가 현재는 서울 사직동의 사직단 뒤편으로 이전되었으며, 서울특별시 유형문화재 제25호로 지정되어있다.

본래 무인들의 궁술연습장으로 세운 건물인데 갑오경장 이래 궁술이 폐지되어 민간인들의 놀이터가 되는 것을 안타깝게 여겨 옮겨 세웠고, 6·25전쟁으로 일부 파손된 것을 1977년에 보수하였다.

한말에 도성 안 서쪽에 다섯 군데의 사정이 있었는데 옥동(玉洞)의 등룡정(登龍亭), 삼청동의 운용정(雲龍亭), 사직동의 대송정(大松亭), 누상동의 풍소정(風嘯亭), 필운동(弼

▶ 황학정

雲洞)의 등과정(登科亭)이 그것이다.

　이것을 서촌오사정(西村五射亭)이라 한다.

　현재 황학정이 서있는 자리는 등과정이 있던 자리이다.

　정면 4간 측면 2간의 팔작지붕의 건물이다.

덕유당(德遊堂)

회상전 서쪽 자정전의 동쪽에 있다.

숙종이 지은 덕유당 암석명(德遊堂 巖石銘)이 남아있다.

　　　　우뚝 솟은 암석

　　　　하늘이 내리셨네

　　　　빛나는 업적 다시 일어

　　　　억만년토록 이어지는구나

1720년 6월부터 10월까지는 영조의 생모 숙빈 최씨(淑嬪 崔氏)가 여기서 머물렀고,

1730년 6월부터 10월까지는 영조 임금이 형수인 경종 비 선의왕후 어씨(宣懿王后 魚氏)의 복상(服喪)을 여기서 치렀다.

1761년 6월에 영조 임금은 덕유당에서 명릉(明陵: 숙종과 인현왕후와 인원왕후의 능)의 제문(祭文)을 올리었다.

이 당은 영조의 어머니가 광순문(光順門)으로 들어와 이 당에서 며느리를 간택한 곳이기도 하다.

안쪽으로 장덕문(章德門)이 있고, 바깥쪽으로 광순문(光順門)이 있다.

영조 친필 "甘霈周洽 萬民同歡(단비가 두루 적시니 만백성이 함께 기뻐한다)"라는 현판이 걸려있다.

사물헌(四勿軒)

덕유당 서남쪽에 있는 각이다.

1693년(숙종 18)에 수리하였고 남쪽에 푸른 소나무가 있는데 그 밑에 우물이 있다.[23]

사물(四勿)이란 공자가 안회(顔回)에게 가르친 네 가지 삼가야 할 일, 즉 "예가 아니면 보지도 말고 듣지도 말며 말하지도 말고 행하지도 말라(非禮勿視 非禮勿聽 非禮勿言 非禮勿動)."라는 뜻이다.

1763년 10월 31일에 영조 임금은 형님과 형수(경종과 경종 비)를 추모하는 마음을 가지고 여기서 하룻밤을 묵었다.[24]

1766년(73세 때) 11월 13일에도 이 당에 머물며 회포를 써 현판으로 걸게 하였다.

무일각(無逸閣)

회상전의 서쪽 집경당의 북쪽에 있고, 북쪽 정원에 벽파담(碧波潭)이란 작은 연못이 있었다.

'항상 안일하지 않음을 생각하면 처음과 끝이 한마음이고, 모르는 사이에 덕이 닦여질 것'이라는 뜻에서 지은 이름이다. 무일(無逸)은 주공(周公)이 성왕(成王)에게 경계한 글이다. 주공은 형 무왕(武王)을 도와 은나라를 멸망시키고 주나라를 세운 공로자이며, 나이 어린 무왕의 아들 성왕을 도와 주황실을 반석 위에 올려놓은 성인(聖人)이다.

숙종은 이 각의 이름을 돌아보고 옛날 성현의 마음을 생각하여 반드시 무일로서 지표로 삼도록 1708년 1월 상순에 무일편을 적어 벽에 걸었다.

숙종 임금은 「벽파담에서 읊다(碧波潭吟)」라는 시를 남겼다.

붉은 섬돌의 대나무로 바람이 불고

달은 벽파담에 닿았네

소옹(邵雍)의 시에 담긴 뜻을

깊은 가을밤에 스스로 헤아리네

(『궁궐지』 서울학연구소)

정조 임금이 무일각에서 하룻밤을 지내면서 시를 남겼다.

화려한 전각은 꽃물결속에 있고

새로운 향기가 무르익을 때

거문고 소리가 울리자

풍경소리 같이 울고 있네[25]

회장각(會藏閣)

회상전의 동쪽에 있었는데 『궁궐지』를 기록할 당시에 이미 없어졌다.

봉황정(鳳凰亭)

회상전의 북쪽에 있는데 1697년(숙종 23)에 세웠다.

숙종이 지은 시에 이르기를

가련하다 초당 앞에 봄이 이르니

누가 앵무새를 울게 하여 낮잠을 깨우는가

바람이 부니 반백의 구레나룻은 삼백 척이 되고

산에 떠 있는 아름다운 기운이 천만년 이어지네

풍소 소리 도는 곳에 상서로운 새가 들어오고

거문고 소리 맑을 때는 학이 춤을 추네

세상에 주유(周瑜)와 같은 사람 없지 않으니

악인(樂人)이 잠시 현의 조율을 잘못 하는구나[26]

집경당(集慶堂)

회상전 서남쪽에 위치한다. 처음에는 예연당(蘂淵堂)이었다.

1661년 8월에 숙종 임금이 태어나니 3일 후에 예연당으로 거처를 옮겼다. 1671년 숙종은 혼인을 했을 때에도 예연당에 납시었고, 숙종 25년에는 세자가 예연당에서 천연두를 앓았는데 회복하는 경사가 있었다. 이처럼 경사가 거듭나자 이름을 집경당으로 바꾸고 좌의정 최석정(崔錫鼎)에게 「집경당기(集慶堂記)」를 쓰게 하였다.[27]

왕세자가 천연두에 걸린 것은 1699년 1월이었다. 얼마 되지 않아 완쾌되었으므로 2월 3일 임금이 친히 숭정전(崇政殿)에서 종친과 모든 신하의 축복을 받고 사면령을 내리고 세자의 회복을 위해 힘쓴 신하들에게 품계를 올려주었다.

1708년(숙종 34) 여름 경오(庚午) 날에 집경당에서 3일간 묵다가 남교(南郊)에서 기우제를 지냈는데, 다음 날 비가 내려 가뭄이 해소되었다.

1711년 11월에는 두 왕자가 천연두를 앓아서 왕비는 궁을 옮겼다. 그해 섣달그믐에는 다시 경덕궁의 융복전으로 처소를 옮겼다가 다음 날에 모두 집경당으로 옮겼다. 왕비마저 병을 앓게 되어 햇빛이 들고 조리하기에 편하기 때문이었는데 천연두인지는 몰랐다.

아무튼, 모두 쾌차함을 얻어 집경이란 이름은 한층 더 징험을 드러내어 나라의 경사가 천리를 흔들었다. 이에 4개의 운으로 시를 지어 새겨 당에 걸었다.

집경당 입면도(서궐영건도감의궤 규장각)

옛날의 작은 당 이름을 바꾸니

지난겨울 병이 낫는 즐거움이 더해졌네

모든 일이 순조롭고 길하니 나라의 운명이 형통하겠구나

신하들은 크게 고하여 은택이 온천지에 퍼지네

붓을 적시어 시를 적는 것이 어째 우연이겠는가?

자손들에게 끝없이 전하고자 하노라

(『궁궐지』 서울학연구소)

1776년(영조 52) 3월 영조 임금이 이곳에서 승하하였다.

창선각(昌善閣)

집경당의 남쪽에 있고, 순조가 쓴 남루(南樓)라는 편액과 남극루(南極樓)라는 편액이 걸려있다.

흥정당(興政堂)

회상전 남쪽에 있다. 사현각(思賢閣)의 남서쪽에 있고 임금이 정사를 보는 편전(便殿)이다.

남쪽에는 흥정문(興政門), 동쪽에는 숭양문(崇陽門)이 있는데 숭양문 밖에 말을 매어두는 대추나무가 있고 서쪽에는 광명문(廣明門)과 금요문(金耀門)이 있다.[29]

■■■

흥정당 입면도(서궐영건도감의궤 규장각)

정면 5간 측면 4간의 팔작지붕으로 집경당과 비슷하다. 인조 초기에 이 건물을 지었고, 영조 임금은 이곳을 애용하였다. 중건(重建) 상량문은 예문관 제학(提學) 조인영(趙寅永)이 지었다.

회상전, 집경당, 흥정당 등은 일제강점기에 모두 사라졌다.

정색당(貞蹟堂)

석음각(惜飮閣)

모두 흥정당의 동쪽 행랑이다.

경덕궁 흥정당은 규모가 작고 세자가 독서하는 곳이 따로 없기 때문에 서쪽에 있는 3간 남짓한 방에서 독서를 하였는데 대신들이 입시하여 중요한 정무를 볼 때에는 방이 협소하여 흥정당 동쪽 행랑을 대충 수리하여 쓰면 새로 전각을 짓지 않아도 쓸 수 있기로 행랑을 수리하여 서재를 만들고 이름을 석음(惜陰)이라 하였다. 시간을 아낀다는 뜻이다.[30]

친현각(親賢閣)

흥정당 남쪽에 있었는데 『궁궐지』 기록 당시에는 없어졌다. 세자가 독서나 주연(胄筵)하는 곳이다.

정시각(正始閣)

흥정당 서쪽에 있다.

영조가 흥정당 서쪽 행랑을 정시각이라 이름하였다.

영조가 지은 '정시각에서 도승지(都承旨)를 인견할 때 글을 짓고 서(序)한 글'이 남아있다.

"(전략) 대학(大學)에는 정심(正心)이라는 조목이 있는데 정심은 거짓 없이 오로지 정성스럽게 해야 하는 것이고 성의(誠意) 이하에는 성의가 아닌 것이 한자도 없으니 바로 아래위로 통하고 처음과 끝을 이루는 공(工)인 것이다. 인욕(人慾)이 천리(天理) 속으로 흐른 뒤에야 비로소 정심(正心)과 성의(誠意)를 말할 수 있다. (중략) 이 행랑의 이름에 대한 감회가 일어 경전(經傳)에 대한 조그마한 지식으로 성(誠)과 정(正)에 대한 대략을 설명하여 나의 세자에 보여주었다." 취월헌(翠月軒)은 순조의 어필이다.[31]

주합루(宙合樓)와 존현각(尊賢閣)

홍정당의 남쪽에 있으며 위층이 주합루이고, 아래층이 존현각이다. 이 각은 영조 임금이 지었고, 존현(尊賢)이란 편액도 영조 임금이 썼다.

규정각(揆政閣)

홍정당의 동쪽에 있다.

1732년(영조 8)에 경희궁의 홍정당 동쪽에 규정각을 세우고 의상(儀象: 천체관측기구)을 중수(重修)하였다.[32]

이에 앞서 세종조에 혼천의의 형상을 처음 만들고, 경복궁에 흠경각(欽敬閣)을 지었는데 임진란 때 다 타버렸다. 선조가 피란 갔다 돌아와 맨 처음 영의정 이항복(李恒福)에게 예전 제도를 강구하여 창덕궁 서린문(瑞麟門) 안에 각(閣)을 세우도록 명하여 뒤에 만수전(萬壽殿)이 되었는데, 혼천의의 형상이 또한 잔결(殘缺)되었다. 현종조에 들어와 이민철(李敏哲)에게 명하여 채침(蔡沈)이 만든 『서경집전(書經集傳)』을 참고하여 혼천의(渾天儀)의 형상을 만들도록 하였다. 숙종조에 들어와 이민철에게 명하여 예전 혼천의를 중수하도록 하고 제정각(齊政閣)을 창덕궁 희정당의 남쪽에 지어 봉안하였는데, 1732년(영조 8) 6월에 이르러 숙종조에 여벌로 주조한 혼천의의 형상이 세월이 오래됨에 변하였다고 하여 안중태(安重泰) 등에게 명하여 중수하도록 하고, 규장각을 경희궁 홍정당 동쪽에 지어 봉안하였다. (『국조보감』)

이와 같이 선기옥형을 두 개 만들었는데 경덕궁에 있는 선기옥형은 관상감제조 윤순(尹淳)이 보수하였다.

칠정(七政: 日, 月, 火, 水, 木, 金, 土)의 운행질서는 임금의 정사와 같은 것이어서 개국 초기부터 천체의 운행 질서를 관측하는 간의(簡儀)를 중요시한 것이다.

경덕궁 것이 고장으로 방치되어 그동안 창덕궁에만 있던 것을 흥정당 동쪽 숭양문의 북쪽에 오래된 행랑이 3칸 있어 문과 창을 설치하여 1732년 6월 상순 선기옥형을 두게 하고 규정(揆政)이라 이름하였다.

이것은 중국 남송 때 유학자 서산(西山) 진덕수(眞德秀)가 말한 칠정(七政)을 헤아린다는 뜻이다.

희정(熙政), 흥정(興政), 제정(齊政), 규정(揆政)은 그 뜻이 하나이고 서로 표리가 된다.

융복전(隆福殿)

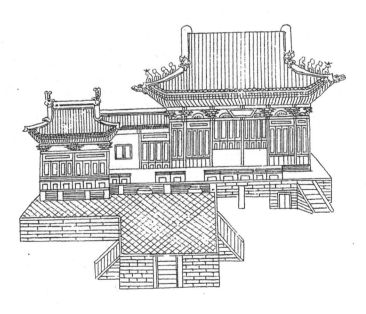

융복전 입면도(서궐영건도감의궤 규장각)

회상전의 동쪽에 있으며 경희궁의 정침(正寢)인데 남쪽에 일영문(日永門)이 있다.

남쪽에는 집희전(集禧殿)이 있었는데 창덕궁의 집상전(集祥殿)을 지을 때 헐어 옮겼다.[34]

융복전은 정면 6간으로 왼쪽에 건물이 연립되어있어 'ㄱ'자 형의 평면을 이룬다. 1720년(숙종 46) 6월에 임금이 여기서 승하하였다.

사현각(思賢閣)

회상전의 북쪽 흥정당(興政堂)의 남쪽에 있다. 기록에는 사현각 동쪽에 정심각이 있었다고 되어있다.

정심(正心)은 대학에 나오는 팔조목의 하나로 '거짓 없이 오로지 정성스럽게 행하는 바른 마음'이다.

사현각 입면도(서궐영건도감의궤 규장각)

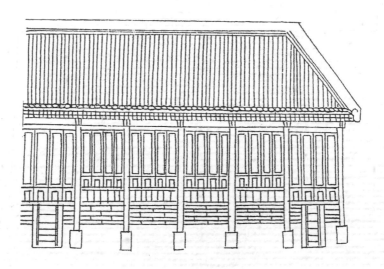

억석랑(憶昔廊)

사현각의 북쪽 행랑이다.

경윤재(經綸齋)

융복헌의 동남쪽에 있었는데 『궁궐지』를 쓸 당시에 이미 없어졌다. 숙종이 지은 「경윤재」라는 시가 남아있다.

> 새로 지은 집의 이름은
> 바로 구름과 우레의 형상을 취했구나
> 어려운 세상을 구하려면
> 이치를 따라야 하는구나
>
> 높은 곳에 올라
> 멀리 한양의 봄을 느끼노라
> 섬돌의 소나무들은 긴 세월 속에
> 모두 늙은 용의 비늘처럼 되었구나[35]

장락전(長樂殿)

융복전 동남쪽에 있으며, 남쪽에 만세문(萬歲門)이 있다. 이곳이 원종(元宗: 定遠君)의 옛 집터로 인조 임금이 왕위에 오르기 전에 살았던 잠저이다.

덕유당(德遊堂)의 북쪽에 상서로운 바위가 있는데 왕암(王巖)이었다. 1708년(숙종 34)에 이름을 서암(瑞巖)으로 고치고 직접 '서암'이란 두 글자를 크게 써서 돌에 새겼다.

영조 임금은 이곳이 작기는 해도 앞이 탁 트여서 자주 이곳에 들렸다.

1730년(영조 6)에 두 왕대비를 모시기 위해 장락전에 왔고, 1736년, 1740년, 1743년,

1747년에도 어머니를 받들기 위해 임금은 여기에 왔다.

1770년(영조46) 1월 3일에 장락전 기를 써서 전의 남쪽에 걸게 하였는데 '장락전'이라는 세 글자도 영조의 친필이다.

정조가 지은 「장락전에 대하여 옛날 사실을 기록하면서」라는 시를 남겼다.

> 경사가 대비의 궁궐에 넘쳐 기쁨의 술잔을 받들고
> 아침마다 안부를 여쭙네
> 끝없는 축복으로 빈번히 술잔을 올리고
> 시녀들은 대궐의 의장(儀章)을 맡네[36]

승휘전(承暉殿)

융복전의 동남쪽에 있고 세자가 생활하는 춘궁(春宮)이다.

1693년(숙종 19)에 이 승휘전 담장을 보수하다 사람의 뼈가 나왔는데 관리에게 명하여 파묻어 장사 지내고 제사 용품과 제문(祭文)을 내려주었다.[37]

1698년(숙종 24) 11월에 소실되었는데 이때 왕은 경덕궁 침전에 있었고, 왕비 인현왕후(仁顯王后)는 와병 중이어서 승휘전에 있었다. 불길이 왕후가 머물고 있는 승휘전에 이르자 모시고 있던 주변 사람들은 모두 도망가고 오직 한 궁녀가 화염을 무릅쓰고 들어가 왕비를 등에 업고 나왔다.[38]

두 궁녀가 불에 타 숨지고 가구와 옷가지들이 모두 불에 타는 재해를 입었다.

불나던 날 밤에 놀라 일어나 쓴 숙종은 다음과 같은 시를 남겼다.

> 깨어서 처음에 새벽 별인가 했는데
> 궁궐이 재가 될 줄 누가 알았겠는가?
> 재앙은 일을 잘못한 데서 일어나고
> 본시 난(亂)은 하늘에서 오는 것도 아니네[39]

융무당(隆武堂)

융복전(隆福殿) 동쪽에 있다.

예전에는 관취당(觀聚堂) 터였는데 1692년(숙종 18)에 내자시(內資寺: 궁중의 재물을 맡아보는 관료)에 명하여 철거하여 옮겨 짓도록 하고 융무라고 이름을 고쳤다. 관취당은 군대를 시험하고 사열하는 당(堂)으로 후미진 곳에 있어서 군사들을 시험하고 사열하기에 불편하였다.

기문에 이르기를 "무릇 정치를 이루고 난을 다스리는 것은 문무(文武)에 있다. 문무를 함께 쓰는 것은 나라를 오래도록 다스리는 방법이다. 문무에서 하나도 빠뜨릴 수 없는 것은 마치 새의 양 날개와 같고, 수레의 양 바퀴와 같다. 옛날에 우리 선왕께서 이미 숭문(崇文)이란 이름을 창경궁의 각(閣)에 걸었고, 지금은 내가 계속해서 융무라는 이름으로 경덕궁의 당(堂) 이름을 고쳤다. 동쪽과 서쪽이 서로 마주하고 두 개의 아름다움이 함께 있으니 그 취한 뜻이 어찌 우연이겠는가?"라고 하였다. 이와 같이 편안할 때 위급함에 대비함으로써 천년 사직을 보전하고 태평성대를 열어가기 위한 숙종 임금의 배려로 지어진 것이다. 상량문도 숙종 임금이 직접 썼다.

숙종 임금은 구일에 융무당에 올라 종신(宗臣)과 손님들을 접견하고 부사(府使) 심정보(沈廷輔)에게 송국(松菊) 아래에서 음식을 내리고 술을 마시게 하였다.

연회가 끝난 뒤에 흥이 나서 시를 지었다.

높은 각은 천 길이나 되어
마치 푸른 봉우리 같네
뜰에서는 두 마리의 학을 보고
문에서는 푸른 소나무를 마주 하네
좋은 사람과 손님들이 모이니
깊은 술병에 담긴 술맛은 진하구나
바람과 햇볕이 너무 좋아
취해서 물러나 유유히 지내네**40**

일신헌(日新軒)

융무당의 동남쪽에 있는데 1693년(숙종 19)에 수개청(修改廳)을 설치하고 새로 지었다.

1692년(숙종 18) 겨울에 내자시에 명하여 관취당(觀聚堂)을 철거해서 옮겨서 짓도록 하여 융무당(隆武堂)을 짓고 그다음 해에 융무당의 동남쪽에 작은 헌을 따로 짓게 했는데, 궁궐 지대 높은 곳에 일신헌을 지었다. 일신(日新)이란 말은 은나라 탕왕(湯王)이 세숫대야에 새겨놓고 얼굴을 씻을 때마다 떠오르게 하는 경구(警句)인데, '날마다 새롭고 또 새로워진다'는 뜻이다.

"무릇 천하의 일이 날마다 새로워지지 않으면 반드시 퇴보하게 되는데 하물며 임금의 마음은 정치의 근본이고 만물을 화육(化育) 하는 근원이 됨에 있어서 더 말할 것이 있겠는가? 진실로 날마다 덕을 새롭게 하여 진작하지 않으면 어떻게 백성들에게 중정(中正)의 도를 세울 수 있겠는가? 배움에 미진한 것이 있으면 나날이 새로워져야 함을 생각해야 하고, 듣고 말하는 것이 넓어지지 않아도 나날이 새로워져야 함을 생각해야 한다. 인재를 양성하는 방법이 옛날에 비교가 안 되면 나날이 새로워져야 함을 생각해야 하고, 백성을 보호하고 품는 은택이 다하지 않아도 나날이 새로워져야 함을 생각해야 하고, 스스로 강해지는 책략이 지극하지 않으면 나날이 새로워져야 함을 생각해야 한다."라고 숙종이 지은 기문에 써있다. (1693년 4월)

숙종이 지은 「일신헌」이란 시에 이르기를

> 새로 짓는데 재원을 어찌 낭비하랴
> 증가함이 없이 옛날 재목을 다 하네
> 집은 조용하여 내가 좋아하는 바여서
> 맑은 창가에 한가로이 앉아 책을 펼치네

이것은 현판으로 걸려있다.[41]

용비루(龍飛樓), 경의헌(敬義軒)

장락전의 동쪽에 있는데 위층이 용비루이고, 아래층이 경의헌이다. 이곳은 세자가 경서를 강독하는 곳이다.

숙종이 지은 「용비루」라는 시가 남아있다.

옛날에 우리 임금이 대비를 받들고

좋은 날 이 누각에 올라가 술잔을 바쳤네

오늘 여기에 와서 기쁨을 받드니

감회가 더욱 깊어 눈물이 마르지 않네

우뚝 솟은 저 남산 눈앞에 있고

높고 큰 산은 구름과 연기에 싸여있네

서쪽으로 인왕산을 바라보고 동쪽으로 한강을 보니

봄빛의 비취색은 모두 그대로네

높은 누각 우뚝 솟아 하늘에 닿았고

푸른 버드나무 붉은 꽃의 풍취가 가련하다

저녁때 붉은 발을 올리니 온화한 바람이 일고

울려 퍼지던 종소리 각(閣) 앞에 이르네

2월이 지나고 3월이 오니

농사짓는 집마다 밭갈이하네

밤새 내린 가랑비로 시절을 알 수 있고

비가 오려는 기운이 오늘 아침에도 짙구나

8월에 누각에 오르니 해는 기울고

고개를 돌려 수만의 인가를 바라보네

백 척이나 되는 긴 장대들은 마치 돛대를 늘여놓은 듯

이 밤에도 등을 높이 매다는구나

남쪽 헌(軒)의 물기운은 차고
연꽃은 일제히 피어 연못에 가득하네
가지런하지 못하고 홍분(紅粉)만 요염하니
어찌 아름답게 꾸미지 않으리오 **42**

봉상루(鳳翔樓), 백상헌(百祥軒)

장락전의 서쪽에 있는데 위층이 봉상루이고, 아래층이 백상헌인데 휴식하거나 간단한 연회를 즐기는 장소이다.

효종이 지은 「봉상루의 연회에서 인평대군의 운에 이어(鳳翔樓宴席次麟坪大君韻)」라는 시에

공자(公子)는 풍류로 저녁 무렵 당(堂)에서 즐기고
술 한잔에 시 한 수를 읊으니 빛을 더하네
깨었다가는 취하고 하여 정에 매이어 마시니
춤추고 노래하면서 흥을 돋우네
푸른 하늘에 구름이 걷히니 천리가 훤하고
동산의 수풀에 비가 개니 꽃향기 퍼지네
단물과 빙설로 갈증을 풀고
대자리의 침대에서 서늘하여 낮잠 자다 꿈을 꾸네

정조가 지은 「용상루」라는 시에 이르기를

층층이 올린 누각 하늘 위로 솟았고
뚜렷한 은하수위로 다리 되었네
봉황이 뜰에서 나니 성인이 다스리는 세상이 되어

초하늘에 하늘로 올라간 것을 기리며 우소(虞韶: 임금이 지은 음악)를 연주하네[43]

어조당(魚藻堂)

장락전의 서쪽에 있으며 인조 때 지었다. 1730년(영조 6) 6월에 경종계비 선의왕후(宣懿王后) 어씨(魚氏)가 여기서 승하하였다.[44]

중광원(重光院)

장락전의 동남쪽에 있다 연광문(延光門) 안쪽에 있었는데 영조 임금이 세자 시절 학문을 닦던 곳이다.[45]

집희당(緝熙堂)

어조당의 남쪽에 있다. 원래 이름은 채선당(綵線堂)이었는데, 1694년(숙종 20)에 집희로 고쳤다.

이곳은 옛날 세자가 지내던 곳으로 "精一執中 固守乃訓 敬勝則吉 義勝則從"라는 영조 임금의 어필이 걸려있다. 정신을 하나로 집중하여 가르침을 굳게 지켜 공경한 마음이 앞서면 길하고 의를 앞세우면 백성들이 따른다는 뜻이다.[46]

중서헌(重書軒)

집희당의 동남쪽에 있으며, 여기도 세자가 학문을 닦는 곳이다. 영조 임금이 쓴 세자를 위한 권학문(勸學文)이 현판으로 걸려있다.[47]

경선당(慶善堂)

집희당의 남쪽에 있다. 경선당과 집희당은 앞뒤에 있는 것이다. 연강문(延康門)이 있고, 영월문(映月門)이 있다. 동궁이 신하들을 접견하는 곳이다.[48]

광명전(光明殿)

융무당의 북쪽에 있는데 창경궁의 전각제도를 모방하여 지었다.

1702년(숙종 28) 10월 13일 숙종 임금이 여기서 새 왕비를 맞이하는 가례(嘉禮)를 행하였고, 1718년 가을 경종도 이곳에서 가례를 올렸다.

1730년 6월에서 10월까지 선의왕후 어씨(경종계비)의 빈소를 여기에 모셨는데, 선의왕후는 1721년부터 1730년까지 여기서 살았다.

광명전 서남쪽에 상휘당(祥暉堂)이 있는데 여기서 약을 달여 올렸다.

1735년 가을에 이 전에서 세조 임금의 초상화를 다시 그렸다. 1760년 11월 13일에는 영조 임금은 이곳에 들러 회포의 글을 쓰고 승지들로 하여금 글씨를 써서 광명전 남쪽에 걸게 하였으며, 1762년 겨울과 1765년 6월 29일에도 영조 임금은 이 전에 들러 회포를 푸는 글을 남겼다.[49]

경화당(景和堂)

광명전의 동쪽에 있었는데 춘휘전(春輝殿)을 지을 때 헐어내었다.

단명전(端明殿)

경화당(景和堂)의 동쪽에 있었는데 『궁궐지』를 기록할 당시에는 이미 없어졌다.

상휘당(祥暉堂)

광명전의 서쪽에 있다.

천성각(天成閣)

광명전의 동쪽에 있다.

영취정(暎翠亭)

광명전의 북쪽에 있다. 이 정자는 지세가 험하고 궁궐 동산의 북쪽 가장 깊은 곳에 있어 그윽하고 고요한 곳이어서 숙종 임금은 자주 이곳에 올라 시를 지었다. 먼 산을 가까이 당겨놓아 푸른빛이 서로 비취니 정자도 서로 맞닿아있으므로 푸른빛을 비춘다는 이름을 짓게 되었다.

숙종이 지은 「영취정」이라는 시에

어려운 때 어찌 군대를 시험하고 사열하지 않으리오
해마다 봄가을로 여기에 오르네
궁중 뜰에서 시위군(侍衛軍)을 바로 앞까지 부르고
법도에 맞게 재능을 시험하여 고하를 살피네 [무예를 보고 읊다]

하나의 명산이 부림(富林)에 있어
고개를 들고 남쪽을 바라보니 흰 구름이 짙네
때때로 북암(北巖)을 다니면서 감상한 기록을 읊으니
이 몸이 마치 저절로 올라가 바라보고 있는 것 같네 [관악산을 바라보며]**50**

영조 임금은 어머니 숙빈(淑嬪) 최씨를 모신 사당 육상묘(毓祥廟)가 이 영취정 가까이에 있어 저녁마다 수레를 타고 올라가 바라보곤 하였다. 1760년부터 12년 동안이나 추운 때나 더운 때나 그렇게 하였다. 그러면서 "새벽에 올라가 바라보는 것은 아침저녁으로 문안 인사를 대신하는 것이고, 제사 때 밤에 올라가 바라보는 것은 몸소 실천하는 것을 대신 하는 것"이라고 하였다.

정조가 지은 「밤에 영취원(暎翠園)에 올라」라는 시에

　　　하늘에 가득한 별과 밝은 달이 한창이고
　　　집에 싸인 촛불이 붉어 밤은 춥지 않네
　　　술을 따르고 높은 누각에서 노니니
　　　지나는 기러기 푸른 하늘 끝으로 떨어지네[51]

순조가 지은 「영취정」이라는 시에

　　　삼 월달의 술에는 수만 가지 꽃이 있고
　　　서울은 가까이에 궁궐은 깊네
　　　동쪽으로 남악(南岳)의 우뚝 솟은 곳을 보니
　　　아침 해의 붉은 기운이 성대하게 쌓여있네[52]

　○ 계상당(啓祥堂)은 영취정의 서쪽에 있는데

　○ 계상당의 동쪽에 소성당(小星堂)이 있고,

　○ 소성당의 동쪽에 상란당(祥鸞堂),

　○ 상란당의 동쪽에 어관당(魚貫堂),

　○ 어관당의 동쪽에 계명당(鷄鳴堂),

　○ 계명당의 동쪽에 자란당(紫蘭堂),

　○ 자란당의 동쪽에 봉생당(鳳笙堂)이 있고,

　○ 봉생당의 동쪽에 순지당(順祉堂),

　○ 순지당의 동쪽에 복수당(福綏堂)이 있는데 임금의 편액이 걸려있고 당초의 『궁궐지』에는 연복당(衍福堂)이라 되어있다.

　○ 첨선당(添線堂)은 복수당의 동남쪽에 있다.

○ 연복당(衍福堂)은 중광원(重光院)의 동쪽에 있고, 서쪽 창밖에 경자 '춘직처(庚子春直處)'라는 영조의 어필(御筆)이 걸려있다.

○ 경헌당(鏡憲堂), 봉휘당(奉徽堂), 청혜당(靑蕙堂)은 모두 자란당의 동쪽에 있었는데, 일신헌(日新軒)을 지을 때 당(堂)의 앞이 너무 좁아 철거했다.

춘화정(春和亭)

영취정의 서쪽에 있는 춘화정은 1704년(숙종 30) 겨울에 지었다. 정자 앞에 못이 있어 그 경관이 아름다워 여러 임금이 다투어 시를 남겼다. 숙종 임금이 여러 편의 시를 남겼는데 그중 「가을날에 춘화정에 올라」라는 시이다.

> 춘화정에서 가을빛을 감상하니
> 서리 맞은 잎은 붉다가 황금빛을 띠네
> 저녁 이슬 내리고 하늘빛 저무니
> 별 드물고 달 밝아 기러기 소리 길게 이어지네[53]

정조 임금은 「숙종 임금의 운을 이어서 춘화정을 노래하다(春和亭敬次肅廟宸章)」라는 시를 지었다.

> 신선이 사는 곳은 연기와 햇빛으로 싸여있고
> 한편에 국화는 누런빛을 드러내네
> 집집마다 다듬이 소리에 쓸쓸한 생각이 미치고
> 난로 옆 높은 촛대에 길게 촛농 떨어지네[54]

경현당(景賢堂)

양덕당(養德堂)의 남쪽에 있는데 세자가 경서를 강독했던 곳으로 경덕궁의 별당인데 가장 넓고 환하다. 남쪽에는 작은 연못이 하나 있고 또 숭현문(崇賢門)이 있다. 넓고 환하기 때문에 계복(啓覆: 사형수를 왕 앞에서 다시 심리하는 것) 하려고 많은 신하가 모일 때 반드시 여기서 모였다.

1772년(영조 48) 임금이 왕세손이 있는 경현당에 납시어 정승 판서들을 불러놓고 현종대왕을 종묘의 신실(神室)에 모시는 것이 어떤가를 의논하였다. 모두가 이에 찬동하였다.

경현당은 부엌이 한쪽 귀퉁이에 있고 임금이 앉는 자리도 중앙에 있지 않기 때문에 불편하여 호조(戶曹)에 명하여 부엌을 고치고 임금이 남면(南面)할 수 있도록 만들고, 세자가 경서를 강독할 때 법도에 따라 반드시 동쪽 벽에서 서쪽으로 향하도록 하였다. 그리하여 세 개의 문을 열고 여러 신하를 맞이하니 보기에 좋았다.

창덕궁에는 시민당(時敏堂)이 있고 경덕궁에는 경현당이 있는데 모두 세자가 경서를 강독하고 하례를 받는 정실(正室)이다. 그러나 시민당에는 임금이 지은 글이 있지만, 경현당에는 없으니 1736년 4월 12일 영조 임금이 이 당에 들러 명문(銘文)을 남겼다. 세자가 책봉된 지 한 달이 되는 날이다.

경현당은 문헌각(文獻閣)의 옆 달효각(達孝閣)의 앞에 있다.

이 당은 숭정전 다음으로 넓고 환하여 숙종 임금도 자주 여기에 머물렀다. 그래서 1713년 여름에 숙종 임금이 이곳에서 초상화를 그렸고, 1719년에 기로소(耆老所)의 신하들에게 여기서 연회를 베풀었다.

1765년에는 경연당에서 직접 정사를 보고 "노년에 친히 정사를 보고 쓴 후지(後識)"라는 글자를 현판에 써 6월 12일 당에 걸었다.[55]

문헌각(文獻閣)

경현당 동쪽 행랑이다. 1700년(숙종 26)에 지어 책을 보관하였다. 궁궐에 책을 보관하고 있는 곳이 세 곳이 있다. 양심각(養心閣), 흠문각(欽文閣), 상고(廂庫)이다. 양심각은 중국에서 만든 책을 보관하고, 흠문각과 상고는 모두 우리나라 책을 보관하고 있다. 상고에 보관되어있는 책들이 가장 많은데 무질서하여 보관 상태가 좋지 않아 양현당(養賢堂)의 남쪽에 전각을 만들어 문헌각이라 하고 여기에 모든 책을 보관하게 하였다.[56]

만상루(萬祥樓)

경현당의 동쪽에 있고, 만상루 동쪽에 연못이 있다. 창덕궁의 만수전(萬壽殿)을 지을 때 헐어 옮겼다. 1631년(인조 9) 만상루에서 인조반정 때 공을 세운 정사공신(定社功臣) 김류(金瑬) 등에게 연회를 베풀어주었다. 숙종은 「만상루터에 가서 연못가의 연꽃을 감상하며」라는 시를 남겼다.[57]

양덕당(養德堂)

경현당의 북쪽에 있고 남쪽에 숭덕문(崇德門)이 있다. 1818년(순조 18)에 이름을 덕화전(德和殿)이라 고치고 서쪽 처마에 편액을 달았다.

- ○ 함춘헌(含春軒) 양덕당 동쪽에 있다.
- ○ 안희헌(安喜軒) 양덕당의 서쪽에 있고, 임금이 쓴 편액이 있다.
- ○ 영강각(永康閣) 안희헌의 서쪽에 있다.
- ○ 지효각(至孝閣) 양덕당의 서북쪽에 있고, 임금이 쓴 편액이 있다.
- ○ 청한정(淸閒亭) 지효각의 서쪽에 있고, 임금이 쓴 편액이 있다.

서암(瑞巖)

태령전 뒤에 있는 큰 바위 속에서 솟아나는 샘이다.

그래서 일명 암천(巖泉)이라고도 부르며 바위의 특이한 모양으로 인하여 경희궁의 명물이 되었다. 본래는 왕암(王巖)으로 불렀는데 그 이름으로 인하여 이곳에 왕기설이 있다는 풍설 때문에 광해군이 이곳에 경희궁을 지었다는 이야기도 전해진다. 1708년(숙종 43)에 이름을 서암(西巖)으로 고치고 암석에 서암이라는 글자를 새겨 두었다 하는데 지금은 보이지 않는다.

▶ 서암(바위에서 샘이 솟아 암천이라고도 불렀는데 본래는 왕암(王巖)이었다.)

금천교(禁川橋)

홍화문 뒤에 흐르는 금천(禁川)에 놓인 다리이다. 이곳에서도 예외 없이 배산임수(背山臨水)의 명당을 조성하기 위하여 궐내에 하천을 끌어들여 궐 앞을 흐르도록 만들었는데, 그 위에 놓인 돌다리이다. 1619년(광해군 11)에 건립되었는데 일제가 이것을 매몰시켜버렸다. 지금 있는 것은 2001년에 복원된 것이다.

▶ 본래 자리에 복원된 금천교

기관의 배치

경희궁의 기관 배치는 경복궁처럼 삼문삼조(三門三朝)의 원칙이 없이 적당한 공간에 산발적으로 배치된 형태이다.

홍문관(弘文館)은 숭정문 밖 남쪽에 위치하는데 1770년(영조 46) 가을에 임금이 세손(정조)을 데리고 홍문관에 와서 강독을 하고는 음식을 하사한 일이 있고, 4년 뒤인 1774년에도 세손을 옥당(玉堂: 홍문관의 별칭)에 와서 율곡이 지은 대학(大學) 해설집인『성학집요(星學輯要)』를 읽은 일이 있다.

예문관(芸文館)과 향실(香室)은 모두 숭정전 서쪽 행랑에 있다.

시강원(侍講院)은 승정원(承政院)의 동쪽에 있는데 1774년(영조 50)에 임금이 세손과 함께 시강원에 와서 홍문관에서와 같이『성학집요』를 강독하였다.

빈청(賓廳)과 익위사(翊衛司)는 모두 시강원의 동쪽에 있고, 내의원(內醫院)은 숭정문 밖 남쪽에 있다.

상서원(尙瑞院)은 옛날에는 숭정문의 서남쪽에 있었는데 건명문 안으로 옮겼다.

전연사(典涓司)는 옛날 건명문 안에 있었지만,『궁궐지』기록 당시에 없어졌다. 건명문 안에는 전설사(典設司)가 세워졌고 '희우랑(喜雨廊)'이라는 영조의 편액이 걸려있다. 그리고 건명문 밖 동쪽에 병조(兵曹)가 있다.

승정원(承政院)은 내의원의 동쪽에 있고 상의원(尙衣院)은 흥원문(興元門) 안에 있는데, 전에는 숭의문(崇義門) 안에 있었다. 영조 임금이 18살 때 여기서 숙종 임금께 문안을 드렸는데 72세에 다시 여기에 와 옛날을 추모하였다. 이 상의원에는 영조의 친필 현판과 기문(記文)이 걸려있다.

도총부(都摠府)는 홍문관의 남쪽에 있는데 전에는 숭정전의 서남쪽에 있었다.

방림원(芳林苑)은 개양문(開陽門)의 남쪽에 있고 이문원(摛文院)은 위선당(爲善堂)의 남쪽에 있는데 이 이문원 남쪽에 취규루(聚奎樓)가 있다.

승문원(承文院)은 옛날에는 흥의문(興義門) 안에 있었는데 숭의문(崇義門) 안으로 옮겼다. 봉안각(奉安閣)은 승문원의 북쪽에 있고, 누국(漏局)은 승문원의 동쪽에 있다.

내반원(內班院)은 흥정당의 남쪽에 있고 사옹원(司饔院)은 내반원의 남쪽에 있으며, 태복시(太僕寺)는 개양문 안에 있다.

동소(東所)는 동쪽 흥화문(興化門) 안에 있고, 남소는 남쪽 개양문 안에 있다. 서소는 서쪽 숭의문(崇義門) 안에 있고, 북소(北所)는 북쪽 무덕문(武德門) 안에 있다.

인경궁(仁慶宮)

인경궁은 1617년(광해군 9)에 시작하여 6년여의 공사 끝에 광해군 15년에 전각의 대강이 완성되었다.

증보 문헌 비고에 "仁慶宮 光海八年 塞門洞 剙是宮"라고 기록되어있어 인경궁이 본래 정원군(定遠君: 원종으로 추존)의 사저로 적고 있어 한때 경희궁과 혼동하는 일이 있었으나 후에 잘못된 기록임이 밝혀졌다.

그러므로 인경궁이 있었던 곳은 새문동이 아니고 그보다 동북쪽으로 나아가 필운동(弼雲洞), 누상동(樓上洞), 누하동(樓下洞), 옥인동(玉仁洞) 일대로 비정(比定)하고 있다.

『광해군일기』에 인경궁의 남쪽 담이 사직단의 담장과 연접해있어서 순라군의 통로가 막힘으로 사직단 북쪽 담장을 2중으로 해야겠다는 수선도감의 계(啓)가 있었던 것을 보면 사직단의 담장과 인경궁 남쪽 담이 접해있었음을 알 수 있다. 그리고 인경궁의 남쪽 담을 안쪽으로 물려 짓는다면 정전의 뒷마당이 좁아진다는 기록으로 보아 인경궁 북쪽 담장 안은 궁의 정전 뒤뜰이었음을 알 수 있다.

인경궁을 창건하게 된 동기는 광해군이 풍수설에 따라서 창덕궁의 터가 흉하다 하여 평소에 늘 마음에 두고 있으면서 풍수에 능한 신하들에게 길지를 찾으라는 명을 내려 찾은 곳이 인왕산 밑 인경궁 터였다. 이렇게 하여 시작된 공역(工役)이어서 그 남쪽 담장이 사직단 북쪽 담장에 미쳤다면 그 범위가 얼마나 넓었겠는가를 가늠할 수 있다.

광해군은 한양의 터가 쇠하였으므로 천도하는 것이 좋을 것이라는 술관(術官)의 말에 따라 천도를 시도해보았으나 대신들의 반대에 부딪혀 뜻을 이루지 못했다. 그뿐 아니라 임진년의 참혹한 전란에다 이어지는 공역(公役)으로 백성들이 탈진 상태에 이르렀기 때문에 천도는 거의 불가능한 처지이었다.

그러던 차에 1616년(광해군 8)에 성지(性智)라는 승려가 인왕산은 돌산이 튀어나온 것이 매우 기이하고 인왕(仁王)이란 두 자가 좋은 뜻을 가지고 있어 역수(曆數)가 이어지고 나라가 태평성대 할 것이라는 첨사(籤辭: 길흉의 점글)가 있어 도성을 옮기지 않고도 신궁을 세울 수 있기 때문에 인경궁 창건을 시작한 것이다. 『광해군일기』에 의하면 임금이 신임하는 술사(術師)가 둘 있었는데 성지와 시문용(施文用)이었다. 성지라는 사람은 승려인데 한문을 몰라 언문으로 풍수를 논하였으며, 시문용은 본래 중국인으로 임진왜란 때 파병 나와 탈영하여 경남에 머물러 있다가 추천되어 궁에 발탁된 자로 알려졌다.

광해군 9년 9월 왕은 이 두 술사를 시켜 새 궁터를 잡도록 하고 모든 전각의 축조도 이들의 의견에 따라 시행하였다. 공사는 광해군 9년에 들어서면서부터 시작하였는데 먼저 궁 담장의 조성과 궁터 안의 민가를 옮기는 작업이 선행되었다.

담장은 5월경에 끝나고 전각의 조성을 시작하여 정전과 편전 그리고 별당 등의 공사를 착수하였다. 그러던 중 새문동에 왕기가 있다 하여 그 왕기를 누르기 위하여 광해군 9년 7월에 갑자기 경덕궁 공사를 서둘러 시작하게 되었다. 결국, 두 개의 궁궐이 같이 조성됨으로 인하여 국가 재정은 물론 백성들이 겪어야 하는 고통도 이만저만이 아니었다. 1618년(광해군 10) 4월 9일에는 인경궁의 정문을 돈화문의 예에 따라 중층으로 지을 것이며, 경덕궁은 그저 피접이나 할 곳이니 단층으로 하라 하여 지금 남아있는 경덕궁 정문은 단층이다. 동년 4월 10일에는 인경궁 터에 뼈가 많이 묻혀있다 하니 감역관을 지정하여 다 파내고 중으로 하여금 명복을 빌어 정한 곳에 묻으라 지시를 내렸다.[58]

동 18일에는 부석소(돌 캐는 곳)에서 소 100마리를 먹여야 하기 때문에 풀을 각 지방에서 올려보내도록 했고, 돌을 나르는 밧줄을 만들기 위한 삶은 삼도 3백 수레가 필요한데 조달이 어렵다는 장계가 올라왔다.

이쯤 되자 물자를 조달하기 위한 방책으로 동월 22일 나무 300대를 바치면 당상관으로 올려주겠다고 하며 매관매직도 서슴지 않았다.

23일에는 채색 염료를 명나라에서 구입하여 황색 기와를 개발했으므로 경덕궁 홍정전과 광정전을 이제 황기와를 쓰도록 하여 중국 자금성을 흉내내려 하였으나 염료 부족으로 결국 청기와를 올렸다.

왕기 설에 따라 경덕궁 공사를 서둘다 보니 인경궁 공사가 지연되어 광해군 9년과 12년 사이에 조성된 전각은 동궁 침전과 정문 밑 주변 행랑에 불과했다. 1619년 1월 8일 황제의 생일을 축하하러 갔던 당상관인 역관 방의남이 청기와와 황기와 굽는 방법을 배워와 기와를 구웠으나 4월에 들어서서는 염료 부족으로 또다시 어려움을 겪게 되었다.

광해군 12년(1620)에 경덕궁 공사를 먼저 끝내고 13년부터 인경궁 공사를 서둘렀다. 동년 2월 1일에는 이 공사를 위하여 각도의 승군(僧軍) 1,500명을 더 동원하여 6월에는 대내전당(大內殿堂) 공사를 마치고 몇 가지 조정 집무처만을 남겨두게 되었다. 그러나 광해군은 공사를 계속 진행하여 광해군 14년 12월에 인경궁에 연못을 파고 경회루에 버금가는 시설을 만들어 조정 관리들을 접견하거나 활쏘기 등의 무과 시험도 볼 수 있도록 하라 했는데, 실은 성천 광선루를 본 따 이 다락을 짓고 또 매를 띄어 놀이하는 장소로 삼으려는 의도가 있었던 것으로 『실록』은 기록하고 있다(1622.12.3.). 광해군 14년 9월 10일에는 벼락에 맞은 인경궁 정문을 수리하였다.[59]

길지를 택하여 정궁으로 마음먹고 짓는 궁전이어서 규모도 컸고, 미진한 부분이 자꾸만 나타나 계속 손질해가다 보니 공사 기간이 한없이 길어졌다.

이래저래 공사는 광해군 15년까지 이어졌는데, 동년 3월 인조반정으로 폐출되는 바람에 모든 공역은 중단되고 말았다.

『광해군일기』에 나타난 인경궁의 규모는 궁터가 2개 구역으로 나뉘어 하나는 사직단의 동쪽 담장에, 또 하나는 인왕동에 있어 한 울안에 전각군이 두 곳으로 나뉘어 있음을 알 수 있다.

그 규모나 단청에 있어서 창덕궁이나 창경궁을 능가하는 것이었고, 그 화려함이 극에 달해 조선 왕조의 궁궐 법도를 벗어났으므로 목요(木妖)라는 표현을 쓸 정도로 힐난하는 기록이 남아있다.

사용한 칠을 보면 내전의 침전 등은 국내에서 산출되는 주홍(朱紅)으로 하였으나 대내 전당과 누각은 당주홍(唐朱紅), 즉 중국산을 써서 비용도 많이 들었을 뿐 아니라 너무 화려하여 보기에 민망할 정도였다고 한다. 그 규모도 다른 궁궐과 비교할 수 없을 정도로 컸다. 광해군 주변에 풍수 외에 정사를 결정하는 두 사람의 술객(術客)이 있었다. 소경 점쟁이 신경달, 함충헌, 장순명 등이 대궐에 드나들며 모든 정사를 결정하였는데, 그 중 특별히 왕의 사랑을 받는 술객은 이응두, 정사륜이었다. 이들의 입에서 나오는 말들은 모두 백성들의 피와 땀을 부르는 역사(役事)뿐이었다. 그중 가장 큰 것이 인경궁과 경덕궁이다.

인경궁 공사는 그 규모가 얼마나 컸던지 그 끝이 보이지 않았다. 인경궁의 두 침실을 실례로 들어본다면 고주(高柱)의 길이가 19자나 되고 중간급의 기둥은 16자이며, 평주(平柱)의 길이는 10자이었다. 기둥 위에 올려놓는 들보의 길이는 21자, 중간 들보의 길이는 15자이다. 도리와 평도리의 길이는 정간(正間)이 12자이고, 퇴간이 11자이었다.

그런데 인경궁의 전각 명칭과 규모 위치 등을 확인할 수 있는 자료가 거의 없다. 다만 부분적으로 확인할 수 있는 몇 가지 자료가 있을 뿐이다. 그것은 인조 11년에 창경궁을 수리 재건할 때 편찬된 『창경궁수리도감의궤(昌慶宮修理都監儀軌)』와 인조 25년 창덕궁을 수리·중건하면서 편찬한『창덕궁수리도감의궤(昌德宮修理都監儀軌)』에서 그 편린을 찾아볼 수 있다.『창경궁수리도감의궤』는 이괄의 난 때 소실된 창경궁을 재건하면서 만든 것이고,『창덕궁수리도감』은 인조반정 때 소실된 창덕궁을 재건하면서 만든 것이다.

이들 자료에 의하면 인경궁은 정전이 홍정전(弘政殿) 편전이 광정전(光政殿) 이었음을 알 수 있고, 청와전, 광운당, 무일당, 수루당(壽縷堂), 소기별당(蘇基別堂), 환희당(歡喜堂), 함인당(涵仁堂), 헌잠당(獻箴堂) 등이 인경궁의 내전 및 별당이었음을 알 수 있다.

인경궁의 광정전이 그대로 창덕궁의 편전인 선정전으로 옮겨지었고 홍정전이 광정전에 비해 월등하게 큰 규모인 것을 보면 홍정전이 외전(外殿)의 정전임이 틀림없고 인경궁을 지을 때 창경궁의 경춘전, 광명전을 모방하여 지으라 했는데, 광해군 8년 4월 29일 이들이 소실되자 인경궁의 것을 그대로 옮겨 지은 것으로 보아 내전이었음을 알 수 있다. 특히 주목할 것은 위 자료에 의하면 창덕궁의 선정전을 지을 때 인경궁의 광정전을 옮겨지었기 때문에 모든 자재가 일치하고 기와도 유일하게 청기와 이어서 이 선정전은 인조 25년 당시에 옮겨 지은 후로 화재를 입지 않아 지금까지 보존되어왔으므로 인경궁에서 전해오는 건축물 중에서 유일한 것으로써 그 가치가 높다. 광해군 10년 4월 4일에 인경궁의 홍정전, 광정전을 청기와로 올리라 지시한 바도 있다.

『창덕궁수리도감의궤』에 기록된 인경궁에서 창덕궁으로 이건(移建)된 전각의 규모와 명칭은 다음과 같다.

작업소	철거된 인경궁 전각,	옮겨 지은 창덕궁 전각
1소(所)	경수전(慶壽殿) 45간	대조전(大造殿) 45간
	홍정전(弘政殿) 24간	집상전(集祥殿) 20간
	중휘당(重暉堂) 9간	징광루(澄光樓) 상하층 40간
	각전 행랑 밀월랑 177간	옥화당 퇴병(退幷) 10간 반
		정묵당 퇴병 10간 반 기타
		월랑등 115.5간
2소	화정당(和政堂) 퇴병 21간	희정당 15간
	연화문(延和門) 6간	소전청(所傳廳) 퇴병 7간 반

	옥진루(玉辰樓) 퇴병 10간	내반원 10간
	충묵당(沖默堂) 퇴병 8간	기타 월랑 등 136간
	내반원 11간 행랑등 124간	
3소	경극당(慶極堂) 퇴병 9간	보경당(寶慶堂) 3간 양면퇴병 9간
	인덕당(仁德堂) 퇴병 12간	태화당(泰和堂) 6간
	월랑등 125간	전퇴작평(前退作平) 12간
		소덕당(昭德堂) 4간
		전퇴병작평(前退并作平) 8간
		기타 월랑등 82간
4소	광정전(光政殿) 9간	선정전 9간
	북월랑 등 114간	내(內) 남월랑등 123간
5소	승정원 28간	인정전 동월랑 14작평 28간
	홍정문 전후 통(通) 6간	
	주서청(注書廳) 4간	승정원 16간
	상의원루랑(尙衣院樓廊)	대간청(臺諫廳) 4간
	7간 월랑 등 119간	기타 월랑 등 152간[60]

그중에서 광전전과 그 주변 전각에서 철거해낸 자재와 그 자재로 선정전과 주변 전각을 짓는 데 소요된 그 자재 목록을 보면 다음과 같다.

광정전과 주변 전각 철거 자재	선정전과 주변 전각 소요 자재
초석(礎石) 158개(介)	210개(52개는 전에 없어짐)
계석(階石) 1,120개	1,280개(161개는 전에 없어짐)
고주(高柱) 2주(柱)	2주
평주(平柱) 291주	270주

대복(大栿) 2개	2개
종복(從栿) 42개	42개
평복(平栿) 108개	108개
허복(虛栿) 4개	4개
충복(衝栿) 6개	6개
장서(長舌) 494개	461개
도리(道理) 467개	422개
살미(乺尾) 28총(叢)	28총
대공(大工) 108개	113개
사라(舍羅) 4개	4개
청부와(靑夫瓦) 2,520장(丈)	2,540장
청여와(靑女瓦) 5,650장	5,250장
청잡상(靑雜像) 21개	21개
부와(夫瓦) 15,002장	15,002장
여와(女瓦) 27,186장	27,186장

　인경궁에서 광정전을 철거하여 창덕궁 선정전을 건축한 공사는 제4소에서 맡아했는데 광정전 주변 전각을 철거한 건물 내용을 보면 광정전이 9간 내(內) 남월랑 5간, 서월랑 8간, 북월랑 11간, 남월랑 5간, 남행각 1간, 동월랑 12간, 내횡각(內橫閣) 1간, 중행각 6간, 외행각 12간, 홍정전, 북월랑 14간, 홍정문 동월랑 7간, 외 남월랑 5간, 중정문(中政門) 남월랑 16간, 외정문(外政門) 남월랑 6간, 또 남월랑 8간, 수각(水閣) 4간이다. 그리고 이축된 창덕궁 전각은 선정전 9간 북월랑 11간, 연화당, 집양문 1간, 1각문(角門) 1간, 야대청(夜對廳) 이하 서월랑 20간, 향명문(嚮明門) 1간, 인화문 행각 7간, 협문 1간, 동월랑 16간, 동월랑 동변(東邊) 3소(所) 접(接) 5간, 내월랑 11간, 중행각 7간, 외 남월랑 14간, 외행각 3간, 외행각 동변 3간, 제의문(制儀門) 전(前) 각 1문, 신우문(神佑門) 1간 등이다.[61]

　위 소요된 자재에서 확인한 바와 같이 광정전이 청기와였음을 알 수 있다.

　철거된 인경궁 전각이 창경궁에 옮겨진 내용을 보면 다음과 같다.

철거된 인경궁 전각	조성된 창경궁 전각
청와전(靑瓦殿) 5간(4면퇴(退))	통명전 5간(4면퇴)
광운당(廣運堂) 3간(4면퇴)	연희당(延禧堂) (4면퇴)
남행랑 4간	환경전 서월랑 12간
북행랑 8간	
무일당(無逸堂) 3간(4면퇴)	양화당 3간(4면퇴)
수루당(壽縷堂) 5간(4면퇴) 전행당 15간	경춘전 5간(4면퇴) 통명전 서행각 합각 6간 외
소기별당(蘇基別堂) 9간(전퇴)	연희당 남월랑 9간(전퇴)
관희당(觀喜堂) 12간(전후퇴)	사성각 4간(전후퇴) 및 그 아래 월랑 5간(전후퇴)
함인당(涵仁堂) 14간	통명전 서책방 6간(후퇴) 및 남행각
헌잠당(獻箴堂) 5간 (전후퇴)	연경당 3간(전퇴) 및 통명전 서책방 일부
좌우 북행랑 11간	연희당 북월랑 6간
벽월당(壁月堂) 남행랑 11간	양화당 남월랑 9간 및 통천문 1간
봉의문(鳳儀門) 내 남월랑 5간 (전퇴)	환경전 동장(墻)외 제 1월랑 13간(전퇴 1부)
체원문(體元門) 내행랑 15간	(미상)
내차비(內差備) 외수자각(外水刺閣) 8간	환경전 동장 외 제 1월랑 일부
청벽당(靑壁堂) 후 주방 3간 (전퇴)	통명전 동월랑 7간 일부
경수당(慶壽堂) 동월랑 외 행랑 3간	통명전 동월랑 1부
연상문(延祥門) 내월랑 6간 외월랑 4간	환경전 동월랑 일부 통명전 동행각 합각 4간[62]

제5장
덕수궁

덕수궁(1954년 당시)

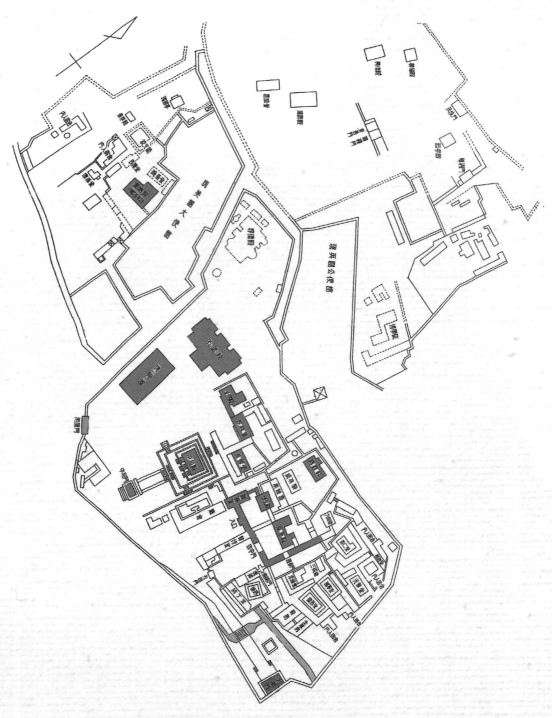

▶ 붉은 색 부분은 당시 남아있던 전각(왕궁사 이철원)

덕수궁(德壽宮) 사(史)

서울시 중구 정동에 있는데 사적 제124호로 지정되어있다.

본래는 경운궁(慶運宮)이었고, 그보다 앞서서는 임진왜란 때 몽진에서 돌아온 선조 임금의 시어소(時御所: 임금의 임시 거처)였다.

일명 정릉동 행궁(貞陵洞行宮)이라 부른 이 집은 원래 성종 임금의 형님인 월산대군(月山大君)의 사저(私邸)로 당시 행정구역은 도성 서부에 있는 황화방(皇華坊: 현 정동)이었다. 이곳은 태조의 계비 신덕왕후 강씨의 무덤인 정릉(貞陵)이 있던 곳인데 능은 태종 때 옮겨졌다.

이 덕수궁 터는 1459년(태조 5)에 세조 임금의 맏아들 의경세자(懿敬世子: 덕종)의 사당이 세워졌고, 그 옆에 세자빈 인수대비(仁粹大妃) 한씨(韓氏)의 집을 마련하여 월산대군으로 하여금 의경 묘를 모시게 한 곳이다.

덕종이 세자로서 일찍 죽자 차남인 예종이 대를 이어받았다. 덕종이 보위에 오른 후에 승하하였다면 원자인 월산대군이 당연히 보위에 올라야 했지만, 덕종이 세자로 죽자 차남인 해양대군(海陽大君)이 세자로 책봉되어 보위를 이어받으니 이가 예종(睿宗)이다. 예종이 병약한 데다 후사 없이 일찍 승하하자 적자인 제안대군(齊安大君)은 강보에 싸인 어린 나이이어서 자산대군(者山大君)이 보위를 이어받으니 그가 바로 성종이다.

1488년(성종 10) 12월 월산대군도 일찍 죽고 그의 부인 박씨가 연산군 때까지 이 집에서 살았다.

그러다 1592년 4월 임진왜란이 일어나 경복궁, 창덕궁, 창경궁이 모두 불에 타 없어지는 바람에 의주까지 몽진하였다가 환도한 국왕은 머무를 곳이 없었다.

당시 국왕이 머물만한 큰집이라고는 오직 월산대군 사저밖에 없었으므로 할 수 없이 여기를 시어소(時御所)로 정하고 여기서 19년 동안이나 국정을 다스렸다.

일단 월산대군 저에 들었지만 궁궐이 좁아 왕비는 선조 27년 정월까지 해주(海州)에 머물러 있었고, 왕세자는 남행하였지만 서울에 입성하지도 못한 상태였다. 사정이 이러하였지만 전란으로 재정이 고갈되어 궁궐의 중건이 쉽지 않았다. 할 수 없이 양천도정(陽川都

正) 이성(李誠)과 계림군(桂林君) 유(瑠)의 집으로 동궁을 삼고 영상 심연원(沈連源)의 집으로 종묘를 삼았다. 또 부근의 크고 작은 인가로 궁궐 안의 각 관청을 삼아 국정을 운영해갔다.[1]

처음에는 아쉬운 대로 목책(木柵)을 둘러 세우고 선조 28년에는 노변(路邊)에다 동문(東門)을 세웠으며, 이어 병조판서 이항복(李恒福)이 궁의 담장을 축조하는 등 어느 정도 대궐의 면모를 갖추어 갔다. 하지만 개인 집으로는 비교적 넓은 집이었으나 왕이 거처하기에는 너무 좁아 그 옆의 심의겸(沈義謙) 집까지를 합하여 북쪽 편에 대내(大內) 별전(즉조당)을 마련하였다.

이렇게 세월이 흐르는 동안 1600년(선조 33) 6월에 전란의 여독이 심화된 탓인지 선조비 의인왕후(懿仁王后) 박씨가 경운궁에서 승하하였다.

임진왜란이 지난 지 10년이 되었는데도 백성들의 한은 뼛속 깊이 남아있었다. 궁궐 밖에서 백성들이 돌을 던져대는 바람에 1603년(선조 36) 7월 14일에는 담장을 물려 높이 쌓는 공사를 시작하였다.[2] 이와 같이 격동의 세월을 살아온 선조는 불타버린 창덕궁을 새로 짓기 시작한 지 얼마 되지 않은 1608년(선조 41) 2월에 석어당(昔御堂)에서 나미반(糯米飯: 찰밥)을 먹은 후 갑자기 승하하였고, 뒤를 이어 광해군이 경운궁 서청(西廳: 즉조당)에서 즉위하였다.

광해군이 즉위하기 전해에 병이 위중해진 선조 임금은 나이 어린 영창대군(永昌大君)을 특별히 총애하여 잘 보호해달라는 유서를 남긴 일이 있었다. 영창대군은 선조의 계비 인목왕후(仁穆王后)에게서 아주 오랜만에 얻은 정실소생의 원자였다. 이로 인해 훗날 왕실에 큰 회오리바람을 몰고 오는 계기가 된다.

당시 정전으로 사용된 집은 훗날 '즉조당(卽祚堂)'이라 한 곳이고, 정침(正寢)은 뒷날 '석어당'이라 한 곳이다.

●●●

💬 광해군의 폭정과 인목대비의 수난

1611년(광해 3)에 창덕궁이 완공되어 동년 10월에 광해군이 창덕궁으로 거처를 옮기면서 이곳을 경운궁(慶運宮)이라 하였는데 노산군(魯山君: 端宗)과 연산군이 창덕궁에서 임금 자리를 물러난 것을 생각하며 불길하게 여긴 나머지 두 달 만에 다시 경운궁으로 되돌아왔다.

창덕궁 보완 공사가 마저 끝나고 광해군이 창덕궁으로 아주 옮긴 것은 3년 뒤인 1615년(광해 7) 4월이었다. 그 후 경운궁은 1618년(광해 10) 선조 임금의 계비 인목대비 김씨가 유폐되고 같은 해 2월에 왕후마저 폐한 후에 옥책과 옥보(玉寶)를 거두어감과 동시에 경운궁을 서궁이라 낮추어 불렀다.[3]

광해군은 세자 시절부터 명나라에서 세자 책봉을 받지 못함으로 인하여 정치적으로 민감한 조정의 분위기가 여러 가지로 복잡하게 엉켜가고 있었다.

동복형으로 임해군이 있었고, 아래로는 이복동생들이 13명이나 있었다. 거기다 선조의 유일한 적자인 인목왕후 소생으로 늦둥이 영창대군(永昌大君)이 있었다.

후궁 소생인 데다 장자도 아니다 보니 객관적인 명분이 너무도 미약하여 명나라에서 쉽게 납득할 수 없는 여건이었다. 명나라에서도 신종황제가 차남인 업(鄴)왕을 후계자로 생각하고 있어 장자인 태창제를 옹립하려는 신하들과 팽팽한 줄다리기를 하고 있는 중이었다. 세자책봉 고명을 받으러 간 우리나라 사신들은 아예 황제를 면담하지도 못한 채 할 일 없이 세월만 보내다 돌아온 것이 몇 차례였다.

거기다 선조 임금은 만년에 얻은 적자인지라 영창에 대한 임금의 총애는 남달랐다. 선조는 세자 광해군을 폐하고 영창을 세울 생각까지 하기에 이르렀다.

어느 날 선조는 대나무를 그린 그림 한 폭을 군신들에게 보였는데 그림 중에 왕죽 하나는 노죽(老竹)으로 풍상을 겪어 마르고 부러졌으며, 악죽(惡竹) 하나는 왕죽(王竹) 옆으로 나와 가지와 잎이 무성하고 뿌리가 견고하며 왕죽의 바른 줄로 나온 어린 가지는 장성하지 못하나 벌써 하늘을 찌를 듯한 기상이 보였다.

이 그림을 이항복(李恒福), 이덕형(李德馨), 유영경(柳永慶), 이홍노(李弘老) 등에 보이고 어떠냐고 하문한바 이항복, 이덕형은 그 뜻을 알지 못하고 극구 칭찬만 하였으나 유영경은 고개를 숙이고 말이 없었는데 이홍노는 눈물을 흘리었다.

왕죽은 선조 자신을 의미한 것이고, 악죽은 광해군을, 어린 가지는 영창을 뜻함을 간파한 것이다. 또 선조는 왕손 능양군(綾陽君: 정원군의 아들, 후에 인조)이 13세 때에 어느 날 그림을 그리는 것을 보고 영창을 무릎에 앉히고 능양군을 앞에 앉혀놓고 어립(御笠)을 벗어 영창에게 씌워보았다 능양에게 씌워보았다 하며 "아들이 쓸까? 손자가 쓸까?" 하다가 사람들이 들어오자 그친 일이 있었다.

이때 정인홍(鄭仁弘)과 이이첨(李爾瞻)은 세자 광해를 두호(逗護)하여 유영경을 공격하기를 영경이 세자를 해하고 국가를 위태롭게 하려 한다 하니 선조가 진노하여 도리어 인홍은 영변으로, 이첨은 갑산으로 귀양을 보내었다.

그리고 세자 광해군이 문안 오면 선조는 "네가 어찌 세자라고 문안 오느냐? 너는 임시로 책봉한 것이니 다시는 오지 말라."라는 막말까지 하는 지경에 이르렀다.[4]

이후로 광해군은 실성한 사람처럼 굴었다.

이와 같은 극한상황 속에서 선조가 갑자기 승하한 것이다. 뒤이어 광해군이 즉위하였는데, 즉위하자마자 정인홍과 이이첨을 석방하고 반대로 유영경과 이홍노를 멀리 유배 보내었다.

1613년(광해군 5) 4월에 서얼 출신 서양갑(徐羊甲)이 문경새재에서 은상(銀商)을 죽이고 은을 강탈하다가 잡혀 죽음을 면하지 못하는 사태가 발생하였다.

이이첨이 이 기회를 놓치지 않고 그들 일당을 꾀어 상소하도록 하였는데 '신등은 절도가 아니라 국구(國舅) 김제남(金悌男: 인목대비 아버지) 등과 공모하여 영창대군을 왕으로 추대하기 위하여 그 자금을 모은 것이라'고 이이첨의 각본대로 고변해버린 것이다.

이로 인해 동년 6월에 김제남이 죽고 8세인 영창대군은 인목대비의 품에서 강제로 끌어내어 강화도로 귀양 보냈는데 광해군 6년 2월에 정항(鄭沆)에게 살해되고 말았다.[5]

이를 기화로 인목대비를 경운궁에 가두고 병졸로 엄하게 지키도록 하고도 모자라 출입하는 문까지 다 봉하고 벽에 구멍을 뚫어 음식물을 넣어주는 망극함을 거침없이 저질렀다.

간신 이이첨은 자기편에 있는 유생들을 사주하여 인목대비를 폐위시켜야 한다는 상소를 올리도록 하여 광해군 7년 임금이 창덕궁으로 옮겨가면서 인목대비를 경운궁에 유폐시켜 놓고 외인의 출입을 금지시켰다.

광해군 10년 초에는 유생과 백관 그리고 종친들까지 연합하여 인목대비의 10가지 죄를 나열하며 폐비를 청하는 지경에까지 이르렀다. 이와 같이 폐비의 수순을 거친 후에 동년 2월에 폐위를 단행하고 목책까지 둘러버렸다.

그렇게 하고도 누차 인목대비를 암살하려 하였으나 대비의 주위에서 선대의 총희들이 지성으로 보호한 데다 모든 문을 봉했기 때문에 오히려 이를 성사시키기가 어려웠다.

1620년(광해 12) 10월에는 서궁에 소속된 아문(衙門)마저 모두 헐어버리고 그것도 모자라 광해군 14년 12월에는 인목대비의 암살계획이 구체화되어갔다.

백대행(白大行), 이이첨 등이 인목왕후를 살려두면 후환이 있을 것을 우려한 나머지 암

살도당을 거느리고 경운궁으로 돌입하였으나 궁인의 지혜로 가까스로 죽음을 면할 수 있었다.

그날 밤 인목대비가 꿈을 꾸었는데 선조 임금이 나타나 "죽을 터이니 급히 피하라." 하니 잠에서 깬 대비가 궁인에게 울면서 고하니 궁인이 후원으로 대비를 피신시키고 그 자리에 대신 누워있다 도당들에게 피살되었다.[6]

💬 인조반정과 덕수궁의 쇠락

이런 와중에 1623년(인조 원년) 3월에 인조반정이 일어나 인조는 이 즉조당에서 임금자리에 올랐다. 인조가 창덕궁이 아닌 경운궁 즉조당에서 즉위한 사연이 있었다.

인조 원년 김류와 이귀 등이 능양군을 옹립하여 광해군을 추방한 후 경운궁에 김자점(金自點)을 보내어 인목대비에 문안한 후 반정의 사유를 아뢰니 인목대비는 "유폐된 지 10년 동안 아무도 오지 않더니 너는 누구기에 야밤에 와서 그런 말을 하느냐?"라고 책망하였다.

▶ 경운궁 현판(지금 덕수궁은 광해군 때 인목대비를 유폐시키면서 서궁이라 낮추어 불렀는데 고종황제가 러시아 공관에서 옮겨 오면서 크게 수리하고 경운궁으로 불렀다. 이 현판도 고종황제의 어필이다.– 국립고궁박물관 소장)

자점이 어이없이 돌아가고 이귀로 하여금 예물을 갖추고 다시 경운궁에 가서 인목대비를 알현하였다.

인목대비는 대노(大怒)하여 "누가 이런 일을 한 것이며, 자기 마음대로 왕이 되었으면 나를 불러 무엇하느냐? 광해의 부자(父子)와 이첨의 부자와 그 도당들의 목을 벤 후에야 내가 이 궁에서 나갈 것이다. 임금이 되었으면 좋은 궁궐에 앉아 혼자 왕 노릇 할 것이지 나를 불러 무엇하느냐?" 하며 호통을 쳤다.

이는 아무리 변란 중이라도 자신이 직접 찾아와 왕가의 법도를 지키라는 뜻이었다.

그제야 인조 자신이 법가(法駕)를 마련하여 경운궁으로 갔다. 인목대비는 그때까지도

▶구 러시아 공사관 ▶구 영국 공사관

노여움이 풀리지 않았는데, 인조가 땅에 엎드려 크게 우니 그제서야 대비는 "이것이 종사의 큰 경사이니 울 것 없다." 하고는 이귀에게 명하여 속히 국보(國寶: 옥쇄)를 가져오라 하였다.

이귀는 깜짝 놀라 "여주(女主)께서 국보를 어디에 쓰시려 합니까? 죽어도 국보는 못 가져오겠습니다." 하니 인목대비는 "내가 존엄한 국가의 체통을 세우려 하는 것이다. 내가 친자식이 없으니 나를 의심하지 말라." 하였다 그제서야 대신이 국보를 가져오고, 대비는 선조의 침전에 선왕의 위패를 모시고 상위에 국보를 안치한 후에 주렴을 늘이고 인조를 불러들였다.

그런 후에 광해군을 계하(階下)에 꿇어 앉히고 36가지 죄를 열거한 후 내시를 시켜 국보를 인조에게 전하였다.[7]

이렇게 하여 인조는 법도대로 제삼 사양한 후에 즉조당에서 즉위하고 백관을 거느리고 대비에게 하례를 드렸다.

이렇게 왕위에 오른 인조는 원년 3월 인목대비와 함께 창덕궁으로 거처를 옮긴 뒤 시어소 때의 즉조당과 석어당 두 곳만 남기고 모두 헐어버려 궁을 넓힐 때 빼앗았던 남은 대지도 원 주민에게 모두 돌려주었다.

▶구 미국 공사관

😀 구한말 덕수궁의 영욕

그 후 고종 32년 3월까지 272년 동안 경운궁은 왕궁 중 별궁으로 그다지 중요한 역할을 하지 못하였다. 다만 1748년(영조 24) 2월에 임금이 이곳에 거동하여 어제(御製)를 판에 새겨 걸게 하였고 세 번째 계사년인 1773년(영조 49) 10월에 왕이 세손을 데리고 경운궁에 와서 선조의 환도 3주갑(三週甲)을 기념하는 축하식이 있었을 뿐이다. 그 후 1893년 다섯 번째 계사년에 고종이 즉조당에 참배하고 돌아왔다.

1895년(고종 32) 을미정변(乙未政變)으로 명성왕후 민씨가 일인들의 손에 참변을 당하고 나서 고종임금은 더 이상 경복궁에 있기가 싫어졌다. 그러던 차에 친노(親露) 세력의 음모와 맞물려 1896년 2월 11일 고종은 왕세자를 데리고 경복궁 영추문을 빠져나와 정동에 있는 노국공사관(露國公使館)으로 파천(播遷)하였다.

『매천야록』에는 고종이 영추문(迎秋門)을 빠져나와 궁녀들이 타는 가마를 타고 파천한 것으로 기록되어있다.[8]

이로 인하여 친노파인 이범진(李範晋) 등이 정권을 장악하게 되고 고종은 광해군 이래 서궁이라 불러오던 것을 경운궁으로 다시 부르도록 함과 동시에 규모를 넓혀 크게 수리하여 왕대비(헌종비: 효정왕후 홍씨)와 왕세자비(순종 비: 純明皇后 閔氏)를 먼저 경운궁으로 옮겼다.

1895년(고종 32) 4월 8일에는 이 덕수궁에 전등이 설치되었고, 각 전각에 서양식 조명 기기들을 가설하였다.

고종이 노국공사관에 머무르고 있는 동안 서재필(徐載弼) 등 독립협회 소속 소장파에서는 일국의 군주로서 외국 공관에 머물러있는 것은 국가 체면이 크게 손상되는 것이라 하여 맹렬히 반대하였다.

▶ 기념비전(고종이 황제에 등극하고 대한제국을 선포한 기념으로 광화문 거리에 세웠다)

결국, 파천한 지 1년이 지난 1897년 2월 20일, 고종은 러시아 공관에서 경운궁으로 거처를 옮겼다. 옮겨간 후에도 경운궁의 보수와 확장공사는 계속되었다. 이미 5월 7일에 탁지부에서 3만 원을 지불하였고, 6월 4일에 경운궁 공사비로 5만 원이 더 지급되었다. 이돈은 경복궁의 만화당(萬和堂)을 경운궁으로 옮겨 짓는 일과 선덕전(宣德殿), 보문각(寶文閣), 사성당(思成堂)을 짓는 비용에 충당하였다. 경운궁으로 거처를 옮기면서 일인들이 어떤 만행을 저지를지 몰라 서쪽으로는 미국 공관과 아라사 공관에 통할 수 있는 통로를 내고 북쪽으로도 영국 공관으로 쉽게 통할 수 있는 문을 내었다. 그리하여 만일 어떠한 사태가 발생하더라도 어느 공사관으로든 피난할 수 있도록 조치를 취하였다.

1901년(광무 5)에는 경희궁과의 왕래를 위하여 가운교(架雲橋)를 가설하였다.

고종이 경운궁으로 옮긴 후에도 러시아 세력은 계속 팽창하여 러시아 공사 '웨버' 내외는 궁중을 무상출입하게 되고, 독일 여성 '손탁'은 궁궐의 일부를 할여 받아 '손탁 호텔'을 경영하게 되었는데 이곳이 그 후 이화여자중학교 터가 되었다.

이러한 세력 판도의 변화가 있어 1897년(고종 34) 8월에 광무(光武)라는 연호를 사용하였고 동년 10월 12일 원구단에서 황제로 즉위함과 동시에 조선이란 국호를 버리고 대한제국(大韓帝國)이란 국호를 선포하였다.[9]

이 무렵 팽창하는 러시아 세력을 타도하기 위하여 궐기한 인사들이 있었다. 독립협회 간부로 이승만, 서재필, 윤치호(尹致昊), 이상재(李商在), 남궁 억(南宮檍) 등이었다. 이들은 협회 본부를 현저동(峴底洞)에 있는 모화관(慕華館)에 두고 독립신문을 발행하였으며, 중국 사신을 맞아들이던 영은문(迎恩門)을 부수고 그 자리에 독립문(獨立門)을 세웠다. 정부가 외세에 밀려 외교권을 빼앗겨 가는 것을 분개하여 일어선 것이다.

동 협회는 운종가(雲從街: 종로) 십자로 광장에 각계각층의 지도자를 소집하고 뜻있는 정부 고급 관리들과 유생들을 초대하여 정부의 실정을 성토하고 시국을 통박하였다.

이를 계기로 하여 만민공동회(萬民共同會)가 결성되고 회장에 윤치호를 추대하였다.

고종은 처음에는 이를 용인하였으나 얼마 되지 않아 이상재, 남궁 억 등 17명을 체포하고 이 공동회와 맞설 황국협회(皇國協會)를 만들어 공동회를 견제하기 시작했다. 황국협회는 부상(負商)들을 동원하여 만든 어용단체였다.

공동회는 이에 격분하여 1898년(광무 2) 11월 경운궁 인화문(仁化門) 밖에서 시위를 시작하였다. 이때 부상 패거리들은 공동회를 역적이라 매도하고, 이기동(李基東)의 지휘 아래 수천 명의 부상들이 경운궁의 정문인 인화문(仁化門) 앞으로 쇄도하여 공동회와 일대

격전이 벌어졌다.

이와 같은 충돌은 도성 안 곳곳에서 벌어져 거리가 온통 아수라장이 되고 말았다. 마침내 고종은 인화문 안에 천막을 치고 양쪽 대표자들과 그에 해당하는 관청관리 그리고 외국공사들까지 초청하여놓고 칙령을 내려 화해를 건의하기에 이르렀는데, 이 시각이 1898년 11월 26일 오후 1시였다.[10]

이로 인해서 일시 질서는 회복되었으나 정부는 공동회만을 탄압하여 다수인사가 체포되고 회는 궤멸되고 말았다.

독립신문은 1896년(건양 원년) 4월 3일에 서재필의 주간(主幹)으로 창간하여 이를 다시 윤치호가 계승하였는데 1898년(광무 2) 12월에 폐간되었다.

1903년(광무 7) 4월 15일에는 묘(廟), 사(社), 단(壇), 궁(宮)의 경계를 사방 250m로 정하여 그 이내의 접근을 통제하였는데, 이는 양옥(洋屋)들의 접근을 피하려는 목적이 더 컸다. 그리고 10월 1일부터는 궁내에 가설한 전기 시설에 전기를 정상적으로 공급하였다.

▶독립문과 영은문 주초(柱礎): 이곳은 도로 확장 공사로 인하여 원래 위치에서 서북쪽으로 70m쯤 옮겨 놓은 것인다.

1904년(광무 8) 4월 14일 11시경 함녕전(咸寧殿)에서 불이 났는데 때마침 강한 동북풍이 불어 여러 전각이 모두 소실되었다. 이 화재는 함녕전을 수리하다 온돌에서 발화하였는데 옛날부터 궁중에서는 "불이야!"라고 외치는 말을 못 하도록 되어있어서 긴급 대응이 어렵기 때문에 그 피해가 더 컸다고 한다.[11] 이 불은 다음 날 오전 4시경에 겨우 진화할 수 있었다. 이 화재로 중화전, 즉조당, 석어당, 경효전, 준명당, 함유제(咸有齊), 영복당(永福堂), 함희당(咸喜堂), 양이재(養怡齊), 흠문각 등 크고 작은 전각들이 모두 소실되었다. 남은 전각은 가정당, 돈덕정, 구성헌(九成軒), 수옥헌뿐이었다.

고종 황제는 이 화재로 더 있을 곳이 없자 서문(평성문)으로 나아가 미국 공사관 서편에 있는 수옥헌(漱玉軒: 重明殿)으로 옮겼다.

이 화재로 경효전(景孝殿)이 불탔으므로 그곳의 어진들을 준명전 서행각에 옮기고 흠문각의 어진은 준명전으로 옮겼다. 화재가 난 다음 날 경운궁 복원을 위한 중건도감을 열고 도제조에 특진관 윤용선(尹容善)을 제조(提調)에 탁지부(度支部) 대신 박정양(朴定陽)과 궁내부대신 민병석을 차출하고 4월 20일부터 공사에 착수했다. 고종이 이런 와중에도 타 궁궐로 옮겨가지 않은 것은 경운궁에 유사시에 다른 나라 공사관으로 대피할 수 있는 통로를 마련했기 때문이다.

흉년이 들어 재정이 어려웠기 때문에 우선 즉조당만 복원하고 가을에 나머지 공사를 하기로 하여 연말쯤에 거의 복구가 되었는데 중화전은 1906년에야 복구되었다. 1905년 4월부터는 부서진 담장과 주변 훼손된 가옥들을 수리하도록 영선사(營繕司)에 명을 내려 고쳤다. 1902년에 정전과 전각을 중건하면서 정문을 동쪽으로 새로 내고 문 이름을 대안문(大安門)이라 하였는데 1906년에 수리한 후 이름을 왕명에 의하여 대한문(大漢門)으로 고쳤다.[12] 화재로 불탄 경운궁의 복원 과정은 1907년 1월에 공사 보고서 형식으로 작성하여 그해 8월에 규장각, 시강원, 의정부, 비서감, 장례원과 지방의 네 사고(史庫) 정족산, 오대산, 태백산, 적상산 등에 나누어 보관하였다. 그리고 궁궐 내에 현대식 건물로 석조전(石造殿)이 새로 지어진 것은 1909년(융희 3)의 일이다.

1904년 2월 8일 여순 군항(旅順軍港)을 기습 공격하며 시작된 러일전쟁이 1905년 9월 5일 일본의 승리로 끝남에 따라 한국에 대한 주도권은 일본이 장악하게 되었다. 그동안 기회만 노리고 있던 일본은 즉시 그 마수를 드러내기 시작한 것이다.

내정 깊숙한 곳까지 파고들어 군사는 물론 경찰권까지 손에 넣더니 1905년 11월 17일 소위 을사보호조약(乙巳保護條約)이 체결되어 우리나라의 외교권마저 일본의 손아귀에 들어가고 말았다. 이 조약이 경운궁 수옥헌에서 체결되었다.

이날 밤 이등박문이 임권조(林權助)와 장곡천(長谷川) 등을 대동하고 고종 앞으로 내달아 갖은 협박과 회유 끝에 결국 '대신들이 알아서 할 일'이라는 애매한 답변을 얻어냈다. 이 조약안에 서명한 사람은 외무대신 박재순(朴齊純), 학부대신 이완용(李完用), 내부대신 이지용(李址容), 군부대신 이근택(李根澤), 농부대신 권중현(權重顯)이었다. 이들이 소위 을사년에 일본 측에 붙어 나라를 팔아먹은 오적(五賊)이라는 자들이다.

경운궁 수옥헌에서 체결된 을사늑약(乙巳勒約)은 다음과 같다.

제1조 지금부터 한국의 외교 사무는 일본 동경의 외무성으로부터 그 감리지시(監理指示)를 받으며 또 한국 신민이 외국에서 얻은 수익은 일본의 외교 대표 및 영사가 일체 보호할 것.

제2조 한국과 타국 간에 현존한 조약을 실행할 경우에는 그 완전한 책임을 일본이 담당하고 또 한국 정부는 일본 정부의 중개를 거치지 않으면 국제적 성질상 어떠한 조약도 허하지 않을 것.

제3조 일본 정부는 그 대표로 하여금 한국 황제의 대궐에 통감 1명을 두어 외교 사항을 관리하기 위하여 경성(京城)에 주재하게 하고 아울러 한국 황제를 알현할 권리를 갖게 하며, 또 일본 정부는 한국의 개항장(開港場) 및 기타 일본 정부에서 인정한 필요한 땅에 대해서는 이사관을 두어 그의 권리가 있는 곳에는 통감부의 지휘를 받아 전일 영사의 임무를 받아 일체의 직권을 집행하고 아울러 본 협약 조관(本協約條款)을 실행하기 위하여 일체의 사무를 장악할 것.

제4조 일, 한 양국은 현존하는 조약에 있어서 본 협약조관(條款)을 저촉한 외에는 모두 그 효력을 계속할 것.

제5조 일본 정부는 한국 황실에 대한 유지, 안녕, 존엄 등의 방법을 보증할 것.13

💬 덕수궁의 함성

이때 장지연(張志淵)이 발행하는 황성신문(皇城新聞)이 있었는데 이등박문의 위협에도 불구하고 이 을사늑약이 체결된 전말과 그 내용을 신문에 실어 결국 장지연은 구속되고 황성신문은 폐간되는 운명에 처하였다.

국가 운명이 풍전등화 같은 상황에서 고종은 자리를 간신히 보존해왔는데 1907년(광무 11) 6월에 해아밀사 사건(海牙密使事件)이 공개되면서 일인들의 압력에 못 이겨 동년 7월에 순종(純宗)에게 양위하고 계속해서 경운궁에 머물게 되자 순종 임금은 거처를 창덕궁으로 옮기면서 태상왕이 된 고종의 만수무강을 비는 뜻에서 경운궁을 덕수궁(德壽宮)이라 고쳐 불렀다. 경운궁은 이로써 왕궁으로서의 종말을 고했는데 선조 임금이 19년, 광해군이 6년, 고종 임금이 10여 년을 이곳에서 국정을 다스렸다.

기술한 바와 같이 선조 임금이 이곳에서 승하하였고, 광해군이 여기에서 즉위하였으며 광해군 시절 인목대비가 10여 년 동안 유폐 생활을 하였는데 이로 인하여 인조 임금이 경운궁 즉조당에서 즉위하였다. 영친왕(英親王: 李垠)도 1897년에 이 궁에서 태어나서 1907년 12세 때 일본으로 볼모로 끌려갈 때까지 이 궁에서 살았다.

1904년(광무 8)에 헌종 임금의 계후 명헌태후(明憲太后) 홍씨(洪氏)가 인수당(仁壽堂)에서 운명하였으며 황태자비 민씨(閔氏: 純明皇后)도 석어당 강태실에서 생을 마쳤다.

1907년(융희 원년) 8월 27일 순종 임금은 경운궁 돈덕전(惇德殿: 지금 석조전 북쪽)에서 즉위식을 가졌고 1911년 7월에는 고종 임금의 순헌 귀비(純獻貴妃: 영친왕 母妃) 엄씨가 자신이 늘 거처하던 즉조당에서 운명하였다.

엄 귀비가 장티푸스로 세상을 떠나자 일본에 볼모로 잡혀가 있던 엄비 소생 영친왕이 10년 만에 일시 귀국하였다. 아들이 귀국했으면 당연히 빈전에 예를 올려야 마땅한데도 전염병이라는 이유로 빈전에는 접근조차 못 하도록 막았다. 총독부 산하에 있는 이왕직(李王職)에서 왕실의 모든 행사를 관장하고 있었는데 여기서 막은 것이다. 목불인견의 일제의 만행을 손 놓고 바라만 보아야 하는 고종의 분노는 하늘을 찔렀다.

고종의 분노는 유림은 물론 저잣거리나 백성들의 심장으로 이어져 대한문 앞에서 이를 규탄하는 함성으로 모였다. 이것이 '함녕전 예송'인데 이것은 결국 3·1운동의 도화선이 된다.

우리 민족은 오랜 세월 동안 천천세(千千歲)만을 외쳐왔다. 임금이 즉위하는 즉위식에서도 천천세를 외쳤다. 만만세는 황국(皇國)에서만 외칠 수 있는 축복의 환호 소리다. 고종 임금이 1897년에 황제로 등극하던 날 원구단에서 만만세(萬萬歲)를 불렀다. 실록은 이렇게 적고 있다. "하늘 땅에 고하는 제사를 지냈다. 태자도 참가하였다. 의식을 끝내고 의정부 의정 심순택이 꿇어앉아서 제의하기를 '고하는 제사의 의식이 끝났으니 황제의 자리에 오를 것입니다.'라고 하였다. 신하들이 곁에서 부추겨서 단에 올라 금으로 장식한 의자에 앉으니 순택이 열두 무늬로 빛나는 곤룡포와 면류관을 임금에게 올리고, 이어 옥새를 올리니 임금이 2~3번 사양하다가 마지못해 황제의 자리에 올랐다. 왕후 민씨를 황후로 책봉하였고, 왕태자를 황태자로 책봉하였다. 순택이 여러 관리를 거느리고 몸을 굽히고 3번 기뻐서 뛰는 동작을 하고 3번 머리를 조아린 다음 '만세, 만세, 만만세'를 불렀다."[14] 그러나 당시에는 우리 민족이 모두 실감하지는 못했다. 1919년 3월 1일 외쳤던 만세 소리는 독립을 쟁취하려는 우리 민족의 절규였지만 한편으로 오랜 세월 동안 가슴에 응어리로 남아있는 굴종의 한을 한꺼번에 토해내는, 스스로에게 보내는 축복의 메시지이기도 했다. 그래서 전국 방방곡곡 어디라 할 것 없이 목청을 돋우어 만만세를 불렀던 것이다.

고종 임금은 양위한 후에 13년 동안 함녕전에서 거처하였는데 1919년 1월 21일 일인들이 올린 식혜를 마시고 갑자기 승하하였다. 일인들에 의해서 독살되었다는 풍설이 지배적이었다. 독살설이 기폭제가 되어 터진 것이 3·1 독립만세 운동이다.

1910년 한일병탄 후에 덕수궁 궁성 서쪽과 선원전 터 일부를 깎아내리어 정동에서 신문로 1가로 통하는 고개에 길을 내고 1922년에는 길 서쪽 엄비의 혼전인 의효전(懿孝殿) 부근에 경성 제일고등학교(후에 덕수국민학교)를 세우고 2월에는 고개 동쪽 높은 곳에 경성방송국을 설치하였다. 방송국 동남쪽에는 귀족 자제의 교육기관인 수학원(修學院)을 세워 덕수궁 경내는 마냥 줄어들기만 했다.

1906년에는 이곳에 서양식 건물인 석조전이 지어졌는데 5대 궁궐 중에는 궁내에 최초로 지어진 서양식 건물이다. 대외 관계가 복잡한 때 이어서 서양문물을 받아들이지 않으면 안 되는 불가피한 상황을 엿볼 수 있는 역사 변천의 한 단면이라 할 수 있다.

1907년 8월 2일에 융희의 개원(改元)식을 거행하고 경운궁을 덕수궁으로 고쳤으며, 동년 8월 14일에는 융희(隆熙) 원년(元年)을 세웠다. 동년 8월 27일 돈덕전에서 황제 즉위식을 거행하고 10월 7일에 창덕궁의 수리를 명한 뒤 11월 13일에 창덕궁으로 옮겨갔다.

1908년(융희 2)에는 국권이 거의 다 일제의 손아귀에 들어가고 동년 3월 3일에는 경복궁이 일반에게 공개되더니 동년 6월 2일에 덕수궁도 공개되어 각 여학교 운동회를 개최하도록 허용하였다. 왕실의 권위가 하루아침에 추락하고 만 것이다.

1933년 무렵에는 대부분의 건물이 철거되고 동년 10월 1일부터 일반에게 완전히 공개되기 시작하였다. 이때 남아있는 전각들은 대한문, 포덕문(布德門), 건극문(建極門), 용강문(用康門), 생양문(生陽門), 광명문, 중화문, 중화전, 준명당, 즉조당, 석어당, 함녕전과 동행각 일부, 홍덕전(弘德殿), 구여당(九如堂), 정관헌, 석조전 등이다.

중명전과 러시아 영사관 사이에 환벽정(環碧亭)이 있었다. 덕수궁은 국운이 쇠잔한 때에 왕궁이 되어 밀려오는 외세의 소용돌이의 중심처가 되어 외각 대부분의 땅이 영사관 부지로 잘려나가고 1901년(광무 5)에는 덕수궁 남쪽 땅 일부가 3,400원에 정동교회 부지로 팔렸으며, 1909년(융희 3) 5월 6일에는 덕수궁 1,621평과 경선궁(慶善宮) 택지 331평이 도로에 편입되어 마냥 줄어가기만 했다.[15] 도로 서쪽에 떨어져 있는 엄비의 혼전도 헐고 경기여자고등학교 교사를 지었으며, 1923년에는 그 맞은편 도로 동편에 지금의 덕수국민학교의 교사를 지었다. 1927년에는 동쪽 언덕 위에 사단법인 경성방송국의 청사를 또 지었다. 정동 3번지 성공회 교회당 일대는 엄비가 소유하던 과수원이 있었고, 제사 준비소에는 제사에 쓸 동물의 도축장과 제사에 사용하는 용구들을 보관하는 건물이 있었다. 방송국의 동남방에는 귀족들의 자제들의 교육기관인 수학원이 있었던 자리이다.

고종이 승하한 뒤 북쪽 선원전, 서쪽 준명전까지 매각되어 지금 남아있는 덕수궁은 원래 면적의 3분의 1밖에 되지 않아 현재 면적은 6만1,500㎡이다.

덕수궁 배치도

1. 대한문	4. 중화전	7. 함녕전 10. 준명당	13. 광명문
2. 금천교	5. 석어당	8. 장관헌 11. 석조전	14. 세종대왕 동상
3. 중화문	6. 덕흥전	9. 즉조당 12. 덕수궁 미술관	

전각의 배치

서울 중구 정동 5번지에 소재한다.

경운궁(慶運宮)은 원래 덕종(德宗: 세조의 왕세자)의 원자 월산대군의 집으로 당시 행정구역으로는 황화방(皇華坊: 지금의 정동)이었다. 경운궁은 1611년(광해군 3) 10월에 창덕궁을 새로 지어 거처를 옮기면서 처음 이름이 붙여졌고, 1618년 선조 임금의 계비 인목대비를 여기에 유폐시키고 후궁 신분으로 낮추면서 서궁이라 불렀는데 1896년(건양 원년) 2월 11일 아관파천 당시 다시 경운궁이라 부르고 규모를 넓혔다.

고종이 다시 붙인 경운궁 시절에는 정남에 정문인 인화문(仁化門)이 있었고 동쪽 방면에 평장문(平章門)과 포덕문(布德門)이 더 있었으며, 정북방에 생양문(生陽門), 서북쪽으로 회극문(會極門), 서편에 집하문(緝煆門), 정서쪽에 평성문(平成門), 서남에 용강문(用康門), 서북에 영성문(永成門)이 있었다.**16**

지금 있는 대한문(大漢門)은 1904년 경운궁 대화재로 함녕전이 소실되어 복구하면서 정문인 인화문 대신 동쪽에 대안문(大安門)을 정문으로 삼았다. 그 후 1906년 다시 대한문으로 바꾼 것이다.

대한문을 들어서면 어느 궁궐이나 마찬가지로 금천교(禁川橋)가 있다. 금천교를 지나 서북쪽 대각선으로 곧장 가면 고종의 침전인 함녕전(咸寧殿)이 나온다. 함녕전 서쪽에 덕홍전(德弘殿)이 있고 덕홍전 서남쪽에 덕수궁의 정전인 중화전(中和殿)이 있다. 중화전 정남에는 중화문(中和門)이 있고 중화전 북쪽에 석어당(昔御堂)이 있다.

석어당 북서쪽으로 인목대비가 유폐되었던 즉조당(卽祚堂)과

▶ 금천교

행랑으로 이어진 서쪽으로 준명당(浚明堂)이 있다. 석어당과 즉조당은 고종이 이곳으로 옮기기 전부터 있던 건물이다. 함녕전 북쪽에 외빈 접객 장소로 서양식으로 지어진 정관헌(靜觀軒)이 있고, 정관헌 남쪽에 흠문각(欽門閣)과 계명재(繼明齋)가 있었는데 지금은 없다.

함녕전 동북쪽으로 수인당(秀仁堂), 수인당 동쪽에 양심당(養心堂)이 있었고 함녕전 동쪽으로 영복당(永福堂), 영복당 동쪽 포덕문 안에 응복당(膺福堂)이 있었으며, 함녕전 서쪽에는 대유재(大猷齋)가 있었으나 지금은 모두 없어졌다.

준명전 북쪽에는 가정당(嘉靖堂)이 있었으며 이 주변에 덕경당(德慶堂), 공묵헌(恭默軒)이 있었으나 이 또한 모두 없어졌다. 회극문 밖 영국 대사관 서쪽으로 돈덕전(惇德殿) 일곽이 있었는데 이곳은 고종 황제가 외국 사신을 접견하거나 연회 장소로 사용하던 곳이었다. 이마저 일인들이 다 헐어내어 구장(球場)으로 만들어버렸다.

평성문 밖 미국 대사관 서쪽으로 이층 양옥집이 있는데 중명전(重明殿)이다. 이 역시 접견실 또는 연회 장소로 사용하던 곳이다. 중명전 북쪽으로 만희당(晚喜堂)이 있었고 만희당 북쪽에 흠문각(欽文閣), 서쪽에 장기당(長夔堂)이 있었으며, 중명전 서쪽으로 양복당(養福堂), 경효전(景孝殿) 그리고 경효전 남쪽에 정이재(貞頤齋)가 있었다.[17]

중명전을 중심으로 하여 이와 같은 여러 전각이 일곽을 이루고 있는 이곳을 수옥헌(漱玉軒)이라 일컬었다.

영성문 안에 있는 덕수국민학교 자리와 경기여중·고 자리 일대에는 선원전(璿源殿), 사성당(思成堂), 흥덕전(興德殿), 흥복전(興福殿), 의효전(懿孝殿)이 있었고 이 밖에 북쪽과 남쪽에 구름다리가 가설되었다.

하나는 덕수궁 북쪽 러시아 공관 북쪽 언덕에서 큰길을 건너 경희궁 사이에 가설하였는데 이것은 덕수궁에서 러시아 공관까지 땅속으로 굴을 파 유사시에 경희궁으로 손쉽게 피신할 수 있도록 하였고, 남쪽으로 낸 다리는 의정부(議政府)와의 내왕을 편리하게 하기 위함이었다.

돈덕정 남쪽으로 르네상스식 건물인 석조전이 있고, 그 남쪽에 역시 돌로 지은 동향집의 양식건물이 자리 잡고 있다. 덕수궁 현대미술관으로 사용하고 있는 곳이다.

광명문(光明門)은 원래 함녕전 정문이었는데 중간에 없어진 것을 덕수궁 서남쪽 구석에 다시 세우고 그 안에 흥천사의 종과 자격루를 보존하고 있었는데 광명문이 제자리로 옮겨가는 바람에 다른 곳으로 옮겨갔다.

덕수궁의 전각배치 형식은 다른 궁궐에 비해 어떤 원칙이 없이 산만한데 이것은 민가를 임시 궁궐로 사용하다 보니 궁궐의 형식을 지킬 수 없었기 때문이었다.

뒤늦게 지어진 중화전은 그 앞에 중화문이 있고, 중화문 정면에 궁궐 정문인 인화문이 있어 다소 정전의 위용을 갖춘 듯하였다.

그렇게라도 궁궐 모습을 갖추게 된 것은 고종 임금이 이곳에 옮겨 살면서 짧은 시간에 주변 민가를 사들여 큰 수리를 함으로써 가능해진 것이다.

현재 남아있는 건물로는 문(門)은 대한문, 평성문과 광명문이 있고, 전각으로는 중화전, 함녕전과 최근에 중건한 행각. 석어당, 즉조당, 준명당, 덕홍전, 석조전, 정관헌뿐이다.

대한문(大漢門)

서울특별시 중구 정동 소재 덕수궁의 정문이다.

덕수궁의 정문은 원래 인화문(仁化門) 이었다. 원래 즉조당을 정전으로 사용하고 있을 때에는 남쪽 문인 인화문을 사용하고 있었으나 1902년 정전인 중화전을 새로 짓고 남쪽 정전 정문인 중화문(中和門)을 신축하면서 궁궐을 크게 중건하였는데, 이때 외3문(外三門)인 조원문(朝元門)도 세우고 얼마 뒤에 인화문 자리에는 건극문(建極門)을 세웠으며 조원문 앞 동쪽으로 대안문을 세웠다. 이때부터 동쪽 대안문을 정문으로 삼았다. 그렇게 한데는 그만한 이유가 있었다.

중국의 자금성 정문이 천안문(天安門)인데 이것이 천단(天壇)과 직선거리로 마주 보고 있는 것을 본받은 것이다.

황제는 천제(天帝)로부터 수권 받아 백성을 다스리는 사람이며, 천단은 천제를 모셔놓고 제사 지내는 곳이다. 마찬가지로 조선말에 고종이 황제에 오르면서 천제를 모시는 제단을 만들었는데 이곳이 원구단(圓丘壇)이다. 원구단은 지금 조선호텔 자리에 있었다. 황제는 늘 원구단에 예를 갖추어야 하기 때문에 1902년 동쪽 담을 헐고 원구단과 직선거리로 마주 보는 대안문(大安門)을 만들었다.

이것은 1897년 고종 임금이 정치적으로 청나라 지배를 벗어나 대한제국(大韓帝國)을 선포하고 황제로 등극하였기 때문에 가능한 일이었다. 그런데 1904년 경운궁의 대화재로 함녕전을 비롯한 많은 전각과 인화문이 소실되어 이후 복구하면서 대안문도 크게 수리하였다.

1906년(광무 10) 5월 1일 대한문의 상량문 제술관으로 영돈녕(領敦寧) 이근명(李根命)을, 서사관으로 종일품 윤용구(尹用求)를, 현판 쓸 사람은 특진관 남정철(南廷哲)을 차출하였다. 대한문의 공역(工役)은 1906년 6월 3일(음 4.12.) 공사를 착공하여 동년 6월 15일(음 4.24.) 완공하고 현판을 달았다.[18]

대안문(大安門)은 중국에 있는 자금성 정문인 천안문(天安門)의 하늘 천(天) 자에서 '一' 자를 떼어 대(大) 자로 쓴 것이라 알려져 있다. 천안문도 원래 숭천문(崇天門)이었던 것을 화재를 당한 후에 천안문으로 바뀌었다 한다.

그런데 특별한 이유도 없이 1906년 4월 25일에 대안문을 수리하면서 그 명칭이 대한문(大漢門)으로 바뀌었다. 실록에는 궁내부대신 이대극이 건의하여 황명으로 바뀌었다고 간단하게 기록하고 있다.[19] 그러나 고종실록, 순종실록은 일인들의 손으로 만들어졌기 때문에 그 진위를 가리기 어렵다.

대안문(大安門)이란 현판은 국립박물관에 보관되어있다.

문의 규모는 정면 3간, 측면 2간이며 문 앞에는 돌짐승을 조각하여 배치한 계단이 있었는데 지금은 아스팔트에 묻혀버렸고 돌짐승만 건져 올렸다.

대한문은 단층으로 기단 위에 둥글게 다듬은 주춧돌을 놓고 그 위에 원기둥을 세워 창방으로 연결하고 평방을 얹었다.

공포는 외2출목, 내3출목이고 천장은 가운데간은 서까래를 들어낸 연등천장이며 양옆간은 소란반자로 마감하였다. 궁전 정문이 대개 중층이나 이 문은 경희궁 정문인 흥화문과 같이 단층이다. 정전인 중화전이 단층인 것과 조화를 이루기 위함이라 생각된다. 지붕은 우진각이며 용마루 양 끝에 취두, 추녀마루에 두와 잡상을 놓았다. 이 건물은 여러 차례 보수가 있었는 데다, 제자리에서 옮겨지는 바람에 원래 모습을 많이 잃어버린 상태다.

상량문

찬자(撰者): 영돈녕사사(領敦寧司事) 이근명(李根命)

서자(書者): 국내부 특진관 윤용구(尹用求)

요지: 한양(漢陽)은 띠를 두른 형세를 지니고 있으며 우리 한방(韓邦)의 문호(門戶)의 땅이다. 열수(洌水: 한강)가 남쪽을 지나가고, 태악(太岳)이 북쪽에 우뚝하니 얼마나 아름다운가? 산하(山河)가 표리(表裏)를 이루고 천부(天府)가 열려 들이 되었으며, 중심(衆心)이 굳게 뭉쳐서 성(城)을 이루었다. 황제 폐하께서 명당에 앉아서 만승(萬乘)의 자리에 오르시고, 원구에 제사하고, 삼성(三聖) 기사(耆社)를 좇아 지치(至治)를 이루고 있다. 단기(檀紀) 이래 수천 년의 제업(帝業)이 조창(肇刱)하여 송(宋)나라와 명(明)나라에 직접 닿았다.

황제는 천명을 받아 유신을 도모하여 법전인 중화전에 나가시고, 다시 대한정문(大漢正門)을 세우셨다. 대한은 '소한(霄漢: 하늘)'과 '운한(雲漢: 은하)'의 뜻을 취한 것이니 덕(德)이 호창(皥蒼: 하늘)에 합하고 무지개가 구름 사이에 나온다. 대한문의 동쪽은 아침 햇살이 처마 위를 홍청(紅靑)으로 물들인다. 대한문의 북쪽은 솟아오른 삼봉산(三峰山)이 수색(秀色)을 보내고, 대한문 아래에는 마을이 천문을 열고 사야(四野)로 뻗었다.[20]

- -

대한문(大漢門)은 대한문(大韓門)으로 바꿔야 더 좋을 것 같다

💬 대한문에 얽힌 설과 일화들

대한문에 대하여 여러 가지 설이 난무하고 명칭을 한(漢)에서 한(韓)으로 바꾸어야 한다는 주장도 끊임없이 제기되어왔다. 그간 동기나 이유에 대한 여러 설을 모아보았다.

황현이 쓴 매천야록(梅泉野錄)에는 "전비서승(前秘書丞) 유시만(柳時萬)이란 사람은 겸

암(謙庵) 유운용의 후손으로 그가 말하기를 '유운용의 계시를 받아 300년이나 된 선조의 묘소를 이장한다.'라고 하면서 허위 첨서(籤書: 길흉을 예언한 글)를 조작하여 남모르게 선조의 무덤에 묻어 놓았다가 그것을 파내어 은밀히 고종에게 바치었다.

그 첨서의 내용인즉 대안문(大安門)을 대한문(大漢門)으로 고치고 안동(安東)의 신양면(新陽面)으로 천도하면 국운이 연장된다고 하였다. 고종은 이 말에 현혹되어 '짐의 꿈에도 그런 징조가 있었다.'라고 한술 더 뜨면서 즉시 대안문의 이름을 바꾸라 명하고 유시만에게 돈을 주어 행궁을 지으라 했다. 이에 유시만은 그 돈을 가지고 벼락부자가 되었으나 끝내 행궁을 짓지 않았는데, 고종 임금은 그것을 불문에 부쳤다."라고 기록되어있다.[21]

▶대한문

▶1902년대 대안문(한겨레신문 제공)

아무튼 안(安)이 갑자기 한(漢)으로 바뀐 이유에 대하여는 쉽게 납득할 만한 이유가 없다. 항간에는 일본인들의 농간에 의한 것이라는 설이 많다.

한(漢)이 치한(癡漢), 무뢰한(無賴漢)과 같이 우리말에 비속어로 사용되는 경우가 있어 '대한(大漢)'이란 '큰놈'이란 뜻으로 고종 임금을 가리킨다는 설도 항간에 오르내렸다. 또한 안(安) 자가 여자가 관을 쓴 형상 이어서 이로 인하여 여러 가지 불미스러운 일이 발생했기 때문에 바꾸었다는 설이다.

1903년 12월 22일 요란스런 고깔을 쓴 젊은 무녀가 대안문 용마루에 연결된 밧줄을 타고 내려와 "대안대왕 강천이시다." 하고는 임금을 빨리 대령시키라고 호통을 치면서 소란을 벌였다. 곧바로 출동한 경찰에 연행되었지만, 이 해프닝은 「코리아리뷰」지에 실렸다.[22]

그 후 얼마 되지 않아 덕수궁에 큰불이 나 많은 전각이 소실되었는데 설상가상으로 다음 해에 국권을 절름발이로 만든 을사보호조약이 체결되었다.

이 무렵 러시아 공사 베베르 부인 등이 덕수궁을 무시로 드나들며 서양 화장품으로 엄비의 환심을 사는가 하면, 서양 요리로 고종의 입맛을 사로잡아 임금 내외를 친러 쪽으로 기울게 하는 데 성공하였다. 이 여인들이 서양 모자를 쓰고 다녔다고 한다.

한편, 소녀 시절 밀양 관기였던 배정자가 일본으로 탈출하여 이토 히로부미의 측근이 되어 첩자로 내한하여 서양 모자를 쓰고 대안문을 드나들며 첩보 활동을 하였는데 이래저래 갓 쓴 여인(安)이 출입하여 나라를 망치고 있다는 여론이 비등하여 대한문(大漢門)으로 이름을 바꿨다는 풍설도 있다.

또한, 명(明)나라를 받드는 사대주의 사상에서 비롯된 것이라는 설도 만만치 않다. 1906년 6월 15일에 크게 수리하고 대안문(大安門)을 대한문(大漢門)으로 고치면서 찬(撰)한 상량문에 한(漢)의 의미를 운한(雲漢) 혹은 소한(霄漢)을 가리키는 것으로 이는 하늘을 상징한다 했다. 그래서 '큰 하늘 문'이라는 것이다. 운한(雲漢)은 위문제집(魏文帝集: 위나라 황제에 오른 조조의 아들 조비의 문집)에 나오는 말로, '은하(銀河: 北翼翔雲漢)'라는 뜻이다. 소한(霄漢)은 후한서(後漢書)에 나오는 말로 창공(蒼空: 如是則可以 陵霄漢 出宇宙之外矣)이라는 의미이다. 이 두 단어 모두 욕계(俗界)의 가시적인 하늘을 뜻한다. 구태여 위와 같은 문헌을 인용하지 않더라도 한(漢)이라는 글자는 그 자체로 본래 은하(銀河)를 뜻하는 말이다. 은하가 크므로 주로 크다는 의미로 많이 사용하고 있다. 그래서 한(漢)은 우리가 경외하고 신앙하는 천(天: 하느님)과는 의미가 전혀 다르다.

그리고 상량문을 쓴 이근명은 누구인가? 1840년(헌종 6)에 태어나 1886년 이조참판을 거처 정헌대부, 홍문관학사 경기도 관찰사를 거처 1905년 을사늑약이 체결된 뒤에 훈 1등태극장(勳一等太極章)을 받았으며 1910년 한일합방 뒤에는 일본 정부로부터 자작(子 爵)의 작위를 받은 친일 거두이다. 또한 대한문(大漢門)으로 고치도록 건의했다는 한일합 방 때 고종실록에 나와있는 국내부 대신 이대극 또한 일본 정부로부터 남작(男爵)의 직위를 받았으며, 현판을 쓴 특진관 남정철(南政哲) 역시 남작의 작위를 받은 친일 세력의 거두들 이다. 이렇듯 당시 조정은 온통 친일 세력으로만 채워져 있어 임금은 허수아비에 불과했다. 을사늑약도 기술한 바와 같이 고종 황제의 의사와는 상관없이 일본과 이에 부응하는 조정 대신들의 강압으로 이루어진 것이다. 이들이 천명사상에 의한 민족자주독립을 고무하는 문구를 사용하기 위하여 문 이름을 고쳤다고 믿기는 어려운 상황이었다고 생각된다. 인용 한 문헌이나 뜻으로 보더라도 이름을 지어놓고 이에 맞추어 윤색(潤色)한 느낌을 지울 수가 없다. 여러 가지 속설도 그렇고 실록이나 정사에 등장하는 인물들의 면면이 나라의 장래를 걱정하여 작명(作名)의 철리(哲理)를 따라 개명한 것은 아닌 것으로 보인다.

1897년 10월 12일 대한제국(大韓帝國)을 선포한 곳이 경운궁이요, 현 대한민국(大韓 民國)이라는 국호가 여기서 나왔다. 대한제국을 선포한 고종 황제가 거처한 곳이 덕수궁 (1907년부터 덕수궁으로 바뀜)이기 때문에 그 정문은 대한문(大韓門)으로 바꾸는 것이 바 람직한 것이다.

중화전(中和殿)

서울특별시 정동 소재 덕수궁 정전이며, 보물 제819호로 지정되어있다.

고종이 경운궁으로 옮겨 처음에는 즉조당을 정전으로 사용하다가 1902년(광무 6)에 중 화전을 창건하여 정전으로 사용하였다.

본래 즉조당을 태극전이라 했다가 중화전으로 고쳤는데 새 중화전을 세우면서 즉조당을 종전 이름대로 환원하였다. 중화전 상량문 제술관(製述官)으로 의정부 의정(議政) 윤용선 (尹容善)을, 서사관(書寫官)으로 김영목(金永穆)을, 현판 서사관으로 김성근(金聲近)을 임명하였다.

6월 2일에는 영건도감의 역비로 20만 원을 지출하였는데 8월 8일에 중화전 정문인 중화 문이 준공되었다. 이때에는 상량문 사서관으로 오정근(吳正根)이, 현판 사서관으로 윤용구

(尹用求)가 임명되었다.

1904년에 대화재로 축조한 지 2년 만에 소실되었는데 다른 전각은 당년에 모두 복구되었으나 중화전은 1906년에야 완공되었다. 중화전의 공사 일정을 보면 1904년 9월 22일 터를 닦고 다음 해 1월 9일에 주춧돌을 놓았으며, 16일에 기둥을 세우고 21일에 상량을 올렸다. 그렇게 하여 동년 7월 27일에 준공한 뒤 용상을 놓을 당가(唐家)를 들여놓고 오봉산도를 들여놓았다. 중화전 영건도감 의궤도 경운궁 중건도감 의궤와 마찬가지로 1907년에 작성하여 동년 8월에 9곳에 분산하여 보관하였다. 1907년 7월 20일에는 일제의 강압에 의하여 순종 황제에 양위하는 양위식이 이곳에서 있었다. 원래는 이층집이었으나 다시 중건하면서 단층으로 지었다. 원형으로 돌출된 기초석 위에 원기둥을 세웠다.

▶ 중화전 당가(경운궁 중건도감의궤)

화강암을 2층으로 쌓은 기단 위에 다시 댓돌 1칸을 깔아 그 위에 지은 목조건물인데, 정면 5칸(61.4자), 측면 4칸(58자)이다.[23] 기단 둘레에 난간이 없고 기단 앞마당에는 돌을 깔고 어도 양끝으로 각각 12개씩의 품계석을 배열하였다. 중화전도 원래는 회랑으로 둘러싸였으나 지금은 모두 없어졌다.

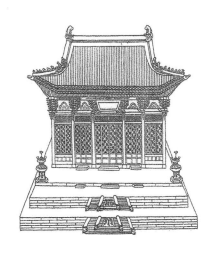

▶ 중화전 입면도(경운궁 중건도감의궤)

건물 정면은 어간(御間)만 18자이고 나머지는 모두 14자이다. 포작수는 외7포, 내9포이고, 출목수로는 외3출목, 내4출목이다. 외관상 집을 크게 보이기 위하여 무리한 흔적이 엿보인다.

지붕은 겹처마 팔작지붕으로 지붕마루는 모두 양성하였다. 용마루 양끝에는 치미(鴟尾: 솔개 꼬리), 내림마루에는 용두와 잡상을 놓았다.

겹 돌 기단 앞쪽으로 돌층계 셋이 있는데 한가운데에는 판석(板石)에 쌍봉이 양각되어있고, 층계마다 모서리 끝에 짐승 모양이 조각되어있다.

▶중화전

　천정은 우물천정으로 한가운데 간에 다포로 천개가 새겨져 있고 천정 늘 판에는 금색도
찬란한 쌍봉이 구름 사이를 나는 모습을 양각하였다.

　고주(高柱) 사이의 우물천정과 엮음은 익공계의 양식이 베풀어져서 다포계와 익공계가 절
충된 것이다. 단청은 은은한 보루단청으로 광창과 문짝에는 소슬 꽃살문을 새겨 돋보인다.

　중화전 안 북쪽 퇴간 중앙에는 어좌를 놓은 당가(唐家: 닫집)가 있고, 당가 위에 보개를
세웠는데 당가의 천장에는 쌍용을 새겨놓았다. 어좌 놓는 공간을 당가(唐家)라 하고 어좌
위에 떠있는 보개(寶蓋)를 부당가(浮唐家), 어좌를 받치고 있는 대를 좌탑당가(座榻唐家)

▶ 1904년 화재 이전의 중화전 입면도
(본래는 2층집이었음을 알 수 있다.)

라 한다.

건물의 앞면은 중앙에 4분합 나머지는 3분합으로 되어있고 그 위에 교창(交窓)을 내었다. 궁전 건축물로 조선 초기의 건축물들은 전란으로 또는 실화(失火)로 거의 소실되고 돈화문이나 홍화문 등만이 남아 조선 중기의 건축양식을 대표하는 것이라면 이 중화전은 20세기 초의 왕실 건축물을 대표하고 있는 건축사상(建築史上) 중요한 자료로 평가될 수 있다.

문헌비고(文獻備考) 여지고편(輿地考篇)에는 정문이 중화문이고, 중화문 앞에 흠명문(欽明門)이 있고 동쪽에 선춘문(宣春門)이 있다고 했다.

상량문

찬자(撰者): 영돈령원사 심순택

서자(書者): 정2품 정헌대부 박기양(朴箕陽)

〈1902년 중화전 창건 당시 상량문찬자 윤용선(尹容善)〉

요지: 중화(中和)의 뜻은 "치우침(偏倚)이 없는 것이 중(中)이고, 온순하고 조화를 잘 이루는 것(順諧: 순해)이 화(和)"의 의미이다. 황제 폐하께서 유신(維新)을 도모하기 위해 즉조당과 석어당이 있던 옛터에 출치(出治) 법전(法殿)을 세웠으나 불의의 화재로 소실되었는데 인민이 대화회(大和會)하여 중건하였다.

중화는 중용(中庸)에서 나온 말이다.

○ 중화문(中和門): 중화전 남쪽에 있는 중화전 정문이다. 단층 삼문(三門)이며 삼단의 석대 위에 세워졌다. 당초에는 행각이 있었으나 지금은 문만 홀로 서있다. 1982년에 크게 보수한 바 있다.

중화문도 1904년 대화재 때 소실되었는데 다른 전각과 함께 다시 지었다. 1905년 1월 9일에 주춧돌을 놓고 1월 21일에 기둥을 세워 2월 2일에 상량을 올렸다. 그러나 공사 도중에 이중화문과 외삼문인 조원문(朝元門)은 헐고 다시

▶ 중화문

짓는 사단이 벌어졌다. 정문을 동문인 대안문(大安門)으로 바꿀 것을 예상하여 방향을 동남방으로 바꾼 것으로 보고 있다. 결국, 이중화문은 4간 뒤로 물려 짓고 조원문은 동남향으로 바꾸어 지었다. 중화문은 1905년 4월 22일 다시 주춧돌을 세우고 공사를 시작하여 다른 전각과 같이 1906년 1월에 공사를 마쳤다.

○ 상량문
찬자: 규장각학사 겸 시강원 일강관(日講官) 이순익(李淳翼)
서자: 정2품 자헌대부 이완용(李完用)
요지: 경운궁은 선조가 임어(臨御)한 황화방의 이궁으로 인왕산과 삼각산의 서기가 모이는 곳이다. 황제 폐하께서 북두칠성처럼 남면(南面)하고 삼대(三代)의 유성함을 도모하고 있는데 화재로 인해 소실되었으나 이제 다시 시작하여 재앙이 도리어 상서로움이 될 것이다.[24]
1902년 처음 중화전을 지을 때도 이순익이 상량문을 썼다.

석어당(昔御堂)

정전인 중화전 바로 뒤에 있다.

선조 26년부터 임시궁으로 정하고 거처하던 곳인데 그 후 역대 임금들이 임진왜란 때 어려웠던 일들을 회상하며 추모하던 곳이다. 그래서 이름을 석어당(昔御堂)이라 한 것이다.

1593년 선조 임금이 몽진에서 돌아와 시어소(時御所)로 삼았던 집으로 1897년(건양 2년)에 고종황제가 황태자와 함께 아라사 공관으로부터 경운궁으로 옮긴 후에 황태자(純宗)가 1904년까지 석어당에서 살았다. 동년(同年)에 불이 나 소실되자 고종 부자는 수옥헌(漱玉軒)으로 옮겼는데 이 석어당은 당년에 그 자리에 다시 지었다. 공사 진행 과정을 보면 1904년 4월 27일 주춧돌을 놓고 5월 1일에 기둥을 세웠으며 5월 14일 상량을 올렸다. 1905년 9월 8일 공사를 완료하고 현판을 달았다. 석어당 현판 사서관으로 김성근(金聲根)이 임명되었다. 아래층에 있는 글씨는 고종의 어필이다.[25]

장대석을 쌓은 기단 위에 세운 집으로 앞에는 5단으로 된 돌계단이 둘 있다.

1층은 정면 8간(65.5자), 측면 3간(23.3자), 2층은 정면 6간, 측면 1간으로 기둥은 모

▶ 석어당

두 4각 기둥을 썼다. 복도 2간 가퇴(假退) 7간이다.

네모꼴 주춧돌 사이에 높직한 고막이돌이 놓여 기둥 아래 몸에 짜 돌린 하방(下枋)이 받쳐있다.

대청 앞쪽 2간의 퇴는 터서 마루를 깔았고 나머지 양옆에는 문과 창을 달아서 독립된 구역을 설정하였는데 퇴의 앞쪽에 대청이 있는 경우와 방이 있는 경우를 달리하기 때문이다. 건물 뒤쪽으로는 가퇴(假退)를 내달아 방이나 대청을 더 넓게 사용할 수 있게 하였다.

▶ 석어당 입면도(경운궁 중건도감의궤: 규장각)

앞면 한 줄은 평주를 쭉 세우고 가운데와 뒷면에 고주가 세워져 있고, 측면 한 줄만은 평주를 세웠다.

아래층 기둥머리 위에는 당초무늬를 조각한 초익공을 두었으나 쇠서는 생략하였고, 위층 기둥머리 위에는 공포를 두지 않았다.

귀 공포는 도리 왕 찌를 따라 짜여 추녀가 누르는 무게를 충분히 받게 하였다. 모든 뺄목의 끝은 당초문(唐草文)이 새겨있다.

문짝과 광창은 우물무늬로 된 사분합(四分閤)이고, 뒷면에 따로 꾸민 퇴칸의 가운데 부분에는 아자교란(亞字交欄)으로 되어있다.

처마는 1, 2층 모두 겹처마이고 1층은 우진각지붕이고 2층은 팔작지붕이다. 지붕마루는 양성을 하지 않았고 착고막이, 부고, 수키와 순으로 기와를 이었고 끝에는 망와(望瓦)를 얹은 것 외에는 아무런 장식을 하지 않았으며, 추녀 위에는 잡상도 놓지 않았고 사례 끝에 토수를 끼우지도 않았다.

가정당(嘉靖堂)

석어당 북쪽에 있었는데 지금은 없다.

즉조당(卽祚堂)

▶ 즉조당

선조 임금이 임진왜란 때 몽진에서 돌아와 거처할 곳이 없어 원래 있던 석어당(昔御堂)에 머물다 왕이 거처하기에 너무 좁아 그 옆의 심의겸(沈義謙) 집을 헐고 별전(別殿: 후에 즉조당)을 지어 정전으로 사용하고 석어당을 정침(正寢)으로 사용하였다.

광해군 때 인목대비가 10여 년간 유폐 생활을 한 곳이며 인조 임금이 1623년 이곳에서 왕위에 올랐는데 그때부터 즉조당으로 불렸다. 이때의 현판은 고종의 어필이다. 1897년 고종이 경운궁으로 옮겨오면서 다시 정전으로 사용되었고 한때는 태극전(太極殿), 중화전(中和殿) 등으로 부르기도 했는데 1902년 정전인 중화전을 새로 지으면서 다시 즉조당으로 부르게 되었다.

고종 임금은 수백 년 동안 석가래 하나도 바꾼 일이 없는 즉조당의 소실을 가장 안타까워했다고 한다. 1904년 4월 27일에 주춧돌을 놓고 5월 1일에 기둥을 세우고 5월 14일에 상량을 올렸다. 1905년 9월 8일에 공사를 마무리 짓고 현판을 달았다. 석어당과 동시에 제일 먼저 시작하여 동시에 마친 것이다. 즉조당 상량문 제술관은 김병국(金炳國)이고, 사서관으로는 민병석, 현판은 윤용구(尹容求)가 썼다.[26] 고종이 상왕이 된 뒤에 잠시 거처하였고, 궁명이 덕수궁으로 바뀐 1907년부터 1911년 7월까지 후비인 엄비가 이곳에서 거처하다 승하하였다.

▶ 즉조당 입면도(경운궁 중건도감의궤: 규장각)

중화전의 바로 뒤쪽에 있는데 정면 7간, 측면 3간이다. 오른쪽과 뒤쪽에 가퇴(假退)를 덧달아 놓아 공간을 넓게 쓰는 수법을 썼다. 기단부는 윗면에 네모진 돌을 깔았으며 대청에 맞추어 기단 앞쪽에 3줄의 계단을 놓았다. 단층집으로 모두 17간 반, 반자(태조 3) 10간, 가퇴 6간, 난간 3간, 복도 3간이다.

주춧돌은 네모 뿔 대 모양으로 세우고 그 위에 네모기둥을 세웠다. 기둥 윗몸을 창방에 연결하여 짜 맞춘 후에 주두(柱枓)를 놓고 그 위에 당초문을 새긴 부재를 놓아서 주심도리와 직각 방향으로 걸친 둥근 보를 아울러 받치고 있다.

쇠서 없이 초익공식을 택하였고 기둥 사이 걸쳐놓은 창방 위에는 소로를 놓아서 장여를 받치고 있다.

처마는 겹처마 지붕은 팔작지붕이며 지붕마루는 양성을 하지 않았고 착고, 부고, 적새 등을 켜로 쌓아 단정하게 구성하였다.

준명당(浚明堂)

다스리는 이치가 맑고 밝다는 뜻이다.

고종이 러시아 공관에서 경운궁으로 거처를 옮기기 위하여 1897년 많은 건물을 지었는데 이때 지은 것이다.

복도로 즉조당과 연결되어있어서 고종 황제가 거처하면서 외국 사절을 접견하는 장소로 활용하다가 나중에는 덕혜옹주의 유치원으로 사용하였다. 한국 최초의 유치원인 것이다.

고종실록에는 지금 건물은 1904년 화재 때 유일하게 남은 건물로 되어있다. 그래서 경효전의 어진(御眞)과 흠경각의 어진을 준명전에 옮겨놓았다고 했다. (고종실록 1904. 1. 14.조). 그런데 경운궁 중건도감의궤에는 준명전도 함께 소실된 것으로 되어있고, 1904년

▶ 준명당

6월 14일 주춧돌을 놓고 20일에 기둥을 세워 30일에 상량을 올렸는데 그해 8월 10일에 완공하여 현판을 단 것으로 되어있다.[27] 실록의 기록에 하자가 있었던 것인지 내친김에 준명당도 같이 고쳐 지은 것인지 알 수 없다. 이후 고종의 침전으로 사용되었으나 엄비가 이곳에서 흉거 하자 임금은 함녕전으로 옮겨갔다. 정면 6간, 측면 3간이고 뒤쪽으로 온돌방 4간을 덧붙여 'ㄴ'자 모양을 하고 있다. 대청은 2간 대청이고 대청 오른쪽에 온돌방을 두었는데 그 옆 한 칸은 누마루다. 모두 19칸으로 반자(班子) 20간, 가퇴(假退) 10간, 복도 2칸이다.

▶ 준명당 입면도(경운궁 중건도감의궤: 규장각)

장대석으로 쌓은 높은 기단 위에 네모꼴의 초석을 놓고 네모기둥을 썼다. 기둥 사이 창방 위에 소로를 놓아 굴도리로 된 주심도리 밑의 장여를 받치고 있다.

처마는 겹처마이고 팔작기와지붕의 용마루와 추녀마루는 양성을 하지 않고 용두를 놓았다. 앞뒤 대청 툇칸에는 띠살 창호를 달고 위쪽에 빗살로 된 교창(交窓)을 달았으나 온돌방과 툇칸에는 정자(井字)살로 된 창호를 달았다. 굴뚝은 뒤편에 검은 벽돌로 쌓아 만들고 연가(煙家)를 올려 장식하였다. 전면 툇칸 세 개는 연침의 예에 따라 개방되었다.

즉조당과 준명당은 처음 축조 연대가 다르다. 즉조당은 당초에는 조선 중기에 지어진 것이고, 준명당은 1897년 고종이 경운궁으로 옮기면서 지었다.

두 건물이 복도로 연결된 것도 즉조당을 중건하면서 그리된 것으로 본다.

함녕전(咸寧殿)

덕수궁의 침전으로 보물 제820호로 지정되어있다.

1897년 2월 고종이 경운궁으로 옮긴 후에 선덕전(宣德殿) 공사를 시작하였는데 6월 19일에는 선덕전의 상량문 제술관(製述官)으로 의정부 찬성(贊成) 윤용선(尹容善)을, 서사관(書寫官)으로는 종묘서(宗廟署) 제조(提調) 김철희(金喆熙)를 뽑았고, 6월 23일에는 선덕전을 함녕전으로 개서(改書)하게 하고 25일에 함녕전 현판을 참령(參領) 박기양(朴箕陽)으로 하여금 쓰게 하였다. 함녕전은 8월 7일에 준공을 보게 되었다.[28]

1897년(건양 2)에 창건하여 1904년(광무 7) 화재로 소실되었으나 당년에 복구하였다. 영건 일정을 보면 1904년 9월 22일에 터를 닦고 동년 10월 6일에 주춧돌을 놓았으며 1905년 1월 9일에 기둥을 세우고 동년 1월 21일에 상량을 올려 동년 8월 10일 완공, 현판을 달았다.[29]

함녕전 정남쪽 행랑에 있는 문이 치중문(致中門)이고, 치중문으로 들어가기 전에 동쪽으로 봉양문(鳳陽門)이 있다.

함녕전은 고종 황제가 늘 사용하던 집이었는데 왕위를 순종에게 물려준 후로 잠시 수옥헌(漱玉軒)으로 옮겨갔다. 순종 황제가 창덕궁으로 옮겨간 후에 태상황이 되어 다시 사용하다가 1919년 1월 22일 여기서 한 많은 생을 마쳤다.

고종 황제가 평상시 즐겨 먹던 음식은 냉면이었다. 유독 동치미 국물에 마른 물냉면을 즐겨 먹었다. 임금 자리를 내놓고 함녕전에서 무료한 세월을 보낼 때에도 대한문 밖에 있는 상점에서 냉면 발을 사다 밤참으로 즐기기도 했다.

함녕전에는 우물 정 자(井字)형으로 방이 아홉 개 있었다. 평상시에는 가운데 방을 사용하고 나이 많은 상궁들이 둘레 방에 머물면서 임금을 보살펴 왔는데 말년에는 신변에 불안을 느껴 이 방 저 방 방을 옮겨 다니며 잠을 잤다고 한다. 궁중에서는 임금의 수라가 들면 상궁들이 임금이 보는 앞에서 모든 음식을 조금씩 덜어내어 기미를 본다. 독이 있는지 여부를 감식하는 절차다. 그럼에도 불구하고 임금은 1919년 1월 20일 밤 식혜 한 사발을 들고 누운 자리에서 급사하였다. 운명한 시각은 21일 새벽 1시 45분이었다. 그런데 총독부에서는 22일 아침 6시로 서거 일자를 조작, 공포하였다.

고종의 독살설이 흘러나가자 일파만파로 번지면서 함녕전은 민족자주운동의 거점이 되었다.

함녕전은 장대석으로 쌓은 기단 위에 세웠고 집 둘레에는 행랑으로 둘러있다. 행각에는 치중문과 봉양문 외에 정이재(貞頤齋)와 양태재(養怡齋)가 있었다. 이 행각은 덕홍전까지 이어져서 변조된 채로 일부가 남아 있는데 보완 공사 중이다. 주춧돌은 네모나고 주춧돌과 주춧돌 사이에는 고막이돌을 놓고 그 위에 인방을 둘렀으며 기둥도 네모기둥이다. 월대만큼이나 높은 앞의 석대(石臺)가 인상적이다.

함녕전은 정면 9간, 측면 4간의 팔작 기와지붕, 굴도리집이다. 평면은 'ㄱ'자형으로 그 중심이 되는 방은 중앙에 대청을 두고 좌우에 온돌방과 또 그 옆으로는 누마루를 두었고 전면과 후면에는 툇마루와 온돌방을 두었다. 앞면 툇간 3간을 개방한 것은 전형적인 침전의 양식이다. 단층집으로 총 40간, 툇간 9간이다.

일반적으로 대들보나 퇴량을 걸고 '보아지'는 양봉(樑棒)을 받치는 것이 보통인데 이 집에는 퇴량 밑 고주(高柱) 몸에 양봉이 없다. 석어당보다는 넓고 커서 대들보를 건 방법과 툇칸의 엮음새가 석어당과 다르다. 사면 벽에는 흙벽이 없고 교창과 정자(井字)살 및 띠살문의 사분합 문짝이 달렸다. 처마는 겹처마이고 팔작지붕이며, 마루는 모두 양성을 하고 용마루에는 취두, 내림마루에는 용두를 놓고 추녀마루에 잡상을 놓았다.

굴뚝은 경복궁의 아미산처럼 집 뒤편으로 좀 돋우고 그 위에 연가(煙家)를 얹어 모양을 내었다.

▶ 함녕전 입면도(경운궁 중건도감의궤: 규장각)

▶ 함녕전

상량문

찬자(撰者): 궁내부 특진관 이근명

서자(書者): 의정부 참정 김성근(金聲根)

요지: 황제 폐하께서 중흥과 창업을 위해 원구단(圜丘壇)에서 상제(上帝)에게 제사하고 함녕전을 건설했으나 갑작스러운 화재로 소실되었다. 이제 황제께서 수성(修省)하시고 중건하였으니 전재위서(轉灾爲瑞: 화재를 입은 것이 도리어 상서로움이 됨)가 될 것이다.[30]

💬 궁녀촌(宮女村)

함녕전 회랑 동편에는 원래 30여 채의 기와집이 빼곡히 들어있었는데 이곳이 궁녀촌이다.

우리나라 조선 시대 왕실의 궁녀 수는 보통 600명 이상이었는데 고종실록을 보면 고종 32년에는 480명으로 많이 줄었다.

고종은 명성왕후가 죽고 5일 만에 엄비(嚴妃)를 들였는데 그마저 죽고 나니 착잡하고 허전함이 극에 달했다. 그래서인지 그 후 여섯 명의 후궁을 더 들여 그곳에 살게 하였다. 덕혜옹주(德惠翁主)를 낳은 복녕당 양씨(福寧堂 梁氏), 왕자 육(堉)을 낳은 광화당 이씨, 왕자 우(堣)를 낳은 보현당 정씨(鄭氏) 왕녀를 낳은 내안당 이씨, 삼축당 김씨 그리고 정화당 김씨가 그들이다.

정화당

고종이 받아들인 후궁 중에 가장 가련한 사연을 안고 살다간 여인이 정화당 김씨이다. 당(堂)은 궁의 동북쪽 끝 모서리(태평로 파출소 자리)에 있었다.

고종이 어릴 적 정혼할 때에 왕실의 법도에 따라 초간, 재간, 삼간의 절차를 거쳐

한 사람만 중전의 자리에 오른다. 그런데 그 과정에서 한번 간택되면 도중에 탈락되어도 평생을 수절해야 하는 것이 왕실의 법도였다.

국모의 자리에 오르지 못하면 평생을 고독과 싸우며 살아가야 하는 것이 간택에 올랐다 선택받지 못한 여인의 운명이었다. 이와 같은 기구한 운명에 처한 여인이 안동 김씨 가문에 있었다.

명성황후가 죽은 후에 마음을 의지하던 엄비마저 죽으니 고종 임금의 울분과 한은 뼛속까지 사무쳤다.

당시 조정 대소사는 순종황후 윤씨의 큰아버지 윤덕영이 쥐고 흔드는 때였다. 윤덕영은 고종에게 하세가와 총독의 뜻이라 하여 간택에 떨어져 노처녀로 늙어가는 47세의 김씨를 맞이해줄 것을 제의하였다. 수절한 여인을 가납하지 않으면 부덕한 임금이란 비난을 받을 것이라는 말도 덧붙였다. 심술이나 조롱이 아니고서는 도저히 납득할 수 없는 행패를 부리고 있었다. 결국, 고종의 승낙과는 관계없이 여인은 입궁하게 되었다. 이것은 하세가와 총독이 순종으로 하여금 일본 천황을 배알하도록 허락받기 위한 압력의 일환이라 하는데 국사로서는 너무도 유치한 방법이 아닌가 싶다.

이 여인은 정화당이란 당호만을 얻고 출입을 제한받는 조건으로 궁녀촌 모서리 한 구석에서 평생을 살았다. 정화당 김씨가 일생 동안 단 한 번 전내(殿內) 출입을 허락받은 것은 고종이 승하했을 때였다. 그녀는 빈소 앞에서 가슴을 치며 통곡하기를 너무 오래하여 업혀 나올 정도로 회한이 깊었다. 원통한 세월을 보낸 한 여인의 쌓인 울분이 한꺼번에 쏟아진 것일 게다.[31]

덕홍전(德弘殿)

함녕전 서쪽에 있는데 함녕전 별채라 할 수 있다.

1911년에 세운 것으로 덕수궁에서는 가장 최근에 지은 것인데 귀빈 접견처로 지어져 전통미를 갖춘 외형과는 달리 내부 바닥에 카펫을 깔고 전등을 가설하였으며 안이 텅 빈 홀이다. 지붕 용마루는 양성하였는데 거기에 대한제국의 상징인 이화문(李花文: 오얏꽃)을 새

▶덕흥전

겨 장식하였다. 정면 3간, 측면 4간이며 겹처마에 팔작지붕의 단층건물이다. 정면 3간은 기둥 간격이 일정한데 측면 기둥 2간 앞뒤로 툇간이 각각 구성되어 전체적으로는 정방형에 가깝다. 이 건물 주위 4면에 행각이 있었으나 지금은 함녕전에서 이어온 남 행각만이 있는데 이것도 많이 변형되어 원래의 모습을 잃었다.

수인당(壽仁堂)

함녕전 동북쪽에 있었으며 그곳은 궁의 동북쪽 구석이라 할 수 있는데 지금은 없다. 헌종비 효정왕후(孝定王后)가 이곳에서 승하하였다. 영복전의 뒤편에 있었는데 1933년에 철거해버렸다.

영복당 입면도(경운궁 중건도감의궤: 규장각)

영복당(永福堂)

함녕전 동쪽에 있는 엄귀비(嚴貴妃) 혼전(魂殿)인데 1933년에 철거하여 지금은 없다. 이 건물도 고종이 지은 것인데 1904년 대화재로 소실되었다가 복구되었다. 원래는 덕언당이었으나 1905년 다시 지을 터를 닦으면서 영복당으로 고치고 동년 1월 22일 기둥을 세워 동년 8월 10일 준공과 동시에 현판을 달았다.[32]

단층으로 어간이 16간, 툇간이 3간 반 이어서 모두 19간 반이다. 상하층 반자 9간, 툇간이 6간 반, 복도가 2간이었다.

경효전(景孝殿)

흠문각 서쪽에 있었으며 명성황후 혼전이었는데 지금은 없다.

이 전도 1904년 대화재 때 소실되었는데 이곳의 어진들은 준명전 서 행각으로 옮기고 바로 복구 작업을 실시하여 5월 5일에는 현판 사서관으로 민영환(閔泳煥)이 임명되었다. 이 경효전은 1904년 5월 1일에 주춧돌을 놓고 6일에 기둥을 세워 9일에 상량을 올렸다. 그리

경효전 입면도(경운궁 중건도감의궤: 규장각)

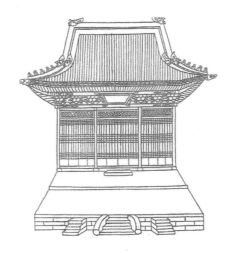

고 7월 8일에 완공하여 당가(唐家)까지 올렸으나 1905년 1월 8일 덕언당(德言堂)과 함께
철거하고 다시 짓는 일이 벌어졌다. 이유가 밝혀지지 않고 있으나 건물의 하자가 있었던 것
이 아닌가 추측하고 있을 뿐이다. 이 경효전은 결국 동년 4월 22일에 다시 완성하였다.[33]

단층집으로 황후의 우주(虞主)를 모시는 당가(唐家)와 「오봉산도」를 그린 병풍이 있다.

의효전(懿孝殿)

선원전 동북쪽에 있었으며, 순명효황후(純明孝皇后: 순종비) 혼전이었는데 창덕궁으로
옮겼다.

정관헌(靜觀軒)

▶ 정관헌

광무 3년(1899) 1월 27일 경운궁 궁역비로 15,191원이 지출되고 8월 25일에는 증액분으로 54,553원이 지출되었는데 이 돈은 대부분 정관헌 신축 공사에 투입된 것으로 보인다. 실록에는 이해 연말에 정관헌이 준공되었다고 기록하고 있다.

정관헌은 함녕전 북쪽 동산에 위치한다.

조선의 전통양식과 서양의 건축양식이 결합된 최초의 절충식 건물이다. 고종 임금이 쉬면서 다과를 들거나 외교관 등의 연회 장소로 사용하였다.

설계는 러시아 건축가 사바찐(A.I.Sabatin)이 하였다. 로마네스크 양식의 인조석 기둥을 가로 둘러 세우고 동남서는 터서 베란다를 만들었다. 베란다 기둥은 목조이며 기둥 상부에는 청룡, 황룡, 박쥐, 꽃병 등 우리나라 전통 문양을 새겼다.

중명전(重明殿)

▶중명전(수옥헌)

광명이 끊임없이 이어져 그치지 않는다는 뜻이다.

궁성 밖 서쪽 정동 10번지에 있다.

일명 수옥헌(嗽玉軒)이라 하는데 한때 외국인 구락부로 사용하였다. 광무 8년 고종과 황태자가 화재를 피하여 잠시 이곳에 머물렀다.

광무 9년 11월 17일 을사보호조약을 여기서 조인하였고, 1907년 7월 고종이 헤이그 밀사를 여기서 파견하였으며, 순종이 창덕궁으로 옮기기 전까지 집무실로 사용하였다. 현재는 궁성 밖 전 미국대사관 동쪽에 있는데 개인소유로 되어있다. 그래서 현판도 붙어있지 않다.

경선당(慶善堂)

석어당의 뒤쪽에 있었다.

만희당(晩喜堂)

중명전 뒤에 있었는데 지금은 없다.

환벽전(環碧殿)

중명전 서북쪽에 있었고 왕세자 은(垠)의 집무실이었는데 지금은 없다.

흠문각(欽文閣)

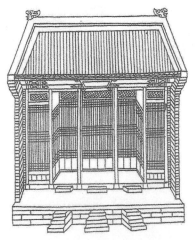

▶ 흠문각 입면도(경운궁 중건도감의궤: 규장각)

만희당 서쪽에 있었는데 지금은 없다.

화재가 나자 여기에 있던 어진들은 즉조당으로 옮겼다.

흠문각도 어진들을 봉안했던 곳인데 1904년 대화재로 소실된 것을 바로 공사를 시작하여 7월에는 마무리되어 흠문각 상량문 제술관으로 이근명(李根命)이, 사서관으로 김성진이, 현판은 박기양(朴箕陽)으로 하여금 쓰게 하였다.

흠문각의 공사 진행과정을 보면 1904년 7월 1일에 터를 닦고 8일에 주춧돌을 놓아 13일에 기둥을 세웠다. 그리고 다음 날 상량을 올려 27일에 완공하고 고종 황제의 어진과 태자의 예진(睿眞)을 흠문각으로 옮겼다.[34] 단층집으로 11간 반이다.

💬 상량문요지

흠문각은 황제의 어진과 태자의 예진(睿眞)을 봉안하는 곳인데 화재로 인해 불타버려 어진을 별전(別殿)으로 이안(移安)했다. 흠문각은 동쪽으로 황화(皇華)의 울총(鬱蔥), 서쪽으로 상림원(上林園), 남쪽으로 목멱산(木覓山), 북쪽으로 경로(擎露)의 가기(佳氣)가 모이는 곳이다.

단층집으로 11간 반이다.

강태당(康泰堂)

중명전 서남쪽 구석에 있었으며 순종 비 순명황후(純明皇后) 민씨(閔氏)가 이곳에서 승하하였다.

석조전(石造殿)

준명당 서쪽에 있으며 르네상스식 건물로 1900년(광무 4) 영국 기사 하딩 (G.H.Harding)의 설계로 착공하여 1909년(융희 3) 8월에 준공하였다.

내부 장식은 영국인 로벨이 하였고 공사 감독은 영국인 데빗슨이었다. 모두 영국인의 손으로 지은 것이다. 당시 우리의 기술로는 양식 건물을 설계하거나 건축할 수 있는 기술이 전혀 없었다. 석조전을 지을 때 사용한 돌은 창의문 밖에서 채취했다.

전에는 석조전 앞에 대여섯 채의 서양식 건물이 있었는데 일인들의 손에 의해 모두 헐려 나갔다.

함녕전 뒤에 서양식 건물인 정관헌(靜觀軒)이 있는데 정관헌도 당초 모습과는 많이 변형된 것이다.

준명당 뒤로 구성헌(九成軒)이 있었고 현 석조전 언저리에 2층으로 된 양옥집 돈덕전(惇德殿)이 있어서 왕이 외국 사신을 접견하는 곳으로 쓰였는데 일인들이 헐어내어 정구장으로 만들어버렸다.

미국 대사관 서쪽에 자리한 수옥헌(漱玉軒: 重明殿)이 서양식 건물이고 수옥헌 북쪽, 전러시아 공사관 남쪽에 영친왕이 거처하던 환벽정이 양식 건물이었다.

이들 모든 건물을 짓는 데 사용한 벽돌은 모두 중국에서 가져왔는데 석조전만큼은 순 화강암으로 지어졌다. 덕수궁이 고궁 중에서 가장 먼저 서양식 건축물을 받아들인 곳이다.

석조전은 대한제국 총세무사(總稅務司)로 있던 영국인 브라운이 발의하여 기술한 바와 같이 모두 영국인의 손으로 지었는데 기초공사는 우리나라 내부기사(內部技師) 심의석(沈宜碩)이 맡아 시공했다. 이 공사는 9년 동안 129만 원의 공사비가 투입되었다. 석조전이 낙성된 뒤에 고종 태상황이 가끔 왕래하였고, 1911년 7월 엄비가 즉조당에서 운명하자 볼모로 일본에 가 있던 영친왕이 상제가 되어 귀국하여 덕수궁까지 왔지만 엄비의 사인이 전염병이라는 이유로 이곳 석조전에 감금되어 빈소에는 얼씬도 못 하고 되돌아간 안타까운 사연도 있었다.

고종 임금이 승하한 후 1933년부터 내부를 개조하여 근대 미술품 전시관으로 사용하다

▶ 석조전

가 해방 후 1946년 미·소 공동위원회 회의실로 쓰이기도 하였고, 국제연합 한국위원회 사무실로 쓰이기도 하였다.[35]

6·25사변 후에 국립 중앙 박물관이 되었다가 지금은 서남쪽에 새로 지은 석조 건물과 함께 국립 현대미술관으로 사용하고 있다.

석조전은 현재 한국 문화 예술 진흥원에서 사용하고 있다. 정면 17간(54.2m), 측면 10간(31m)인 3층 건물로 당초 설계로는 기단부인 1층은 시중드는 사람들의 거실로, 2층은 접견실 및 홀로, 3층은 황제 내외의 침실, 거실, 욕실로 되어있었다.

이것은 건물 앞에 있는 정원과 더불어 18세기 유럽의 궁전 건축을 모방한 신고전주의 양식 건축물이라 할 수 있다.

돈덕전(惇德殿)

궁성 밖 정동(貞洞) 10번지에 있다.

석조전 뒤에 있었던 연와조(煉瓦造) 양옥집으로 외국 사신들을 접견하고 연회 장소로도 사용하였는데 일인들이 모두 헐어내어 정구장으로 만들어버렸다.

1907년 7월 고종황제가 헤이그 밀사를 이곳에서 파견하였다.

순종이 1907년 8월 14일에는 광무 연호를 끝내고 융희 원년을 세웠으며 동년 27일에 돈덕전에서 즉위식을 거행하고 즉조당에 들었다.

선원전(璿源殿)

1897년 3월 23일 진전(眞殿)의 공역비(工役費) 5만 원(元)을 들여 공사를 시작하였는데 6월 19일에 완공하여 선원전이라 했다.

중명전 북쪽에 있으며 정문은 영성문(永成門: 경기여자중학교 자리)인데 없어졌고, 선원전도 광무 4년(1900)에 소실되어 복원하지 못하고 그 자리는 공원으로 조성되어있다.

돈덕정 뒤 담장 너머에 있었으며 태조를 비롯한 역대 임금의 초상화를 모신 곳이었는데

1900년 초 경복궁 집옥재에 봉안했던 숙종을 비롯한 7위의 초상을 모셨다.

그 일대는 초상 때 관을 모시는 빈전(殯殿), 신주를 모시는 혼전(魂殿) 등이 있어 황실의 제례를 지내던 곳이다.

1900년 8월에 선원전에 화재가 나 어진(御眞) 7본이 모두 소실되었다. 불은 한밤중에 났는데 이때 청국 공사가 소화기를 가지고 대안문(大安門)에 도착하였으나 고종은 무슨 변고가 일어날까 싶어 이를 저지하는 바람에 모두 다 타버리고 말았다.

상량문 제술관(製述官)은 홍문관 태학사(太學士) 김영수(金永壽)를, 사서관(寫書官)으로는 궁내부(宮內府) 특진관(特進官) 윤용구(尹用求)를 임명하였다.

여덕전(與德殿)

선원전 북쪽에 있었으며 엄귀비 빈전(殯殿)으로 사용한 일이 있었는데 지금은 없어지고 그 자리는 경기여자중학교 터가 되었고, 옆 언덕에는 방송국이 들어섰다.

함유제(咸有齊)

이 건물도 1904년 대화재 때 소실되었는데 동년 6월 14일 주춧돌을 놓고 20일에 기둥을 세워 30일에 상량을 올렸다. 단층으로 12간인데 가퇴가 4간이다.

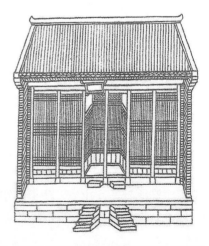

▶ 함유제 입면도(경운궁 중건도감의궤: 규장각)

함희당(咸喜堂)

이 역시 대화재로 소실되었는데 1905년 1월 9일 터를 닦아 16일 주춧돌을 놓고 25일에 기둥을 세워 2월 2일에 상량을 올렸다.[36] 단층 'ㄱ'자 집으로 21간인데 가퇴가 3간이다. 서학현(西學峴) 홍원(紅園)에 있다.

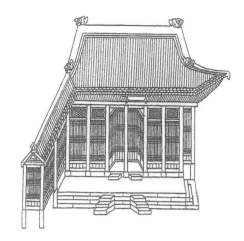

▶ 함희당 입면도(경운궁 중건도감의궤: 규장각)

양이재(養怡齋)

서학현(西學峴) 홍원(紅園)에 있다. 대화재로 소실된 것을 1905년 1월 9일 터를 닦고 16일 주춧돌을 놓아 25일에 기둥을 세우고 2월 2일에 상량을 올렸다.[37] 같은 곳에 있었으므로 함희당과 똑같은 일정으로 공사를 마쳤다. 단층집으로 24간인데 툇간이 4간 복도가 3간이다.

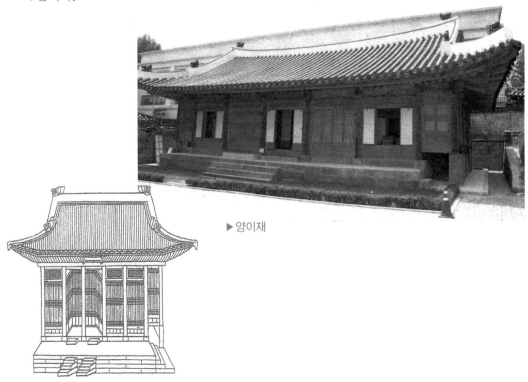

▶ 양이재

▶ 양이재 입면도(경운궁 중건도감의궤: 규장각)

수학원(修學院)

영국 공사관 동쪽에 있었으며 영국 성공회 교당터(英國 聖公會 敎堂址)로 귀족 자제들의 교육 장소이었는데 지금은 없다.

광명문(光明門)

▶광명문

대안문과 중화문 사이에 있던 덕홍전(德弘殿)의 정문으로 덕홍전 남행각 중앙에서 남향하여 있던 삼문(三門)이다. 광명문을 지나 치중문(致中門)을 거쳐 함녕전에 이르도록 되어있다.

1904년(광무 8) 큰 화재로 모두 소실되었는데 같은 해에 함녕전은 복구되었으나 광명문은 늦게 복구된 것 같다.

1938년 석조전 서관을 증축하여 이왕가 미술관으로 개관하면서 덕수궁 서남쪽으로 옮겨왔다.

그 안에는 물시계인 자격루(自擊漏)와 흥천사의 동종, 100발의 화살을 동시에 발사할 수 있는 신기전기화차(神機箭機火車) 등을 전시해 놓았었다. 그 후 이 광명문이 제자리로 옮겨가는 바람에 안에 있던 유물들은 모두 다른 곳으로 옮겨갔다.

신기전기화차(神機箭機火車)

　　신기전은 일종의 로켓 병기로 고려 말 최무선(崔茂宣)이 만든 주화(走火)라는 무기를 1448년(세종 30)에 개량한 것이다. 대나무 화살 뒤쪽에 화약을 장전하여 점화하면 목표 지점으로 날아가는 병기이다.

▶ 신기전기 화차　　　　　　　　　　　　　　　▶ 신기전기 분해도

　　신기전은 대신기전, 중신기전, 소신기전, 산화신기전(散火神機箭) 등의 4종류가 있는데 화차에 올려놓고 발사할 수 있는 것은 중·소신기전이다.

　　1451년(문종 1)에 신기전을 올려놓고 발사할 수 있는 화차를 발명하였다. 문종 때 발명한 화차는 신기전기와 총통기(銃筒機)를 화차의 수레 위에 올려놓고 발사할 수 있는 장치이다.

　　구조는 길이 7치 5분(229.9mm), 너비와 두께가 각각 1치 8분(55.2mm)인 정사면체 나무 기둥에 지름이 1치 5분(46.0mm)의 구멍을 뚫어 이것을 나무 상자 속에 100개를 7층으로 쌓아 만들었다. 위층에서부터 아래로 여섯 번째 층까지는 15개, 맨 아래 7번째 줄에는 10개를 쌓아 화차 수레의 발사 각도를 조절하여 신기전 약통에 부착된 점화선을 한데 모아 불을 붙이면 동시에 15개씩 위층에서부터 아래층까지 차례로 100발이 모두 발사된다. 사정거리는 중신기전이 150m, 소신기전이 100m쯤이다. 제작 당시의 설계도가 남아있는 것은 이것이므로 세계에서 가장 오래된 병기이다.[38]

흥천사종(興天寺鐘)

흥천사는 1395년(태조 4) 신덕왕후 강씨(神德王后 康氏)가 죽자 1396년 능지(陵地)를 정능(貞陵: 지금 정동)으로 정하고 원당(願堂)으로 능 동쪽에 170여 칸의 절을 세워 흥천사라 한 것이다. 흥천사동종은 보물 제1460호로 지정되어있다.

도성 안에 능을 조영(造營)한 것은 전무후무한 일로 전례가 없는 엄청난 파탈(擺脫)이었다. 흥천사는 신덕왕후의 명복을 비는 원찰(願刹)로 세워졌는데 능이 1409년(태종 9) 도성 밖 정능동으로 옮겨간 뒤에도 절은 계속 남아있었다. 1504년(연산군 10) 본당이 불타버렸고, 1510년(중종 5) 사리각까지 불타 완전히 폐허가 되었다.

▶ 흥천사 종(광명문 안에 보관되어 있었으나 광명문이 제자리로 복원되는 바람에 박물관으로 옮겨갔다.)

흥천사종은 1462년(세조 8) 만들어 흥천사에 걸었다.

중종 5년에 흥천사가 완전히 불타고 난 후 1747년(영조 23) 경복궁의 광화문으로 옮겼다가 창경궁으로 옮겼는데 광명문을 중건하면서 이곳에 보관된 것이다.

자격루(自擊漏)

국보 제229호로 지정되어있다.

1434년(세종 16) 왕명을 받아 장영실(蔣英實), 이천(李蕆), 김조(金銚) 등이 만든 자동 시보 장치가 된 물시계인데 시(時), 경(更), 점(點)에 따라서 자동적으로 종, 북, 징을 쳐서 시보를 알리도록 장치가 되어있었다. 그 구조에 관한 것은 『증보문헌비고』와 『국조역상고(國朝曆象考)』에 실려있는데, 보루각의 자격루와 흠경각의 자격루가 각각 기록되어있다.

보루각의 자격루: 경복궁 보루각 참조

흠경각의 자격루: 경복궁 흠경각 참조

▶ 자격루

세종 때 만든 것은 소실되고 덕수궁 광명문에 전시된 것은 1536년(중종 31)에 만든 파수호(播水壺)와 수수호(受水壺)다.

청동으로 만든 1개의 큰 파수호는 최대지름이 94cm, 높이 71cm이고 작은 파수호는 최대 지름 46.5cm, 높이 40.5cm인데 모두 단지 모양으로 되어있다. 두 개의 청동제 수수호는 외경이 37cm, 내경이 33cm, 높이 196cm의 원통형이다. 큰 파수호와 작은 파수호 사이와 작은 파수호와 수수호 사이에는 가는 관(管)을 통하여 물을 흘려보낸다.

가는 관은 오래되어 파손되고 겨우 파수호와 수수호가 남아있다. 이 자격루는 효종 때 이후 조선말까지 누국(漏局)에서 표준시계로 썼다.

○ 평장문(平章門): 궁의 서북쪽에 있던 문

○ 생양문(生陽門): 궁의 북쪽에 있었는데 위치는 영국 영사관 앞에 있었다.

○ 포덕문(布德門): 대안문의 북쪽 대로변에 있던 문

○ 인화문(仁化門): 궁의 서북쪽에 있었는데 당초에는 덕수궁 남쪽 정문이었다.
　　　　　　　　　고종이 옮겨온 뒤 영국 영사관으로 통할 수 있게 되어있었다.

○ 선춘문(宣春門): 중화전 동문

○ 흠명문(欽明門): 중화전 서문

중화전 행각들이 다 없어졌으나 동남쪽 구석에 건물 1동이 행각이 이어진 듯한 것 같은 모양으로 남아있다. 속칭 대기소이었다 하는데 동행각과 남행각이 이어지는 관광청(觀光廳)이었던 것으로 알려져 있다.

○ 궁내부 예무원(宮內府 禮武院): 의정부(議政府)와 원수부(元帥府) 등의 궁내(宮內) 조방(朝房), 전화과(電話課) 등이 집무하고 있었다.

○ 병영사(兵營舍): 대안문 안 북쪽에 세워진 2층 건물로 여기에 왕실 전용의 전기발전소가 설치되어있었다.

○ 홍교(虹橋): 1901년(광무 5) 8월에 가설한 무지개다리. 궁의 남쪽에서 지금의 법원 자리로 건너갈 수 있도록 가설한 구름다리이다. 지금도 다리 한쪽 갓 부분이 담장에 남아있다.

대한문의 준공과 더불어 고종이 주도하던 경운궁의 공역(工役)은 끝이 나고 1907년 7월 순종 황제가 즉위하여 창덕궁으로 옮겨가면서 왕궁으로의 운명을 다하게 된다.

▶홍교 교각 잔해(러시아 공관으로 이어진 다리. 교각 일부가 덕수궁 담벽에 남아 있다.)

원구단(圜丘壇)

　서울특별시 중구 소공동에 소재하는 제천단(祭天壇)으로 사적 제157호로 지정되어있다.
　제천단이란 하늘에 제사 지내는 둥근 단으로 중국에서는 천단(天壇)이라 하는데 북경 시내 천안문과 직선거리에 있다. 원구단이란 말은 천원지방(天圓地方)이라는 말에서 유래한 것인데 하늘은 둥글고 땅은 네모나다는 뜻이다.

▶ 원구단(1897년에 세워진 것인데 이 자리에 조선호텔이 세워졌다. 한국성씨
　연합회)

▶ 일제 때 세워진 조선호텔

그래서 하늘에 제사 지내는 단은 둥글고, 땅에 제사 지내는 사직단은 네모꼴로 되어있다. 우리 문헌에 '圜' 자를 써서 원구단이라 하기 때문에 '환' 자로 읽는 사람이 있는데 새김이 '에워쌀 환''둥글 원' 하여 둥글다는 뜻을 나타낼 때에는 '원'으로 읽어야 한다.

우리나라에서도 제천의식은 이때가 처음은 아니다. 983년(성종 2) 1월에 왕이 원구단에 풍년을 기원하는 제천의식을 가졌다는 기록이 『고려사』에 있다. 태조 원년 8월 11일 예조전서 조박 등이 제의하기를 종묘, 사직, 산천, 성황, 공자 사당 등의 제사는 규례에 따라 지내되 원구는 천자가 하늘에 지내는 것이므로 없앨 것을 주청한 바 있다. 그러나 혁파하자는 명분이 천황의 고유 권한을 침범하는 불경(不敬)을 피하자는 데 있었지만 천 년을 지켜온 의례를 쉽게 버릴 수는 없었다. 태조 3년 8월 21일 예조에서 제의하기를 우리나라에서는 '원구'에서 하늘에 제사를 지내어 풍년을 기원하거나 비를 내려주기를 바라는 의식을 지켜온 지가 오래되었으므로 경솔하게 없앨 수는 없으니 종전대로 다시 제사를 지내고 '원단'이라고 이름을 고치도록 주청하여 다시 원단에 제사 지내는 의식이 정초에 거행되었다.[39]

그 후 태종 11년 12월 6일 의정부 영사 하륜과 참의 허조 등이 오방(五方)의 으뜸인 상제(上帝)에게 제사 드리는 것은 황제의 소임이니 우리는 동방을 맡은 청제(靑帝)에게만 제사를 드리는 것이 옳다 하며 글을 올리기를 "제후의 나라로서 하늘에 제사를 지낸다는 것은 예의에 맞지 않는 일이어서 청제에게만 제사를 지내시기 바랍니다." 하니 왕이 답하기를 "우리나라에서 원단에 제사를 지내온 지는 이미 오래되었다. 경등의 의견이 옳지만, 혹시 수재나 한재가 있게 되면 원단에 제사 지내지 않은 때문이라고 원망하지 않겠는가?" 했다.[40]

이렇게 하여 몇 해 동안 하늘에 제사를 지내지 못한 것 같다. 이때로부터 5년여 세월이 흐른 태종 16년 6월 1일 경승부 변계량이 글을 올렸다. 변계량의 논리는 이러했다. 날이 가물어 비 오기를 빈다고 하면서 하늘에 대고 빌지 않으니 옳지 않다. 또 비가 오고 안 오고는 모두 하늘의 조화인데 이 조화는 사람이 밑에서 하늘을 감동시킴으로써 나타나는 것이다. 감동시킬 계기는 실로 하늘에 있는 것인데 그 밖의 다른 어디에서 찾을 수 있겠는가? 천자는 하늘과 땅에 제사 지내고 제후는 산과 강에 제사 지내는 것이 법도이나 급하면 제후도 하늘에 직접 고할 수 있다. 비유하자면 어느 한 사람이 송사를 하려고 하면 형조나 사헌부로 갈 것이고 해당 부서에서는 일을 처리하고 임금에게 보고하는 것이 순리이나 일이 급하고 제대로 이루어지지 않으면 신문고를 두드려 임금에게 직접 호소하는 것과 이치가 같은 것이니 하늘에 직접 제사 지내는 것이 그르지 않다고 주장하였다. 덧붙이기를 우리 시조 단군은 하늘에서 내려온 분이지 천자가 땅을 나누어 봉해준 것이 아니기 때문에 독자적으로 하늘에 제사를 지내도 되는 것이며 어느 시대부터 시작되었는가는 알 수 없으나 1,000여 년을 두고 그대로 이어왔고 태조 대왕께서도 그대로 이어온바 하늘에 제사를 지내는 것이 옳다 하였다.[41] 주체사상의 발로라고 여겨지나 사관은 이러한 변계량의 주장을 분수에 어긋나고 예의에 벗어난다고 비난하였다. 결국, 이때까지도 하늘에 직접 제사 지내는 것이 이루어지지 못한 것 같다.

세종 원년 6월 7일 가뭄이 심해지자 변계량이 다시 원단에서 하늘에 제사를 지내야 한다고 주청하였다. 왕은 외람되기 때문에 시행할 수 없다 하였으나 옛날 중국의 기수가에도 하늘에 제사 지낸 일이 있어 제후국도 제사를 지낸 전례가 있음을 상기하며 거듭 주청을 하여 임금이 제삿날을 받도록 허락하였다.[42]

이때부터 원단에 제사 지내는 의례가 다시 시작되었는데 세조 3년 1월 6일에 예조에서 제의하기를 옛 문헌에 하늘에 제사 지낼 때에는 뿔이 갓 돋은 송아지를 쓴다고 하였다. 뿔이 갓 돋은 송아지는 한참 젖을 먹기 때문에 어미와 같이 올려와야 하는 폐단이 있어 꼴이나 풀이나 곡식을 먹는 두 살 난 송아지가 뿔은 좀 크더라도 역시 송아지이고 먹이기도 쉬우니 그것을 쓰도록 하였다. 그리고 하늘에 제사를 드리기 이틀 전에 종묘의 태조실에 하늘과 함께 제사 지내기 위하여 신주를 따로 만든다는 뜻을 고하도록 되어있다. (세조 3년 1월

▶황궁우

7일) "세조 2년 12월에 예조에서 올린 원구단의 크기는 둘레 6장, 높이 5자로 하며 섬돌은 12층계로 하고 낮은 담은 셋으로 할 것입니다. 매개 낮은 담을 25보로 하고 둘러친 담에는 문 넷을 낼 것입니다. 햇불 피우는 단은 신단 남쪽에 쌓되 대사단은 너비 1장, 높이 1장 2자로 하며 지계문은 사방 6자로 하되 우로 열고 남쪽으로 나가게 할 것입니다."라고 하였다. 그 의견을 따르면서 둘러친 담에 문 넷을 내는 것만은 하지 말라고 지시하였다.[43]

원단에서 하늘에 제사 지내는 의례는 예조에서 올려 예(例)로 삼았는데 하늘에 제사 지낼 때 여러 신위와 위폐는 하늘에 있는 「상제의 신위」, 「땅귀신의 신위」, 「태조강헌대왕의 신위」, 「해귀신의 신위」, 「달귀신의 신위」, 「별귀신의 신위」, 「산과 내를 맡은 귀신의 신위」, 「바람, 구름, 우뢰, 비를 맡은 귀신의 신위」, 「동쪽, 남쪽, 서쪽 바다를 맡은 신위」 등이었다.

세조 13년 1월 8일에는 원구서를 설치하고 사직서의 전례에 따라 권무록사 2명과 겸—승을 두되 겸—승은 예조 전향사의 좌랑을 겸임시켰다.

고려 때 만들어진 「고금상정례」에는 정월달 첫 번째 신(辛)일에 원구에 제사를 지내도록 되어있으나 이때부터 제천의식은 매년 정월 보름에 지내도록 정례화하였다. (1월 15일)

이렇게 이어오던 제천의식은 세조 9년 1월에 원구 제사를 지내야 했는데 왕의 몸이 불편하여 대신으로 하여금 섭행(攝行)하도록 하려 하였으나 불가하다는 의정부의 의견에 따라 그만둔 것을 계기로 동년 1월 7일에 원구 제사를 아예 그만두도록 지시를 내렸다. 그 후로 원단을 남단으로 고치고 격을 낮추어 기우제나 기청제 때 두루뭉실 다른 신과 함께 바람, 구름, 우뢰, 비 등에 제사를 지내 왔다.

정조 16년 8월 7일의 기록으로는 당초 「오례의」에 의하면 원단 때에 첫 잔을 드리는 것이 관례인데 그 후 남단 때에는 첫 잔 드리는 신분이 정1품에서 정2품으로 낮추어져서 임금이 이를 시정하도록 지시를 내렸다.

동년 8월 8일 자 기록에 의한 남단의 규모는 사방이 2발 2자, 높이 2자 7치인데 이것을 영조척으로 계산하면 사방이 24자 5치이고, 앞면의 높이가 2자 8치로 되어있다. 「상정 고금례」에 기록된 원구단의 규모는 둘레 6장, 높이 5자로 하며, 섬돌은 12층계로 하고 낮은 담은 세 개로 하는데 1개에 25보로 하고 둘러친 담에는 문 네 개를 내었다. 햇불 피우는 담은 신단 남쪽에 쌓되 너비 1장, 높이는 1장 2자로 하며 지계문은 사방 6자로 하되 우로 열고 남쪽으로 나가도록 주청했는데 왕은 그 의견에 따르면서 둘러친 담 문 넷을 내는 것만은 허락하지 않았다. 네 층으로 된 섬돌과 두 겹으로 된 나지막한 담장으로 둘러있고 음악은

▶ 원구단 정문(한겨레신문 제공)

:1980년대 우이동 옛 그린파크호텔에 옮겨진 모습. 백운문(白雲門)으로 읽는 사람도 있으나 가운데 글자를 구름 운(雲) 자로 보기 어렵다.

▶ 조선호텔로 다시 옮겨온 원구단 정문

아악을 연주하고 춤은 팔일무(八佾舞)를 추었다.[44] 그 이후로는 중간 제사로 격하하여 송아지를 사용하지 않았고, 남단이라는 이름으로 하늘에 제사를 지냈으므로 외형상 모든 격식을 낮추어 할 수밖에 없었다. 중국에서는 제후국 중 기나라, 송나라, 노나라에서만 하늘에 제사 지낼 수 있었다.

대한제국시대 아관파천 후 러시아의 힘을 빌려 청나라의 영향력을 벗어난 고종 임금이 의정(議政) 심순택(沈舜澤)의 상소로 영선사(營繕史) 이근명(李根命)이 지관을 데리고 소공동에다가 길지(吉地)를 정하고, 1897년 10월 2일부터 공사를 시작함과 동시에 이날 즉조당의 편액을 태극전으로 바꾸었다. 원구단, 황궁우는 경운궁과 함께 당시 내부(內部) 소속

▶ 황궁우 서편에 있는 돌북
▼ 황궁우 정문

기사 심의석(沈宜碩)의 설계로 축조된 것이라 하였다. 동년 10월 8일에 사직단의 신위판도 태사(太社), 태직(太稷)으로 바꾸고, 이튿날 태극전에서 고천지제(告天地祭)를 지냈다. 10월 11일에 고종은 원구단에 머물면서 새 국호를 대한(大韓)이라 정하고 원구단 고유제문(告由祭文), 반조문(頒詔文)에 대한이라 썼다. 그리고 다음 날인 1897년 10월 12일에 고천제를 지내고 황제에 올라 대한제국(大韓帝國)을 선포하였다.[45] 이곳은 원래 남별궁으로 지은 곳으로 후에 명나라 사신이 투숙하는 숙소로 이용하였던 곳인데 지금은 조선호텔이 들어서 있다.

　이때 만들어진 원구단의 구도는 제1층 북동쪽에 황천상제(皇天上帝)가, 북서쪽에는 황지기(皇地祇)가 각각 남향하여 있다. 2층에는 동쪽에 대명(大明), 서쪽에 야명(夜明)의 위가 봉안되어있으며 3층 동쪽에는 북두칠성(北斗七星), 오성(五星), 이십팔수(二十八宿), 오악(五岳), 사해(四海), 명산(名山), 성황(城隍)의 위와 서쪽에는 운사(雲師), 우사(雨師), 풍백(風伯), 뇌사(雷師), 오진(五鎭), 사독(四瀆), 대천(大川), 사토(司土)의 위가 모셔졌다.

제를 올릴 때에는 영신궁가(迎神宮架)에는 중화(中和)의 악을, 진찬궁가(進饌宮架)에는 응화(凝和)의 악을 연주하였다.

1899년 원구의 북쪽에 황궁우(皇穹宇)를 건립하고 신위판(神位板)을 봉안하면서 태조를 추존하여 태조고황제(太祖高皇帝)로 삼고 원구 황지기 동남에 배천(配天)하였다.[46] 대한제국을 선포하고 황제의 자리에 오른 이후 이 원구단에서 제사 지낸 기록이 보이지 않는 것을 보면 국력이 쇠잔해진 당시에 러시아의 지원과 일본의 정략적 묵계하에 이루어진 자주독립의 선포는 단순한 현시(顯示)에 불과할 뿐 독자적인 제천의식을 가지기에는 역부족이었던 것 같다. 결국, 1908년 7월 향사이정(享祀釐整)에 관한 칙령에 따라 원구단과 그 부지가 국유화되었다.

이 원구단은 1913년 일제의 손에 의하여 헐리고 그 자리에 조선호텔이 들어섰는데 구내에 황궁우는 지금도 남아있다. 황궁우는 화강암 기단 위에 세운 3층 팔각정인데 기단 위에 돌난간이 둘러있고 1, 2층은 통층으로 되어있으며 중앙에 태조의 신위가 모셔져 있다. 건물 양식은 익공계이나 장식은 청나라의 기풍이 많이 배어있다. 황궁의 옆에 제천 때 쓰는 악기를 상징하는 돌로 만든 북이 세 개 있는데 몸체에 새겨진 용무늬가 다채롭다.

연호(年號)

군주가 자기 치세 연차에 붙이는 칭호이다. 연호가 처음 사용된 것은 중국 한나라 무제 때이다. 한(漢)나라 무제(武帝)는 등극하여 다음 해인 BC 140년에 건원(建元)이란 연호를 사용한 것이 최초인데 그 후 원광(元光: BC134~129), 원삭(元朔: BC128~123), 원수(元狩: BC122~117), 원정(元鼎: BC116~111), 원봉(元封: BC110~105), 태초(太初: BC104~101), 천한(天漢: BC100~97), 태시(太始: BC96~93), 정화(正和: BC92~89), 후원(후원: BC88~87) 등 재위 기간 동안에 11개의 연호를 사용하였다.

이것이 선례가 되어 군주 1대에 몇 개의 연호를 사용하였으나 명나라 때부터 1대에 한 연호만 사용하였다. 우리나라에서 최초로 연호를 사용한 것은 고구려 광개토대왕이며, 영락(永樂)이라는 연호를 사용했음이 광개토왕비에 나타나 있다. 그 외 고구려에서는 건흥(建興), 연가(延嘉), 영강(永康) 등의 연호를 사용했음이 불상 등의 제작 연대 표기에서 발견된다. 백제에서는 일본에 보내준 칠지도(七支刀)의 명문(銘文)을 통하여 태화(泰和)라는 연호를 사용했음을 알 수 있다. 칠지도는 근초고왕(346~375) 때 일본에 보내진 것으로 알려져 있다. 한편 역사서를 통하여 확인할 수 있는 연호는 신라 때의 것이다. 신라 23대 법흥왕(514~540) 재위 23년(536)에 독자적으로 연호를 세워 한나라 무제가 처음 세웠던 건원(建元)이라는 연호를 세웠고 진흥왕 때 개국(開國), 대창(大昌), 홍제(鴻濟), 진평왕 때 건복(建福), 선덕왕 때 인평(仁平), 진덕왕 때 태화(太和)라 하였다. 발해에서는 대조영이 나라를 세워 천통(天統)이라는 연호를 사용한 이래 역대 임금이 1세대에 1개의 연호만을 사용하였다.

후삼국 시대의 궁예는 국호를 마진(摩震)이라 하고 무태(武泰), 성책(聖冊)이라는 연호를 썼고 후에 국호를 태봉(泰封)으로 고치고는 수덕만세(水德萬歲), 정개(政開)로 두 개의 연호를 사용하였다. 919년 왕건이 고려 왕조를 세우고 등극하여 천수(天授)라 하였고, 광종은 광덕(光德), 준풍(峻豊)이라는 연호를 썼다. 1896년(고종 33)에 음력을 버리고 태양력을 사용하면서 건양(建陽)이라는 연호를 사용하였다. 이듬해인 1897년에 대한제국을 선포하고 고종은 황제에 올라 연호를 광무(光武)로 고쳤다. 그리고 순종이 즉위하면서 1907년 융희(隆熙)라는 연호를 사용하였다. 1945년 광복 후 1948년까지 미 군정 기간 동안 서력기원을 사용하다가 1948년 8월 15일 대한민국 정부 수립 후에는 연호에 관한 법률 제4호에 의하여 단군기원을 공용 연호로 제정 서기 1948년을 단기 4281년으로 사용하였다. 1961년에는 연호에 관한 법률 제778호를 공포하여 1962년 1월 1일부터 서력기원을 공용 연호로 사용하여 현재에 이르고 있다.

손탁호텔

　손탁은 프랑스 혈통의 독일인(웨베르 처형)으로 러시아 공사 웨베르와 함께 조선에 들어와 궁정을 출입하는 외국인들을 접대하면서 정계에 상당한 영향력을 미쳤다.

　손탁은 1902년 정동(貞洞)에 있는 궁궐 땅 일부인 정동 29번지 왕실 소유 대지 804평(이화여자중학교 자리)을 할애받아 호텔을 짓고 자기 이름을 따 손탁호텔이라 하였다. 호텔은 벽돌집이고 2층으로 지었는데, 2층은 귀빈실로 꾸미고 1층은 식당과 일반 객실을 만들었다. 우리나라 최초의 호텔은 1888년에 인천에 지어진 대불(大佛)호텔이다. 당시에는 경인 철도가 개통되지 않았기 때문에 인천에 들어온 일인들은 대개 하루를 묵어야 했다.

▶손탁호텔(600년 서울)

제6장
도성

도성의 역사

도성이란 평상시 왕이 거주하는 궁전과 중앙행정기관 그리고 그 주변 취락을 둘러싸고 있는 성(城)을 말한다. 왕성(王城)이라고도 한다.

기록상에 나타난 우리나라의 도성은 고조선의 왕검성(王儉城)이 처음이다.

백제는 근초고왕 때 한강 이북으로 도성을 옮기고 한산(漢山)에 성을 쌓아 한성(漢城)이라 불렀다. 한성이란 이름이 이때 처음 나타난다.

조선의 태조는 개국 후에 민심을 새롭게 전환하기 위하여 도읍을 옮길 결심을 하였다. 처음에는 충청도 계룡산으로 천도해볼 생각으로 중신들에게 이를 논의해 보도록 하였으나 계룡산은 협소하고 송도에서 너무 멀리 있어 제반 공사에 어려움이 많다는 이유로 하륜이 적극 반대하고 나서는 바람에 결국 공사 중에 그치고 말았다.

서울은 북한산을 주산으로 하여 좌청룡으로 낙산(駱山)이 동쪽으로 솟아있고 우백호인 인왕산이 서쪽으로 뻗어있는 데다 남쪽에는 목멱산(木覓山: 남산)이 안산으로 솟아있으며 관악산이 북한산에 예를 올리는 듯하여 고려 초부터 풍수지리상으로 명당이라는 평판이 입에 오르내린 곳이다.

한양은 명당이라는 조건이 아니더라도 남쪽으로 한강이 흐르고 서해에 인접해 있으며 한반도 중앙에 있어 교통이 편리할 뿐 아니라 천혜의 자연입지에 의한 도로망이 잘 구축되어 있어 통치기반을 구축하는 요충지라 할 수 있다.

태조는 1394년(태조 3) 10월 28일에 한양으로 천도한 후에 북악산 밑에 정남을 향하여 경복궁을 짓고 종묘(宗廟)를 세운 다음 남쪽으로 대로를 내어 의정부, 육조 등 중요한 관청을 두었다.[1]

당시의 도로는 대로, 중로, 소로로 구분하는데 대로는 육조거리로 불린 광화문 거리, 광화문과 동대문거리, 남대문과 광교 거리로 폭은 17m이었다.

한양 천도 다음 해 6월에 한양을 한성으로 고쳐 부르고 북악산, 인왕산, 남산, 낙산을 둘러 도성을 쌓았다. 태조는 "도성은 나라의 울타리로서 사납고 모진 것을 막고 백성을 보호하는 곳이라." 하였다.

한양 도성 배치도

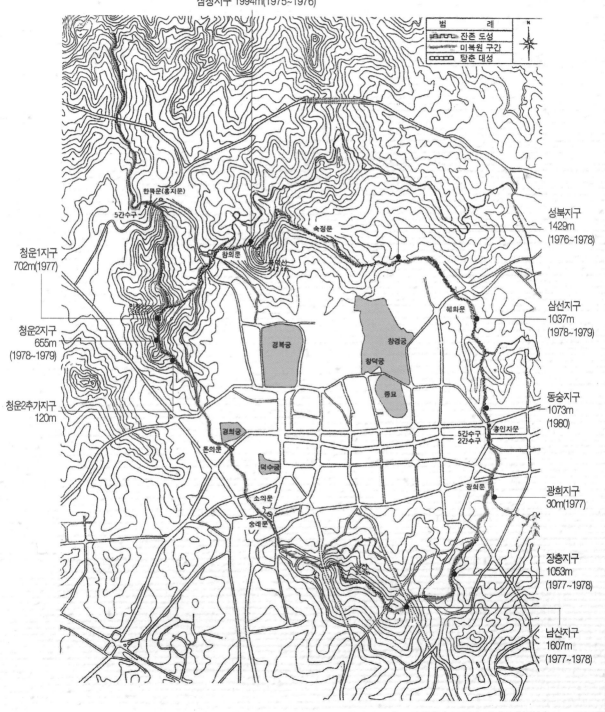

삼청지구 1994m(1975~1976)

범 례
잔존 도성
미복원 구간
탕춘 대성

한북문(홍지문)
5간수구
숙정문
창의문
백악산

청운1지구
702m(1977)

성북지구
1429m
(1976~1978)

청운2지구
655m
(1978~1979)

혜화문

삼선지구
1037m
(1978~1979)

경복궁
창경궁
창덕궁
종묘

청운2추가지구
120m

동숭지구
1073m
(1980)

경희궁
돈의문
덕수궁

5간수구
2간수구
흥인지문

소의문
숭례문

광희문

광희지구
30m(1977)

장충지구
1053m
(1977~1978)

남산지구
1607m
(1977~1978)

축성을 추진하면서 송도에서 옮겨온 관리들이나 백성들이 집을 짓고 정착할 공간이 먼저 필요했는데 새 수도의 땅은 500여 결에 불과했다. 이 땅을 가지고 토지분배를 했는데 정1품에 35짐(卜)이고 1품계를 내려가면서 5짐씩 줄여갔고 보통사람에게는 2짐씩 분배되었다.[2] 1짐은 사방 둘레의 길이가 3보 3자이고 1결은 사방 둘레의 길이가 35보이다. 관리들의 집을 짓는 데는 주로 승려들을 동원하였다.

한성은 경복궁과 종묘가 낙성된 이후인 1395년 9월에 도성축조도감(都城築造都監)을 설치하고 1396년 1월에 판삼사(判三司) 삼봉 정도전이 답사하여 설계한 대로 북악, 낙산, 남산, 인왕 등 네 개의 산능선을 연결하는 원형에 가까운 성을 쌓기 시작한 것이 제1차 축성공사이다.[3] 축성공사의 총지휘자는 영삼사사(領三司事) 심덕부(沈德府)이다. 이에 성을 연결하여 쌓은 성안을 '문안'이라고 했는데 처음 한양 천도 당시의 서울은 도성 내만을 말하였다.

북악산(北岳山: 면악 또는 백악산 342m)은 서울의 주산으로 북쪽의 현무(玄武)가 된다. 동쪽의 낙타산(駱駝山: 일명 낙산 125m)은 좌청룡이고, 서쪽의 인왕산(仁旺山: 일명 필은산 338m)은 우백호가 된다. 남쪽의 남산(南山: 일명 목멱산 또는 마뫼 265m)은 안산(案山), 즉 남주작(南朱雀)이 되어 이들이 서울의 내사산(內四山)이다. 내사산의 면적은 불과 500만 평에 불과한 좁은 땅이었다.

서울 북쪽으로 종산(宗山)인 북한산(北漢山: 부아악 836m), 서쪽으로 고양 및 김포군과 경계를 이룬 덕양산(德陽山: 행주 125m), 남쪽으로 시흥과 경계를 이룬 관악산(冠岳山: 632m), 동쪽으로는 구리시와 경계를 이룬 용마산(龍馬山: 348m)이 외사산(外四山)이다. 서울을 두 겹으로 둘러싼 천연의 요새로 외사산내 면적은 605㎢가 된다.

1차 공사는 1396년 1월 5일부터 2월 26일까지 49일 동안인데 경상도, 전라도, 강원도, 그리고 평안도 안주(安州) 이남과 함경도는 함주(咸州) 이남의 장정 118,070명을 동원하였다.[4]

공사 규모는 총길이 59,500척의 성을 쌓은 것인데 높고 험한 산에는 높이 15척, 길이 19,200척의 석성을 쌓고 평지와 평산에는 바닥 넓이 24척, 상광이 18척, 높이 25척, 길이 40,300척의 토성을 쌓았다. 토성의 단면은 사다리꼴을 이루는 성토판축(盛土版築)을 하였다.

특별히 지대가 낮고 습지인 동대문 청계천(淸溪川) 수구(水口)에는 구름다리(雲橋)를 만들고 그 양쪽에 높이 16척, 길이 1,050척의 석성을 쌓았는데, 공사는 600척을 한 단위로

하여 축성 구역을 97개로 나누어 진행하였다.[5]

구역마다 천자문의 자호 순으로 표시하여 백악산 동쪽에서부터 하늘 천(天) 자로 시작하여 낙산, 남산, 인왕산을 거쳐 백악산 서쪽에 이르러 조상 조(弔) 자까지 구획을 나누어 진행하였다.

공사는 또다시 매 글자구간 600척을 6등분 하여 구간마다 판사(判事), 사(使), 부사, 판관(判官) 등 12명씩을 임명하여 책임을 맡겼다. 책임진 부분에 해당하는 성벽에 관직과 군명(郡名)을 새겨넣어 책임의 소재를 분명히 하였다.

석재는 자연석을 조금 손질하여 쌓고 기초석은 길고 큰 돌을 수직으로 쌓아 올렸다. 그런데 이렇게 많은 인력과 재정을 쏟아 만든 도성이 그해 7월 장마에 수구 2간이 무너지고 토성 여러 곳이 허물어졌다.

동년 8월 6일부터 9월 24일까지 49일 동안 8만 명의 인원을 동원하여 제2차 공사를 시행하였는데 이때 축성도감 제조로 임명된 사람은 권중화(權仲和), 박자청(朴子靑), 신유현(辛有賢)이었다.[6] 이와 같은 1, 2차에 걸친 축성 공사에 어려움도 많았다. 1396년 8월 도성감역관 박리(朴理)가 군인 장정들을 시켜 큰 돌을 운반하는 과정에서 길이 좁아 전밀직(前密直) 이사위(李士渭)의 집 울타리를 철거할 수밖에 없었다. 이것이 말썽이 되어 당시 세력가인 이사위가 박리를 구타하는 불상사가 일어났다. 이 사건은 성문제조 최유경(崔有慶) 등이 왕께 고변하여 결국 왕명으로 이사위의 종 20명을 남대문 공사에 출역케 하는 것으로 매듭지었다.[7]

공사가 거의 끝날 무렵인 9월 28일에는 전라도의 부역 인부가 수능(壽陵)의 덮개돌을 운반하다가 넘겨져 89명이나 골절상을 입었고 공사를 마치고 귀향길에도 많은 인부가 병사하였다. 그러나 2차 축성공사를 끝내고도 태조 연간에는 군인이나 승려들을 동원하여 부분적인 보수는 계속하였다. 태조 7년 1월에는 경상, 전라, 충청, 풍해 4도의 군인을 동원하여 성곽 보완 공사를 하였고, 동년 5월부터는 유지 관리 책임을 경기좌도와 충청도 주군(州郡)에 맡겨 계속 수행하도록 하였다.

이듬해 봄에 완성되지 못한 동대문 부근의 성 쌓기 공사를 마무리 짓고 장마로 무너진 수구의 구름다리 하나를 더 설치하였다. 그리고 장마로 허물어진 토성은 석성으로 고쳐 쌓았고 석성 중에도 지형 때문에 낮은 곳은 높여 윗면을 가능한 한 맞추었다. 그리고 사대문 사소문의 월단(月團: 아아취)과 문루(門樓)를 이때 세웠다. 그러나 남대문의 문루는 2년 뒤인 1398년 2월에야 완공되었다.

4대문은 흥인지문(興仁之門: 동대문), 돈의문(敦義門: 서대문), 숭례문(崇禮門: 남대문), 숙청문(肅淸門: 북대문)이고 4소문은 동북쪽의 홍화문(弘化門: 동소문, 후에 惠化門), 동남의 광희문(光熙門: 남소문), 서북의 창의문(彰義門: 북소문), 서남의 소덕문(昭德門: 서소문)을 말한다.

숙청문은 암문(暗門)으로 문루(門樓)를 세우지 않았다. 공사는 같은 무렵에 거의 다 끝났지만, 동대문의 옹성은 이듬해 4월에 완성되었다. 이와 같이 2차에 걸친 도성 축조 공사에도 불구하고 허술한 곳이 너무 많았다. 그런 상태로 20여 년이 지난 후에는 토성 25,535척과 석성 3,952척이 허물어져 있었다.

1412년(태종 12) 2월 15월에는 청계천 보안공사와 준설공사를 하였는데 장의동 어구에서 종묘동 어구까지와 문소전 및 창덕궁 앞은 전부 석축을 하고 종묘동 어구에서 수구문까지는 나무로 방축을 만들었으며 방통교, 혜정교 및 정선방어구, 신화방어구 등의 다리는 모두 돌로 놓았다. 이 공사에 동원된 군정(軍丁)은 모두 2,035명인데 그중 승려가 500명이었다.[8]

1422년(세종 4)에 임금은 도성수축도감(都城修築都監)을 두고 1월 15일부터 도성 보수공사에 착수하여 팔도(八道)장정 322,400명과 공장(工匠) 2,211명을 2월 23일까지 38일 동안 동원하여 토성을 모두 석성으로 쌓음과 동시에 성터(城基)도 태조 때 59,500척이던 것을 89,610척('서울의 전통문화'에는 60,892척)으로 늘렸다. 당시에는 석성이 19,200척이요, 토성이 40,300척으로 토성이 석성의 배에 가까운 규모였다.

이때 성첩(城堞)과 여장(女牆)을 꾸몄는데 치성(雉城) 6군데, 곡성 1군데, 성랑(城廊) 15군데를 만들었다. 이 공사에 철이 10만6,199근, 석회가 9,610섬이 사용되었다. 동시에 동대문 부근에 수구 2간을 더 늘리고 서대문인 서전문(西箭門)을 약간 남쪽으로 당기어 세웠으며 성의 안과 밖에 넓이 15척의 길을 내어 수시로 순찰할 수 있도록 하였다. 공사를 시작한 때가 겨울이라 인부들의 고통은 이만저만이 아니었다. 그래서 도성 동서쪽에 구료소(救療所)를 4개소 설치하고 혜민국(惠民局) 제조 한상덕(韓尙德)이 이끄는 의원 60여 명이 매일 출근하여 병든 자나 부상자를 보살폈다. 이러한 상왕과 세종의 후덕한 배려로 인부들의 사기가 높아 공사는 예정된 40일보다 2일이 빠른 2월 23일에 모두 마쳤다.[9]

그러나 수축도감의 장계에 의하면 공사 중 사망자가 872명이고, 공사를 끝내고 귀향길에 병으로 죽은 자가 전라도 인부만도 141명이나 된다 하여 많은 희생자를 낸 공사였다.

이와 같이 도성을 크게 개축한 후에 세종 임금은 성문도감(城門都監)을 두어 우의정(右

議政), 병조참판(兵曹參判), 중군(中軍)을 우두머리 총제(摠制)로 삼고 판한성부사(判漢城府事), 한성부윤(漢城府尹)을 실안제조(室案提調)로 삼아 사(使), 부사(副使), 판관(判官) 각 4명과 녹사(錄事) 각 8명으로 10일마다 1번씩 성 안팎을 순찰하도록 하였다.[10]

세종 임금 때의 이 성터는 그 후 변동이 없었으며 총길이는 18,127m, 남북 간의 거리(북악과 남산)는 5,812.5m, 동서 간의 거리(동대문과 서대문)는 3,892.5m이다.

태조 때에 축성한 돌은 크고 작은 자연석 이어서 기초석은 크고 긴 돌을 깔고 돌과 돌 사이에 꾐돌을 넣어 수직으로 쌓았다. 그래서 거칠고 호탕한 기품이 보이는데 이 흔적은 북악에서 성북동 사이와 인왕산 곡성(曲城) 남쪽, 장충단 공원, 타워호텔 뒤편에 남아있다. 세종 때의 개축은 장방형 또는 방형으로 가공하여 성 바닥에는 큰 돌을 놓고 허리 부분은 약간 밖으로 휘게 하면서 상층부는 점점 작은 돌을 쌓았다.

세종 때의 개축은 초석을 원래 것을 그대로 사용한 곳도 있지만 가공된 돌을 많이 썼으므로 꾐돌을 사용하지 않았다. 이때 것으로는 인왕산 곡성 부근에서 볼 수 있다. 1451년(문종 1) 1월부터 경기 충청의 수군(水軍) 3,000명으로 성벽을 수축하였으나 임진왜란 때 왜군에 의해 왜루(倭壘)가 쌓였고 다음 해에 수복하여 노돌로 다시 수축하였다.[11]

그 뒤 1616년(광해 8) 부분적인 수리를 하였고 세종 이후 300여 년이 지난 1704년(숙종 30) 3월부터 1711년 사이에 도성 보수공사를 가장 많이 하였는데 이때는 돌을 2척쯤 되는 방형으로 가공하여 수직으로 쌓아올렸기 때문에 견고할 뿐 아니라 외관상 아름답고 정연하게 보였다. 당시에 성의 둘레가 9,975보(步), 성첩이 7,081개로 대대적인 수축을 한 것이다.[12] 이때 사용된 돌은 주암등지에서 가져온 것이다. 이 시대 것으로는 동대문, 창의문 부근과 북악동 쪽에서 많이 볼 수 있다. 1743년(영조19)에는 부분적으로 보수를 하였고 성첩을 회분으로 단장하였다. 이 시대 것으로는 동대문, 창의문 부근과 북악동 쪽에서 많이 볼 수 있다.

1745년(영조 21)과 1746년 사이에는 비교적 큰 규모의 도성 수축 공사가 있었다. 허물어진 부분 40곳을 보수하고 성첩을 바로 쌓았으며 혜화문(동소문), 소덕문(昭德門: 서소문), 창의문(彰義門)의 문루도 고쳐 세웠다. 그때 용산에 있었던 삼군문(三軍門)의 창고를 성안으로 들어오도록 창고 밖으로 성을 늘려 쌓았다. 이때 3군문에 분담시킨 도성을 자로 재어 그 보수(步數)를 보고 해왔다. 숙정문 동쪽 무사석부터 돈의문 북쪽까지는 훈련도감에서 맡았는데 4,850보, 돈의문에서 광희문 남쪽 촌집의 뒤까지는 금위영에서 맡았는데 5,042보, 광희문부터 숙정문까지는 어영청에서 맡았는데 5,042보였다.[13] 영조 이후에도

▶ 서울 성곽(서울의 문화재)

고종 때까지 크고 작은 도성 수축은 자주 있었다.

영조 임금은 성의 보수를 마치고 수성절목(守城節目)을 제정하여 한성의 오방민(五坊民)을 세 군문에 분속시켜 도성을 지키도록 하고 어떠한 일이 있어도 도성을 버리지 않고 사수하겠다고 백성들에게 약속을 하였다.

수성절목의 내용을 보면 도성의 수비 보수는 그 비용을 삼군문에서 부담하는데 숙정문에서 광희문까지는 어영청(御營廳)에서, 광희문에서 서대문까지는 금위영(禁衛營)에서, 서대문에서 숙정문까지는 훈련도감에서 담당하도록 하였다.

각 군문은 다시 전, 후, 좌, 우, 중의 오정(五停)으로 나누어 훈전(訓前), 훈후(訓後), 훈좌, 훈우, 훈중의 글자를 돌에 새겨 각 담당 구간에 세워서 구간을 명확하게 구분하였다.

그렇게 하고는 한성 오부(五部) 각계(各契: 洞)의 민호(民戶)를 각영(各營) 각정(各停)에 배속하여 국가 유사시에 남녀노소를 막론하고 모두 성에 올라 군인과 함께 지키도록 하였다.

오부 각계는 소속을 분명하게 하기 위하여 소기(小旗)를 만들어 들게 하되 훈련도감에 속한 계는 노란기, 금위영에 속한 계는 푸른기, 어영청에 속한 계는 흰기를 만들어 소속된 부

(部), 계(契), 영(營), 정(停)을 표시하고 유사시에는 각 군문에서 소속부에 연락하면 각부에서는 영장(領將)이 부민(部民)을 인솔하여 성에 올라가되 조총이나 활 등을 가진 자는 무기를 가지고 가고 없는 사람은 돌을 가지고 올라가도록 하였다.[14] 이렇게 지켜오던 도성은 시대의 변천에 따라 1869년(고종 6) 동대문의 개축을 마지막으로 그 사명을 다하였다.

1899년(광무 3)에 서대문 청량리 간 전차 궤도가 부설됨으로 동대문과 서대문 성벽 일부가 헐리고 그해 5월 17일에 전차가 개통되면서 인정(人定)과 파루(罷漏) 종소리마저 그치고 북쪽 문을 제외한 3대문의 개폐제도마저 폐지되고 말았다. 그다음 해에는 종로와 용산 간의 전차 궤도 부설로 남대문에 연결된 북편 성곽 일부가 또 헐렸다.

1910년 한일합병으로 일제 총독정치가 시작되면서 도시계획이 수립되어 1913년 장충단에서 한강으로 넘어가는 남소문 터의 성곽이 마저 헐리고 1914년에는 서대문 부근 일대의 성곽을 헐고 총독부 관사를 짓는가 하면 1915년에는 종로와 서대문 간 도로 확장을 위하여 서대문이 헐렸다.

도시계획이란 미명하에 서소문, 혜화문, 수구문도 차례로 헐려 나갔다. 우리의 문화유산을 말살하기 위한 의도적인 정책입안으로 귀중한 문화재들이 무자비하게 파괴되어 갔다.

1945년 8·15 이후 1963년에 성벽복원 작업을 시작하였는데 본격적인 복원 작업은 1970년 서울특별시에 도성 복원 위원회가 설립되면서부터 성벽 복원 사업을 추진하여 1972년, 1976년, 1980년 삼청동, 성북동, 장충동 등 남아있는 성벽 등이 개축되고 광희문(光熙門)이 복원되었으나 아직도 미진한 곳이 많다.

1975년부터 1980년까지 복원된 성곽은 동대문 북쪽에서 숙정문을 지나 창의문과 돈의문 사이 그리고 남대문 남동쪽 남산에서 광희문 북쪽까지의 총9,794.6m를 복원하였다.[15]

태조 이성계는 외적으로부터 나라를 지키고 국가 기반을 든든히 하기 위하여 도성을 쌓는다고 하여 비교적 견고하게 성을 쌓았다고 했는데 임진왜란 때 선조 임금은 성을 비우고 몽진을 떠났고 병자호란 때 인조임금은 세자를 데리고 광희문을 빠져나와 남한산성의 행궁으로 피난하는 등의 지난 역사를 보면 결국 이 성은 전술적인 방어벽이라기보다는 단지 울타리의 역할 밖에는 못한 것이다.

태조는 도성을 쌓은 후에 백성이 지켜야 할 네 가지 규범을 제시했다.

1. 서울사산(四山: 북악산, 인왕산, 남산, 낙산)의 솔을 베지 말 것
2. 도성 안에 보리밭을 이루지 말 것

3. 성을 타고 넘어다니지 말 것

4. 성안에서 백토(白土)를 파지 말 것

　(서울의 전통문화, 서울시사연구소)

도읍지(都邑地)

나라를 통치하는 중심지를 정하는 도읍지로 가장 적절한 곳이 배산임수(背山臨水)하고 좌청룡(左靑龍), 우백호(右白虎)가 적절하게 배치된 땅이다. 소위 명당이라 하는 곳이다.

도선선사는 한양을 장풍득수(藏風得水)의 모든 요건을 갖춘 전국 제1화(第一花)의 명당으로 꼽았고, 그다음으로 송경, 세 번째로 평양을 들었다.

1096년 고려 제15대 숙종 때 김위제(金謂磾)가 도읍을 남경으로 옮길 것을 주장하여 천도의 바람이 잠시 일었다. 김위제의 주장에 의하면 송악을 중경으로 하고 목멱양(木覓讓: 서울지방)이란 명칭을 남경으로, 평양을 서경으로 하여 11, 12, 1, 2월 겨울 동안은 송도에 머물고, 3, 4, 5, 6월은 남경에, 7, 8, 9, 10월은 서경에 옮겨 1년 동안에 세 곳을 옮겨 다니면 열국이 와서 조공할 것이라 했다.

이러한 건의에 따라 고려 숙종 9년 5월에 남경에 개창도감(南京開創都監)이란 관청을 설치하고 이궁을 세웠는데, 그해 8월 10일에 왕이 백관을 거느리고 새로 창건된 연흥전(延興殿)에서 10여 일 동안이나 연회를 베풀었다 한다. 이곳이 지금 청와대 자리 부근이다.[16]

조선의 실학자 이익은 성호사설에서 "한강은 오대산에서 발원하여 네 고을을 거쳐 거슬러 흐르다가 소양강(昭陽江) 하류 두미(斗尾)에서 합수하고 삼각산을 둘러서 서해로 흘러 들어간다. 이제 한강의 여러 산맥은 속리산에서 뻗어 나와 모두 서울로 머리를 숙여 조회한다. 서울의 산맥은 백두산에서 남쪽으로 뻗어 나온 큰 줄기가 철령에서 갈라지고 그 남쪽 줄기가 금강산(金剛山)과 오대산을 거쳐 태백산(太白山), 소백산(小白山)에 이르러 돌이켜 한강 남쪽으로 뻗어 올라와 바다에서 그치고 산맥이 또 바다를 건너 강화도의 나성(羅城)이 되었으니 가슴이 넓고 배가 커서 요해지가 촘촘하게 힘을 남기지 않고 다 썼다. 참으로 이른바 만세제왕의 도읍이요, 풍수가 말하는 오덕구(五德丘)이니 어찌 하늘에서 만들어 낸 것이 아니겠는가?" 했다.[17]

이 오덕구의 길지론에 대하여는 조선 초기 학자 양촌(陽村) 권근(權近)이 이렇게 설명하고 있다. "풍수지리에서 서울을 오덕구 땅이라 하는데 중앙의 면악이 원형으로 토덕(土德: 信)에 해당되고, 북쪽의 감악(紺岳)이 곡형(曲形)으로 수덕(水德: 智)에, 남쪽의 관악(冠岳)이 뾰족하여 화덕(火德: 禮)에, 동쪽 양주에 있는 남행산(南行山)이 직형(直形)이니 목덕(木德: 仁)에, 서쪽 수주(樹州)에 있는 북악(北岳)이 방형(方形)으로 금덕(金德: 義)에 해당된다."라고 했다. (고려비기)

이와 같이 여러 왕조에 걸쳐 수많은 석학(碩學)들이 서울의 산수에 대하여 많은 일화를 남긴 것을 보면 서울이 도읍지로서 풍수상의 길지(吉地)임에는 틀림없는 것 같다.

한양 천도 당시에는 배산(背山)은 북악산(北岳山)이고, 임수(臨水)는 청계천이었다. 왕궁을 중심으로 보면 서울의 중심을 흐르는 하천은 청계천이다. 그래서 당초에는 청계천은 내명당수(內明堂水)였고, 한강은 외명당수(外明堂水)였다. 풍수지리에서는 서출동류(西出同流), 즉 서쪽에서 동쪽으로 흐르는 하천을 명당수로 보는데 청계천처럼 높은 곳인 서쪽에서 동쪽으로 흘러야 좋다는 뜻이다.

반면 외명당수인 한강은 물이 동쪽에서 서쪽으로 흐르는데 내명당수와 외명당수가 서로 반대로 흘러 다소 문제가 있기는 하나 4대문 안의 홍수를 방지할 뿐 아니라 풍수학상 기(氣)가 흘러나가는 것을 막아준다는 점에서 이상적인 특수형태의 지형조건을 가지고 있다 한다.

오상(五常)

우주 만물의 생성과 운행질서를 파악하고자 시도된 것이 주역이다. "혼연(渾然)히 원리(元理)가 충막(充漠)하여 상(像)이 없으나 능히 상이 있고, 수(數)가 없으나 능히 나뉘어 있으니 이것이 바로 천지(天地)의 시분(始分)이다. 무극(無極)이라는 것은 극이 없으므로 보아도 보이지 않고 태극(太極)이라는 것은 있되 크게 있으므로 무물부진(無物不盡: 형체도 없고 끝도 없다.)이다." 이것이 주역(周易)의 바탕 이론이다.

논리적으로만 따진다면 천지가 생기기 전을 무극이라 하고 무극을 기점으로 하여 다음 차례인 태극을 논하게 되므로 무극이 바로 태극이다. 결국, 상대적 수(數)의 개념으로는 태(太)요 절대적인 무한대의 개념으로는 무(無)이므로 太=無의 등식이 성립한다.

태극에서 양의(兩義: 음양)가 생기고 양의가 사상(四像), 즉 태양(太陽), 소음(少陰), 태음(太陰), 소양(小陽)을 생기게 하였으며 사상에서 팔괘(八卦: 乾, 兌, 離, 震, 巽, 坎, 艮, 坤)를 얻었다. 이후 주 문왕(周文王)이 이 8괘를 기초로 하여 64괘를 완성하고 문왕의 아들 주공단(周公旦)이 384효(爻)를 완성하였다.

복희(伏羲)의 8괘는 선천적(先天的)인 천연적(天然的) 질서를 밝히는 것이었고, 주문왕의 8괘는 후천적 인간질서를 확립하자는 것이었다. 다시 말하면 복희의 8괘는 우주의 자연법칙, 즉 천리를 규명하는 논리이고 문왕의 후천 팔괘는 인간의 근본 도덕을 확립하려는 것이었다.[18]

결국, 복희가 8괘를 그린 뜻은 문명 세계를 열자는 뜻이었고 문왕이 64괘를 펼친 뜻은 도덕 국가를 건설하자는 것이며 주공이 384효를 셈한 뜻은 아름다운 인격을 함양하자는 것이었다.

그런데 주(周)나라 초에 완성한 이 역서(易書)가 본래의 뜻과는 달리 시대 상황이 혼탁해짐에 따라 길흉을 점치는 점서(占書)로 전락하고 말았다.

이에 문제의식을 가지고 주역에 접근한 사람이 공자였다. 공자는 주역의 참뜻을 대중에게 널리 가르쳐서 백성을 교화하는 데 목적을 두고 문왕이 지은 괘사와 주공이 지은 효사를 깊이 연구하여 그 구체적 해설을 시도하였다.

공자가 주역을 해석한 사상적 준칙은 '인(仁)으로 규정되는 인간성과 의(義)로 의식되는 사회성과 예(禮)로 정리되는 자연성과 지(智)로 분석되는 과학성'이다.

그러므로 공자는 자연의 법칙에서 인간 성장의 원리에 적용하여 "사랑(仁)으로 시작하고, 예절(禮)로서 성장하고, 정의(義)로서 변화하고, 지혜(智)로서 완성해야 한다."라고 역설하였다.

전한시대의 동중서(董仲舒)는 이 네 가지 원리에 신(信)을 더하여 오상(五常)이라 하였다. 상(常)이란 불변의 도(道)로서 자유자재(自由自在)한 것이라 했다.[19]

음양오행(陰陽五行: 火, 水, 木, 金, 土)이 이 우주 만물의 운행 질서의 기본이 되는데 이 또한 불변의 진리이므로 이 오행을 오상이라 하기도 한다.

이것은 인간 생활에서 없어서는 안 되는 다섯 가지 요소이기 때문에 수천 년 동안 국가와 사회규범으로서 요체(要諦)로 자리해왔다. 오행설에 음양설을 결부시켜 여러 가지 자연현상을 체계적으로 설명한 사람이 B.C 2세기경 제(齊)나라의 추연(鄒衍)이란 사람이다. 그리고 이 오행론이 가장 발달된 것은 중국 한나라 때인데 이때 오행상생설이 새롭게 등장하게 된다.

목은 불을 낳고(木生火), 불은 흙을 낳고(火生土), 흙은 금을 낳고(土生金), 금은 물을 낳고(金生水), 물은 목을 낳는(水生木)다는 논리에 의하여 시대변화나 자연현상들을 설명하였다. 한나라 때 발전된 오행설은 내용이 풍부해서 방위, 계절, 색, 맛, 음에까지 응용되었다.

수(水)는 북방의 겨울을 상징하고 검은색을 나타내고, 목(木)은 동방의 봄을 상징하고 푸른색(淸)을 나타내며, 화(火)는 남방의 여름을 상징하고 붉은색을 나타내며, 금(金)은 서방(西方)의 가을을 나타내며 흰색을 상징하고, 토(土)는 중앙을 의미하며 황(黃)색을 상징한다.

이것을 다시 인간의 행위규범인 오상(五常: 仁, 義, 禮, 智, 信)에 대입하여 인(仁)은 목(木)행으로 동방의 봄을, 의(義)는 금(金)행으로 서방의 가을을, 예(禮)는 화(火)로 남방의 여름을, 지(智)는 북방의 겨울을 상징하며 중앙은 토(土)행으로 중심이 되는 부분을 상징한다.

이와 같은 오상, 오행을 잘 반영하여 지은 것이 우리 도성의 사대문과 보신각(普信閣)이다. 도성의 동쪽에 낸 동대문은 흥인지문(興仁之門: 仁)이요, 서쪽에 낸 서대문은 돈의문(敦義門: 義)이요, 남쪽에 낸 남대문은 숭례문(崇禮門: 禮)이요, 북쪽에는 홍지문(弘智門: 智)이 있고, 중앙에 보신각(普信閣: 信)이 있다. 동서남북의 방위 순서와 인의예지신의 방위 순서가 부합하도록 4대문의 명칭을 지어 달았다.

인(仁)과 의(義)는 공자의 사상을 대표하는 핵심인데 두 가지 개념은 영역을 달리하는 가치의 두 축으로 쓰이고 있지만, 인의가 나란히 일컬어지는 이유는 상호연관성을 배제하고는 그 참뜻을 알기 어렵기 때문이다.

인은 어질다는 뜻으로 모든 덕의 총칭이다. 공자는 인을 하늘이 준 인간의 본성으로 생각하기 때문에 천하의 기준이라 하였다.

의(義)는 행위가 도리에 합당하도록 바른길을 쫓는 것이다. 그러므로 인과 의는 그 규제 대상이 다르다. 인은 천하의 기준이기 때문에 마음 바탕이고, 의는 천하의 제도(制度)이기 때문에 행위규범이다. 그러므로 인은 자기애가 아니라 타자에 대한 진실한 사랑이고, 의는 타자의 교정이 아니라 자기규제를 말한다. 그래서 묵자는 귀의(貴義)에서 모든 일 중에서 의보다 더 소중한 것은 없다 했고, 동중서는 타락하고 전도된 세계를 구원할 수 있는 보루로서 의(義)를 제시하고 있다. 예씨춘추에서 군자는 인에 의해서 타자에게 칙임을 묻고 의에 의해서 자기에게 칙임을 묻는다고 한 것도 같은 맥락이다. 따라서 인의 개념은 타자(他者)를 배려하고 의의 개념은 자아(自我)를 제어하는 의미를 내포한다.

공자는 인의를 말하였지만 그 개념을 제시하지 않았고, 인과 의의 행위만을 예시했다. 그런데 맹자는 인(仁)은 마음의 덕(心之德)이요, 사랑의 이치(愛之理)이며, 의(義)라는 것은 마음의 제약(心之制)이요, 일의 마땅함(事之宜)이라고 정의하였다. 그래서 인은 자기애가 아니라 타인을 진심으로 사랑하는 것이고 의의 원칙은 자신을 규제하는 데 있는 것이지 타인을 단속하는 데 있지 않다. 인은 만인을 상대로 하기 때문에 적용 범위가 넓지만, 의는 자기 자신을 상대로 하므로 적용 범위가 가장 가깝다.

예(禮)는 사람이 지켜야 할 법도다. 그래서 예는 행위규범이다. 행위는 마음에서 나오므로 예에서 가장 중시하는 것은 사람의 마음가짐(志)이다. 필인차지(必仁次智)라는 말이 있다. 반드시 어진 마음이 있어야 하고 다음으로 지혜가 있어야 한다는 뜻이다.

예(禮)는 지신 기(示)자와 넉넉할 풍(豊)자로 구성되어있다. 기(示)는 신에 제사 드리는 제상(床)을 상형화한 상형문자이고 풍(豊)은 제기(祭器)를 뜻하는 두(豆) 자 위에 제물을 담아놓는 둥근 그릇 모양을 상형화한 곡(曲) 자를 넣어 신에게 제사 드리는 의식 자체를 의미하는 것이었다. 예는 의식(儀式) 절차의 개념에서 벗어나 인간 사회 전반을 지배하는 사회규범의 행동철학으로 발전한 것이다.

사랑하지만 지혜가 없으면 분별력이 없고 맹목적인데, 반대로 지혜롭지만 사랑이 없으면 분별력은 가지되 실천하지 않는다. 지혜는 행동이나 사물의 분별력을 의미하기 때문에 인과 의는 체(體: 마음 바탕)의 측면이라면 예와 지는 용(用: 행동 규범)의 측면이다.

지혜와 재치는 구분된다. 지혜는 큰마음이지만 재치는 잔꾀다. 인은 본질이고 지는 실행이다. 지혜는 분별력을 가질 수 있을 뿐 아니라 예측의 능력을 가진다. 그러므로 지자는 현실화되지 않는 장래를 내다볼 수 있고 백성들의 이해관계를 미리 헤아릴 수 있어 왕의 지혜는 국가경영의 기본이 되는 것이다.

맹자는 측은해 하는 마음(不忍之心)은 인의 단서이고 부끄러워하는 마음은 의(義)의 단서이고 사양하는 마음은 예의 단서이고 시비를 가리는 마음은 지(智)의 단서라 했다.[20]

흙(土)은 오행 중의 으뜸이다. 토는 중앙을 의미하고 오색 중에 가장 풍요로운 황색(黃色)을 나타내고 흙은 4행(火, 水, 木, 金)을 주관하면서도 불(火)과 공적(功績)이나 명성을 나눌지언정 혼자 누리지 않는다 했다. 동중서는 말하기를 "우주가 고요한 속에 바람과 비는 대지가 만들어내지만, 그것의 공덕과 명성을 자기 것으로 소유하지 않고 반드시 하늘에게 모든 영광을 돌린다."라고 했다. 그래서 천풍(天風), 천우(天雨)라 하지 않던가.

충직한 신하의 직분이나 효성스러운 아들의 모범은 흙에서 끌어낼 수 있다 한다. 그러므로 토행은 사계절을 포함한다. 마찬가지로 인, 의, 예, 지에 신(信)이 없으면 허망한 것이 된다. 금, 목, 수, 화가 각기 다른 역할을 할지라도 흙에 의존하지 않으면 반듯하게 제자리를 지킬 수 없듯이 인, 의, 예, 지에 신이 없으면 제구실을 할 수 없다.

인에 신이 없으면 위선(僞善)이 될 수 있고 의에 신이 없으면 객기에 지나지 않으며, 지에 신이 없으면 잔꾀에 불과한 것이다. 그리고 예에 신이 없으면 모두 형식에 지나지 않는 것이다.

이와 같이 인간이 설정한 가치 체계와 행위규범을 도성을 출입하는 4대문에 표상하고 중앙에 있는 보신각에서 인정(人定)과 파루(罷漏)종을 쳐서 사대문을 열고 닫게 한다. 보신각에서 사대문을 관장하는 것이다.

이와 같이 천지 만물이 운행하는 오행의 이치에 따라 인간이 지켜야 할 치자나 피치자의 규범인 오상에 맞추어 태평천하를 이루고자 하는 조선왕조의 건국이념을 도성에 쌓아 올린 것이다.

한성부(漢城府)의 행정구역

한성부의 행정구역은 부(部), 방(坊), 계(契)로 편제되어있다. 영조 때 국가 유사시에 한성부의 백성들이 성을 수비하기 위한 역할 분담 계획인 「도성삼군문분계총록(都城三軍門分界總錄)」에 그 명칭이 자세하게 나와있다. 아쉬운 것은 면적과 경계선을 명시한 자료가 없기 때문에 계(契)의 면적이나 경계가 현재 동의 면적과 경계가 확실하지 않다는 것이다. 그 후 헌종 때 기록인 「경조부지(京兆府志)」와 고종 때의 「육전조례(六典條例)」에 상당한 변화가 있었다. 즉 동부의 연화방, 천달방, 덕성방, 서운방, 관덕방, 흥성방 등 6방을 폐지하고 경모궁방(景慕宮坊)을 신설하였고, 남부의 정심방, 성신방, 예성방, 호현방등 4방을 폐지하고, 회현방(會賢坊), 두모방(豆毛坊), 한강방(漢江坊), 둔지방(屯之坊)의 4방을 신설하였으며, 서부의 영견방, 인지방, 취현방을 폐지하고 용산방(龍山坊), 서강방(西江坊)을 신설하였다. 그리고 북부의 명통방을 폐지하고 상평방(常平坊), 연평방(延平坊)을 신설하여 도합 47방 339계가 되었다. 1894년 갑오경장 때 관제개혁으로 5부를 5서(署)로 개칭하고 계(契)는 줄이고 동(洞)을 신설하여 47방, 288계, 775동으로 개편하였다가 1914년 경성부제(京城府制)를 실시하여 동, 리(里)의 구성을 재조정하면서 186개 동으로 통합하였다.[21]

영조 때의 한성부 행정구역

남부(南部) 낙선방(樂善坊):　　금위영창계(禁衛營倉契) - 장충동(獎忠洞)

　　　　　　　　　　　　　　　진소리계(眞梳里契) - 을지로 3, 4가

　　　　　　　　　　　　　　　왜관동계(倭館洞契) - 충무로 3, 4가

　　　　　　　　　　　　　　　와유두아계(瓦有豆兒契) - 을지로 3가, 초동, 저동

　　　　　　성명방(誠明坊):　　석교상계(石橋上契) - 장충동, 예장동

　　　　　　　　　　　　　　　하계(下契) - 예장동(藝場洞)

　　　　　　　　　　　　　　　연성위계(蓮城尉契) - 을지로 3가

　　　　　　훈도방(薰陶坊):　　주자동계(鑄字洞契) - 예장동, 남산동

　　　　　　　　　　　　　　　정승계(政丞契) - 충무로 2, 3가, 주자동, 남학동(南學洞)

박정계(朴井契) - 충무로 2, 3가, 주자동, 남학동

죽전동계(竹廛洞契) - 을지로3가, 초동, 명동

남십리계(南十里契) - 수하동(水下洞), 장교동(長橋洞)

태평방(太平坊): 외계(外契) - 하수동(下水洞)

보십내계(甫十內契) - 을지로2가

한수견계(韓守堅契) - 을지로2가

구리현계(仇里峴契) - 을지로2가

선산계(仙山契) - 을지로2가

하홍문계(下紅門契) - 수하동, 장교동

수하동계 - 을지로2가

허병문계(虛屛門契) - 을지로2가

둔지방(屯之坊): 서빙고1계(西氷庫一契) - 서빙고동

2계(二契) - 서빙고동

지어둔계(之於屯契) - 서빙고동, 한강로

전성내계(典性內契) - 후암동(厚岩洞)

외계(外契) - 후암동

광통방(廣通坊): 동행랑계(東行廊契) - 을지로2가

군기시월변계(軍器示越邊契) - 명동

모전계(毛廛契) - 을지로1가, 다동(茶洞)

손복동계(孫福洞契) - 을지로1, 2가

대다방북변계(大多坊北辺契) - 을지로1, 2가

소다방남변계 - 을지로1, 2가

북변계(北辺契) - 을지로1, 2가

옹대리문계(甕垈里門契) - 을지로1, 2가

성천계(成川契) - 을지로1, 2가

서행랑상계(西行廊上契) - 을지로1, 2가

하계(下契) - 을지로1, 2가

소천변계(小川辺契) - 을지로1, 2가

명례방(明禮坊): 장악문계(掌樂門契) - 을지로2가

명례동계(明禮洞契) - 남산동, 회현동

부계(部契) - 남산동, 회현동

호현방(好賢坊): 　호현동계(好賢洞契) - 회현동, 남산동

장흥동계(長興洞契) - 회현동, 남산동

송현계(松峴契) - 회현동, 남산동

의산위계(宜山慰契) - 남대문로3, 4가, 북창동

본영내계(本營內契) - 북창동(北倉洞)

소공동계(小公洞契) - 소공동, 남대문로

서소문월변계(西小門越辺契) - 서소문동

이간병문계(二間屛門契) - 을지로2가, 명동

두모방(豆毛坊): 　중촌리계(中村里契) - 성수동, 화양동(華陽洞)

신당리계(神堂里契) - 사근동(沙斤洞)

전관일계(前串) - 성수동

전관이계 - 성수동

신촌리계(新村里契) - 응봉동(鷹峰洞), 금호동

수철리계(水鐵里契) - 금호동, 옥수동

두모포계(豆毛浦契) - 옥수동

명철방(明哲坊): 　남소동계(南小洞契) - 장충동

쌍리문동계(雙里門洞契) - 필동, 장충동

청녕위계(靑寧尉契) - 을지로4, 5가

수구문내계(水口門內契) - 광희동

어영청창계(倉契) - 장충동

한강방(漢江坊): 　몽뢰정계(夢賚亭契) - 한남동, 이태원동

한강계(漢江契) - 보광동

주성리계(鑄城里契) - 보광동, 동빙고동

북부(北部) 순화방(順化坊): 　사재감계(司宰監契) - 통의동

의통방(義通坊): 　왕정리계(王井里契) - 효자동(孝子洞)

후동계(後洞契) - 통의동(通義洞)

	영추문계(迎秋門契) - 효자동
준수방(俊秀坊):	준수방계 - 통인동(通仁洞), 누상동
관광방(觀光坊):	관광방계 - 사간동(司諫洞), 소격동
	중학내계(中學內契) - 중학동, 청송동
	의정부내계(議政府內契) - 세종로
광화방(廣化坊):	광화방계 - 원서동(苑西洞)
진장방(鎭長坊):	진장방계 - 삼청동, 가회동(嘉會洞)
양덕방(陽德坊):	양덕방계 - 계동(桂洞)
가회방(嘉會坊):	가회방계 - 가회동
안국방(安國坊):	안국방계 - 안국동
성외(城外):	아현계(阿峴契) - 아현동
	연희궁계(延禧宮契) - 연희동
	성산리계(城山里契) - 성산동
	가좌동계(加佐洞契) - 남가좌동
	견산리계(甄山里契) - 북가좌동
	신사동계(新寺洞契) - 남가좌동
	갈고개계(葛古介契) - 갈현동(葛峴洞)
	역계(驛契) - 역촌동
	사계(私契) -역촌동
	불광리계(佛光里契) - 불광동
	수암리계(水岩里契) - 불광동
	조지서계(造紙署契) - 신영동(新營洞)
	경리청계(經里廳契) - 신영동
	선혜청계(宣惠廳契) - 평창동(平倉洞)
	양철리계(梁哲里契) - 대조동(大棗洞), 녹번동(碌磻洞), 불광동
	구리계(舊里契) - 대조동, 녹번동, 불광동
	미흘산계(未屹山契) - 수색동(水色洞)
	홍재원계(洪濟院契) - 홍제동
	합정리계(合正里契) - 합정동, 성산동

망원정1계 – 합정동 성산동

망원정2계(望遠停二契) – 합정동, 성산동

여의도계(汝矣島契) – 합정동, 성산동

세교리계(細橋里契)

동부(東部) 숭교방(崇敎坊): 　성균관계 – 명륜동(明倫洞)

숭교일계(崇敎一契) – 명륜동

숭교이계 – 명륜동

연지건계(蓮地建契) – 종로4가, 연건동

연화방(蓮華坊): 　북이계(北二契)

천변계(川辺契) – 예지동(禮智洞)

분육계(分六契) – 종로3가, 예지동

연이계(連二契) – 종로3가, 예지동

연삼계(連三契) – 종로3가

종묘동계(宗廟洞契) – 종로3가, 훈정동(薰井洞)

연일계(連一契) – 종로3가

금중계(金衆契) – 종4, 5가

중로계(中路契) – 종로4, 5가, 예지동

건덕방(建德坊): 　어의동계(於義洞契) – 종로5가, 충신동, 효제동

건덕방계 – 동숭동(東崇洞)

창선방(彰善坊): 　창선방계 – 종로4, 5가

동학동계(東學洞契) – 종로6가

창선방이리계(二里契) – 종로4, 5가

동학내계(東學內契) – 종로6가

소천변계(小川辺契) – 종로 5, 6가

숭신방(崇信坊): 　숭신방계 – 창신동(昌信洞), 숭인동

인창방(仁昌坊): 　인창방계 – 숭인동(崇仁洞)

성외(城外): 　제기리계(祭基里契) – 제기동

전농리계(典農里契) – 전농동

벌리계(伐里契) - 미아동(彌阿洞)

중량포계(中梁浦契) - 휘경동(徽慶洞), 이문동

능동계(陵洞契) - 수유동(水踰洞)

가오리계(加五里契) - 우이동, 수유동(水踰洞)

장위리계(長位里契) - 장위동

안암계(安岩契) - 안암동

우이계(牛耳契) - 우이동, 수유동

미아리계(彌阿里契) - 미아동, 수유동

청량리계(淸凉里契) - 청량리

왕십리역계(往十里驛契) - 왕십리동, 도선동(道詵洞), 행당동(杏堂洞)

왕십리계 - 왕십리동

신설계(新設契) - 신설동

답십리계(踏十里契) - 답십리동

마장리계(馬場里契) - 마장동

서부(西部) 용산방(龍山坊): 신촌리계(新村里契) - 원효로, 용문동, 한강로

사촌리계(沙村里契) - 워효로, 용문동, 한강로

마포계(麻浦契) - 서교동

공덕리계(孔德里契) - 공덕동

토정리계(土亭里契) - 용강동(龍江洞)

옹리상계(甕里上契) - 공덕동, 염리동(鹽里洞)

옹리하계(甕里下契) - 공덕동, 염리동

청파1계(靑坡一契) - 청파동

청파2계(靑坡二契) - 청파동

청파3계(靑坡三契) - 청파동, 효자동

청파4계(靑坡四契) - 원효로(元曉路), 용문동(龍門洞)

청파5계(靑坡五契) - 원효로, 용문동

만리창계(萬里倉契) - 용산동, 신공덕동

동문외계(東門外契) - 원효로4가

어영청창계(御營廳倉契) - 원효로4가

진휼청계(賑恤廳契) - 원효로4가

신창계(新倉契) - 원효로4가, 용문동, 도화동(挑花洞)

형제정계(兄弟井契) - 도화동, 용강동

탄항계(灘項契) - 도화동, 용강동

곽계(槨契) - 도화동, 용강동

도화동계(桃花洞契) - 도화동

적선방(鏑善坊): 야주현계(夜珠峴契) - 당주동(唐珠洞)

당피동계(唐皮洞契) - 당주동, 신문로

필전계(筆廛契)

공조후동계(工曹後洞契) - 도염동(都染洞), 세종로

사역원계(司譯院契) - 도염동

율학청계(律學廳契) - 도염동

도염동계(都染洞契) - 도염동

사헌부내계(司憲府內契) - 세종로, 도염동

병조내계(兵曹內契) - 세종로, 도염동

형조내계(刑曹內契) - 세종로, 도염동

월변계(越辺契) - 내자동(內資洞), 내수동(內需洞)

사온동계(司醞洞契) - 적선동

중추부내계(中樞府內契) - 세종로

예조내계(禮曹內契) - 세종로

종각계(鐘閣契) - 세종로

십자각계(十字閣契) - 통의동(通義洞), 적선동

인달방(仁達坊): 분선내계(分繕內契) - 누상하동

사직동계(社稷洞契) - 사직동

내수사계(內需司契) - 사직동, 내수동

내섬내계(內贍內契) - 신문로

봉상시계(奉常寺契) - 신문로

수성궁내계(壽城宮內契) - 사직동

반송방(盤松坊): 　지하계(地下契) − 영천동(靈泉洞), 천연동(天然洞)

경영고계(京營庫契) − 충정로(忠正路)

조판부사계(曹判府事契) − 북아현동

수근전계(水芹田契) − 아현동, 충정로

노첨정계(盧僉正契)

권정승계(權政丞契)

청성군계(靑城君契)

거자리계(車子里契) − 아현동

인장리계(茵匠里契) − 의주로, 합동, 충정로

아현계(阿峴契) − 아현동

서강방(西江坊): 　흑석리계(黑石里契) − 공덕동, 염리동

율도계(栗島契) − 상수동(上水洞), 창전동(倉前洞)

신정리계(新井里契) − 공덕동, 염리동

신수철리계(新水鐵里契) − 공덕동, 염리동

구수철리계 − 공덕동, 염리동

수일리계(水溢里契) − 합정동, 서교동

당인리계(唐人里契) − 서교동, 합정동

반석방(盤石坊): 　사거리계(四巨離契) − 동자동, 갈월동(葛月洞)

도저동계(桃楮洞契) − 도동, 후암동

석교리계(石橋里契)

조전계(稠廛契) − 만리동, 청파동

미전상계(米廛上契) − 합동(蛤洞), 충정로3가

하계(下契) − 합동, 중립동(中粒洞)

성삭주계(成朔州契) − 합동

유판부사계(兪判府事契) − 합동

고순청계(古巡廳契) − 의주로, 합동

서소문외계(西小門外契) − 의주로, 합동

연지계(蓮池契) − 봉래동(蓬來洞)

약전계(藥田契) − 만리동

여경방(餘慶坊):　장생동계(長生洞契) ‒ 신문로2가, 정동(貞洞)

두석계(豆錫契) ‒ 신문로2가, 정동

선공감내계(繕工監內契) ‒ 정동

해풍군계(海豊君契) ‒ 정동

동령동계(東嶺洞契) ‒ 정동

서학동계(西學洞契) ‒ 태평로, 정동

내계(內契) ‒ 정동, 태평로

모전계(毛廛契) ‒ 을지로1가

내자동계(乃子洞契) ‒ 을지로1가

신문내계(新門內契) ‒ 신문로

양생방(養生坊):　창동계(倉洞契) ‒ 남창동

송현계(松峴契) ‒ 남창동

태평관계(太平館契) ‒ 남대문로4가

황화방(皇華坊):　서소문계(西小門契) ‒ 서소문동

취현동계(聚賢洞契) ‒ 서소문동

소정동계(小貞洞契) ‒ 정동

중부(中部) 청진방(淸進坊):　상미전계(上米廛契) ‒ 종로2가

징청방(澄淸坊):　이조내계(吏曹內契) ‒ 세종로

한성부내계(漢城府內契) ‒ 세종로

후동계(後洞契) ‒ 세종로, 수송동, 청진동

호조내계(戶曹內契) ‒ 세종로

후문계(後門契) ‒ 세종로

고례조계(古禮曹契) ‒ 세종로

판정동계(板井洞契) ‒ 청진동

변종견계(卞宗堅契) ‒ 청진동

두석동계(豆錫洞契) ‒ 청진동

전함사계(典艦司契) ‒ 청진동

비변사계(備辺司契) ‒ 청진동, 종로1가

수진방(壽進坊): 수진궁내계 - 인사동(仁寺洞), 공평동(公平洞)

행곽계(行廓契) - 인사동, 공평동

간동계(磵洞契) - 견지동(堅支洞), 관훈동

송현계(松峴契) - 관훈동(寬勳洞), 송현동

제용감하계(濟用監下契) - 견지동, 관훈동

사복시전계(司僕寺前契) - 청진동, 공평동

천변계(川邊契) - 청진동

개정동계(盖井洞契) - 청진동

상사동계(相思洞契) - 청진동

청성군계(淸城君契) - 청진동

종현계(鍾懸契) - 종로1가

병문계(屛門契) - 종로1가

상어물전계(上魚物廛契) - 종로1가

견평방(堅平坊): 금부내계(禁付內契) - 종로2가

전의감동계(典醫監洞契) - 낙원동(樂園洞)

중어물전1패계(中魚物廛一牌契) - 종로2가

중어물전2패계 - 종로2가

장통방(長通坊): 수표동변계(水標東邊契) - 수표동

비파동계(琵琶洞契) - 장사동, 입정동(笠井洞)

함평주인계(咸平主人契) - 관수동(觀水洞), 장사동

광주주인계 - 장사동

석정동계(石井洞契) - 장사동

조세홍계(曹世弘契) - 관수동, 장사동

박수손계(朴秀孫契) - 장사동

방종계(方宗契) - 장사동

입전계(笠廛契) - 장사동

창전계(昌廛契) - 장사동

창전행랑계(昌廛行廊契) - 장사동

중로계(中路契) - 장사동

의성정계(意城正契) - 장사동, 예지동(禮智洞)

하순원계(河順元契) - 예지동

박내종계(朴乃宗契) - 관수동(觀水洞)

이전계(履廛契) - 관수동

자립전계(自笠廛契) - 종로2가

정만석계(丁萬石契) - 종로2가

지전계(紙廛契) - 종로2가

장만호계(張萬戶契) - 관수동, 관철동(貫鐵洞)

장구염계(張仇琰契) - 종로2가, 관철동

청주주인계(淸州主人契) - 관수동 관철동

서천수계(徐千守契) - 종로2가

염전계(塩廛契) - 종로2가

신향손계(辛享孫契) - 종로2가

박기수계(朴己守契) - 종로2가

관자동계(貫子洞契) - 종로2가, 관철동

유사익계(兪士益契) - 종로2가

원주주인계(原州主人契) - 종로2가

흑립전계(黑笠廛契) - 종로2가

서린방(瑞麟坊): 포도청계(捕盜廳契) - 무교동, 서린동

일영대계(日影臺契) - 무교동(武橋洞), 서린동

고색정계(古索井契) - 무교동, 서린동

계아전계(鷄兒廛契) - 서린동, 관철동, 종로1가

사기전계(沙器廛契) - 서린동, 관철동, 종로1가

박정계(朴井契) - 서린동, 종로2가

전옥내계(典獄內契) - 관철동

종루서변계(鐘樓西辺契) - 종로1, 2가, 관철동

관인방(寬仁坊): 대사동1패계(大寺同一牌契) - 관훈동

2패계 - 관훈동(寬勳洞), 경운동(慶雲洞)

3패계 - 인사동(仁寺洞), 낙원동(樂園洞)

4패계 – 낙원동

충훈부내계(忠勳府內契), 안국동, 관훈동, 경운동

경행방(慶幸坊): 포전계(布廛契) – 종로2가

한원서변계(漢園西边契) – 낙원동

동변계 – 낙원동

궁내계(宮內契) – 낙원동

오순덕계(吳順德契) – 낙원동, 익선동(益善洞), 돈의동(敦義洞)

사거리동계(四巨里洞契) – 운니동(雲泥洞), 경운동

정선방(貞善坊): 비노전계(非老廛契) – 돈의동, 봉익동

임기손계(林己孫契) – 봉익동(鳳翼洞)

김만년계(金萬年契) – 권농동(勸農洞), 운니동, 익선동(益善洞)

수문동계(水門洞契) – 창농동(彰農洞), 운니동, 와룡동(臥龍洞)

고병조동계(古兵曹洞契) – 운니동

돈녕부상계(敦寧府上契) – 익선동, 돈의동, 묘동(廟洞)

하계(下契) – 익선동, 돈의동, 묘동

파자전계(把子廛契) – 종로3가

하미전계(下米廛契) – 종로3가[22]

사대문과 사소문

흥인지문(興仁之門)

서울특별시 종로구 종로6가에 있으며 보물 제1호로 지정되어있다. 세조 때 지(之)자 한 자를 더 넣어 흥인지문(興仁之門)이라 하였는데 이문은 개천이 옆에 있어서 지반이 약하기 때문에 자주 무너지므로 소위 지기(地氣)를 보완해주기 위하여 한 자를 더 넣어 현판을 만들었다 한다.

오상 중에 인(仁)은 목(木)에 해당하고 목은 동쪽을 뜻하므로 동쪽에 있는 대문을 흥인문이라 하였다. 인(仁)은 어질다는 뜻인데 공자는 인이 곧 하늘의 마음(天心)이라 했다. 그래서 흥인은 어진 마음이 충만한 세상을 말한다. 치자(治者)나 받드는 자가 어진 마음이 충만하면 나라가 태평성대를 누리리라는 여망이 담겨있다. 성종은 1491년(성종 22) 3월 3일 글을 써 의정부에 내려보내기를 "임금의 덕은 반드시 인(仁)에 근본을 두어야 하며 만물을 기르는 은혜를 꼭 백성들에게 미치게 해야 한다."라고 하며 농사를 장려한 일이 있다.[23]

동대문은 적군이 함부로 접근하지 못하도록 문 앞쪽을 팔짱을 끼듯이 성을 문 앞에서 휘돌게 축성하여 옹성(甕城)의 형태를 이룬 것이 특색이다.

1396년(태조 5)에 도성을 쌓을 때 같이 짓기 시작하여 그 이듬해에 완성하였다. 1452년(단종 1)에 중수가 있었고 1869년(고종 6)에 대대적인 개축을 하였으며 1957년에 다시 보수하여 오늘에 이르고 있다. 지반이 약하여 신축할 때나 단종 대에 중수하면서 애를 많이 먹었다 한다.

기단부는 화강암의 대석(臺石)을 잘 다듬어 쌓아 올려 중앙에 홍예문(虹霓門)을 만들고 그 위에 2층 누각을 세웠다. 다른 문과는 달리 성문이 적에게 직접 노출되지 않아 성문을 부수고 돌입할 수 없도록 문의 바깥쪽에는 무사석(武砂石) 한쪽에서부터 반원형의 옹성을 쌓았다. 옹성의 벽은 화강석 마름돌을 앞뒤로 두껍게 쌓아 올리고 그 위에 안팎으로 여장을 만들어 총구를 내고 파수꾼이 옹성 위로 다닐 수 있도록 하였다.

▶ 동대문(흥인지문)

▶ 1910년의 흥인지문(고적도보)

▶흥인지문 전경

그럼에도 불구하고 1592년 5월 2일 중로를 따라 서울로 치닫던 소서행장 휘하의 무리들이 아무런 저항도 받지 않고 동대문을 통하여 입성하였다.

누각은 상하층 모두 정면 5칸, 측면 2칸의 다포형식(多包形式)으로 우진각지붕이다. 기둥은 원형이며 공포는 하층은 내3출목 외2출목이고 상층은 내외 모두 3출목이다.

가구(架構)는 중앙에 고주(高柱)를 비치하고 상하층 대들보는 모두 고주에서 이어졌고 안쪽 네 귀퉁이에 고주를 세운 것이 위로 그대로 이어서 위층 구석 기둥 역할을 한다.[24]

하층 바닥은 가운데 부분에만 마루를 깔았고 상층은 모두 우물마루를 깔았다. 하층벽은 모두 터 있으며 상층벽에는 사방에 판문(板門)을 달았다. 천장은 연등천장(椽背天障)이고 지붕 용마루에는 궁전 건축물처럼 취두 내림마루에는 용두 그리고 추녀마루에는 잡상을 배치하였다. 처마는 겹처마다.

이문은 조선 초기에 지어진 것인데 고종 때 크게 수선을 하면서 조선 말기의 건축양식을 가미하였기 때문에 한 건물에서 조선 초기와 말기의 건축양식 변화를 살펴볼 수 있는 좋은 자료가 된다. 동대문 근처에는 물이 청계천을 통하여 빠져나가도록 오간대 수문이 가설되어있다.

▶흥인문 옆에 있는 오간수문(그후 2간수문을 더 만들었다)

혜화문(惠化門)

동소문이라고도 하는데 북대문과 동대문의 중간에 위치한다. 혜화동 로터리에서 돈암동 길과 혜화국민학교 사이로 뻗은 마루턱(혜화동 34번지)에 있었다.

처음 건축 당시에는 홍화문(弘化門)이라 하였는데 1493년 성종 때 창경궁을 짓고 그 정문을 홍화문이라 하는 바람에 혼돈이 생겨 1511년(중종 6)에 혜화문으로 고쳤다.

혜화란 "은혜를 베풀어 백성을 교화한다."라는 뜻이다. 여진족의 사신은 이문을 통하여 출입하였는데 그들의 숙소인 북평관(北平館)이 이 부근에 있었기 때문이다.

동소문에 원래 문루가 없었는데 1744년(영조 20) 임금이 어영청에 명하여 문루를 짓고 동소문에 혜화문이란 편액을 만들어 걸도록 명령하였다. 1928년 낡았다는 이유로 문루가 헐리고 1939년 기단부인 석물마저 헐어버렸다.[25]

다른 문루바닥에는 용이 그려져 있는데 이 문루 바닥에는 봉황이 그려져 있었다 하는데 그 이유는 이 근처에 새가 많아서 새를 쫓기 위한 방책으로 봉황을 그렸다 한다. 동소문은 의정부를 거쳐 함경도로 통하는 관문이었다.

▶ 혜화문(동소문, 1910년의 혜화문, 고적도보)

숭례문(崇禮門)

서울특별시 중구 남대문로 4가 29번지에 소재하는 국보 제1호로 지정되어있다. 숭례문은 방위로는 남쪽이기 때문에 오상(五常) 중에는 예(禮)에 속하며 오행(五行) 중에는 불(火)에 해당한다. 그래서 남쪽 문을 "예를 높여서 소중히 여기다."라는 뜻으로 숭례문이라 했다.

공자는 인(仁)의 실천방안으로 자신(私慾)을 극복하고 천리(天理)를 회복하는 것이 예(禮)라고 하였다. 그래서 주자는 "예는 하늘이 정한 절차요, 사람의 모든 일에 본이 되는 규범이다."라고 정의하였다. 이와 같은 동양사상의 개념에 입각하여 도성의 정문이라 할 수 있는 남대문에 예(禮) 자를 붙이는 것은 오상의 방위(方位) 논리가 아니더라도 상호 이치가 잘 부합되는 명칭이라 할 수 있다.

4대문과 4소문은 도성을 쌓을 때(1395)에 같이 시작하였으나 남대문은 좀 늦은 1398년 2월 8일에 완성되었다.

1447년(세종 29) 도성 수축공사가 있은 후 8월에 남대문의 개축 공사를 대대적으로 시작하여 1448년 5월에 완성하였다. 이 공사에는 전라도 완산부(完山府: 全州) 관내 인부 6,800명과 석수(石手), 목수(木手), 기타 각 분야의 기술자들, 그리고 지방군(地方軍)과 서울 각 관청의 하인들이 동원되어 완성하였다.[26]

이때 거의 새로 축조하다시피 개축한 것인데 그동안 여러 차례의 병화나 전란에도 불구하고 지금까지 560여 년 동안 잘도 견뎌왔다.

1961년부터 1962년 사이에 크게 해체 수리하였는데 그때 발견된 상량문에서 1479년(성종 10)에 대대적인 보수가 한 번 더 있었음을 알 수 있었다.

상량문 중에 "因舊制而用新"이란 내용으로 미루어 보아 성종 때의 수리는 세종 임금 때의 옛 구조를 그대로 두고 목재 같은 재료만 교체했음을 알 수 있다.

숭례문은 화강암(花崗巖)의 무사석(武砂石)으로 중앙부에 월단문(月團門: 아취)을 만들고 그 위에 문루(門樓)를 세웠다. 기단 위에는 전돌로 쌓은 여장을 돌리고 동서 양쪽으로 협문을 각기 하나씩 내어 계단으로 오르내릴 수 있도록 하였다. 여장 밑에는 각각 네 개씩 석루조(石漏槽)를 설치하였다.

누각은 아래와 위층이 모두 정면 5간 측면 2간이며, 아래층 건물 바닥은 흙을 깔고 중앙 칸만 우물마루를 놓고 위층은 모두 널마루이다. 기둥은 모두 굵은 두리기둥을 썼는데 기둥

▶불타기 전의 숭례문

▶숭례문 뒷면

▶ 1910년의 숭례문(고덕도보, 당시만 해도 양쪽으로 성곽이 이어져 있었다)

위에는 창방평방을 돌리고 공포를 놓았다.

공포는 기둥 위쪽과 건물의 앞뒷면 중간에는 네 개씩이고 다른 기둥 사이에는 두 개씩의 공간포(空間包)를 올렸는데 내외 모두 이출목(二出目)이다.

위층에는 기둥 사이의 중방과 창방 사이에 작은 창이 나있다. 이층은 외삼출목, 내삼출목(內三出目)에 연등천정을 들어 올렸다.

지붕은 위 아래층이 모두 겹처마로 용마루는 양성하고 용마루 끝에는 취두를 내림마루 끝에는 용두를 추녀마루에는 1층은 네 곳에 각각 8개의 잡상을 2층에는 9개의 잡상을 놓고 사래 끝에는 토수를 끼운 우진각지붕이다. 또한, 1960년대의 수리 과정에서 원래는 팔작지붕이었음이 밝혀졌는데 언제부터 우진각지붕으로 바뀌었는지는 미상이다.

위아래층의 살미첨차의 기우는 것을 막기 위한 헛공아도 중간 수리 과정에서 첨가된 것으로 밝혀져 이때 제거되었다.

남대문은 임진왜란 때의 전화도 면했으나 병자호란 때 인조 임금이 강화도로 가기 위하여 남대문까지 왔지만 뜻을 이루지 못하고 남한산성으로 들어가 청나라 군사들에게 치욕을 당한 통한의 문이다.

1905년 을사늑약으로 다음 해부터 일본인의 통감정치(統監政治)를 실시하면서 1907년 8월 1일 훈련원에서 우리나라 군대를 강제로 해산시켰다. 이에 울분을 참지 못한 시위(侍

衛) 제1연대 제1대대장 박성환(朴星煥)이 "군인으로서 굴욕보다는 죽음을 택하겠다."라며 권총으로 자결하였다. 이를 본 부하 장졸들이 들고일어나 무기고를 부수고 무기를 탈취하여 남대문을 중심으로 일본군과 시가전을 벌였으나 중과부적으로 참패하고 결국 우리 군대는 해산되고 말았다.

1908년에 일본의 황태자가 우리나라를 친선 방문하였는데 남대문을 통과할 수 없다는 이유로 대포를 쏘아 헐어버리려고 하였으나 빗발치는 여론으로 뜻을 이루지 못했다.[27]

숭례문 현판의 필자에 관하여는 여러 가지 설이 있으나 지봉유설에는 세종 임금의 맏형인 양녕대군의 친필로 되어있다. 이 현판은 임진왜란 때 없어졌는데 광해군 때 청파동 도랑 가운데에서 밤에 서광이 뻗침을 보고 그곳을 파보니 이 현판이 거기 묻혀있어서 다시 걸게 되었다는 일화가 전해온다. 명필 추사 김정희도 이 문앞을 지날 때마다 숭례문 글씨를 보고 황홀해 했다고 한다.

숭례문 현판을 종(從)으로 세워서 걸은 것은 예(禮)는 오행 중 화(火)에 속하는데 경복궁을 마주 바라보는 관악산이 화형(火形)의 산이므로 이산을 억누르기 위하여 맞불을 놓는 의미에서 위로 치솟는 불을 상징하는 뜻으로 세워 달았다 한다. 그런 처방에도 불구하고,

2008년 2월 10일 밤 8시 50분 2층 누각 전체가 불타버리고 말았다. 방화자는 인천광역시 강화군 화점면에 사는 채씨 성을 가진 사람으로 일산에 있는 30평짜리 토지보상에

▶ 발화 직후 숭례문(2008. 2. 12. 한겨레신문)

불만을 품고 저지른 범행으로 밝혀졌다. 외형복구는 문헌이나 자료가 많이 남아있어 99%
이상 가능하나 가치복원은 10%에도 못 미친다 하니 얼마나 안타까운 일인지 모른다.

▶다 타버린 숭례문 잔해(2008. 2. 12. 한겨레신문)

▶ 2008년 2월 10일 방화로 소실된 숭례문이 2013년 4월 29일 복원 완공되었다. 현재 모습.

광희문(光熙門)

광희는 '광명(光明)'을 뜻한다. 중구 광희동 2가에 소재하는데 동명은 광희문이 이곳에 있기 때문에 붙여진 이름이다. 속칭 남소문이다.

속칭 시구문(屍口門)이라고도 했는데 서소문(昭義門)과 더불어 이 문은 상여가 나가는 곳이기 때문이다. 남소문은 원래 남대문과 동대문 사이의 장충단 공원에서 한남동으로 넘어가는 곳과 성벽이 엇갈리는 지점에 있었다 한다. 그러나 이 위치가 서울의 손방(巽方)으로 경복궁의 황천문(黃泉門)에 해당하는데 동남방을 열어놓으면 화가 미친다고 하여 1469년 예종 때에 그 문을 폐쇄하고 동대문 쪽에 가까운 현 위치에 문을 다시 축조하여 광희문 현판을 여기에 옮겨 달았다. 지금 있는 것은 1975년에 복원한 것이다. 이것은 원래의 위치에서 15m가량 월단을 옮겨지었고 12평의 문루도 그때 세운 것이다. 광희문을 일명 수구문(水口門)이라고도 했는데 도성의 하수구인 이간수문(二間水門), 오간수문(五間水門)이 이 문 옆으로 나 있어 도성 안의 물이 이 두 수문으로 흘러나갔으므로 붙여진 이름이다.[29]

광희의 명칭을 가지고 호사가들은 고종 황제 때의 연호가 광무(光武)이고 순종 황제 때의 연호가 융희(隆熙)이어서 광희는 두 연호의 앞뒤 문자의 합성어로 조선왕조의 종말을 암시하는 것으로 풀이하기도 했다.

1880년 서울에 콜레라 전염병이 돌아 많은 이들이 죽어갔는데 모두 이곳에 내다 버려졌고 1907년 일제가 구 한국 군대를 해산하는 과정에서 남대문 부근에서 일대 접전이 벌어졌는데 전사한 우리 군인의 시신을 모두 이곳에 쌓아두었다고 한다.

고종 말년에는 병이나 사고로 죽어가게 될 때 집안에서 죽으면 그 악령이 집안에 남아서 해를 끼친다고 생각한 나머지 죽기 전에 피막(避幕)을 지어 여기에 옮겨 놓았는데 이 수구문 밖에 피막촌이 형성되어 죽기 전에 업어다 내버린 어린아이들의 울음소리로 그야말로 아비규환의 생지옥을 이루었다 한다. '수구문 밖 반송장'이란 말이 여기에서 유래하였다.[30]

▶광희문

▶1910년의 광희문(고적도보)

돈의문(敦義門)

▶ 돈의문(1910년대 돈의문, 고적도보)

　서울특별시 종로구 신문로 2가에 있다. 처음 세워진 것은 1396년(태조 5) 9월에 도성의 제2차 공사가 끝나고 도성 8문이 준공되었을 때 도성 정서쪽에 있는 문을 돈의문 또는 서대문이라 하였다.

　1413년(태종 13)에 그 문을 약간 남쪽으로 옮겨 짓고 서전문(西箭門)이라 하였는데 그 지형이 가파르고 왕래하기가 몹시 불편하므로 1422년(세종 4)에 서전문을 헐고 그 남쪽 순탄한 지점에 새로 문을 낸 후 돈의문이라 했다. 돈의(敦義)는 의(義)를 돈독히 한다는 뜻이다.

의의 사상은 공자 시대에도 있었으나 인간의 실천윤리로 구체화한 것은 맹자(孟子)다. 공자는 춘추시대에 살았고 맹자는 전국시대에 살았다. 춘추시대에도 여러 나라가 병립하여 세력다툼을 벌였지만 전국시대에는 더욱 난세가 되어 모든 사람이 자기의 이익추구에만 몰두하고 이단(異端)이 창궐하여 사회적 갈등이 심화된 때였다. 이제 이념적인 구호로 계몽하는 단계를 넘어서 구체적이고 실천적인 행동철학이 필요했다.

맹자의 의(義)의 사상은 바로 이러한 시대적 요구에 부응하는 인(仁)의 실천 방안이었다.

의(義)는 인간관계에서 가장 중요시되는 질서를 위하여 꼭 필요한 덕목이며 그것이 힘에 의한 논리가 아니라 인(仁)을 바탕으로 한, 즉 사랑을 기저로 한 질서를 유지 하는 데 의라는 윤리가 필요하게 된 것이다. 특히 군주국가의 지배체제 하에서는 군신 간의 윤리가 가장 중요시된다. 그래서 군신 관계의 윤리를 군신유의(君臣有義)라 하였다. 동중서는 타락하고 전도된 세계를 구원할 수 있는 보루로서 의(義)를 제시하고 있다.

5상(五常) 중 의는 서쪽을 상징하고 오행 중에는 금(金)에 해당한다. 그래서 서대문을 돈의문(敦義門)이라 한 것이다.

그동안 변화에 대하여는 나타난 기록이 별로 없고, 많이 훼손되어 1711년(숙종 37) 9월에 왕명에 의하여 개수한 기록이 있다. 원래는 경희궁에서 독립문 쪽으로 넘어가는 고갯길쯤에 있었을 것으로 짐작한다. 1422년에 옮겨 지은 것은 현재 신문로 큰길과 정동에서 평동으로 통하는 길이 서로 교차하는 마루턱에 있었다. 당초의 서대문도 동대문과 같이 문앞에 옹성을 쌓았다고 한다. 이 돈의문은 1915년 일제가 도시계획이라는 미명하에 제일 먼저 헐어버렸다. 다른 문과 같이 견고하게 쌓은 돌축대 위에 단층누각을 세우고 돌축대에는 홍예문(虹霓門)을 내어 인마의 출입을 가능하게 하였다. 루(樓) 주변에는 작은 담장을 둘렀고, 우진각지붕이다. 건물의 내부 구조나 규모 등은 파악하기 어려우나 외관상 나타나는 모습은 지붕 위의 용마루는 양성하였고 취두, 용두, 잡상을 배열하였다.

돈의문은 중국과 왕래하는 의주국도의 관문이었다. 명나라 때나 청나라 때 우리나라에 오는 사신들은 무악재(母岳峴) 밖 홍제원(洪濟院)에서 옷을 갈아입고 무악재를 넘으면 임금이 모화관(慕華館)까지 마중을 나왔다. 중국 사신이 성안으로 들어오기 전에 지금 적십자 병원 서남쪽에 있는 경고(京庫) 다리(京橋)에 이르러 대열을 정비한 후에 서대문으로 입성하였다.

1624년(인조 2) 2월 16일 이괄이 인솔한 반란군이 서울을 점령할 당시에는 서대문이 활짝 열리었으나 다음날 새벽 무악전투에서 패하여 도성 안으로 들어오려 할 때에는 이문이

꼭 닫혀있었다.[31]

　1895년 8월 20일 새벽에 일본이 대원군을 앞세우고 궁성에 침입하여 명성황후를 살해할 때에도 서대문을 거쳐 광화문을 부수고 들어왔다.

소의문(昭義門)

▶ 소의문(서소문, 1910년대)

　속칭 서소문이다. 소의는 의(義)를 밝힌다는 뜻이다. 남대문과 서대문 사이에 있었다.

　처음 수축 당시인 태조 때에는 소덕문(昭德門)이라 하였는데 성종 때(1472) 부왕인 예종의 왕비 시호를 휘인소덕(徽仁昭德)이라 하는 바람에 휘(諱) 자가 되어 소의문으로 바꾸었다. 소의문은 지금 서소문동에서 의주로 넘어가는 길 마루턱에 있었는데 이 지역 동명이 서소문동이 되었다. 남소문의 광희문과 소의문은 죽은 자의 시신이나 관이 나가는 곳이라 하여 시구문(屍口門)이라 하였다. 서소문에 원래 망루가 없었는데 1744년(영조 20)에 임금이 금위영에 명하여 망루를 짓고 소의문이라는 편액을 써 걸도록 명하였다.[32]

시신이 두 곳으로밖에 못 나갔으므로 양주(楊州), 광주(廣州), 용인(龍仁) 방면으로 운구하려는 사람은 반드시 광희문을 거쳐야 하고 파주(坡州), 양천(陽川), 과천(果川) 방면으로 운구하려는 사람은 서소문을 거쳐야 하기 때문에 여간 불편한 것이 아니었다. 이 제도는 1909년(융희 3) 이후부터 폐지되었다.

이 문밖에는 칠패시장(七牌市場)이 있어서 새벽부터 사람이 많이 붐비던 곳이었다. 칠패시장이란 조선 시대 서울에 있던 난전(亂廛) 시장의 하나다.

칠패시장에서도 미곡, 포목, 어물 등을 비롯한 각종의 물품이 매매되었는데 그중에서 어물전(魚物廛)이 가장 규모가 컸다. 이현(梨峴), 종가(鍾街: 종로 종각 부근)와 함께 서울의 가장 큰 산업중심지를 이룬다.[33]

1914년 일제가 세운 도시계획에 의하여 흔적도 없이 헐어내버렸다.

숙정문(肅靖門)

▶숙정문

북대문이라 하며 숙청문(肅淸門)이라고도 하였다.

처음의 위치는 현 위치에서 조금 서쪽에 있었는데 1504년(연산군 10)에 지금의 자리로 옮겼다. 이문은 원래 인가가 거의 없어 이용하는 사람이 많지 않았을 뿐 아니라 이 문을 열어놓으면 음기(陰氣)가 번창하여 장안의 여자들이 놀아나서 풍기가 문란해지므로 항상 닫아 두었다 한다〈오주연문 장전산고(五州衍門 長箋散稿)〉. 그러나 실제는 이문이 경복궁의 주산인 북악산과 종묘의 주산인 응봉을 잇는 산마루의 중간에 있어 이 문을 열어놓으면 사람들이 지맥을 밟고 다니게 되므로 이를 피하기 위하여 문을 닫았지만, 실제 이용하기에도 인근의 혜화문을 이용하는 것이 편리하여 구태여 숙정문을 이용할 필요가 없기 때문이기도 했다.

아무튼, 이 문은 수백 년 동안 이래저래 닫혀있는 때가 많았다.

1588년(선조 21)에 숙정문 밖 바위틈에서 액체가 흘러나왔는데 묽은 것은 술과 같고 짙은 것은 떡과 같아서 백성들이 다투어 그것을 먹었다고 한다(조야첨재).[34] 가뭄이 심할 때에는 북쪽은 음이고 남쪽은 양이기 때문에 기우제를 지내면서 양기를 막고 음기를 북돋우기 위하여 양의 남대문을 막고 음의 숙정문을 열어놓았다. 반대로 장마가 심해지면 기청제(祈晴祭)를 지내는데 이때는 이 문을 닫고 반대로 남대문을 열어놓았다. 한재가 심할 때 이문을 열고 남대문을 닫는 무속은 1416년(태중 16)에 처음 시작되었다.

숙정은 "공손하게 다스린다."라는 뜻이다. 문에 누각이 없는 암문(暗門)이었다. 이 문은 1395년(태조 4)에 건립되었으나 1413년(태종 13)에 풍수학자 최양선(崔揚善)이 백악산 동령과 서령은 경복궁의 양팔에 해당하므로 여기에 문을 내어서는 안 된다고 주장하여 창의문(彰義門: 일명 紫霞門)과 함께 이 문을 막을 것을 주청하였다. 결국, 이 두 문을 폐쇄하고 길에 소나무를 심어 사람들의 통행을 금하였다. 원래 이문은 산이 높고 길이 험한 산중턱에 세워져 문을 나서면 북한산이 앞을 가로막고 있어 도성 안으로 들어오는 데는 동쪽으로 성북동 골짜기로 내려와 혜화문 밖 경원 가도로 나오는 길 외에 다른 길이 없다. 그래서 도성 안으로 들어오는 데는 혜화문(동소문)을 거치는 것이 빠르고 편리하므로 북대문을 이용할 필요도 거의 없었다.

1506년(중종 1년) 이후에 반정공신 박원종(朴元宗)의 주청으로 혜화문과 더불어 창의문만은 통행을 허락하였다. 1976년 대통령의 명으로 북악산 일대를 복원 하면서 문루(門樓)를 세우고 '肅靖門'이라는 편액을 걸었다.

어느 때부터 명칭이 바뀌었는지 확실하지 않지만 중종실록 이후 각 실록에 모두 숙정문으로 되어있다.

홍지문(弘智門)

▶ 홍지문(한국학중앙연구원 제공)

　서울특별시 종로구 홍지동(弘智洞)에 있다. 동명(洞名)은 이 문 이름을 따 지은 것이다. 1715년(숙종 41) 서울 도성과 북한산성의 방어 시설을 보완하기 위하여 오간수문(五間水門) 밑 서성(西城)과 함께 건립한 것으로 한북문(漢北門: 捍北門)이라고도 한다.

　서성은 1718년 비봉 옆 수리봉에서 인왕산의 도

▶ 홍지문 옆에 있는 오간수문

성 성벽까지 쌓은 익성(翼城)으로 그 울안 세검정 일대는 탕춘대 성이라고도 불렀다. 서성의 성벽 일부와 오간수문 및 홍지문은 중앙부에 화강석으로 홍예문(弘霓門)을 내고 그 위에 단층 문루가 세워졌다. 유학(儒學)에서 말하는 지(智)는 앎의 근원으로 보고 있다. 주자도 지(智)를 시비를 분별하는 도리라 설명한다. 그런데도 지금 중국에서는 지(智)와 지(知)를 구분하고 있지 않으나 우리나라에서는 확연히 구분하고 있다.

지혜(智慧)를 말할 때 지(智) 자를 쓰고, 단순한 앎을 말할 때 지(知) 자를 써서 언어적 뉘앙스도 확연히 다른 느낌을 준다. 중국의 렁천진(冷成金)은 기회가 충만한 시대는 지혜가 넘치는 시대라고 한다. 그래서 지혜는 술(術)이 되어서는 안 된다. 술은 메커니즘 영역에서는 유용할지 모르나 잔꾀의 드라마에 빠지면 권모술수나 책략으로 전락한다.

지는 오상(五常)의 하나로 이 또한 하늘에서 부여받은 본성이다. 오행(五行) 중에 물(水)에 해당하고 사계(四季)로는 겨울이요, 방위(方位)로는 북방이다. 그래서 북쪽 문을 '지혜를 넓힌다'는 뜻으로 홍지(弘智)라 했다.

석축 윗부분에는 여장(女墻)으로 둘러있고 문루는 정면 3간 측면 2간으로 사방이 트여 있다.

40㎡ 정도의 평면에 지은 것으로 우진각지붕이다. 성문에 잇대어 성벽을 연결시킨 오간 수문은 물의 유통을 빠르게 하기 위하여 다섯 개의 월단을 만들었다. 길이는 26.72m이고 너비 6.8m이며 월단의 높이는 5.23m이다.

원래의 문루는 1921년에 낙후되어 주저앉았고 5간수문도 같은 해 장마에 떠내려가서 근 60여 년 동안 폐허 상태에 있었는데 1977년 복원되었다.[35] 탕춘대 성과 함께 서울특별시 유형문화재 제33호로 지정되어있다.

창의문(彰義門)

문 이름은 북소문 또는 자하문(紫霞門)이라 한다. 현재 4소문 중에서 유일하게 원형을 간직하고 있는 문인데 세칭 북문이라 한다. 숙정문이 늘 닫혀있어서 주로 이 문으로 왕래하였기 때문이다.

이문은 1395년(태조 4) 도성 축조 때 세웠는데 이 문 위에는 나무로 조각하여 만든 닭을 걸어두었다. 그 까닭은 이 문밖의 지세가 지네와 비슷하므로 지네의 기를 누르기 위함이라 한다.

창의(彰義)라는 말은 "의를 기리고 표창한다."라는 뜻이다. 1741년(영조 17) 1월 22일 창의문에 높은 문루를 설치하라 지시했는데 이는 장수 구성임이 문루 세울 것을 주청하여 문루를 세우고 성문도 수리하였다.[36]

1623년(광해군 14) 3월 12일 밤 인조반정을 일으킨 군사들이 이문을 도끼로 부수고 창

덕궁으로 쳐들어가 반정에 성공하였으므로 반정공신들의 명단이 적힌 현판이 이곳에 걸려 있다.[37]

이 현판은 1743년(영조 19) 여름에 영조 임금이 세검정에서 기우제를 지내고 오다가 정사훈신(定社勳臣)의 이름을 새긴 현판을 만들어 걸라고 지시하여 만들어진 것이다. 이 명단에는 이괄의 난에 가담된 자들은 제외되었다.

1624년(인조 2) 공신 서열에 불만을 품은 이괄이 난을 일으켜 임금이 다시 피난길에 올랐는데 도성을 점령한 이괄의 군대가 정충신(鄭忠信)에 패하여 다시 도성 안으로 들어가려 했으나 백성들이 돈의문과 소덕문을 닫아버려 못 들어오고 가까스로 숭례문으로 들어왔으나 저항에 밀려 다시 수구문으로 빠져나가 도망하다 이천에서 기익헌(奇益獻)에게 잡혀 죽었다.

▶ 창의문(북소문, 한국학중앙연구원 제공)

▶ 1910년의 창의문(고적도보)

보신각(普信閣)

　　건국 초부터 궁중에는 여러 곳에 종과 북이 매달려 있었다. 1434년(세종 16) 7월 1일 새로 만든 물시계가 작동하여 경회루, 남문, 월화문, 근정문에는 종과 북을 달고 광화문에는 커다란 종과 북을 설치하여 보루각에서 자동으로 종이나 북을 울리면 따라 쳐서 차례로 전해져 갔다.[39] 영추문에도 큰 북을 달아놓고 있다가 정오에는 목인(木人: 나무로 만든 사람)의 북소리를 듣고 따라 치면 광화문의 북을 맡은 사람도 따라 치게 하였다. 경회루, 남문, 영추문, 광화문은 서운관 관원이 맡고 나머지 문들은 그 문에 숙직을 서는 갑사들이 맡았다. 이때에 만들어 걸어놓은 종과 북은 흠경각의 물시계가 완성됨으로 인하여 시각을 알리기 위한 것이었다. 1457년(세조 2) 7월 14일 사정전 옆에 새 종을 만들어 달았고, 1458년(세조 3) 7월 3일 새로 만든 북을 경회루 아래에 달았다.[40] 종과 북을 같이 두는 것은 가뭄이 심한 때에는 음(陰)의 소리인 종만을 치게 하고, 비가 많이 와 큰 홍수가 날 때에는 양(陽)의 소리인 북을 치게 하기 위함인 것이다.

▶ 1979년에 새로 지은 보신각

1427년(세종 9) 6월 23일 홍수 피해가 너무 커 숭례문을 열고 북쪽 숙청문을 닫아 기청제(祈淸祭)를 지냈는데 이날부터 인정시간과 파루시간에도 북을 쳤다고 한다.[41] 동년 7월 4일 인정 시간과 파루 시간에 정오 시간을 추가하여 북을 치지 말고 다시 종을 치게 하였고, 1460년(세조 5) 5월 5일 근정전에서 임금이 큰 북을 치고, 근정문에서 큰 종을 치니 병사들이 집결하여 검열을 받았다. 종과 북은 시간을 알리는 외에 경우에 따라서는 대궐 안을 수비하는 군사들의 비상훈련용으로도 사용되었던 것이다.

1457년(세조 2) 9월 6일 사정전에 매단 새 종을 광화문의 오른쪽(서쪽)에 종각을 짓고 종을 매달라고 지시를 내렸다. 그전에는 경회루의 남쪽에 작은 종각을 지어 옮기라는 지시를 내린 바 있었는데 이때에 마음을 바꾼 것이다. 1461년(세조 6) 2월 4일 임금이 광화문에 나아가서 종루를 지을 터를 살펴보았고 동년 9월 6일 광화문의 오른쪽(서쪽)에 종각을 짓고 종을 매달라고 지시하였다.[42] 1671년(현종 12) 10월 2일 수도의 종루와 경복궁 앞, 동대문 안 등 세 곳에 있는 큰 종에서 같은 시간에 물기가 흘러 빛깔이 누르스름하다는 실록의 기록에서도 경복궁 앞에 종이 있었음을 알 수 있다.

▶ 1895년 고종이 세운 보신각

궁 밖에도 종을 매단 곳이 종루, 남대문, 동대문 등이 있었다. 궁궐지에는 종루와 종각 두 곳에 대하여 기록하고 있다. 종루는 중부 운종가(雲從街)에 있는데 1395년(태조 4)에 건립되었다. 운종가는 청운교 서쪽 지금 인사동 입구이다. 실록에는 1396년(태조 5) 5월 12일 새로 부어 만든 종이 완성되었다고 하여 종루의 건립과 종의 주조가 각기 다른 날짜에 된 것으로 기록하고 있다. 아무튼, 이 종은 며칠 후 시험 삼아 몇 번 쳤는데 깨져버렸다. 같은 해 10월 7일 임금이 종루에 가서 새로 만든 종을 보았다는 실록의 기록으로 보아 종이 깨진 후 바로 새 종을 주조한 것으로 생각되는데 이종도 임금의 마음에 들지 않았던 듯싶다. 1398년(태조 7) 1월 20일 삼사령사 권중화에게 명하여 종을 주조하는 것을 감독하도록 하였다. 이 종은 경기도 광주(廣州)에서 만들었는데 은 50량을 함께 녹여 만들었다. 동년 4월 4일에는 임금이 광주까지 직접 내려가 새로 만든 종을 보고 권중화에게 안장 갖춘 말을 하사하였다. 마음에 흡족했던 것으로 보인다. 이때 만든 종은 권근이 쓴 명문(銘文)처럼 '왕조 개창의 새로운 공을 새겨 큰 아름다움을 길이 전하고자' 만들어진 것인데 중국의 하(夏)나라 우(禹)왕이 새 나라를 세우면서 가마솥을 만들어 기념한 것에 비유한 것이다. 이 종은 경기좌도의 군사 1,300명을 동원하여 수도에 있는 누각 아래에까지 끌어온 다음 예문 춘추관 학사 권근에게 지시하여 종에 새길 명문(銘文)을 지으라고 명령하였다. 그리고 15일에 임금이 직접 종루에 가서 종을 달아매는 것을 보았다.**43**

「종을 만들며 지은 명과 서문(鑄鐘銘並序)」에 이르기를

조선이 천명을 받은 지 3년에 한강의 북쪽에 도읍을 정하였는데 그다음 해에 궁궐을 짓기 시작하고, 그해 여름에 관리에게 명하여 큰 종을 만들게 하였다. 종이 만들어진 후 시장의 큰 길거리에 종각을 세우고 종을 매달았으니, 이는 왕조 개창의 새로운 공을 새겨 큰 아름다움을 길이 전하고자 함이다. 옛날부터 나라를 다스리는 자들은 큰 공을 세우거나 큰일을 하고 나서 반드시 종이나 솥에 그 업적을 새겼으니, 그 아름다운 명성이 종소리를 들을 때마다 후인들의 이목을 감동시켰다. 또한, 큰 도시의 대로에 설치하여 새벽과 저녁에 종을 침으로서 백성들이 일하고 휴식하는 구분을 엄하게 하였으니 종의 쓰임은 참으로 크도다! 우리 임금께서 왕위에 오르기 전부터 덕망이 날로 높아져 천명과 인심이 모두 모여들어 스스로 그만둘 수 없게 되었으니, 현명하고 굳센 여러 신하가 지혜와 힘을 다해 보필한 결과, 고려를 멸망시키고 조선을 건국하게 되었다. 그 후 밤낮으로 애쓰고 걱정하면서 나라의 기

강을 세워 자손만대가 태평할 기반을 닦아놓았으니, 큰 공을 세우고 큰일을 했다고 칭송할 만하며, 마땅히 이 업적을 새겨 후손들에게 분명하게 보여주어야 한다. 또한, 『주역(周易)』에 이르기를 "천지(天地)의 큰 덕은 생(生)이며 성인(聖人)의 큰 보물은 지위인데, 무엇으로 지위를 지키는가 하면 바로 인(仁)이다."라고 하였다. 이는 하늘과 땅이 만물을 낳는 마음을 성인이 본받아 자신의 마음으로 삼아 확충해나간다면 능히 그 지위를 보전할 수 있다는 것이니, 하늘과 사람이 비록 다르다 하더라도 그 마음은 한가지로 같은 것이다. 지금 우리 임금께서 즉위하신 날에 무기에 피를 묻히지 않았고 온 나라가 편안하였으니, 학정에 시달린 백성들이 모두 편안히 사는 즐거움을 누릴 수 있었다. 이야말로 삶을 좋아하는 덕으로서, 비록 순임금이라도 이보다 더할 수는 없을 것이니, 이러한 사실을 명(銘)에 새기지 않을 수 없다. 명(銘)에 이르기를

우리 임금께서 천명을 받아 새로운 도읍을 한강의 북쪽에 정하였다. 옛날 개성에 있을 때는 나라가 위태로워 우리 임금께서 고려를 대신하여 조선을 세우셨다. 덕으로써 학정을 제거하니 백성들은 병란을 겪지 않았고, 전쟁하는 날 아침에 이미 천하가 깨끗하고 밝아졌다. 어진 신하들이 지혜와 힘을 다 바쳐 태평성대로 접어들었으며, 가깝고 먼 백성들이 이미 번성하였다. 이에 종을 만들어 아침저녁으로 울리며 우리의 위대한 업적을 여기 세워놓았으니, 천 년 동안 이 서울을 보호하게 하소서. [勸近이 지었다.]44

당시 종루의 규모는 2층 5간이었는데 1413년(태종 13)에 종묘의 행랑공사를 다시 시작하면서 종묘남로(宗廟南路) 순금사(巡禁司)의 남쪽이며 광통교의 북쪽인 오늘의 위치 부근에 정면 5간의 종루를 다시 세웠다.45 1431년(세종 13) 5월 25일에는 안개 낀 날, 흐린 날 종소리가 들리지 않아 성문을 제때에 여닫지 못하는 결과 사람들의 출입통제가 지체되는 폐단이 있으니 초경 5점에 순찰하는 갑사를 1명씩 더 두어 첫 종소리가 날 때 떠나보내서 각 성문에 직접 전하도록 하라는 지시를 내렸다. 그 후 1440년(세종 22) 5월 1일에 종루의 구조를 개조하여 종루 밑으로 십자형의 길을 내어 인마가 통행할 수 있도록 하고, 누각 위에 종을 걸어서 시각을 알렸다.46 궁궐지의 기록에 의하면 돈의문 안 정능사(貞陵寺)에 큰 종이 두 개 있었다. 절이 없어진 후 원각사(圓覺寺)로 옮겨온 것으로 되어있는데 좀 더 자세한 내용을 보면 하나는 1425년(세종 7) 4월 19일에 남대문에 옮겨 달고 하나는 세조 때 원각사로 옮겨온 것이다. 원각사에는 본래 있던 1464년(세조 9) 12월 10일에 만든 원각사 종(구리가 4만여 근 들었다.)과 정능사에서 옮겨온 종이 두 개가 있었다.47

▶ 보신각 종

　원각사가 없어진 후 김안로(金安老)가 원각사 종을 동대문과 남대문으로 옮겨 새벽과 저녁마다 울리게 하려고 했으나 종을 걸어놓기 전에 김안로가 잡혀 죽었다. 이 기록에 의하면 종을 걸어놓기 전에 김안로가 죽은 것이다. 김안로는 중종 때 사람이다. 동국여지비교의 기록에 의하면 원각사 종은 숭례문으로, 정릉사 종은 흥인문으로 옮겨 놓은 것으로 알려졌다. 이후 1536년(중종 31) 4월 9일 임금은 종루의 소리가 들리지 않으니 흥인문, 숭례문에 인원을 추가 배치하여 사람이 직접 전달하도록 하라고 지시하였다. 다음 해 중종 32년 10월 28일에 "흥인문과 숭례문의 종은 시간을 알리기 위한 것인데 사람들이 들어 혼돈이 생긴다. 양문에 있는 종각은 헐어 다른 토목공사에 쓰려 해도 종을 옮기자니 지난번에 옮겨올 때도 돌다리를 모두 무너뜨렸는데 성 밑 어느 한 곳에 보관하는 것이 어떤가?" 하고 왕이 하문했는데 결국 그리되었다.[48] 이때부터 중앙에 있는 종루의 종만 울린 것이다.

　1541년(중종 36) 6월 1일에 남대문에 보관 중인 종은 군자감에 옮기고 동대문의 종은 훈련원에 옮기라 했으나 실현되지 못했다. 1563년(명종 18) 11월 16일 흥인문과 숭례문 안에 보관 중인 큰 종을 내수사에 주어 활용하도록 임금이 지시하였다. 이 지시는 문정왕후의 지시로 왕이 지시한 것인데 이때도 옮기지 못하였다. 궁궐지에 기록된 또 하나는 종각이다. 기록하기를 경복궁의 광화문 밖에 있는데 "세조 3년(1457) 무인에 큰 종을 만들어 길거리에 매달아 놓고 종각이라 이름 붙였다. 예종 원년(1469)에 도성 안에 종각을 세웠다."라고 했다. 우선 연도가 세조 3년 무인년이면 1458년이다. 단종을 노산군으로 하여 기록한 실록과 단종을 복위하여 왕으로 추존한 후에 기록한 국조보감의 기록에 1년의 차이가 나는 것은 이미 기술한 바와 같이 즉위년 원년제과 유년 원년 제(즉위 다음 해를 원년으로 하는 것)를 각각 달리 적용하였기 때문이다. 그리고 국조보감에 기록된 예종 원년의 기록을 보면 1469년 7월에 상이 "종각이 성 밖에 있는 것은 옳지 않다 하여 우의정 윤자운(尹子雲) 등에게 명하여 성안으로 옮기게 하였다."라는 기록으로 보면 세종 때 남대문으로 옮겨간 정능사 종은 남대문 밖에 있었던 것으로 파악된다. 그리고 세조 때 만든 종각은 광화문 밖 서쪽에 있었다. 예종은 성 밖의 종을 성 안으로 옮기고 인정과 파루 사이에 통행을 금하였으나 궁궐 문에는 자물쇠를 채우지 않았는데 이때부터 문에 자물쇠를 채우고 변방의 보고나 국가의 대사에 관계되는 일이 있을 경우 선전표신(宣傳標信)을 써서 자물쇠를 여는 것을 규례로 삼으라 했다.[49] (국조)

궁궐지에 기록된 종루와 종각은 임진왜란 때 모두 소실되었고 종루의 종은 광화문 서쪽에 만든 종과 함께 이때 녹아버려 결국 남대문의 종만 남아있었다. 이것은 세종 때 남대문에 옮겨 매달았던 흥천사 종은 이미 없어지고 그 후 김안로가 원각사에서 옮겨온 종으로 여겨진다.

임진왜란 이후 선조가 몽진길에서 돌아온 후 1594년(선조 27) 11월 1일에 병조에서 남대문 안에다 이 종을 매달고 통행금지 시간과 해제 시간을 알려주게 되었다. 1619년(광해 11) 4월 21일에 수도에 큰 화재가 나 1,000여 호가 불에 탔는데 종각도 불에 타 인정종, 파루종을 칠 수가 없게 되었다. 이때의 것은 선조 때 만든 남대문 안에 있는 종각을 말하는 것 같다. 실록에 1637년(인조 15) 7월 1일 종을 달아놓기 위한 각(閣)을 다시 세웠다 했는데 이것이 임진왜란 때 소실된 지금의 종각으로 보인다. 1647년(인조 25) 3월 22일 종루의 종이 저절로 울리니 저자 사람들이 담벽처럼 둘러서서 구경하였다 하였고 1671년(현종 12) 10월 2일 자에는 수도의 종루와

▶ 국립중앙박물관에 보존된 보신각 종 (1985년 교체될 때까지 종각에 매달려 있었다)

경복궁 앞, 동대문 안 등 세 곳에 있는 큰 종에서 같은 시간에 물기가 흘렀다, 누르스름하다, 하였으며 동월 17일에 종루의 큰 종에 이전보다 더 많은 물기가 흘렀다는 기록 등이 지금의 종각임을 예시해주고 있다.[50]

그런데 동국여지 비고의 기록은 사뭇 다른 내용을 기록하고 있다. 여기에서도 종루와 종각을 따로 기록하고 있는데 그대로 옮겨보면 "종루는 운종가에 있다. 태조 4년에 큰 종을 주조하고, 권근(權近)이 명(銘)을 지었는데, 각(閣)을 큰 거리에 짓고 종을 달아서 새벽과 어두울 때 치게 하였다. 세조조에 고쳐 층루(層樓)로 지으니, 동서의 넓이가 5칸, 남북이 4칸인데, 십자가(十字街)를 만들고 종을 누 위에 달고, 인마(人馬)는 누 아래로 통행하게 하였다. 세조 13년에 명하여 다시 큰 종을 주조하여 달아서 새벽과 밤을 알리게 하였는데, 1경(更) 3점(點)에 비로소 징과 북을 치니, 북으로 경(更)을 알리고 징으로 점을 알리는 것이며, 큰 종을 28번 치니 이것을 인정(人定)이라 하며, 5경 3점에는 징과 북을 치우고 큰 종 33번을 치니, 이것을 파루(罷漏)라고 한다. 선조 임진년 병란 때에 광화문의 종과 함께 모두 녹아버렸으며, 환도한 후인 갑오년 가을에 숭례문의 종을 옮겨다가 달고 새벽과 밤을 알려주니, 도성 사람들이 종소리를 듣고 슬퍼하면서도 기뻐하지 않는 사람이 없었다. 정유년에 명나라 장수 양호(楊鎬) 경리(經理)가 종을 명례동(明禮洞) 고개로 옮겨 달았다. 또 살펴보면 중종조에 김안로가 정승이 되어 흥천사의 종을 흥인문에 원각사의 종을 숭례문에 옮겨놓고 새벽과 밤을 알려주려 하였는데 미처 달지 못하고 안로가 실패하여 그만 풀숲 속에 버려둔 지 오래였다. 선조 갑오년에 명하여 숭례문의 종을 종루로 옮겨 달게 하였다. 종각은 세조 2년에 큰 종을 주조하고 신숙주가 명을 지었으며 사정전 앞 행랑에 두었는데 지금은 광화문 밖 서쪽에 있다."했다.[51]

우선 "태조 4년에 큰 종을 주조하고 각(閣)을 큰 거리에 짓고"하였는데 태조실록에 보면 각은 태조 4년에 지었으나 거기에 매단 종은 태조 7년 9월 20일에 새 종을 경기도 광주에서 만들었다. 이종은 경기좌도의 군사 13,000명을 동원하여 수도에 있는 누각 아래까지 끌어왔다 했으며 또 여지비고에 "세조조에 고쳐 층루(層樓)로 지으니 동서의 넓이가 5칸 남북이 4칸인데 십자가를 만들고 종을 누 위에 달고 인마는 누 아래로 통행하게 하였다." 했는데 세종실록과 궁궐지의 기록을 종합하면 세종 22년 5월 13일 자에 종루의 구조를 개조하여 종각 밑으로 십자형의 길을 내어 인마가 통행할 수 있도록 하고 누각 위에 종을 걸어 시각을 알린 것으로 되어있다.[52] 인정과 파루종도 개국초부터 치기 시작한 것으로 보인다. 또 동국여지비고에 "선조 갑오년 가을에 숭례문의 종을 옮겨다 달고"했는데 기술한 바와 같이 조선왕조 실록에는 선조가 환도한 후 1년이 지난 1594년 갑오년(선조 27) 11월 1일에 "병조에서 남대문 안에다 종을 매달았다."라고 했다. 이것은 남대문 부근 성 안쪽에 종각을 지어 종을 매달았다는 것이지 지금의 종루로 옮겨온 것은 아닌 것으로 보인다. 지금의 종루 위치를 두고 '남대문 안'이란 표현을 쓰기에는 상당히 먼 거리에 있다. 결론적으로 이때 남대문의 종을 현재의 종각 위치에 옮겨 오지는 못한 것으로 풀이된다. 이 외에도 신증동국여지승람의 오류는 여러 곳에서 보인다. 그 후 1685년(숙종 11) 1월 종각 동남쪽에 있는 가옥에서 난 불이 종각에 옮겨붙어 다 타버렸으나 종은 그대로 남아있어 이 기회에 민가를 헐어내고 며칠 만에 중건하여 종을 매달았다.

숙종이 지은 「종각을 중건하며 지은 명과서문」에 이르기를

내가 즉위한 지 11년 1월 밤에 종각에 불이 났는데, 비록 종각의 동남쪽에 있는 가옥에서 불이 나서 옮겨붙은 것이기는 하지만 역시 변고라고 할 수 있다. 단지 큰 종 만이라도 남아있게 된 것은 다행이다. 즉시 관리에게 명하여 주변의 민가를 철거케 하고 수일 안에 건물을 중건하여 종을 매달 수 있게 되었다. 쳐다보니 기쁘고 또한 새해를 맞이함에 마땅히 명(銘)을 지을 만하다. 그 내용은 다음과 같다.

우리 태조(太祖) 임금께서 도읍을 정하고, 저 큰 길거리에 종각을 건립하고 종을 매달아서, 정해진 시각에 종을 쳐서 새벽과 저녁을 알렸네. 그런데 새해 정초에 화재가 났으니, 경계를 보여줌은 분명하고 근심은 끝이 없다. 이에 중건하도록 명령하여 며칠 안에 공사를 마치니 큰 종이 높게 걸리고 만백성은 고개 들어 쳐다보네. 아름다운 기운이 항상 종각의 꼭대기에 떠있도록 하소서.[53]

경국대전에 의하면 이 종루는 비단 인정, 파루뿐만 아니라 금화사(禁火司: 소방서)의 관원이 늘 누(樓)에 올라가 도성 안의 화재를 감시하게 하고 관청이나 민가에 화재가 나면 이 종을 쳐서 알렸다.

그 뒤 1869년(고종 6)에 불이 나 종각이 소실되었는데 1895년(고종 32)에 다시 짓고 이때 보신각(普信閣)이라 이름하여 처음으로 현판을 달았다.[54] 이때 지은 건물은 정면 3간, 측면 2간의 단층 팔작지붕이었다.

오상(五常) 중 신(信)은 중앙을 뜻하는데 신을 풀어쓰면 사람(人)과 말(言)의 회의(會意)

▶ 보신각 현판(이승만 전 대통령이 썼다)

로서 사람의 말은 심중에서 나오는 것이므로 믿을 수 있어야 한다는 것이다. 이것은 사람의 말이 진실 되게 실현되는 것을 일컫는 개념이다.

공자는 정당성이 수반되지 않는 약속과 신의는 참다운 것이 아니기 때문에 진정한 신의는 도덕적 정당성을 전제로 해야 한다고 하였다. 의로움이 결여된 믿음은 진정한 믿음이 아니라는 것이다. 그래서 믿음(信)에 의(義)로움을 더하여 신의라는 말을 쓴다.

인, 의, 예, 지의 바탕에 신(信)이 없으면 아무 의미도 없다. 신은 상호관계에서 형성되기 때문에 화, 수, 목, 금이 각기 나름의 역할을 하고 있을지라도 흙에 의존하지 않으면 반듯하게 제자리를 지킬 수 없듯이 인, 의, 예, 지에 신이 없으면 윤리적, 형이상학적 참된 의미는 상실하고 만다.

그래서 신(信)은 오상의 중심에 있다. 중앙은 흙(土)이다. 흙은 다른 4행과 달리 가운데에 자리하므로 하늘의 혜택이라 할 수 있다. 4행은 각각의 계절 중 하나와 연결되지만 토(土)행은 네 계절을 포괄한다. 그래서 보신각은 토(土)에 해당하여 궁궐이 있는 중앙에 위치하고 4대문을 관장한다. 그뿐만 아니라 조선 시대에는 이 종루를 중심으로 도시 상업이 크게 발달하였었다.

지금 있는 보신각은 1979년 8월 15일 원위치에서 다시 조금 뒤로 옮겨 지으면서 대지 2,810㎡로 확장하여, 정면 5간, 측면 4간, 연면적 476㎡의 2층 누각으로 지었다. 여기에 1985년 당시 전두환 대통령은 새로 종을 만들어 달고 조선 시대 종은 국립중앙 박물관에 보존 중이다.

1895년 9월부터 당종법(撞鍾法)을 바꾸어 정오와 자정에 종을 치도록 하였고 새해 새 아침을 알리는 제야의 종으로 치기 시작한 것은 1953년부터이다.

현재의 보신각 현판은 이승만 전 대통령의 글씨이다.

종각(鐘閣)

경복궁 광화문 밖 서쪽에 있다. 세조 2년 큰 종을 만들어 처음에는 사정전에 걸어놓으려 하다가 동년 9월에 광화문 오른쪽에 종각을 짓고 여기에 종을 걸었다.⁵⁵ 세조가 종을 만든 것은 난세를 극복하고 왕실을 바로 세워 제2 건국의 치적을 기념하는 뜻에서 한 것이다. 그래서 예종은 묘호도 조(祖)로 올렸다.

종명(鐘銘) 서문은 신숙주(申叔舟)가 썼다.

"거룩하신 우리 주상전하께서, 태평한 지가 오래되었으니 군비에 관한 일을 엄하게 하지 않을 수 없음을 생각하여, 유사에게 명하여 큰 종을 만들어 사정전 앞 행랑에 설치하여 금군(禁軍)을 호령하여 정제하게 하였다. 우리 조정의 태조 강헌대왕(太祖康獻大王)이 창업 개국하신 후로, 태종 공정대왕(太宗恭定大王)이 윗대의 공업을 빛나게 이었으며, 세종 장헌대왕(世宗莊獻大王)에 이르러서는 가득 찬 것을 보전하고 이룬 것을 지키되 문화로서 정치를 하니, 나라 안이 편안하여 백성이 병란을 보지 못한 지 10여 년이었다.

문종(文宗)께서 왕위에 계신 지 오래지 못하고 뒤를 이은 임금이 어렸는데, 권신(權臣)과 간신이 나랏일을 마음대로 하여, 조정 정사를 흐려 어지럽게 하고 종묘와 사직을 위태롭게 하려 하였다. 우리 전하께서 영특한 무력(武力)을 분발시키고, 충과 의를 격려하여 대란(大亂)을 평정하고 대업을 정하시니, 중흥 시기에 당하는 것이었다. 정사와 형벌을 닦아서 밝히며 기강을 고치고 폐단을 제거하여 조종조의 옛 모습을 모두 회복하였는데, 먼저 군사에 관한 정치를 힘써서 이끌고 격려하기를 하지 않음이 없으니, 1년이 되지 않아서 조정과 민간이 깨끗하고 편안해졌다. 궁중의 호위가 정제·엄숙하여 중외가 편안하고 북쪽 오랑캐와 해적이 와서 알현하고 정성을 바치며 잇달아 앞을 다투니, 편안할 때에 위태로움을 잊지 않되 생각하는 것이 깊고 계획하는 것이 멀어서, 중흥의 사업을 이룬 것이 지극하다고 하겠다. 대개 큰 공업을 세운 자가 반드시 그 사실을 종(鐘)과 솥에 새겨 공덕을 밝히고 충훈(忠勳)을 기록하는 것은, 큰 사업을 전해서 후세에 보여주려 하기 때문이다. 지금 큰 그릇이 이루어지는데 어찌 명을 지어서 후세에 밝게 보여주지 않을 것인가.

신(臣) 숙주는 삼가 손을 모아 절하고 머리를 숙입니다.

다음에 명을 붙입니다. 명에 말하기를, '거룩하신 우리 태조, 동쪽 나라 세우셨네. 성인과 성인 서로 계승하여, 교화 정치 더욱 높았네. 다스려도 항상 편안하지 못하니, 상제께서 경계를 보였네. 큰 운수 중간에 막혀, 나라가 편안치 못했네. 권신과 간신이 어지럽혀, 나라 정치 마음대로 하였네. 독한 연기 사나운 불길, 활활 번져갔네. 하늘이 우리 임금 돌보아 용맹과 지혜 주었네. 신성한 위무(威武) 분발하여, 종묘와 사직 안정시켰네. 충성스럽고 어진 이 힘 다하여, 나비들이 밤 촛불에 날아들 듯하였네. 큰 난리 평정하기를, 하루도 안 걸렸네. 나라 안이 편안하고, 노랫소리 즐겁기도 하네. 이때 우리 임금, 기강을 정돈하셨네. 우리 옛 법 회복하여, 모두 다 펼쳐놓았네. 편안하다 맘 놓을세라, 위태로움 잊을세라. 나라 중흥 보전하려, 무비(武備)를 먼저 힘쓰셨다. 여기서 큰 종 만들어, 궁중에 달았네. 땡땡 둥둥 치는 소리에, 무사(武士) 벌여 섰네. 정정하고 당당한 모습, 장할손 우리 큰 사업이네. 위풍이 떨치고 빛나, 끝없이 멀리 퍼지네. 산융(山戎)과 도이(島夷)들, 위엄에 눌리고 덕에 감복하였네. 폐백 가지고 보물 바치며, 관문 밖에서 뵙네. 요사한 공기 깨끗이 가시고, 온 나라에 근심 없어졌네. 백성들 즐거워서 아름답고 의젓하구나. 거룩하신 우리 임금, 순(舜)임금·우(禹)임금 짝 되시네. 선왕 사업이었지만, 임금의 의사로 창작하신 것일세. 충훈(忠勳)들 함께 따라 영특하신 무력 협찬하여, 큰 공적 세우니 우리 동방 은혜로세. 여기 큰 종에 명문 새기니, 협욱(陝郁)땅 함께 짝하네. 몇천 억 년 지내도록, 길이 전해 썩지 않으리.' 했다." 하였다.

궁궐지의 종각은 남대문의 종각과 세조 때 세운 광화문 서쪽의 종각이 혼돈되어 기록되어있다.

타종(打鍾)

1985년까지 보신각에 현수되어 제야(除夜의 종으로 사용되었던 조선 시대의 종은 보물 제2호로 지정되어 현재 중앙박물관에 보존되어있다. 이 종은 높이 3.18m, 구경 2.28m 크기의 무거운 대종이며 전형적인 조선 초기 종 형식(鍾形式)인 한중혼효형(韓中混淆形)을 취하고 있는데, 화염으로 인하여 많이 훼손된 상태로 음통(音筒)이 없는 쌍용의 종뉴(鍾紐) 아래 포탄형의 종신이 연결되어있다.

위쪽 부분이 상대(上帶) 대신 1줄의 띠 장식이 둘러있고 그 아래에는 유곽이 없다. 유곽(乳廓) 대신 4보살상이 배치된 듯하나 화재를 입어 1구만의 보살상이 남아있다.

세조 때 왕실에서 주조한 흥천사종(興天寺鍾: 1462), 봉선사종(1469), 낙산사종(洛山寺鍾: 1469) 등은 주조한 인물이 같다. 주조한 책임자는 감역(監役) 김덕생(金德生), 그 밑에 주성장(鑄成匠)으로 정길산(鄭吉山), 김봉총(金莑寵) 등이다.

보신각종은 하루에 두 번 치게 되어있다. 통행을 금지하는 인정종(人定鍾)은 밤 10시에 28번을 치고 새벽 4시에 통행금지를 해제하는 파루종(罷漏鍾)을 33번 친다.

옛날에는 밤 시간을 저녁 7시부터 다음 날 5시까지를 5등분 하여 저녁 7시부터 9시를 초경(初更), 밤 9시부터 11시를 2경, 밤 11시부터 새벽 1시를 3경, 새벽 1시에서 3시까지를 4경, 새벽 3시에서 5시를 5경으로 하고 각 경을 다시 5점으로 나누었다.

인정종을 치는 밤 10시는 2경 3점에 해당하고 파루종을 치는 새벽 4시는 5경 3점에 해당한다.

1395년(태조 4)부터 태조 이성계는 도성을 쌓기 시작하여 도성이 완성되면서 4대문과 4소문을 만들었는데 이문들이 종루에서 치는 종소리에 맞추어 열고 닫도록 하였다.

인정과 파루는 모두 불교에서 나온 것인데 인정종은 우주의 28수(宿)에 고하기 위하여 28번을 친다. 28수란 하늘의 적도를 따라 그 남북에 있는 별들을 28개의 구역으로 구분하여 부른 이름이다. 즉 7개씩 묶어서 4개의 사(舍)로 배치하여 네 방위를 상징하도록 한 것이다.

그러므로 실제 자리하고 있는 별의 위치와는 상관없이 동쪽에서 뜨는 별을 가지고 네 방위로 배치하였다. 그리고 7사(七舍) 중에 대표적인 별자리를 그 구역의 수(宿)라 하였다.

동방(東方) 7사는 춘분날 초저녁 동쪽 지평선 위로 떠오르는 각수(角宿, 亢, 氐, 房, 心, 尾, 箕) 등의 일곱 개가 차지하는 성수(星宿)를, 북방(北方) 7사는 동짓날 동쪽에서 떠오르는 두수(斗宿, 牛, 女, 虛, 危, 室, 壁) 등의 일곱 개가 차지하는 성수를, 서방(西方) 7사는 추분날 밤 동쪽에서 떠오르는 규수(奎宿, 婁, 胃, 昴, 畢, 觜, 參) 등의 일곱 개의 수가 차지하는 성수를, 남방(南方) 7사는 하짓날 동쪽에서 떠오르는 정수(井宿, 鬼, 柳, 星, 張, 翼, 軫) 등의 일곱 개의 수(宿)가 차지하는 성수를 말한다.

구태여 28수를 택한 이유는 명확하지 않으나 달의 운동과 관계가 있는 것으로 추측되기도 한다.

달이 백도(白道)를 따라 일주하는 데 약 27.32일의 항성주기(恒星週期)를 가지고 있어 28에 가깝고 달은 밤을 상징하기 때문에 달이 머무는(宿) 하늘이 그 수에 해당한다고 할 수 있다.[56]

파루(罷漏)는 5경3점(새벽 4시)에 33번의 종을 쳐서 성문을 열고 백성들이 통행할 수 있도록 하였다. 파루는 제석(帝釋)이 이끄는 33천에 고하여 그날의 국태민안을 기원한 것이다. 제석은 도리천(忉利天)의 임금이다.

불가에서는 삼계가 있는데 욕계(欲界), 색계(色界), 무색계(無色界)이다. 욕계에는 다시 육천(六天)이 있는데, 사왕천(四王天), 도리천, 야마천(夜摩天), 도솔천(兜率天), 화락천(花樂天), 타화자재천(他化自在天)이다.

사왕천은 수미산 중턱에서 동서남북 네 곳을 관장하는 수문장이고, 여기를 통과하면 수미산 꼭대기에 도리천이 있다. 사왕천과 도리천은 수미산에 있으므로 지거천(地居天)이라 하고 야마천 이상은 공중에 있으므로 공거천(空居天)이라 한다.

도리천에는 다시 방위마다 각각 8천(八天)이 있고 가운데 제석이 거처하는 선견궁(善見宮)이 있어 33천이다. 땅 위의 가장 높은 곳에서 하늘을 여는 도리천의 33천을 상징하는 의미에서 33번의 타종을 하는 것이다. 시각을 알리는 것은 물시계다.

인정과 파루의 종 치는 제도는 고려말 "충혜왕 3년 정월부터 종루의 종을 쳐도 울지 않는다."라는 기록이 있기는 하나 밤에 통금시간과 해제를 알리는 종인지 여부가 명확하지 않기 때문에 종루에서 종을 쳐 시각을 알리는 제도는 조선 시대부터 시작된 것으로 보아야 한다.

"세종 때 도성 축성 기간에는 북소리가 멀리 들리지 않으므로 종루에서 횃불을 올려 인정과 파루를 알렸으며 또한 가뭄이 심하여 종묘사직과 명산대천에서 기우제를 지낼 때 북 대신에 징을 쳐서 파루를 알렸다."라는 기록을 보면 파루 때는 북을 친 때도 있었던 것 같다.

북소리는 양(陽)의 소리이고 쇳소리는 음(陰)의 소리이어서 밤이 시작되면 음의 소리인 종을 치고 날이 밝을 때에는 양의 소리인 북을 치는 것도 이치에 부합된다.

양이 성하여 비가 오지 않을 때는 양의 소리인 북소리는 일체 내지 못하게 하였고 너무 비가 많이 와 홍수 피해가 심한 때에는 쇳소리를 삼가고 북소리를 내게 한 것이 우리 조상들의 오랜 무속이었다.

인정종이 친 뒤에 통행하다 적발되면 경수소(警守所)에 구금한 뒤 날이 새면 어긴 시간에 따라 10대에서 30대까지 곤장을 때렸다.

통금시간 중간중간에 11시, 새벽 1시, 새벽 3시에는 경을 알리는 북을 쳤는데 이 북은 통금 위반으로 붙들려온 사람이 쳤으므로 "경을 칠 놈"이란 말은 여기서 나온 말이다.

왜 누(樓)를 각(閣)이라 했을까?

보신각의 건축물 형태는 그 명칭과는 달리 누(樓)이다. 조선의 건축물 형태를 구분하면 전(殿), 각(閣), 누(樓), 정(亭), 랑(廊), 무(廡) 등이 있는데 누는 위층이고, 각은 아래층이다. 그래서 주합루 아래층이 규장각이고 징광루 아래층이 경훈각(景薰閣)인 것과 같이 위층을 말할 때 누라 하고 아래층이 각이다. 아래층을 사면벽 또는 분합문을 막아 거실이나 서고 등으로 활용할 때에는 각이라는 칭호를 쓰지만, 아래층이 단순히 돌기둥이나 나무기둥으로 누를 받치는 건물은 누(樓)라는 칭호만 붙는다. 경회루, 승화루, 희우루 등이 그런 유형의 것이다. 보신각의 건물 형태는 누가 보아도 분명한 누(樓)이다. 왜 각을 붙였을까? 궁궐지에는 1395년(태조 4)에 중부 운종가에 종루를 건립하였고 1413년 (태종 13)에 종묘의 행랑 공사를 다시 시작하면서 종묘 남로(宗廟南路), 순금사 남쪽이자, 광통교의 북쪽인 오늘의 위치로 옮겼다. 그 후 1440년 세종 때에는 종루의 구조를 개조하여 종각 밑으로 십자형의 길을 내어 인마가 통행할 수 있도록 하고, 누각 위에 종을 걸어 시각을 알렸다. 임진왜란 때에는 종루뿐만 아니라, 종까지 녹아버려 선조는 몽진길에서 돌아와 남대문에 있는 종을 임시로 문안에 각(閣)을 만들어 인정과 파루에 종을 치게 하였다. 이때는 분명 각이었던 것 같다. 그 후 1637년(인조 15) 7월 1일에 종을 달아놓기 위한 각을 다시 세웠다 했는데 1647년(인조 25) 3월 22일에는 종루의 종이 저절로 울리니 저자 사람들이 담벽처럼 둘러섰다든가, 그 후 현종 12년 10월 2일에 수도의 종루와 경복궁 앞, 동대문 안 등 세 곳에 있는 큰 종에서 동시에 물기가 흘렀다는 등 누라는 말을 썼다. 숙종 때에 큰불이 났을 때에 종각 동남쪽이라는 표현을 썼고, 숙종이 다시 짓고 쓴 기문(記文)에 「종각을 중건하며」라는 제목을 썼는데, 그 내용을 보면 "큰 종이 높게 걸리고, 만백성은 고개 들어 쳐다보며"라는 표현이 있어 누라는 이미지를 느끼게 한다. 고종실록에도 1869년(고종 6)에 "불이 나 종각이 소실되었는데"라 하여 각이란 표현을 하였고, 1895년(고종 32)에는 이를 복구하여 놓고, 보신각(普信閣)이라 하였다. 단층으로 각을 지었으니 보신각이라 한 것이다. 이 보신각은 1979년 복원하면서 정면 5칸, 측면 4칸의 누(樓)의 구조로 바뀌었다. 필자가 과문(寡聞)한 탓인지는 몰라도, 나라 안에서 누를 각으로 하여 현판을 단 건물은 '보신각' 말고는 없는 것 같다. 이제 와서 이 문제를 거론하면, 혹자는 통용성(通用性)이라는 언어의 속성을 들어 그렇게 불려왔으면 그렇게 부를 수밖에 없다 할지 모르나 외형상으로 확연히 구분되어있는 호칭을 아무 생각 없이 그대로 부르는 것은 문화 시민으로서는 한 번쯤 생각해 보아야 할 과제가 아닌가 싶다. 누의 구조로 바뀌었으면 누(樓)로 불러야 한다. 경회루를 경회각(閣)이라 부를 수 있겠는가?

종묘 배치도

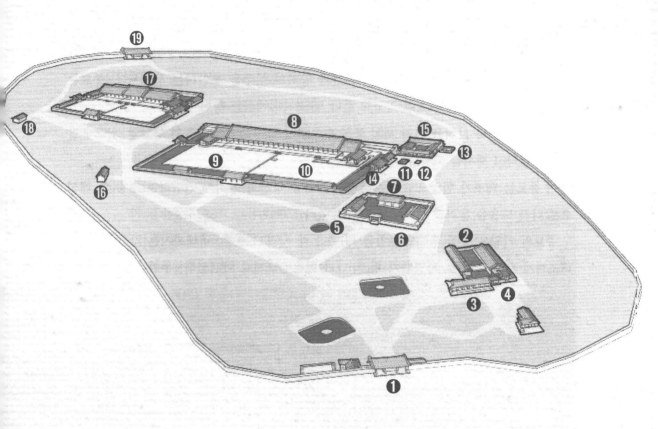

❶ 외대문	❽ 정전	⓯ 전사청
❷ 향대청 일원	❾ 칠사당	⓰ 정전 악공청
❸ 망묘루	❿ 공신당	⓱ 영녕전
❹ 공민왕 신당	⓫ 찬막단	⓲ 영녕전 악공청
❺ 어목욕청	⓬ 성생위	⓳ 창경궁 연결문
❻ 세자재실	⓭ 제정	
❼ 어재실	⓮ 수복방	

※©ahngraphics

종묘(宗廟)

서울특별시 종로구 훈정동 1번지에 있다.

1394년(태조 3)에 처음 세웠는데 당시의 행정구역으로는 동부 연화방(蓮華坊)이었다.

조선 시대 역대 왕과 왕비 그리고 추존왕과 왕비의 신주를 봉안하는 사당이다. 종묘는 원

▶종묘 정전

래 정전을 말하며 태묘(太廟)라고도 한다. 유교 사회에서는 왕이 나라를 세우면 우선 궁전과 함께 종묘와 사직을 먼저 세워 조상의 은덕에 보답하며 백성들의 생업인 농사가 잘되게 해달라고 제사를 드렸다.

이 종묘는 태조가 한양으로 천도하면서 경복궁 창건과 동시에 건립하여 정종 때 개성으로 다시 도읍을 옮겨갈 때에도 옮기지 않았다.

종묘의 기원은 중국 우(虞: 순임금 때)나라 때 시작되어 은, 주대까지는 각각 7묘제(7대 조까지 묘에 봉안)로 하였다가 명(明)나라 때는 9묘제로 바뀌었다. 우리나라에서는 신라 시대에는 5묘제, 고려 시대에는 7묘제로 하였는데 조선 초기까지 그대로 이어졌다. 그러나 치적이 큰 왕은 7대가 지나도 부조위(不祧位)인 정전에 그대로 모셨다.

매해 사맹삭(四孟朔)의 상순 및 납일(臘日)에 큰 향사(享祀)를 지내며, 매달 초하루와 보름 그리고 오속절일(五俗節日) 설, 한식, 단오, 추석, 동지에 작은 제사를 지낸다.

왕이 도읍을 정하면 반드시 궁궐 왼편에 종묘를 세우고 오른편에 사직을 세웠다. 종묘의 건축은 1394년(태조 3) 8월에 종묘 터를 보았고, 동년 9월에 감산(坎山)을 주산(主山)으로 하는 종묘 터를 잡아 12월부터 건축을 시작하여 다음 해 9월에 1차 영건이 끝났다. 당시 실록에 나타난 규모는 종묘에 큰 방이 7간 안에

▶ 위패

는 돌로 지은 집이 5간 좌우편의 옆방이 각각 2간, 공신당 5간, 귀신을 위한문 3간, 동쪽 문 3간, 서쪽 문 3간으로 되어있었다.[57] 1412년(태종 12)에는 행랑 공사를 다시 일으켜 각 도에서 장공인을 징발, 승군 1,000명 목수 200명을 뽑으라 지시하고 1413년 2월 6일 행랑 공사를 시작하였다. 이때 경복궁 남쪽에서 종묘 앞까지 완공된 행랑이 모두 381간 이었다. 또 종묘 남쪽 길에 2층으로 된 누각을 세우고 청운교 서쪽에 있던 2층 5간짜리 종루를 순금사 남쪽 광통교의 북쪽 자리(현 위치)로 옮겼으며 또 용산 강가에 풍리창도 새로 지었다. 이 공사에 동원된 장정이 2,141명 승군이 500명이었다. 전판사 이간, 의정부지사 이응, 공조판서 박자청이 공사감독을 맡았다. 1513년(중종 8)에 종묘 정원 나무에 벼락이 떨어졌는데 하늘의 징벌로 여기고 재해를 막는 방편으로 단종의 생모인 현덕왕후(顯德王后)의 능인 소릉(昭陵)을 복구하였다. 그 외에는 별다른 변화 없이 지냈는데 1546년(명종 원년) 가을에 종묘의 삼실(三室)을 늘려지었다. 이때 종묘의 신주를 인정전으로 옮겼다가 보수공사가 끝난 1546년 9월 29일 다시 종묘로 옮겨왔다.[58]

예조판서 윤개(尹漑), 참판 홍섬(洪暹) 등이 아뢰기를 "태실(太室)은 7칸이고 동서에 각각 협실이 있는데 태조가 1실, 태종이 2실, 세종이 3실, 세조가 4실, 덕종이 5실, 예종이 6실, 성종이 7실입니다. 성종을 부묘(祔廟: 왕이나 왕비의 신주를 종묘에 모시는 것) 하던 때에 이미 태실을 증축하자는 소리가 있었으나 끝내 문종을 협실로 옮겼으므로 당시 논의하는 자들이 온당하지 않게 여겼습니다. 지금 중종을 새로 부묘해야 하는데 만약 인종을 또 부묘하자면 문종을 봉안할 태실까지 합쳐서 반드시 3간을 증축해야만 태묘의 제도를 갖출 수 있을 것입니다." 하여 증축이 이루어진 것이다. 증축할 동안 태묘의 신주(神主)는 인정전으로 잠시 옮겼다가 증축이 끝난 후 다시 봉안하였는데 이때 문종의 신주는 제4실에 봉안하였다. 왕이나 왕비의 신위는 대개 3년상을 지낸 후에 종묘에 봉안한다. 임진왜란 때 왜적이 서울에 입성하여 왜장 평수가(平秀家)가 종묘에 머물렀는데 밤마다 괴이한 일이 많고, 그 안에 거처하던 왜졸들이 급사하는 일이 많아 왜장이 크게 두려워하며 남별궁으로 임시거처를 옮기고 종묘에 불을 질러버렸다.[59]

▶종묘 앞에 있는 어정

이렇게 하여 이 모든 것이 임진왜란 때 불타버렸는데 1604년(선조 37)부터 중건이 논의되었으나 이루지 못하고 1608년(선조 41)에 터를 닦고 기둥을 세워 공사를 시작하였는데 동년 2월에 선조는 승하하고 광해군이 즉위하여 같은 해 5월에 공사가 모두 끝났다. 정전은 국보 227호로 지정되어있다.

1637년(인조 15)에 병자호란 때 훼손된 역대 왕들의 신주 29위를 다시 만들어 봉안하고 난리 중에 훼손된 신위들은 종묘 뒤에 묻었다. 1669년(현종 10) 겨울에 태조의 계비 신덕왕후 강씨(康氏)의 신주를 종묘에 봉안했고 1696년(숙종 22)에는 왕과 중전, 세자, 빈궁들이 종묘에 나아가 참배하였는데 조선에서 왕비가 종묘에 인사드리는 것은 이때부터 시작되었다.[60]

당시 전알례 의례 절차를 보면 "전하가 서는 자리는 묘호(廟戶) 밖의 동쪽에 서향으로 하고, 왕세자가 서는 자리는 전하가 서는 자리 서남쪽에 북향으로 하고, 중궁전이 절하는 자리는 묘호 밖 서쪽에 동향으로 하고, 빈궁이 절하는 자리는 중궁전이 절하는 자리 동남쪽 북향으로 하였다. 전하와 왕세자가 모두 익선관과 곤룡포를 갖추었다. 전하와 왕세자가 면복으로 바꿔입고 묘정(廟庭)으로 들어가 나아가 네 번 절하였다. 중궁전과 왕세자빈이 수식(首飾)을 하고 적의(翟衣)를 갖추고 상궁이 앞에서 인도하여 서쪽 섬돌로 올라가 자리로 나아갔다. 중궁전과 왕세자빈이 네 번 절하였다. (하략)"(국조)

종묘 정전에는 현재 19실에 19위의 왕과 30위의 왕후의 신주를 모셔놓고 있다. 담장으로 둘러싸인 넓은 대지의 남쪽에 자리한 정문을 들어서면 정전으로 통하는 길이 서쪽으로 나 있고 오른쪽인 동쪽 길옆에 향관청(享官廳)이 있다.

정문에서 정전으로 통하는 길에서 걸어들어가면 재실(齋室)이 있고 재실의 서쪽에 종묘 정전이 있고 그 서쪽에 영녕전이 있다. 그리고 정전 서남쪽에 악공청(樂工廳)이 있다.

정전과 영녕전은 한 울 안에 있는데 장방형의 담장으로 둘러싸여 있다. 남측 담장 중앙에 정문이 있고 정문 양옆에 측문을 달았다. 정문 안에는 월대라 보기 어려울 정도로 넓은 뜰 같은 월대가 있고, 정문과 이 월대 중앙에 어도(御道)가 정전의 기단 가운데 계단까지 이어져 있다.

정전은 현재 정면 19간, 측면 3간에 좌우 익실(翼室) 각 3간인데 본래는 정전 7간, 좌우 익실 2간인 것을 여러 번 증축하였다.

월대 위에는 박석(薄石)을 깔았고 어도는 전(塼)을 깔았는데 군데군데 차일 고리가 박혀 있다. 기단은 장대석으로 쌓았고 주춧돌은 둥글게 다듬은 돌초석으로 그 위에 두리기둥을 세웠다.[61]

기둥 위에 주두(柱枓)를 놓고 이익공식(二翼工式)이며 홑처마 맞배지붕이다. 전면 반 칸은 퇴(退)로 터져있고 간마다 큰 판장문 두 짝씩을 안쪽으로 여닫도록 되어있는데, 중앙간에는 밖으로 빗장을 달았다. 천장은 칸이 넓은 우물천장이고 측면과 뒷면은 모두 벽돌로 두껍게 벽체를 쌓았다. 정문 담장 안쪽으로 공신당(工臣堂)이 있는데 정면 16간 측면 1간 크기로 홑처마 맞배지붕이다.

이 종묘와 능원의 정자각(丁字閣)을 관리하기 위하여 종묘서(宗廟署)를 두었다. 종묘서가 처음 설치된 것은 고려 문종 때인데 충렬왕 때 침원서(寢園署)로 개칭되었으며 전의시(典儀寺)에 소속시켰다.

공민왕 때 대묘서(大廟署)로 개칭하였고 다시 능원서(陵園署)로 고쳤다. 조선 시대에는 태조 때 설치하여 능침의 정자각과 종묘를 관장하게 하였다. 한양으로 도읍을 옮긴 뒤 도제조 1인, 의정 겸 제조 1인, 직장 1인, 봉사 1인, 부봉사 1인, 이속수복(吏屬守僕) 30인, 고직(庫直) 1인, 사령 6인, 순심 20인으로 하였다가 1878(고종 15)년에 직장과 봉사를 감원하고 영 2인을 증차하였다. 1896년 다시 제조 1인을 두고 참봉을 영으로 개칭하여 조선 말엽까지 있었다.[62]

● 종묘 정전(正殿) 실순(室順) 배열

제1실	태조 고황제(太祖高皇帝) 제1대
	비(妃) 신의 고황후(神懿高皇后) 한씨(韓氏)
	계비(繼妃) 신덕고황후(神德高皇后) 강씨(康氏)
제2실	태종대왕(太宗大王) 제2대
	비 원경왕후(元敬王后) 민씨(閔氏)
제3실	세종대왕(世宗大王) 제4대
	비 소헌왕후(昭憲王后) 심씨(沈氏)
제4실	세조대왕(世祖大王) 제7대
	비 정희왕후(貞熹王后) 윤씨(尹氏)
제5실	성종대왕(成宗大王) 제9대
	비 공혜왕후(恭惠王后) 한씨(韓氏)

▶ (위) 정전 내부
▶ (아래) 감실과 위패

	계비 정현왕후(貞顯王后) 윤씨(尹氏)
제6실	중종대왕(中宗大王) 제11대
	비 단경왕후(端敬王后) 신씨(愼氏)
	계비 장경왕후(章敬王后) 윤씨(尹氏)
	계비 문정왕후(文定王后) 윤씨(尹氏)
제7실	선조대왕(宣祖大王) 제14대
	비 의인왕후(懿仁王后) 박씨(朴氏)
	계비 인목왕후(仁穆王后) 김씨(金氏)
제8실	인조대왕(仁祖大王) 제16대
	비 인열왕후(仁烈王后) 한씨(韓氏)
	계비 장렬왕후(莊烈王后) 조씨(趙氏)
제9실	효종대왕(孝宗大王) 제17대
	비 인선왕후(仁宣王后) 장씨(張氏)

제10실　현종대왕(顯宗大王) 제18대

　　　　비 명성왕후(明聖王后) 김씨(金氏)

제11실　숙종대왕(肅宗大王) 제19대

　　　　비 인경왕후(仁敬王后) 김씨(金氏)

　　　　계비 인현왕후(仁顯王后) 민씨(閔氏)

　　　　계비 인원왕후(仁元王后) 김씨(金氏)

제12실　영조대왕(英祖大王) 제21대

　　　　비 정성왕후(貞聖王后) 서씨(徐氏)

　　　　계비 정순왕후(貞純王后) 김씨(金氏)

제13실　정조 선황제(正祖宣皇帝) 제22대

　　　　비 효의황후(孝懿皇后) 김씨(金氏)

제14실　순조 숙황제(純祖肅皇帝) 제23대

　　　　비 순원숙황후(純元肅皇后) 김씨(金氏)

제15실　문조 익황제(文祖翼皇帝) 추존

　　　　비 신정익황후(神貞翼皇后) 조씨(趙氏)

제16실　헌종 성황제(憲宗成皇帝) 제24대

　　　　비 효현성황후(孝顯成皇后) 김씨(金氏)

　　　　계비 효정성황후(孝定成皇后) 홍씨(洪氏)

제17실　철종 장황제(哲宗章皇帝) 제25대

　　　　비 철인장황후(哲仁章皇后) 김씨(金氏)

제18실　고종 태황제(高宗太皇帝) 제26대

　　　　비 명성태황후(明成太皇后) 민씨(閔氏)

제19실　순종 효황제(純宗孝皇帝) 제27대

　　　　비 순명황후(純明皇后) 민씨(閔氏)[63]

신위 배열도

서	1	2	3	4	5	6	7	8	9	10	11	12	13	14	15	16	17	18	19	동

종묘증축 상량문

성인(聖人)이 예법을 만들 때 선왕(先王)을 모시는 일을 더욱 공경히 하였으니, 터를 잡을 때 반드시 종묘 세우는 일을 중요하게 여겼으며, 그 건물의 장대함은 『시경(詩經)』에 나타나 있다. 그러나 오랜 세월이 흐르면 역시 변통해야 하므로 이에 전각을 고치고 넓힘에 신(神)들이 편안함을 알겠다. 옛날 문조(文祖)가 나라를 세울 때 먼저 종묘를 건립하였는데 중첩된 처마와 연이은 지붕은 『예기(禮記)』의 격식을 따랐으며, 종묘는 주(周)나라의 제도를 모방하였다. 7대까지의 선조를 소목(昭穆)의 차례대로 질서 있게 모시고 계절마다 정성과 형식을 갖추어 제사 지냈으니, 대단히 편안하게 모시고 마치 살아계신 듯 정성을 다하였다. 전쟁을 겪고 난 후 새롭게 중건하였는데 하늘이 말없이 천명을 내림에, 역대 왕들이 서로 이어서 공경히 받들고 열심히 노력하여 하늘의 뜻을 조금도 어기지 않았다. 선왕들이 계속 죽게 되어 종묘에 부묘(祔廟)하여 화려한 예의를 갖추려고 하지만, 장소가 협소하여 신좌(神座)가 좁고 의복이나 제기를 배열하기 어려우며 음악을 연주할 장소가 없었다. 이런 형편을 고려하여 두루 살펴서 왕께 아뢰어 허락을 받았다. 지금의 왕께서는 조상을 생각하는 마음이 극진하여 건물을 지을 것에 뜻을 두었다. 왕위에 즉위한 후 항상 기반을 단단히 할 방도를 생각하였고, 조상을 존경함에 추모하는 예절을 더욱 융성하게 하였으니, 이에 관리에게 작업을 시작하도록 명령을 내려 제사에 맞춰 완공하도록 하였다. 영원히 지속될 방도를 생각하고 나머지 땅에 네 칸을 더 만들되 증축공사가 백성들을 괴롭히지 않도록 왕이 한결같이 지휘하였다. 화려하고 오묘한 이치를 밝히되 옛날보다 사치하지 않도록 제작하였으니 실로 검소하고 절약하는 마음을 본받은 것이다. 이제 막 베고 깎는 공사가 끝나 홀연히 장대한 모습으로 탈바꿈하였다. 우리 조선의 역사가 오래되었는데, 오늘날 종묘가 증축된 것은 많은 공덕이 쌓인 결과로서 진실로 전에는 보기 드문 일이다.

날아갈 듯한 서까래는 높은 마룻대와 잘 어울리고, 달마다 행차하는 의관(衣冠)은 왕의 가마를 무색케 하네. 삼가 축하하는 노래를 지어 대들보 올리는 작업을 돕고자 한다.

대들보 동쪽으로 올리네. 아침 해가 동쪽에서 맑게 비추고, 비 온 뒤의 낙산(駱山)은 이내 연기에 덮여있네. 상서로운 기운이 영원히 조선을 진무함을 보리라. 대들보 서쪽으로 올리네. 위를 보니 건물들이 동서로 뻗어있고 늦은 봄 수풀은 정원을 에워싸네. 처마 그림자는 궁궐 서쪽과 맞닿아 있네. 대들보 남쪽으로 올리네. 마룻대에 쓰이는 좋은 나무들은 남쪽으로부터 왔네. 이미 공사가 끝났으니 의연히 왕의 자리는 남쪽을 향하네. 대들보 북쪽으로 올리네. 맑은 위수(渭水) 북쪽에 의복을 진열해 놓은 것을 상상해보니 종묘의 모습은 영원히 새로우리라. 뭇 별들이 북극성을 에워싸고 있네. 대들보 위로 올리네. 봄 구름이 자욱하게 성 위를 덮고 있네. 한(漢)나라 무제(武帝)의 옥마(玉馬)가 공중에서 울고 있으니 조상들의 영령이 신로(神路)에 있는 것과 흡사하네. 대들보 아래로 올리네. 바람과 구름이 아래로 구불구불 이어지니 조상들이 이미 멀리 가버려 붙잡을 수 없네. 처연한 향 냄새가 자리 아래 깔리네.

부디 바라건대, 상량 이후에 왕의 운세가 더욱 번창하고 편안하며 자손이 효성스럽고 만수무강하게 하소서. 전왕(前王)들이 잊지 않고 찾아와 영원히 흠향할 수 있고, 산과 하천이 왕과 더불어 유구하고, 해와 달이 종묘와 함께 빛나게 하소서. (大提學 李宜顯이 지었다.)[64]

영녕전(永寧殿)

종묘 바로 서쪽에 있으며 같은 울안에 있다. 1421년(세종 3) 10월 8일에 건립하여 조묘(祧廟)로 삼았다. 왕의 위패를 종묘의 정전에 봉안했다가 정해진 대수를 넘게 되면 다른 곳으로 옮겨 모시게 되는데 이를 조천(祧遷)이라 하고 그 장소를 조묘(祧廟)라 한다.

세종대에 이르러 정종이 죽으니 그의 신주를 모실 방이 없어서 이미 정전에 모셔져 있는 추존조사왕(追尊祖四王: 목조, 익조, 도조, 환조)의 신주를 옮겨야 했다. 여러 의논 끝에 정묘 서쪽에 별묘를 두는 송나라 제도를 모방하여 영녕전을 건축하게 된 것이다.

1421년(세종 3)에 처음 지을 당시 건물 규모는 태실 4간에 양옆 익실 각 1간, 합하여 모두 6간이었다. 이것도 임진왜란 때 불타버리고 1608년(광해군 즉위 원년)에 정전 4간, 동서익실 각 3간 모두 10간 건물로 다시 지어졌다.

1667년(현종 8)에 동서익실 좌우 끝에 한 간씩 늘려 모두 12간의 건물이 되었다. 1836년(현종 2)에 중건되어 태실 4간, 좌우익실 6간, 모두 16간으로 오늘에 이른다. 보물 제821호로 지정되어있다.

영녕전에는 정전에서 조천된 15위의 왕과 17위의 왕후, 그리고 의민황태자(懿愍皇太子)의 신주를 16실에 모셔놓았다.

영녕전은 주나라 제도를 모방하여 한가운데에 추존조사왕(追尊祖四王)을 모시고 서쪽과

▶종묘 영녕전

동쪽으로 나누어 서쪽을 상(上)으로 차례대로 모시는 소목제도(昭穆制度)를 취했다.

　1681년(숙종 7)에는 공정대왕(恭靖大王: 2대 정종)의 시호를 영녕전에서 올렸다. 우리 나라는 신라 시대에 5묘, 고려, 조선 시대에는 7묘제를 택하여 7대 이상의 신주는 종묘에서 영녕전으로 옮겨 모시도록 되어있다. 그러나 치적이 큰 왕은 만세불후(萬世不朽), 조공 숭덕(祖功崇德)의 이념에 따라 그대로 종묘에 모셨다.

　영녕전은 4면을 낮은 돌담으로 둘러막고 남쪽에는 삼문 형식의 남문을 동쪽과 서쪽에는 각기 동문 3간, 서문 1간을 내어 제사 때 통로로 삼았다. 남문 안에 장대석을 이중으로 쌓아 낮은 월대(月臺)를 만들고 그 한복판에 신도(神道)를 두었다.

　신도 끝에는 다시 월대를 쌓아 제관(祭官)들이 의례의 절차를 행하도록 자리를 만들었고, 이 상월대 위에 장대석 1벌로 기단을 만들어 가운데 태실 4간, 좌우 각각 익실 6간씩을 두어 16간을 조성하였다. 익실 양 끝 툇간에 덧붙여서 동월랑과 서월랑을 연결시켰다. 동월랑과 앞 툇간 및 서월랑 앞 일부 바닥에 전돌을 깔아서 의례를 진행할 때 왕래하는 통로로 삼았다.

동월랑은 앞쪽 4간을 퇴로 개방하고 익실과 연결된 부분 1간만을 3면을 둘러막고 퇴쪽으로 문을 내었는데 서월랑은 5간 모두를 벽으로 둘러막고 가운데에만 두 개의 문짝을 달았다.

정면에서 보면 정전부와 월랑부로 구분할 수 있고 정전부는 다시 퇴실과 좌우 익실로 구분된다. 종적으로 구분하면 월대에 접한 앞 툇칸은 모두 개방되어있고 그 뒤간은 칸이 구분되어있는데 칸마다 문짝이 2개씩 달려있어 안쪽으로 열리게 되어있다. 이 문 안으로 들어서면 각 실의 구분 없이 탁 터진 공간으로 예를 행하는 곳이고 그 안쪽으로는 각 실을 구분하여 막고 신주를 모시는 감실(龕室)을 만들었다.

건물 전체적으로 보면 지붕이 세 부분으로 나누어진 맞배지붕에 규모가 큰 주춧돌과 원기둥, 그리고 가장 간결한 초익공(初翼工)을 짜 올리고 색채는 붉은색과 청록색만을 사용하여 검소하고 장중하며 위엄있는 신전(神殿)의 모습을 보여주고 있다.

건축양식은 모두 정전과 비슷하나 정전은 노출된 전퇴의 기둥 말고는 모두 기둥을 벽 속에 숨긴 데 반하여 영녕전에서는 원기둥을 노출시켜서 구간을 분별할 수 있는 점이 다르다.

💬 영녕전 실순 배열

제1실	(정중: 正中) 목조대왕(穆祖大王) – 태조의 고조 (추존)
	비 효공왕후(孝恭王后) 이씨(李氏)
제2실	(정중) 익조대왕(翼祖大王) – 태조의 증조 (추존)
	비 정숙왕후(貞淑王后) 최씨(崔氏)
제3실	(정중) 도조대왕(度祖大王) – 태조의 조부 (추존)
	비 경순왕후(敬順王后) 박씨(朴氏)
제4실	(정중) 환조대왕(桓祖大王) – 태조의 부 (추존)
	비 의혜왕후(懿惠王后) 최씨(崔氏)
제5실	(서협: 西夾) 정종대왕(定宗大王) 제2대
	비 정안왕후(定安王后) 김씨(金氏)
제6실	(서협) 문종대왕(文宗大王) 제5대

	비 현덕왕후(顯德王后) 권씨(權氏)
제7실	(서협) 단종대왕(端宗大王) 제6대
	비 정순왕후(定順王后) 송씨(宋氏)
제8실	(서협) 덕종대왕(德宗大王) 성종의 부 (추존)
	비 소혜왕후(昭惠王后) 한씨(韓氏)
제9실	(서협) 예종대왕(睿宗大王) 제8대
	비 장순왕후(章順王后) 한씨(韓氏)
제10실	(서협) 인종대왕(仁宗大王) 제12대
	비 인성왕후(仁聖王后) 박씨(朴氏)
제11실	(동협) 명종대왕(明宗大王) 제13대
	비 인순왕후(仁順王后) 심씨(沈氏)
제12실	(동협) 원종대왕(元宗大王) 인조의 부 (추존)
	비 인헌왕후(仁獻王后)) 구씨(具氏)
제13실	(동협) 경종대왕(景宗大王) 제20대
	비 단의왕후(端懿王后) 심씨(沈氏)
	계비 선의왕후(宣懿王后) 어씨(魚氏)
제14실	(동협) 진종소황제(眞宗昭皇帝) 정조의 양부 (추존)
	비 효순소황후(孝純昭皇后) 조씨(趙氏)
제15실	(동협) 장조의황제(莊祖懿皇帝) 정조의 생부 (추존)
	비 경의황후(敬懿皇后) 홍씨(洪氏)[65]

신위 배열도

서협						정중								동협
5	6	7	8	9	10	1	2	3	4	11	12	13	14	15

영녕전 상량문

　예(禮)에서 세대 수가 멀어진 조상의 묘(廟)는 조천(祧遷)한다고 되어있는데, 이는 『시경 (詩經)』노송(魯頌)의 「비궁(閟宮)」에서 '만석지공(曼碩之功)'즉 그 건물의 장대함을 노래한 데서도 알 수 있다. 정성으로 자신의 근본에 보답하고 먼 조상을 추모함은 성인들이 반드 시 공경히 행한 일이었고, 옛것을 수리하여 새로이 넓힘은 국왕이 정치에서 먼저 힘써야 할 일이다. 지금의 이 거사는 선조들의 영광이며, 국가의 큰 경사이다. 처음에 종묘의 감실(龕 室)을 건립하여 제사를 지냈는데 목조(穆祖) 이하의 선조를 그 대상으로 하여 종묘의 서쪽 에 별도의 건물을 지었다. 처음은 종묘의 제도에 의거해 사친(四親)을 동당(同堂)에 배열하 고, 끝으로는 주실(周室)의 규범을 모방하여 여러 신주를 협실(夾室)에 두었다. 그 마음이 나 형식을 완전히 갖추어 서운함이 없었고, 그 이름이나 예의는 진실로 영녕(永寧), 즉 영 원히 편안하다고 할 만하였다. 성스러운 조상의 뜻을 계승하여 제사의 향을 피우기를 그치 지 않았고, 시대가 변하여 도중에 병란을 겪었지만, 다시 복구하기에 이르렀다. 단지 왕들 의 세대수가 여러 번 바뀌어 모셔야 할 신주가 늘어남에 따라 귀신들이 자리할 장소가 좁아 지고 의복이나 제기를 배열하기 어려우며 음악을 연주할 장소가 부족하게 되었다. 비록 지 금의 형편으로 볼 때 여유는 없지만, 사람들 마음에 늘 꺼림칙하게 남아있었다. 지금의 왕 께서는 조상을 생각하는 마음이 극진하여 건물을 지을 것에 뜻을 두었다. 왼쪽을 소(昭) 로 하고 오른쪽을 목(穆)으로 하여 항상 조상이 살아 계신 듯 정성을 다하고, 조상을 존경 함에 혹시 잘못이라도 있을까 두려워하였다. 이에 신하들의 의견을 무시하지 않고 관리에 게 공사를 시작하도록 명령을 내렸다. 좋은 날을 기다려 공사를 시작하니 일할 수 있는 자 들이 모두 몰려와 공사를 도운 끝에 재건한 지 60년 만에 다시 증축을 완료하였다. 방향은 올바름을 취해 북동쪽을 뒤로하였으니 의연히 건물이 완성되어 진실로 대단히 편안하게 모 실 수 있게 되었다. 마룻대는 높고 처마와 지붕은 연이었으니 옛날과 비교하면 다소 넓어졌 으며, 많은 서까래와 기둥들은 옛날의 교훈을 본받았으나 사치하지 않았다. 때맞춰 올리는 제사 음식은 돌아가신 영혼을 위로하며, 달마다 행차하는 의관(衣冠)은 영원히 돌아가 의 지할 곳을 마련하였다. 장로〈張老: 중국 진(晋)나라 대부로 궁궐의 아름다움을 찬양했음〉 가 축하노래 부른 것을 본받아 해사(奚斯)가 공사 끝냄을 찬양한다.

　대들보 동쪽으로 올리네. 낙산 봉우리 맑은 봄 새벽에 더욱 붉구나. 조상의 많은 영령이 좋은 집들에 길이길이 의지하며, 조상의 아름다운 기운들이 만연토록 푸른 산을 진무하리. 대들보 서쪽으로 올리네. 궁궐 수풀은 밤사이 내린 서리로 더욱 처연하다. 사당의 관리들은 일을 보느라 건물 사이를 분주히 다니고, 음악 소리에 맞춰 일무(佾舞) 춤을 가지런히 추네. 대들보 남쪽으로 올리네. 건물에 이는 훈풍 많은 나무 머금고, 맑은 그늘 전국에 가득 펼치네. 조상이 남긴 덕화(德化) 지금까지 미치네. 대들보 북쪽으로 올리네. 많은 별이 하늘 가득 북극성을 에워싸고, 의연히 왕의 자리는 남쪽으로 향하네. 종묘의 모습은 영원히 성대하리라. 대들보 위로 올리네. 상서로운 구름은 멀리 선장(仙仗) 속에 아득하고, 조상들이 계신 곳 멀기만 하여라. 옆에 계신 듯 정성으로 모시면 조상의 신령들이 기꺼이 흠향하리. 대들보 아래로 올리네. 많은 길 자욱한 연기 기와 위에 가득하고, 재물은 풍성하고 백성은 편안하니 왕의 은혜 덕분이라. 좋아하는 환호성 조야(朝野)에 가득하네.

부디 바라건대 상량 이후에 나라의 운세가 영원하고 편안하게 하소서. 왕실의 자손이 효성스럽고 왕은 만수무강하며 전왕(前王)들이 잊지 않고 찾아와 영원히 흠향할 수 있도록 하소서. (大提學 金壽恒이 지었다.)**66**

묘호(廟號)

〈조(祖)와 종(宗)〉

묘호는 임금이 죽은 후에 신위를 종묘에 모실 때 드리는 시호이다. 종묘 제도는 중국의 우(虞: 순임금)나라 때부터 처음 시작되었는데 우리나라에서는 392년(고구려 고국양왕 9)에 처음 보이며 이는 왕가(王家)의 사당(祠堂)이다.

종묘에 신위를 모시기 위한 존호를 드리는 것은 고려 때부터인데 그 이전에는 신라 29대 무열왕이 태종(太宗)이라는 묘호를 받은 것이 처음이다. 고려 시대에는 나라를 세운 왕건만이 태조(太祖)라는 묘호를 받았고 나머지는 모두 종(宗) 자의 묘호를 받았다. 조나 종을 쓰는데 어떤 원칙이 지배한다고 보기는 어려우나 대체적으로 '조'는 나라를 세운 시조나 문란해진 나라의 정통성을 바로 세운 왕에게 붙이고 종은 왕위를 정통으로 계승한 왕이나 평화로운 치세를 누린 왕에게 붙여진다. 조가 창업이나 중흥의 공이 있는 임금에 붙여지는 것이기 때문에 종보다 조를 높게 보는 경향이 있어 고려 때에는 감히 넘보지 못하던 조의 묘호가 조선 시대에 들어와서는 여러 임금에게 조의 묘호를 올렸다. 인조는 반정을 통하여 왕위에 올라 조의 묘호를 받았고, 선조는 임진왜란을 극복하였기 때문에 조의 묘호를 받았다. 선조도 원래 선종으로 올렸다가 광해군 8년에 선조로 바꾸었으며 실록은 선종실록으로 되어있는데 수정 실록은 선조 수정 실록으로 이름하였다. 세조는 단종을 밀어낸 오명을 썼지만 위태로운 왕조를 바로 세웠다는 치적을 내세워 조의 묘호를 받았다.

중종은 연산군을 퇴출시키고 난정을 바로잡은 공이 있어 인종은 중종의 묘호를 조로 하려 하였으나 예관(禮官)이 "선왕이 비록 중흥의 공이 있기는 하나 성종의 직계로 왕위를 계승하였으므로 조로함이 마땅하지 않다." 하여 종으로 올렸다. 영조와 정조는 고종 때에 바꾼 것이고 순조는 철종 때에 바꾼 것이다.

문묘(文廟)

▶ 대성전

　문묘는 성균관(成均館) 안에 있는 공자의 사당이다. 지금 서울시 종로구 명륜동에 있다. 공자는 사마천 사기에 이미 왕으로 예우하여 세가(世家)에 수록하였는데 실제는 당나라 현종 때 문선왕(文宣王)으로 추존하였다. 그래서 공자의 사당을 문묘라 한 것이다. 1395년 (태조 4)에 문묘가 완성되었고 1398년(태조 7)에 문묘 북쪽에 명륜당을 세웠다. 문묘에는 유교를 집대성한 안자(顔子), 증자(曾子), 자사(子思), 맹자(孟子)를 배향하고 공문십철(孔門十哲) 및 송조육현(宋朝六賢)과 우리나라의 신라, 고려, 조선조의 명현 18현(十八賢)을 종사(從祀)하였다.

조선조에는 공자를 정위(正位)로 하여 사성(四聖)과 공문십철 송조 6현을 대성전을 좌우에 배향하고 동무(東廡)에 중국의 명현 47위와 우리나라의 명현 9위를 종사하고 서무에도 중국의 명현 47위와 우리나라의 명현 9위를 종사하였다. 그러나 1949년 전국 유림대회의 결의에 의하여 동무와 서무에 종사한 중국 명현의 위판을 땅에 묻어 안장하고 우리나라의 명현 18위를 대성전으로 승당(陞堂)하여 오늘에 이르렀다. 우리나라에서 문묘를 두게 된 것은 714년(신라 성덕왕 13)에 김수충(金守忠)이 당나라에서 돌아오면서 문선왕과 십철 72제자의 화상을 가지고 와서 왕명으로 국학(國學)에 두면서이다. 이 국학은 1298년 고려 충렬왕이 성균감(成均監)으로 개칭하였고, 1308년 충렬왕이 죽고 충선왕이 즉위하면서 성균감을 성균관으로 개칭하였다.

　우리나라 유현(儒賢)은 십팔위인데 신라의 최치원은 1020년(고려 현종 11)에 조사되었고 1022년에는 설총이 1319년(충숙왕 6)에는 안유(安裕)가 종사된 후에 고려의 정몽주 이하 15위는 조선 태종 때부터 정조 때까지 종사하게 된 것이다. 태조 때 건축한 문묘는 정종이 송도로 다시 도성을 옮겨갈 때에도 옮겨가지 않았는데 임진왜란 때 소실되어버렸다. 지금 있는 것은 1601년(선조 34)에 중건하여 몇 차례 중수를 거듭한 것이다. 문묘의 구도는 대성전을 정전으로 하여 동무, 서무, 제기고(祭器庫), 묘정비각(廟庭碑閣), 신삼문(神三門), 동삼문(東三門), 동서협문, 소문(小門), 수복청(守僕廳), 전사청(典祀廳), 포주(庖廚), 악기고, 차장고(遮帳庫), 악생청(樂生廳), 향관청(享官廳), 동서월랑, 수자간(水刺間) 등으로 되어있다.

▶ 문묘 향관청

대성지성문선왕
大成至聖文宣王

宋聖公 曾子
송성공 증자

復聖公 顔子
복성공 안자

亞聖公 孟子
아성공 맹자

述聖公 子思
술성공 자사

吳公 言偃
오공 언언

郓公 冉耕
운공 염경

齋公 宰予
재공 재여

徐公 冉求
서공 염구

潁用侯 顓孫師
영용후 전손사

豫國公 程顥
예국공 정호

新安伯 昭雍
신안백 소옹

徽國公 朱熹
휘국공 주희

衛公 仲山
위공 중산

費公 閔損
비공 민손

薛公 冉雍
설공 염옹

黎公 端木賜
여공 단목사

魏公 卜商
위공 복상

道國公 周惇頤
도국공 주돈이

洛國公 程頤
낙국공 정이

郿伯 張載
미백 장재

文昌侯 崔致遠
문창후 최치원

文忠公 鄭夢周
문충공 정몽주

文獻公 鄭汝昌
문헌공 정여창

文元公 李彦迪
문원공 이언적

文正公 金麟厚
문정공 김인후

文簡公 成渾
문간공 성혼

文烈公 趙憲
문열공 조헌

文正公 宋時烈
문정공 송시열

文純公 朴世采
문순공 박세채

弘儒侯 薛聰
홍유후 설총

文成公 安裕
문성공 안유

文敬公 金宏弼
문경공 김굉필

文正公 趙光祖
문정공 조광조

文純公 李滉
문순공 이황

文成公 李珥
문성공 이이

文元公 金長生
문원공 김장생

文敬公 金集
문경공 김집

文正公 宋浚吉
문정공 송준길

성균관의 동무, 서무는 정면 11간 측면 1간 반으로 앞면 반 간을 퇴로 개방하였다. 그리고 민도리집 구조로 맞배지붕이다. 성균관 대성전은 다포식이고 팔작지붕이다. 1400년(정종 2)에 문묘에 불이 난 것을 1407년(태종 7)에 중건하였다. 1506년(중종 원년)에 문묘를 수리하고 위판(位版)을 다시 모셨다.

연산군이 문묘의 위판을 철거하여 절에 두었기 때문에 이때 다시 복구하라는 명령을 내린 것이다. 1602년(선조 35)에 문묘를 크게 수리하고 완성을 고하였다. 1681년(숙종 7)

에 문성공(文成公) 이이(李珥)와 문간공(文簡公) 성혼(成渾)을 문묘에 종사(從祀)하고 1717년(숙종 43) 여름에 문원공(文元公) 김장생(金長生)을 문묘에 종사하였다.

병자호란 때 성균관 전복(典僕)인 정신국(鄭信國) 박장미(朴醬美) 등이 문묘에 들어가서 동무(東廡)와 서무(西廡)의 위판을 명륜당 뒤에 묻고 다섯 성인과 열 명의 현인의 위판을 진사 나이준(羅以俊)과 함께 모시고 남한산성으로 피난 간 일이 있었는데 1727년(영조 3)에 이르러 나이준 등에게 그의 고향에 정문(旌門)을 세워 표창하였다.

대성전 상량문

하늘이 유교(儒敎)를 저버리지 않아 재건하는 길을 열어주었고, 도(道)가 땅에 떨어지지 않아 문묘가 거듭 새로이 지어졌다. 좋구나! 그 웅장한 규모여. 아름답구나! 그 융성한 일이여. 우리 조선은 태조(太祖)가 서울을 정할 때 먼저 성균관을 건립하였으며, 태종(太宗)의 즉위 초에는 건물을 증축하였다. 성균관이 위치한 방(坊)의 이름은 숭교(崇敎), 리(里)의 이름은 흥덕(興德)이며, 도성 동쪽의 구역에 자리 잡아 오른쪽으로는 화악(華嶽)과 접해있고 왼쪽으로는 낙산(駱山)을 끼고 있어서 한양의 좋은 기운이 모여드는 곳이다. 제사 지내는 법도가 여러 선조에 걸쳐 완비되었고, 사당의 제도는 여러 임금에 걸쳐 크게 밝혀졌다. 지금 임금에 이르러 정밀하고 전일(專一)한 가르침을 몸소 실천하고, 군사(君師)의 책무를 자임하였으니 중국의 황제가 그랬던 것처럼 책을 끼고 도를 묻기 위해 분수(汾水)에 자주 행차하였으며, 석채(釋菜)를 지내고 벽옹(辟雍)을 돌아보기 위해 동산(峒山)에 자주 왕림하였다. 봄, 가을과 삭망(朔望)으로 제사 지냄에 있어 예의와 법도가 어긋남이 없었으며, 제기(祭器)의 배치나 음악의 연주에 있어서도 질서 정연하였다. 책 읽는 소리가 학교 주위에 냇가에 넘쳐 흘렀으며, 문풍(文風)이 학교 주위의 아름다운 수풀에 가득하였다. 그러나 불행하게도 나라의 운명이 기울어져 섬나라 오랑캐의 침략을 받았으니, 수백 년 동안 이어져 온 종묘와 사직의 참상은 말로 다할 수 없으며, 그동안 지켜온 삼한(三韓) 문물의 아름다움이 모두 사라지게 되었다. 고요했던 문묘 역시 전쟁으로 인해 모두 불타버렸으니, 학교는 황폐해져 적막하게 잡초만 무성한 지경이 되었고, 문묘는 쓰러져 처량하게 불타버린 폐허가 되어, 행인(行人)들은 비통해했으며 사림(士林)들은 눈물을 흘렸다. 그러나 도(道)는 하루라도 없을 수 없는 것이니, 어찌 베어지고 녹는다고 해서 없어질 수 있겠는가? 학교는 삼대(三代)부터 모두 있었던 것이니, 마땅히 빨리 수리하고 진작시켜 조금이라도 늦출수 없는 것이다. 이에 관원과 백성이 모두 협력하고, 멀리 있거나 가까이 있는 사람들이 모두 한목소리를 내어, 어떤 이는 가재(家財)를 털어 정성을 다하고, 어떤 이는 관청의 곡식을 내어 공사를 도왔다. 이에 남아있는 것에 근거하여 계획을 시작하고, 제물을 모아 공(功)을 드러내었으니, 신보(新甫)의 잣나무와 조래(徂徠)의 소나무 등 재목을 귀신같이 운반해왔으며, 공수(公輸)나 노반(魯般)같이 뛰어난 기술자들은 모두 먹줄 긋는 일을 열심히 하였다. 학생이나 유생 가릴 것 없이 널판·가래 등 작업 도구를 다투어 들었으며, 어린애나 노인 가릴 것 없이 다투어 돕고 호응하였다. 이전의 근거에서 한(漢)나라의 제도를 모색하였으며, 옛 법전에서 주(周)나라의 규범을 참고하였다. 처마와 기둥은 탁 틔어 바라보면 더욱 높고, 마룻대와 지붕 또한 높으니 궁궐을 본뜬 것이다. 공사를 감독하는 호령을 번거롭게 하지 않았음에도 순식간에 공사가 이루어졌는데, 화려하거나 사치하지 않게 한 것은 오랫동안 유지되도록 하기 위해서이다. 삼도(三都)의 재능있는 선비들이 이 건물의 문이나 담장을 바라보고 벼슬 준비를 할 것이며, 팔도의 백성들이 여기서의 제사를 보고 눈물을 흘릴 것이다. 이에 좋은 날을 잡아 대들보를 올리고자 하니, 만고(萬古)의 기쁜 노래를 본받아 온 세상의 아름다운 축하를 올린다.

대들보 동쪽으로 올리네. 치솟은 기와 긴 무지개가 하늘 한복판에 걸려있네. 하늘이 우리 조선을 위하여 좋은 날씨를 주셨으니, 태평성대 아름다운 기운이 울연히 푸르구나. 대들보 서쪽으로 올리네. 드높은 궁의 담장 바라봄에 돌고 돌아 가물가물하니, 공자(孔子)의 문장을 뵙는 것 같고, 푸른 오동나무에는 봉황이 와서 앉을 것만 같네. 대들보 남쪽으로 올리네 빈 정원의 소나무와 노송나무는 맑은 이내에 구부려 인사하는 듯하고, 금단(琴壇)을 바라보니 영원히 살아있는 듯, 많은 제자가 길게 둘러 있으니 그 수가 73인이라. 대들보 북쪽으로 올리네. 천 년 동안 유교가 이에 의지하여 유지되었네. 이 반궁(泮宮)의 수풀로부터 규성(奎星)이 모여듦을 볼 수 있으니, 영재들이 끊임없이 이 왕국에서 태어나네. 대들보 위로 올리네. 해와 달이 하늘과 땅 사이에서 밝게 빛나니, 제기(祭器)는 준비되었고 도(道)는 여기 있네. 빛나는 우리 제자 광간(狂簡)들을 여기서 가르치리. 대들보 아래로 올리네. 빨리 황폐함을 쓸어버리고 큰 올바름을 열어야 하니, 꽉 막힘이 극에 달하면 확 트임을 볼 수 있네. 도(道)가 이같이 행해지는 것은 하늘의 큰 뜻이라.

부디 바라건대, 상량 이후에 문헌(文獻)이 더욱 빛나고 나라의 운세가 더욱 새로워지게 해주소서. 가을에 예를 행하고 겨울에 시를 지어서 학교의 가르침이 무너지지 않도록 하고,

집마다 음악을 연주하고 책 읽는 소리에 풍속이 크게 변하여 공자(孔子)나 맹자(孟子)의 고향처럼 되게 하소서. 괴시(槐市)가 더욱 빛나고 행단(杏壇)이 찬란하니, 산과 강이 영재를 좋은 조정에 육성해주고, 하늘과 땅의 기운이 서려 만사형통하는 운세를 내려주소서. 미나리를 뜯고 마름풀을 뜯으니 주(周)나라의 벽옹(辟雍)에 입학하고, 자른 귀를 바치고 전공(戰功)을 보고하니 노(魯)나라의 반궁(泮宮)에 노래함을 볼 수 있으리라.⁶⁸

명륜당(明倫堂)

명륜당은 성균관 안에 있는 건물이다. 성균관은 공자를 비롯한 선유(先儒)의 위패를 모시고 제사 지내는 문묘와 유생들이 공부하는 교사(校舍)로 이루어졌는데 강학 장소인 교사를 명륜당이라 한다. 대성전 북쪽에 있다.

명륜(明倫)이란 "인간사회의 원리를 밝힌다."라는 뜻을 지니고 있는데 맹자 등문공편(騰文公篇)에 "학교를 세워 교육을 행함은 모두 인륜을 밝힌다."라는 데서 유래한 것이다. 기숙사인 동재(東齋)와 서재(西齋) 그리고 도서관 존경각(尊經閣)이 있고 그 밖에 후대에 지어진 비천당, 일량재, 벽입재, 계성각, 육일각, 숭절사(崇節祠) 등이 있다.

▶ 명륜당

역대 왕들이 수시로 행차하여 유생들을 격려하고 대성전에 참배하였으며 주로 공자 탄신일에 보는 알성시와 유생들에게 보이는 경전 시험이나, 소과(小科), 대과(大科)를 행하는 장소로도 사용하였다. 그리고 왕세자가 입학할 때에는 문묘에 석채례(釋菜禮)를 올리기도 했다. 명륜당 안에는 주희(朱熹)의 '백록동규(白鹿洞規)'라는 현판이 있고, 두 개의 어필 현판과 송준길(宋浚吉)이 쓴 '심잠(心箴)'과 '경제잠(敬齊箴)'이 있다. 그 밖에 '숙흥야매잠(夙興夜寐箴)' 등 여러 현판이 걸려있는데 모두 몸을 닦는 이치와 사물을 대하는 도리를 가르치는 주자와 정자의 사상을 기본으로 하고 있는 것들이다. 건물 추녀 밑에 있는 '명륜당(明倫堂)'이란 현판은 1606년(선조 39)에 명나라의 사신 주지번(朱之蕃)이 우리나라에 왔을 때 쓴 것이라고 전한다.

명륜당(明倫堂)의 「상량문」에 이르기를

성인(聖人)은 영원한 스승이니, 이미 문묘가 새롭게 단장되었음을 축하하였다. 학교는 삼대(三代)부터 모두 있었으니, 이제 교사(校舍)가 중건되었음을 보게 되었다. 이는 예전에 보기 드문 성대한 광경이니 성균관은 진실로 뛰어난 풍경이다. 세 산이 균형 있게 자리 잡은 가운데 문필봉(文筆峯)이 우뚝 솟아있고, 두 개천이 감싸 흐르는 가운데 저절로 반수(泮水)를 이루었다. 행단(杏壇)은 그윽하니 궐리(闕里)의 옛 풍모를 간직하였고, 괴시(槐市)는 푸르니 상림(上林)의 아름다운 기운을 받아들였다. 이는 하늘과 땅이 만들어주고 귀신이 호위해주는 형상인 것이다. 우리 조선은 문치(文治)를 크게 열어 빛나는 운세가 날로 번창하였다. 학교 제도를 신중하게 하여 위로하고 도우며 덕화(德化)하고 진작시켰으며, 선비들이 거쳐야 할 과정을 무겁게 하였으니 강직함, 온화함, 관대함, 엄격함 등은 모두 인륜을 밝히는 것들이다. 지금 임금에 이르러 유교를 정치의 근본으로 삼고 학문에서 도(道)를 전하게 됨에, 임금이 되고 동시에 스승이 되었으니 이는 인륜의 지극함이며, 시(詩)로써 가르치고 예(禮)로써 가르치니 교화의 근원을 크게 드러내었다. 사성(司成)이나 제주(祭酒)가 있는 건물에서 음악을 연주하고 공부하는 소리가 귀에 쟁쟁하게 들리며, 성균관 유생이나 생원(生員)·진사(進士) 가운데 뛰어난 선비들이 조정에 많이 등용되었다. 전쟁의 참상을 겪었으나 다행히 문운(文運)의 회복을 보게 되었다. 문묘의 건물이 겨우 정비되자 우러르고 의지할 곳이 생겼다고 모두 기뻐하였지만, 학교 건물은 아직도 폐허로 남아있어 공부할 장소가 없었다. 유생들은 담이나 벽에 의지하여 공부하였고, 선생들은 잡초 속에서 강의하였다. 반드시 백 년을 기다려야 복구될 것이지만 마침 좋은 때의 모임을 당해 하루라도 가르침이 없을 수 없으며, 공사를 편히 하고 늦추려는 것이 사람들 마음이지만 귀신이 도운 것처럼 꼭 맞고 완전하게 되었다. 건축하는 뜻을 화려하지 않음에 두었으니 웅장한 규모가 아름다웠다. 며칠 걸리지 않아 공사가 이루어졌으니 이로써 가난한 선비들이 크게 의지할 곳이 생겼다. 이제는 드넓은 건물에서 영재들을 즐거이 육성할 수 있을 뿐만 아니라, 우리 제자들을 가르쳐 면모를 새롭게 하고 더욱 분발할 수 있게 되었다. 장인(匠人)들이 완성을 알림에 어영차 노래 불러 웅장함을 찬미하네.

대들보 동쪽으로 올리네. 공자와 맹자의 학통이 천 년 동안 통했네. 도(道)의 본채가 운동함은 일기(一氣)에 근원을 두고 있으니, 도도한 저 반수(泮水)는 문풍(文風)을 진작시키네. 대들보 서쪽으로 올리니 유교의 큰 기둥이 하늘과 나란하다. 높고 굳은 기상을 거듭 우러러보니, 곧장 진리의 근원에 도달하여 헤매지 않는구나. 대들보 남쪽으로 올리네. 밝은 정원의 소나무와 노송나무 근엄하게 서있네. 어른·아이 데리고 한가한 날 봄옷 입고, 바람 쐬고 목욕하고 돌아와 제자 보네. 대들보 북쪽으로 올리네. 높고 화려한 편액이 본받을 만하구나. 돌아가서 구하면 다른 스승 있으니, 내 마음이 하나의 태극(太極)임을 알리라. 대들보 위로 올리네. 규벽(奎璧)의 광채는 태평한 상(象)을 머금었으니, 날씨가 화창한 우리 조선에 형통하는 운세오리라. 문헌(文獻)이 하늘과 땅 사이에서 찬란하게 빛나리. 대들보 아래로 올리네. 충성하고 효도하는 것은 큰 인륜이라. 처음의 착한 본성을 잘 회복하고, 텅 비고 밝은 마음을 잘 살피라.

부디 바라건대, 상량 이후에 진실한 선비들이 배출되고 유학(儒學)이 크게 밝아지도록 해주소서. 옷의 아랫도리를 걷거나 북을 두드려 상자를 열고 자리에 나아가는 자들은 모두 재상될 재주를 가진 사람들이고, 책을 들고 자리에 기대어 공부하는 자들은 모두 태산과 북두(北斗)처럼 남들의 존경을 받을 사람들이다. 동쪽의 서(序)나 서쪽의 교(膠)에서 여름에 음악을 연주하고 가을에 책을 읽어, 내 마음속에 있는 천리(天理)를 밝히게 하소서. 안자(顏子)를 공부하고 이윤(伊尹)에 뜻을 두며 집마다 정자(程子)와 주자(朱子)를 공부하여, 유교의 끊어진 학통을 계속 이어가게 해주소서. [모두 (대성전과 명륜당) 大提學 李廷龜가 지었다.]**69**

기(記)에 이르기를

　우리 태조(太祖) 임금이 하늘의 큰 명령을 받아 나라를 세우고 도읍을 정함에 사당과 학교를 건립하여 문교(文敎)를 먼저 힘썼다. 태종(太宗) 임금은 이 업적을 계승하여 성균관을 중건하고 대성전(大成殿)을 넓혀 수리하였으며, 성공(郕公)과 기공(沂公)을 배향(配享)하였고, 자장(子張)을 승격시켜 십철(十哲)에 포함시켰다. 또 글 짓는 신하에게 명령을 내려 비(碑)를 만들어 세우도록 하였으니 문치(文治)가 더욱 빛났다. 세종(世宗) 임금은 문교(文敎)를 숭상하고 교화를 일으켜서 교육하고 육성하는 효과가 이전의 임금들 못지않게 빛났다. 이렇듯 세 임금이 서로 이어 교화의 업적을 이루었다. 지금의 임금인 성종(成宗)은 유학을 숭상하고 도(道)를 중시하여 여러 임금 가운데 우뚝 솟았다. 즉위 2년(1471)인 신묘(辛卯) 봄 2월 을유(乙酉)에 대뢰(大牢)를 갖추어 면복(冕服)을 입고 홀을 들고 친히 선성(宣聖)에 제사 지냈다. 그리고 명륜당에 거동하여 2품 이상의 문신(文臣)과 성균관 관원 등을 불러서 경서(經書)에 대해 어려운 구절을 물었다. 또 술과 비단을 내리고 성균관의 유생들에게 술자리를 베풀었으며, 과거를 열어 관리를 뽑으라고 명령하였다. 겨울 11월에 임금이 신하에게 말하기를 "지금 조정에 있는 자들은 모두 귀족의 자제들로서 공부하지 않아 재주가 없는데, 성균관에는 반드시 경전이나 역사에 밝고 정치의 도리를 잘 알아 그 재주가 등용하기에 넉넉한 자가 있을 것이다."라고 하여 성균관으로 하여금 추천하도록 명령하였다. 성균관에서는 진사 안량생(安良生)을 추천하였는데 임금이 그에게 높은 관직을 내려주었다. 4년(1472) 임진(壬辰)에 임금이 좌의정 최항(崔恒)·판중추원사 이석형(李錫亨)·이조판서 성임(成任)·참판 이예(李芮)·함종군 어세겸(魚世謙) 등에게 교대로 성균관에 근무하도록 명령하였다. 또 예조 겸 판서 신숙주(申叔舟)·판서 이승조(李承召)·동지사 홍경손(洪敬孫)·임수겸(林守謙)·대사성 권륜(權綸)과 서거정(徐居正)에게 때때로 모여서 경전과 역사에 대해 강론하고 성균관 유생들을 가르치도록 하였는데, 자주 가까운 신하를 보내 술과 안주를 내려주었다. 5년(1474) 갑오(甲午)에 반궁(泮宮)을 수리하도록 명령하였는데, 옛날 벽옹(辟雍)의 제도처럼 돌을 쌓아 빙 두르도록 하였다. 6년(1475) 을미(乙未) 봄 3월 병인(丙寅)에 임금이 예의를 갖추어 공자(孔子)를 참배하고, 명륜당에 앉아 친히 문제를 내어 관리를 선발하였다. 이 해에 좌의정 한명회(韓明澮)가 건의하여 장서각(藏書閣)을 세우도록 요청하였는데, 임금이 허락하여 명륜당 북쪽에 건물을 세우도록 명령하였다. 건물이 완성되자 궁중에 있는 사서(四書)와 오경(五經) 각 백 질을 내려주었고, 또 전교서(典

校署)와 팔도에 명령하여 책판이 있는 곳에서는 이를 인쇄하고 장정하여 보내도록 하였다. 이에 경전과 역사서 및 여러 학자의 설을 모은 잡서 등이 모였는데, 전부터 성균관에 소장되어 있던 책들과 합하니 무려 수만 권이나 되어, 사예(司藝)와 학정(學正)을 각각 1인씩 두어 출납을 담당하도록 하였다. 성균관의 관원들이나 유생들이 모두 춤추며 기뻐하였으며, 임금의 은덕을 가리기 위해 서거정에게 기문(記文)을 짓도록 부탁하였다. 내가 생각해보건대, 우리 조선은 역대 임금들이 나라의 기초를 다진 후 학교를 세우고 스승을 두어, 인(仁)과 의(義)를 함양하기를 백 년이나 되었다. 지금의 임금이 즉위 초에 법도를 공경히 계승하여 성균관에 두 번이나 행차하였고, 공자(孔子)를 엄숙하게 제사 지냈다. 교화를 숭상하고 현인(賢人)을 격려하며 학문을 일으키고 선비를 육성함에 있어 힘써 최선을 다하지 않음이 없었지만, 그럼에도 불구하고 서적이 많지 않아 견문이 좁은 것을 염려하여, 특별히 건물을 짓도록 명령하고 존경각(尊經閣)이라 이름 붙였으니, '존(尊)'은 존경하고 받들어 모신다는 의미이다. 아! 위대하구나. 성인의 말씀이여. 내가 듣기에 하늘과 땅이 지극히 신령스럽다고는 하지만 비나 이슬·바람과 우레가 없으면 공(功)을 이룰 수 없으며, 유교의 도(道)가 지극히 크지만 어진 임금이나 현명한 군주가 아니면 교화를 이룰 수가 없다고 하며, 인간의 본성이 지극히 착하다고 하지만 책을 읽어 이치를 연구하지 않으면 큰 그릇이 될 수 없다고 한다. 하물며 대학, 즉 성균관은 선비들의 관문이며 유교의 근본이고, 경전(經典)은 도(道)를 담은 그릇이며, 도(道)는 성인(聖人)의 마음이다. 그러니 어찌 이 경전을 존중하여 성인(聖人)의 마음을 연구하지 않겠으며, 이 경전에 통달하여 성인의 도(道)를 행하지 않을 수 있겠는가? 스승 된 자가 이를 알게 되면 읽지 않은 책이 없고 통달하지 못한 이치가 없어 가르침이 밝아질 것이요, 선비가 이를 알게 되면 이치를 연구하고 본성을 회복하며 본체(本體)를 밝혀 현실에 적용하여 장차 큰 업적을 이룰 것이다. 성인(聖人)이 인재를 육성하여 세상의 도리를 바로잡는 데 있어서 이보다 더 큰 일이 어디 있겠는가. 『시경(詩經)』에 이르기를 "쟁쟁한 많은 선비가 있어 문왕(文王)이 편하였네."라고 하였는데, 이는 문왕이 인재들을 많이 육성하였음을 노래한 것이다. 내가 보건대, 우리 임금도 인재를 많이 육성하였으니, 어찌 문왕에게 뒤지겠는가? 내가 글재주는 없지만 외람되게도 성균관의 책임자로 있으면서 눈으로 직접 그 성대한 업적을 보았으니, 아무 말 없이 그냥 있을 수 있겠는가? 이에 삼가 글을 지어 기념으로 삼는다. [徐居正이 지었다.]70

성균관 부속 건물

비천당(丕闡堂): 명륜당 서쪽에 있고 일양재(一兩齋) 벽입재(闢入齋)는 비천당 서남쪽에
　　있는데 이상 세 건물은 1724년(경종 4)에 건립하였다.

존경각(尊經閣): 명륜당 북쪽에 있는데 1475년(성종 6)에 건립하여 임금이 내려준 서적
　　을 보관하였다. 1510년(중종 5)에 서거정에 명하여 존경각기(記)를 지어 바치도록
　　하였다. 1514년(중종 9)에 소실된 것을 1626년(인조 4)에 중건하였다. 존경각 이
　　외의 건물들도 1592년 임진왜란 때 모두 불타버렸는데 대성전 동무, 서무의 문묘
　　와 동재, 서재, 명륜당 등의 주요 건물은 1601년에 중건을 시작하여 1606년까지
　　끝냈는데, 존경각, 정록청, 식당, 양현고 등의 부속 건물은 인조 4년에 중건된 것
　　이다.
　　1510년 1월 중종은 성균관에 명하여 유생 가운데 경사(經史)에 통하고 정치의 체
　　모를 아는 자를 천거하라 하면서 하교하기를 "내가 우연히 여지승람(輿地勝覽)을
　　보다가 서거정(徐居正)이 지은 「존경각기(記)」를 보게 되었다. 거기에 '상이 좌우
　　에 이르기를 지금 조정에 늘어선 자들이 모두 부귀한 집안의 자제인데 배우지 않아
　　학술이 없다. 학생 가운데는 필시 경사에 통하고 정치의 체모를 알며, 임용할 만한
　　재주를 가진 자가 있을 것이니 본관으로 하여금 천거하게 하라.' 하고 또 '매월 초
　　하루와 보름에 성균관 관원과 유생들을 내전(內殿)으로 불러 경전의 뜻을 강론하
　　고 후하게 포상하였다.' 하였고 또 '재상에게 명하여 날마다 돌아가며 본관에서 근
　　무하며 경사를 회강하고 유생들을 가르치게 하였고 여러 차례 근신(近臣)들을 보
　　내어 술을 하사하였다.' 하였으니 이 일이 어찌 오늘날 따라 행할만한 것이 아니겠
　　는가?" 하였다. 이에 사관 5명을 성균관 및 사학(四學)으로 나누어 보내어 거재유
　　생(居齋儒生)이 몇 명인지 살펴보게 하였는데 이때 학교에서 공부하고 있는 자가
　　800명이라 하였다.[71]

계성사(啓聖祠): 문묘 동쪽에 있는데 1701년(숙종 27)에 건립하였다. 제국공(齊國公)
　　공씨(孔氏: 공자의 아버지 숙량흘, 叔梁紇)를 주향(主享)으로 하여 곡부후(曲阜
　　侯) 안씨(顔氏: 안자의 아버지 안무요, 顔無繇)와 사수후(泗水侯) 공씨(孔氏: 자

사의 아버지 공리, 孔理)를 동쪽에 배향하고 내무후(萊蕪侯) 증씨(曾氏: 증자의
아버지 증점, 曾點)와 주국공(邾國公) 맹씨(孟氏: 맹자의 아버지 맹격, 孟激)를 서
쪽에 배향하였다.[72]

육일각(六一閣): 존경각 북쪽에 있는데 1743년(영조 19)에 건립하였다. 1764년(영조
40) 봄에 왕이 종친과 문무관리 중 나이가 70세인 자들과 더불어 성균관에 나아
가 제사를 지낸 뒤 신하들과 활쏘기하는 예식을 지냈는데 그때 쓴 과녁의 정곡에
곰의 머리를 그렸다. 그것이 이 육일각에 보관되었다.[73]

숭절사(崇節祠): 문묘 동쪽에 있는데 1725(영조 원년) 11월에 건립하였다. 사현사(四賢
祠)라고도 부른다. 이것은 원래 숙종 때에 태학의 근처에 세우려 했으나 흉년이 들
어 뜻을 이루지 못하고 이때에 지은 것이다.
사현은 진(晋)나라의 동양(董養), 당나라의 하번(何蕃), 송나라의 진동(陳東)
과 구양철(歐陽徹), 이 네 사람을 이른다. 이 네 사람을 제사 지내는 사당인데
1760년(영조 36)에는 왕이 쓴 현판을 달았다.[74]

사당(祠堂)

대빈궁(大嬪宮): 1722년(경종 2) 중부 경행방에 세웠으며 경종의 어머니 희빈(嬉嬪) 장
씨(張氏)를 제사 지낸 곳이다. 1908년에 육상궁에 합사되었다.

육상궁(毓祥宮): 화경휘덕안순수복숙빈최씨(和敬徽德安純綏福淑嬪崔氏)를 제사 지낸
곳이다. 숙빈 최씨, 즉 영조의 어머니 신위를 모신 사당인데 1725년(영조 원년)에
사당을 세우고 숙빈묘라 했다가 후에 육상묘라 했는데 1753년(영조 29) 6월에 숙
빈최씨에게 화경(和敬)을 추상(追上)하고 육상묘를 육상궁으로 높였다.[75]
1882년(고종 19)에 화재가 발생하여 이듬해 다시 지었는데 이때의 건물이 현재의
건물이다. 1908년에 들어와서 여러 곳에 분산된 제궁들을 합설하는 조치가 이루
어져 저경궁, 대빈궁, 연우궁, 선희궁, 경우궁이 육상궁에 합사되고 1929년에 덕
안궁이 합사되어 모두 일곱 궁이 한자리에 모이게 되었다.
사적 제149호로 지정되어있다.

▶육상궁 재실

▶ 대빈궁, 선희궁, 경우궁

▶ 저경궁

▶ 덕안궁

칠궁 배치도

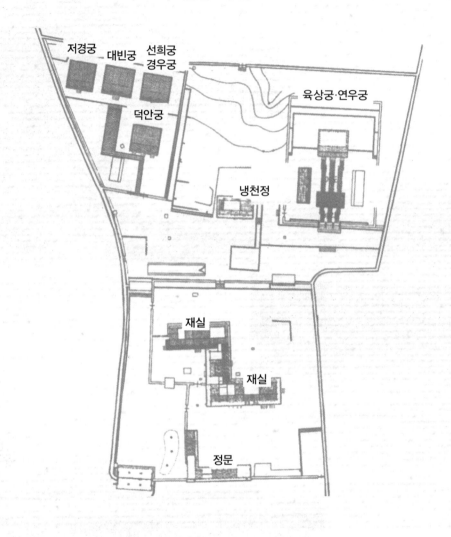

연우궁(延祐宮): 북부 순화방(順化坊)에 있다. 1778년(정조 2)에 건립하였는데 영조의
  빈 온희정빈 이씨(溫僖靖嬪李氏)를 제사 지냈다. 정빈 이씨는 영조의 빈이며 진종
  (眞宗: 효장세자)의 어머니이다. 1908년 육상궁에 합사되었다.

선희궁(宣禧宮): 북부 순화방에 있는데 영조의 빈이며 사도세자의 어머니 영빈 이씨(暎
  嬪李氏)를 제사 지내는 사당이다. 1908년 육상궁에 합사되었다.

선희궁은 북부 순화방에 묘를 세우고 의열묘(義烈廟)라 하였는데 1788년(정조 12)에 선희라 고쳤다. 묘를 궁으로 높인 것도 이때에 한 것으로 추측된다. 1870년 (고종 7)에 일시 육상궁으로 옮겼다가 1897년(건양 2) 다시 옛 궁으로 돌아왔다. 그 후 융희 2년(1908)에 다시 육상궁으로 옮긴 것이다. 선희궁 터에는 현재 서울 농아학교가 있고 영빈 이씨의 묘는 원래 연세대학교 경내에 있었으나 1970년 9월 서오릉으로 이장되고 홍살문과 제각 건물만 남아있다.[76]

경모궁(景慕宮): 도성 안 동쪽 지금 서울대학교 부속병원 뒤에 있는데 장헌세자(莊獻 世子: 사도세자)의 사당이다. 1764년(영조 40) 봄에 세워 처음에는 사도묘(思悼 廟)라고 불렀는데 그해 여름에 동부 숭교방(崇敎坊)에 옮겨 수은묘(垂恩廟)라 하 였다.

1776년(영조52)에 정조 임금은 즉위하자마자 도감을 설치하였다. 개축공사를 그 해 4월에 시작하여 8월에 완공한 후 경모궁이라 했다. 그리고 장헌(莊獻)이라는 시책(諡冊)을 올렸다.

같은 해 9월 장악원제조(掌樂院提調) 서호수(徐浩修)가 요청하여 악기도감을 설 치하고 김한기(金漢耆), 정상순(鄭尙淳)을 악기도감 제조로 삼아 1777년에 경모

▶ 경모궁 정문(서울대학교 의과대학 부속병원 구내에 있는데 함춘문이라고도 한다)

궁악기를 완성하였다. 1780년에 궁의 외장(外墻)을 쌓고 1784년 궁의 이름을 경모원(園)으로 하였다가 1794년 다시 경모궁으로 환원하였다. 1817년(순조 17)에 궁을 대대적으로 수리하고 이에 공헌한 관원에게 포상하였다.[77] 관원은 도제조, 제조 각 1인과 영(令: 종5품) 3인을 두되 1인은 문관으로 뽑도록 하였고 뒤에 2인을 증원하여 음관(蔭官)으로 보하도록 하였다. 1839(헌종 5) 화재로 소진되자 그때 입직하였던 박효문(朴孝聞), 수문장(守門將), 이인구(李麟九)는 체포되어 처형되고 제조 김이재는 파직되었다. 경모궁에서 제사 지낼 때 의식을 기록한 경모궁의궤(儀軌)가 남아있다.

경모궁이 있는 곳은 창경궁 동쪽 후원이었다. 정조는 1776년 즉위하던 해에 아버지 사도세자의 사당을 함춘원으로 이전하고 이름을 경모궁으로 고쳤다.

1899년(광무 3) 고종은 사도세자를 장조로 추존하고 그 신위를 종묘에 모셨다. 1924년 일제는 여기에 경성제국 대학 의학부를 세워 경모궁의 건물이 거의 없어졌는데 6·25전란으로 나머지도 모두 불타버리고 정문만 남아있다. 지금 남아있는 것은 경모궁의 석단과 함춘문이다. 정면 3칸, 측면 2칸 맞배지붕이며 초익공 집이다.

상량문에 이르기를

한 나라의 봉양(奉養)으로도 부모를 사모하는 마음 달랠 길 없어, 새로 다섯 칸을 더 만들어 사당의 터를 증축하였다. 이로 인해 옛사람과 신령들이 모두 기뻐하였고, 정(情)과 예(禮)는 모두 법도에 맞게 되었다. 사도세자(思悼世子)는 덕이 깊고 크며 성품은 침착했으니, 칭찬하는 소문이 널리 퍼져 일찍이 백성들이 흠모하였다. 그런데 갑자기 고질병에 걸리게 되었으니 어찌하리. 비록 성인이라도 그런 병에 걸렸다면 화를 면하지 못했을 것이다. 그 행적이 전에는 가려져 있었으며 오직 사당만 10년 동안 남아있었는데, 이는 영조(英祖)가 자비심으로 조그만 건물을 지어 세자의 위패를 모시게 한 것이었다. 정조(正祖)께서는 이 일을 이어받아 사당을 증축하는 일을 먼저 의논하였다. 위치가 협소하여 사당의 모습이 일 처리하기에 부족하고, 왕의 효성이 지극하니 일의 면목이 전과는 다르게 되었다. 예의를 갖추어 제사 지내니 조상을 계승하는 것보다 존귀한 것이 없고, 재물을 갖추었으니 어찌 조상에 보답하는 도리를 잠시라도 늦출 수가 있겠는가? 이에 옛터에 새로 공사를 시작하였다. 신령들이 다니는 길이 오래도록 편안하니 그 땅이 길(吉)할 것이고, 장인(匠人)의 무리들이 다투어 몰려드니 얼마 안 되어 완성되었다. 통나무를 열심히 다듬고 나무와 돌을 구름같이 쌓아놓았는데 어느 틈엔가 확 변하여 지붕이 날아갈 것 같이 되었다. 이 세 글자의 아름다운 이름을 비로소 바치니 영원토록 정조의 효성스러운 마음을 알아야 할 것이다. 정자(程子)가 칭호를 달리해야 한다고 주장한 것을 따라서 묘(廟)를 궁(宮)으로 바꾸었으며, 순(舜)임금이 평생 동안 효성을 다한 것을 본받아 이 이름을 붙였다. 정조의 지극한 효성은 그 안타까움이 하늘에 닿았으니, 지금 사당을 증축하는 일은 정(情)에서 나온 것이다. 아름다운 기운이 창경궁(昌慶宮)의 북쪽 궁궐에 닿아있으니 성대한 영령을 위로할 수 있고, 좋은 땅은 낙양(洛陽)의 동촌(東村)과 같으니 나라의 운세가 계속 이어질 것이다. 칸을 늘려 지을 때 정(情)과 문(文)의 중용을 취하였으니, 평소의 겸손한 마음을 본받아 사치스럽게 하지 않았고, 끝없는 덕에 보답하기 위해 정성을 다하였다. 제수(祭需)와 음악을 모두 갖추었는데 그 의장(儀仗)은 종묘의 태실(太室)에 비해 조금 격을 낮추었으며, 재(齋) 지내는 일들을 모두 준비하였는데 그 모습은 이전의 사당에 비해 훨씬 엄숙하였다. 대들보를 올리게 되었으니 삼가 축하 노래를 부른다.

대들보 동쪽으로 올리네. 동쪽 바다에서 붉은 해가 떠오르네. 나라 안 두루 비춰 이 세상의 어리석음을 밝게 깨우쳐 주네. 대들보 서쪽으로 올리네. 두 대궐의 꼭대기가 구름과 나란하네. 해가 문밖 소나무와 잣나무에 비추니, 몇 가지를 자르도록 하여 편히 숙이게 하였네. 대들보 남쪽으로 올리네. 약간 숙인 남산에는 맑은 이내가 감돌고, 좋은 날에 경보 알리는 봉화(烽火) 없네. 상서로운 구름은 영원히 사당의 감실(龕室)을 보호하리. 대들보 북쪽으로 올리네. 푸르고 울창한 백산(白山)의 기색은 우뚝 솟아 나라의 진산(鎭山)이 되어, 좋은 제사와 더불어 영원하리라. 대들보 위로 올리네. 커다란 계단에 해와 달과 별이 밝게 비추니, 태평성세의 기틀이 됨을 알겠네. 하늘의 후한 은덕으로 만들어진 이 공업(功業)을 모두가 우러러보리라. 대들보 아래로 올리네. 해마다 우리 왕이 옥 술잔을 올리고, 나라에서는 새로 제사 지내는 관리를 두었으니, 계단과 뜰을 날마다 깨끗이 쓸어놓네.

부디 바라건대, 상량 이후에 사당 건물이 영원히 견고해지고 나라의 운세가 아울러 편안하도록 해주소서. 예의를 다하고 경건함을 바쳐서 오묘(五廟)에 이르도록 변치 말고, 상서로움이 나타나고 복이 생겨 영원토록 새롭게 하소서. 귀신들이 지키면서 잡귀들을 막아주고 꾸짖도록 해주시고, 여러 산이 장엄하게 둘러싸고 호위하게 해주소서. (右承旨 金鍾秀가 지었다.)[78]

수진궁(壽進宮): 중부 수진방에 있는데 원래는 예종의 둘째 아들 제안대군(齊安大君)이 살던 집이었다. 그 후 봉작(封爵) 받지 못하거나 출합(出閤)하지 않는 대군, 왕자, 공주, 옹주(翁主)를 제사 지내는 곳이 되었다.[79]

경우궁(景祐宮): 북부 양덕방(陽德坊)에 있는데 정조의 빈이며 순조의 어머니 현목수빈박씨(顯穆綏嬪朴氏)를 제사 지냈다. 1824년(순조 24)에 이 사당을 세워 신위를 모셨다. 익종(翼宗: 효명세자)이 지은 「경우궁에서 제사를 지낸 뒤의 마음」이란 시에

우러르고 의지할 분이 사당에 계시네
제사 옷으로 갈아입으니 사모하는 마음 억제할 수 없네
맑은 눈물은 그분을 추모하는 마음에서 우러나오고
깨끗하고 공손한 제사는 근원에 보답하는 정성이라
드리운 발과 큰 창문은 모두 질서 있고
소나무와 잣나무는 가지런하네
왕을 낳으신 공덕은 끝이 없고
어머니의 은혜를 평생 동안 추모하네[80]

1908년에 육상궁에 합사되었다.

대원군묘(大院君廟): 도성 안 서쪽에 있으며 선조의 생부(生父) 덕흥대원군(德興大院君)을 제사 지내는 사당이다.[81]

순회묘(順懷廟): 도성 안 북쪽에 있는데 명종의 아들 순회세자와 공회빈(恭懷嬪)을 제사

지내는 사당이다. 순회세자는 명종의 아들로 세자로 책봉되었으나 어릴 때 죽었다. 1601년(선조 34)에 신주를 세웠다.[82]

소현묘(昭顯廟): 순회묘와 같은 사당이다. 인조의 맏아들 소현세자(昭顯世子)와 민회빈(愍懷嬪)을 제사 지내는 곳으로 1601년(선조 34)에 세웠으며 1647년(인조 25)에 신주를 순회묘와 함께 모시도록 하였다. 1678년(숙종 4)에 순회세자의 신주를 땅에 묻고 소현세자만 모시게 되었다.[83]

영경전(永慶殿): 어릴 때 죽은 명종의 아들 순회세자와 인조의 맏아들 소현세자의 사당인데 창의문 안에 있다. 1696년(숙종 22)에 중종비 단경왕후(端敬王后) 신씨(愼氏)의 사당을 이 영경전 옆에 세웠다.[84]

의소묘(懿昭廟): 도성 안 북쪽 창의문 안에 세웠는데 1754년(영조 30)에 사도세자의 장자 의소세손을 제사 지내기 위하여 세운 사당이다.[85]

문희묘(文禧廟): 북부 안국방(安國防)에 있다.
1788년(정조 12)에 세웠는데 보위에 오르지 못하고 죽은 문효세자(文孝世子)를 제사 지내는 사당이다.[86]

온왕묘(溫王廟): 남한산성에 있는데 옛날에는 충청도 직산현 동북쪽에 있었다. 1465년(세조 10)에 창건되었다. 1597년(선조 30) 정유재란 때 소실되었는데 1603년(선조 36)에 충청감사 유근(柳根)이 직산에 건립할 것을 요청한 일이 있으나 직산에는 없고 남한산성에 있다. 남한산성에 있는 사당은 언제 창건되었는지는 알 수 없는데 아마 직산에 중건하자는 논의가 남한산성으로 옮겨 설치된 것이 아닌가 하고 궁궐지에서는 추측하고 있다.[87] 온왕묘는 백제의 시조인 온조왕을 제사 지내기 위하여 세운 사당이다.
민족대백과사전에는 "온조왕이 백제를 세워 국민을 계몽하고 교화한 공을 기리기 위하여 세워졌는데 현재 두 곳에 있다. 한 곳은 경기도 광주의 남한산성 안에 있는 것으로 창건 연대는 미상이다. 고려 때 세운 것으로 전한다. 또 한 곳은 충청남도

▶ 온왕묘(남한산성에 있는데 숭렬전이란 현판이 붙어 있다)

직산에 있는 것으로 1465년(세조 11) 그 지방 주민들의 원에 의하여 창건하였다."
하였는데 궁궐지를 기록할 당시에 직산에는 1597년 정유재란 때 소실된 후 온왕
묘가 없었던 듯하다.

병자호란이 일어나기 전에 국방의 중요성을 인식하고 남한산성을 개축하였는데 이
때 성을 견고하게 쌓아 병자호란의 격전에도 무너지지 않게 한 이서(李曙)의 공을
기리기 위하여 여기에 이서를 배향하였다. 2월과 8월에 날을 가려서 향을 하사하
고 광주 유수와 직산 군수에게 제사를 지내게 하였다.

1636년(인조 14) 병자호란 때 예조판서 김상헌(金尙憲)을 보내어 국태민안을 기
원하는 치제(致祭)를 하였고 1688년 숙종이 제관을 보내어 음우(陰祐)를 빈 일이
있다.[88]

숭의전(崇義殿): 1392년(태조 원년)에 경기도 마전군(麻田郡) 서쪽 5리에 세웠다. 고려
  태조 이하 여덟 왕을 제사 지내는 사당이다. (문헌) 1451년(문종 원년)에 마전에
  있는 고려 태조 사당의 이름을 숭의전이라 지어 주었다. 1512(중종 7) 여름에 소
  뢰(小牢)의 예로 제사 지냈다.

  1731년(영조 7)에 승지를 보내어 숭의전에 제사를 받들고 기자묘(箕子廟)를 수리

하도록 하였다. 1789년(정조 13)에 숭의전을 수리하였다.[89]

조경묘(肇慶廟): 1771년(영조 47) 10월에 전주 경기전 북쪽에 세웠다. 이것은 전주이씨
　　(李氏)의 시조 사공(司空)의 사당인데 처음 7도(道)의 유생 이득리(李得履) 등이
　　상소하여 이루어진 것이다. 사공은 전주이씨의 시조로 신라 때 사람 이한(李翰)을
　　말한다.[90]
　　위패를 모실 때 세손에게 명하여 사판(祠版)의 제사(題辭)를 쓰되 '선공(先公)'이
　　라 칭하도록 하고 경희궁 자정전(資政殿)에 받들어 면복을 갖추고 예를 올린 뒤 예
　　조판서에게 명하여 전주묘(廟)까지 가져가 안치하도록 하였다. 제례(祭禮)와 묘관
　　(廟官)은 경기전의 예에 따르도록 하고 호남 11개 고을과 신위를 모신 연(輦)이 지

▶ 조경묘

▶ 조경묘 정문

나는 경기, 호서의 고을에 결전(結錢)과 선무포(選武布)를 면제해주었다.

예문제학(芸文提學) 조엄이 상량문을 썼다.

자손이 번성하여 동방에 빛나는 운세를 열었으니, 소나무 가지가 영령을 위로하여 남쪽 땅에 새로운 사당을 세웠다. 정(情)은 예(禮)로 인해 세워지고, 땅은 덕으로써 드러난다. 생각건대, 사공(司空) 선조는 실로 우리 조선의 시조이다. 주(周)나라 왕실이 덕을 쌓아 희성(姬姓)을 얻은 이래 이천 년 동안 유지되었던 것과 흡사하며, 현왕(玄王)이 상(商)나라를 일으켜 억만 대에 이르기까지 계승된 것과 부합된다. 도서관의 책들이 없어져 비록 훌륭하고 빛나는 업적을 알 수 없지만 족보는 계속 전해져 왔으니, 착한 일을 하는 집안에 반드시 경사가 있게 된 것이다. 우리 왕실의 본관은 백제의 서울이었던 완산(完山), 즉 전주이다. 하늘과 땅의 정기(精氣)가 모인 풍패(豊沛), 즉 전주에서 왕업(王業)의 단초를 열었으니, 이는 산과 강의 아름다움이 모인 농서(隴西)가 시선(詩仙)인 이백(李白)의 고향인 것과 같다. 그때 아름다운 배필을 맞아 시조(始祖)와 함께 살 곳을 정하니, 아! 사제(思薺)의 영예가 계림(鷄林), 즉 경주(慶州)에서 나왔으며, 상(商)나라를 만든 큰 아름다움처럼 경사가 인지(麟趾)에 이르렀다. 우리 조선이 건국된 지는 비록 오래이나, 시조에 제사를 지내고 그 예법을 정하는 일은 미처 하지 못하였다. 그 사이 400년 동안 교외에서 제사를 지내기는 하였지만, 30세대 동안 번듯한 제물을 올리지는 못했다. 다행히 왕실의 먼 친척들이 요청을 해서, 이에 화려한 의식을 갖추어 빨리 시행하도록 명령하였다. 북쪽 궁궐에 자리를 잡아 예조(禮曹)로 하여금 사직(社稷)의 경우를 참고하도록 하고, 남쪽 지방에 터를 잡아 관상감(觀象監)으로 하여금 궁궐 조성에 알맞은지 살피도록 하였다. 임금이 정성껏 한강 나루에서 배로 모시니, 아름다운 기운이 푸르고 무성하게 전주의 사당을 덮었다. 드디어 영령들을 위로할 장소를 만드니, 조경(肇慶)이라는 이름을 지어 올렸다. 어른, 아이 할 것 없이 신풍(新豊)의 노인들처럼 서로 몰려들어 공을 세웠고, 마을의 선비들이 원묘(原廟)의 의관(衣冠)처럼 열심히 일하였다. 봉황이 춤추고 용이 휘감은 듯 상서로운 기운이 임안(臨安)에 서렸고, 꿩이 날고 새가 날개를 펴듯 웅장한 구조는 종묘의 규모를 본떴다. 아! 성스러운 효성이 더욱 빛나니, 이에 조상의 업적이 비로소

드러나게 되었다. 건산(乾山)이 창문 밖에 있으니 엄숙히 신령들이 의지하며, 경기전(慶基殿)이 처마를 맞대고 있으니 신령들이 좌우에서 오르내리네. 먼 조상을 추적하여 근본에 보답함에 진실로 백대(百代)가 지나도록 옮기지 않을 것이니, 연원을 소급함에 어찌 7세대(世代)의 덕을 볼 뿐이겠는가? 이에 감히 대들보 올리는 일을 노래하여 작업 소리를 돕고자 한다.

대들보 동쪽으로 올리네. 동쪽 바다에서 상서로운 아침 해가 하늘로 솟아오르니, 점차 만물에 봄기운이 감도는 것을 볼 수 있네. 임금의 가마가 분명히 동쪽 궁궐에서 나오네. (끝 구절은 임금이 친필로 썼다. 신라 때부터의 100세대도 같이 고쳐 써서 내려주었다.) 대들보 서쪽으로 올리네. 임금이 형통함을 살피니 바로 그곳이 작계(鵲溪)라, 옛날부터 강과 산의 신령스런 기운이 모인 곳이다. 다섯 색깔 구름이 하늘과 땅끝에 걸려있네. 대들보 남쪽으로 올리네. 붉은 처마에 저녁 해가 상서로운 이내에 감싸이네. 건산(乾山)의 꼭대기가 많은 봉우리 가운데 우뚝 섰으니, 그 높은 기상이 덕과 함께하리라. 대들보 북쪽으로 올리네. 멀리 서울을 바라보며 궁궐에 임했네. 때마침 동짓달이라 양기가 살아나니, 제사 지내는 예의를 갖추어 아름다운 덕을 바치네. 대들보 위로 올리네. 하늘은 높고 별과 해는 빛나네. 시조(始祖)의 혼령이여 임금 옆에서 영원하고, 이 땅을 굽어보며 아름다운 복을 내리소서. 대들보 아래로 올리네. 새로 사당에 관리를 두어 청소를 맡게 하고, 은(殷)나라와 주(周)나라의 예의를 시행하니, 오래도록 후손에게 복을 내려주소서.

부디 바라건대, 상량 이후에는 기둥이 오래도록 완전하고, 단청이 더욱 굳게 해주소서. 예의를 갖춘 제물을 바치니 향내가 피어나서 해와 달처럼 두루 빛나게 해주소서. 다스리고 어루만져 영묘하고 오래가도록 하여 산보다 뛰어나게 계속 복을 이어가게 해주소서. 신령스러운 자손들이 와서 효성을 바치는 것을 보시고 왕실과 나라의 번영을 영원토록 해주소서. (藝文提學 趙曦이 지었다.)[91]

탄보묘(誕報廟): 관우를 제사 지내는 사당이다.
　　하나는 강진현(康津縣)의 고금도(古今島)에 있는데 명나라 장수 수군도독 진린(陣璘)이 정유재란 때 지었다. 하나는 남원에 있는데 명나라 제독 유정(劉綎)이 건립하였고, 하나는 안동에 있는데 설호신(薛虎臣)이 건립하였으며, 하나는 성주(星州)에 있는데 모국기(茅國器)가 건립하였다.[92]

함흥본궁(咸興本宮): 함흥부 남쪽 15리에 있는 운전사(雲田社)에 있는데 태조가 왕위를 물려준 뒤 오랫동안 살았던 집이다. 이곳은 태조 이성계의 조상들이 살던 집터인데 태조가 왕위에 오른 뒤 여기에 새로 건물을 짓고 조상들의 신주를 모셔 제사를 지내게 하였다. 태조가 왕위에서 물러난 후 여기에 거처하면서 '함흥차사'의 전설을 남긴 곳이다. 임진왜란 때 불탔는데 광해군 때 관찰사 한준겸(韓浚謙)이 중수(重修)하였다.

숙종이 지은 유궁명(遺弓銘) 1편이 보관되어있다.[93]

경흥전(慶興殿): 태조가 왕위에 오른 후에 이 전각을 지었는데 함흥부의 동쪽 15리 귀주동(歸州洞)에 있다. 태조 이성계의 증조부 익조(翼祖: 李行里)가 여진족들과의 마찰로 적도(赤島)로 피신했다가 함흥으로 돌아와 이곳에 정착했기 때문에 사람들이 경흥댁(慶興宅)이라 불렀다. 태조가 건립한 후 여러 차례 전란을 겪으면서 황폐해졌는데 1658년(효종 9)에 관찰사 정지화(鄭知和)가 중건하였다. 익조(行里: 태조의 증조부)의 사당이다. 숙종이 지은 「함흥의 경흥전에서」라는 시가 남아있다.

구오처럼 용이 날아올라 천하를 다스리니
높고 높은 덕이 영원히 전해지며
끝없는 큰 업적이 이 땅에 기반을 두니
나라의 운세가 만연토록 이어짐을 알겠네[94]

숭령전(崇靈殿): 평안도 평양성 밖에 있는데 단군과 고구려의 동명왕을 제사 지내는 사당이다. 1460년(세조 5) 10월 겨울에 임금이 세자를 데리고 평양에 왔다가 숭령전을 참배하였다. 이때 신숙주, 홍윤성 등이 북벌 중이었는데 우리 군대를 독려하기 위한 행차였다. 단군, 기자, 동명왕 등에도 제사 지내고 북벌에 공이 있는 자들을 포상하고 위로하였으며, 한명회 등의 권유에 의하여 평양 행궁을 짓기로 하였다.[95] 1725년(영조 원년)에 나라에서 편액을 내려주었다.

숭인전(崇仁殿): 평안도 평양성 밖에 있는데 고려 충숙왕(忠肅王)이 기자의 사당을 세우고 제사 지내도록 명령을 내렸다. 조선 세종 때 변계량에게 비문을 지어 사당 아래

비석을 세우도록 명을 내렸다. 1612년(광해군 4)에 나라에서 편액을 내려 주었고 1731년(영조 7)에는 승지를 보내 숭인전에 제사를 지냈다. 이때 선우씨(鮮于氏) 가운데 준수한 사람을 골라 숭의전의 제사를 받들고 기자묘(箕子廟)를 수리하도록 하였다.[96]

무열사(武列祠): 평안도 평양 서문 안에 있는데 1593년(선조 26)에 창건되었다. 명나라의 병부상서 석성(石星), 제독 이여송(李如松), 좌협장 양원중(楊元中), 협장 이여백(李如栢), 우협장, 장세작(張世爵)을 제사 지내는 사당이다.[97]

숭덕전(崇德殿): 경주 남쪽 월남리(月南里)에 있는데 1429년(세종 11)에 창건되었다. 신라의 시조를 제사 지내는 사당이다. 1723년(경종 3) 6월 신라의 시조를 모시는 사당을 숭덕전이라 하고 참봉 2원(員)을 두어 그 후손으로 세습하도록 명하였다.[98] 영조 28년에 비석을 세웠다.

삼성사(三聖祠): 황해도 문화현(文化縣)의 구월산(九月山)에 있는데 1472년(성종 3)에 세웠다. 환인(桓因), 환웅(桓雄), 단군을 제사 지내는 사당이다.[99]

청성묘(淸聖廟): 황해도 해주의 동문밖에 있는데 1687년(숙종 13)에 창건되었다. 중국 은(殷)나라 충신 백이(伯夷)와 숙제(叔齊)를 제사 지내는 사당인데 여기에 세운 것은 해주에 수양산(首陽山)이 있기 때문이다. 백이와 숙제는 주나라가 은나라를 패망시키자 주나라의 곡식을 먹지 않겠다 하여 이 수양산에 은거하면서 고사리를 뜯어 먹다 굶어 죽었다. 원래는 백이와 숙제의 이름을 따 이제묘(夷齊廟)라 했는데 1701년(숙종 27) 4월 이름을 청성묘로 고치고 편액을 써서 내려 주었다. 정원이 문회서원(文會書院)에 사액(賜額)할 때의 관례에 의하여 본원에서 본을 뜨고 새겨서 근시(近侍)를 보내 걸도록 하라고 청하였다. 임금이 또 발문(跋文)을 써서 현판 끝에 첨가하여 새기도록 하였는데 내용은 이러하였다.
"전에 해주 유생 최침(崔沈) 등의 상소로 인하여 특별히 이제묘의 편액을 내려 달라고 한 요청에 대하여 윤허한다. 이에 직접 이름을 짓고 써서 내려 그들의 청풍(淸風)을 상상하면서 영원히 존경하도록 하는 뜻을 표하는 바이다."[100]

연경궁(延慶宮): 1471년(성종 2) 겨울에 의묘(懿廟)를 연경궁 후원에 건립하였다. 의묘는 성종의 친부인 의경세자(懿敬世子: 덕종)의 사당을 말하는데 신숙주, 정인지, 최항 등이 아뢰기를

"왕으로 추존하되 종이라고는 하지 말고 별도로 사당을 세워〈황백 고효질(皇伯考孝姪)〉이라고 하며 월산군(月山君) 이정(李婷)으로 하여금 제사를 받들게 하고 수빈을 왕비로 봉하여야 하겠습니다."

했는데 임금은 이 논의를 따랐다.[101]

독신묘(纛神廟): 독(纛)이란 임금이 가마나 군대의 행렬 앞에 세우는 대장기(大將旗)를 말하는데 그에 대한 제사를 독소제(纛所祭) 또는 독제라 하고 그 사당을 독신묘라 한다. 원래는 도성 안의 동남쪽에 있었는데 후에 도성 안 서북쪽 예조 옆으로 옮겼다. 란독(鸞纛), 대독(大纛), 아독(牙纛), 정독(旌纛) 이 사독에 제사 지내는 곳이다.[102]

관왕묘(關王廟): 관성묘(關聖廟)라고도 한다. 중국에서는 명나라 초부터 건립하기 시작하였는데 이것이 민간신앙으로 확산되어 갔다. 우리나라에서는 명나라 군사들에 의해 관왕묘가 건립되었는데 1598년(선조 31) 처음으로 서울 남대문 밖에 남관왕묘가 건립되었다. 명나라 장수 진유격(陳遊擊)은 그가 거처하는 뒤뜰에 낡은 집을 이용하여 관왕묘를 건립하고 관우의 소상(塑像: 흙으로 빚은 상)을 봉안하였다. 그러나 시설이 미비하여 명나라 장수 진유격의 접반관(接伴官) 이흘(李忔)을 불러서 더 넓은 곳에 지을 뜻을 비치고 조선의 도움을 청하도록 하였다. 결국, 다른 것은 명나라에서 하겠지만 목수, 미장 등은 조선의 공인(工人)을 쓰도록 하였다. 그러면서 이 일은 명나라만을 위한 것이 아니라 조선국을 위해서도 중요한 일임을 덧붙였다. 왜적과 전투할 때 관왕의 신병(神兵)이 나타나 명나라를 도왔으며 이로 인하여 결국 왜란을 극복하게 된 것이라는 논리이다. 조선에서도 종내는 인력뿐 아니라 건축 비용까지도 보조해주었으며, 관왕묘의 건립을 맡아보는 도감관(都監官)을 정하여 도와주었다. 관왕묘의 건립은 양국 군대의 사기를 높이기 위한 전략적 측면도 있지만, 명나라가 조선의 종주국임을 지속적으로 각인시켜주기 위한 정신적 교화의 의도가 더 컸을 것이다. 그래서

▶ 관왕묘(서울의 문화재)

전국 여러 곳에 관왕묘가 설치되었다. 1599년(선조 32)에 또 하나의 관왕묘를 세울 계획을 수립하고 있었는데 실록 선조 32년 4월 무인조에 "남대문은 이미 관왕묘가 있으니 동대문에 설치하도록 명나라의 섭정국(葉政國)에게 말하도록 하라."라는 지시를 내렸다.[103] 그 이유는 서울의 동쪽이 지리적으로 허하다는 도참설에 의하여 지기(地氣)를 돋아주기 위한 것이었다. 그래서 동관왕묘는 동대문 밖에 건립하게 되어 3년여의 공사 끝에 1602년 봄에 준공되었다. 종로구 숭인동에 있다. 동관왕묘는 중국의 관왕묘를 본떠 만든 것이어서 그 규모가 너무 크기 때문에 당초의 장담과는 달리 조선의 백성들이 많이 동원되었다. 그 후 숙종 임금이 관왕묘에 관심이 많아 당시 우의정과 좌의정에 관왕묘 참례에 관한 절목을 작성하라 했는데 그때 배읍(拜揖)과 수읍(手揖)의 의견이 나와 왕은 수읍을 따랐다. 1691년(숙종 17)에 임금이 동관왕묘를 크게 수리하고 1703년(숙종 29)에 왕이 관왕묘에 행차하여 수읍을 하였는데 1709년(숙종 35) 3월 정묘조에는 임금이 당시의 좌의정 서종태(徐宗泰)와 판부사(判府事) 이순명(李順命)에게 선조 때 배례한 예를 들어 수읍하는 것은 전례에 어긋나지 않는가 하문하였는데 서종태는 선조 때에는 명나라 장수들의 압력에 못 이겨 한 것이기 때문에 읍례가 가하다 하였다. 그러나 숙종은 관우의 호가 무안왕(武安王)이며 축문에도 감소고우 무안왕(敢昭告于武安王)이라 하였으니 배례가 마땅하다 하여 배례를 고집하였다.[104] 숙종은 개인적으로 관우에 대한 존경심이 많은 임금

▶관왕묘 안의 관우상(서울의 문화재)

이었다. 그 후 1746년(영조 22)에도 왕이 관왕묘에 행차하여 선조 때 행한 예를 실록에서 찾아보고 두 번 절하는 예를 따랐다. 그리고 현령소덕왕묘(顯靈昭德王廟)라는 글을 친히 써서 동남묘에 걸었다. 그 외에 관왕묘는 지방 몇 군데에 더 건립하였다. 1597년(선조 30)에 명나라 장수 모국기(茅國器)가 성주성 동문밖에 건립하여 안에 소상(塑像)을 봉안하였는데 1727년(영조 3)에 남정(南亭) 아래로 옮겼다. 같은 해에 전라도 강진현 고금도(古今島)

에는 명나라 장수 진린(陳璘)이 건립하여 1684년(숙종 10) 개수하면서 이순신과 진린을 별사(別祠)에 배향하였다. 1598년(선조 31)에는 안동에 명나라의 진정영도사(眞定營都司) 설호신(薛虎臣)이 건립하였는데 여기에는 석상(石像)을 봉안했고 처음에는 안동성 내에 있던 것을 1606년 서악(西岳)의 동대(東臺)로 옮겼다.

1599년(선조 32)에는 남원의 서문밖에 명나라 도주 유정(劉綎)이 관왕묘를 건립하였다. 그런데 남원의 관왕묘는 건립 연대가 기록상 일치하지 않는다. 다른 관왕묘는 연대가 모두 일치하나 남원 관왕묘는 연려실기술과 문헌비고에는 1599년으로 되어있고, 해동성적지(海東聖蹟志)에는 1597년으로 되어있다. 차이의 원인이 어디 있는지 알 수 없다. 1701년 숙종은 모든 지방의 관왕묘 제식을 선무사(宣武祠)의 예에 따르도록 하고 매년 경칩과 상강일에 향축하였다. 제수(祭需)는 변두(籩豆: 콩과 식물)이고, 헌관(獻官)은 고을의 영장(營將) 또는 당상무수령(堂上武守令) 등이 하였다. 정조는 1786년 관묘악장을 지어 관왕묘 제사 때 연주하도록

하였으며, 1832년(순조 32)에는 임금이 남관왕묘에 전작례(奠酌禮)를 행하였다. 고종 때에는 서울에 북묘, 서묘 지방에는 전주 하동 등에 관악묘를 건립하였다. 1901년에 고종은 관왕의 충의(忠義)는 천추에 빛난다고 하여 관왕의 호를 현령소덕의열무안관제(顯靈昭德義烈武安關帝)라 하였다.

익종이 지은「남관왕묘에 찾아보니」라는 시가 남아있다.

사당 안 그윽한 곳에 채색발이 드리웠네
한심지 향로의 향이 비단휘장 감싸도네
옛 궁전의 서릿발 같은 칼끝은 봉탑에 서려있고
봄날 교외의 무장한 마차는 용기(龍旗)를 호위하네
긴 수염 작은 눈은 영웅의 모습이요
누런 모자 붉은 도포는 촉한(蜀漢)의 위용이라
영원히 조선을 진무하니 공이 더없이 크고
푸른 이끼 갉지 못하게 뜰 앞에 비석 새겼네[105]

선무사(宣武祠): 남문 안 태평관 서쪽에 있다. 서울 중구 서소문동 120번지에 소재한다. 1598년(선조 31)에 창건하였는데 임진왜란 때 명나라가 조선을 도와준 공을 기리기 위하여 당시 명나라 병부상서 형개(邢玠)를 제사 지내는 사당이다. 임금이 친히 재조번방(再造藩邦)이라는 4글자를 써서 걸었다 번방이란 왕실의 울타리가 되는 나라란 뜻이다. 1604년(선조 37)에 경리조선군무도찰원우첨도어사(經理朝鮮軍務都察院右僉都御史) 양호(楊鎬)를 선무사에 배향하였다. 1760년(영조 36)에는 선무사 마당에 별도의 전각을 마련하여 전에 민충단(愍忠壇)에 있던 명나라 전몰 장병의 위판을 옮겨 함께 제사를 지냈다. 같은 해 영조 임금이 선무사에 행차하여 배례했는데 이는 관왕묘에 배례했던 뜻을 따른 것이다.[106] 매년 음력 3월과 9월 두 번째 정일(丁日)에 제사를 지냈다. 1746년(영조 22)에 수은해동(垂恩海東)이라는 현판을 어필로 써서 걸게 하였다. 1908년대보단, 만동묘(萬東廟) 등과 함께 행사를 폐지하였으며 건물은 일제가 모두 헐어버렸다.

별궁(別宮)

자수궁(慈壽宮): 1451년(문종 원년) 3월 1일 무안군(撫安君)의 옛집을 수리하여 자수궁
이라 하고 전 임금의 후궁을 거처하게 하였다. 종로구 옥인동에 있었다. 무안군은
태조의 둘째 왕비 신덕왕후의 첫째 아들 방번(芳蕃)이다. 1392년(태조 1)에 무안
군으로 책봉되었고 제1차 왕자의 난 때 살해되었는데 1680년(숙종6) 7월에 무안
대군으로 추증하였다. 광해군 8년(1616)에 인왕산 왕기설에 의하여 폐허가 된 이
곳에 자수궁을 다시 지었으나 인조가 즉위하자 바로 자수궁을 폐지하여 자수원(慈
壽院)이라 이름을 고치고 여승들이 사는 이원(尼院)이 되었다.

후궁 중에 아들이 없는 이는 이곳에 들어와 살게 하였으므로 한때 5,000여 명의
여승이 살았다. 1659년 현종이 즉위하면서 이 절을 헐도록 명하였다 했는데 바로
헐어내지는 못한 것 같다. 그 후 1661년(현종 2)에 여승의 폐해가 심하여 부제학
유계(兪棨)가 주청하여 어린이는 환속시키고 늙은이들은 성 밖으로 나가 살게 하
였다. 이때 헐어낸 것으로 보인다. 1663년 자수원의 재목으로 성균관 서쪽에 비천
당(丕闡堂)을 세우고 또 일량재(一兩齋)와 벽입재(闢入齋)를 세웠다. 그 뒤 이 자
리에 중부시립병원이 들어선 바 있다.[107]

인수궁(仁壽宮): 1400년(정종 2) 2월 봄에 정안공(靖安公: 이방원)을 왕세자로 책봉하
고 세자를 위한 관청 세자부(世子府)를 인수부(仁壽府)로 호칭하였다.

동년 11월 주상이 선위(禪位)의 하교를 내렸는데 판삼군사 이무(李茂)는 교서를,
도승지 박성명(朴鋥命)은 국보(國寶)를 받들고 인수궁에 나아가니 세자가 눈물을
흘리며 받지 않았다. 주상이 거듭 유시하니 세자가 애써 명을 받들고 인수궁에서
국보를 받아 보위에 오르고 부(府)는 공안부(恭安府)로 하고 중궁부(中宮府)는 인
녕부(仁寧府)로 하였다.[108] 후에 여승들이 거처하게 되었는데 1659년(효종 10) 현
종이 즉위하자마자 이 절을 헐도록 명하였다.

덕수궁(德壽宮): 1400년(정종 2) 6월에 태상왕(태조)을 위하여 지었다. 이때의 덕수궁은 개성에 지은 것이다. 태상궁(太上宮)과 태상부(太上府)를 지어서 궁은 덕수궁으로 하고 부는 승녕부(承寧府)로 하였다. 판사(判事), 윤(尹), 소윤(小尹), 판관(判官), 승(丞), 주부(主簿) 등의 관직을 두게 하고 반차(班次)는 삼사의 아래에 두었다. 가을에 왕이 세자와 관리들을 데리고 덕수궁에 문안 인사를 드렸다. 9월에 임금과 세자가 덕수궁에 나아가 잔치를 베풀고 장수를 축원하였다. 이때 시로 화답하였는데 태상왕이 "나이 들어 칠십인데 마음이 통하고야(年雖七十心相應)" 하니 정종이 화답하기를 "밤 깊어 삼경인데 마냥 흥겹소이다(夜己三更興不窮)" 하여 즐겁게 놀다 파하였다.[109] 개성에 있다.

신궁(新宮): 동부 천달방(泉達坊)에 있는데 태종이 세종에게 왕위를 물려주고 거처하던 곳이다. 1422년(세종 4) 임금이 신궁에 나아가 인사하고 성 쌓는 군사가 많이 죽었다고 아뢰자 태종이 화를 내며 조말생, 이명덕 등이 숨기고 아뢰지 않았다고 책망하였다. 같은 해 5월에 태종이 이곳에서 승하하였다.[110]

수궁(壽宮): 1549년(명종4) 정업원(淨業院) 옛터에 수궁을 건립하였다.

남별궁(南別宮): 남부 회현방(會賢坊)에 있는데 중국 사신을 접대하는 곳이었다. 현재는 서울특별시 중구 소공동(小公洞)으로 되어있다. 이 별궁은 태종의 둘째 딸 경정공주(慶貞公主)가 출가하여 거주하던 곳인데 소공주댁(小公主宅)으로 불렸다. 소공동의 동명은 여기서 유래한 것이다. 경정공주의 부마는 개국공신 조준(趙俊)의 아들이다. 1583년(선조 16)에 이 집을 크게 고쳐 선조의 셋째 아들 의안군(義安君)에게 주었다. 1592년 임진왜란이 일어나 왜군이 서울을 점령하면서 적장 우키타(宇喜多秀家)가 처음에 종묘에 주둔하다 병사가 폭사하자 이곳으로 옮겨 서울을 철수할 때까지 진을 치고 있었다. 서울이 수복되고 명나라군이 남쪽으로 내려옴에 명나라 장수 이여송(李如松)이 한때 이곳에 머무르기도 하였다. 1593년 10월 선조가 환도한 후에 자주 이곳에 나가 명나라 장수와 관원들을 접견하게 되니 남별궁의 이름이 붙여지게 되었다. 이를 계기로 역대 왕이 명나라 사신과 청나라 사신을 접견하고 사신들의 숙소로 이용되다 보니 건물의 영선도 각별히 배려하게 되었

는데 1719년(숙종 45)에 남별궁에 불이 나 40여 간이 소실되기도 했다. 1778년
(정조 2)에는 빈객의 접대와 향연 등을 주관하는 관서인 예빈시(禮賓寺)를 남별궁
으로 옮겨 설치하였다. 후원에는 작은 정자가 있고 돌거복이 있어 영험이 있다고
전해오며 동구(洞口)에는 아름드리 통나무로 만든 홍살문이 있었다. 1897년에는
원구단을 세웠고 1913년에는 원구단을 헐고 그 자리에 조선호텔을 세웠다.111

수창궁(壽昌宮): 고려 시대 궁궐의 하나인데 개성 서소문 안에 있었다. 수창궁은 원래 고
려 초기 성종, 목종 때에 별궁으로 창건되었는데 정궁이 소실되었던 현종 때에는
왕이 이곳에 머물기도 했다.

1147년(의종 1)에는 북문을 봉쇄하여 잡인의 출입을 금하기도 하였다. 1187년
(명종 17) 정월에는 추밀원에서 불이 번져 수창궁의 행랑 기둥 20여 채가 불에 탔
으며 1196년에는 수창궁 중서 성문이 무너지는 바람에 같은 해 8월에 수창궁을
떠나 연경궁으로 옮겼다. 1297년(충렬왕 23) 윤12월에 당시 세자였던 충선왕이
부지밀직사사(副知密直使事) 최충소(崔冲紹)에게 명하여 수창궁터에 장차 원공
주(元公主)가 기거할 궁려(窮廬)를 짓기 위하여 크게 공사를 시작하여 완성하였
다. 1361년(공민왕 10) 홍건적의 침입으로 연경이 불타자 다시 수창궁으로 옮기
었으며 1370년 8월 수창궁 옛터를 보고 궁궐 짓기를 명하였다. 수창궁 내에는 관
인전(寬仁殿), 화평전(和平殿), 만수정(萬壽亭) 등 많은 건물이 있어 당시 정궁인
만월대(滿月臺) 다음가는 대궁(大宮)이었다고 한다. 수창궁 서쪽에 큰 연못이 있
었다 한다. 1388년 창왕 때에는 창이 휘자(諱字)가 되어 일시 수령궁(壽寧宮)으
로 개칭하고 대비 이씨(李氏)를 이곳으로 옮겼다. 1392년(태조 원년) 가을에 임금
이 수창궁에서 즉위하였고 1400년(정종 2) 겨울에 태종이 왕위를 물려받아 수창
궁에서 즉위하였다. 그 후 다시 복구하였으나 조선 성종 연간에는 이미 허물어져
개성부의 창고로 썼는데 인조의 강화도 천도 이후 수창궁이라는 명칭이 사라졌고,
지금은 그 위치조차 확인할 길이 없다.

경덕궁(敬德宮): 개성의 추동(개성 중부 남계방)에 있는데 태조 이성계의 잠저이다. 태조
가 즉위한 후 넓히고 수리하여 궁으로 만들었다. 태종도 이곳에 살았는데 1418년
(태종 18) 4월에 새 누각을 준공하였고, 동년 7월에 북량정(北凉亭)을 신축하였

다. 정종이 다시 개성으로 도읍을 옮긴 뒤 태종이 즉위하고 보니 상왕이 두 분이나 되어 본궁이 협소해서 왕이 경덕궁으로 거처를 옮겼다. 태종이 다시 한양으로 옮긴 뒤에도 제능(齊陵: 태조비 신의왕후 한씨의 능)과 후능(厚陵: 정종과 그의 비 정안왕후 김씨의 능)을 참배할 때면 이곳에서 묵었다. 별제(別提) 2인을 두어 지키게 하였는데 임진왜란 때 불타 없어진 뒤 빈터만 남아있다. 1693년(숙종 19)에 임금이 개성에 행차하여 비문을 친히 짓고 옛 궁에 비석을 세우도록 명령하였다.[112]

목청전(穆清殿): 개성의 운학동, 숭인문 안에 있는데 이 또한 태조가 왕위에 오르기 전에 거처하던 옛집으로 태종 때 증수하여 태조의 영정을 모셔 두었다.[113]

궁궐지에 1474년(성종 5)에 개성에 목청전을 건립했다 했는데 이는 기존에 있던 것을 다시 보수한 것으로 보인다. 원래는 고려 의종이 유락을 위해 건설한 별궁으로 그 안에는 신하들에게 곡연(曲宴)을 베풀던 충허각(冲虛閣), 약을 보관해둔 양성정(養性亭) 등의 건물이 있었다고 한다.[114]

1535년(중종 30) 가을에 제릉(齊陵: 태조비 신의왕후 묘소)에 참배하고 고려 태조의 묘에 관리를 보내 제사 지내었다. 그리고 목청전에 술잔을 올리고 개성 명륜당에서 선비들을 선발하였다. 1592년(선조 25)에 임금이 피난을 가다가 보산역(寶山驛)에 이르러 윤두수(尹斗壽)가 종묘사직의 신주를 목청전 후원에 묻었다는 이야기를 듣고 예조참의를 보내어 모셔오게 하였고, 1669년(현종 10) 판중추부사 송시열(宋時烈)의 요청에 따라 목천정을 수리하였다.[115]

1693년(숙종 19)에 임금이 제릉과 후릉(厚陵: 정종과 정종 비 정안왕후 묘소)에 참배하고 돌아오는 길에 개성에 들러 만월대에서 문과와 무과의 시험을 치렀고 경덕궁과 목청전을 두루 살펴보았는데 임금이 친히 비문을 쓰고 비석을 궁전의 터에 세웠다. 1740년(영조 16) 왕이 제릉과 후릉 가는 길에 개성을 지나면서 목청전을 둘러보았다. 1908년에 태조의 영정을 서울 선원전으로 옮겼으며 여기에 태조가 사용하던 의자가 보관되어있다고 한다.

강화부행궁(江華府行宮): 광화부 관아 북쪽에 있다. 임진왜란 때(1592) 문소전(文昭殿)의 위판(位版)을 전각 안에 묻었는데 김천일이 사람들을 모아 도성 안에 들어가서 가지고 나와 강화에 모셔두었다. 1627년(인조 5) 정묘호란 때 임금이 종묘사직의 신주와 대비를 모시고 강화행궁으로 피난을 하였다(국조보감). 1633년(영조9) 강화유수 이시백(李時白)이 강화 행궁을 건립하였다(문헌비고). 1636(인조 14) 겨울에 금나라가 쳐들어와서 세자가 숭례문을 나와 강화로 피난하였다. 1711년(숙종 37)에 강화유수 민진원(閔鎭遠)이 고쳐세웠다.[116]

장녕전(長寧殿): 강화행궁의 동쪽에 있다. 1722년(경종 2)에 강화유수 홍계적(洪啓迪)이 건립하여 숙종의 초상화를 모셔두었다. 1776년(정조 즉위년)에 영조의 초상화를 함께 모셔두었다.[117]

장녕구전(舊殿): 새로 지은 장녕전 동쪽에 있다. 1695년(숙종 21) 강화유수 김구(金構)가 건립했는데 여기에 숙종의 초상화를 모셔두었다. 1722년(경종2)에 초상화를 신전(新殿)으로 옮겨 모시고 옛날 장녕전에는 왕이 타던 가마를 보관하였다.[118]

만녕전(萬寧殿): 장녕전의 동쪽에 있었다. 1713년(숙종 39) 강화유수 조태로(趙泰老)가 건립하였는데 처음에는 별전이라 불렀다. 1745년(영조 21)에 임금의 초상화를 모셔두게 되면서 지금 이름으로 고쳤다. 1776년(영조 52) 장녕전에 합쳤다.[119]

광주부행궁(廣州府行宮): 1624년(인조 2)에 건립하였다. 1636년(인조 14) 겨울에 청나라 군대가 쳐들어오자 임금은 세자를 데리고 광희문(光熙門)을 빠져나와 남한산성의 이 행궁으로 피난하였다. 1711년(숙종 37)에 증축하였다.[120]

풍양궁(豊壤宮): 1401년(태종 원년)에 양주 동쪽 50리 옛 풍양현터 동쪽에 지었다. 태조가 상왕으로 있을 때 행차하던 곳인데 오래되어 낡고 허물어져 버렸다. 영조 때 궁터에 비석을 세웠다.[121]

양주행궁(楊洲行宮): 양주 남쪽 30리 북한산성에 있다. 1711년(숙종 37) 가을에 북한산성을 쌓고 이 행궁을 두었다.[122]

연희궁(衍禧宮): 서울 서쪽 15리 양주 땅에 있다고 했다.

후에 한자가 연희궁(延禧宮)으로 바뀌어 연희동 동명(洞名)이 이에서 연유하였다. 연희궁은 왕실의 액운이 일어나는 것을 막기 위해 지은 것으로 세종이 부왕 태종을 위하여 1420년(세종 2)에 중건하였다. 정종이 왕위를 물려주고 가끔 이궁에 행차하였으며, 세종 자신도 세종 8년에 이곳에 머무르다가 이듬해에 창덕궁으로 거처를 옮겨 갔는데 그 후로도 자주 들렸다. 그러나 이 궁은 해충과 독사가 많아 이곳에 왕의 행차를 만류하여 임금의 왕래는 뜸했는데 세종은 이곳에 잠실도회(蠶室都會)를 설치하여 양잠을 권장하였다. 세조도 이곳을 서잠실(西蠶室)이라 하여 상의원(尙衣院) 소속 정5품, 별좌(別坐) 2인을 배치하여 관리하게 하였다.[123] 1505년(연산군 11) 창의문 밖에 탕춘대를 건립하고 연희궁을 개축하여 연회 장소로 사용하자 "연희궁 까마귀골 수박 파먹듯 한다."라는 속담이 생겼다. 이 때부터 연희궁은 이궁으로서의 지위는 상실되고 전각들의 흔적이 어느 때 사라졌는지조차 확인할 길이 없다. 영조실록에 사도세자의 생모인 영빈 이씨(暎嬪李氏)의 묘 수경원(綏慶園)이 조성되었다는 기록만 남아있다.

인덕궁(仁德宮): 궁궐지에 기록하기를 "옛터는 이천(利川)의 동쪽 15리에 있는데 정종이 왕위를 물려주고 거처하던 자리로 알려져 있다."라고 기록하고 있다. 도성에서 이천까지는 73km이다. 이천에서 15리를 동쪽으로 더 간다면 6km를 더 가게 되는데 모두 79km의 거리로 약 2백 리 길이다. 실록에 의하면 노상왕(정종)과 상왕(태종)을 두 임금으로 표현하여 자주 문안을 드린 것으로 기록하고 있다. 거리상으로 자주 왕래할 수 있는 곳이 아니다. 그리고 정종의 능은 휴전선 넘어 북한에 있다. 정종 내외가 묻혀있는 후능(厚陵)은 해방 전 주소로는 경기도 개풍군 흥교면 흥교리이었으나 지금은 북한의 행정 구역에 속해있어 경기도 판문군 령정리이다. 이천에서는 3백 리 길이다. 하루 동안에 발상이 어려운 거리이며 당시의 법도로는 왕릉은 도성에서 100리(40km)를 넘지 못하도록 되어있다. 정종이 거주하던 인덕궁은 개성 백룡산 기슭에 있다.[124] 1412년(태종 12) 6월 25일 정안왕후(定安王后) 김씨가 58세의 나이로 인덕궁에서 승하하고 정종은 인덕궁에 기거하면서 격구, 사냥, 온천, 연회 등으로 한가한 세월을 보내다 1419년(세종 원년) 9월 26일에 63세의 생을 마쳤다. 후능 외에 북한 쪽에 왕비의 능이 하나 더 있는데 태조의 향처(鄕妻)인 첫째 왕비 신의왕후(神懿王后)의 능이다. 태조가 조선을 개국하기 전해에 별세하여 개성시 판문군 상도리에 묻혔다.

화성행궁(華城行宮): 1794년(정조 18)에 건립하였다. 화성은 정조의 아버지 사도세자의 능침을 양주의 배봉산(서울시립대 뒷산)에서 명당자리를 찾아 수원의 화산으로 옮기고 화산 부근에 있던 마을을 수원 팔달산 아래로 옮긴 후 축성되었다. 화성 축조는 정조 임금의 효심에서 나온 발상이나, 야심 찬 정치적 포부를 가지고 지어진 것으로 도성 남쪽의 국방 요새로 활용하기 위한 것이었다. 화성은 실학의 거두 정약용(丁若鏞)이 기획하였고 영중추부사 채재공의 총괄로 조심태의 지휘 아래 1794년 1월에 착공하여 1796년 9월에 완공하였다. 화성은 아버지에 대한 효심으로 지어졌을 뿐 아니라 도성 방어의 제1차 보루로서 군사적 요충지로 축성하였다. 정조는 1785년에는 장용위(壯勇衛)라는 국왕호위의 전담부대를 창설하였다. 장용위 총책임자를 장용영 병방(兵房)이라 하고 그 아래에 무과 출신의 정예군을 두어 국왕의 호위를 담당하는 친위부대로 만들었다.

1793년에 그 규모를 확대시켜 하나의 군영으로 발전시킨 것이 장용영이다. 장용영은 크게 내영과 외영으로 나누어지는데 외영은 수원 화성을 중심으로 이루어졌다. 장용영은 정조가 왕권 강화를 위하여 설치한 금위조직이다. 외영은 수원부를 화성으로 개칭하고 정3품의 부사에서 정2품의 유수로 승격, 장용외사와 행궁정리부(行宮整理府)의 직을 겸하게 하고 그 밑에 판관 1인을 두었다.

외영의 편제는 행궁을 교대로 방비하는 입방군(入防軍) 20초와 유사시에 동원하여 성내의 군사들을 도울 수 있도록 인근 고을의 협수군(協守軍) 22초로 구성되었다.

입방군은 비교적 정예군사로 구성되어있으며 1년에 10초씩 5번으로 나누어 1번(番)에 2초씩 입방하도록 하고 협수군은 유병장(遊兵將)인 과천 현감을 중심으로 하여 유사시에 동, 서, 남, 북 성을 각각 분담하도록 하였다.

이 입방군, 협수군 외에도 화성 별개의 수성군(守城軍)이 구성되어있었다. 1798년에는 외영의 관제를 크게 개편하여 오위법(五衛法)으로 고쳤다. 장악위(長樂衛) 아래에 오위를 두고 각 위를 중심으로 편성하여 중앙집권적인 오위체제를 도입 왕권을 강화하였다. 그러나 정조가 죽자 1802년(순조 2)에 이 제도는 혁파되고 말았다.[125]

화성행궁도(화성성역의궤, 화성연구회 제공)

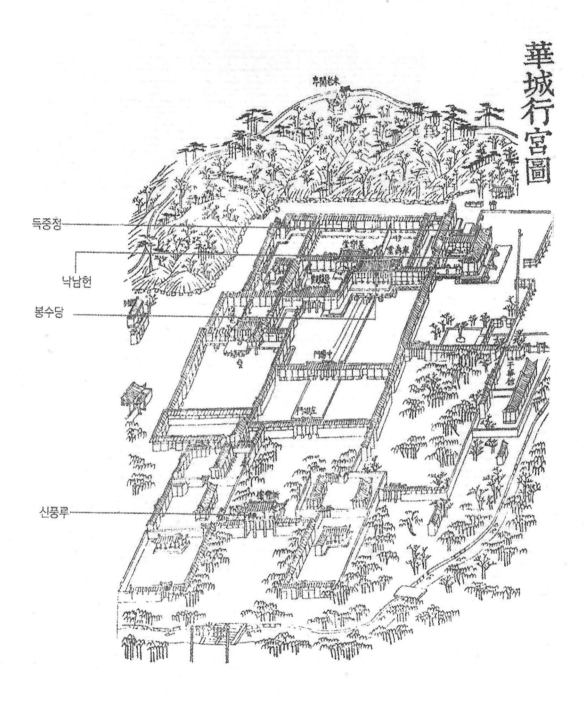

▶화성 팔달문(1910년대, 고적도보)

그동안 일제강점기와 한국 동란을 겪으면서 성곽의 일부가 파손된 것을 1975년부터 1979년까지 대부분 보수 또는 복원하여 현재에 이르고 있다. 화성의 둘레는 5,744m 면적은 130ha로 팔달산에 걸쳐있는 평산성이다. 화성은 사적 제3호로 지정되었으며 팔달문은 보물 제402호로, 화성문은 보물 제403호로 지정되었다. 1997년 12월 1일부터 6일까지 나폴리에서 개최된 국제연합 교육과학 문화기구(유네스코) 제21차 회의에서 화성과 창덕궁이 세계유산 목록에 등재되었다.

화성이란 이름에 정조 어머니의 장수를 기원하는 뜻이 담겨있다.

고대 중국 화(華) 땅에 봉해진 사람들이 요임금을 보고 장수와 부귀, 다남을 빌어주었다 한다. 이것을 화봉삼축(華封三祝)이라 하는데 화성이란 이름이 여기서 유래되었다 한다. 이것은 정조의 어머니 혜경궁 홍씨의 장수를 기원하는 뜻이 담겨있는 것으로 보고 있다. 1795년(정조 19) 효심이 지극한 정조는 화성행궁에 있는 봉수당(奉壽堂)에서 8일 동안 어머니 혜경궁 홍씨의 회갑연을 베풀었다. 이를 을묘원행(乙卯園幸)이라 한다. 이 행사를 담당한 임시 기구를 정리소(整里所)라 하였는데, 이때 쓰고 난 비용을 가지고 곡식으로 백성들을 진휼하였다. 이를 을묘 정리곡(整理穀)이라 한다. 정조 임금의 효심은 이병모(李秉模)가 쓴 봉수당 상량문에 잘 나타나 있다.

"화성의 모습을 살펴보면 봉황이 날아오르는 듯하니 하늘과 제왕의 땅이며, 학의 상서로움과 거북의 징험을 받아 이루어진 곳이다. 이는 성인(聖人)이 축복한바 "너희 노신(老臣)들은 와서 나와 함께 즐거움과 편안함을 누리라."라고 한 말에 꼭 들어맞는 땅이다. 지금의 임금께서는 원대한 계획을 굳게 하고 효성을 지극히 하여, 정일(精一)함을 전하고 밝게 드러나는 운세를 이룩하였으니, 모든 신과 사람들이 의지하게 되었다. 천오문(千五門)을 열고 만팔춘(萬八春)에 머물며, 어머니를 모시는 모든 행동이 도리를 잘 따라 어긋남이 없었다. 아! 어머니의 연세가 이제 막 환갑에 이르렀는데 임금은 더욱더 오래 살기를 바라니, 육순에 더하여 해옥(海屋) 같은 정수를 반드시 누릴 것이고, 구주를 헤아려 대연지수(大衍之數)를 뽑으니 만수무강한 점괘가 나오기 바라네. 임금의 가마가 다녀간 팔달산(八達山)을 돌아보니, 아름답도다! 만년토록 외뿔소 잔에 술을 바치며 장수를 비는 땅이다. 신풍루

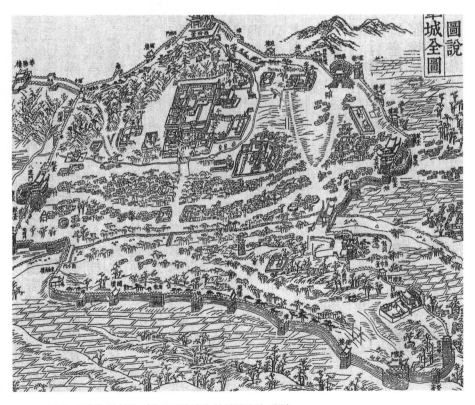

▶ 1796년에 제작된 화성전도(화성성역의궤 화성연구회 제공)

(新風樓)의 나무에 상서로운 기운이 감도니 어머니의 가마를 모시고 지나간 곳이고, 화려한 의장(儀仗)이 장락당(長樂堂)의 꽃을 에워싸니 임금이 매우 기뻐하였다. 이 지역의 노인들이 다투어 몰려들어 오늘의 영광을 바라보며, 복 받은 땅의 기상이 번창하니 하늘이 보호한다는 축가에 어울리네. 호복(湖服)을 잡아당겨 경기 지역 요충지를 굳건히 하니, 의연히 대궐 방어가 번창하고 빛난다. 산해진미를 갖추어 올리니 잔치 자리의 차림이 풍성하고 빛난다. 이에 장남헌(壯南軒) 자리를

▶ 경관이 빼어난 화성의 화홍문과 방화수루정

넓혀 어머니의 장수를 기원하는 건물을 지었다. 북두칠성이 창문에 드리우니 구름과 해가 더욱 빛나고, 남산의 목재를 가져와 마룻대를 만드니 연못과 누대(樓臺)가 새롭게 단장되었다. 이슬은 하늘에서 내리고 비취빛 원추리와 붉은 명협(蓂莢)이 난간과 계단을 수놓았다. 음악을 연주하는 악공들은 새 옷으로 갈아입고, 마을에서는 화봉(華封)이라는 옛 명칭을 전한다. 보고하고 돕는 명을 내리고 또 내리니, 금년에 하늘에서 상서로움을 내리고, 만년토록 길이 자손이 번성하리라. 어머니를 모시고 노래를 부르니 별과 바다가 모두 기뻐하며, 음악을 연주하며 잔치를 베푸니 느릅나무가 경사에 더욱 빛나네. 술잔 속에 복숭아처럼 취한 얼굴이 비치니 마시면 진기(眞氣)를 북돋울 수 있고, 과거 급제자 명단에 동해의 햇살이 비추니 보는 사람이 효성을 일으킨다. 삼가 아름다운 노래를 불러 대들보 올리는 작업을 돕는다.

대들보 동쪽으로 올리네. 문성(文星)이 한줄기 무지개처럼 둘러있고, 많은 꽃과 나무에서 향기가 피어나네. 봉래산(蓬萊山)을 길이 비추어 오래 살게 하소서. 대들보 서쪽으로 올리네. 장수 깃발이 흰 구름과 나란히 높이 솟았네. 군인들이 봉추 위에 모두 솜옷을 입었으니, 중양문(中陽門) 밖에서 명주를 나눠 주네. 대들보 남쪽으로 올리네. 아버지 계신 현륭원(顯隆園)의 삼나무와 노송나무가 빽빽하니, 가지와 나뭇잎이 서로 얽혀 울창하리. 뿌리를 북돋우니 신령스러

▶ 순조가 세운 지지대 비각

▶ 행길에서 비각에 오르는 계단

운 조화가 생겨나네. 대들보 북쪽으로 올리네. 푸른 끈 임금이 다니는 길 서울로 통해 있네. 사람들이 거듭 그 깃발을 바라보니, 태평성대 좋은 땅에 태어남을 알지어다. 대들보 위로 올리네. 우주의 근본 기운이 진국으로 담겼으니, 쟁반에 담아 들어 두 번 절하고 바치네. 어머니께서 드시고 편안하고 왕성하소서. 대들보 아래로 올리네. 누런 구름이 온통 들판에 가득하니, 검은 기장이여! 아름다운 정리곡(整理穀)이로다. 온통 퍼뜨려 아름답게 키우리라.

부디 바라건대, 상량 이후에 해와 달처럼 항상 떠 있고 하늘이나 땅처럼 유구하소서. 중첩된 용마루와 정자들이 소나무처럼 무성하고 대나무처럼 쭉쭉 뻗게 하소서. 장수하는 생물들과 높은 산들처럼 영원히 번창하고 장수하게 하소서 복과 천명이 무성하게 이르러 본받게 하시고 어머니의 수명과 임금의 수명이 억만년 장수하게 해주소서. (李秉模가 지었다.)**126**

정조는 부친의 능을 참배하고 돌아오면서 차마 발길이 떨어지지 않아 뒤돌아보면서 머뭇거렸다. 그리고 시 한 수를 남겼다. 그 고개가 지지대 고개라는 곳이다.

明發華城 回首遠

遲遲臺上 又遲遲

오늘 출발하여 멀리 화성을 돌아보니

지지대 위에 또 머뭇거리는구나

이 고개는 안양과 수원 사이에 있는데 1808년(순조 8) 2월 28일 순조는 아버지의 효심을 기리기 위하여 아버지의 시를 돌에 새겨 이곳에 지지대 비각을 세웠다.[127]

전주행궁(全州行宮): 전주부(全州府)의 동쪽 40리 위봉산(威鳳山)에 세웠는데 유사시에 왕이나 왕비의 초상화를 모시는 곳이다.[128]

부안행궁(扶安行宮): 부안현에 두었는데 1640년(인조 18) 관찰사 원두표(元斗杓)가 건립을 요청하여 세웠다.[129]

의주행궁(義州行宮): 1592년(선조 25) 임진왜란 때 임금이 의주로 피난 가서 그곳 관아 건물을 행궁으로 사용하였다.[130]

온양군행궁(溫陽郡行宮): 온양군의 서쪽 7리에 있다. 온천물이 좋아 여러 왕과 왕비들이 행차한 곳이다.

온양은 1414년(태종 14) 신창(神昌)과 병합하여 온창(溫昌)이라 개칭하였다가 1416년 분리하여 온수라 하고 현감을 두었는데 1442년(세종 24)에 왕이 온천에 행차하여 군(郡)으로 승격시켰다.

1464년(세조 9) 임금이 왕비와 함께 온양의 온천에 행차하였다. 왕이 속리산으로부터 온양으로 행차하여 머물고 있었는데 왕이 산책하던 곳에 온수가 솟아 나오니 신정(神井)이라 하였다. 1465년(세조 10) 임금이 왕비, 왕세자와 함께 온천의 행궁에 행차하였는데 주상이 정원을 시켜 경기와 충청도 관찰사에게 이르기를 "행행할 때 들어갈 경비를 이미 횡간(橫看: 지출예산)에 상정(詳定)하였으니 백성들에게서 거두지 말라. 만약에 어기는 자가 있으면 그 죄를 용서하지 않겠다." 하여 핑

계 삼아 백성들을 착취하는 폐단을 미리 막았다.¹³¹

1483년(성종14) 3월에 세조 비 정희왕후 윤씨가 이곳에서 승하하였다. 1665년 (현종 6) 여름에 임금이 온천에 행차하였고 이듬해(현종 7) 봄에 임금이 대비를 모시고 행차하였으며 8년에도 대비를 모시고 행차하였다. 9년 가을과 10년 봄에도 대비를 모시고 온양에 행차하여 이때는 거의 연중행사가 되었다. 1717년(숙종 43)에 왕이 온양행궁에 행차하였으며 이때에 온양행궁에 머물면서 충청감사와 충청도 수령들에게 백성들의 고통과 진휼 정책에 대한 의견을 자세하게 적어 올리게 하였다. 1750년(영조 26)에 영조 임금도 질병을 치료하기 위하여 온천의 행궁에 행차한 일이 있다.¹³² 1760년(영조 36) 8월에 사도세자가 온양에 행궁하여 무술을 연마하는 영괴대(靈槐臺)를 세웠다. 1790년(정조 14) 영괴대가 붕괴된 것을 수축하고 비각을 세웠는데 현판은 친필이다.

1795년에는 정조의 어제(御製) 비문으로 영괴대 비를 세웠다.

잠저(潛邸)

저경궁(儲慶宮): 숭례문 안 남부 회현방 송현에 있었던 인조의 잠저이다. 현재 행정구역
은 서울특별시 중구 남대문로 3가이다. 인조 생부인 원종(元宗: 정원군)의 구저로
원래 이름은 송현궁(松峴宮)이었다. 1755년(영조 31)에 경혜유덕인빈김씨(敬惠裕
德仁嬪金氏)의 신위를 봉안하고 향사하면서 저경궁으로 고쳤다. 1908년(순종 2)
인빈의 신위를 육상궁으로 합사한 후로 1927년까지도 건물이 남아있었는데 그 자
리에 일인들이 경성 치과의학 전문학교(서울대학교 치과대학 전신)를 세우면서 철
거해 버렸다. 철거하면서 궁의 정문과 하마비(下馬碑)는 조선은행(한국은행 전신)
뒤뜰에 보존하였으나 1933년 정문을 철거하면서 서울대학교 치과대학에 옮겨 보
관하고 있다.[133]

어의궁(於義宮): 중부 경행방(慶幸坊)에 있는데 상어의궁(上於義宮)이라 부른다. 인조
가 즉위하기 전에 살던 집이다. 지금 서울특별시 종로구 사직동이다. 한경지략(漢
京識略)에는 어의궁이 중부의 경행방에 있었고 이곳에는 잠룡(潛龍)이라는 연못
이 있었다고 기록하였다. 어의궁은 효종이 탄생한 곳이기도 한데 효종이 동부 숭교
방(종로구 효제동)으로 거처를 옮겨 감으로써 그곳을 하어의궁(下於義宮)으로 불
렀다. 1638년(인조 16)에 인조의 비 장열왕후(葬列王后) 조씨(趙氏)가 여기서 가
례를 올렸고 1651년(효종 2)에 현종 비 명성왕후(明聖王后) 김씨가 여기서 가례
를 올렸다. 1671년(현종 12)에 숙종 비 인경왕후(仁敬王后) 김씨가 여기서 가례
를 행하였다. 1681년(숙종 7) 인현왕후(仁顯王后) 민씨(閔氏)가 여기서 가례를 올
렸고 1696년(숙종 22)에 경종비 단의왕후(端懿王后) 심씨(沈氏)가 여기서 가례
를 행했다. 1702년(숙종 28) 숙종의 계비 인원왕후(仁元王后) 김씨가 여기서 가
례를 올렸으며 1718년(숙종 44) 경종의 비 선의왕후(宣懿王后) 어씨(魚氏)가 여
기서 가례를 올렸고 1727년(영조 3) 영조의 맏아들인 효장세자의 빈 효순왕후(孝
純王后) 조씨(趙氏)가 여기서 가례를 올렸다. 효장세자가 진종(眞宗)으로 추승되

자 효순왕후로 추승되었다. 1744년(영조 20)에 사도세자 비 헌경혜빈(獻敬惠嬪) 홍씨(洪氏)가 여기서 가례를 올렸다. 1759년(영조 35) 영조의 비 정순왕후(貞純王后) 김씨가 여기서 가례를 올렸고 1762년(영조 38)에 정조의 비 효의왕후(孝懿王后) 김씨가 여기서 가례를 올렸다. 1802년(순조 2) 순조의 비 순원왕후(純元王后) 김씨가 여기서 가례를 올렸다. 순원왕후는 익종의 어머니요, 헌종의 할머니인데 1827년(순조 27)에 명경(明敬)이란 존호를 받고 헌종 즉위 후에 명경대왕대비(明敬大王大妃)가 되어 창덕궁 낙선재에 거하였다.

1819년(순조 19)에 순조의 아들 효명세자의 빈 조씨(趙氏)가 여기서 가례를 올렸다. 조씨는 남편 효명세자가 죽고 아들 헌종이 즉위하자 왕은 효명세자를 익종으로, 조씨를 신정왕후(神貞王后)로 추승하였다.**134**

하어의궁(下於義宮): 동부 숭교방(崇敎坊), 즉 지금의 종로구 효제동에 있었다. 효종이 거처를 옮겨 하어의궁(下於義宮)이라고 부르는데 정식 명칭은 용흥궁이다. 숙종이 지은 「어의궁 정당의 제액 아래 붙이는 글(於義宮正堂題額下小識)」에 이르기를 "이 궁은 효종이 즉위하기 전에 살던 집이다. 용이 하늘로 올라 천명(天命)을 계승하였으니 우리 국가의 끝없는 편안함이 바로 여기에 기초를 두었다. 어찌 영원함을 들어내 줄 제액(題額)이 없을 수 있겠는가?"
대제학 장유(張維)가 쓴 상량문이 남아있다.

▶ 「상량문」에 이르기를

소인(小人)은 오두막을 지어 거처하는 장소로 삼고, 군자(君子)는 궁실을 지음에 반드시 사치하거나 구차하지 않도록 적당해야 한다. 이 때문에 『시경(詩經)』에서는 "존대(尊大)하게 거처하는 것이 의리에 맞는다."라고 했고, 『논어(論語)』에서는 "겨우 갖춘 정도의 집이 좋다."라고 훈계하였다. 봉림대군(鳳林大君)은 왕실의 뛰어난 왕자로서 훌륭한 임금의 감화를 깊이 받았으며, 덕의(德義)를 일찍 이루어 왕자의 궁궐에 거처하였는데 은혜와 돌보심이 그치지 않았다. 나이가 무무(武舞)를 출 때에 이르렀고, 이미 혼례(婚禮)를 치렀으니 존귀한 용모에 걸맞은 집이 없을 수 있겠는가? 이에 확 트인 땅을 돌아보니 집 짓기에 진실로 적당하다. 아름다운 나무로 가득한 정원은 일찍이 성 동쪽의 명승이 되었고, 화려한 우물과 난간은 하늘의 은혜에 흠뻑 젖었네. 이에 장인(匠人)들에게 명령하여 부지런히 통나무를 깎아서 위로는 마룻대를 올리고 아래로는 집을 지어 건물에 어울리는 상(象)을 취하였고, 겨울에는 따뜻하고 여름에는 서늘하게 하여 때에 따라 그 기운을 조절하도록 하였다. 웅장하고 아름다운 자태가 드러나니, 사람들 마음에 들도록 하였으나 조각하여 장식하는 화려함을 피하였고, 비용을 간소화하는 데 힘썼으나 새나 쥐들을 막고 비바람 피하기에 걱정 없을 정도로 하였다. 좋은 날을 잡아 대들보와 마룻대를 올리니, 아름다운 노래를 불러 성공(成功)을 찬미하네.

대들보 동쪽으로 올리네. 아름다운 정원에 화려한 건물이 드높이 솟았네. 잠자던 아름다운 용이 그림 병풍에서 나타나니, 낙산(駱山) 봉우리의 푸른 빛이 창문에 가득 차네. 대들보 서쪽으로 올리네. 집 뒤 긴 수풀의 푸른 빛이 더욱 깊어지네. 발을 드리워서 시끄러운 음악 소리를 막고, 애달프게 우는 새소리에 홀로 연민하네. 대들보 남쪽으로 올리네. 문 앞의 남산이 맑은 이내 보내주어, 6월의 찌는 더위도 침범하지 못하네. 구리 벽돌로 만든 푸른 우물에는 아름다운 물이 가득 찼네. 대들보 북쪽으로 올리네. 대궐의 오색구름 그 기운을 쳐다보며, 왕을 향해 만수를 축원하고, 나라가 끝없이 영원하기 바라네. 대들보 위로 올리네. 아침 한가한 틈에 편안히 누워, 베갯머리에 놓인 귀한 책 읽지 않고, 하간(河間)의 예악(禮樂)을 마음으로 감상하네. 대들보 아래로 올리네. 우뚝 눈앞에 큰 집이 생겨나니. 축하의 기도는 장로(張老)의 노래에 어울리고, 사간(斯干)의 길몽(吉夢)은 『시경(詩經)』의 소아(小雅)에 부합하네. 부디 바라건대 상량 이후에 귀신들이 보호해 주며, 많은 복이 모여들게 해주소서. 많은 일 가운데 선행(善行)이 으뜸이라, 오직 한마음으로 충효를 행하면 나라와 함께 편안할 것이로다. 봉황(鳳凰)이 화답함에 가정이 화목하고, 꿈속에 곰들이 나타나니 자손이 번성하리로다. 길한 일만 있고 흉한 일이 일어나지 않도록 지금부터 그렇게 해주소서. (大提學 張維가 지었다.)135

상어의궁은 인조가 즉위하고 얼마지 않아서 폐궁이 된 것으로 알려져 있는데 숙종의 글이나 상량문의 내용을 보면 효종의 잠저 용흥궁에 관련된 것이 거의 확실하다. 궁궐지에 기록된 어의궁 내용도 용흥궁에서 있었던 것이 아닌가 싶다.

용흥궁(龍興宮): 강화도에 또 하나의 용흥궁이있다. 철종이 왕위에 오르기 전에 살던 잠저이다. 강화읍 관청리 내수골에 있다. 조선왕조에서 가장 비참한 생을 마친 사도세자에게는 슬하에 다섯 아들이 있었다. 혜빈(惠嬪) 홍씨(洪氏) 소생의 장남 의소세손(懿昭世孫) 정(琔)과 둘째 아들 정조(正祖) 산(祘), 그리고 영빈 임씨(林氏) 소생의 은언군(恩彦君) 인(䄄)과 숙빈(肅嬪) 임씨 소생의 은신군(恩信君) 진(䄅), 경빈 박씨(景嬪 朴氏) 소생의 은전군(恩全君) 찬(襸), 이렇게 다섯이었다. 의소세손은 일찍 세손의 책봉을 받았으나 어린 나이에 죽어 둘째인 정조가 보위를 이어 받았다. 셋째인 은언군은 형제 중 남달리 총명하여 왕족임에도 관작까지 받았으나 1771년(영조 47) 억울한 누명을 쓰고 직산현으로 쫓겨났다가 1774년(영조 50) 3년 만에 누명을 벗고 서용되었는데 큰아들 상계군의 반역죄에 연루되어 1786년(정조 10)에 강화도에 부처되었다. 은언군에게 아들이 셋 있었는데 장남이 상계군(常溪君) 감(玵)이고, 둘째가 풍계군(豊溪君) 당(瑭), 셋째가 전계군(全溪君) 광(瓀)이다. 첫째 아들 상계군은 반역으로 몰려 사약을 받았고 둘째 아들 풍계군은 은전군의 양자로 갔기 때문에 같이 살던 셋째 아들 전계군이 아버지 은언군과 함

▶용흥궁

께 강화도로 부처 되었다. 이렇게 하여 두 부자의 강화도 귀양살이가 시작된 것이다. 불행은 이것으로 끝이 아니었다. 1801년에 천주교도 박해사건인 신유사옥(辛酉邪獄)이 일어났다. 이 사옥으로 주문모(周文謨)에게 세례를 받은 은언군의 아내 송(宋)씨와 며느리 신(申)씨가 강화도에서 처형되고 은언군마저 이 일에 연루되어 처형되고 말았다. 이렇게 멸문의 화를 입었는데 가까스로 전계군만 살아남았다. 전계군에게도 세 아들이 있었는데 맏이가 원경(元慶)이고 둘째는 경응(景應)인데 어려서 죽고 셋째가 원범(元範)이었다. 원경은 전계군의 적실인 최씨 소생이었고 원범은 측실인 염(廉)씨 소생이었다. 염씨는 전계군이 강화도에 부처되었을 때 맞아들인 여인이었다. 그 후 효현왕후 김씨가 후사 없이 죽자 같은 해인 1844년(헌종 10) 계비 명헌왕후(明憲王后) 홍(洪)씨를 간택하면서 전국에 대사령이 내려지는 바람에 전계군도 방면되어 두 아들을 데리고 도성으로 돌아와 경행방(慶幸坊)에서 살았다. 너무도 고달픈 삶을 살았음인지 도성으로 돌아온 지 2년도 못되어 전계군은 죽고 말았다. 두 형제는 하루아침에 고아가 되어 마을을 돌며 눈칫밥을 얻어먹는 거렁뱅이 신세가 되고 말았다. 원경은 비교적 똑똑한 편이어서 눈칫밥을 얻어먹으면서도 사람들의 귀여움을 받았다. 이것이 화근이었다. 당시 국정은 헌종의 어머니 조대비의 수중에 있었으나 헌종이 병약한 데다 후사가 없자 잠시 주춤했던 권문세도가 안동김씨의 일문이 움직이기 시작했다. 우선 똑똑한 왕족들을 견제하기 시작하였는데 여기에 걸려든 것이 전계군의 첫째 아들 원경이었다. 결국, 원경은 역모로 몰려 강화도에 위리안치되고 원범은 혈혈단신 천애의 고아가 되어있었다. 원범은 할 수 없이 형이 위리안치되어있는 강화도로 다시 들어갔다. 그런데 형 원경이는 18세가 되던 해에 결국 사약을 받고 죽었다.

다시 천애의 고아가 된 원범의 나이는 14세였다.

원범은 폐가나 다름없는 오두막집에서 초근목피로 생을 이어 갈 수밖에 없었다. 1849년 헌종은 결국 후사 없이 23세의 나이로 세상을 뜨고 말았다. 헌종의 죽음은 풍양 조씨(趙氏)의 몰락을 의미했다. 다시 안동김씨의 세상이 된 것이다. 서열상으로도 어보(御寶)는 대왕대비인 순원왕후(純元王后) 김씨의 수중에 있었다.

순원왕후는 순조의 비로서 안동김씨의 수령격인 김조순의 딸이다.

그러므로 이 어보를 누구에게 전하느냐 하는 것은 전적으로 안동김씨의 의중에 달려있었다. 도성 안에는 더러 쓸만한 왕족이 있었지만, 영조 임금의 직계후손을 찾아야 한다는 명분을 내세워 선원보략(璿源譜略: 왕실 족보)을 뒤적였다.

원범이에 대한 이야기를 어렴풋이 듣고 있었기 때문에 그를 찾아내기 위한 명분이었다. 어눌한 왕재일수록 김씨 일문에게는 더할 나위 없는 좋은 재목이었다.

이렇게 하여 원범은 19세의 나이로 왕위에 오르니 이 사람이 조선왕조 25대 임금 철종(哲宗)이다.

철종은 왕위에 오르기 전에 강화도에서 나무꾼으로 살았기 때문에 사는 집은 보잘것없는 시골 오두막집이었는데 1853년(철종 4) 강화유수 정기세(鄭基世)가 새로 건물을 세우고 용흥궁이라 하였다. 1903년 이재순(李載純)이 중건하였는데 내전 1동, 외전 1동, 별전 1동, 잠저구기비각(潛邸舊基碑閣) 1동 등이 있다.

팔작지붕에 홑처마 주심포의 구조로 되어있고 내전은 앞면 7간, 측면 5간이며 건평은 90㎡이다. 별전은 앞면 6간, 측면 2간 ㄱ자형 집으로 건평이 92㎡이다. 비각은 정방형으로 앞면과 측면이 각각 2.5m로 넓이가 약 6㎡이다.

▶ 철종이 살았던 오두막집 터에 세운 잠저구기 비각

용동궁(龍洞宮): 서부 황화방(皇華坊), 즉 서울 종로구 수송동 79번지에 있었다. 「동궁여지비고」 궁궐조에 "서부 황화방에 있었다. 세상에서 일컫기를 순회세자 궁이라 했는데 상세하지 않으며 명례궁, 어의궁, 용동궁, 수진궁과 함께 4궁이라 부른다."라고 되어있다. 순회세자(順懷世子)는 1551년(명종 6)에 인순왕후(仁順王后) 사이에서 태어난 명종의 아들이다. 1557년(명종 12)에 여섯 살의 나이로 세자에 책봉되고 1559년 호군(護軍) 윤옥(尹玉)의 딸과 혼례를 올린 뒤 얼마 지나지 않아 1563년 열세 살의 나이로 세상을 떴다. 하나뿐인 왕자를 6세 이전에 궁 밖에서 살게 하는 것도 있을 수 없는 일이거니와 세자 책봉 뒤에는 당연히 궁 안에 살아야 한다. 이렇게 볼 때 순회세자가 죽은 뒤에 세자빈이 살았던 곳이 아닌가 싶다. 순회세자는 덕종이 묻힌 경릉(敬陵)경 내에 장사지내고 용동궁은 왕후의 소유로 되었으며 중부 수진방(壽進坊)으로 옮겨지어 1908년까지 있었으나 그 자리에 숙명여고가 들어섰다.[136]

이현궁(利峴宮): 동부 연화방(蓮華坊)에 있는데 지금 종로구 인의동이다. 배고개에 있었기 때문에 이현궁 또는 이현본궁(利峴本宮)이라고도 한다. 세간에서는 광해군이 살았던 잠저로 알려져 있다. 1610년 세자빈간택이 있은 뒤 새로 수리하고 가례전에 이우(移寓)하는 별궁으로 하였다. 1623년(인조 1) 원종 비 연주 부부인(連珠府夫人) 구씨(具氏)의 거소로 하면서 계운궁(啓運宮)으로 고쳤다. 1631년(인조 9) 효종의 비 인선왕후(仁宣王后) 장씨가 여기서 가례를 행하였다. 후에 병자호란으로 집이 없어져 버린 인조의 아우 능원대군(綾原大君)의 집이 되었다. 이후 숙종 때에 숙빈방(淑嬪房)으로 삼았다가 1711년(숙종 37)에는 연잉군(延礽君)이 살기도 했다. 1793년(정조 17) 왕권 강화를 위해 설치한 금위조직(禁衛組織)인 장용영(壯勇營)을 이곳에 설치하였다. 순조 때 장용영을 없애고 이곳은 훈련도감에 속하게 되었다. 그리고 훈국(訓局), 동별궁(東別宮), 선혜청(宣惠廳)이 설치되었고 해방 후에는 한국담배인삼공사가 들어섰다.[137]

영조가 지은 「이현궁에서」라는 시에

8월 상순 가을에 이곳에 이르러
옛 궁에 들어가 보니 옛 문이 열려있네

오늘 여기에 온 것이 어찌 우연이겠는가

오래전부터 생각해 왔지만 지금에야 찾아왔네[138]

창의궁(彰義宮): 북부 순화방(順化坊)에 있는데 지금 종로구 통의동 35번지 또는 그 부근이다. 영조가 왕위에 오르기 전에 살던 집이다. 이곳은 원래 효종의 4녀인 숙휘공주(淑徽公主)의 부군 인평위(寅平尉) 정제현(鄭齊賢)의 옛집이었는데 숙종이 사서 연잉군(延礽君: 영조)에게 주었다. 1719년(숙종 45) 2월에 효장세자(孝章世子: 영조의 맏아들, 후에 진종)이 이곳에서 태어났다. 1754년(영조 30)에는 여기에 의소묘를 짓고 정조의 형인 의소세손(懿昭世孫)을 향사 하였으며 후에 장보각(藏譜閣)을 짓고 영조의 어용(御容) 2점과 어필 유서(諭書) 등을 보관하기도 하였다. 1870년(고종 7) 정월에 정조의 왕세자 문효세자(文孝世子)의 문희묘(文禧廟)를 안국방(安國坊)에서 창의궁 내의 의소묘 안에 있는 별묘에 옮겼다. 1900년 의소묘와 문희묘를 한성부 남부 훈도방(薰陶坊) 앞에 있는 영희전(永禧殿)에 옮겨 봉안하고 1908년 7월에 의소묘, 문희묘의 신위를 매장함으로써 폐궁 되고 이 궁터는 주택가로 변하였다. 이 궁터에는 수령 600년 된 우리나라에서 가장 큰 통의동백송(通義洞白松)이 살았다.[139]

숙종이 인평위의 집을 살 때 창의궁에 있는 누헌(樓軒)을 양성헌(養性軒)이라 이름 짓고 시 두 편을 지어 새겨 걸게 하였다.

두 헌(軒)에 새로 현판을 내리니

이름지은 뜻이 어찌 헛되겠는가

존양(存養)의 의미를 알리고자 하는 것이니

「맹자」의 진심편(盡心篇)을 깊이 음미할지어다.

높은 누각은 드넓고 탁 트였네

임금이 탄 수레가 예전에 이미 왔었으니

광명전에 가까이하여

때때로 오르면 내 마음 위로 되네[140]

운현궁(雲峴宮): 세칭 구름재라고 하는 곳인데 흥선대원군 이하응(李昰應)의 사가이니 고종의 잠저이다.

고종이 왕위에 오른 뒤 1863년에서 1873년 사이에 대폭 확장하여 궁궐에 버금가는 규모의 웅장한 건물을 지었다. 담에는 사대문을 만들고 그 안에 아재당(我在堂)을 비롯하여 사랑채인 노안당(老安堂), 안채로 이로당(二老堂), 노락당(老樂堂), 영화루(迎和蔞) 등을 지었다 (한국문화대백과사전, 한국학 중앙 연구원). 흥선대원군은 원래 안국동(安國洞)에서 살았는데 언제 옮겨 왔는지 자세하지는 않으나 철종 때 안국동 집터에 전계대원군묘(前溪大院君廟)를 건립할 무렵이 아닌가 보고 있다(『서울 600년사』「문화사적」편). 운현궁이라 이름이 붙게 된 것은 서운관(書 雲觀) 앞에 있는 고개 이름을 딴것이다. 서운관은 세조 때 관상감(觀象監)으로 개칭되었으나 계속해서 서운관이라는 이름으로 통용되어왔다. 고종 3년에는 민비와의 가례를 이곳에서 올렸다. 민비와 치열한 경쟁의 결과 고종 10년 11월 고종이 친정을 선포하게 됨으로 정치 일선에서 밀려난 대원군은 양주 직곡(直谷)으로 은퇴하여 운현궁을 떠났다. 고종 19년 6월 9일 임오군란이 일어나 대원군이 다시 득세함으로 인하여 민비는 피신하고 운현궁은 활기를 띠었다.

그러나 이 사건은 청국의 개입으로 사태는 수습되었지만 대원군이 청나라로 호송되고 민비가 환궁하게 됨으로써 대원군은 운현궁을 다시 비우게 되었다. 대원군은 고종 22년 3년 만에 운현궁으로 돌아왔으나 민비의 정치 세력은 안정을 찾은 때이었고, 그는 다시 궁내에서 출입을 감시받는 연금 상태에 놓이게 되었다. 1898년(광무 2년) 봄에 대원군과 그 부인이 운현궁에서 별세하니 운현궁은 그의 아들 흥친왕(興親王) 이재만(李載冕)이 후사를 이었고 흥친왕이 1911년에 사망하자 대원군의 손자 이준(李埈)이 이어받았다. 1917년에 이준마저 후사 없이 별세하자 순종의 동생인 의친왕(議親王)의 2남 이우(李鍝)가 이어갔다(『서울 600년사』「문화사적」편). 운현궁에는 위에 열거한 건물 외에 선조(先祖)인 은신군(恩信君)과 남연군(南延君)을 모신 사당 등이 있었는데 일제에 의하여 대부분 파괴되고 변형되어 현재 남아있는 것은 노락당, 노안당, 이로당 등이며 덕성 여자대학교에서 관리하고 있다. 서울 특별시 종로구 운니동에 있으며 사적 제257호로 지정되어있다.

▶ 노락당

▶ 노안당

▶ 이안당

기타(其他)

계운궁(啓運宮): 1623년(인조 원년) 인조의 어머니 부부인(府夫人)을 이현궁(梨峴宮)으로 모시고 계운궁이라 고쳐 불렀다.[141] 조선 시대 한성 동부 연화방(蓮華坊), 지금 종로구 인의동에 있었다. 원래는 광해군의 잠저이었다. 부부인은 선조의 아들 정원군에 시집가서 인조를 낳았다. 인조가 왕위에 오른 후 부부인이 되었으며 후에 정원군이 원종(元宗)으로 추숭됨에 따라 인헌왕후(仁獻王后)가 되었다.

태평관(太平館): 원래는 중국 사신을 접대하던 곳으로 숭례문 안 황화방(皇華坊)에 두었다. 사신의 숙소가 되었기 때문에 문안에 둔 것이다. 태평관은 명나라 사신을, 동평관은 일본 사신을, 부평관은 야인(여진)을 접대하던 곳이다. 태평관은 고려 시대의 정동행성(征東行省)을 태평관으로 고쳐 부른 데서 유래한 것인데 정동행성은 원나라 세조가 일본 정벌을 위하여 세운 것으로 몽고가 물러간 뒤 중국 사신의 숙소로 바뀌었다. 1393년(태조 2) 조선 시대 궁궐과 도성을 새로 창건하면서 정동행성을 태평관이라 고쳐 불렀다. 그 후 1395년에 각도에서 1,000여 명의 인부를 동원하여 태평관을 새로 짓고 영접도감(迎接都監)의 관리 아래 둠으로 공식적으로 사신 접대처가 되었다.

중국 사신의 영송(迎送)은 칙사가 벽제관에 이르면 영접사를 파견하고 왕은 왕세자와 문무 신하들을 거느리고 모화루에 거동하여 영접하는 의식에 따라 칙사를 맞이하였다. 그러고 나서 경복궁 또는 다른 궁전의 정전으로 안내하여 칙서를 전달받고 다례(茶禮)를 베푼 뒤 태평관에서 머물게 한다. 이때 하마연(下馬宴)을 베풀고 그 다음 날에는 임금이 직접 익일연(翌日宴)을 베풀면서 국사를 논하고 돌아갈 때에는 전별연(餞別宴)을 베풀어 전송한다.[142]

1423년(세종 5)에 명나라 황제가 낭중(郎中) 양선(楊善)을 보내어 제사를 지내주고 시호를 내려주자 임금이 태평관에 나아가 예를 행했다.

1455년(세조 즉위년) 임금과 상왕인 단종이 태평관에 나아가 명나라 사신에게 연회를 베풀어준 일이 있으며 1517년(중종 12) 문정왕후 윤씨가 여기서 가례를 행했다. 1602년(선조 35) 인목왕후 김씨(선조의 계비)가 여기서 가례를 행했다.[143] 후에는 칙사가 와서 나례(儺禮)를 행할 때 그 준비하는 곳이 되어 중국의 칙사를 접대하던 규칙은 없앴다. 중국 사신의 숙소는 남별궁으로 옮겼다.

동평관(東平館): 조선 시대 일본 사신이 머물던 숙소이어서 왜관(倭館)이라고도 했다. 1407년(태종 7)에 설치된 것으로 보고 있는데 남산 북쪽 기슭의 남부 낙선방(樂善坊)에 위치한다. 지금의 인사동에 해당된다.

1434년(세종 16)에는 〈육전등록(六典謄錄)〉에 있는 왜관금방조건(倭館禁防條件)에 따라 외인의 무단출입을 금하였는데 그 이유는 동평관, 서평관 및 묵사(墨寺)에 일본의 사신을 나누어 머물게 하였는데 이들이 서로 내왕하면서 밀매 행위가 이루어지고 있기 때문이다. 이로 인하여 조정에서는 동관과 서관을 합하여 1관으로 하고 4면에는 담장을 높이 쌓아 문을 엄중하게 지켜 잡상을 단속하였다. 그리고 허조(許稠)의 건의에 의하여 명나라 남경(南京)의 회동관(會同館)에 부속되어있는 객관을 모방하여 신관 2개소를 더 지었다.

구내는 네 구역으로 나누어 각 구에 전후청(前後廳)을 두고 청의 좌우에 침방(寢房)을 만들었다. 1438년(세종 20)에는 영접도감(迎接都監)의 예에 따라 감호관(監護官)을 두고 이어 동서 평관을 동평관 1, 2소로 개칭하면서 오품 아문(五品衙門)으로 정하였다.

동평관에는 관사와 창고를 설치하여 그곳에 그릇과 미곡을 저장하고 일본의 사신과 찾아오는 객인을 접대하였다.

해가 지면 문을 닫아 공청무역(公廳貿易) 외에는 관문 밖에서 무역을 금하였고 위반자는 엄하게 다스렸다. 이와 같은 단속에도 불구하고 이들의 체류 기간이 길어짐에 따라 몰래 담을 넘어 민가에 행패하는 자가 생겨 1445년에는 의금부에서 이들을 체포하기도 했다. 결국, 임진왜란 때 불탄 후 폐지되었다. 조선 시대에는 이곳을 왜관동(倭館洞)이라고도 하였다.[144]

북평관(北平館): 동부 흥성방(興盛坊: 동대문 근처)에 있어 여진 등 야인들을 접대하는 장소이었다. 원래 야인관이라 부르던 것을 1438년(세종 20)에 북평관으로 고쳤

다. 여진족에게도 일본과 마찬가지로 무력행사와 병행하여 교린정책을 폈는데 경
성과 경원 무역소를 두어 당시 반농, 반수렵 생활을 하던 여진족들에게 생활필수
품인 면포, 마포, 저포(苧布), 미두(米豆), 염장(鹽醬), 농구(農具), 종이 등을 제
공하고 그들은 마필, 해동청(海東靑), 산삼 및 각종 모피 등을 가져오도록 하였다.
그들에게 조공을 바치도록 하고 조선으로 귀화를 장려하여 여진 추장들에게 지중
추원사 이하 호군(護軍), 사직(司直), 만호(萬戶), 천호(千戶) 등의 명예 군직을 주
기도 하고 북평관을 두어 조선에 오는 그들을 유숙하도록 배려해 주었다. 명나라
에서는 이와 같은 조선의 정책을 반대하여 할 수 없이 건주위(建州衛)와의 교역을
끊고 만포진에서 여진인의 요구에 따라 약간의 식료품만을 제공하였다. 이 북평관
은 조선 중기에 없어졌다.[145]

제천정(濟川亭): 한강의 북쪽 기슭에 있었는데 경치가 뛰어나 중국 사신들이 많이 들러
구경하는 곳이었다. 1558년(명종 13) 여름에 임금이 제천정에 거동하여 수전(水
戰)을 구경한 일이 있고 1624년(인조 2) 이괄의 난 때 임금이 대비와 종묘, 사직
의 신주를 모시고 공주로 피난을 떠날 때 밤에 한강을 건너야 하는데 밤이 어두웠
는데도 황망한 가운데 출발하여 횃불이 준비되지 않아 제천정을 태워 그 불빛으로
한강을 건넜다 한다.[146]

모화관(慕華館): 돈의문(서대문) 밖 서북쪽에 있는데 조선 시대 명나라와 청나라의 사신
을 접견하는 곳이었다. 1407년(태종 7) 송도에 있는 영빈관을 모방하여 서대문 밖
에 건립하고 이름을 모화루(樓)라 하였다.
　명나라 사신을 영접하는 곳이라 주변 경관에도 많은 신경을 써 1408년(태종 8)에
모화루 남쪽에 못을 팠는데 시일이 오래되어도 완성을 보지 못하자 사헌부에서 제
조관 박자청(朴子靑)을 논핵했으나 왕이 도리어 논핵하는 지평 최자혜를 불러 책
망하였다. 우여곡절 끝에 못이 완성되고 여기에 연(蓮)을 심었다.[147]
　1430년(세종 12) 규모를 확장하여 개수하고 루를 관(館)으로 고쳤다. 모화관 앞
에 있는 홍살문을 1535년(중종 30)에 중국 사신이 '쌍주문(雙柱門)'으로 고치고
'연조(延詔)'라는 편액을 달았다.
　1538년(중종 33) 중국사신 설정총(薛廷寵)이 '영은문(迎恩門: 후에 독립문 자리)'

이라고 편액을 고쳐 달았는데, 그 후 중국사신 주지번(朱之番)이 이름은 그대로 하여 편액만 고쳐 달았다.[148]

1456년(세조 원년)에 중국사신 윤봉(尹鳳) 등이 중국 황제가 조선 임금(세조)의 즉위를 승인하는 고명(誥命)과 임금의 면류관, 곤룡포를 가져와 임금이 모화관에서 맞이한 일이 있다. 궁궐지에 기록된 바로는 "세조 원년(1455) 병자"라고 기록하였다. 1455년은 을해년이다. 실록이나 궁궐지의 기록은 당시에 단종이 임금이 아닌 노산군으로 기록되어있어 뒤를 이은 세조는 즉위년을 원년으로 하여 기록하였기 때문에 원년은 서기 1455년을 말한다. 그래서 원년(1455)을 병자로 기록함은 잘못된 것이다. 즉위년을 원년으로 하든, 즉위 다음 해를 원년으로 하든 재위 연수를 산정함에 있어 1년의 차이는 있을 수 있으나 서기와 간지의 차이가 생길 수는 없다. 국조보감에는 모화관에서 사신을 맞이하여 근정문으로 들여와 반포한 교지 내용에 "경태 7년 4월 20일"로 되어있다. 경태 7년이면 1456년이다. 그리고 세조가 양위 받은 해가 1455년 윤6월 11일인데 즉위 전인 1455년 4월 20일에 고명사신을 맞이했다는 것은 앞뒤가 맞지 않는다. 1456년 병자년으로 기록해야 맞을 것이다. 그래서 궁궐지에 나오는 세조 때의 서기는 간지를 기준으로 해야 옳다.

모화관에서 중국 사신을 맞이하는 절차를 보면 중국 사신이 올 때에는 2품 이상의 원접사(遠接使)를 의주로 보내고 중간 5개 처에 2품 이상인 선위사를 보내어 위로하였다. 그리고 서울에 도착하면 이 모화관에 드는데 이때 조선에서는 왕세자를 보내어 사신 앞에 나아가 예를 행하고 백관도 함께 재배의 예를 행했다. 그뿐만 아니라 사신의 책무에 따라 임금이 직접 모화관에 나가 영접하거나 전송하는 일도 많았다.

1567년(명종 22)에 선조가 세자로서 곤룡포와 면류관을 쓰고 모화관에서 중국의 사신을 맞이하였다고 한다.[149] 명종이 승하한 날은 1567년 6월 28일이고 선조가 즉위한 것은 동년 7월 3일인데 중국 사신이 도성에 도착한 것은 즉위 후 21일이 지난 7월 17일이다. 임금이 즉위한 후에 중국 사신을 맞이했는데 왕의 면복이 아닌 세자의 면복(冕服)을 입고 모화관에 마중 나간 것은 그럴만한 이유가 있었다. 명나라 사신 검토관(檢討官) 허국(許國)과 급사중(給事中) 위시량(魏時亮)이 조선에 온 것은 새 황제 천순제(天順帝)의 등극조서(登極詔書)를 반포하기 위함이었다. 이들은 평안북도 가산(嘉山)에 이르러 국상 소식을 들었다. 갑작스러운 소식에 이들은 여러 가지 의혹이 솟았다. 먼저 국왕에게 아들이 있느냐고 물어왔다. 세자가 일찍 죽고 그 밖의 후사가 없다고 대답하자 조문한다는 명목으로 즉시 유삼(兪芟)을 도성으로 보냈는데 사실은 정탐을 위해서였다.

그들의 입장에서는 우선 세자의 고명을 받은 일이 없었는 데다 갑작스러운 왕의 죽음 소식은 여러 가지 의혹을 사기에 충분했다. 그런 상황에서 왕의 면복을 입고 나타나서는 어떤 불미스러운 일이 벌어질지 모르는 상황이었다. 이에 대비하여 선조는 왕의 면복이 아닌 세자의 면복으로 그를 맞이한 것이다. 예조판서 이탁(李鐸)이 곁에서 의식을 도와 한 치의 어긋남이 없이 그들을 맞이하니 그제야 모든 의혹이 풀렸다.

1598년(선조 31) 중국 측에서 경리를 양호에서 만세덕(萬世德)으로 교체했는데 홍제원(弘濟院)에서 양호와 전별식을 베풀고 후에 모화관에 비석을 세워주었다.

이 모화관은 중국 사신을 영접하기 위하여 지어졌으나 시대가 변함에 따라 여러 가지 용도로 사용하였다. 세종 9년 3월 15일에는 모화루에서 무과시험을 본 이래 종종 무과시험을 이곳에서 보았으며 1457년(세조 3)에는 이시애의 난을 친히 정벌한다는 명을 내리고 모화관에 행차하여 군사들을 열병하였다(국조). 1624년(인조 2)에는 임금이 모화관에서 열병식을 거행하였다.

궁궐지에 1688년(숙종 14) 병자에 임금이 모화관에 행차하여 남한산성을 지키는 병사들에게 음식을 내려주었다는 기록이 있는데 서기와 간지가 맞지 않아 의문점이 많다. 1688년은 병자년이 아니라 무진(戊辰)년이고 즉위 14년이 병자인 해는 인조 14년이다. 서기, 간지, 즉위년수 어느 것이 진실인지 확인할 수 있는 단서가 없다.[150]

청일전쟁 이후 모화관은 폐지되고 1896년(고종 33)에 서재필 등이 독립협회 사무실로 쓰면서 영은문 자리에는 독립문을 세우고 모화관은 독립관이라 하였다.

낙천정(樂天亭): 살꽂이(箭串: 지금의 뚝섬 일대)에 있다. 태종이 왕위를 세종에게 물려주고 그 아래에 정자를 세웠는데 낙천정이다. 궁궐지 기록 당시에 없어졌다.

1420년(세종 2) 여름에 임금이 상왕인 태종에게 낙천정에서 인사를 드리며 장수를 축원하고 돌아간 일이 있다. 이 모습을 본 중국사신 조량(趙亮)이 감탄하여 말하기를 "새 왕이 조정과 상왕을 공경하니 충과 효를 함께 갖추었다. 내가 여러

나라에 사신을 다녀보았지만 새 임금같이 현명한 분은 일찍이 보지 못하였다."
하였다.

임금이 낙천정에 나아가자 상왕이 말하기를 "왕릉의 덮개를 만들 때 한 개의 돌을
사용하면 옮기기가 매우 어렵다. 마땅히 두 개로 쪼개어 사용할지니 이는 법으로
정하여 지키도록 하라."라고 하였다. 이는 대비(태종 비)가 승하하여 능침 석실 덮
개로 쓸 돌이 넓고 두꺼워서 상왕이 석공에게 명하여 둘로 쪼개어 운반하기 편리하
도록 한 것이다.[151]

변계량이 쓴 기(記)에 이르기를

낙천정은 우리 상왕인 태종께서 대대로 구경하던 곳이다. 태종이 재위 19년 가을
8월에 지금의 임금인 세종에게 왕위를 물려주고 농한기에 교외로 나갔다. 언덕이
있었는데 높고 둥글기가 마치 솥을 엎어놓은 것 같았으니, '대산(臺山)'이라고 이
름 붙였다. 올라 사방을 돌아보니 큰 강이 빙 둘러 유유히 흐르고, 연이은 산봉우
리가 질서정연하게 첩첩이 둘러있다. 빙 둘러싼 언덕들이 인사를 하는 듯하니 마
치 뭇별들이 북극성을 에워싼 것 같다. 진실로 하늘이 내린 명승지라 할만하다. 태
종이 이 건물의 북동쪽 구석에 별궁을 지으라고 명령하였는데, 비바람을 피하기
위해 언덕에 정자를 세우고 좌의정 박은(朴訔)에게 정자의 이름을 붙이도록 명령
하였다. 박은은 『주역(周易)』의 「계사(繫辭)」에 나오는 '낙천(樂天)'이라는 두 글자
를 따서 바쳤는데, 이는 태종이 이룩한 업적의 내용을 압축하여 정자의 이름에 붙
인 것이며 동시에 지금의 즐거움을 뜻하는 것이기도 하다. 또한, 나 변계량(卞季
良)에게 명령하여 이를 기념하는 글을 짓도록 하였다. 내가 생각해 보건대 하늘이
란 이치, 즉 이(理)일 뿐이다. 즐긴다는 것은 노력하거나 억지로 하지 않고 자연스
럽게 이치에 따르는 것을 가리킨다. 무극(無極)의 태극(太極)과 음양오행(陰陽五
行)이 오묘하게 합쳐져 응축되면 인간이 태어나게 되니, 천리(天理)가 인간에게 주
어지는 것은 모두 같다. 그러나 보통 사람들이 태어날 때는 기품이 잡스럽고 물욕
(物欲)에 가리워지기 때문에, 비록 열심히 노력해도 천리(天理)를 따르기가 불가
능한데, 하물며 자연스레 이치에 맞게 되기를 바랄 수 있겠는가? 태종께서는 하늘
이 내려준 자질로 만물 가운데 우뚝 솟았으니, 청명한 기품이 온몸에 가득하고 덕

성이 늘 넘쳐흘러, 행하는 것이 천리(天理)에서 비롯되지 않음이 없었다. 일찍이 왕위에 오르기 전에 어머니인 신의왕후(神懿王后)가 죽자 모든 일을 물리치고 그 무덤 옆에서 여막살이를 하였다. 고려 말에 왕은 우매하고 재상들은 가혹하여 태조를 없애려고 모의하여 그 화가 언제 미칠지 모르는 급박한 상황이었다. 이에 의(義)를 내세워 나라를 세우고 왕위에 추대하였다. 그 후 무인(戊寅)년에 권력을 잡은 신하들이 태조가 편찮은 틈을 타 어린 세자를 내세워 난을 일으키자 이를 제거하여 종사(宗社)를 안정시켰다. 여론이 태종을 왕위에 추대함에, 마땅히 왕이 되어야 했으나 상왕에게 왕위를 양보했으니, 이는 정실의 맏아들을 존중한다는 의미에서였다. 태종은 즉위한 뒤 태조에게 아침저녁으로 문안을 드리지 못하는 것을 항상 걱정하여, 병술(丙戌)년에는 왕위를 물려주고 태조의 옆에서 시중들려고 하였으나, 여러 신하가 죽음을 무릅쓰고 말리고 태조도 극력 저지하였다. 3년 뒤 무자(戊子)년에 태조가 죽자 애통함을 이기지 못하였고 상중(喪中)에는 예를 극진히 하였다. 부묘(祔廟)를 하려고 할 때 마침 장맛비가 계속 내리자 태종이 매우 걱정을 하였는데, 전날 저녁에 비가 그쳐 날이 개었고 일을 마친 3일 뒤부터 다시 비가 내렸으니, 하늘도 지극한 효성을 도운 것이다. 상왕인 정종(定宗)에게는 사랑과 공경을 극진히 하여 오래되어도 더욱 독실하게 대했으니, 이는 옛날 책의 기록을 봐도 전례가 없을 정도였다. 회안대군(懷安大君)을 석방해주고 처벌하지 않았으니, 이는 순임금이 상(象)의 목숨을 보전해준 것을 따르고, 주공(周公)이 반란을 일으킨 형제들을 처벌한 것을 본받지 않은 것이다. 고려 왕실의 후예들을 존속케하고 살길을 마련해주었으니, 이는 천하 국가를 공유(公有)한다는 천지(天地)같이 넓은 아량에서 나온 것이며 탕(湯)임금이나 무왕(武王)이 혁명을 일으킨 후에 이전의 왕조인 기(杞)나라나 송(宋)나라를 존속시킨 뜻과도 같다. 큰 나라를 예로서 섬기니 거듭 중국 황제의 고명(誥命)을 받았으며, 황제도 늘 태종의 지극한 정성을 칭찬하였다. 작은 나라에 대해서는 인(仁)으로서 사랑하니 50년간 괴롭히던 왜구들도 머리를 조아리고 정성을 다해 신하가 되고자 하였다. 궁정(宮庭)에 거처할 때에는 화목함이 감돌았고, 제사를 지낼 때에는 공경하고 엄숙하게 하였다. 충직한 신하를 등용하고 간사한 무리를 내쫓았으며, 간언을 따르고 학문을 좋아했으며, 검소하고 절약하며, 하늘의 경계를 두려워하고 백성들의 고통을 불쌍히 여겼다. 이렇듯 몸과 마음속에 쌓인 것이 저절로 일을 처리하는 가운데 드러났으니, 이는 모두 천리(天理)를 그대로 따른 것이지 억지로 노력해서 행동한 것은 아니었으며, 태종의 천성이 원래 그러했던 것이다. 왕위에 있던 20년 동안 사방은 편안했고 창고는 넉넉했으며 백성들은 전쟁을 겪지 않았고 하늘에서는 감로(甘露)를 내렸으니, 이러한 태평성대는 옛날에도 드문 일이었다. 선배 유학자들이 이른바 "천리(天理)를 따르면 자연히 이롭지 않음이 없다."라고 한 말이 참으로 맞는구나! 지난해에 왕위를 물려주려고 했을 때 태종은 나이 때문에 일하기에 힘들 정도는 아니었고, 질병 때문에 정무를 못 볼 정도는 아니었으며, 또한 사정이 부득이해서 그런 것도 아니었다. 모든 신하가 뜰 앞에 서서 통곡하기를 며칠 동안이나 계속했지만 끝내 태종의 마음을 돌릴 수가 없었다. 하루아침에 헌 신발 벗어던지듯 왕위를 물려준 것은 역대 어느 제왕도 하지 못한 일이다. 지금 임금인 세종은 총명하고 효성스럽고 우애가 돈독하며 온화, 인자, 근검하며 모든 일을 태종에게 아뢰어 그 지시를 받아 처리하니 태종의 걱정을 풀어드릴 만하다. 낙천정은 이래서 세워진 것이다. "내가 이 정자를 보건대, 봄바람이 산들산들 불어오고 아름다운 꽃들이 다투어 피어나서 붉은색과 초록색이 여기저기 깔려있네. 돌이나 쇠를 녹일 듯한 무더위에 대지(大地)는 난로처럼 뜨거운데 시원한 바람이 자리에 잔뜩 불어오네. 가을에 온 강산이 곱게 물들면 거울같이 맑은 물에 비단같이 아름다운 절벽이 그림처럼 좌우에 둘러 있네. 고운 눈이 그치고 난 후 난간에 기대어 저 멀리 바라보면 온 세상이 모두 한 가지 색깔이네." 세종께서 상왕인 태종을 모시고 술자리를 베풀 때 말을 잊은 채 술잔을 서로 권하니, 그 분위기를 보면 형은 우애 있고 동생은 공경하며 어버이는 자애롭고 자식은 효성스러우니, 정말로 기뻐하고 즐기는 모습이었다. 천하의 즐거움이 어찌 이에 더하겠는가? 태종이 즐긴 것은 바로 천리(天理), 즉 하늘의 이치였으며 즐기지 않은 것은 천위(天位), 즉 왕의 지위였다. 이는 순(舜)임금이나 우(禹)임금이 제왕의 자리에 연연하지 않은 것과 같은 이치이다. 그러나 그렇다고 해서 나라와 백성들에 대한 생각을 마음속에서 잊은 것은 아니었다. 솔개는 날고 물고기가 펄쩍 뛰어오르는 것처럼 만물이 자기의 본성을 다하는 것은 도(道)가 두루 미치는 것이다. 대축(大蓄)의 산이나 습감(習坎)의 물 등은 인자(仁者)나 지자(智者)가 좋아하는 것이다. 오묘한 기운이 위에서 감도니 끊임없는 기(氣)가 밝아지고, 바른 법도가 아래에 고요하니 두터운 덕이 드러난다. 태종이 정자에 올라가 올려보고 내려보는 사이에 혼연하게 이러한 이치와 합치되니, 이렇듯 그 즐거움을 스스로 즐기는 모습을 어찌 글이나 말로 표현할 수 있으랴. 내가 태종이 낙천(樂天), 즉 천명을 즐긴다고 한 것은 그 업적이나 행동을 보고 말한 것이다. 업적이나 행동에 드러난 실상은 우리 신하들 모두가 알고 있는 것이니, 그를 보고 감동하여 천성의 진실 됨을 촉발시켜 각자 그 어버이에게 효도하고 웃어른을 공경하는 등 인륜의 도리를 다하여 태종의 즐거움을 즐거움으로 삼는다면 어찌 끊임이 있겠는가. 우리 조선이 펼친 풍속 교화의 아름다움은 중국 고대와 견줄 수 있으며, 왕실의 영원함은 강산처럼 영구하여 끝이 없을 것이다. 아, 아름답구나. (卞季良이 지었다.)[152]

화양정(華陽亭): 1432년(세종 14)에 건립되었는데 원래는 사복시의 목장이었다. 낙천정의 북쪽 언덕에 있었는데 "말을 화산 남쪽(華陽)으로 돌려보낸다."라는 뜻을 취해 이렇게 이름 지었다.

이 말의 뜻은 주나라 무왕(武王)이 은(殷)나라를 정벌하고 나서 더 이상 전쟁을 않겠다는 뜻으로 전쟁에 쓰던 말들을 목장으로 돌려보냈다는 내용을 담고 있다.[153]

칠덕정(七德亭): 한강 백사장에 있었는데 궁궐지 편집 전에 이미 없어졌다. 칠덕이란 무예를 닦는 데 필요한 덕목으로 세조가 자주 행차하여 군사훈련을 참관했기 때문에 붙여진 이름이다. 1534년(중종 29)에도 임금이 칠덕정에 행차하여 군사훈련을 참관하였다.[154] 이때 임금은 '안일에 빠져 위태로움을 잊지 말 것을 다짐하는 시'를 지어 올리도록 참관한 시신(侍臣)들에게 명하였다.

황화정(皇華亭): 두모포(豆毛浦) 북쪽 기슭에 이 정자를 지어 연산군이 연회 장소로 사용했는데 중종반정 후에 제안대군에 주었다. 궁궐지 기록 당시에 이미 없어졌다.

독서당(讀書堂): 호당(湖堂)이라고도 한다. 1426년(세종 8) 12월에 재주 있는 문신들에게 휴가 기간을 오랫동안 늘려주고 근무는 교대하도록 하여 독서에만 전념할 수 있는 사가독서제(賜暇讀書制)를 실시하였다. 사가독서제는 자택으로 한정하였기 때문에 방문객 등으로 폐단이 많아 1442년에는 신숙주(申叔舟), 성삼문(成三問) 등 6인을 진관사(津寛寺)에서 독서하게 하는 상사독서제(上寺讀書制)를 실시하였다. 이 제도는 단종 때까지 계속되었는데 세조가 왕위에 오르면서 폐지해 버렸다.

1476년(성종 7)에 사가독서제가 부활하였는데 사가독서는 여러 가지 폐단이 많고 절에 들어가 하는 것은 불교의 폐습에 오염되기 쉽다 하여 서거정 등의 주청으로 1492년(성종 23)에 상설 독서 기구인 남호독서당을 개설하였다. 그곳은 마포 한강변에 있던 귀후서(歸厚署) 뒤 언덕의 사찰이었는데 이 절을 20간 정도 확장하여 만들었다 한다. 이것은 1498년(연산군 4)까지 지속되었으나 갑자사화의 여파로 폐지되었다.

그 후 1507년(중종 2)에 독서당제도를 부활하여 동대문 숭인동에 있던 정업원(淨業院)을 독서당으로 만들었다. 1510년(중종 5)에 이 독서당을 수리하였는데 이곳이 독서당으로 적합하지 않다는 신하들의 주청으로 1517년(중종 12)에 동호(東湖)의 북쪽 기슭 경치 좋은 곳에 있는 두모포(頭毛浦)정자를 고쳐 지어 독서당을 설치하고 동호독서당이라 하였다.[155] 이것은 임진왜란으로 소실될 때까지 계속되었다. 1608년(광해군 즉위년)에 대제학 유근(柳根)이 독서당을 다시 설치할 것을 주청하여 우선 한강 별영(別營)을 독서하는 처소로 삼았지만 그 후 이괄의 난과 병자호란 등으로 독서당의 기능이 크게 미미하였다. 그래도 그런대로 영조 때까지는 그 제도가 지속되었으나 정조의 규장각 설치로 그 기능이 완전히 소멸되었다. 독서당에 대한 우대는 지극하여 처음에는 언제나 궁중음식의 전담기관인 태관(太官)에서 만든 음식이 끊이지 않았고 왕으로부터 하사품이 자주 있어 명마(名馬)와 옥으로 장식한 수레 및 안장을 하사받기도 했다. 독서당의 권위를 높이기 위하여 사가(賜暇) 인원을 최대한 줄이고 규정을 엄격하게 하였다. 독서당의 선발기준은 문신 중 비교적 연소한 자를 우선으로 하였으나 40세가 넘는 경우도 가끔 있었다. 운영은 국비로 하고 대제학이 날마다 제술(製述)을 맡겨 매월 세 차례의 등급을 매겼다. 독서당 인원수는 1426년부터 1773년까지 350여 년 동안 총 48차례에 걸쳐 320인이 선발되었는데 인원수가 가장 적었을 때가 1585년이 1인, 가장 많았을 때가 1517년, 1608년 등이 12인이었고 보통은 6인 내외였다.[156]

영희전(永禧殿): 남부 훈도방에 있는데 원래는 세조 때 의숙공주(懿淑公主)의 집이었다. 남별전(南別殿)이던 것을 후에 영희전으로 고쳐 불렀다. 1506년(중종 원년)에 단경왕후(端敬王后)가 폐위된 후 거처하던 궁이다.

단경왕후는 연산군의 처 신씨(愼氏)의 오라버니 딸로서 중종이 보위에 오르기 전

진성대군 시절에 신변의 안전을 도모하기 위하여 중전 신씨의 오라버니인 신수근의 딸과 결혼하였다. 그녀가 바로 단경왕후인데 중종반정으로 연산군이 퇴출하고 보니 도리어 이것이 화근이 되어 남편이 보위에 오르자마자 중전의 자리에서 물러나게 되는 기구한 운명에 처하고 말았다. 이 여인이 인왕산 치마바위 전설의 주인공이다. 임금을 그리며 날마다 인왕산에 올라 바위에 치마를 널어놓고 자기위치를 알리면서 궁궐을 내려다보았다 한다.

1610년(광해군 2)에는 광해군의 생모 공빈(恭嬪) 김씨의 사당으로 삼고 남별전이라 부르기도 하고 봉자전(奉慈殿)이라 부르기도 하였으며 태조와 세조의 영정도 모셨다. 1637년(인조 15)에 수리하여 인조의 아버지 원종(정원군)의 영정을 모셨고 숙종 3년(1677)에 증축하였으며 1690년(숙종 16)에 영희전으로 바꾸었다.

1688년(숙종 14)에는 전주에 있는 태조의 영정을 모사(摸寫)하여 이 또한 영희전에 모셨다. 1748년(영조 24)에는 숙종의 영정을 선정전에 모사하여 영희전 제4실에 모셨고, 정조 때에는 영조의 영정을 모셨다. 이렇게 하여 태조, 세조, 원종, 숙종, 영조, 순조의 영정을 모시고 제사 지내는 곳이 되었다.[157]

그 규모는 정전으로 수용전(晬容殿) 3칸이 중앙에 동남향으로 있고 앞쪽에 대문 3칸이 있다. 신좌(神座)와 수용(영정)은 남향하여 있고 재전 3간은 좌측에 있고 동궁재실 3간이 아래쪽에 있다. 제사의 규모는 속제(俗祭)에 준하고 정월 초하루, 한식, 단오, 추석, 동지, 납일에 정기적으로 제사 지낸다.[158]

영희전을 증축하며 지은 상량문에

새로 영정을 모사하는 일은 역대 임금을 추모하는 뜻을 담고 있고 옛 전각을 증축하는 것은 나무와 돌을 가다듬고 감독하는 일이다. 어렴풋이 보이는가 했더니 어느새 완성되어 웅장한 모습을 드러냈다. 우리 조선에서 영정을 모시는 전각을 창건함은 실로 세 임금의 초상화를 편안히 모시고자 함이었다. 태조(太祖)의 모습은 나라를 세울 때의 웅대한 규모를 기억하게 해주고, 세조(世祖)의 모습은 나라를 중흥할 때의 떳떳한 규범을 엿볼 수 있게 해준다. 또한 원종(元宗)을 추숭한 거사는 인조(仁祖)의 효성에서 나온 것이다. 온화하게 왕좌에 앉아 있으니 영원토록 우러러볼 것이며, 의연히 의관을 차려입고 날마다 행차함은 계절마다 제사 지내기 위함이다. 아름다운 왕의 모습을 한 폭의 그림에 담았으니 당시의 큰 위업을 짐작게 해준다. 쓰시던 활 영원히 보관되어있으나 그분의 기침 소리에 대답하지 못함이 애처롭고, 손수 그리신 한 폭 서화 길이 전해지니 그분의 모습 뵙는 것같이 황홀하다. 강화도에서 봄, 가을로 제사를 지내나 사모하는 정이 더욱 두터워지고, 선원전(璿源殿)에서 아침, 저녁으로 살피고 있지만 드높게 보답하려는 뜻이 더욱 간절하다. 남묘(南廟)를 바라보며 합동으로 제사 지내는 제도를 살피고, 대비께 아뢰어 영정을 옮겨 보관하는 규범을 정하였다. 빛나는 공덕은 조상의 융성함에 비견되니, 높도다. 공(功)은 같고 덕은 짝을 이루네. 위엄 있는 얼굴은 조상의 차례에 맞으니 진실로 정(情)은 합당하고 예(禮)는 알맞네. 그러나 함께 모시기에는 건물이 좁아 기둥과 서까래를 수리하여 넓혀야 마땅하다. 좋은 날을 잡아 좌우 신하에게 물으니 모두 찬성하여, 재주 있는 장인(匠人)에게 일을 맡겨 동서로 넓혀 개축하였다. 을묘년(乙卯年)의 국가 전례를 살펴 영정을 모사하는 예의를 본받고, 때는 마침 무진년(戊辰年)이니 경기전(慶基殿)에서 영정을 옮겨오는 것과 같이 하였다. 한(漢)나라 종묘에서 합동으로 제사 지내는 것처럼 하고, 송종(宋宗)의 효성스럽고 엄한 것을 본받았다. 두 전각에 한 달 동안 공을 들임에 본체는 훼손되지 않도록 잘 보존하였다. 많은 인부가 자기 아버지 일처럼 몰려들었으니, 오호! 잊지 못할 좋은 풍속이라 두 칸을 새로 첨가하여, 묘(廟)를 둘로 하고 난간을 겹으로 하는 제도를 따르지 않았다. 네 임금을 공손히 받으니, 영정을 모사하는 아름다운 행사는 자못 볼 만하였다. 성대하게 오르내리니 신령들의 생각에 진실로 잘 어울릴 것 같고, 처마와 마룻대가 웅장하니 효성스러운 생각이 끝없음을 알겠다. 대들보 올리는 작업을 돕고자 공손히 축하 노래를 읊는다.

대들보 동쪽으로 올리네. 자주색 건물 맑은 봉우리가 푸른 하늘에 우뚝 솟았네. 악부(樂府) 노래 서로 전하며 금척(金尺)을 노래하니, 도성 사람들이 앞다투어 큰 공덕을 칭송하네. 대들보 서쪽으로 올리네. 상서로운 구름이 뭉게뭉게 처마 밑을 감싸고, 소나무 기둥과 잣나무 판자가 깊이 땅속에 묻혔네. 영원토록 우리 왕이 군림하게 하소서. 대들보 남쪽으로 올리네. 에워싼 많은 봉우리 좋은 기운 머금었네. 이 왕손들을 조상과 함께 제사하니, 새로 증축한 건물들도 같은 예를 갖추네. 대들보 북쪽으로 올리네. 뭇별들이 하늘 가운데 북극성을 둘러싸네. 이 뜰가의 향기

나는 박달나무 가지가 영원토록 푸르러 색이 변하지 않으리. 대들보 위로 올리네. 텅 빈 하늘에 해와 달과 별이 비추며, 계절에 맞춰 정성스레 제사 지내는 것을 보네. 그윽하게 왕이 친히 제사 돕는 모습 그려보네. 대들보 아래로 올리네. 넓고 바른 뜰이 깨끗하기도 하여라. 많은 담장이 자식 보듯 일어나 반기네. 우리 백성들 그 누가 공덕을 칭송하지 않으리.

부디 바라건대, 상량 이후에 많은 영령이 모두 나라를 보호하며, 모든 복이 다 모여들게 하소서. 제사에 피우는 향내 차질 없게 하여 영원히 왕통을 이어 가도록 해주소서. 문지방과 초석을 든든하게 하여 영원히 나라의 기반을 다지도록 해주소서. (弘文提學 鄭羽良이 지었다.)[159]

희우정(喜雨亭): 양화도(楊花渡)의 동쪽 기슭에 있는데 원래는 태종의 둘째 아들 효령대군의 별장이었다. 1423년(세종 5)에 임금이 서쪽 교외로 행차하여 효령대군이 새로 지은 정자에 올랐는데 때마침 비가 억수같이 쏟아져 온 들판을 촉촉이 적셨다. 임금이 기뻐하여 그 정자의 이름을 희우(喜雨)라고 지었다. 1465(세조 10)에 임금이 희우정에 올라 수전을 관람하였다.[160]

망원정(望遠亭): 원래 희우정이었는데 성종 때 왕의 형인 월산대군이 망원정으로 바꾸었다. 임금이 매년 봄, 가을에 농사일을 살피고 친히 수전(水戰)을 관람할 때에는 이 정자에 행차하였다. 1535년(중종 30) 여름에도 임금이 이 정자에서 수전을 관람하였다.[161]

영복정(榮福亭): 서강(西江) 북쪽 기슭에 있는데 세종의 큰형인 양녕대군의 별장이었다. 세조가 여기에 행차하여 '영복'이란 두 글자를 직접 써서 정자의 편액으로 삼고 이어서 '일세(一世)에 영화를 누리고 백 년 동안 복 받으라(榮一世福百年)'는 그 뜻을 풀이하여 내려주었다. 1475년(성종 6) 7월에 왕이 서쪽 교외에 행차하여 농사일을 살피고 영복정에 들려 조운선(漕運船)을 관람하였다.[162]

유하정(流霞亭): 두모포(豆毛浦)에 있다. 원래는 수진궁(壽進宮) 소속의 관청건물이었는데 1781년(정조 5)에 규장각에 주어 경치를 감상하는 휴식처로 삼으라 했다.[163]

세검정(洗劍亭): 창의문 밖 탕춘대(蕩春臺)에 있다. 지금 서울특별시 종로구 168번지에 있는 정자다. 서울특별시 기념물 제4호로 지정되어있다. 최초의 창건은 1500~1505(연산군6~11년) 경으로 추정하고 있는데 영조 23년에 다시 지었다. 이 지역은 한성의 북방 인후(咽喉)에 해당하기 때문에 영조 때 총융청(摠戎廳)을 이곳으로 옮겨 서울의 방비를 엄히 하고 북한산성의 수비까지 담당하게 하였다. 총융청을 이 자리로 옮기면서 군사들을 쉬게 하기 위하여 지은 것이 세검정인데 당시

▶ 세검정

총융청 감관인 김상채(金尙彩)가 지은 창암집(蒼巖集)에는 육각 정자로 1747년(영조 23)에 지어졌다고 되어있다. 창의문 밖 삼각산과 백운산의 두 산 사이에 위치하며 주변 경관이 아름다운 탕춘대(蕩春臺)에 있다. 부근에는 통일 신라 때 창건된 장의사(藏義寺)라는 절이 있었다. 세검정이란 명칭은 여러 가지 설이 있으나 궁궐지에는 인조반정 때 이귀 김류 등의 반정 인사들이 반정을 준비하면서 칼을 갈아 씻었던 자리라 하여 세검정이라 한 것으로 전한다. 동국여지비고(東國與地備攷)에는 "세검정은 열조(列朝)의 실록이 완성된 뒤에는 반드시 이곳에서 세초(洗草)하였고 장마가 지면 해마다 도성의 사람들이 이곳에 와서 물 구경을 하였다."라고 했다.[164]

정면 3간, 단층 겹처마 팔작지붕으로 건평이 5.22평이다. 지금 있는 것은 1977년 5월에 복원한 것이다.

정조가 지은 「세검정에서 삼가 영조가 지은 시의 운에 맞추어」라는 시가 남아있다.

전쟁을 경계하는 뜻을 이정자에서 되새기네
한강 북쪽 하늘은 높고 아름다운 모퉁이는 맑은데
원천(源泉)깊이 힘입음을 사랑하며
시원하게 한줄기 산 소리 들려오네[165]

세초(洗草)

조선왕조실록을 작성하는 것은 사관이 매일 쓰는 사초만을 자료로 하여 편집하는 것이 아니다. 조선 중기부터는 승정원의 주서(注書)도 사관에 포함되었기 때문에 당후일기(堂后日記)도 사초로 활용되었고, 각 관청에서 기록한 시정기(時政記)도 포함한다.

임금이 승하하면 춘추관(春秋館)에서는 임시기관인 실록청(實錄廳)을 설치한다. 사관은 예문관에 소속되어있으나 사초를 기초로 한 실록은 춘추관에서 하는데 실록청은 영의정 이하 조정 관리들로 구성된다. 편찬 과정은 위와 같은 자료를 정리하여 초초(初草)를 작성하고 이를 다시 수정하여 중초(中草)를 작성한 후에 마지막 검토 작업을 거쳐 최종적인 정초(正草)를 완성한다. 정초를 얻고 나면 초초와 중초는 물에 씻어 내용을 지워버린다. 그 이유는 기록 과정을 비밀로 하기 위함이었다. 그러나 공정성을 위한 보안 유지 외에 폐지를 재활용하는 목적도 있었다. 과거에 이러한 기록이 모두 수작업으로 이루어졌기 때문에 사초 자료는 양이 많을 수밖에 없다.

일단 물에 씻은 종이는 바위에 말린 후 종이를 만드는 관청인 조지서(造紙署)로 보내져 재활용하게 된다. 사초를 물에 씻는 것을 세초(洗草)라 하는데 세초하기에 가장 좋은 장소가 세검정 일원이다. 여기에는 맑은 물이 흐를 뿐 아니라 너럭바위가 많아 젖은 종이를 말리기에 아주 적합한 곳이기 때문이다.

용양봉저정(龍驤鳳翥亭): 노량진 남쪽 기슭에 있는데 지금 서울시 동작구 본동이다. 서울특별시 유형문화재 제6호로 지정되어 있다. 건축 연대는 1789년(정조 13) 이후로 보고 있다. 정조가 아버지 사도세자의 묘소인 수원 현융원(顯隆園)에 자주 참배하였는데 한강을 건널 때 배다리를 설치하여 건넜다. 이때 상당한 시간이 걸렸으므로 건넌 뒤에는 잠시 어가를 멈추게 하고 쉴 자리가 필요했으므로 이 정자를 지었다 한다. 이곳에서 휴식을 취하면서 점심을 들었으므로 주정소(晝停所)라 부르기도 하였다.

정면 6칸 측면 2칸으로 가운데에 온돌방을 두고 양쪽에 툇간을 두었고 사방에는

▶ 용양봉저정(서울의 문화재)

띠살 분합문을 달았다. 이중량(二重樑)을 둔 오량 구조, 겹처마 집으로 간소하면
서도 격식을 갖춘 건물이다. 현재 노량진 수원지 건너편 작은 언덕에 있다.166
정조 임금이 궁을 나서 한강을 건너고 지지대를 지나 현륭원을 다녀오는 이런 행로
를 영화도(迎華道)라 하였다.
정조가 지은 「새벽에 용양봉저정에 머물며」라는 시가 있다.

　　영화도 큰길 강남에 뻗쳐있고
　　위에는 아름다운 누각이 거울을 머금었네
　　많은 배들이 연이어 자주 빛 육지를 이루었고
　　신선이 사는 섬에 신선이 타는 새들. 푸른이내 떠있네
　　깃발이 안개에 젖어 많은 돛대와 섞여있고
　　무지개가 장위에 떠있으니 음악과 주연을 베푸네
　　저 멀리 지지대를 바라보네
　　다시 앞선 행렬에 명령내려 쉬지 말라 이르네167

읍청루(挹淸樓): 마포 북쪽 기슭에 있다.

정조가 지은 「읍청루 위에서의 운(韻)」에 이르기를

남으로 읍청루에 나오니 마음이 확 트이고

살구꽃과 봄술이 큰 강 앞에 놓였네

웃으며 포구 나그네 길잃은 모습 바라보니

하루 종일 물가를 방황하며 거니네

〈이상은 영의정 김수흥(金壽興)이 지은 시의 운에 맞춘 것이다〉

상아돛대와 비단 돛 풍경이 그림같이 펼치고

통소와 북소리 들으며 물결에 밀려 왔다 갔다 하네

소동파(蘇東坡)가 긴 세월을 거슬러 나를 만나니

바쁜 가운데 틈을 내어 서로 만나 즐기네[168]

〈이상은 대제학 송상기(宋相琦)가 지은 시의 운에 맞춘 것이다.〉

반송정(盤松亭): 반석같이 큰 소나무를 정자로 표현한 것이다. 모화관 북쪽에 있었는데 꼬불꼬불 뒤틀린 소나무가 있어 수십 보나 되는 그늘을 만들 정도로 컸고 일찍이 왕이 한양으로 돌아가다가 이곳에서 비를 피했다 하여 소나무에 이런 이름을 붙였다 한다. 조선 초기까지도 있었다 하는데 어느 땐가 사라졌다. (여지승람)

보제원(普濟院): 흥인문 밖 3리에 누각이 있다. 1456년 3월에 세조는 기로소(耆老所) 신하들에게 보제원에서 연회를 베풀어주고 술과 음악을 하사하였다. 상이 다시 승지 박원형(朴元亨)에게 이르기를 "나이 많은 대신들은 살날이 얼마 남지 않았으니 지금 연회를 베푸는 때에 별도의 하사가 있어야 하겠다."하고 사복시에서 사냥한 짐승을 하사하였다. 그리고 박원형을 시켜 왕명을 전하게 하였는데 기로회에 승지를 보내는 것이 이때에 시작되었다.[169]

정업원(淨業院): 궁궐지 기록을 보면 흥인문 밖 연미정동(燕尾汀洞)에 있는데 단종비 정순왕후(定順王后)가 왕비 자리에서 물러난 후 거처하던 옛터라고 되어있다. 그러나「민속대백과사전」에는 다른 견해가 있다. 이에 따르면 창건연대는 미상이나 고려 때부터 있었던 여승방(女僧房)이었다. 1164년(의종 18)에 왕이 정업원에 옮겨간 일이 있는 것으로 보아 그 이전에 지어진 것은 분명하다. 1252년(고종 38) 강화도 천도 후에 박훤(朴暄)의 집을 정업원으로 하여 성안에 있는 여승들을 살게 하

▶ 정업원구기비각

였고 환도 후에는 개성에 정업원을 만들었다. 한양에 도읍을 정한 조선 초에는 개성의 정업원을 옮겨 왔는데 응봉(膺鳳) 아래 창경궁 서쪽 중앙중·고등학교 자리에 있는 것으로 되어있다. 궁궐지에는 동대문 밖으로 되어있어 상당한 차이를 보인다. 동대문 동망봉(東望峰) 아래에는 1771년(영조 47)에 영조가 세운 정업원구기(淨業院舊基)라는 비가 남아있어 혼돈이 생긴 것 같은데 궁궐지의 기록도 아리송하다. 영조가 정업원을 짓고 그 자리에 "정업원 옛터"라는 글을 남긴 것은 전례가 없는 일로 일단 빈터에 비를 세운 것으로 판단해야 한다. 집을 지은 곳에 '옛터'라는 비석을 세운 것은 전례가 없다. 정업원이 동망봉에 있었던 것으로 판단한 것은 단종비 송씨(宋氏)가 처음 대궐을 나와 동망봉에 살았던 것과 후에 정업원의 주지가 된 사실이 혼선을 일으킨 것 같다. 영조가 비를 세운 것은 정업원이 없어진 지 160년이 지난 후다. 정업원의 여승들은 선비집 여인들이었고, 주지는 왕족이었기 때문에 조선 초기에는 별사전(別賜田)과 분수료(焚修料)가 지급되는 등 국가의 보호를 받았다.

그러나 유생들의 강력한 반대에 직면하여 1448년(세종 30)에 혁파되었다. 1457년(세조 3)에 다시 정업원이 세워지고 1459년에 건물이 중창되었다. 이해에 사원(寺院)의 비용으로 공포가(貢布價)를 특사하였고 다음 해에는 왕이 두 차례나 행차하는 깊은 관심을 보이는 한편 200구의 노비까지 지

▶ 정업원구기비

원하였다. 이러한 대우는 예종 대까지 계속되었으나 성종 대에 다시 유생들의 반대에 부딪혔는데 겨우 버텨가다가 1505년(연산군 11)에 정업원은 다시 혁파되고 여승들은 성 밖으로 축출되었다. 그 뒤 정업원은 독서당으로 사용하다가 독서당이 두모포로 옮겨간 뒤(1517)부터는 빈 절로 남게 되었다. 중종이 이 정업원을 다시 세우려고 시도해보았지만 뜻을 이루지 못하고 1550년(명종 5) 3월에 다시 세웠다. 명종의 생모 문정왕후가 독실한 불교 신자이기 때문에 가능했던 것 같다. 이때도 유생들의 반대가 있었지만, 후궁들의 별처로 한다는 명분을 세웠다. 그 명분으로 이름도 인수궁(仁壽宮)으로 하였다가 뒤에 다시 정업원으로 고쳤다. 이후 유생들의 반발이 더욱 심해져 1607년(선조 40) 정업원은 완전히 혁파되고 비구니들은 성 밖으로 쫓겨난 뒤 다시 복구되지 못했다.[170]

홍제원(弘濟院): 모악산(母岳山) 서북쪽 지금 서울특별시 서대문구 홍제동에 위치한다. 홍제동 동명은 홍제원에서 연유된 것이다. 고려 시대 및 조선 시대 공무로 여행하는 자에게 편의를 제공하기 위하여 설치된 것이다. 이것은 서대문 밖 의주로에 있어 중국에서 오는 사신들이 많이 이용하였다. 따라서 중국 사신들을 위한 공관을 따로 지어 유숙도 할 수 있게 하였으며, 도성에 들어오기 전에 마지막 휴식을 취하면서 예복을 갈아입는 등 성안으로 들어오기 위한 준비를 하던 곳이다.[171] 1895년(고종 32)까지 건물이 남아있었는데 언제 없어졌는지 터만 남아있다.

선원전(璿源殿): 1660년(현종 원년)에 강화유수 유심(柳淰)이 건립하였다. 강화부 남쪽 30리에 있는 전등산 정족산성(鼎足山城)에 있다.[172]

외규장각(外奎章閣): 강화행궁의 동쪽에 있다. 1781년(정조 5) 강화유수 서호수(徐浩修)가 연초헌(燕超軒)을 헐고 옮겨지었다. 강화부에는 책들의 보관을 위해 영조 29년에 각사 동쪽에 내책고(內冊庫)를 지었는데 여기에 있는 책들을 외규장각으로 옮겨 비치하였다.[173]

봉선전(奉先殿): 1469년(예종 원년) 양주 동쪽 35리 주엽산(注葉山)에 있는 봉선사 옆에 건립한 진전(眞殿)이다. 세조의 초상을 모셨으며 그 전각 이름을 숭은(崇恩)이

라 하였는데 임진왜란 때 소실되었다.**174**

화녕전(華寧殿): 화성행궁 동쪽에 있다. 1801년(순조 원년)에 건립되었으며 정조의 초상
　　화를 모셔두었다. 익종이 지은「화녕전에서」라는 시가 전해진다.

　　　　원묘(原廟)를 호위하는 곳에서
　　　　정조의 초상화를 대하니 숙연해지네
　　　　붉은 휘장 두른 속에 향내가 피어나니
　　　　임금행차를 모시고 공손히 움직이네**175**

규장각 직제학(直提學) 이만수(李晩秀)가 상량문을 썼다.

구름을 부리듯 신묘하던 정조(正祖)는 점점 멀어지니, 남은 백성들은 24년간의 재
위 기간 중 입은 은덕에 감사하여 눈물 흘린다. 태양처럼 빛나는 의장을 갖춘 임금
의 행차가 이르니, 화녕전은 만년토록 흠향함에 편안하겠네. 정조를 다시 뵌 듯 근
심스럽고, 새로 건물을 지으니 훤히 빛나네. 정조(正祖)는 효성이 신명(神明)에 통
할 정도였고, 천하를 덮을 정도로 어질었으며, 총명하고 지혜로움이 만물 가운데 으
뜸이었다. 그 학문은 하늘과 땅과 사람을 꿰뚫었고, 예악(禮樂)과 정치는 모든 왕
보다 훨씬 뛰어났다. 도(道)는 군사부(君師父) 일체(一體)를 겸하여, 삼강오륜으로
다스려 영원토록 태평함을 열었다. 육경(六經)이나 사서(四書)가 아니면 말하지 않
았으니, 여러 성인의 계통을 모아 화봉청축(華封請祝)을 이루었다. 그러나 안타깝
게도 수명이 중년에 이르지 못했다. 태산이 무너지듯 돌아가셨으니 유교가 피폐해
지는 것은 천명이며, 허공의 구름처럼 가버렸으나 성인이 품었던 정신은 남아있다.
아! 우리 임금이 왕위에 등극하신 후 일념으로 선왕의 뜻을 받들고 업적을 이었다.
교산(喬山)에 검과 신발만 남았으니 수구(壽邱)에서 유지(遺志)를 받들고, 사당에
는 패옥이 찬란하니 세실(世室)에서 훌륭한 덕을 본다. 사당의 옥좌병풍은 신령들
이 오르내리는 것을 가까이서 밝히고, 상중(喪中)의 해와 달은 효성이 미치지 못할
까 교대로 이르네. 다행히 하늘을 본뜬 귀한 그림을 모시고 안타까워하는 사람들
의 마음을 영원히 위로한다. 옥으로 만든 국자며 구슬로 만든 저울들은 연세가 한

창때임을 나타내고, 옥좌에서 풍기는 향기는 봉래산에서 근신들과 잔치를 베푸는 듯 황홀하다. 옷차림은 온천에 행차할 때를 모방하여 항상 부모를 생각하고 사모하는 마음을 담았으며, 의지하는 곳은 가까이 있는 묘소이니 아침저녁으로 정성껏 보살피네. 비록 만사가 크게 바뀌더라도 신하와 백성들이 찾아보고 돌아보는 곳이 될 것이다. 계절마다 향을 피워 제사를 지내니 나라에서는 생전의 모습을 그리는 의식을 귀중히 여겨왔다. 저 울창한 풍패(豊沛) 땅을 바라보니, 이는 매년 임금이 행차하던 곳이다. 10년간의 치적으로 묵묵히 성곽이나 망루를 운영하였고, 한쪽에 내린 혜택이 탕목(湯沐)의 마을을 고루 적셨다. 어머니가 탄 가마를 모시고 장락당(長樂堂)에 행차하였으니, 지금도 술잔을 들어 만수를 기원하는 시가 전해진다. 노래당(老來堂)에 화려한 편액을 걸었으니, 신발을 벗어던지듯 왕위를 털어버리고 싶은 심정을 담았다. 옛날에 돌보아주시던 것을 생각하여 며칠 안 걸려 이 건물을 완성하였다. 송(宋)나라의 궁전들처럼 거듭 펼쳐지니 완연히 하늘의 별들 같고, 한(漢)나라의 원묘(原廟)처럼 특별히 설치되니 어찌 달마다 행차하는 의관(衣冠)뿐이겠는가? 화려한 의장과 용감한 호위병들은 임금이 행차할 때의 모습과 흡사하고, 꿩이 날고 새가 날개를 펴는 듯 건물의 구조는 확 트였고 훌륭하다. 사당에 관리를 두어 깨끗한 제물을 담당케 하고, 건물의 이름을 높여 경건히 모시는 뜻을 드러내었다. 오행에 맞춰 색을 밝게 드러내니 땅이 기준이라, 오색이 비궁(閟宮)에서 검소한 덕을 밝혔다. 밝고 깨끗한 제사에는 납제사를 지냈으니, 제물을 갖추어 예의를 풍성하게 하였다. 마을의 노인들이 눈물을 감추고 어버이 일에 자식이 달려오듯 적극적으로 참여하였다. 마룻대와 서까래가 찬란히 빛나니 하늘이 높은 산을 만든 것보다 더 훌륭하였다. 월계꽃이 쌓여있으니 들어가 바라보면 신령들이 편안할 것이고, 백목련이 피어있으니 꺾어 들고 진짜 노닐만한 곳이다. 진실로 공자(孔子)가 꾼 두 기둥의 꿈에 부합되니, 어찌 웅장함을 칭송하는 여섯 구절 노래를 부르지 않을 것인가.

대들보 동쪽으로 올리네. 해가 떠서 동쪽에 있으니, 지극하다! 임금의 효성이여. 바다의 동쪽을 본받았네. 대들보 서쪽으로 올리네. 팔달산(八達山)이 서쪽에 있으니, 주(周)나라의 기(岐) 땅과 같네. 임금이 이에 서쪽으로 제사 지내네. 대들보 남쪽으로 올리네. 사도세자의 묘가 남쪽에 있은 지 25년이니, 남쪽 바라보기를 삼가라. 대들보 북쪽으로 올리네. 어머니 계시던 궁이 북쪽에 있으니, 봄날 저 북두칠

성처럼 빛나리. 대들보 위로 올리네. 신령이 성대하게 위에 있는데, 지금 임금이
성스럽고 밝으니, 아름다운 향기가 위로 피어오르네. 대들보 아래로 올리네. 아래
에서는 제사를 돕는 사람들이 빨리 모여드니, 8가지 색의 겹눈동자 제왕이 아래에
임하여 빛나네.

부디 바라건대, 상량 이후에는 제기(祭器)가 깨끗하고 아름다우며, 건물이 더욱
견고해지도록 해주소서. 화산(花山)의 동쪽, 유천(柳川)의 북쪽인 이곳에 아름다
운 기운이 피어올라 울창하게 해주소서. 백세(百世) 뒤에나 천 년 전이라도 임금의
은택이 하늘과 땅 사이에서 유구하게 해주소서 임금이 행차하던 길은 묘를 참배하
기를 기다리는 듯하고, 흰 머리의 옛 신하는 슬피 이 사실을 적는다. (규장각直提
學 李晩秀가 지었다.)**176**

경기전(慶基殿): 1410년(태종 10)에 전주성 남문 안에 건립하고 태조의 영정을 모셨다.
　현재 주소는 전라북도 전주시 풍남동이다. 전라북도 유형문화재 제2호로 지정되어
　있다. 처음 건립할 때에는 어용전(御容殿), 또는 진전(眞殿)이란 이름으로, 완산,
　계림, 평양 세 곳에 창건하였다. 1442년(세종 4)에는 있는 곳마다 이름을 달리하
　여 전주에 있는 것은 경기전, 경주에 있는 것은 집경전(集慶殿), 평양에 있는 것은
　영숭전이라 불렀다. 임진왜란 때 불타버렸는데 1614년(광해군 5)에 중건하였다.

▶ 경기전

임진왜란 때 경기전에 있는 태조의 영정을 참봉이 모시고 바다를 건너 의주에 도착했는데, 묘향산에 옮겨 보관하도록 명하였다. 1739년(영조 15) 경기전에 비석을 세워 이러한 당시의 일들을 기록하였다.[177]

▶ 태조 어진

이 비석은 경기전 충의(忠義) 이성창(李聖昌) 등이 상소하기를 "나라에서 전주를 마치 주(周)나라의 기산(岐山)이나 한나라의 풍패(豊沛)처럼 여기고 특별히 전우(殿宇)를 세워 태조의 영정을 봉안하였는데 임진왜란 때 영정을 받들어 용만(龍灣)까지 갔다가 왜란이 평정됨에 도로 봉안하였습니다. 청컨대 전우의 뜰에 비를 세워 그 일을 기록하게 하소서."하여 이루어진 것이다. 건물의 구조는 본전, 본전 가운데에서 달아낸 헌(軒), 본전 양옆으로 행랑이 이어져 있고 이를 두르고 있는 내삼문(內三門), 외삼문(外三門) 등으로 공간을 분할하고 있다. 본전은 남향으로 다포식 맞배지붕이다. 다듬은 네모난 돌로 쌓은 석축 위에 건물을 세웠는데 정면 3간, 측면 3간이다. 건물 안 세 번째 기둥 열(列)은 고주(高柱)를 세우고 그 가운데에 단(壇)을 놓고는 단 양옆에 일산(日傘)과 천개(天蓋)를 올렸다. 본전 앞으로 내단 헌은 본전보다 한 단 낮은 기단 4개의 기둥을 세우고 2익공식(二翼工式) 포작을 짜 올린 맞배지붕이다. 왕릉의 정자각과 비슷한 형태이다. 현재 이곳에 있는 태조의 어진은 1442년에 그린 것을 1872년에 고쳐 그렸다.[178]

▶ 경기전 경내에 보존되어 있는 전주사고

선원전(璿源殿): 1396년(태조 5) 영흥부(永興府)의 동남쪽 13리에 있는 흑석리(黑石里)에 있다. 이성계의 아버지 이자춘(李子春: 桓祖)이 살던 옛집에 선원전을 건립하고 태조의 초상화를 모셨다.

숙종이 「태조 대왕이 손수 소나무를 심는 것에 대한 찬(贊)」을 지었다.

저 쌍성을 돌아보니 한(漢)나라의 풍패(豊沛)와 같네

태조의 초상화를 모셔둔 곳 건물이 웅장하구나

태조께서 손수 심으신 소나무는 늠름하고

300년이 지났어도 부러지지 않네

오래되어 껍질이 용의 비늘처럼 되었고

시원한 그늘이 사방을 뒤덮네

상서로운 기운이 무성하고 상서로운 구름이 감도네

사람들이 아끼고 즐기기를 보물처럼 여기니

아! 신기하도다. 천 년 동안 길이 우거지리라[179]

영흥본궁(永興本宮): 선원전의 동북쪽 5리에 있다.

영숭전(永崇殿): 평양성 안에 있었는데 고려의 장락궁(長樂宮) 옛터에 지어 태조의 영정을 모셨다. 1460년(세조 5) 10월에 주상이 왕세자를 거느리고 평양을 순행하였는데 이때 직접 영숭전에 제사 지내고 또 단군, 기자, 동명왕의 전(殿)에 제사를 지냈다. 평양을 순행함은 야인을 물리친 신숙주와 그의 군대를 위무하기 위함이었다. 1627년(인조 5) 정묘호란 때 불타버렸다.

집경전(集慶殿): 경주의 객관(客館) 북쪽에 있었다. 조선 초기에 건립되어 태조의 영정을 모셨는데 임진왜란 때 불탄 후로 그대로 방치해두었다.

1631년(인조 9) 3월에 태조의 어진을 모신 강릉에 있는 집경전에 불이 났다. 주상이 소복 차림으로 백관을 거느리고 3일 동안 곡을 하고 종묘에서 위안제를 올렸으며 강릉에도 관원을 보내어 자리를 마련하여 위안제를 올렸다. 그리고 선원전에 있는 영정을 그대로 그려서 새로 지은 전우(殿宇)에다 모셨다.[180]

자수궁(慈壽宮)과 인수궁(仁壽宮): 자수궁은 원래 서울특별시 종로구 옥인동에 있었던 궁궐이다. 광해군은 당시 풍수지리가인 성지(性智)와 시문용(施文用) 등이 인왕산 왕기설(王氣設)을 강력히 제기하자 1616년(광해군 8)에 인왕산 부근의 민가를 헐고 승군을 징발하여 자수궁과 인경궁, 경덕궁 등 세 궁궐을 지었다. 인조반정 뒤 경덕궁만 남겨두고 인경궁과 자수궁을 폐지하면서 자수궁을 자수원이라 이름을 고치고 이원(尼院: 여승들이 수도하는 곳)으로 만들었다. 후궁 중에서 아들이 없는 여자는 이곳에 들어와 있게 하였으므로 한때는 5,000여 명의 여승이 살았다 한다. 1661년(현종 2)에 여승의 폐해가 심하여 부제학 유계(兪棨)가 상주하여 폐기하면서 어린이들은 환속시키고 늙은이들은 성 밖으로 옮기게 하였다. 1663년 자수원을 헐어낸 재목으로 성균관 서쪽에 비천당과 일량재, 벽입재를 세웠다.[181] 그 후 그 자리에 중부시립병원이 세워졌다. 인수궁도 자수궁처럼 여승들이 수도하는 절로 자수궁과 똑같은 운명이 되었다.

덕성각(德成閣): 1746년(영조 22) 2월에 「어제자성편(御製自省編)」이 완성되자 덕성합(德成閣)에 나아가 유생들과 신하들을 불러 어제자성편으로 훈계하였다. 내편(內篇)과 외편(外篇)을 친히 저술하고 이철보(李喆輔), 원경하(元景夏), 조명리(趙明里) 등을 편차인(編次人)으로 삼고 날마다 입시하여 교정하도록 하여 완성한 것이 「자성편」이다. 내편은 신심을 주로 하고 외편은 감계(監戒)를 주로 하였다. 하교하기를 "지금부터 언동(言動)과 정령(政令) 가운데 「자성편」에 어그러진 것이 있으면 자성편으로 진계(陳戒)하라." 하였다.

덕성각에서 자성편으로 훈계하기를

"역대의 임금들은 상 주는 것을 아주 신중하게 하였다. 태조는 도읍을 정하고 종묘와 경복궁을 지은 후 공사 책임자인 제조(提調)에게 마구간에 있는 말 한 필을 상으로 주는 것에 그쳤다. 태종은 창덕궁을 짓고 공사 책임자인 제조에게 단지 안장을 갖춘 말을 주었을 뿐이다. 성종은 창경궁을 짓고 제조였던 이극배(李克培)에게 품계를 한 등급 올려주고 안장 갖춘 말을 주었는데 이극배가 적극적으로 사양하지 않아 사람들이 그를 비난하였다."[182]

관 아

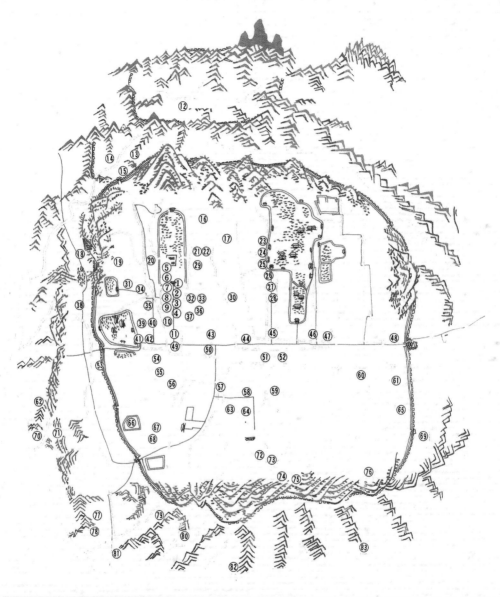

1. 의정부	12. 상창	23. 의빈부	34. 장흥고	45. 좌포청	56. 군기시	67. 태평관	78. 군자감
2. 이조	13. 평창	24. 자문감	35. 내수사	46. 어영청	57. 도화서	68. 서부	79. 전생서
3. 한성부	14. 총신영	25. 관상감	36. 제용감	47. 동부	58. 혜민서	69. 동활인서	80. 이태원
4. 호조	15. 조지서	26. 사도시	37. 사복시	48. 동학	59. 남부	70. 광흥창	81. 와서
5. 예조	16. 장윤서	27. 주원	38. 모화관	49. 우포청	60. 함소청	71. 서활인서	82. 서빙고
6. 중추원	17. 북부	28. 통례원	39. 봉상시	50. 전옥서	61. 훈련원	72. 균역창	83. 동빈고
7. 사헌부	18. 홍제원	29. 사간원	40. 내섬시	51. 준천	62. 양화진	73. 남학	
8. 병조	19. 분선공	30. 충훈부	41. 훈영	52. 중부	63. 장락원	74. 남별영	
9. 형조	20. 사재감	31. 내자시	42. 비변사	53. 고마청	64. 양향청	75. 금창	
10. 공조	21. 장생전	32. 중학	43. 의금부	54. 선공감	65. 하도감	76. 남소영	
11. 기로소	22. 종부시	33. 사포서	44. 평시서	55. 서학	66. 선혜청	77. 신창	

관아(官衙)

종친부(宗親府): 북부 관광방(觀光坊)에 있는데 종실의 여러 군(君)들을 위한 관청으로
조선 초기에 건립되었다. 지금 서있는 종친부 건물은 서울 종로구 화동에 있다. 원
래 종친부의 전신은 고려의 제왕자부(諸王子府)와 조선 초의 재내제군소(在內諸
君所)이다. 제왕자부의 설치는 고려 문종 때인데 1392년(태조 1) 7월에 새로운 관
제를 반포할 때 재내제군소로 명칭이 바뀌었다. 1414년(태종 14) 종부시(宗府寺)
를 재내제군소에 예속시켜 대군(大君)을 도제조(都提調)로 정윤(正尹) 이하를 제
거(提擧)로 하고 재내제군소의 정보를 종부시에 맡기는 큰 변화가 일었다. 재내제

▶ 종친부(서울의 문화재)

군소는 동년 6월에 다시 부(府)로 승격되었다. 1428년(세종 10) 10월 종부시가 재내제군소에서 다시 분리되어 독립기관이 되면서 종친의 비위 규찰을 정식으로 관장하게 되었다. 1430년 11월에 관인(官人)을 두고 종친부라 개칭하는 동시에 고려 시대부터 왕족은 작록만 후하게 주고 벼슬하는 것을 원칙적으로 금하였기 때문에 실권은 없었으나 같은 정 1품 기관인 의정부보다 서열이 높은 최고의 기관이 되었다.[183]

의정부(議政府): 경복궁 남쪽 왼편에 있으며 모든 관리를 총괄한다. 도당(都堂), 묘당(廟堂), 정부(政府) 또는 황각(黃閣)이라고도 하였다.

1400년(정종 2) 4월에 정권을 강화하기 위하여 고려 시대부터 있었던 도평의사사(都評議使司)를 혁파하고 의정부를 설치하였다. 의정부에서 모든 국정 전반을 총괄하다 보니 또다시 왕권에 위협을 느끼게 된 나머지 1414년(태종 14) 4월부터 육조(六曹) 직계제를 실시하면서 점차 그 권한이 약화되었다. 육조직계제는 분장된 각 조의 소관 업무는 각 조의 수장인 판서가 주관하게 되고, 각 조를 왕이 직접 통솔하는 지휘체계이다. 이 제도는 1436년(세종 18)까지 지속되었는데 이때에 세종은 의정부사사제를 다시 부활시켜 1455년(단종 3) 윤6월까지 의정부가 국정을 주도하였다. 1455년 세조가 즉위하면서부터 다시 육조직계제를 실시하여 의정부가 다시 약화되었는데, 1516년(중종 11)까지 지속되었다. 사실상 세조 말년에는 원상제가 운영됨으로써 의정부나 육조보다 원상이 국정의 실권을 장악하게 되었다. 원상이란 국왕이 병이 났거나 어린 왕이 즉위하였을 때 국정을 주도하기 위하여 원임(原任), 시임(時任)의 재상들로 하여금 승정원에 주재하게 한 임시 관직을 말한다. 원상은 1467년(세조 13) 9월에 왕이 병이나 명나라 사신을 접대하는데 무리가 없게 하기 위하여 신숙주(申叔舟), 한명회(韓明澮), 구치관(具致寬) 등으로 하여금 원상을 맡게 한 데서 비롯된 것이다. 중종 초에는 반정공신들이 의정부에 진출함으로써 잠시 의정부의 권한이 강화되기도 했다. 의정부에서 관장하는 업무는 시기에 따라 다소 차이가 있기는 하나 형정(刑政), 노비, 경제, 군사, 의례, 복제, 입법, 시무조진(時務條陣), 인사, 교육, 과거, 풍속, 부역(赴役), 축성, 진휼(賑恤), 구료(救療), 사행(使行), 통교, 불교, 국도경영, 진봉(進封), 공신책록, 역사편찬 등 모든 국정을 관장한다. 이 의정부는 1894년 12월 내각으로 개편되면서 폐지되었다가 1896년 9월 내각을 의정부로 개칭하면서 잠시 부활하였으나 1907년 6월 내각제로 환원하면서 완전히 폐지되었다.[184]

충훈부(忠勳府): 중부 관인방(寬仁坊)에 있는데 지금의 관훈동이며 조선 시대 공신들을 위한 사무를 맡아보던 관청이다. 일명 맹부(盟府), 운대(雲臺)라고도 하였다. 1392년(태조 1) 8월에 공신도감(功臣都監)을 두었는데, 1405년(태종 5)에 공신도감을 이조에 예속시키고 1414년 관제를 고쳐 녹사(錄事)를 승(丞), 부녹사(副錄事)를 녹사로 하고 1417년에 처음으로 공신도감에 담당 관원을 배치하여 이보다 상위직으로 사(使), 부사(副使)를 두었다. 1434년(세종16) 공신도감을 고쳐 충훈사로 개칭하고 관원도 사를 지사(知事)로 부사를 도사(都事)로 하였다. 그리고 1466년(세조 12)에 충훈사를 충훈부로 승격시켰다. 태조가 처음 설치할 때에는 개국 공신들에게 직위를 주고 토지, 노비를 하사할 뿐 아니라 그 자손들에게도 음덕이 돌아가도록 하기 위하여 만들었다. 처음에는 광화방(廣化坊)에 있었는데 1504년(연산군 10) 그 건물을 없앴다가 중종 초에 이곳으로 옮겼다. 1894년(고종 31) 기공국(紀功局)으로 이름을 바꾸어 의정부에 소속시켰다.[185]

의빈부(儀賓府): 북부 광화방(廣化坊)에 있었는데 조선 시대 공주, 옹주 등과 혼인한 부마(駙馬)에 관한 일을 맡아 보는 관청이다. 조선 초기에는 부마부라 하였다가 세조 때에 의빈부라 개칭하였다. 이들은 국초에 정치에 관여하였다가 태종 때부터 정치에 관여하는 것이 많이 제한되어 이들의 생활 보장책으로 설치한 관청이다.
1434년(세종 16)에는 부마의 명칭을 의빈이라 개칭하였다. 1451년(문종 1) 여러 부마를 모두 군(君)으로 봉하는 것을 혁파하고 부(府)의 이름을 예전대로 부마부로 칭하였다. 1466년(세조 12) 다시 의빈부로 개칭하고 의빈을 두되 품계는 정(正), 종(從)1품, 승빈(承賓)은 정 종 2품, 부빈(副賓)은 정 3품 첨빈(僉賓)은 종 3품으로 하였다.
옛날에는 중부 정선방(貞善坊)에 있었는데 1516년(중종 11) 이곳으로 옮겨 세웠다. 1894년(고종 31)에 종정부(宗正府)에 합병되었다.[186]

돈녕부(敦寧府): 중부 정선방(貞善坊)에 있는데 종친부에 속하지 않은 왕의 친척이나 외척을 위한 관청이다. 이 또한 의빈부와 마찬가지로 1409년(태종 9)에 외척은 정치에 간여하지 못하게 함으로써 이들의 생계를 위하고 종성(宗姓)과 이성(異姓) 간의 의를 도모하기 위하여 1414년(태종 14)에 설치하였다. 1430년(세종 12)에는 동반에 있던 것을 서반으로 옮겼다. 1437년에는 소속 인원이 많아지는 것을 막기 위하여 친척의 범위를 촌수로 한정하였는데 종성(宗姓)은 3종 이내의 친족과 6촌 자매 이상의 지아비로, 왕비는 6촌 이상의 친척과 4촌 자매 이상의 지아비로, 이성(異姓)은 4촌의 친척과 3촌 질녀 이상의 지아비로, 왕세자빈의 친아버지까지 칙사를 제수하도록 하였다. 1457년에는 정원이 많아서 당상낭관을 모두 혁파시켰다. 그 뒤로 성종 때의 경국대전에서 또는 1506년(연산군 12)에 그리고 영조 때 편찬된 『속대전』에서 조금씩 그 대상 인원을 줄여오다. 1894년(고종 31) 종정부(宗正府)에 병합되었다.[187]

기로소(耆老所): 중부 징청방(澄淸坊)에 있는데 1394년(태조 3)에 건립되었다. 조선 시대 문신들의 친목 및 예우를 위해 설치한 기구다. 처음에는 기소(耆所) 또는 기사(耆社)라고 하여 친목단체의 성격을 띠었다가 1765년(영조 41)에 독립된 부서가 되었다. 여기에는 왕도 참여하였으므로 관부 서열은 1위로 법제화되었다. 예기의 기준에 의하면 기(耆)는 60, 노(老)는 70, 질(耋)은 80, 모(耄)는 90을 이른다. 태조는 나이 60세가 되던 해 1394년(태조 3)에 기영회에 들어가 서쪽 누각 벽 위에 이름을 쓰고 현직에 종사하고 있는 정 2품 이상의 문관으로서 70세 이상 된 사람의 이름을 친히 기록한 뒤 전토와 노비, 염분 등을 하사하였다. 태종 초에는 기로에 대한 숙위가 완화되어 개중에는 향리에서 수령을 능멸하고 가렴주구 한 자가 있어 거경숙위(居京宿衛)를 엄명하고 전함재추소(前銜宰樞所)를 따로 설치하여 이들을 여기에 귀속시켰다. 1428년(세종 10)에는 치사 기로소로 개칭되고 이것이 약칭 기로소가 되었다.

궁궐지에 "1719년(숙종 45)에 영수각(靈壽閣)을 기로소에 건립하고 임금이 쓴 글들을 보관하였는데, 이 해 숙종의 나이가 60세를 넘겼기 때문이었다."라고 기록하였다. 국조보감에는 그다음 해인 1720년(숙종 46) 1월에 나이가 60이 된 것을 종묘에 고하였다고 되어있다. 1744년(영조 20) 9월에 임금이 선원전을 알현하고 기로소에 행차하여 영수각에 배알하고 기둥 안으로 나아가 기첩(耆帖)을 친히 썼다.

이는 태조와 숙종 때의 일을 따른 것이다. 영조는 나이 50세에 기로소에 들어갔다. 차츰 입소규정이 엄격하여 문과 출신이 아닌 사람은 들어가지 못하였고, 허목(許穆) 한 사람이 예외이었으나 뒤에 제명되었다. 조선 시대에 여기에 들어간 사람은 모두 700여 명이었다. 기로소에서는 봄, 가을 기로연을 열고 명부를 관리하는 등의 일 외에는 직사가 없었으나 이곳에 들어가는 것을 큰 영예로 여겼다. 고종은 51세에 기로소에 들어갔다. 영수각 상량문은 대제학(大提學) 이관명(李觀命)이 썼다.[188]

임금의 복(福) 중에 장수(長壽)가 으뜸이니, 임금께서 만수무강하기를 축원하네. 300년 만에 다시 기로소에 드시니, 임금의 친필 보관된 곳을 편안케 하셨네. 건물의 낙성이 하늘의 축하를 받아 금방 이루어졌다. 태조(太祖)가 운명에 따라 나라를 다스림에, 나이 많은 신하들이 위엄을 다해 기로소에 참여하였다. 고위관리가 70세에 이르면 고려 때의 옛 법도에 따라 가입이 허락되었으며, 임금이 60세가 되면 신하들의 이 아름다운 모임에 참석하였다. 진실한 기운이 창문에 어리니, 상서로움이 남극(南極)의 광채에 뻗쳐있다. 임금의 친필이 문가에 비치니, 그림자가 서루(西樓)의 색채에 어른거린다. 아! 보기 드문 이 제도는 옛날을 능가하고, 진실로 큰 복을 후손에게 내려주네. 신령스러운 자손들이 크게 이어받아 나라의 운세가 천하에 계속 이어지고, 천명(天命)이 말없이 정해주어 임금의 나이가 60에 이르렀다. 앞선 임금들이 이미 행한 법규는 그 당시를 살펴보면 알 수 있고, 선조(宣祖)가 미처 다 이루지 못한 명령은 앞선 자취를 생각해보면 알 수 있다. (하략)[189]

중추부(中樞府): 서부 적선방(積善坊)에 있는데 1392년에 고려 시대의 제도를 이어받아 중추원이라 했다가 세조 때 중추부로 고쳤다. 특정한 관장사항이 없이 문무의 당상관으로서 소임 없는 자들을 소속시켜 대우하던 기관이다. 조선은 건국 직후에 고려 시대의 관제를 크게 참작하여 중추원을 설치하였는데 이때의 중추원은 그 관장사항도 대단히 중요하였을 뿐만 아니라 학사 이상의 관원들이 도평의사사의 구성원으로 국정의 합의 결정에 참여하도록 되어있어서 비중이 매우 컸다. 1393년(태조 2)에 군대를 장악하기 위하여 의흥삼군부(義興三軍府)가 설치되므로 인하여 중추원의 지위는 약화되었다. 1400년(정종 2) 사병이 혁파되고 중추원과 의흥

삼군부를 통합하여 삼군부(三軍府)로 하였다가. 1401(태종 1) 승추부(承樞部)로 개칭하였다. 1403년 당시 군기를 총괄하던 승추부와는 별도로 그 예하에 중군, 좌군, 우군에 각각 도총제부(都摠制部)를 두어 각 군을 통솔하도록 하였는데 기능이 유명무실하게 되어 1432년(세종 14) 삼군 도총제부를 혁파하고 중추원을 설립하게 되었다. 이것이 1461년(세조 7)에 별다른 변화 없이 중추부로 개칭되었다가 경국대전에 법제화된 것이다.[190]

비변사(備邊司): 중부 정선방(貞善坊)에 있는데 이 관청은 1555년(명종 10)에 건립되었다. 보통의 행정체계는 의정부에서 결정하고 6조에서 각기 소관 업무를 집행하고 3사에서 감시 감독하는 것이 상례이었지만 성종 대에 이르러 여진과 왜적들의 침입이 잦아 신속하고 적절한 대응이 필요함에 따라 문무합동 협의체인 지변사재상(知邊司宰相)이라고 하는 임시 기구가 설립되었다. 여기에는 의정부 3정승을 포함하는 원상(院相)과 병조 그리고 그 외에 변방수비의 요직을 지낸 인물들로 구성되어 있다. 그 후 간헐적으로 발생하는 주변국들의 침입으로 이 합의체는 소집되었으나 1510년(중종 5) 삼포왜란이 일어난 것을 계기로 유사시에 소집하던 임시 기구를 비상대책기구로 전환하여 비변사라 하였다. 외침에 대비한 정토군(征討軍)을 편성할 때면 비변사가 설치되었다. 잦은 왜구의 침범으로 그 방어대책을 강구하는 과정에서 그 권한과 기능이 강화되어 존폐론이 대두되었으나 국난 극복이라는 대명제 앞에서 다른 대안이 없었다. 차츰 상설 기구화하여 명종 때에 공식 관청으로 등장하였다. 이때부터 비변사 당상관들은 빈청에서 모이지 않고 비변사에 따로 모여 군사전략을 세우게 되었는데, 다음 해에 을묘왜변이 일어나 그 권한은 더 커지고 병권을 아우르는 막대한 권력기관으로 부상하였다. 임진왜란과 병자호란 등을 거치면서 비변사의 권한은 막강하여 6조를 관장함은 물론 비빈의 간택까지도 간여하는 무소불위의 전권을 가지게 되었다. 상대적으로 왕권이 약화되는 결과를 초래하여 1865년 흥선대원군은 정치 일선에 나서면서 비변사를 폐지해버렸다. 그 대신에 국초의 삼군부(三軍府)를 부활시켜 국방업무를 전담하도록 하여 왕권을 회복시켰다. 또 하나의 비변사는 경희궁 흥화문(興化門) 밖에 두었다.[191]

선혜청(宣惠廳): 서부 양생방에 있는데 광해군 즉위년(1608)에 건립하였다. 대동미(大同

米)나 전(錢), 포(布) 등의 출납에 관한 일을 관장한다. 대동미는 대동법에 의해 징수하는 쌀을 말한다. 대동법은 각 지방에서 토산물로 바치는 공물(貢物)을 쌀로 통일하여 바치도록 고친 조선 후기의 공제(貢制)인데 지역 특성에 따라 돈이나 무명으로 거두었다. 처음에는 대동법이 선혜법의 이름으로 경기도에 처음 시행되면서 이를 관리하기 위한 관청으로 설립하였는데 나중에는 강원도, 충청도, 전라도, 함경도, 경상도, 황해도의 순으로 설치되면서 각도의 대동청이 이에 흡수되고 상평청(常平廳), 진휼청(賑恤廳), 균역청(均役廳)이 이에 속하게 되어 호조를 능가하는 재정 담당 기관이 되었다. 1894년 갑오경장 때 폐지되었다.[192]

의금부(義禁府): 중부 견평방(堅平坊)에 있는데 지금의 종로2가와 낙원동이다. 조선 초에 고려 제도를 이어받아 순군만호부(巡軍萬戶府)를 두었는데 1402년(태종 2)에 순위부(巡衛府)로 하였다가 이듬해에 다시 의용순금사(義勇巡禁司)로 고쳤다. 1414년(태종 14)에 의금부로 고쳤는데 1701년(숙종 27)에 임금이 의금부의 호두각(虎頭閣)에 행차하여 죄인들을 심문한 바 있다.

의금부는 조선 시대 사법기관으로 조옥(詔獄), 금부(禁府), 왕부(王府)라 부르기도 하였다. 1894년(고종 31) 갑오경장 때에 의금사로 고쳐 법무아문(法務衙門)에 예속시켰는데 다음 해에 고등재판소(高等裁判所)로 되었다가 1899년에 평리원(平理院)으로 개편되었다. 의금부는 고려 말 조선 초에 군사적 기능과 사법적 기능을 동시에 가지고 있어 왕권 강화에 절대적 권한과 임무를 부여받고 있다. 그중에서 첫째는 반란, 음모, 유언비어 등이 규제대상이고 둘째는 유교 윤리에 어긋나는 행위를 치죄하고 셋째는 왕의 교지를 받들어 추국하는 최고 사법기관이다. 그리고 신문고를 관장한다. 넷째는 외국공관의 감시나 밀무역 단속 기타 외국인의 범죄행위 등을 단속하고 다섯째는 양반에 속하는 신분의 범죄행위를 단속하여 일반인과 신분적 차별을 두었다.[193]

이조(吏曹): 중부 징청방(澄淸坊)에 있는데 문관의 선발 및 임명, 봉군(封君), 봉작(封爵) 등에 관한 일, 관리에 대한 근무평가 등에 관한 일을 관장하며 조선 초기에 건립하였다. 고려 시대부터 존속해온 기관이며 육조(六曹) 중 으뜸 관서로 천조(天曹)에 해당한다. 경국대전에 기록된 속(屬) 아문(衙門)은 종부시, 상서원, 내시부,

▶ 광화문 앞 육조거리(1910년대, 고적도보)

충익부, 충훈부, 사옹원, 내수사로 되어있다. 이 기관은 1894년 갑오경장 때까지 유지해왔다.[194]

호조(戶曹): 중부 징청방에 있는데 조선 초기에 건립되었다. 민호(民戶)와 인구(人口), 공물(貢物)과 세금부과, 음식과 재물 등에 관한 일을 관장한다. 육조(六曹)의 하나로 지조(地曹)에 해당한다. 고려 시대에는 호부(戶部)라 했는데 1389년(공양왕 1) 호조로 개칭된 것이 그대로 조선 시대에 이어졌다. 처음 소속기관은 판적사(版籍司), 회계사(會計司), 경비사(經鼻司)였다. 판적사는 호구, 토전(土田), 조세, 부역 등을 관장하였으며 회계사는 서울과 지방 각 관청에 비축된, 비곡, 포(布), 전(錢) 등의 회계 관리를 관장하는 기관이다. 1596년에는 별영이 용산에 세워져 그 지급 사무를 관장하는 별영색(別營色)이 신설되었고, 1640년(인조 18)에는 각 관서에 조달되는 물품과 중국, 일본과의 교역 물품을 보관하는 별고(別庫)가 용산에 설치되어 이를 관리하는 별고색(別庫色)이 설치되었다. 정조 때 초반에는 판적사에 잡물색(雜物色), 금은색(金銀色), 주전소(鑄錢所), 수세소(收稅所), 사섬색(司

贍色) 등 5방이 경비사에 전례방(前例房), 별례방(別例房), 찬별색(찬別色), 요록색(料祿色), 세폐색(歲幣色), 응판색(應辦色), 별고색, 별영색, 사축색(司畜色) 등 9방이 설정되었다. 1894년 갑오경장 때 탁지아문(度支衙門)으로 바뀌었다.[195]

예조(禮曹): 서부 적선방(積善坊)에 있다. 조선 초기에 설치된 기관인데 예악(禮樂), 제사, 연향(宴享), 외국에 사신 보내는 일, 학교 과거(科擧)에 관한 일을 관장하는데, 육조 가운데 춘조(春曹)에 해당하며 육조 서열은 세 번째이다. 1894년(고종 31) 갑오경장으로 폐지되었다. 태종 때 정도전을 죽인 후 삼군부(三軍府)를 빼앗아 예조 건물로 썼기 때문에 건물이 매우 장대하고 화려하였다고 문헌비고에 기록하고 있다.

경국대전에 홍문관, 예문관, 춘추관, 성균관, 숭문원(崇文院), 통례원(通禮院), 봉상시, 예빈시, 전의감, 사역원, 관상감, 교서관, 내의원, 장악원(掌樂院), 세자시강원, 종학(宗學), 종묘서, 소격서, 사직서, 빙고, 전생서(典牲署), 사축서(司畜署), 혜민서, 도화서, 활인서(活人署), 귀후서(歸厚署), 사학(四學), 각전(各殿), 각능(各陵)으로 소속 아문(衙門)이 성문화 되어있다.[196]

병조(兵曹): 서부 적선방에 있다. 무관(武官)의 선발, 임명, 의장(儀杖)과 호위, 역(驛)이나 관청 간의 공문을 전달하거나 관리의 여행 시 편의제공 및 마필을 공급하는 일 또는 병기나 갑옷 궁문이나 성문의 자물쇠 등을 관장한다. 궁중의 화재 진압도 병조 소관이다. 육조 중에 하조(夏曹)에 해당하며 서열 네 번째이다. 경국대전에 규정된 소관 업무는 무선, 군무, 의위(儀衛), 우역(郵驛), 병갑(兵甲), 기장(器仗), 문호(門戶), 관약(管鑰) 등이고 소속 아문은 오위(五衛), 훈련원, 사복시, 군기시(軍器寺), 전설사(典設司), 세자익위사(世子翊衛司) 등이다. 1894년 갑오경장 때 폐지되었다.[197]

형조(刑曹): 서부 적선방에 있는데 조선 초기에 건립되었다. 법률, 형사사건의 신중을 기하기 위한 한 번 더 심리하는 재심 임무, 민사에 대한 소송과 노예에 관한 일을 관장한다.

형조건물 벽에 영조가 친히 쓴 "공을 존중하고 법을 지키라(大公欽文哉勉守法

文)."라는 글자와 "지극히 공정해야 하며 법을 삼가 지키라(大公至正謹守法文)."라는 글자가 걸려있다. 좌우의 계단 아래 왼쪽에는 가석(嘉石)이 있고, 오른쪽에는 폐석(肺石)이 있다.

육조 서열은 다섯 번째로 추조(秋曹)에 해당한다. 경국대전에 정한 속아문은 상복사(詳覆司), 고율사(考律司), 장금사(掌禁司), 장례사(掌禮司) 등 4사의 체제로 되어있다. 상복사는 중죄인의 복심을 담당하고 고율사는 율령(律令)의 조사심의를 장금사는 형옥과 금령(禁令)의 일을 장례사는 노예의 부적(簿籍)과 포로에 관한 일을 관장하였다. 1894년 갑오경장 때 법무아문(法務衙門)에 편입되었다.[198]

공조(工曹): 서부 적선방에 있다. 산택(山澤), 공장(工匠), 영선(營繕) 그리고 도자기를 만들거나 철제품을 만드는 일을 관장한다. 육조 중에 서열은 여섯 번째로 동조(冬曹)에 해당한다. 속해있는 관아는 영조사(營造司), 공야사(攻冶司), 산택사(山澤司) 등이다. 영조사는 궁궐, 성지, 관공서의 청사, 가옥, 토목공사, 피혁, 모포 등에 관한 사무를 맡아보았고 공야사는 각종 공예품의 제조가공, 도기, 기와 및 도량형 등을 관장하였으며, 산택사에서는 산림, 소택, 나루터, 교량, 궁궐의 정원, 식목, 목탄, 목재, 석재, 선박, 차량, 필묵, 철기 등에 관한 사무를 관장하였다.

1894년에 공무아문(工務衙門)으로 명칭이 바뀌었다가 이듬해 농상아문과 합쳐 농상공부로 개편되었다.[199]

한성부(漢城府): 중부 징청방에 있는데 조선 초기에 세워졌다. 서울의 호적대장, 시장의 상점, 가사(家舍), 전토(田土) 그리고 도성 주변의 네 산의 성곽과 임야를 보호하는 일, 도로, 교량, 도랑이나 수채, 조세포탈이나 국고의 재물을 사사로이 축내는 일을 단속하는 것, 싸움, 낮에 도는 순찰, 사체검시, 거량(車輛), 행불자처리, 우마(牛馬), 호패에 낙인을 찍고 증명서나 증명서류를 발급하는 일을 관장한다.[200]

사간원(司諫院): 북부 관광방에 있고 조선 초기에 건립되었다. 언론 3사(言論三司)의 하나인데 간원(諫院) 또는 미원(薇院)이라고도 하였다.

1392년(태조 1) 7월 고려 말의 문하부낭사(門下府郎舍) 제도를 그대로 답습하였다가 1401년(태종 1)에 문하부를 없애고 의정부를 설치할 때 문하부 낭사는 독립되어 사간원이 되었다. 이 제도는 연산군 때 없앴다가 중종이 즉위하여 다시 복구하였다. 경국대전에서 정한 사간원의 직무는 왕에 대한 언론과 일반정치에 대한 언론으로 나눌 수 있다. 일반정치에 대한 언론은 원칙적으로 사헌부 소관인데 사간원에서도 하여 언론양사라는 표현을 쓰기도 한다.

언론의 내용은 논쟁, 관원의 기강을 확립하기 위한 언론으로 비위, 불법한 관원을 논박하여 그 직위에서 물러나게 하는 탄핵, 그리고 시대 정치의 득실을 논하여 바른 정치의 실현을 위한 시정, 부정부패를 막기 위한 부적절한 인사를 규탄하는 내용 등이다. 그 외에도 왕의 경연이나 세자의 서연에도 참석하여 바른 정치를 이끌어 가도록 강론에 임하기도 하였다. 이 또한 조선말 갑오경장 때 관제 개혁으로 폐지되었다.[201]

사헌부(司憲府): 서부 적선방에 있고 조선 초기에 건립되었다. 시정(時政)을 논하고 백관(百官)을 살피며 풍속을 바로잡고 억울한 사람들 사정을 살피며 관료들이 부정한 짓을 하거나 분수에 어기는 짓을 금지하는 일들을 한다. 임금에 대한 간언은 사간원 소관이었으나 일의 성격상 상관관계가 있어 사헌부에서도 하게 됨에 따라 사간원과의 업무한계가 모호해지기도 했다. 따라서 왕의 경연이나 세자를 교육하는 장소에도 참석하게 되었다. 이 제도는 1894년 갑오경장 때 관제 개혁으로 폐지되었다.[202]

성균관(成均館): 동부 숭교방(崇敎坊) 지금 서울특별시 종로구 명륜동에 있다. 조선 시대 인재양성을 위한 국립 유학 교육기관이다. 1897년(태조 6)에 문묘 옆에 건립하였다. 연산군 때에 향연장소로 변질되는 수난도 겪었으나 중종 때 다시 부활하였고, 1592년(선조 25) 임진왜란으로 불타버린 것을 1601년에 공사를 시작하여 1606년에 대성전, 동무, 서무의 문묘와 동재, 서재, 명륜당 등의 주요건물이 다시 복원되었다. 그리고 1626년(인조 4)에 존경각, 정록청, 식당, 양현고 등의 부속건물도 중건되었다. 그 뒤 비천당, 일량재, 벽입재, 계성사, 육일각 등의 건물이 세워져 점차 확대되어갔다. 1750년(영조 26)에는 성균관이 호조에 이속되었고 조선 후기에는 유생들이 당쟁에 휘말리어 공부에는 관심이 없고 입신출세에만 몰두하게 되어 교육 기능은 부진하게 되었다. 1887년(고종 24) 성균관에 경학원(經學院)을 부설하여 옛날처럼 교육기관의 기능을 되찾으려 하였으나 신문명의 바람이 불어오고 시대 상황이 변하여 뜻을 이루지 못했다. 1894년(고종 31) 갑오경장의 단행으로 모든 관제가 개혁되고 새로운 문화가 도입됨으로써 성균관은 인재양성의 기능이 아닌 학부를 담당하는 성균관급 상교서원국(成均館及庠教書院局)이라는 기관으로 변신하였다. 그러나 1895년에 교육 기능이 부활되어 경학과(經學科)를 설치하여 종전의 기능을 회복하였으나 정식 3년제 학교로서 학급이 편성되고 입학시험과 정원 그리고 연령에 제한을 두는 등 제도적인 변화가 있었다. 학과목도 전통적 학과목 외에 본국역사(本國歷史)가 필수과목으로 만국역사(萬國歷史), 본국지지(本國地志), 만국지지, 산술이 선택과목으로 되었는데, 1896년에는 선택과목도 모두 필수과목으로 바뀌었다. 1905년 관제가 개정되어 최고책임자가 칙임관(勅任官), 교수가 판임관(判任官)으로 3인이 늘어나고 박사(博士: 판임관) 3인이 신설되었는데 1907년(융희 1) 사업(司業)으로 개칭되었다. 그러나 1911년 일제의 식민지 정책으로 다시 경학원(經學院)으로 개칭되면서 최고 학부의 교육기관으로서 기능이 상실되고 석전향사(釋奠享祀)와 재산관리만을 주 임무로 하는 기관으로 전락하였다. 그 후 전국 유림들의 끈질긴 노력으로 1930년 경학원 부설로 명륜학원(明倫學院)이 설립되었다. 1939년에 명륜전문학원으로 승격되고 1942년 명륜전문학교의 설립인가를 얻어 신입생을 뽑고 교육하기 시작했으나 1943년 태평양전쟁으로 폐교되었다가 광복과 함께 명륜전문학교가 부활되고 경학원도 성균관으로 환원되었다. 1946년 명륜전문학교는 해체되고 성균관대학교가 설립되어 오늘에 이르고 있다.203

승문원(承文院): 중부 정선방(貞善坊)에 있다. 조선 초기에 고려의 제도를 그대로 답습하여 문서응봉사(文書應奉司)를 두었는데 1410년(태종 10)에 승무원으로 고쳤다. 조선 개국 초에 문서응봉사가 설치되어 사대교린(事大交隣: 대국과의 외교관계)에 관한 문서를 관장하였는데 이를 응봉사라고도 하였다. 아울러 이문(吏文) 교육도 담당하였으므로 일명 괴원(槐院)이라고도 하였다. 처음에는 북부 양덕방(陽德坊)에 있던 것을 1433년(세종 15)에 경복궁 안으로 옮겼으나 임진왜란 때 불타버렸다. 1787년(정조 11)에 정선방으로 옮겨 설립하였다.204

교서관(校書館): 중부 정선방(貞善坊)에 있다. 서적을 나누어주는 일, 제사 지낼 때 필요한 향(香)이나 축문을 마련하는 일, 인장에 관한 일을 관장한다. 1392년(태조 1)에 설치하여 세조 때 전교서(典校署)로 되었다가 1484년(성종 15) 다시 환원되면서 경국대전에 공식 관아로 기록되었다. 태조 때 처음 설치할 때는 교서감(校書監)이라 했는데 태종 원년(1401)에 교서관으로 고쳤고 1403년에 인쇄를 담당하는 주자소(鑄字所)를 두었다. 1782년(정조6)에 규장각제학 서명응(徐命膺)이 건의하여 규장각에 편입하였다. 본래의 규장각을 내각(內閣)이라 하며 경복궁의 사옹원 남쪽에 있었고, 규장각 부설기관이 된 교서관은 외각(外閣)이라 하여 남부 훈도방(勳陶坊)에 있었다.[205]

용호영(龍虎營): 북부 양덕방(陽德坊)에 있는데 1754년(영조 30)에 건립하였다. 조선 시대 국왕을 직접 호위하던 친위군영(親衛軍營), 내삼청(內三廳), 금군청(禁軍廳)이라고도 한다. 조선 초기에 국왕의 친위군은 내금위(內禁衛), 겸사복(兼司僕), 우림위(羽林衛)의 3위가 설치되어 각각 3명의 장에 의하여 통솔하여 왕을 호위하였다. 그 후 효종 때 내 3청으로 통합하여 일원화하고, 왕권의 강화와 함께 군영으로 발족하였다. 이들은 대개 기병으로 편제되었다. 1666년(현종 7)에 내삼청을 금군청(禁軍廳)으로 개칭함과 동시에 그 수도 700명으로 정하였다. 이 금군청은 영조 때 용호영으로 개칭되었으나 그 별장만은 종전대로 '금군별장'이라 하였다. 이들 금군은 국왕 호위 외에도 인정전 월장의 입직(入直)을 섰다. 그 뒤 1882년(고종 19)에 혁파되었다가 다시 부활하였으며, 1894년 관제 개혁으로 용호영을 폐하고 통위사(統衛使)로 하여금 관찰하게 하였다.[206]

훈련도감(訓練都監): 서부 여경방(餘慶坊)에 있다. 1594년(선조 27) 2월에 훈련도감을 설치하여 유성용(柳成龍)을 도제조(都提調)로, 조경(趙儆)을 대장으로 삼고 명나라 무장 척계광(戚繼光)이 지은 「기효신서(奇效新書)」라는 병서를 가지고 군사들을 훈련시켰다. 기효신서는 종전의 병법과는 달리 총포를 사용하는 왜적을 상대로 하는 새로운 병법을 기록한 병서이다. 훈련도감은 왜란 중에 임시 기구로 설치하여 점차 상설기구로 변모하여갔는데 1746년(영조 22) '속대전'에 올라 정식 기구로 되었다. 훈련도감군은 포수(砲手), 살수(殺手), 사수(射手)의 삼수군으로 조직되었으며 수는 약 1,000명 정도이었다. 이들은 1인당 1개월에 쌀 여섯 말의 급료를 받는 유급 군대로서 종전의 의무병과는 성격이 달랐다. 시대 상황의 변화나 재정적인 어려움으로 몇 차례 변화가 있었지만 조선 말엽까지 5,000명 정도의 군사력을 유지 하였다. 1594년 11월에 수도의 치안을 담당하는 5영에 군사들이 배치됨으로써 본래의 임무인 군사훈련 말고도 수도 방위와 국왕 호위의 중요한 임무를 담당해가고 있었다. 따라서 궁성과 도성의 파수 및 순라 등의 여러 임무를 수행하게 되었다. 1881년(고종 18) 군제개혁으로 별기군(別技軍)이 설치되어 신식 군대 조직이 편성되면서 다음 해에 폐지되었다.[207]

별영(別營): 마포에 있는데 1673년(현종 14)에 건립되었다.

북영(北營): 훈련도감의 본영으로 창덕궁 서쪽 지금의 원서동(苑西洞)에 있었다. 훈련도감의 사령부 이면서 창덕궁을 경비하는 주력 부대 역할을 하였다. 왕이 경희궁으로 거처를 옮기게 되면 훈련도감의 본영도 경희궁의 정문인 흥화문(興化門) 밖 새 병영으로 이동하였다. 춘당대에서 왕이 친임하여 유생들에게 시험을 보일 때에는 북영의 당상 장수와 담당 관원이 입직한 표하군(標下軍) 30인을 거느리고 집춘문(集春門) 밖에서 도열하여 경호를 담당한다.[208]

양향청(糧餉廳): 남부 훈도방(薰陶坊)에 있는데 1594년(선조 27)에 건립되었다. 훈련도감의 발족과 함께 설치되었는데 훈련도감에서 소용되는 의복, 무기, 비품 등의 물품을 조달하고 급료 등의 재정을 관리 운영하였다. 청사는 저동(苧洞)에 있었고 여기에 9개의 창고가 설치되었다. 양향청의 재원은 주로 황무지를 불하받아 개간하거나 죄인에게서 적몰한 전답을 대여받아 운영하는 수입으로 마련하였다.[209]

하도감(下都監): 남부 명철방(明哲坊)에 있는데 훈련도감 소속의 건물이다.[210]

금위영(禁衛營): 중부 정선방(貞善坊)에 있는데 1683년(숙종 9)에 건립하였다. 병조판서가 금위영의 대장을 겸임하였는데 1754년(영조 30)에 이르러 별도의 대장 1인을 두어 금위영을 통솔하도록 하였다. 숙종 조에 처음 설치할 때에 병조판서 김석주(金錫胄)의 건의로 설치된 것인데 병조소속 정초군(精抄軍)과 훈련도감 소속 훈련 별대 등을 합쳐 하나의 군영으로 만든 것이다. 국왕호위와 수도방어라는 막중한 임무로 인하여 병조판서가 대장직을 겸하여 오다가 영조 때에 별도의 대장을 임명한 것이다. 이러한 금위영은 조선말 흥선대원군에 의해 한때 강화되기도 했으나 1881년(고종 18)에 장어영(將禦營)으로 통합되었다가 1895년에 폐지되었다.[211]

남별영(南別營): 남부 낙선방에 있는데 1730년(영조 6)에 건립하였다.[212]

어영청(御營廳): 동부 연화방(蓮華坊)에 있는데 1623년(인조 1)에 설치하고 이귀(李貴)로 하여금 겸임하도록 하였다. 이귀는 당시 개성유수(開城留守)를 맡고 있었다. 인조는 후금에 대한 강경책을 써 친히 정벌할 계획으로 개성으로 나아갈 준비를 하고 있었다. 이 뜻은 이루어지지 않았지만, 이귀는 개성유수에서 물러난 후에도 이때 모집한 군사를 해산시키지 않고 어영군을 통솔할 어영사(御營使)의 임무는 그대로 가지고 있었다. 어영군은 이괄의 난을 맞아 국왕이 공주로 파천할 때 호종하였으며 환도 후에는 1,000명으로 늘어났다. 어영군은 훈련도감과 더불어 중앙군대의 핵심을 이루고 있었으나 재정상의 어려움이 뒤따라 서울에 상주시키지 못하고 500명씩 교대로 번상하였다. 어영군은 잠시 총융사(摠戎使)에 소속되기도 하였는데 1628년 12월 정묘호란 직후에는 5,000명으로 늘어나 처음으로 청으로서 군명 체제를 갖추었다. 병자호란 후에는 7,000명으로 늘어나 8번으로 나누어 겨울철에만 번상하였다. 1652년(효종 3) 오매불망 청나라를 정복하기 위한 북벌의 야심을 가지고 이완(李浣)을 어영대장으로 삼아 어영군의 수를 2만1,000명까지 증원하였다. 그러나 결국 뜻을 이루지 못하고 수도 방위의 임무를 계속해오다 순조 이후 어영청은 장어영(將禦營), 총어영(摠禦營) 등으로 바뀌었다가 1894년(고종31)에 폐지되었다.[213]

남소영(南小營): 남부 명철방(明哲坊)에 있다. 군대가 주둔하는 곳이다.[214]

수어청(守禦廳): 서부 ○○방(坊)인데 두 글자가 빠져 그 위치를 알 수가 없다.「속대전」에 1626년(인조 4) 남한산성을 수축하여 청(廳)을 설치하고 광주(廣州) 등의 경기진관을 절제(節制)하였다고 하였다. 당초에는 경기 병사 겸 총융사 이서(李曙)가 남한산성 축성을 주관하는 형태로 출발하였다가 1632년(인조 10)에 처음으로 수어사(守禦使)란 직함이 생기고 1636년(인조 14) 병자호란 후에 수어사 중심의 남한산성 수어 체제가 확립되었다. 그 뒤 몇 차례의 변화가 있은 후에 점차적으로 경기도 속오군을 중심으로 1704년(숙종 30)에는 3영(營) 2부(部) 체제로 개편되었다. 3영은 전, 후, 중, 영으로 각각 광주(廣州), 죽산, 양주에 설치되었고, 2부는 아병(牙兵), 마병(馬兵), 훈어마보군(訓御馬步軍), 친아군(親牙軍)을 각각 좌, 우부로 나누어 구성한 것이다.

남한산성이 광주 관내이다 보니 수어청 책임자인 수어사와 광주 부윤 사이에 자주 마찰이 생겨 광주 부윤을 유수로 승격시켜 광주 유수에 편입시켜 일원화하였으나 군부 장악을 둘러싼 여러 가지 마찰로 변화를 거듭하다가 1795년(정조 19) 왕권을 강화하기 위한 장용영이 설치되면서 수어청은 사실상 폐지되고 말았다.[215]

총융청(摠戎廳): 1624년(인조 2)에 총융청을 설치하고 이서(李曙)로 하여금 총융사(摠戎使)를 겸하게 하였다. 처음에는 북부 진장방(鎭長坊)에 있었는데 1750년(영조 26)에 창의문 밖으로 옮겼다. 인조는 이괄의 난 때에 반군이 수도 외곽인 경기도의 방어망을 쉽게 뚫고 서울을 점령하는 취약성이 드러난 것을 계기로 이를 보완하기 위하여 설치한 것이다. 당초 경기도 내의 정군, 속오군 및 별마대군(別馬隊軍) 등으로 편제된 총융군의 수는 약 2만여 명에 이르렀다. 방어망이 쉽게 뚫리는 취약점을 보완하기 위하여 만들어졌지만 왕을 호위하고 수도를 직접 방위하는 것을 목적으로 한 것이 아니고 후금과의 관계에 대비하여 수도 외곽 방비를 강화하기 위한 목적으로 만들어진 것이다.

1793년 이후 화성 축성을 계기로 왕권을 강화하기 위한 장용외영(壯勇外營)이 설치되어 모두 이에 귀속되었다. 그 후 순조 초에 장용영이 혁파됨으로써 그 기능을 다시 회복하였다가 1884년(고종 21)에 폐지되었다.[216]

경리청(經理廳): 1711년(숙종 37) 북한산성이 축성됨에 축성에 참여한 훈련도감, 금위영, 어영청이 3군문에서 감관(監官)을 파견하여 산성을 분담 관리하게 하였는데 산성에 비축할 군량미가 5, 6만 석이나 되어 이를 조달이나 관리하기 위하여 전담

관청이 필요하게 되었다. 결국, 이듬해에 산성 안에 경리청이 설치되어 활발한 활동을 벌였는데 부작용도 심하여 혁파 논의가 일자 업무가 크게 위축되었다. 결국, 1747년(영조 23) 총융청에 합속되었고, 1891년(고종 28) 서울의 방비에 중요한 북한산성의 수비를 강화할 목적으로 총융청에서 분리하여 경리청을 다시 설치하였는데 1894년 갑오경장으로 폐지되었다.[217]

훈련원(訓練院): 남부 명철방(明哲坊)에 있다. 무예를 닦고 시험하고 병서를 교육하는 기관인데 조선 초기에 건립하였다. 1392년(태조 1) 7월에 조선이 건국되면서 새 관제를 반포할 때 훈련관(訓鍊觀)이 설치되었다. 1394년에 훈련관은 중군군후소(中軍軍侯所)를 흡수하였고, 1405년(태종 5)에는 병조에 소속되었다가 1466년(세조 12)에 훈련원으로 명칭을 바꾸면서 제도적 기틀을 정비하기에 이르렀다. 훈련원은 크게 두 가지 임무를 가지고 있는데 시취(試取)와 연무(鍊武)이다. 시취는 무과시험을 통하여 전국에서 인재를 선발하는 일이고 연무는 병사들을 훈련시키고 병법을 익히는 등의 역할을 말한다. 1795년(정조 19)에 다소 기구의 변화가 있었고, 1884년(고종 21)에는 중국 우창칭(吳長慶)의 공적을 추모하는 오장무공사(吳壯武公司)가 훈련원에 세워졌는데 1907년 한일 신협약의 체결로 폐지되는 과정에서 많은 우리 민족의 희생자가 발생하였다.[218]

포도청(捕盜廳): 조선 중엽, 즉 성종과 중종 사이에 설치된 것으로 보고 있으며 도적을 단속하고 밤 시간을 나누어 야간에 순찰하는 일을 관장한다. 좌청은 중부 정선방(貞善坊), 파자교(把子橋), 동북쪽, 현재 서울 종로구 수은동 56번지 단성사 일대에 있었고, 우청은 서부 서린방(瑞麟坊) 혜정교(惠政橋) 남쪽, 현재 종로구 종로 1가 89번지 동아일보 사 일대에 있었다. 도시계획으로 도로 정비와 광화문우체국, 동아일보사옥 등을 지을 때 일제에 의하여 헐어버린 것으로 보인다. 『속대전』에 의하면 『경국대전』 이후 창설되었다는 기록이 있을 뿐 확실한 연대는 기록에 없다. 다만 문종 때 포도전담관을 설치하자는 논의가 있었고, 성종 초에 박중선(朴仲善)을 포도주장(捕盜主將)으로, 조한신(曹漢臣)과 홍이로(洪利老)를 포도장으로 삼은 기록이 있다.[219]

정식 포도청에 관한 기록이 처음 보이는 것은 1540년(중종 35)에 이기(李岐)의 하인들이 도적을 잡아 포도청에 고하였다는 기록과 24년 후에 포도청에 도적을 신중하고 자세하게 심문하라는 전교가 내렸다는 기록이 있다. 포도대장은 포도청을 지휘, 감독하는 책임자로 다른 군사 지휘권을 가질 수 없으며 왕의 행차 때 수행한다. 1894년(고종 31) 갑오경장 때 좌, 우 포도청을 폐합하여 경무청(警務廳)을 설치하고 내무아문(內務衙門)에 부속시켰다. 그러나 그 책임자인 경무사(警務使)는 왕과 직결되어 있어 독립된 임무를 가지고 있기 때문에 경찰지휘권을 이용하여 큰 영향력을 행사하였다.

순청(巡廳): 포도청처럼 좌, 우청이 있는데 좌청은 중부 정선방에 있고, 우청은 중부 징청방(澄淸坊)에 있다. 야간에 순찰하는 일을 관장하며 조선 초기에 건립되었다.[220]

군직청(軍職廳): 중부 정선방에 있는데 문무관(文武官) 중 단지 오위(五衛)에 속한 서반(西班) 벼슬인 군함(軍啣)만 가진 사람들을 위한 관청이다. 조선 후기에 건립되었다. 조선 전기의 군사 기구인 오위는 임진왜란 이후 오군영(五軍營) 중심체제로 개편되었으나 제도상 오위나 그 관원들은 그대로 남아있어 대부분 타 관직을 겸하고 있고 정원 가운데 일부만 남겨 실무는 없으나 녹봉을 지급하기 위한 원록체아직(原祿遞兒職)으로 두었다. 오위 전체 1,427인 가운데 원록체아직은 316인으로 군직청은 이들이 속한 무관청을 말한다.[221]

위장소(衛將所): 중부 정선방에 있는데 1451년(문종 원년)에 건립되었다. 위장소는 군사를 지휘하여 궁내를 순시하거나 조정에서 연회나 경축 행사가 있을 때 그 주위에서 도열하는 오위장이 숙직하는 곳이다.[222]

충익부(忠翊府): 북부 양덕방(陽德坊)에 있었는데 원종공신을 위한 관청이며 조선 초기에 건립되었다. 원종공신은 정공신(正功臣)보다 공이 적은 공신들에게 주는 칭호이다. 원종공신은 이성계가 나라를 세운 뒤 잠저에 있을 때 도와준 문무양반 잡리(雜吏), 노비 등을 광범하게 논공행상하기 위하여 만든 관청이다. 보통 공신이라 하면 원종공신은 포함되지 않았으며 정공신에 한하여 교서(敎書)와 녹권(錄券)을 주었고, 원종공신에게는 녹권만 주었다. 1456년(세조 2) 6월에 충익사(忠翊司)를 두었는데 1466년에 충익부로 승격시켰다. 1506년(연산군 12) 충익부의 도사를 혁파하고 다시 충익사라 격하하여 뒤에 충훈부에 병합되고 광해군 때 잠시 독립관청이 되었다가 1676년(숙종 2) 병조에, 1680년에는 다시 충훈부에, 1689년에 다시 병조에 폐합되었다가 1699년에는 충훈부에 합쳐졌다.[223]

호위청(扈衛廳): 1623년(인조 원년) 3월에 호위청을 두고 이귀(李貴)를 대장, 신경진(申景禛)을 부장으로 삼고 심명세(沈命世) 등을 종사관(從事官)으로 삼았다.

김류, 이귀 등의 반정공신들이 숙위(宿衛)가 소홀하다 하여 설치한 것인데 실제로는 반정공신들이 거사에 이용했던 군사들로 조직되어 있기 때문에 표면적으로는 왕권 호위이었으나 실질적으로는 왕권을 견제하고 반정공신들의 세력기반을 견고하게 하는데 주목적이 있었다. 그동안 세월이 흐름에 따라 기구의 변화와 세력판도의 변천으로 1778년(정조 2)에는 정조가 왕권호위 기관으로 숙위소 등을 설치하면서 호위 1청으로 축소하고 군관도 350명으로 한정하여 이제는 명실상부한 왕권 호위의 친위체제로 변하였다. 임무는 대궐 내의 입직은 물론 국왕의 행차에 호위를 담당하였다. 1881년(고종 18)에 폐지되었다가 이듬해 다시 설치되었는데 1894년의 군제 개편으로 폐지되었다.[224]

장용영(壯勇營): 동부 연화방에 있었다. 1785년에 정조는 새로운 금위 체제를 위하여 장용위(壯勇衛)라는 국왕 호위를 위한 전담부대를 창설하였다. 그 총 책임자는 장용영병방(壯勇營兵房)이라 하였고, 1787년(정조11)에 이현(梨峴: 배고개)에 있던 별궁을 장용영 건물로 삼았다. 그 뒤 1793년에 그 규모를 확대하여 군영(軍營)의 체제를 갖추니 이것이 장용영이다. 장용영은 도성을 중심으로 한 내영과 수원 화성을 중심으로 한 외영으로 나누어진다. 장용영은 설치 목적이 왕권 강화에 있었던 만큼 편제도 중앙집권적인 오위 체제를 갖추었고 왕권의 상징으로 삼았다. 그러나 정조가 죽고 1802년(순조 2)에 혁파되고 말았는데 그 후 훈련도감에 속하게 되었다.[225]

통례원(通禮院): 중부 정선방(貞善坊)에 있는데 조하(朝賀), 제사, 찬알(贊謁) 등의 일을 관장한다. 고려의 제도를 답습하여 개국 직후에 설치한 관청인데 관장하는 관청으로 각문(閣門)을 설치하였다. 각문은 얼마 뒤 통례문(通禮門)으로 개칭되었다가 1466년(세조 12)에 통례원으로 개칭하고 좌통례(정3품) 1인, 우통례(정3품) 1인, 상례(종3품) 1인, 봉례(정4품) 1인을 두었다. 1864년(고종 1)에 봉례가 폐지되고 1895년에는 장례원(掌隷院)으로 개칭되었다. 장례원은 종래의 통례원 고유 업무뿐만 아니라 예조에서 장악하고 있던 제사와 모든 능, 종실, 귀족에 관한 사무를 관장 하였다. 1900년 형률과를 폐지하고 교방사(敎坊司)를 두었으나 1910년 국권 상실로 모두 폐지되었다.[226]

장예원(掌隷院): 서부 적선방에 있었는데 노예 문서나 소송 등의 일을 관장하였다. 노비를 확보하려는 사대부가의 쟁탈전, 도망 노비의 추적, 양민의 노비화 등 노비와 관련된 여러 가지 문제를 해결하기 위하여 고려 말부터 여러 차례 노비변정도감(奴婢辨定都監)이 설치되었다. 1401년(태종 1)에 노비변정도감을 혁파하고 형조도관(刑曹都官)으로 변경하였다가 1467년(세조 12)에 이를 변정원(辨定院)으로 고쳤다. 궁궐지에는 1466년(세조 12) 정해년으로 기록하고 있는데, 이미 모화관편에서 기술한 바와 같이 즉위년 원년제를 택하건 유년원년제를 택하건 서기 연수와 간지는 변할 수가 없다. 다만 재위 연수에서 1년의 차이를 보일 뿐이다. 실록에는 단종을 노산군으로 하여 왕으로 인정하지 않은 상태에서 기록하였기 때문에 재위 연수가 13년으로 되어있으나 국조보감에는 단종을 복위시킨 후에 수록된 부분이기 때문에 즉위 다음 해를 원년으로 하여 세조 재위 12년으로 기록하고 있다. 어쨌든 간지를 기준으로 할 수밖에 없고 정해년은 1467년이다. 장례원의 주된 업무가 노비와 관련된 것이기 때문에 임진왜란이 일어났을 때에는 노비들에 의하여 제일 먼저 불에 탔다. 조선 후기에는 노비층의 광범위한 도망, 신분상승 및 양인층 확보의 필요성 때문에 종모법(從母法: 어머니가 양인이면 그 소생도 양인)을 채택하게 되어 공노비의 추적을 폐지하게 되고, 1764년(영조 40) 7월에는 비총제(比摠制: 각 도에 공노비 수를 미리 정하여둠)를 실시하여 장례원을 혁파하고 보민사(保民司)라 하였는데 1775년에는 아주 없애버렸다(문헌비고). 자연히 장례원의 업무는 축소되고 뒤에 그 임무를 형조에 이관시켰는데 같은 해 11월 보민사(保民司)로 개칭되면서 실질적으로는 폐지되었다.[227]

봉상시(奉常寺): 서부 인달방(仁達坊)에 있는데 제사와 죽은 후에 생전의 공덕을 찬양하여 추증하는 시호(諡號)를 결정하는 일을 관장한다. 봉상시의 기원은 멀리는 신라 시대의 전사서(典祀署)로 올라갈 수 있으나 조선 시대 봉상시와 직접 관련이 있는 것은 고려 목종 때 설치된 태상(太常)이다. 이것은 문종 때 태상부(太常府)로 고쳤다가 1298년(충렬왕 24)에 봉상시로 개칭하였다. 1308년에는 전의시(典儀寺)로 개칭되었다가 1356년 공민왕 때에 다시 태상시로 1362년에 다시 전의시로 1369년에는 또 태상시로 1372년에는 전의시의 순으로 반복 변경되었다. 조선 개국 초까지 고려의 제도를 답습하였는데 1421년(세종 3)에 다시 봉상시로 환원되고 1895년(고종 32) 봉상사(奉常司)로 개칭되었는데 1910년 한일합방으로 폐지되었다.**228**

사재감(司宰監): 북부 순화방(順化坊)에 있는데 생선, 소금, 땔나무, 싸리, 나무 횃불 등에 관한 일을 관장한다. 고려 문종 때 사재감으로 정하였는데 1298년(충렬왕 24)에 사진감(司津監)으로 고쳤다가 1308년(충렬왕 34)에 도진사(都津司)로 개정하였다. 1356년(공민왕 5)에 사재감으로 1362년에 사재시로 1369년에 사재감으로, 1372년에 사재시로 여러 차례 같은 이름이 반복적으로 바뀌었다. 1392년(태조 즉위년) 7월에 고려의 제도를 본받아 사재감을 설치하였다. 경국대전에 기록된 사재감의 임무는 어물(魚物), 육류(肉類), 식염(食鹽), 소목(燒木), 거화(炬火: 횃불) 등을 관장한다. 1882년에 폐지되었다.**229**

종부시(宗簿寺): 북부 진장방(鎭長坊)에 있는데 왕실의 족보를 기록하거나 종실의 잘못을 살피는 일을 한다. 처음에는 중부 정선방(貞善坊)에 있었다. 개국 초 1392년(태조 1)에 태조가 관제를 새로 정비할 때에 전중시(殿中寺)로 출발하여 1401년(태종 1)에 종부시로 개칭되었다. 한때는 재내제군부(在內諸君府)에 속했다가 1430년(세종 12)에 재내제군부가 종친부로 개칭되면서 다시 독립하였다. 종실보첩은 3년마다 한 번씩 작성하고 선원록(璿源錄)은 10년에 한 번씩 수찬하였다. 중종 때에 효사묘(孝思廟)를 없애고 그 자리에 종부시를 세웠다. 1864년(고종 1)에 종친부에 합속되었다.**230**

사복시(司僕寺): 중부 수진방(壽進坊)에 있는데 가마 나 말, 마구간이나 목축에 관한 일을 관장한다. 이 기관은 고려 제도를 그대로 답습하여 1392년(태조 1)에 사복시를 설치하였는데, 1405년(태종 5)에 병조에 소속시키고 성종 때 경국대전의 완성으로 정3품 수장의 기관으로 정식 관청이 되었다.

사복시의 지방조직인 목장은 『세종실록』 지리지에 53개, 『동국여지승람』 87개, 「대동여지도」 114개, 『증보문헌비고』에 209개가 전하여진다.[231]

군기시(軍器寺): 서부 황화방(皇華坊)에 있는데 병기를 만드는 일을 관장한다. 좀 더 구체적으로 말하면 병기, 기치, 융장(戎仗), 집물 등의 제조를 맡아보던 병조에 속한 관청이다. 1392년(태조 1) 군기감이 설치되었다가 1466년(세조 12)에 군기시로 개칭되었다. 1884년(고종 21) 군기시가 폐지되자 그 직무는 기기국(機器局)으로 옮겨졌다.[232]

내자시(內資寺): 서부 인달방(仁達坊)에 있었는데, 궁중에 바치는 쌀, 국수, 술, 장(醬), 기름, 꿀, 채소, 과일, 왕비가 베푸는 잔치, 옷감 짜는 일 등을 관장한다. 그 외에 왕자를 낳는 왕비의 권초(椽草)를 봉안하였다. 권초는 왕비가 왕자를 낳을 때 깔았던 거적자리를 말하는데 이 일은 내자시에서 임시적인 권초관이 산실에 배치되어 처리하였다. 1392년(태조 1) 관제를 새로 정할 때에는 내부시(內府寺)라 하였으나 1401년(태종 1) 내자시로 개칭하고 1403년에 의성고(義成庫)를 병합하였고 1405년에 호조에 소속시켰다. 1637년(인조 15) 병자호란 후 국고의 절약을 위하여 업무가 비슷한 내섬시에 병합하였다가 다시 부활하였고 조선 후기에 또다시 사온서(司醞署)에 병합하였다가 1882년(고종 19)에 폐지하였다.[233]

내섬시(內贍寺): 서부 인달방에 있는데 여러 궁에 바치는 술, 왜인과 야인들이 주는 옷감 등에 관한 일을 관장한다. 처음에는 북부 준수방(俊秀坊)에 있었다. 술은 2품 이상 관리에게 주는 것을 취급하고 각 지방에서 나오는 특산물을 진상하는 임무도 함께 하였다. 여기서는 왕비가 공주를 낳을 때 깔았던 권초(椽草)를 봉안하였다. 1392년(태조 1)에 설치한 덕천고(德泉庫)를 1403년(태종 3) 6월에 내섬시로 고친 뒤 1405년 3월에 호조에 귀속시켰다. 1637년(인조 15)에 내자시를 병합하였다가 다시 분리 독립하였는데 1800년(정조 24) 4월에 업무가 비슷한 의영고(義盈庫)에 병합하였다. 내섬시 소관 업무 가운데 중요한 비중을 차지하던 왜인, 야인에 대한 공궤(供饋)는 양대 호란으로 없어졌으며 2품 이상 관리에게 주는 술과 직조도 폐지되었다.[234]

사도시(司䆃寺): 북부 광화방(廣化坊)에 있는데 궁중 곳간의 쌀이나 장 등의 물건을 관장한다. 수장은 정삼품이다. 고려 시대에는 비용사(備用司)로 설치하였다가 충렬왕 때 요물고(料物庫)로 고친 뒤 조선 건국 초까지 이어져 왔다. 1401년(태종 1) 7월에 공정고(供正庫)로 개칭되고 1422년(세종 4) 9월에 도관서(䆃官署)로 고쳤다. 1460년(세조 6) 5월에 도관서를 폐지하고 사선서에 합하였다가 1467년 4월에 사선서를 사옹원에 합속시키면서 도관서를 다시 부활시켰다. 그 뒤에 사도시로 고쳐 경국대전에 올려 법제화하였다. 사도시는 1882년(고종 19)에 폐지되었다.[235]

이상 8개의 관청은 모두 조선 초기에 건립되었다.

예빈시(禮賓寺): 남부 회현방(會賢坊)에 있다. 빈객에 대한 잔치, 종척(宗戚)이나 재신(宰臣)에게 주는 선물 등의 일을 관장한다. 정3품의 아문(衙門)으로 유지해오다 조선 후기에 종 6품 아문으로 격하되었다. 고려 시대에는 태조 때 예빈성(禮賓省), 성종 때 객성(客省), 예빈성, 충렬왕 때에는 전객시(佃客寺)로 개칭되었다가 다시 예빈시, 전객시로, 공민왕 때에는 예빈시로 같은 이름이 여러 차례로 번갈아가며 사용되었는데 이 예빈시는 조선에 이어져 1894년 갑오경장에 의하여 폐지될 때까지 같은 이름으로 존속하였다.

조선 초기에 건립될 때에는 의정부 남쪽에 있었는데 뒤에 서부 양생방(養生坊)으로 옮겼다가 1778년(정조 2)에 남별궁 안으로 옮겨 세웠다.[236]

사섬시(司贍寺): 동부 숭교방(崇敎坊)에 있었다. 고려 말과 조선 초에 사용되던 지폐(楮貨)를 만들거나 팔도 노비의 육체노동 대신 바치는 공물(貢布)에 관한 일을 관장한다. 1401년(태종 1)에 설치하였는데 1460년(세 조6)에 사섬서(署)로 고쳤다. 1637년(인조 15)에 제용감(濟用監)에 합병되었다가 1645년 호조판서 정태화(鄭太和)

가 건의하여 다시 부활하였다. 세월이 지남에 따라 기관의 역할이 미약해지면서 1705년(숙종 31)에 호조의 사섬색(司贍色)에 합쳐지고 말았다.[237]

군자감(軍資監): 용산강(龍山江)에 있는데 조선 초기에 건립되었다. 군사 상에 필요한 쌀 등 물자를 맡은 관청인데 정3품 아문이었다. 1392년(태조 1) 고려의 제도를 그대로 따라 군자감을 설치하였다.[238]

제용감(濟用監): 중부 수진방에 있는데 조선 초기에 건립하였다. 왕실에서 쓰는 각종 직물, 인삼의 진상과 국왕이 내려주는 의복 및 각종 비단옷감, 염색, 방직 등에 관한 일을 관장한다. 태조가 처음 세웠을 때에는 고려 공양왕 때의 제용고(庫)를 그대로 답습하였는데 1409년(태종 9)에 제용감이라 개칭하였다. 경국대전에 정3품 아문으로 올라있으나 영조 이후에는 종 5품 아문으로 격하되었다.[239]

선공감(繕工監): 서부 여경방(餘慶坊)에 있는데 창덕궁의 금호문 밖에 있어서 자문감(紫門監)이라 불렀다. 토목공사와 건물 수리를 관장하는데 1392년 개국 후 7월에 처음 설치하였다.[240]

장악원(掌樂院): 남부 명례방에 있는데 아악(雅樂), 속악(俗樂) 그리고 음률을 가르치게 하고 임금이 검열하는 일등을 관장한다. 장학원은 조선 초기 장악서와 악학도감의 전통을 이어받은 1470년(성종 1) 이후 1897년 교방사로 개칭될 때까지 사용된 국립 음악기관의 공식 명칭이다. 이 기관은 예조에 소속된 한 독립기관으로서 정3품아문의 관청이었다. 1895년(고종 32)에 예조로부터 궁내부의 장례원(掌禮院)으로 이송되었다. 1457년(세조 3) 이전에는 궁중음악과 무용의 교육 및 연주 활동은 주로 전악서, 아악서, 관습도감, 악화 등에서 관장되어 오던 것을 1457년 11월 아악서와 전악서는 장악서로 통합되고 악학과 관습도감은 악화도감으로 합쳐졌다. 1466년 모든 궁중의 음악과 무용의 행정 및 연주활동은 장악서로 단일화되었는데 확실한 연대는 알 수 없으나 1470년 이전에 장학원으로 명칭이 바뀌었다.

연산군 말기에 연방원이라는 이름으로 바뀌었으나 중종 때 다시 장악원으로 되었으며 영조 때 잠시 사람들의 입에서 이원이라는 이름으로 불리기도 했다. 1895년 궁내부의 장례원으로 옮겨갔고 1897년 교방사로 명칭이 바뀌었다. 그 뒤 1907년에 장악과(課)로 되었다가 결국 국치 이후 음악인들은 아악대라는 이름으로 명맥만 유지하게 되었다. 아악대는 조선총독부에 의하여 이왕직 아악부(李王職雅樂部)로 개칭되어 유지해오다 8·15해방 후 이왕직 아악부는 구왕궁 아악부(舊王宮雅樂部)로 개칭되어 그런대로 전통을 이어오다가 1950년 1월 18일 대한민국 대통령령 제271호로 국립국악원의 직제가 공포되고 1951년 4월 9일 부산에서 정식 국립국악원이 설립됨으로써 이왕직 아악부의 전통을 이어받게 되었다. 이것이 오늘에 이르게 된 것이다. 장악원의 관사는 성종 때 왕명으로 태상시(太常寺) 동쪽 수십 보 거리에 민가를 철거하고 세워졌는데 위치는 서부 여경방이었다. 임진왜란 때 이 청사는 불타버리고 선조 말기에 명동의 구 내무부(옛날 명례방) 자리에 건립되었다. 이 건물은 300년 동안 사용되었는데 1904년 러일전쟁으로 일본이 징발하여 전진기지로 삼아버린 바람에 한동안 청사 없이 지냈다. 1904년 교방사는 조동에 있는 개인 집으로 옮겼다가 서울역 뒤 죽림동에 있는 장혜원 자리로 옮겼다. 한일합병 후 1911년에는 장혜원 자리에서 당주동 봉상시 술 창고를 수리하여 임시로 사용하였다. 그 후 이왕직 아악부는 1926년 1월 창덕궁 앞 운니동에 있는 왕실 재산으로 지은 공장 불탄 자리에 건물을 새로 지어 사용해오다 1967년 12월 29일 중구 장충동 2가에 있는 국립 국악 고등학교의 건물로 잠시 옮겼다가 다시 국립극장으로 옮겼고 최근에는 서초동 예술의 전당 안에 있는 국악당으로 옮긴 후 오늘에 이르고 있다.**241**

관상감(觀象監): 북부 광화방(廣化坊)에 있는데 천문, 지리, 역수(曆數: 달력을 만드는 일), 점술, 기후관측, 물시계 등을 관장한다. 고려 건국 초에 태복감(太卜監), 태화국(太火局)을 두었다가 뒤에 사천대(司天臺), 사천감(司天監), 관후서(觀候署), 서운관(書雲觀) 등으로 명칭을 바꾸었다. 조선 시대에 들어와서도 고려 시대 관제가 그대로 유지되다가 1425년(세종 7)에 관상감이라 개칭하고 예조에서 관장하도록 하였다. 연산군 때 다시 사력서(司曆署)로 개칭하였다가 중종 때 관상감으로 환원하였다. 세종 때에는 경회루 북쪽에 천문을 관측할 수 있는 간의대(簡儀臺)를 만들었고 천문기기와 시간을 측정할 수 있는 물시계 등을 설치한 흠경각(欽敬閣)

을 지었다. 영조 때에는 창덕궁에 흠경각을 짓고 그 안에 돌로 새긴 천문도(天文
圖)를 설치하였다.

1894년(고종 31) 갑오경장 때 관상감이 폐지되고 관상소가 설치되어 기구가 축소
되었다. 관상감은 지금의 기상대나 천문대에 해당하는데 서울특별시 종로구 원서
동(전 휘문고등학교 교정)에 그 유적인 일영대(日影臺)가 남아있다.**242**

전의감(典醫監): 중부 견평방(堅平坊)에 있었는데 의약을 궁중에 공급하는 일과 임금이
하사하는 의약에 관한 일을 관장한다.

의학교육과 의학취재(醫學取才) 등의 사무도 겸하여 관장하였다. 견평방은 종로
구 견지동에 해당한다. 고려 시대에 태의감(太醫監), 사의서(司醫書), 전의시(典醫
寺) 등으로 명칭이 변경됐는데 조선 건국 초 관제 개혁에 의하여 전의감으로 변경
되었다. 전의감은 왕실과 조정 관원들의 진찰과 조제 및 약재의 재배와 종자 보존,
의학 취재 등의 일을 겸하였다.

1894년 갑오경장에 의하여 태의원(太醫院)으로 개칭되었으며 서양 의술이 보급되
면서 한의는 퇴조의 길을 가게 되었다.**243**

사역원(司譯院): 서부 적선방(積善坊)에 있는데 여러 나라의 언어를 통역하는 일을 관장
한다. 태조 때 설치한 중앙기관인데 외국어는 한학(漢學), 몽고어, 일본어, 여진학
(女眞學: 뒤에 淸學) 등을 주로 취급하였다. 조선 시대 사역원은 두 가지 기능을
가지고 있었다. 하나는 대국과의 외교 관계에 있어서 필요한 인재를 양성하기 위한
외국어 교육기관이고 다른 하나는 외국어의 통역과 번역 등 실무에 종사하는 일을
맡아 보는 관부(官府)의 기능이다. 조선 시대 사역원은 종로구 적선동과 도염동(都
染洞) 일대에 걸쳐있었으며 동서가 23간 남북이 24간 총 552간으로 대청(大廳),
상사당상청(常仕堂上廳), 한학전함청(漢學前銜廳) 등 30여 개의 청이 있는 거대
한 것이었다.

처음에는 2품 이상의 천첩자(賤妾子)도 될 수 있었으나 1482년(성종 13) 이후에
는 천인이 생도가 될 수 없게 되었다.**244**

광흥창(廣興倉): 서강(西江) 북쪽에 있었는데 관리들의 녹봉을 관장하던 관서와 관할하

는 창고를 이름이다. 고려 충렬왕 때 설치되어 조선 시대까지 존속된 관서인데 전국 각지에서 배들이 집결하는 서울의 서강 연안 와우산(臥牛山) 기슭에 위치하였다. 저장된 곡식은 전라도, 충청도에서 뱃길로 운송된 것이 대부분이며 녹봉은 처음에 매년 1월, 4월, 7월, 10월 네 차례 지급하던 것을 1701년(숙종 28)부터는 매월 지급하였다. 1721년(경종 1)에 개정된 월봉이 조선말까지 시행되었는데 정1품은 쌀 2섬 8말과 콩 1섬 5말부터 종9품은 쌀 10말과 콩 5말까지의 차등을 두었으며, 문관은 이조에서 무관은 병조에서 지급의뢰서를 발급하였고 관원이 직접 창고에서 받아갔다.[245] 장악원, 관상감, 전의감, 사역원, 광흥창은 조선 초기에 건립되었다.

풍저창(豊儲倉): 북부 의통방(義通坊)에 있었는데 얼음, 콩, 자기, 종이 등 전국 각지에서 수납된 물품을 관장하였다. 본 창은 의통방에 있었고 강창(江倉)은 용산 강변과 서강변에 있어 배로 운송되어온 세곡과 포목을 보관하였다. 후에 장흥고(長興庫)에 합쳐진 뒤에는 내시(內侍)의 급료, 노인들의 세찬(歲饌), 사신들의 사미(賜米)를 관장하였다.[246]

전함사(典艦司): 조선 시대에 선박 관리 및 조선(造船), 운수(運輸)에 관한 일을 맡아 보던 관청이다. 내사는 중부 징청방에 있었고 외사(外司)는 서강(西江)에 있었다. 1403년(태종 3)에 관제 개편으로 사재감(司宰監)에 병합되고 다시 1432년(세종 14) 사수색(司水色)으로 부활하여 병선건조의 임무를 맡았고 1436년에 수성전선색(修城典船色)으로 개편되었다. 1465년(세조 11) 전함사로 되었다가 조선 후기에는 전함사의 기능이 약화되어 병조에 병합되었다. 그리고 그 기능 중 조선관리 업무는 비변사와 공조, 선혜청에서 담당하였다.[247]

준천사(濬川司): 중부 장통방(長通坊)에 있었는데 도성 안의 개천(開川: 청계천)을 준설, 소통시키며 백악(白岳), 인왕(仁旺), 목멱(木覓), 낙산(駱山) 등 4산의 나무를 보호하기 위하여 1760년(영조 36) 도성 안에 설치한 관청이다. 서울은 조선 개국 초부터 인구가 증가함에 따라 청계천으로 집중되는 하수 처리에 골머리를 앓고 있었다.

1411년(태종 11)에 이의 해결책으로 도성 한가운데에 큰 배수로를 별도로 팔 것을 결정하고 개천도감을 설치하여 다음 해에 삼남의 군인들을 징발하여 착수한 지 1개월 만에 완공하였다. 수로는 지금의 광교에서 도성을 동서로 관통하여 오간수문을 지나 다시 동남쪽을 거처 중량천(中梁川)에서 북한산, 도봉산, 수락산 등에서 흘러내린 물과 합류하여 한강으로 흘러가게 하였다. 이 제방은 장의동구(藏義洞口)에서 종묘 동구 사이와 문소전에서 창덕궁 사이는 돌로 쌓고 종묘 동구와 수구문(광희문) 사이는 나무로 쌓았으며 주요 교량은 돌로 쌓아 개천이라 하였다. 세종 때 이현노(李賢老)가 오물을 던지지 못하도록 하여 물을 맑게 하기를 청하였으나 집현전 교리 어효첨(魚孝瞻)이 상소를 올려 실행할 수 없는 형편이라고 반대하여 왕이 이를 받아들임으로써 실현되지 못했다. 그 후 약 300여 년 동안 방치해두는 바람에 오물이 쌓이고 악취가 심하여 비가 조금만 와도 범람하여 침수는 물론 우물마저 오염되어 전염병이 도는 등 백성들에 막대한 피해를 주었다. 1759년(영조 35) 좌의정 신만(申晩)의 발의로 홍봉한, 이창의(李昌誼), 홍계희(洪啓禧)를 준천당상에 임명하여 준천에 필요한 노동력이나 제반 경비를 산출한 절목(節目)을 만들도록 하고, 1760년 3월 중순에 준설을 착수하여 57일 만에 완성하였다.**248** 이와 같은 공사를 계기로 상설 기구로 준천사를 설치하고 4개 산을 보호하는 역할도 겸하게 하였다. 준천 공사가 끝나고 홍계희는 『준천사실(濬川事實)』이라는 책을 편찬하였다. 1789년(정조 13)에 한강에 부교(浮橋)를 조성하는 일과 조운(漕運)을 관장하는 주교사가 병설기구로 설치되었다. 1832년(순조 32) 다시 개천이 막히자 대대적인 준설공사를 실시하였다. 1865년(고종 2) 무관의 관청으로 이속되었으며 다시 1882년에는 그 사무가 주로 청계천 공사에 치중되었으므로 한성부에 통합되었다.**249**

수표교(水標橋)와 수표(水標)

수표교는 1420년(세종 2)에 청계천에 세운 다리로 서울특별시 유형문화재 제18호로 지정되어있다. 수표교 있는 곳에 마전(馬廛)이 있어 마전교라고도 불렀다. 이 다리 앞에 수표(水標)를 세운 것은 1441년(세종 23)이었다. 다리 서쪽 중앙에 석표(石標)를 세우고 척촌

▶ 1910년대의 수표교

(尺寸)을 새겨 빗물의 깊이를 알기 위함이었다(橋西中央立石標刻尺之數凡雨水以知深淺).1760년(영조 36) 다리를 수리하고 수표에 경(庚), 진(辰), 지(地), 평(平)이라는 글씨를 새겨 수심을 4단계로 측정하였다. 그런 까닭으로 수중주석표(水中柱石標)라는 말이 생겨 '수표교'로 불리었다. 세종 때 세운 수표는 나무로 만든 것으로 주척(周尺)을 기준으로 하여 척(尺), 촌(寸), 푼(分)의 단위까지 눈금을 매겼으나 쉽게 부식되거나 부러지는 단점이 있어 석주(石柱)로 교체하였다. 성종 때의 기록으로 보면 이와 같은 결점이 있어 석재(石材)로 바꾸어 설치하였는데 눈금의 단위는 척, 촌까지만 새겨져 있었다고 기록하고 있는데 교체 시기는 알 수가 없다.

▶ 세종대왕 기념관에 전시된 수표

그런데 지금 남아있는 수표석주에는 척(尺)까지만 표시되어 있어 성종 이후 또다시 교체되어 오늘에 이른 것으로 보인다. 이 수표석주는 높이 3m, 너비 20cm의 크기로 석재(石材)는 화강석이고 부정육면방추형(不正六面方錘形)이다. 석 주위에는 연꽃무늬의 머리돌을 올려놓았고 밑은 모난 초석으로 하상(河床)에 박아놓았다.

눈금은 주척으로 10척(1척 21.5cm)까지 새겼고 3척, 6척, 9척에는 각각 0표를 하여 갈수(渴水: 가

▶ 장충단 공원으로 옮겨 놓은 수표교

묨), 평수(平水: 보통), 대수(大水: 위험) 등을 기준으로 삼았다. 수표석 아래에는 계사경준(癸巳更濬), 초석에는 기사대준(己巳大濬)이라는 글귀가 새겨있어 성종 때와 영조 때 두 차례 준설공사가 있었음을 알 수 있다. 이때마다 수표가 교체되어 영조 때 세운 것이 오늘의 수표가 아닌가 싶다.

수표교는 세종 때 세워 1760년(영조 36)에 수리하고 1767년, 1768년에 다리를 다시 고쳐 오늘에 이르렀는데 1959년 청계천 복개공사로 수표교가 있던 수표동에서 장춘단 공원으로 옮겨갔다. 이때 수표도 같이 옮겨갔으나 1973년 수표만 서울 동대문구 청량리동 산1-157 세종대왕기념관으로 옮겨 현재에 이른다. 수표는 보물 제838호로 지정되어 있다.**250**

종학(宗學): 북부 관광방에 있었는데 종실(宗室)에 대한 교육을 관장하였다. 고려 시대에는 종친만을 위한 교육 제도는 없었는데 조선 시대에 들어와 국가 체제의 지도 이념을 유교에 둠에 따라 이에 따른 제도적 혁신이 요구되었고, 이를 뒷받침할 수 있는 교육기관이 종친들에게도 필요하게 되었다. 이 제도적 개혁은 태종 때부터 시작되었는데 세종은 이를 이어받아 지속적으로 진행하는 가운데 예조의 건의에 따라 왕실 교육을 위한 교육기관을 설치하고 종친 자제로서 8세가 되면 모두 입학시켜 유교의 교양을 쌓을 수 있도록 1428년(세종 10)에 종학을 설립하였다. 1429년에는 경복궁의 건춘문밖에 따로 학사(學舍)를 짓고 다음 해에는 학칙을 제정하여 체제를 갖추었다.

송나라 제도를 본떠 종학관을 박사라 하였는데 모두 성균관원으로 겸임하게 하였다. 전임을 두지 않고 성균관원으로 겸하게 한 것은 대상만 다를 뿐 그 기능과 역할이 같기 때문이었는데 성균관에 예속된 분위기를 면할 수가 없었다. 성종 때에 이르러서는 종친의 사환금지(仕宦禁止)가 제도적으로 고정됨에 따라 사실상 유명무실하게 되고 영조 때에 결국 폐지되었다.[251]

제생원(濟生院): 조선 초기에 서민들의 질병을 치료해주기 위하여 설치한 의료기관이다. 1397년(태조 6) 조준의 건의에 의하여 설치하였는데 의료, 의약의 수납과 보급 그리고 의학교육 및 편찬 사업을 맡아 보았다. 1406년(태종 6) 창고궁사(倉庫宮司)의 처녀 수십 명을 선발하여 진맥과 침구법을 가르쳐 부인의 질병을 치료하게 하였는데 이것이 의녀(醫女)의 시작이다. 일반서민들의 질병을 치료함과 동시에 구호사업에도 관여하여 조선 초기 의학 발전에 많은 공헌을 하였다. 그러다 1459년(세조 5) 5월에 혜민국에 합병되었다.[252]

수성금화사(守城禁火司): 종루 동쪽에 있었는데 궁궐지 편찬 당시에 이미 없어졌다. 궁성, 도성의 수축, 궁궐, 관청, 민가의 소방에 관한 일을 관장하는 정4품의 관청이다. 세종 초에 도성의 화재 방지를 위해 금화도감(禁火都監)을 두었는데 1426년(세종 8) 6월에는 성문도감(城門都監)과 합쳐서 수성금화도감(守城禁火都監)이라 하였고, 도성의 수리는 물론 도로와 교량의 수리까지 담당하였다. 업무의 확대로 병조 소속의 관청이던 것이 후에 공조 소속으로 이관되었다. 1460년(세조 6) 5월에 이 기구를 폐지하고 성곽의 수리는 공조, 소방업무는 한성부로 이관되었다가 1481년(성종 12) 3월에 다시 수성금화사로 부활하여 경국대전에 오르는 정식 관청이 되었다. 긴급사태가 발생하면 겸임, 전임의 모든 관원이 모여 논의하는 합의제로 운영되며 여기에는 멸화군(滅火軍)이라 부르는 소방대원이 24시간 근무한다. 19세기경에 폐지된 것으로 보고 있다.[253]

종묘서(宗廟署): 종묘의 담장 안에 있는데 종묘와 산능 앞에 세운 정자각 등을 관리 보호하는 일을 관장한다. 종묘서가 처음 설치된 것은 고려 문종 때로서 충렬왕 때에 침원서(寢園署)로 개칭되었으며, 공민왕 때 대묘서(大廟署)로 개칭하였다가 능원서(陵園署)로 고쳤다. 조선 시대 태조 때 설치하고 종묘서라 하였는데 조선말까지 이어졌다.²⁵⁴

사직서(社稷署): 사직의 제단 밖에 있는데 제단이나 주변 담의 청소를 관장한다. 종5품 아문이다. 조선 초기에 사직단을 두었다가 1426년(세종 8)에 사직서로 개칭하였다. 사직서의 입직 관원은 5일마다 사직단과 토담을 봉심(奉審)하여야 하며 매달 삭망 때에는 신실(神室)을 봉심하여야 하고 만일 개수할 곳이 있으면 예조에 보고하여야 한다. 그리고 호조, 예조, 공조의 낭관(郎官)은 정월과 7월에 사직단 및 토담과 신실을 살펴보도록 하였다.²⁵⁵

평시서(平市署): 중부 경행방(慶幸坊)에 있는데 시장의 점포를 단속하고 도량형을 표준화하며 물가를 조절하는 일을 관장하였다. 1392년(태조 1)에 고려의 제도를 본받아 경시서(京市署)를 설치하였는데 1466년(세조 12)에 평시서로 이름을 바꾸었다. 조선 전기에는 대체로 물가를 통제, 조절하고 상도의를 바로 잡는데 주된 역할을 하였는데, 후기에는 주로 전매 물품을 결정하고 그것을 보호해주는 역할을 주로 하였다. 1894년 갑오경장 때 폐지되었다.²⁵⁶

사온서(司醞署): 서부 적선방에 있었는데 술과 단술(감주) 등의 물건을 관장한다. 온(醞)은 술을 빚는다는 뜻을 담고 있다. 1392년(태조 1) 7월에 사온서를 두었는데 중종 때까지 존치되었으나 언제 폐지되었는지는 명확하지 않다.

의영고(義盈庫): 서부 적선방에 있었는데 기름, 꿀, 밀랍, 채소, 후추 등의 물건을 관장한다. 처음 설치된 것은 1308년(충렬왕 34) 충선왕이 즉위하여 설치하였는데 종5품의 아문이다. 이 제도는 그대로 조선에 이어져 변동 없이 지속되다가 1882년(고종 19)에 폐지되었다.²⁵⁷

내수사(內需司): 서부 인달방(仁達坊)에 있는데 궁중에서 쓰는 쌀, 베, 잡화 및 노비 등을 관장하는 이조 소속의 정5품의 관아이다. 개국 초에 고려 왕실로부터 물려받은 왕실 재산과 함경도 함흥 지역에 있는 이성계 가문의 사유재산을 관리하기 위하여 설치되었다. 내수사는 본래 면세의 특권을 부여받는 내수사전과 다수의 내수사 노비 및 염분(鹽盆)을 소유하여 많은 재산을 보유하고 있었다. 세종 때 이후 왕실 세력을 배경으로 불법적으로 백성들의 토지와 노비를 침탈하여 폐해가 극심해지자 성종 이후에 "군주는 사장(私藏)을 가져서는 안 된다."라는 유교적인 명분론을 내세워 내수사 혁파를 주장한 적이 있었으나 그 존속은 계속되었고, 1801년(순조 1)은 내수사의 노비원부를 불태워 내수사 노비를 혁파한 일도 있었으나 내수사는 폐지되지 않았다. 결국, 고종 대에 이르러 혁파되었다.[258]

소격서(昭格署): 북부 진장방(鎭長坊)에 있었는데 조선 초기에 건립되었다. 지금 서울특별시 종로구 삼청동이다. 고려 때는 소격전이라 불렸으나 1466년(세조 12)에 소격서로 개칭하고 규모를 축소하였다. 한성으로 도성을 옮겨오면서도 개성의 소격전은 남겨두었다. 1396년(태조 5) 정월에 좌우도의 장정 200명을 징발하여 삼청동에 소격전을 지었다. 용재총화(慵齋叢話)에 소개된 내용을 보면 소격전에는 태일전(太一殿), 삼청전 밑 내외제단(內外諸壇)이 있어서 옥황상제를 비롯한 수백 개의 신위와 상(像)들이 마련되어있고, 헌관(獻官), 서원(署員) 및 도류(道流: 조선의 도사)가 분담하여 재초(齋醮)를 거행하였다 한다. 소격서는 삼청성신(三淸星辰) 등 도교에서 지내는 제사를 관장한다. 삼청은 삼청성신(三淸星辰)으로 옥청(玉淸), 상청(上淸), 태청(太淸) 등 삼부의 성신을 말한다. 연산군 조에 잠시 소격서 혁파 논의가 있었으나 존속되었고 중종 때에 조광조 등의 유생들이 들고일어나 소격서 혁파를 강력하게 주장했으나 조종 이래로 지켜온 제도이므로 없앨 수 없다 하여 거절하였다. 이와 같은 쌍방의 대립으로 과거시험이 어렵게 되자 1518년 8월에 중종은 뜻을 꺾고 소격서를 혁파하였다. 그 후 1519년(중종 14) 조광조를 위시한 신진 사류들이 참화를 당하여 숙청된 뒤 모후(母后)가 병중에 간청하여 소격서는 다시 부활하였다. 그러나 유교 사상이 팽대하던 조선 시대에 도교는 그 명맥조차 유지하기 힘들었다. 결국, 임진왜란을 겪고 난 뒤 선조 때 아주 폐지되었다.[259]

장흥고(長興庫): 서부 적선방에 있는데 전에는 남부 회현방에 있었다. 자리, 기름종이, 종이 등의 물건을 관장하였다.[260]

빙고(氷庫): 동고와 서고가 있는데 동고는 두모포(豆毛浦)에 있고 서고는 둔지산(屯智山)에 있다. 빙고는 예조에 속해있다. 처음에는 오염된 개천물을 피하기 위하여 빙고와는 20리 떨어진 연파곤(淵波昆)에서 얼음을 채취하여 운반하였는데 성종 때부터는 가까운 저자도(楮子島)에서 채빙하여 저장하였다. 동빙고에는 제향(祭享), 공불(供佛) 등에 사용할 1만 2,044정(丁), 서빙고에는 임금에 진상용, 접대 그리고 백관에게 나누어 줄 얼음 13만 4,974정을 보관하였다. 얼음을 채취하여 저장하기까지에 필요한 목재나 볏짚, 솔가지 등의 자재들이 많이 사용되었으므로 동빙고에 10명, 서빙고에는 40명의 빙부(氷夫)를 배치하였다. 빙고에 저장된 얼음은 비변사, 승정원, 홍문관, 시강원(侍講院), 익위사(翊衛司), 춘추관, 병조, 내의원, 양현고(養賢庫) 등의 여러 기관과 종친, 문무 당상관, 내시부 당상관, 70세 이상 한산 당상관이나 활인서(活人署)의 환자, 의금부, 전옥서(典獄署)의 죄수에게도 지급하였다. 빙고에서 얼음을 잘못 저장하여 추석 이전에 얼음이 다하면 담당 관원은 처벌을 받았다.[261]

장원서(掌苑署): 북부 진장방(鎭長坊)에 있는데 궁중의 정원, 꽃, 과일나무를 관장한다. 정6품 아문이다. 고려 시대에 내원서(內園署)이던 것을 조선 건국 초에 동산색(東山色), 상림원(上林園)이라 하다가 1466년(세조12) 장원서로 개정되었다. 장원서는 크게 과원색(果園色), 생과색(生果色), 건과색(乾果色), 작미색(作米色), 장무색(掌務色) 등의 구분을 두었다. 과원색은 장원서 소속 각종 과목과 화초를 재배하는 일을 관장하였고, 생과색은 생리(生梨), 생율(生栗), 은행, 석류, 유자 등의 생과를 종묘의 각 실에 올리고 각종의 탄일(誕日)과 절일(節日)에 진상하는 일을 관장하였다. 건과색은 곶감, 호도, 잣, 대추, 황률 등의 건과를 진배(進排)하는 일을 맡았고 작미색은 장원에서 공납된 미곡의 사용을 담당하였다. 장무색은 장원서의 서무를 담당하였다. 1882년(고종 19) 불필요한 관청을 혁파할 때 폐지되고 장원서가 맡고 있던 제향 물품의 수납은 봉상시가 관장하였다.[262]

사포서(司圃署): 궁중의 밭과 채소를 관장하는 곳으로 처음에는 북부 준수방(俊秀坊)에 있었는데 중부 수진방(壽進坊)으로 옮겼다. 처음에는 정 6품의 아문이었는데 후에 종 6품의 아문으로 격하되었다. 조선 초기에 신설되어 조선 말기까지 지속되었는데 1882년(고종 19) 관제 개편에 따라 폐지되었다.[263]

양현고(養賢庫): 동부 숭교방(崇敎坊)의 성균관 북쪽에 있었는데 성균관의 유생들에게 쌀이나 콩들을 공급하는 일을 관장한다. 조선 개국 후 고려 시대 국학을 성균관으로 개편하고 양현고를 설치 운영하였다. 그러나 실제 운영에 있어서 식량이 모자라는 경우가 많아 유생들이 식량을 직접 가져오기도 했는데 성종 때에는 양현고에 토지를 더 지급하여 재원을 보충해주었다. 1458년(세조 4) 대사성 이승소(李承召)의 상소에 따르면 성균관 학생 200명이 1년간 소비하는 식량이 960석인데 양현고의 수입은 600석으로 크게 부족한 실정이었다고 한다.[264]

전생서(典牲署): 남부 둔지방(屯智坊)의 남산 남쪽에 있는데 제물로 쓸 짐승을 기르는 일을 관장한다. 1392년(태조 1)에 처음 설치할 때에는 전구서(典廏署)이었는데 1460년(세조 6)에 전생서로 개칭하였다. 이곳에는 황우(黃牛) 3마리, 흑우(黑牛) 28마리, 양 60마리, 염소 14마리, 돼지 330마리를 항상 사육하고 있었다. 궁중에서 1년에 소요되는 축생은 황우 3마리, 흑우 35마리, 양 57마리, 염소 14마리, 돼지 521마리로 궁중에서 소요되는 가축은 전생서에서 사육한 것만이 아니고 전국에서 사육하여 전생서에 공급하였다. 양은 국내에서 번식이 잘 안 되어 의주에서 면양을 수입하여다가 전국 각지에서 사육하였으며 전생서에서도 여화도(汝火島: 지금 여의도)에서 길렀다. 사육에 소요되는 사료는 주로 경기도에서 조달하였는데 민폐가 심하여 대동법 실시 이후에는 쌀, 콩 등을 정부에서 지원하여 사들였다. 1894년 갑오경장 때 폐지되었다.[265]

사축서(司畜署): 모악산(母岳山) 남쪽에 있었는데 여러 짐승을 사육하는 일을 관장하였다. 고려 시대 전구서(典廏署)를 그대로 계승하여 조선 건국 후에도 그대로 사용하였는데 그 뒤 예빈시(禮賓寺)에 합쳐져 분예빈시(分禮賓寺)라 하다가 1406(태종 6)에는 분예빈시와 사련소(司臠所)를 합하여 사축소(司畜所)라 하였는데 1466년

(세조 12)에 사축서라 개칭하였다. 1767년에는 사축서가 유명무실하다 하여 없애고 호조에 병합하였다. 그 뒤 구 사축서로 부르다가 1865년(고종 2)에 종6품아문으로 정비되었는데 1895년 갑오경장 때 폐지되었다. 이 관청은 돼지, 양, 염소, 거위, 오리 등의 잡축을 사육하여 궁중의 여러 행사나 각종 제례(祭禮)에 공급하였다.[266]

조지서(造紙署): 창의문 밖에 있다. 표문(表文: 임금에게 표로 올리는 글), 전문(箋文), 자문(咨文: 중국과 왕복하던 문서)에 사용되는 종이와 그 외 여러 종류의 종이를 만드는 일을 관장한다.

1415년(태종15) 창의문 밖 장의사동(壯義寺洞: 세검정 근처)에 조지소라는 명칭으로 설립되어 1466년(세조 12)에 조지서로 개칭되었다. 태종이 조지서를 만든 이유는 폐지되었던 저화법(楮貨法)을 1410년 6월에 다시 실시하게 됨으로써 종이의 두께와 질이 균일해야 하기 때문이다. 저화는 닥나무로 만든 종이 지폐를 말한다. 위치를 창의문 밖에 둔 것은 북한산의 물이 맑고 주변에 편편한 바위들이 많아 종이 제조에 적합한 조건을 갖추고 있기 때문이었다. 조지서는 1882년(고종 19)에 폐지되었다.[267]

혜민서(惠民署): 남부 태평방(太平坊)에 있는데 백성들을 치료하는 일과 질병 및 의녀(醫女)를 교육하는 일을 관장한다. 종 6품 아문이다. 조선 초에 고려 시대 혜민국을 답습하여 1392년(태조)에 혜민고국(惠民庫局)이라는 명칭으로 설립하였는데 1414년(태종 14)에 혜민국으로 개칭하였다. 그 후 1466년(세조 12)에 관제를 개정할 때 혜민서로 고쳤다.[268]

도화서(圖畵署): 중부 견평방(堅平坊)에 있는데 그림 그리는 일을 관장한다. 경국대전의 기록에는 장도화(掌圖畵)로 되어있고 종6품의 아문이다. 예조에 소속된 기관으로서 개국 초 설립 당시에는 공조에 속했는데 예조 소관으로 된 것은 1405년(태종 5)에 예조에서 마련한 6조의 분직급소속평정안(分職及所屬平定案)에 의해서이다 1464년(세조 10)까지도 도화원은 5품 관아였는데 1471년(성종 2)에 이르러서 도화서로 개칭되면서 종6품 아문으로 격하되었다. 견평방은 서울 종로구 공평동 또

는 견지동 일대를 말한다.[269]

전옥서(典獄署): 중부 서린방(瑞麟坊) 의금부 옆에 있는데 옥에 갇힌 죄수들을 관리하는 기관이다. 고려의 제도를 그대로 답습한 것인데 1466년(세조 12) 경국대전이 정비되면서 6품 아문으로 정착되었다. 전옥서는 형조에 소속되어 형조에서는 매월 월령낭관을 교대로 파견하여 매일 전옥서에 수감되어있는 죄수를 검찰하였다.[270]

활인서(活人署): 동서(東署)는 동부 연희방(燕喜坊)에 있는데 지금은 다 허물어졌고 서서는 용산강(龍山江)에 있다. 사람들의 질병을 고쳐 살리는 기관이다. 1392년(태조 1) 7월에 고려 제도를 답습하여 병자와 갈 곳 없는 사람을 수용하여 구활하는 기관이다. 동쪽에 동대비원(東大悲院) 서쪽에는 서대비원을 두었는데 1414년(태종 14) 9월에 불교에서 따온 명칭을 벗고 동활인원, 서활인원으로 명칭을 바꾸었다. 1466년(세조 12) 1월에 동서활인원을 통합하여 활인서로 고쳤다. 종6품 아문이다. 1882년(고종 19)에 폐지되었다.[271]

와서(瓦署): 남부 용산 동쪽 둔지방(屯智坊)에 있는데 벽돌이나 기와 만드는 일을 관장한다. 만드는 것은 와장(瓦匠)이 하되 역군(役軍)을 동원하였다. 공조 소속으로 종6품 관아였다. 1882년(고종 19)에 폐지되었다.[272]
조지서, 혜민서, 도화서, 전우서, 활인서, 와서 모두 조선 초에 설립하였다.

귀후서(歸厚署): 용산강에 있었는데 1406년(태종 6)에 하륜의 건의에 의하여 건립한 관곽소가 시초이다. 관곽(棺槨) 만드는 일과 장례에 관한 일을 관장하였다. 그리고 장례에 필요한 물품을 공급하는 종 6품 아문이다. 원래는 한 승려가 용산 강가에 작은 절을 짓고 사사로이 장례품을 갖추어놓고 판매한 것에서 시작되었다. 관곽소 설치 당시 태종은 유사에게 명하여 쌀 30섬과 오종포(五綜布) 100필을 하사했으며, 그 운영재원으로 노비 60인과 전답 50결을 하사하고 바로 이름을 귀후소로 이름하였다. '죽은 사람에게 후하게 하면 백성의 덕이 후한대로 돌아간다'는 뜻이 아니겠는가 풀이하고 있다. 경국대전의 반포와 함께 귀후서로 바뀌었다. 그간 여러 가지 비리와 부정이 누적되어 1777년(정조 1) 귀후서를 없애고 소관 업무는 선공

감(繕工監)의 예장관(禮葬官)이 겸하였다.[273]

중학(中學): 북부 관광방에 있는데 나이 어린 선비들에 대한 교육을 관장한다.

동학(東學): 동부 창선방(彰善坊)에 있다.

남학(南學): 남부 성명방(誠明坊)에 있다.

서학(西學): 서부 여경방(餘慶坊)에 있다.

이상 4개 관청은 모두 1411년(태종 11)에 건립하였다.

북학(北學): 위 4학보다 뒤늦은 1661년(현종 2)에 인수원(仁壽院), 자수원(慈壽院)을 헐어 그 재목으로 지었으나 그다음 해에 다시 헐었다 한다.[274]

오부(五部): 관내의 비위 단속 교량, 도로, 반화(頒火), 소방, 마을 경계, 택지 측량, 시체 검안 등의 일을 관장한다. 지금 서울시의 각 구청에 해당하는 종5품 아문이다. 동, 서, 남, 북, 중 이렇게 행정구역을 다섯으로 나누는 제도는 고구려, 백제에서도 있었는데 고려 시대 개경에도 오부제를 실시하였다. 중부(中部)는 징청방, 동부는 연화방, 남부는 훈도방(薰陶坊), 서부는 여경방(餘慶坊), 북부는 관광방에 있는데 모두 개국 초에 건립되었다.

태청관(太淸觀): 조선 건국 초에 건립되었는데 혁파되었다.

장생전(長生殿): 북부 관광방에 있는데 공신들의 도상(圖像)과 관에 넣는 용기들을 보관하는 곳이다. 1433년(세종 15)에 건립되었다. 관광방은 지금 종로구 중학동에 해당한다. 1395년(태조 4)에 궁궐 서쪽에 지어 공신의 도상을 두었다가 1411년에 이를 수리하고 사훈각(思勳閣)이라 개칭하면서 태조와 개국 공신의 도상을 모셨다. 그 후 1433년(세종 15) 북부 관광방에 옮겨 지으면서 장생전으로 고쳤다.[275]

능마아청(能麼兒廳): 중부 정선방(貞善坊)에 있는데 무관들에게 병학(兵學)을 가르치고 시험 보는 일을 관장한다. 1629년(인조 7) 1월 이귀(李貴), 이서(李曙) 등이 건의하여 설치한 것인데 오위도총부, 훈련원의 낭청(郎廳), 내삼청(內三廳)의 금군(禁軍) 등이 모두 학습하도록 하였다. 『속대전』에는 산직청(散職廳)으로 정비되었는데 1765년(영조 41)에는 군사훈련기관인 훈련원에 합부(合祔)하였다.[276]

의장고(儀仗庫): 중부 정선방에 있는데 각 전(殿)의 의장(儀仗)을 담당하던 병조 승여사(乘輿司) 소속의 관아다. 장은 크게 길의장(吉儀仗)과 흉의장(凶儀仗)으로 나누어지는데 길의장은 궁궐의 길례, 가례(嘉禮)에 사용되는 것으로 왕, 왕비, 왕세자가 갖추는 양산(陽繖), 개(蓋), 선(扇), 금고(金鼓), 기(旗), 당(幢), 등(鐙), 과(瓜), 부(斧) 등이 있으며, 흉의장에는 만장(挽章), 방상식(方相式), 삽(翣), 우보(羽葆) 등이 있었다. 각 의장 가구는 매년 6월과 12월에 병조의 군색(軍色)과 낭청이 점검하여 파손된 것이 있거나 부족한 것이 있으면 호조에 보고하여 수리하거나 보충하도록 하였다.[277]

내시부(內侍府): 북부 준수방(俊秀坊)에 있는데 내시들의 관청이다. 대궐 안의 음식물 감독, 왕명 전달, 문 지키기, 청소 등의 임무를 관장한다. 내시부가 처음 설치된 것은 고려 공민왕 때이다. 정2품 관아였다. 우왕 때에는 권력 남용의 사례가 빈번하여 내시부 자체를 폐지하였다가 1389년(공양왕 1)에 다시 설치되었다. 이때의 직은 6품 관아로 낮추었는데, 조선이 건국된 뒤에 1392년(태조 1)에도 그대로 내시부를 두었다. 그러나 그동안의 여러 가지 병폐를 감안하여 1469년(성종 즉위년)에 내시부직은 4품을 넘지 않도록 제한하고 이후로도 항상 견제하여 조선말까지 존재하였으나 그 세력은 미약하였다. 왕의 측근에서 일하기 때문에 고려 때에는 사대부가의 자제들도 많이 지원하였으나 조선 시대에 들어와서는 환관(宦官)으로 한정하였기 때문에 거세되지 않은 남자는 채용되지 않았다.[278]

삼군부(三軍府): 조선 초기에 군령(軍令)과 군정(軍政)을 총괄하던 군사 기구로서 의흥삼군부(義興三軍府)가 설치되었다. 흔히 삼군부로 약칭된다. 원래 1391년(공양왕 3) 종래의 오군(五軍) 체제를 삼군 체제로 바꾸어 삼군도총제부(三軍都摠制府)를

▶ 삼군부 총무당(서울의 문화재)

둔 바 있는데, 1393년 (태조 2) 9월 의흥 삼군부로 개칭하였다. 설치 당시에 삼군
부는 10위를 중, 좌, 우의 삼군으로 나누고 군마다 종친대신들을 절제사(節制使)
로 임명하여 이를 통합하게 하였다. 삼군부가 군사 최고 기관의 구실을 하게 된 것
은 개국공신 정도전이 판사에 임명되면서부터이다. 그러나 당시만 해도 사병(私兵)
들이 그대로 존속하고 있는 상황이어서 겨우 중앙군을 통할하는 데 불과하였다.
두 차례에 걸친 왕자의 난을 겪고 나서 1400년부터 사병이 혁파되고 강력한 중앙
집권적인 통치체제가 확립되었으며, 동년 4월 도평의사사를 의정부로 개편하고 중
추원을 완전히 삼군부로 개칭하였다. 이것은 삼군부와 중추원이 병치되어있는 데
서 일어나는 군령, 군정 상의 부작용을 없애기 위한 것이었다. 따라서 삼군부의 요
원이 의정부의 구성원이 될 수 없게 하여 정부와 군부가 서로 견제하는 체제를 갖
추었다. 1401년(태종 1) 7월 승추부(承樞府)로 개편되어 다시 군기와 왕명 출납을
장악하면서 중추원 기능으로 통합되었는데 이후 삼군부의 명칭이 사라졌다. 승추
부는 1403년 6월 삼군도총체부로 분리되었다가 1405년 병조에 통합되었다.
1409년에 다시 삼군진무소(鎭撫所)를 두어 군사를 총괄하였으나 곧 의흥부(義興

府)로 고쳐 군정은 병조가 군령은 의흥부가 담당하도록 하였다. 1412년 7월 의흥부가 다시 혁파되어 병조로 넘어갔는데 1414년경 진무소가 부설되었다. 1418년에는 삼군진무소를 의군부 진무소로 하고 세자를 위하여 설치된 의용위(義勇衛)는 삼군진무소라 했다. 그러나 형식상 병권 양분 상태에 있던 의금부는 곧 삼군도총제부로 통합되었는데 1432년(세종 14) 3월에 삼군도총제부가 혁파되고 다시 중추원이 부설되어 술위와 경비 등을 맡도록 하였다. 사실상 삼군부의 정통을 이어온 삼군 진무소가 근본적인 변화가 온 것은 중앙군이 오위 체제로 바뀌면서이다. 1453년(문종 1) 7월에 당시 십이사(司)로 불어났던 중앙군이 오사(五司)로 되자 삼군은 중군 밑에 삼사를, 좌우군 밑에 각각 일사를 두게 되었는데 1457년(세조 3) 오사가 오위에 병합되어 중앙군제가 확립되면서 삼군이라는 편성이 없어지고 오위집무소로 개칭되었다. 조선 중기 이후 외침이 잦아지자 변방에 군사문제를 합의 처리하기 위하여 비변사라는 임시기구가 설치되었다. 그러나 임진왜란 이후 이 비변사는 비단 군사 문제뿐만 아니라 정치, 경제, 외교 등 광범위한 영역에 걸쳐 국가 정책 수립의 최고 합의 기관으로 비대하여 졌다. 따라서 의정부가 사실상 유명무실하게 되었다. 이와 같은 비정상적인 조직 체계로 조정의 기강이 문란해지는 폐단을 막기 위하여 1895년(고종 2) 3월 비변사를 의정부에 통합시키고 동년 5월 군령의 최고 기관으로 삼군부가 부활되었다. 당시 예조의 자리가 삼군부 자리라 하여 그 자리에다 훈국(訓局)의 신영(新營)과 남영(南營), 마병소(馬兵所) 및 오영(五營)의 주사소(晝仕所)를 합설하여 삼군부라 칭하고 예조는 한성부 자리로, 한성부는 훈국의 신영 자리로 이전 하였다. 삼군부가 완전한 조직을 갖추기 시작한 것은 1867년 4월경이었다. 삼군부의 임무는 군부를 통솔하고 숙위 문제를 총괄하는 동시에 변방에 관한 일체의 사항까지도 관장하였다. 삼군부의 직제로 1868년 3월 정1품직인 영삼군부사(領三軍府事), 판삼군부사, 종1품인 행지삼군부사(行知三軍府使) 등을 두어 정1품 아문으로 의정부와 대등한 지위에 있었다. 따라서 의정부를 정부(政府)라 하고 삼군부를 무부(武府)라 하였다. 이와 같은 삼군부는 1880년 12월에 혁파되었다. 삼군부 청사는 지금의 정부 종합 청사 자리에 있었으나 남아있던 총무당과 청헌당은 다른 곳으로 이전해 갔다. 총무당(總武堂)은 삼군부의 본관이라 할 수 있는데 1868년에 청헌당, 덕의당(德義堂)과 함께 건립되어 1930년 일제 강점기에 서울 성북구 돈암동 512-160으로 옮겨 갔다. 장대

▶삼군부 청헌당(서울의 문화재)

석으로 돌전 기단 위에 다듬은 돌초석을 놓고 두리기둥을 세워 이고주칠량(二高柱七樑)으로 단청 겹처마 팔작기와지붕이다. 정면 7칸 측면 4칸으로 중앙 정면 3칸 측면 2칸을 대청으로 하고 좌우에 정면 1칸 측면 1칸을 온돌방으로, 옆에 정면 1칸 측면 2칸의 광을 두었다. 중앙 어간 창방에는 총무당(總武堂) 현판이 걸려있는데 현판에 상장지인(上將之印) 신관호인(申觀浩印)이라 각인되어있어 신관호가 쓴 것이 분명하다. 신관호는 뒤에 신헌(申櫶)으로 개명했는데 그가 쓴 총무당의 상량문이 「금당초고(琴堂初高)」에 실려 전해온다. 이 총무당은 돈암동 삼선공원 안에 있는데 서울 특별시 유형문화재 제37호로 지정되어있다. 또 하나의 남은 건물은 청헌당(淸憲堂)이다. 청헌당도 1868년에 건립되어 여기에 사인소(舍人所)와 유학교도관(儒學矯導官)을 두어 신하들로 하여금 문무(文武)를 익히게 하였다. 이 제도는 여러 차례에 걸쳐 설치와 폐지를 반복하다가 고종 때 부활된 것이다. 삼군부의 청사는 1880년에 통리기무아문(統理機務衙門)의 청사로 바뀌었다가 1894년 갑오경장 이후에는 시위대 청사로, 또 1910년 이후에는 조선 보병대 사령부로 사용되었는데 1926년 순종이 죽은 후에 폐지되었다. 이 청헌당은 1967년 정부 종합 청사를 새로 지으면서 서울 노원구 공릉동 육군 사관학교 구내로 옮겼다. 정면 5칸, 측면 3칸 초익공계 단층 팔작지붕이다. 잘 다듬은 긴 댓돌을 세 벌로 쌓고 그 위에 방형 주춧돌을 놓은 뒤 사각기둥을 세웠다. 청헌당 현판 또한 신관호가 썼다. 옮겨 지은 데다가 1977년 보수공사로 옛 모습을 많이 잃었다. 서울특별시 유형문화재 제16호로 지정되어있다. 덕의당은 언제 어디로 사라졌는지 알 길이 없다.[279]

부 록

참고 문헌

궁궐지 1, 2권	한국학 연구소	
국조보감	민족문화 추진회	한국학술정보주
조야첨재	한국정신문화연구원(현 한국학중앙연구원)	
조선왕조실록		
태조실록		
정종실록		
태종실록		
세종실록		
단종실록		
세조실록		
성종실록		
연산군일기		
중종실록		
명종실록		
선조실록		
광해군일기		
인조실록		
현종실록		
숙종실록		
영조실록		
정조실록		
순조실록		
헌종실록		
고종실록		

성호사설	이익	정해렴 번역	현대실학사
열려실기술	이긍익		
도선비기	도선국사		
신증동국여지승람	민족문화추진회		한국학술정보주
왕궁사	이철원		동국문화사
왕릉			한국문헌
증보문헌 비고	(영인본) 명문당		명문당
신궁궐기행	이덕수		대원사
경복궁 근정전	신응수		현암사
한국민족문화대백과사전			한국학 중앙연구원
창덕궁	최종덕		눌와
동궐에들다	한영우		효형출판사
동궐도	한영우		효형출판사
한국인에게 무엇이있는가	홍일식		정신세계사
한국사연표			한국정신문화연구원 (현 한국학중앙연구원)
중국역사사전	이병갑		학민사
창덕궁영건도감의궤			규장각(서울대학교)
창경궁영건도감의궤			규장각(서울대학교)
서궐영건도감의궤			규장각(서울대학교)
경운궁중건도감의궤			규장각(서울대학교)
대학	공자		
맹자집주	맹자		
상서			
예기			
서울600년사	서울시사편찬위원회		서울특별시
서울의전통문화 1권			1983, 서울특별시
경복궁(빛갈있는책들)			대원사
창덕궁(빛갈있는책들)			대원사

창경궁(빛갈있는책들)			대원사
덕수궁 (빛갈있는책들)			대원사
불교사전	운허용하		동국역기원
춘추번로	동중서		태학원
기축진찬의궤 상권	송방송. 김종수 번역		민속원
고적도보	조선총독부		민속문화
서울건축사	서울특별시사 편찬위원회		서울특별시
한겨레신문			
사진으로보는 한국백년			동아일보사
한국문화 상징사전			동아출판사
지명유래	김기빈		지식산업사
한경지략(영인본)			
이규태의 600년서울	이규태		조선일보사
한중록	혜경궁홍씨		
인현왕후전			
계축일기			
매천야록	황현	김준 번역	교문사
동궐도형			고려대학교 박물관소장
서궐도형			고려대학교 박물관소장
수선전도			고려대학교 박물관소장
북궐도형	장서각		한국학중앙연구원
서울의문화재	이명박		서울특별시
후한서			
경국대전	윤국일		과학백과사전출판사
한국의문과창호	빛깔있는책들		대원사
한국의궁궐	빛깔있는책들		대원사
조선과 예술	유종열	박재삼 번역	범우사
경성부사			
한사경	김택영 저		태학사

국사대사전   이홍직   교학사

개화기한성부연구   박경용   일지사

중화전(실측수리조사보고서) 2001.12.   문화재청

숭례문(정밀실측조사보고서) 2006.2.   서울특별시 중구

흥인지문(정밀실측조사보고서) 2006.8.   서울특별시 종로구

창경궁 통명전 연지(실측조사 및 수리보고서) 2007.12.   문화재청 창경궁관리소

창덕궁 희정당(수리보고서) 2002.12.   문화재청

함녕전(실측수리보고서) 2002.12.   문화재청

건축토목대사전   신현식   한국사전연구사

조선왕조500년   신봉승   금성출판사

주(註)

경복궁

1_ 태조실록 3년 10월 신묘조

2_ 태조실록 3년 12월 무진조

태조실록 4년 2월 을축조

태조실록 4년 9월 경신조

태조실록 4년 10월 정유조

3_ 태조실록 4년 12월 무오조

4_ 태조실록 4년 10월 정유조

국조보감 민족문화 추진위원회 2006

5_ 태조실록 7년 8월 기사조

6_ 한국사연표 (한국 정신문화 연구원)

7_ 정종실록 2년 11월 신미조

8_ 태종실록 4년 9월 기해조

9_ 태종실록 5년 10월 신사조

태종실록 5년 10월 정해조

10_ 세종실록 8년 10월 병술조

11_ 세종실록 28년 9월 갑오조

12_ 성종실록 5년 12월 무술조

13_ 성종실록 6년 8월 기해조

14_ 중종실록 13년 11월 을사조

15_ 명종실록 8년 9월 정사조

16_ 서울의 전통문화 서울 특별시

17_ 궁궐기행 이덕수 저 대원사 2005

18_ 선조수정실록 25년 4월 14일

19_ 궁궐지1 서울시립대학부설 서울학연구소 1994

20_ 고종실록 2년 4월 13일

21_ 고종실록 3년 11월 6일

22_ 왕궁사 이철원 저 동국 문화사 1954

23_ 왕궁사 이철원 저 동국 문화사 1954

24_ 서울의 전통문화 서울 특별시 1983

25_ 고종실록 4년 8월 18일조

26_ 고종실록 5년 7월 2일

27_ 고종실록 32년 8월 22일

28_ 매천야록 황현 저 김준 번역 교문사 1994

29_ 경성부사

30_ 서경(書痙) 주서(周書) 홍범 편

31_ 맹자 공손추(公孫丑) 상

32_ 세종실록 13년 1월 정묘조

33_ 궁궐지1 서울시립대학부설 서울학연구소 1994

34_ 고종실록 3년 3월 10일

　　경복궁 근정전 신응수 저 현암사

35_ 고종실록 4년 11월 15일

　　고종실록 4년 11월 16일

36_ 경복궁 근정전 신응수 저 현암사

37_ 경복궁 근정전 신응수 저 현암사

38_ 경복궁 근정전 신응수 저 현암사

39_ 경복궁 근정전 신응수 저 현암사

40_ 세종실록 11년 4월 무인조

41_ 국조보감 민족문화 추진위원회

42_ 궁궐지 서울시립대학부설 서울학연구소 1994

43_ 궁궐지 서울시립대학부설 서울학연구소 1994

44_ 궁궐지 서울시립대학부설 서울학연구소 1994

45_ 궁궐지 서울시립대학부설 서울학연구소 1994

46_ 한국민속 대백과 사전 한국학 중앙연구원

47_ 국조보감 민족문화 추진회

48_ 세종실록 8년 10월 병술조

49_ 세종실록 13년 3월 계사조

50_ 비교문학 16년 71년 판 '조선과 예술'에서 재전재

51_ '조선과 예술' 유종열 저 박재삼 번역 범우사 1997년

52_ 세종실록 16년 4월 갑술조

53_ 세종실록 10년 5월 을해조

54_ 세종실록 9년 6월 임술조

55_ 중종실록 14년 11월 을사조

56_ 궁궐지1 서울시립대학부설 서울학연구소 1994

57_ 영조실록 43년 3월 갑술조

58_ 궁궐지1 서울시립대학부설 서울학연구소 1994

59_ 세종실록 22년 9월 을사

60_ 국조보감 민족문화 추진위원회

61_ 한국민족문화 대백과사전 한국학 중앙연구소

62_ 고종실록 32년 1월 15일

63_ 왕궁사 이철원 저 1954년

64_ 매천야록 황현 저 김준 번역

65_ 태종실록 11년 8월 무술조

66_ 태종실록 17년 4월 갑자조

67_ 궁궐지1 서울학연구소 1994

68_ 태종실록 12년 6월 경신조

69_ 연산군 일기 12년 3월 정유조

70_ 왕궁사 이철원 1954

71_ 궁궐지1 서울시립대학부설 서울학연구소 1994

72_ 궁궐지1 서울시립대학부설 서울학연구소 1994

73_ 궁궐지1 서울시립대학부설 서울학연구소 1994

74_ 궁궐지1 서울시립대학부설 서울학연구소 1994

75_ 조야첨재 한국학 중앙연구원

　궁궐지1에서 재전재

76_ 조야첨재 한국학 중앙연구원

　궁궐지1에서 재전재

77_ 세종실록 16년 7월 병자조

78_ 국조보감 민족문화 추진위원회

79_ 신증동국여지승람 민족문화 추진위원회

80_ 신증동국여지승람 민족문화 추진위원회

81_ 신증동국여지승람 민족문화 추진위원회

82_ 신증동국여지승람 민족문화 추진위원회

83_ 신증동국여지승람 민족문화 추진위원회

84_ 국조보감 민족문화 추진위원회

85_ 서경 우서(虞書) 편

86_ 세종실록 20년 1월 임진일

87_ 영조실록 4년 2월 18일

88_ 궁궐지1 서울시립대학부설 서울학연구소 1994

89_ 국조보감 민족문화 추진위원회

　궁궐지1 서울학연구소 1994

90_ 궁궐지1 서울학연구소 1994

91_ 국조보감 민족문화 추진위원회

92_ 국조보감 민족문화 추진위원회

93_ 국조보감 민족문화 추진위원회

94_ 국조보감 민족문화 추진위원회

95_ 세종실록 23년 7월 무오조

96_ 궁궐지1 서울시립대학부설 서울학연구소

97_ 궁궐지1 서울시립대학부설 서울학연구소

98_ 경복궁 근정전 신응수 저 현암사

99_ 궁궐지1 서울시립대학부설 서울학연구소

100_ 태조실록 4년 2월 신문조

101_ 고종실록 34년 10월 12일

102_ 서울600년사 서울특별시

103_ 선조실록 2년 9월 계미조

창덕궁

1_ 태종실록 5년 10월 신사조

2_ 태종실록 5년 10월 신사조

3_ 태종실록 5년 10월 임오조

4_ 태종실록 6년 1월 정미조

태종실록 6년 4월 신유조

태종실록 6년 4월 기사조

5_ 서울의 전통문화 1권 서울특별시

6_ 세종실록 23년 4월 갑인조

7_ 조야첨재 한국정신문화연구원 (현 한국학 중앙연구소) 1999

8_ 세조실록 7년 1월 병신조

세조실록 8년 2월 병인조

9_ 성종실록 2년 4월 신해조

10_ 성종실록 6년 8월 기해조

11_ 연산군일기 3년 1월 병오조

연산군일기 3년 1월 신해조

연산군일기 3년 4월 갑자일

연산군일기 3년 6월 병신조

연산군일기 5년 11월 무오조

연산군일기 7년 11월 무진조

12_ 연산군일기 11년 1월 임자조

연산군일기 11년 9월 정유조

13_ 연산군일기 11년 11월 병신조

14_ 연산군일기 11년 4월 을사조

15_ 연산군일기 11년 7월 갑진조

16_ 연산군일기 11년 9월 임인조

연산군일기 12년 1월 임인조

17_ 중종실록 24년 3월 임술조

18_ 광해군일기 1년 10월 갑자조

19_ 광해군일기 3년 11월 임인조

20_ 광해군일기 7년 4월 정축조

21_ 인조실록 12년 9월 임술조

22_ 인조실록 10년 6월 갑오조

23_ 인조실록 11년 3월 기미조

24_ 효종실록 3년 1월 을해조

25_ 영종실록 20년 10월 병진조

영종실록 23년 10월 임오조

영종실록 32년 5월 무진조

26_ 영종실록 52년 9월 계사조

27_ 정조실록 4년 7월 기축조

28_ 순조실록 3년 12월 갑술조

순조실록 12년 12월 신해조

순조실록 19년 9월 병술조

29_ 헌종실록 15년 6월 을해조

30_ 철종실록 11년 9월 병진조

31_ 서울의 전통문화 1권 서울특별시

32_ 궁궐지1 서울시립대학부설 서울학연구소 번역 1994

33_ 창덕궁 최종덕 눌와 2006 81P

34_ 창덕궁 최종덕 눌와 2006 85P

35_ 궁궐지1 서울시립대학부설 서울학연구소 번역 1994

36_ 순조실록 3년 12월 갑술조

순조실록 4년 12월 임신조

37_ 궁궐지1 서울시립대학부설 서울학연구소 번역 1994

국조보감 민족문화추진위원회 번역 2006

38_ 순종실록 27년 9월 경술조

순종실록 27년 10월 계해조

39_ 태종실록 6년 3월 갑인조

40_ 궁궐지1 서울시립대학부설 서울학연구소 번역 1994

41_ 한국민속대백과사전 한국학 중앙연구소

42_ 성종실록 6년 8월 기해조

43_ 궁궐지1 서울시립대학부설 서울학연구소 번역 1994

44_ 왕궁사 이철원 저 동국문화사 1954

45_ 궁궐지1 서울시립대학부설 서울학연구소 번역 1994

46_ 순종실록 1917년 11월 10일

창덕궁 최종덕 저 눌와 2006

47_ 궁궐지1 서울시립대학부설 서울학연구소 번역 1994

48_ 궁궐지1 서울시립대학부설 서울학연구소 번역 1994

49_ 매천야록 황현 저 김준 번역 교문사

50_ 궁궐지1 서울시립대학부설 서울학연구소 번역 1994

51_ 국조보감 민족문화추진위원회 편 한국학술위원회 2006

52_ 창덕궁 최종덕 저 눌와 2006

53_ 궁궐지1 서울시립대학부설 서울학연구소 번역 1994

54_ 이규태의 600년 서울 중앙일보사

55_ 창덕궁 최종덕 저 눌와 2006

56_ 궁궐지1 서울시립대학부설 서울학연구소 1994

57_ 창덕궁 최종덕 저 눌와 2006

(조선 시대 궁궐 내 길례, 충례의식 공간에 관한 연구: 황준원 논문)

58_ 궁궐지1 서울시립대학부설 서울학연구소 1994

59_ 국조보감 민족문화추진위원회 편 한국학술위원회 2006

60_ 창덕궁 최종덕 저 눌와 2006

61_ 영조실록 4년 2월 기해조

(창덕궁 최종덕 저 눌와 2006)

62_ 영조실록 4년 2월 기해조

(창덕궁 최종덕 저 눌와 2006)

63_ 궁궐지1 서울시립대학부설 서울학연구소 1994

64_ 궁궐지1 서울시립대학부설 서울학연구소 1994

65_ 궁궐지1 서울시립대학부설 서울학연구소 1994

66_ 궁궐지1 서울시립대학부설 서울학연구소 1994

67_ 궁궐지1 서울시립대학부설 서울학연구소 1994

68_ 궁궐지1 서울시립대학부설 서울학연구소 1994

69_ 신증동국여지승람 제2권 비고 편 경도. 민족문화추진위원회 편 2006
　　궁궐지1 서울시립대학부설 서울학연구소 1994

70_ 정조실록 10년 5월 11일
　　창덕궁 최종덕 저 눌와 2006

71_ 내각일력 정조 7년 7월 3일
　　창덕궁 최종덕 저 눌와 2006

72_ 신증동국여지승람 제2권 비고 편 경도. 민족문화추진위원회 2006
　　창덕궁 최종덕 저 눌와 2006

73_ 궁궐지1 서울시립대학부설 서울학연구소 1994

74_ 창덕궁 최종덕 저 눌와 2006

75_ 창덕궁 최종덕 저 눌와 2006

76_ 창덕궁 최종덕 저 눌와 2006

77_ 궁궐지2 서울시립대학부설 서울학연구소 1994

78_ 궁궐지1 서울시립대학부설 서울학연구소 1994
　　국조보감 민족문화 추진위원회 편 2006

79_ 순조실록 24년 8월 24일

80_ 경종실록 부록 묘지문
　　순조실록 24년 8월 갑신조
　　궁궐지1 서울시립대학부설 서울학연구소 1994

81_ 궁궐지1 서울시립대학교부설 서울학연구소 1994

82_ 영조실록 35년 3월 13일
　　창덕궁 최종덕 저 눌와 2006

83_ 궁궐지1 서울시립대학부설 서울학연구소 1994

국조보감 민족문화 추진위원회 편 2006

궁궐지 서울시립대학부설 서울학연구소 1994

84_ 궁궐지1 서울시립대학교부설 서울학연구소 1994

창덕궁 최종덕 저 눌와 2006

85_ 궁궐지1 서울시립대학부설 서울학연구소 1994

86_ 궁궐지1 서울시립대학부설 서울학연구소 1994

87_ 정조실록 5년 3월 계미조

창덕궁 최종덕 저 눌와 2006

88_ 창덕궁 최종덕 저 눌와 2006

(한경지략 유본례 권태익 번역 탐구사)

89_ 궁궐지 1 서울시립대학부설 서울학연구소 1994

90_ 궁궐지 1 서울시립대학부설 서울학연구소 1994

91_ 정조실록 즉위년 9월 계사조

92_ 한국 민족문화 대백과사전 한국학 중앙연구원

93_ 영조실록 14년 7월 을묘조

궁궐지 1 서울시립대학부설 서울학연구소 1994 182p

덕수궁 최종덕 저 눌와 2006

94_ 궁궐지1 서울시립대학부설 서울학연구소 1994

95_ 궁궐지1 서울시립대학부설 서울학연구소 1994

96_ 신증동국여지승람 비고 편 경도상. 민족문화추진위원회 2006

97_ 궁궐지1 서울시립대학부설 서울학연구소 1994

98_ 궁궐지1 서울시립대학부설 서울학연구소 1994

99_ 궁궐지1 서울시립대학부설 서울학연구소 1994

100_ 창덕궁 최종덕 저 눌와 2006

한경지략 유본례 권태익 번역 탐구사 1974

101_ 창덕궁 최종덕 저 눌와 2006

한경지략 유본례 권태익 번역 탐구사 1974

102_ 궁궐지1 서울시립대학부설 서울학연구소 1994

103_ 창덕궁 최종덕 저 눌와 2006

104_ 궁궐지1 서울시립대학부설 서울학연구소 1994

105_ 궁궐지1 서울시립대학부설 서울학연구소 1994

106_ 궁궐지1 서울시립대학부설 서울학연구소 1994

107_ 궁궐지1 서울시립대학부설 서울학연구소 1994

108_ 궁궐지1 서울시립대학부설 서울학연구소 1994

109_ 궁궐지1 서울시립대학부설 서울학연구소 1994

110_ 태종실록 5년 10월 신사조

태종실록 8년 8월 신축조

국조보감 세종 15년

111_ 세조실록 7년 1월 병신조

세조실록 8년 2월 병인조

112_ 세조실록 13년 8월 신축조

113_ 연산군일기 3년 1월 병오조

연산군일기 3년 4월 갑자조

연산군일기 9년 8월 정묘조

연산군일기 10년 3월 기묘조

114_ 궁궐지1 서울시립대학부설 서울학연구소 1994

115_ 궁궐지1 서울시립대학부설 서울학연구소 1994

116_ 창덕궁 최종덕 저 눌와 2006

(청장관전서 제55권 양엽기 2〈주합〉이덕무)

117_ 궁궐지1 서울시립대학부설 서울학연구소 1994

118_ 정조실록 1년 8월 병신조

정조실록 20년 3월 11일

국조보감 (정조 20년) 민족문화추진위원회 편 2006

창덕궁 최종덕 저 눌와 2006

119_ 정조실록 즉위년 9월 25일

궁궐지1 서울시립대학부설 서울학연구소 1994

120_ 정조실록 즉위년 9월 계사조

창덕궁 최종덕 저 눌와 2006

121_ 창덕궁. 최종덕 저 눌와 2006

(청장관전서 제20권 아정유고 제70권 부록상)

122_ 정조실록 5년 3월 계미조

창덕궁. 최종덕 저 눌와 2006

(한경지략 유본례 권태익 번역)

123_ 한국 민족문화 대백과사전 한국학중앙연구원

124_ 한국 민족문화 대백과사전 한국학중앙연구원

125_ 서울의 전통문화 서울특별시

126_ 정조실록 5년 6월 경자조

신증동국여지승람 비고 편 경도

창덕궁 최종덕 저 눌와 2006

(한경지략 유본례 권태익 번역)

127_ 정조실록 1년 2월 24일

창덕궁. 최종덕 저 눌와 2006

128_ 정조실록 즉위년 계사조

정조실록 5년 6월 경자조

창덕궁. 최종덕 저 눌와 2006

129_ 창덕궁. 최종덕 저 눌와 2006

(송사 〈주돈이전〉: 장유)

130_ 궁궐지1 서울시립대학부설 서울학연구소 1994

국조보감 민족문화추진위원회편 2006

131_ 창덕궁. 최종덕 저 눌와 2006

(산은 높고 바다는 깊네 〈제주특별자치소 2006〉)

132_ 궁궐지1 서울시립대학부설 서울학연구소 1994

133_ 궁궐지1 서울시립대학부설 서울학연구소 1994

134_ 궁궐지1 서울시립대학부설 서울학연구소 1994

왕궁사 이철원 동국문화사 1954

135_ 궁궐지1 서울시립대학부설 서울학연구소 1994

136_ 궁궐지1 서울시립대학부설 서울학연구소 1994

국조보감 민족문화 추진위원회 편 2006

137_ 궁궐지1 서울시립대학부설 서울학연구소 1994

연산군일기 11년

조야첨재 한국학 중앙연구소

138_ 선조실록 16년 9월 갑오조

선조실록 17년 3월 경인조, 임인조

광해군일기 3년 10월 을유조

정조실록 11년 2월 신축조

국조보감 민족문화추진위원회 편 2006

139_ 궁궐지1 서울시립대학부설 서울학연구소 1994

조야첨재 한국학 중앙연구소

140_ 궁궐지1 서울시립대학부설 서울학연구소 1994

141_ 궁궐지1 서울시립대학부설 서울학연구소 1994

창덕궁. 최종덕 저 눌와 2006

142_ 궁궐지1 서울시립대학부설 서울학연구소 1994

143_ 궁궐지1 서울시립대학부설 서울학연구소 1994

144_ 궁궐지1 서울시립대학부설 서울학연구소 1994

145_ 궁궐지1 서울시립대학부설 서울학연구소 1994

146_ 궁궐지1 서울시립대학부설 서울학연구소 1994

147_ 궁궐지1 서울시립대학부설 서울학연구소 1994

148_ 세조실록 5년 2월 정묘

149_ 세조실록 2년

150_ 성종실록 7년 8월 을미조, 9월 을축조

중종실록 24년 2월 임술조

성종실록 8년 윤2월 신축조, 3월 경오조

성종실록 18년 2월 병자조

성종실록 24년 3월 병술조

151_ 한국 민족문화 대백과사전 한국학중앙연구원

152_ 궁궐지1 서울시립대학부설 서울학연구소 1994

153_ 창덕궁 최종덕 저 눌와 2006

(정조 〈홍재전서 제6권 시2. 상림에서 꽃구경하고 고기를 낚으면서 연구를 짓다〉)

154_ 궁궐지1 서울시립대학부설 서울학연구소 1994

창덕궁. 최종덕저 눌와 2006

155_ 궁궐지1 서울시립대학부설 서울학연구소 1994

156_ 순조실록 27, 28

궁궐지1 서울시립대학부설 서울학연구소 1994

창덕궁 최종덕 저 눌와 2006

157_ 궁궐지1 서울시립대학부설 서울학연구소 1994

158_ 궁궐지1 서울시립대학부설 서울학연구소 1994

창덕궁. 최종덕 저 눌와 2006

159_ 열려실기술 이긍익

창덕궁. 최종덕저 눌와 2006

160_ 순조실록 27년 9월 무오조, 10월 계유조, 12월 정해조

순조실록 28년 1월 낙진조, 2월 신계조

순조실록 29년 5월 기해조, 10월 계유조, 무자조

161_ 영조실록 4년 7월 7일

162_ 궁궐지1 서울시립대학부설 서울학연구소 1994

163_ 궁궐지1 서울시립대학부설 서울학연구소 1994

왕궁사 이철원 저 동국문화사 1954

164_ 궁궐지1 서울시립대학부설 서울학연구소 1994

165_ 궁궐지1 서울시립대학부설 서울학연구소 1994

166_ 궁궐지1 서울시립대학부설 서울학연구소 1994

167_ 궁궐지1 서울시립대학부설 서울학연구소 1994

168_ 궁궐지1 서울시립대학부설 서울학연구소 1994

왕궁사 이철원 저 동국문화사 1954

169_ 국조보감 민족문화 추진위원회 편 2006

창덕궁. 최종덕 저 눌와 2006

170_ 궁궐지1 서울시립대학부설 서울학연구소 1994

171_ 궁궐지1 서울시립대학부설 서울학연구소 1994

172_ 궁궐지1 서울시립대학부설 서울학연구소 1994

왕궁사 이철원 저 동국문화사 1954

173_ 궁궐지1 서울시립대학부설 서울학연구소 1994

174_ 궁궐지1 서울시립대학부설 서울학연구소 1994

175_ 궁궐지1 서울시립대학부설 서울학연구소 1994

176_ 궁궐지1 서울시립대학부설 서울학연구소 1994

177_ 궁궐지1 서울시립대학부설 서울학연구소 1994

178_ 궁궐지1 서울시립대학부설 서울학연구소 1994

179_ 궁궐지1 서울시립대학부설 서울학연구소 1994

180_ 궁궐지1 서울시립대학부설 서울학연구소 1994

왕궁사 이철원 저 동국문화사 1954

181_ 궁궐지 서울시립대학부설 서울학연구소 1994

왕궁사 이철원 저 동국문화사 1954

창덕궁. 최종덕 저 눌와 2006

182_ 궁궐지 서울시립대학부설 서울학연구소 1994

183_ 궁궐지 서울시립대학부설 서울학연구소 1994

184_ 한국 민족문화 대백과사전 한국학 중앙연구원

창덕궁 최종덕 저 눌와 2006

185_ 궁궐지1 서울시립대학부설 서울학연구소 1994

186_ 궁궐지1 서울시립대학부설 서울학연구소 1994

왕궁사 이철원 저 동국문화사 1954

창덕궁 최종덕 저 눌와 2006

187_ 궁궐지1 서울시립대학부설 서울학연구소 1994

188_ 궁궐지1 서울시립대학부설 서울학연구소 1994

창덕궁. 최종덕 저 눌와 2006

189_ 궁궐지1 서울시립대학부설 서울학연구소 1994

190_ 궁궐지1 서울시립대학부설 서울학연구소 1994

왕궁사 이철원 저 동국문화사 1954

191_ 궁궐지1 서울시립대학부설 서울학연구소 1994

192_ 궁궐지1 서울시립대학부설 서울학연구소 1994

193_ 궁궐지1 서울시립대학부설 서울학연구소 1994

　　　왕궁사 이철원 저 동국문화사 1954

194_ 궁궐지1 서울시립대학부설 서울학연구소 1994

　　　왕궁사 이철원 저 동국문화사 1954

195_ 궁궐지1 서울시립대학부설 서울학연구소 1994

196_ 궁궐지1 서울시립대학부설 서울학연구소 1994

197_ 궁궐지1 서울시립대학부설 서울학연구소 1994

198_ 궁궐지1 서울시립대학부설 서울학연구소 1994

　　　왕궁사 이철원 저 동국문화사 1954

199_ 궁궐1 (어필) 서울시립대학부설 서울학연구소 1994 156p

200_ 궁궐1 (어필) 서울시립대학부설 서울학연구소 1994 151p

　　　왕궁사 이철원 저 동국문화사 1954

201_ 궁궐지1 서울시립대학부설 서울학연구소 1994

　　　왕궁사 이철원 저 동국문화사 1954

　　　창덕궁 최종덕 저 눌와 2006

202_ 정조실록 19년 2월 정축조

203_ 순조실록 11년 윤3월 14일

　　　순조실록 11년 8월 28일

204_ 궁궐지1 서울시립대학부설 서울학연구소 1994 156p

205_ 궁궐지1 서울시립대학부설 서울학연구소 1994 157p

206_ 궁궐지1 서울시립대학부설 서울학연구소 1994 157p

　　　왕궁사 이철원 저 동국문화사 1954

207_ 궁궐지1 서울시립대학부설 서울학연구소 1994 157p

208_ 궁궐지1 서울시립대학부설 서울학연구소 1994 158p

209_ 궁궐지1 서울시립대학부설 서울학연구소 1994 158p

210_ 궁궐지1 서울시립대학부설 서울학연구소 1994 158p

　　　왕궁사 이철원 저 동국문화사 1954

211_ 열려실기술 제4권 문종조 고사 본말 이종익

한국 민족문화 대백과사전 한국학 중앙연구원

창덕궁 최종덕 저 눌와 2006

212_ 중종실록 6년 3월 기묘조

창덕궁 최종덕 저 눌와 2006

213_ 숙종실록 30년 12월 정해조

궁궐지1 서울시립대학부설 서울학연구소 1994 165p

국조보감 민족문화 추진위원회 편 2006

214_ 숙종실록 31년 3월 계묘조

215_ 궁궐지1 서울시립대학부설 서울학연구소 1994 165p

216_ 숙종실록 30년 12월 정해조

창덕궁 최종덕 저 눌와 2006

217_ 궁궐지1 서울시립대학부설 서울학연구소 1994

218_ 궁궐지1 서울시립대학부설 서울학연구소 1994

219_ 궁궐지1 서울시립대학부설 서울학연구소 1994

220_ 궁궐지1 서울시립대학부설 서울학연구소 1994 169p

221_ 궁궐지1 서울시립대학부설 서울학연구소 1994 170p

222_ 정조실록 15년

223_ 영조실록 35년

224_ 정조실록 19년

225_ 신증동국여지승람 민족문화추진위원회 2006

창경궁

1_ 세종실록 1년 11월 기유조, 계축조
세종실록 4년 5월 병인조

2_ 궁궐지2 서울시립대부속 서울학연구소 1994 223p

3_ 왕능 (주)한국문원 1995 45쪽

4_ 숙종실록 7년 12얼 병술조

5_ 성종실록 15년 9월 신해조

6_ 국조보감 민족문화추진위원회 2006

7_ 성종실록 16년 5월 병진조

8_ 국조보감 민족문화추진위원회 2006
궁궐지2 서울시립대부속 서울학연구소 1994 11p

9_ 성종실록 15년 3월
서울 600년사 서울특별시사편찬위원회

10_ 성종실록 14년 3월 임술조
연산군일기 10년 4월 무오조

11_ 광해군일기 8년 4월

12_ 창경궁 수리도감의궤 장서각
서울 600년사 서울특별시사편찬위원회

13_ 창경궁 수리소의궤 장서각
서울 600년사 서울특별시사편찬위원회

14_ 인현왕후전

15_ 숙종실록 15년 5월 정유조

16_ 숙종실록 20년 4월 무전조, 기묘조, 무자조

17_ 숙종실록 24년 10월 경오조

18_ 숙종실록 43년 8월 임오조

19_ 경종실록 1년 9월 갑오조, 갑인조

20_ 경종실록 4년 8월 을미조

21_ 영조실록 26년 6월

22_ 영조실록 25년 1월 청축조

23_ 영조실록 32년 5월 무진조

24_ 영조실록 33년 11월 기해조

영조실록 38년 4월 윤5월 을해조

한중록 혜경궁홍씨

왕궁사 이철원 동국문화사 1954

25_ 궁궐지 〈재실〉서울시립대학부설 서울학연구소 1994 14p

26_ 영조실록 38년 윤5월 을해조

영조실록 38년 윤5월 계미조

한중록 혜경궁홍씨

왕궁사 이철원 동국문화사 1954

27_ 영조실록 52년 3월 신묘조

영조실록 52년 3월 무술조

28_ 정조실록 1년 6월 신축조

29_ 왕궁사 이철원 동국문화사 1954

30_ 왕궁사 이철원 동국문화사 1954

31_ 왕궁사 이철원 동국문화사 1954

32_ 고종실록 36년 11월 12일

33_ 순조실록 30년 8월 병술조

34_ 서울 600년사 서울특별시사편찬위원회

35_ 창경궁 영건도감의궤 장서각

36_ 철종실록 8년 10월 임술조

고종실록 10년 12월 14일

37_ 순종실록 원년 8월 2일

38_ 서울 600년사 서울특별시사편찬위원회

왕궁사 이철원 동국문화사 1954

39_ 왕궁사 이철원 동국문화사 1954

40_ 서울 600년사 서울특별시사편찬위원회

41_ 한국 민족문화 대백과사전 한국학 중앙연구원

　　서울 600년사 서울특별시사편찬위원회 2006

42_ 궁궐지2 서울시립대부속 (서울학연구소 1994) 13p

43_ 서울 600년사 서울특별시사편찬위원회 2006

44_ 한국 민족문화 대백과사전 한국학 중앙연구원

45_ 광해군일기 7년 12월 갑진조, 정미조

　　광해군일기 8년 2월 기미조, 경신조, 신유조

　　서울 600년사 서울특별시사편찬위원회

46_ 국조보감 민족문화추진위원회 2006

47_ 순조실록 34년 4월 병진조

48_ 궁궐지2 서울시립대학부설 서울학연구소 번역 1994

49_ 한국 민족문화 대백과사전 한국학 중앙연구원

50_ 서울 600년사 서울특별시사편찬위원회

51_ 인조실록 11년 6, 7 신축조

52_ 궁궐지2 서울시립대학부설 서울학연구소 번역 1994 47p

　　왕궁사 이철원 동국문화사 1954

53_ 궁궐지2 서울시립대학부설 서울학연구소 번역 1994 47p

　　왕궁사 이철원 동국문화사 1954

54_ 인조실록 15년 1월 경오조

55_ 고종실록 15년 5월 12일

56_ 인조실록 2년 1월 임인조

57_ 궁궐지2 서울시립대학부설 서울학연구소 번역 1994 33p

58_ 한국 민족문화 대백과사전 한국학 중앙연구원

　　서울 600년사 서울특별시사편찬위원회

　　서울의 전통문화 1권 서울특별시

59_ 서울 600년사 서울특별시사편찬위원회

60_ 연산군일기 10년 4월 무오조

　　숙종실록 27년 8월 갑오조

궁궐지2 서울시립대학부설 서울학연구소 번역 1994

61_ 궁궐지2 서울시립대학부설 서울학연구소 번역 1994

62_ 정조실록 원년 6월 신축조

순조실록 21년 3월 기미조

궁궐지2 서울시립대학부설 서울학연구소 번역 1994

63_ 국조보감 민족문화추진위원회 2006

순조실록 30년 8월 병술조

64_ 궁궐지2 서울시립대학부설 서울학연구소 번역 1994 (4~18쪽까지)

65_ 인조실록 24년 6월 임진조

국조보감 민족문화추진위원회 2006

궁궐지2 서울시립대학부설 서울학연구소 번역 1994

66_ 궁궐지2 서울시립대학부설 서울학연구소 번역 1994

67_ 궁궐지2 서울시립대학부설 서울학연구소 번역 1994

68_ 궁궐지2 서울시립대학부설 서울학연구소 번역 1994

69_ 궁궐지2 서울시립대학부설 서울학연구소 번역 1994

조야첨재 한국학 중앙연구원 2006

70_ 궁궐지2 서울시립대학부설 서울학연구소 번역 1994 30p

창덕궁. 최종덕저 눌와 2006

71_ 궁궐지2 서울시립대학부설 서울학연구소 번역 1994 30p

72_ 궁궐지2 서울시립대학부설 서울학연구소 번역 1994 28p

73_ 궁궐지2 서울시립대학부설 서울학연구소 번역 1994 28p

74_ 궁궐지2 서울시립대학부설 서울학연구소 번역 1994 28p

75_ 궁궐지2 서울시립대학부설 서울학연구소 번역 1994 33p

76_ 창경궁 수리소의궤 규장각 소장

77_ 궁궐지2 서울시립대학부설 서울학연구소 번역 1994 24p

78_ 연산군일기 10년 8월 을유조

79_ 궁궐지2 서울시립대학부설 서울학연구소 번역 1994 24p

80_ 궁궐지2 서울시립대학부설 서울학연구소 번역 1994 55p

왕궁사 이철원 동국문화사 1954

81_ 궁궐지2 서울시립대학부설 서울학연구소 번역 1994 56p
왕궁사 이철원 동국문화사 1954

82_ 궁궐지2 서울시립대학부설 서울학연구소 번역 1994 56p

83_ 성종실록 15년 7월 기축조

84_ 궁궐지2 서울시립대학부설 서울학연구소 번역 1994 65p

85_ 궁궐지2 서울시립대학부설 서울학연구소 번역 1994 65p

86_ 궁궐지2 서울시립대학부설 서울학연구소 번역 1994 68p

87_ 궁궐지2 서울시립대학부설 서울학연구소 번역 1994 68p
왕궁사 이철원 동국문화사 1954

88_ 궁궐지2 서울시립대학부설 서울학연구소 번역 1994 68p

89_ 궁궐지2 서울시립대학부설 서울학연구소 번역 1994

90_ 궁궐지2 서울시립대학부설 서울학연구소 번역 1994 70p

91_ 궁궐지2 서울시립대학부설 서울학연구소 번역 1994

92_ 궁궐지2 서울시립대학부설 서울학연구소 번역 1994

93_ 국조보감 민족문화추진위원회 2006

94_ 국조보감 민족문화추진위원회 2006
궁궐지2 서울시립대학부설 서울학연구소 번역 1994 75p

경희궁

1_ 광해군일기 9년. 임인조, 신유조, 계해조

2_ 인조실록 10년 5월

　　국조보감 민족문화추진위원회 2006

3_ 광해군일기 9년 6월 을사조

　　광해군일기 12년 11월 병자조

4_ 영조실록 36년 2월 28일

5_ 광해군일기 11년 2월 21일

6_ 순조실록 29년 10월 3일

7_ 순조실록 30년 12월

　　순조실록 31년 2월

　　순조실록 31년 3월

8_ 광해군일기 10년 4월 무술조

9_ 궁궐지2 서울시립대학부설 서울학연구소 1994

10_ 한국민족문화 대백과사전 한국학 중앙연구원

　　왕궁사 이철원 동국문화사 1954

11_ 한국민족문화 대백과사전 한국학 중앙연구원

12_ 궁궐지2 서울시립대학부설 서울학연구소 1994

13_ 궁궐지2 서울시립대학부설 서울학연구소 1994

14_ 왕궁사 이철원 동국문화사 1954

15_ 궁궐지2 서울시립대학부설 서울학연구소 1994

16_ 궁궐지2 서울시립대학부설 서울학연구소 1994

　　국조보감 민족문화추진위원회 2006

17_ 궁궐지2 서울시립대학부설 서울학연구소 1994

18_ 궁궐지2 서울시립대학부설 서울학연구소 1994

19_ 국조보감 민족문화 추진위원회 2006

20_ 궁궐지2 서울시립대학부설 한국학연구소 2006

21_ 궁궐지2 서울시립대학부설 한국학연구소 2006

22_ 궁궐지2 서울시립대학부설 한국학연구소 2006

23_ 궁궐지2 서울시립대학부설 한국학연구소 2006

24_ 영조실록 39년 10월 31일 사물헌에서 추모

25_ 궁궐지2 서울시립대학부설 한국학연구소 2006

26_ 궁궐지2 서울시립대학부설 한국학연구소 2006

27_ 국조보감 민족문화추진위원회 2006

28_ 궁궐지2 서울시립대학부설 한국학연구소 2006

29_ 궁궐지2 서울시립대학부설 한국학연구소 2006

30_ 궁궐지2 서울시립대학부설 한국학연구소 2006

31_ 궁궐지2 서울시립대학부설 한국학연구소 2006

32_ 국조보감 민족문화 추진위원회 2006

33_ 국조보감 민족문화 추진위원회 2006

34_ 궁궐지2 서울시립대학부설 한국학연구소 2006

35_ 궁궐지2 서울시립대학부설 한국학연구소 2006

36_ 궁궐지2 서울시립대학부설 한국학연구소 2006

37_ 국조보감 민족문화추진위원회 2006

38_ 조야첨재 한국정신문화원(현 한국학 중앙연구원)

39_ 궁궐지2 서울시립대학부설 한국학연구소 2006

40_ 궁궐지2 서울시립대학부설 서울학연구소 1994

41_ 궁궐지2 서울시립대학부설 서울학연구소 1994

42_ 궁궐지2 서울시립대학부설 서울학연구소 1994

43_ 궁궐지2 서울시립대학부설 서울학연구소 1994

44_ 궁궐지2 서울시립대학부설 서울학연구소 1994

45_ 궁궐지2 서울시립대학부설 서울학연구소 1994

46_ 궁궐지2 서울시립대학부설 서울학연구소 1994

47_ 궁궐지2 서울시립대학부설 서울학연구소 1994

48_ 궁궐지2 서울시립대학부설 서울학연구소 1994

덕수궁

1_ 동국여지비고 경도(명례궁) 민족문화추진회 2006
   경운궁 중건도감의궤 규장각

2_ 선조실록 36년 7월 14일

3_ 광해군일기 10년 1월 경인조

4_ 왕궁사 이철원 동국문화사 1954

5_ 광해군일기 6년 2월 임진조

6_ 왕궁사 이철원 동국문화사 1954

7_ 인조실록 원년 3월 계묘조

8_ 고종실록 33년 2월 11일
   매천야록 황현 저 유준 번역 교문사

9_ 고종실록 34년 8월 16일

10_ 고종실록 35년 11월 26일
    왕궁사 이철원 동국문화사 1954

11_ 고종실록 41년 4월 14일

12_ 고종실록 43년 3월 25일

13_ 매천야록(1906) 황현 김준 번역 교문사

14_ 고종실록 34년 10월 12일

15_ 서울600년사 서울특별시

16_ 서울의 전통문화1 서울특별시 386p

17_ 서울의 전통문화1 서울특별시 386p

18_ 경운궁 중건도감의궤 서울대학교 규장각

19_ 고종실록 43년 4월 25일조

20_ 경운궁 중건도감의궤 서울대학교 규장각

21_ 매천야록 황현 김준 번역 교문사

22_ 이규태의 600년 서울 이규태

23_ 서울의 전통문화1. 서울특별시

24_ 경운궁 중건도감의궤 서울대학교규장각

25_ 경운궁 중건도감의궤 서울대학교규장각

26_ 경운궁 중건도감의궤 서울대학교규장각

27_ 고종실록 41년 1월 14조

경운궁 중건도감의궤 서울대학교규장각

28_ 고종실록 34년 2월

고종실록 34년 6월 19일조

29_ 경운궁 중건도감의궤 서울대학교규장각

30_ 경운궁 중건도감의궤 서울대학교규장각

31_ 이규태의 서울600년 조선일보사

32_ 경운궁 중건도감의궤 서울대학교규장각

33_ 경운궁 중건도감의궤 서울대학교규장각

34_ 경운궁 중건도감의궤 서울대학교규장각

35_ 서울의 전통문화 서울특별시

36_ 경운궁 중건도감의궤 서울대학교규장각

37_ 경운궁 중건도감의궤 서울대학교규장각

38_ 한국민족문화 대백과사전 한국학중앙연구원

39_ 태조실록 원년 8월 21일조 원단에제사

40_ 태종실록 11년 12월 6일조 원단에제사

41_ 태종실록 16년 6월 1일조

42_ 세종실록 원년 6월 7일조

43_ 세조 3년 1월 경오조, 임신조

44_ 정조실록 16년 8월 7일조 원구단제사

45_ 고종실록 33년 2월 11일

고종실록 33년 2월 11일

고종실록 33년 2월 11일

46_ 한국민족문화 대백과사전 한국학중앙연구원

47_ 서울600년사 서울시사편찬위원회

도성

1_ 태조실록 3년 10월 28일

2_ 태조실록 4년 1월 9일조 도선비기

3_ 태조실록 4년 9월 정사조

   태조실록 5년 1월 기사조

4_ 태조실록 5년 1월 무진조

5_ 태조실록 5년 2월 병진조

6_ 태조실록 6년 8월 6일

7_ 서울600년사 서울특별시사편찬위원 384p

8_ 태종실록 12년 2월 15일조

9_ 태종실록 4년 1월 계유조

10_ 태종실록 4년 2월 경술조

   서울600년사 1권 서울특별시사편찬위원회 390p

11_ 문종실록 원년 2월 경오조

12_ 숙종실록 30년 3월 갑자조

   숙종실록 31년 8월 임자조

   숙종실록 31년 8월 신유조

13_ 영조실록 21년 7월 병자조

14_ 서울 600년사 서울특별사사 편찬위원회 411p

15_ 서울의 전통문화1 서울특별시 297p

   서울600년사1 서울특별시사 편찬위원회 425p

16_ 도선비기 도선국사

   한국민족문화 대백과사전 「남경」 한국학중앙연구원

17_ 성호사설 이익 정해렴 번역 현대실학사

18_ 주역 서정기 번역 글사 1993

19_ 춘추번로 동중서 신정근 번역 태학사

20_ 맹자집주 김혁제 번역 명문장

21_ 서울600년사 서울특별시사편찬위원회 412p

22_ 신증동국여지승람 동국여지비고 제2편 민족문화추진위원회 2006

23_ 성종실록 22년 3월 3일

24_ 한국민족대백과사전「서울동대문」

25_ 서울의 전통문화 서울특별시 309p

26_ 세종실록 30년 5월 0조

　　 한국민족대백과사전

27_ 서울의 전통문화1 서울특별시 300p

28_ 한국민족대백과사전「서울남대문」한국학중앙연구원

　　 서울의 전통문화1 서울특별시 300p

29_ 서울의 전통문화1 309P 서울특별시

30_ 서울의 전통문화1 310P 서울특별시

31_ 인조실록 2년 2월 16일조

32_ 국조보감 영조 20년 민족문화추진회 2006

33_ 서울시 전통문화1 308P. 서울특별시사편찬위원

　　 한국민족문화 대백과사전「소의문」한국학중앙연구원

34_ 궁궐지2 서울시립대학부설 서울학연구소 1994 159p

　　 〈조야첨재. 한국정신문화연구원(현 한국학중앙연구원)〉

35_ 한국민족문화 대백과사전「홍지문」한국학중앙연구원

36_ 영조실록 17년 1월 무자조

37_ 국조보감 영조 19년 민족문화추진회

38_ 인조실록 2년 1월 기해조

39_ 세종실록 16년 7월 병자조

40_ 세조실록 2년 7월 을해조

　　 세조실록 3년 7월 무자조

41_ 세종실록 9년 6월 경진조

42_ 세조실록 6년 2월 을해조

　　 세조실록 6년 9월 6일

43_ 태조실록 7년 1월 무진조

태조실록 7년 4월 경진조

태조실록 7년 4월 신묘조

44_ 궁궐지 2 서울시립대학부설 서울학연구소 1994 208p

45_ 태종실록 13년 2월 을묘조

46_ 세종실록 13년 5월 무자조

세종실록 22년 4월 갑인조

47_ 세종실록 7년 4월 모오조

세종실록 9년 12월 기축조

48_ 중종실록 32년 10월 갑술조

49_ 예종실록 원년 7월 0조

국조보감 예종원년 5월

50_ 선조실록 27년 11월 1일

광해군일기 11년 4월 21일

인조실록 25년 3월 22일

현종실록 12년 10월 2일

51_ 동국여지비고 한성부 민족문화추진회 2006

52_ 세종실록 22년 5월 갑인조

53_ 궁궐지2 서울시립대학부설 서울학연구소 1994 208p

54_ 서울600년사 서울특별시사 편찬위원회

55_ 세조실록 2년 9월 정묘조 신숫주의鍾銘 실록

56_ 한국민족대백과사전「28수」한국학중앙연구원

57_ 태조실록 4년 9월 경신조

58_ 명종실록 원년 7월 임술조

명종실록 원년 9월 계미조

59_ 신증동국여지승람 동국여지비고 제1편 경도

60_ 국조보감 숙종 72년 민족문화추진회

61_ 한국민족문화 대백과사전「종묘」한국학 중앙연구원

62_ 한국민족문화 대백과사전「종묘」한국학 중앙연구원

문헌비고 여지고 명문당

63_ 한국민족문화 대백과사전「종묘」한국학 중앙연구소

64_ 궁궐지2 서울시립대학부설 서울학연구소 1994

65_ 한국민족문화 대백과사전「종묘」한국학중앙연구소

66_ 궁궐지2 서울시립대학부설 서울학연구소 1994

67_ 한국민족문화 대백과사전「문묘」한국학중앙연구소

68_ 궁궐지2 1798 서울시립대학부설 서울학연구소 1994

69_ 궁궐지2 1798 서울시립대학부설 서울학연구소 1994

70_ 궁궐지2 1798 서울시립대학부설 서울학연구소 1994

71_ 국조보감「중종5년」민족문화추진회 2006

72_ 궁궐지2 1798 서울시립대학부설 서울학연구소 1994

73_ 궁궐지2 1798 서울시립대학부설 서울학연구소 1994

74_ 궁궐지2 1798 서울시립대학부설 서울학연구소 1994

75_ 궁궐지2 1798 서울시립대학부설 서울학연구소 1994

76_ 서울의 문화재 이명박

77_ 한국민족문화 대백과사전「경모궁」한국학중앙연구소

78_ 궁궐지2 서울시립대학부설 서울학연구소 1994 169p

79_ 궁궐지2 서울시립대학부설 서울학연구소 1994 175p

80_ 궁궐지2 서울시립대학부설 서울학연구소 1994 171p

81_ 궁궐지2 서울시립대학부설 서울학연구소 1994 172p

82_ 궁궐지2 서울시립대학부설 서울학연구소 1994 172p

83_ 궁궐지2 서울시립대학부설 서울학연구소 1994 172p

84_ 궁궐지2 서울시립대학부설 서울학연구소 1994 172p

85_ 궁궐지2 서울시립대학부설 서울학연구소 1994 172p

86_ 궁궐지2 서울시립대학부설 서울학연구소 1994 172p

87_ 궁궐지2 서울시립대학부설 서울학연구소 1994 228p

88_ 한국민족문화 대백과사전「온왕묘」한국학중앙연구원

89_ 궁궐지2 서울대학부설 서울학연구소 1994 172p

90_ 한국민족문화 대백과사전「조경묘」한국학 중앙연구원

91_ 궁궐지2 서울시립대학부설 서울학연구소 1994 229p

92_ 궁궐지2 서울시립대학부설 서울학연구소 1994 231p

93_ 궁궐지2 서울시립대학부설 서울학연구소 1994 231p

94_ 궁궐지2 서울시립대학부설 서울학연구소 1994 232p

95_ 국조보감 세조 5년 민족문화추진회 2006

96_ 국조보감 영조 7년 민족문화추진회 2006

97_ 궁궐지2 서울시립대학부설 서울학연구소 1994 234p

98_ 국조보감 경종 3년 민족문화추진회 2006

99_ 궁궐지2 서울시립대학부설 서울학연구소 1994 235p

100_ 국조보감 숙종 27년 민족문화추진회 2006

101_ 국조보감 성종 2년 민족문화추진회 2006

102_ 한국민족문화 대백과사전「독신묘」한국학 중앙연구원

103_ 선조실록 32년 4월 무인조

104_ 숙종실록 35년 3월 정묘조

105_ 궁궐지2 서울시립대부설 서울학연구소 1994 206p

106_ 국조보감 영조 36년 민족문화추진회 2006

107_ 서울특별시 600년사 서울특별시사 편찬위원회

108_ 국조보감 정종 2년 민족문화추진회 2006

109_ 국조보감 정종 2년 민족문화추진회 2006

110_ 궁궐지2 서울시립대부설 서울학연구소 1994 205p

111_ 서울특별시 600년사 서울특별시사 편찬위원회

112_ 궁궐지2 서울시립대부설 서울학연구소 1994 220p

113_ 궁궐지2 서울시립대부설 서울학연구소 1994 220p

114_ 한국민족문화 대백과사전「목청정」한국학 중앙연구원

115_ 국조보감 현종 10년 민족문화추진회

116_ 궁궐지2 서울시립대부설 서울학연구소 1994 221p

117_ 궁궐지 서울시립대학부설 서울학연구소 1994 221p

118_ 궁궐지 서울시립대학부설 서울학연구소 1994 222p

119_ 궁궐지 서울시립대학부설 서울학연구소 1994 222p

120_ 궁궐지 서울시립대학부설 서울학연구소 1994 222p

121_ 궁궐지 서울시립대학부설 서울학연구소 1994 223p

122_ 궁궐지 서울시립대학부설 서울학연구소 1994 223p

123_ 한국민족문화 대백과사전「연희궁」한국학중앙연구원

124_ 왕능 한국문헌

125_ 한국민족문화 대백과사전「화성」한국학중앙연구원

126_ 궁궐지 서울시립대학부설 서울학연구소 1994 223p

127_ 순조실록 8년 2월 갑오조

128_ 궁궐지 서울시립대학부설 서울학연구소 1994 231p

129_ 궁궐지 서울시립대학부설 서울학연구소 1994 231p

130_ 궁궐지 서울시립대학부설 서울학연구소 1994 233p

131_ 국조보감 세조 10년 민족문화추진회 2006

132_ 국조보감 영조 26년 민족문화추진회 2006

133_ 한국민족문화 대백과사전「저경궁」한국학 중앙연구원

134_ 궁궐지 서울시립대학부설 서울학연구소 1994 172p

135_ 궁궐지 서울시립대학부설 서울학연구소 1994 174p

136_ 한국민족문화 대백과사전「용동궁」한국학중앙연구원

137_ 한국민족문화 대백과사전「이현궁」한국학중앙연구원

138_ 궁궐지2 서울시립대학부설 서울학연구소 1994 177p

139_ 한국민족문화 대백과사전「창의궁」한국학중앙연구원

140_ 궁궐지2 서울시립대학부설 서울학연구소 1994 178p

141_ 국조보감 인조 원년 민족문화추진회 2006

142_ 한국민족문화 대백과사전「태평관」한국학중앙연구원

143_ 궁궐지2 서울시립대학부설 서울학연구소 1994 207p

144_ 한국민족문화 대백과사전「동평관」한국학중앙연구원

145_ 한국민족문화 대백과사전「북평관」한국학중앙연구원

146_ 국조보감 인조 2년 민족문화추진회 2006

147_ 국조보감 태종 8년 민족문화추진회 2006

148_ 궁궐지2 서울시립대학부설 서울학연구소 1994 212p

149_ 국조보감 명종 22년 민족문화추진회 2006

150_ 궁궐지2 서울시립대학부설 서울학연구소 1994 212p

151_ 국조보감 세종 2년 민족문화추진회 2006

152_ 궁궐지2 서울시립대학부설 서울학연구소 1994 213p

153_ 궁궐지2 서울시립대학부설 서울학연구소 1994 216p

154_ 궁궐지2 서울시립대학부설 서울학연구소 1994 216p

155_ 궁궐지2 서울시립대학부설 서울학연구소 1994 217p

156_ 한국민족문화 대백과사전「독서당」한국학중앙연구원 1994

157_ 궁궐지2 서울시립대학부설 서울학연구소 1994 166p

158_ 한국민족문화 대백과사전「영희전」한국학중앙연구원 1994

159_ 궁궐지2 서울시립대학부설 서울학연구소 1994 166p

160_ 궁궐지2 서울시립대학부설 서울학연구소 1994 217p

161_ 궁궐지2 서울시립대학부설 서울학연구소 1994 217p

162_ 궁궐지2 서울시립대학부설 서울학연구소 1994 218p

163_ 궁궐지2 서울시립대학부설 서울학연구소 1994 218p

164_ 한국민족문화 대백과사전「세검정」한국학중앙연구원 1994

165_ 궁궐지2 서울시립대학부설 서울학연구소 1994 218p
　　　서울의 문화재 이명박

166_ 한국민족문화 대백과사전「용양봉저정」한국학중앙연구소 1994
　　　서울의 문화재 이명박

167_ 궁궐지2 서울시립대학부설 서울학연구소 1994 218p

168_ 궁궐지2 서울시립대학부설 서울학연구소 1994 219p

169_ 국조보감 세조 1년 민족문화추진회

170_ 한국민족문화 대백과사전「정업원」한국학중앙연구소 1994

171_ 한국민족문화 대백과사전「홍제원」한국학 중앙연구원

172_ 궁궐지2 서울시립대학부설 서울학연구소 1994 222p

173_ 궁궐지2 서울시립대학부설 서울학연구소 1994 222p

174_ 궁궐지2 서울시립대학부설 서울학연구소 1994 223p

175_ 궁궐지2 서울시립대학부설 서울학연구소 1994 225p

176_ 궁궐지2 서울시립대학부설 서울학연구소 1994 226p

177_ 국조보감 영조 15년 민족문화추진회 2006

178_ 한국민족문화 대백과사전 「경기전」 한국학중앙연구원

179_ 궁궐지2 서울시립대학부설 서울학연구소 1994 232p

180_ 국조보감 인조 9년 민족문화추진회 2006

181_ 한국민족문화 대백과사전 「자수궁」 한국학 중앙연구원

182_ 궁궐지2 서울시립대학부설 서울학연구소 1994 235p

183_ 한국민족문화 대백과사전 「종친부」 한국학중앙연구원

184_ 한국민족문화 대백과사전 「의정부」 한국학중앙연구원 1994

185_ 궁궐지2 서울시립대학부설 서울학연구소 1994 187p
　　　한국민족문화 대백과사전 「종친부」 한국학중앙연구원

186_ 한국민족문화 대백과사전 「의빈부」 한국학 중앙연구원

187_ 국조보감 태종 14년 민족문화추진회 2006
　　　한국민족문화 대백과사전 「돈녕부」 한국학중앙연구원

188_ 한국민족문화 대백과사전 「기로소」 한국학 중앙연구원
　　　궁궐지2 188P 서울시립대학부설 서울학연구소 1994

189_ 궁궐지2 서울시립대학부설 서울학연구소 1994 188p

190_ 궁궐지2 서울시립대학부설 서울학연구소 1994 190p
　　　한국민족문화 대백과사전 「중추부」 한국학중앙연구원

191_ 궁궐지2 서울시립대학부설 서울학연구소 1994 190p
　　　한국민족문화 대백과사전 「비변사」 한국학중앙연구원

192_ 궁궐지2 서울시립대학부설 서울학연구소 1994 191p
　　　한국민족문화 대백과사전 「선혜청」 한국학중앙연구원

193_ 궁궐지2 서울시립대학부설 서울학연구소 1994 191p
　　　한국민족문화 대백과사전 「의금부」 한국학 중앙연구원

194_ 경국대전 「이전편」

195_ 경국대전 「호전편」

196_ 경국대전 「예전편」

궁궐지2 192P 서울시립대학부설 서울학연구소 1994

197_ 경국대전 「병전편」

궁궐지2 192P 서울시립대학부설 서울학연구소 1994

198_ 경국대전 「형전편」

궁궐지2 192P 서울시립대학부설 서울학연구소 1994

199_ 경국대전 「공전편」

궁궐지2 192P 서울시립대학부설 서울학연구소 1994

200_ 궁궐지2 서울시립대학부설 서울학연구소 1994 193p

201_ 궁궐지2 서울시립대학부설 서울학연구소 1994 193p

한국민족문화 대백과사전 「사간원」 한국학중앙연구원

202_ 궁궐지2 서울시립대학부설 서울학연구소 1994 193p

203_ 한국민족문화 대백과사전 「성균관」 한국학중앙연구원

궁궐지2 193P. 서울시립대학부설 서울학연구소

204_ 궁궐지2 서울시립대학부설 서울학연구소 193p

205_ 궁궐지2 서울시립대학부설 서울학연구소 194p

206_ 궁궐지2 서울시립대학부설 서울학연구소 194p

한국민족문화 대백과사전 「용호영」 한국학중앙연구원

207_ 국조보감 선조 27년 민족문화추진회 2006

한국민족문화 대백과사전 「훈련도감」 한국학중앙연구원

208_ 한국민족문화 대백과사전 「북영」 한국학중앙연구원

209_ 한국민족문화 대백과사전 「영향청」 한국학중앙연구원

210_ 궁궐지2 서울시립대학부설 서울학연구소 1994 195p

211_ 한국민족문화 대백과사전 「금위영」 한국학중앙연구원

212_ 궁궐지2 서울시립대학부설 서울학연구소 1994 195p

213_ 궁궐지2 서울시립대학부설 서울학연구소 1994 195p

한국민족문화 대백과사전 「어영청」 한국학중앙연구원

214_ 궁궐지2 서울시립대학부설 서울학연구소 1994 195p

215_ 궁궐지2 서울시립대학부설 서울학연구소 1994 195p

한국민족문화 대백과사전 「수어청」 한국학중앙연구원

216_ 궁궐지2 서울시립대학부설 서울학연구소 1994 195p
　　한국민족문화 대백과사전「총융청」한국학중앙연구원
217_ 궁궐지2 서울시립대학부설 서울학연구소 1994 196p
　　한국민족문화 대백과사전「경리청」한국학중앙연구원
218_ 궁궐지2 서울시립대학부설 서울학연구소 1994 196p
　　한국민족문화 대백과사전「훈련원」한국학중앙연구원
219_ 궁궐지2 서울시립대학부설 서울학연구소 1994 196p
　　한국민족문화 대백과사전「포도청」한국학 중앙연구원
220_ 궁궐지2 서울시립대학부설 서울학연구소 1994 196p
221_ 궁궐지2 서울시립대학부설 서울학연구소 1994 196p
　　한국민족문화 대백과사전「군직청」한국학중앙연구원
222_ 궁궐지2 서울시립대학부설 서울학연구소 1994 196p
223_ 한국민족문화 대백과사전「충익부」한국학 중앙연구원
224_ 국조보감「인조원년」민족문화추진회
　　한국민족문화 대백과사전「호위청」한국학 중앙연구원
225_ 궁궐지2 서울시립대학부설 서울학연구소 1994 197p
226_ 궁궐지2 서울시립대학부설 서울학연구소 1994 197p
　　한국민족문화 대백과사전「통례원」한국학중앙연구원
227_ 궁궐지2 서울시립대학부설 서울학연구소 1994 197p
228_ 한국민족문화 대백과사전「봉상시」한국학중앙연구원
229_ 한국민족문화 대백과사전「사재감」한국학중앙연구원
230_ 신증동국여지승람 경도하 민족문화추진회 2006
231_ 한국민족문화 대백과사전「사복시」한국학중앙연구원
232_ 한국민족문화 대백과사전「군기시」한국학중앙연구원
233_ 한국민족문화 대백과사전「내자시」한국학중앙연구원
　　궁궐지2 서울시립대부속 서울학연구소 1994 198p
234_ 궁궐지2 서울시립대학부속병원 서울학연구소 1994 198p
　　한국민족문화 대백과사전「내섬시」한국학중앙연구원
235_ 궁궐지2 서울시립대학부속병원 서울학연구소 1994 198p

한국민족문화 대백과사전「사도시」한국학중앙연구원

236_ 문헌비고 직관고9 예빈시

237_ 궁궐지2 서울시립대학부설 서울학연구소 1994 199p

238_ 궁궐지2 서울시립대학부설 서울학연구소 1994 199p

239_ 궁궐지2 서울시립대학부설 서울학연구소 1994 177p

한국민족문화 대백과사전「제용감」한국학중앙연구원

240_ 궁궐지2 서울시립대학부설 서울학연구소 1994 199p

241_ 한국민족문화 대백과사전「장악원」한국학중앙연구원

242_ 궁궐지2 서울시립대학부설 서울학연구소 1994 199p

한국민족문화 대백과사전「관상감」한국학중앙연구원

243_ 한국민족문화 대백과사전「전의감」한국학중앙연구원

244_ 한국민족문화 대백과사전「사역원」한국학중앙연구원

245_ 한국민족문화 대백과사전「광흥창」한국학중앙연구원

246_ 한국민족문화 대백과사전「풍저창」한국학중앙연구원

247_ 한국민족문화 대백과사전「전함사」한국학중앙연구원

248_ 영조실록 36년 3월 0일 준설

249_ 한국민족문화 대백과사전「준천사」한국학중앙연구원

250_ 서울600년사 서울특별시사 편찬위원회

한국민족문화 대백과사전「수표」「수표교」한국학중앙연구원

251_ 한국민족문화 대백과사전「종학」한국학중앙연구원

252_ 한국민족문화 대백과사전「제생원」한국학중앙연구원

253_ 한국민족문화 대백과사전「수성금화사」한국학중앙연구원

254_ 한국민족문화 대백과사전「종묘서」한국학중앙연구원

255_ 한국민족문화 대백과사전「사직서」한국학중앙연구원

256_ 한국민족문화 대백과사전「평시서」한국학중앙연구원

257_ 한국민족문화 대백과사전「의영고」한국학중앙연구원

258_ 한국민족문화 대백과사전「내수사」한국학중앙연구원

259_ 국조보감 중종 13년 민족문화추진회

문헌비고 적관고 소격서

260_ 궁궐지2 201P 서울시립대학부설 서울학연구소 1994

261_ 한국민족문화 대백과사전「빙고」한국학중앙연구원

262_ 한국민족문화 대백과사전「장원서」한국학중앙연구원

263_ 한국민족문화 대백과사전「사포서」한국학중앙연구원

264_ 한국민족문화 대백과사전「양현고」한국학중앙연구원

265_ 한국민족문화 대백과사전「전생서」한국학중앙연구원

266_ 한국민족문화 대백과사전「사축서」한국학중앙연구원

267_ 한국민족문화 대백과사전「조지서」한국학중앙연구원

268_ 한국민족문화 대백과사전「혜민서」한국학중앙연구원

269_ 한국민족문화 대백과사전「도화서」한국학중앙연구원

270_ 한국민족문화 대백과사전「전옥서」한국학중앙연구원

271_ 한국민족문화 대백과사전「활인서」한국학중앙연구원

272_ 궁궐지2 서울시립대학부설 서울학연구소 1994 203p

273_ 문헌비고 직관고 귀후서

274_ 궁궐지2 서울시립대학부설 서울학연구소 1994 203p

275_ 한국민족문화 대백과사전「장생전」한국학중앙연구원

276_ 한국민족문화 대백과사전「능마아청」한국학중앙연구원

277_ 한국민족문화 대백과사전「의장고」한국학중앙연구원

278_ 궁궐지2 서울시립대학부설 서울학연구소 1994 204p

279_ 한국민족문화 대백과사전「삼군부」「삼군부청헌당」
「삼군부총무당」한국학중앙연구원

조선왕조 세계표

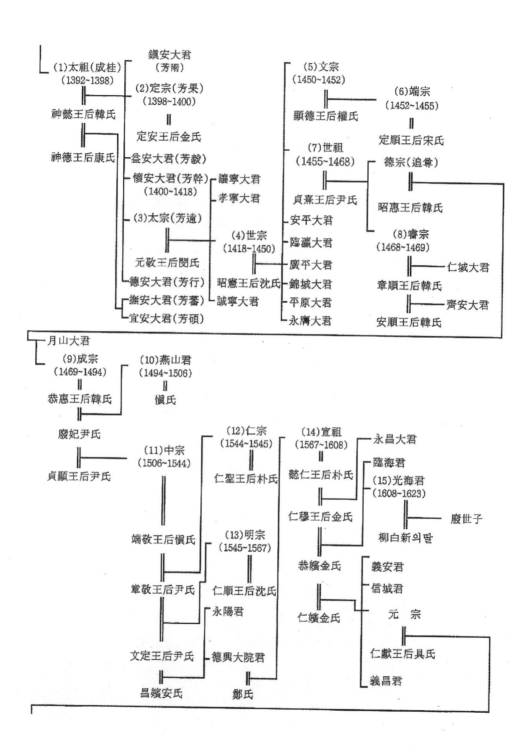

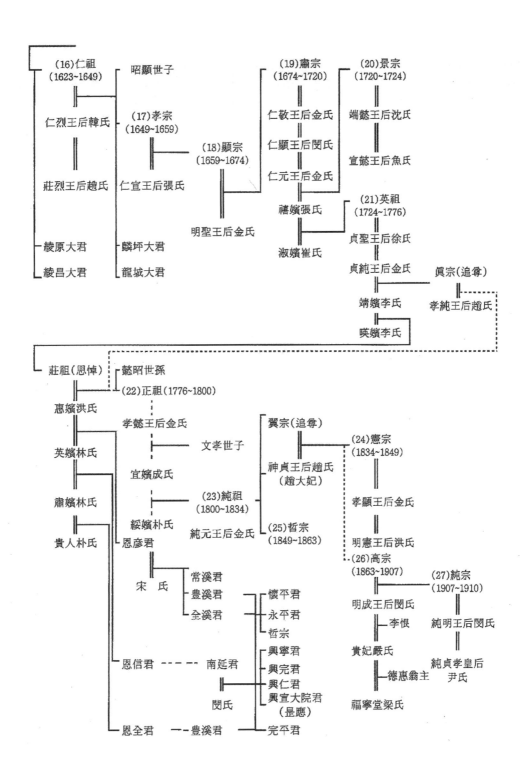

생몰표

	능호 (陵号)	묘호 (廟号)	생	몰	형식	사적	능소
1대	建元陵	太祖	1335.10.11. 영흥	1408.5.24. 광연전	단릉	193호	경기도 구리시 인창동 62번지 (동구릉)
	齊陵	神懿高皇后			단릉		개성시 판문군 상도리 (북한)
	貞陵	神德高皇后			단릉	208호	서울 성북구 정릉2동 산 87-16
2대	厚陵	定宗	1357.7.1. 함흥	1419.9.26. 인덕궁	쌍릉		개성시 판문군 령정리 (북한)
		定安王后					
3대	獻陵	太宗	1367.5.16. 함흥	1422.5.10. 수강궁	쌍릉	194호	서울 강남구 내곡동 산 13-1
		元敬王后					
4대	英陵	世宗	1397.4.10. 한양잠저	1450.2.17. 영응대군집	합장	195호	경기도 여주군 능서면 왕대리 산 83-1
		昭憲王后					
5대	顯陵	文宗	1414.10.3. 한양잠저	1452.5.14. 강녕전	동원	193호	경기도 구리시 인창동 62번지 (동구릉)
		顯德王后			이강		
6대	莊陵	端宗	1441.7.23. 자선당	1457.10.24. 영월	단릉	196호	강원도 영월군 영월읍 영흥리 산 121-1
	思陵	定順王后			단릉	209호	경기도 남양주군 진건면 사릉리 산 65
7대	光陵	世祖	1417.9.29. 본궁	1468.9.8. 수강궁	동원	197호	경기도 남양주군 진전읍 부평리 247
		貞熹王后			이강		

8대	昌 陵	睿宗	1450.1.1. 잠저	1469.11.28. 자미당	동원	198호	경기도 고양시 용두동 산 30-1(서오릉)
		安順王后			이강		
	恭 陵	章順王后			단릉	205호	경기도 파주군 조리면 봉일천리 산 5-1
추존	敬 陵	德宗	추존		동원	198호	경기도 고양시 용두동 산 30-1 (서오릉)
		昭惠王后			이강		
9대	宣 陵	成宗	1457.7.30. 동저	1494.2.24. 대조전	동원	199호	서울 강남구 삼성동 135-4
		貞顯王后			이강		
	順 陵	恭惠王后			단릉	205호	경기도 파주군 조리면 봉일천리 산 15-1
10대	燕山君墓	燕山君	1476.11.7. 창덕궁	1506.9.2. 폐위	쌍분	362호	서울 도봉구 방학동 산 75번지
		夫人愼氏					
11대	靖 陵	中宗	1488.3.5. 잠저	1544.11.15. 환경전	단릉	199호	서울 강남구 삼성동 135-4
	溫 陵	端敬王后			단릉	210호	경기도 양주군 장흥면 일영리 산 19
	禧 陵	章敬王后			단릉	200호	경기도 고양시 원당동 산 37-1 (서삼릉)
	泰 陵	文定王后			단릉	201호	서울 도봉구 공릉동 산 223-19
12대	孝 陵	仁宗	1515.2.25. 경복궁	1545.7.1. 청연루	쌍릉	200호	경기도 고양시 원당동 산 37-1(서삼릉)
		仁聖王后					
13대	康 陵	明宗	1534.5.22. 경복궁	1567.6.28. 양심당	쌍릉	201호	서울 노원구 공릉동 산 223-19
		仁順王后					
14대	穆 陵	宣祖	1552.11.11. 잠저	1608.2.1. 경운궁	동원	193호	경기도 구리시 인창동 62번지 (동구릉)
		懿仁王后			이강		
		仁穆王后					
15대	光海君墓	光海君			쌍분	363호	경기도 양주군 진건면 송릉리 산 59번지
		夫人柳氏					

추존	章 陵	元宗	추존		쌍릉	202호	경기도 김포군 김포읍 풍무리 산 141-1
		仁獻王后					
16 대	長 陵	仁祖	1595.11.7. 해주부관아	1649.5.8. 대조전	합장	203호	경기도 파주군 탄현면 갈현리 산 25-1
		仁烈王后					
	徽 陵	莊烈王后			단릉	193호	경기도 구리시 인창동 62번지 (동구릉)
17 대	寧 陵	孝宗	1619.5.22. 잠저	1659.5.4. 대조전	쌍릉	195호	경기도 여주군 능서면 왕대리 산 83-1
		仁宣王后					
18 대	崇 陵	顯宗	1641.2.4. 심관	1674.8.18. 창덕궁	쌍릉	193호	경기도 구리시 인창동 62번지 (동구릉)
		明聖王后					
19 대	明 陵	肅宗	1661.8.15. 회상전	1720.6.8. 융복전	쌍릉	198호	경기도 고양시 용두동 산 30-1 (서오릉)
		仁顯王后					
		仁元王后			단릉		
	翼 陵	仁敬王后			단릉		경기도 고양시 용두동 산 30-1 (서오릉)
20 대	懿 陵	景宗	1688.10.28. 취선당	1724.8.25. 환취정	쌍릉	204호	서울 성북구 석관동 1-5
		宣懿王后					
	惠 陵	端懿王后			단릉	193호	경기도 구리시 인창동 62번지 (동구릉)
21 대	元 陵	英祖	1694.9.13. 보경당	1776.3.5. 집경당	쌍릉	193호	경기도 구리시 인창동 62번지 (동구릉)
		貞純王后					
	弘 陵	貞聖王后			단릉	198호	경기도 고양시 용두동 산 30-1 (서오릉)
추존	永 陵	眞宗	추존		동원	205호	경기도 파주군 조리면 봉일천리 산 15-1
		孝純昭皇后			이강		
추존	隆 陵	莊祖	추존		합장	206호	경기도 화성군 태안면 안녕리 1-1
		獻敬懿皇后					

대							
22대	健陵	正祖	1752.9.22. 경춘전	1800.6.28. 영춘헌	합장	206호	경기도 화성군 태안면 안녕리 1-1
		孝懿宣皇后					
23대	仁陵	純祖	1790.6.18 집복헌	1834.11.13 회상전	합장	194호	서울 강남구 내곡동 산 13-1
		純元肅皇后					
추존	綏陵	文祖	추존		합장	193호	경기도 구리시 인창동 62번지 (동구릉)
		神貞翼皇后					
24대	景陵	憲宗	1827.7.18. 경춘전	1849.6.6. 중희당	삼연릉	193호	경기도 구리시 인창동 62번지 (동구릉)
		孝顯成皇后					
		孝定成皇后					
25대	睿陵	哲宗	1831.6.7. 잠저	1863.12.8. 대조전	쌍릉	200호	경기도 고양시 원당동 산 37-1(서삼릉)
		哲仁章皇后					
26대	洪陵	高宗	1852.7.25. 운현궁	1919.1.21. 함녕전	합장	207호	경기도 미금시 금곡동 141-1
		明成太皇后					
27대	裕陵	純宗	1874.2.8. 관물전	1926.4.5. 대조전	합장	207호	경기도 미금시 금곡동 141-1
		純明孝皇后					
		純貞孝皇后					

찾아보기

용어 해설

ㄱ

가색(稼穡): 농작물을 심는 것과 거두는 것

가석(嘉石): 무늬 있는 돌. 가벼운 죄를 범한 자들을 이 돌 위에 앉혀서 그 훌륭한 돌을 보고 죄를 뉘우치게 하기 위한 것

간의대(簡儀臺): 천체의 위치를 측정하는 천문관측 기구로 1432년(세종14)에 왕명으로 이천, 장영실 등이 만들었다. 대간의와 소간의가 있다.

갈모산방: 한식구조에서 도리위에 서까래를 걸기위해 한쪽머리는 두껍게 하고 다른쪽 머리는 얇게 깎아서 추녀 옆에 붙이는 나무조각. 박공지붕의 처마를 올리는데도 쓰임.

감실(龕室): ①벽에서 조금 들어가게 만든 작은 공간 또는 큰방의 한쪽에 작게 만든 방
②사당안의 신주를 모셔두는 작은공간

강사포(絳紗袍): 조하때 임금이 입는예복 홍포(紅袍)

개판(盖板): 서까래와 부연위에 까는 널빤지

거려청(居廬廳): 상재가 머무는곳

검서관(檢書官): 1779(정조3)에 처음으로 검서관을 두었는데 5품에서 9품에 해당하는 군직(軍職)이 주어졌다. 주로 서얼 출신들을 임명하여 책을 편찬하고 임금이 주관하는 행사에 참여한다. 평상시에는 규장각관원 6명을 보좌한다.

결속색(結束色): 임금이 궁 밖으로 행차 할 때 경호를 담당 하는 역할

겸사복(兼司僕): 조선시대 가장 정예한 기병 중심의 친위병

계자난간(鷄子欄干): 난간 동자를 계자각으로 하고 두겁대를 밖으로 내밀어 걸친 난간.

고막이돌: ①하인방 밑에 쌓은돌 또는 장대석
②중방 밑이나 마루밑의 트인곳을 막는돌

고명(誥命): 중국황제가 조선임금의 즉위를 승인함

고실(故失): 행방불명된 사람

고적도보(古蹟圖譜): 일본건축학자 세키노다다시(關歸貞)가 1902년부터 1904년 사이에 찍은 우리나라 고적 사진첩

고주(高柱): 보통기둥보다 높게하여 솟을 지붕의 기둥 또는 동자기둥을 겸하는 기둥

곤직(袞職): 곤룡포를 입은 임금의 직책이란 뜻

공궤(供饋): 음식을 줌

공포(栱包):처마의 무게를 받치려고 기둥머리 위에 짜 맞추어 댄 나무쪽들. 이것은 지붕의 하중을 분산시킴으로서 건물을 안전하게 하는 완충적 기능을

함과 동시에 장식적 기능을 가지고 있어 건물을 웅장하게 보이게 하면서 화려한 느낌을 주게한다.

주심포, 다포, 익공양식으로 구분 할 수 있다.

주심포 양식은 기둥위에만 공포를 짜올려 지붕의 하중이 기둥으로만 전달되는 건물구조다. 대체적으로 멋보다는 실용성 위주의 건축이기 때문에 소박하고 간결한 멋이 있다.

다포양식은 기둥과 기둥사이에도 포를 놓는(공간포) 형태의 건물이다.

지붕의 하중을 받아야 하기 때문에 창방은 굵은 나무를 써야 하며 포를 놓기 위하여 창방위에 또다시 평평한 평방을 올린다.

장중하고 화려한 맛이 있어 궁궐의 정전은 대게 다포 양식으로 짓는다. 익공집은 주심포보다 더 간결한 건축형태로 주두 밑에 새의 날개 같은 모양의 재목을 놓고 그 위에 보 머리를 받는다. 이것이 하나 있을 때 초익공(初翼工)이라 하고 둘이 있을 때 이익공(二翼工)이라 한다.

이익공집은 기둥과 기둥사이에 화반을 놓는 경우에 많이 사용된다. 날개 모양을 하지 않고 구름 모양의 형태를 만들 때 물익공이라 한다.

공포(貢布): 노비가 노역 대신에 바치는 포목

관광청(觀光廳): 인정전 북쪽 행랑에 있는데 과거시험을 담당한다. 인정전에서 과거시험을 주로 보기 때문에 여기에 관광청을 두었다.

광간(狂簡): 뜻이 너무 커서 일을 꼼꼼하게 처리하지 못하는 사람.

광창(光窓): 빛이 들도록 하는 채광창, 교창과 같은 기능을 한다.

괴시(槐市): 중국 한나라때 장안동쪽에 홰나무를 심어놓은 시장이 있었는데 학자들이 여기에 모여 학문을 토론하고 서적 등을 교환하였다 함.

교(膠): 서(序)나 교는 모두 중국의 고대 학교이름이다.

교두(翹頭): 살미의 밑면을 원호(圓弧)형으로 깎아낸 모양 또는 그 부분.

교창(交窓): 문이나 창 위의 인방과 장려 사이에 다는 채광창

구여(九如): 시경 천보(天保)의 시에 아홉 개의 여(如)자가 있는데서 무궁한 송축을 뜻한다.

구오(九五): 주역건괘(乾卦)의 다섯 번째 양효(陽爻)를 가리키며 천자의 지위나 왕을 상징한다.

굴도리: 단면이 둥근 도리.

궁궐지: 헌종때 편찬된 것으로 궁궐의 위치, 명칭, 연혁등에 관한 사실을 기록한 책이다.

궁양(穹壤): 하늘과 땅.

권여(權輿): 사물의 시작 또는 처음.

귀고주: 네 귀에 세운 높은 기둥.

규얼(圭臬): 해그림자를 재는 기구.

금방(金牓): 과거 급제자 명단.

금정(金精): 달을 가리킴.

금위군 번소(禁衛軍番所): 궁궐을 수비하는 금위군이 군무서는 곳.

금인(金人): 주나라 후직(后稷)의 사당에 쇠로 사람을 만들어 바늘과 실로 그 입을 세 번 꿰메어 놓고 "옛적에 말조심 하던 사람이다." 라는 글로 써서 새겨 놓았다.

기공(沂公): 공자의 제자 자사(子思)이다.

기로소(耆老所): 나이 많은 고위문신들의 친목과 예우를 위해 설치한 관청.

기성(騎省): 병조를 가리킨다.

기형(機衡): 선기옥형(璿璣玉衡)의 준말. 선기옥형은 천문관측 기계이다.

ㄴ

나례(儺禮): 중국이나 민가에서 마귀와 사신(邪神)을 쫓아내는 의식.

낙계(烙契): 낙은 호패등의 낙인을 찍는 것이고 계는 증명서나 증명서류를 말함.

낙양각: 기둥상부의 옆면과 창방밑에 돌려붙인 파련각(波連刻: 넝쿨무늬)한 장식.

난전(亂廛): 판매를 허가받지 않고 물건을 판매하거나 판매하는 시설 조선시대 전안(廛案)에 등록되지 않은 신흥 상공업자의 상행위

난정(蘭亭): 중국 진나라때의 정자. 왕희지가 유상곡수를 만들어 놓고 시를 지으며 여흥을 즐기던 곳.

납월(臘月): 음력 섣달.

납일(臘日): 동지 뒤의 셋째 미일(未日)

낭관(郎官): 조선시대 6품관을 말한다.

내금위(內禁衛): 조선 세조말년에 설치한 기관으로 주로 궁내 경비를 맡아 보는 기관.

내목도리(內目道里): 한식 건축에서 변 주위의 공포보다 건물 안으로 내어 얹은 도리-내출 목도리.

내병조(內兵曹): 외병조와 상대되는 말로 내병조는 모반 대역죄, 유교의 기본질서인 삼강오륜을 어긴 죄 등 중대한 범죄를 저지른 죄인을 심문하는 장소로 사용하였다.

내삼청(內三廳): 임금을 호위하고 궁궐을 수비하는 내금위, 겸사복(兼司僕), 우림위(羽林衛)등을 말한다.

내연(內宴): 왕비가 베푸는 잔치.

노래(老萊): 초나라의 현인으로 중국 24효자중의 한사람.

ㄷ

당랑(堂郞): 당상관과 낭관.

당초문(唐草紋): 땅으로 뻗어나가는 여러 가지 덩굴 풀의 모양을 그린 무늬. 인동당
　　　초, 포도당초, 모란당초 등이 있다. 당초각.

당후일기(堂后日記): 승정원 주서들이 임금앞에서 쓴 일기.

대공(臺工): 들보위에 올려 그 위의 다른 들보 또는 도리를 받치는 짧은 기둥을 말
　　　하며 동자기둥이 대표적인 예이다. 그 외에 화반(花盤), 운공(雲工), 첨차(檐
　　　遮), 보아지 등이 있다. 화반은 창방위에 일정한 간격으로 조립되어 기둥과
　　　기둥 사이의 장여를 받치는 초(草)새김한 부재인데 통상적으로 촉으로 고정
　　　시킨다.
　　　운공은 화반위에서 장여와 반턱 맞춤으로 작교하여 조립되는데 이것도 초새
　　　김하여 도리를 받친다. 장여와 반턱 맞춤에서 업칠장으로 조립된다.
　　　대공첨자는 뜬 창방위에 대공부재와 직교하여 조립하는데 받을장으로 도리
　　　방향으로 조립된다.
　　　보아지는 보의 처짐을 보강하기 위한 부재로 기둥머리 위에 끼우거나 내진
　　　고주에 꽂혀 보를 받는다.
　　　위와같은 부재들은 그 역할이 따로 있지만 장식적인 기능이 더 강하다.

대루원(待漏院): 신하들이 새벽에 조회할 시간을 기다리는 집이다. 송나라때 왕우칭
　　　이 <대루원기>를 지었다.

대압(代押): 삼품(三品)이상에게 제사를 대신 하도록 하는 것인데 그 대상은 임금의
　　　서모, 형수, 제수 등의 제사인 경우이다. 그 외에 임금이 병중에 있을때 행한
　　　다.

대접받침: 맛집등의 기둥위에 장식으로 얹은 됫박모양의 넓적하고 네모진 나무. =
　　　대접소로=주두(柱枓)

대지(臺池): 맹자의 양혜왕'상(上)에 나오는 말로 맹자가 양혜왕과 이야기하면서 "백
　　　성이 함께 죽기를 원한다면 대(臺)와 못(池)과 새와 짐승이 있다 한들 어찌
　　　혼자서 즐길 수 있겠습니까?"(雖佳有臺池鳥獸)라는 말에서 나온 것으로 이것
　　　은 서경의 탕서(湯誓)편을 인용한 말이다.

도감(都監): 일이 있을 때마다 설치하는 임시관청

도리(道里): 나무 자재의 마지막 부분인 지붕의 서까래를 떠받치고 있는 목재를 말
　　　한다. 대부분 굴도리(원형도리)인데 각도리도 있다. 용마루 바로 아래에 양쪽
　　　서까래를 직접 받치고 있는 적심도리, 수직 아래 동자대공 위에 올려놓은 종
　　　도리, 물길따라 내려오다 중간에 중도리가 있고, 고주에 올려진 보 위에 고
　　　주도리가 있으며, 안쪽 퇴보위에 받혀진 내목도리, 외부 평주위에 주심도리,
　　　외출목 위에 받혀진 출목도리가 있다. 네모나면 납도리, 둥글면 굴도리라 하
　　　는데 대부분 굴도리이다.

도리왕찌: 모퉁이 기둥 바깥으로 내민 도리.

도잠(陶潛): 일명 도연명, 동진(東晋)의 전원시인(田園詩人), 29세때 관직에 나갔으

나 부패된 관료세계에 염증을 느껴 사직했다.

도제조(都提調): 각 관청의 최고 책임자.

돌란대: 난간 두겁대. 난간 동자위에 건너 댄 부재. 단면은 원형, 4각, 8각 등이 있고 쇠시리를 하기도 함 쇠시리는 기둥 모서리와 문살의 면 등을 골이나 척을 지어 블록 또는 오목한 곡면으로 모양지게 깎아 만든 것.

동궐도형(東闕圖形): 창덕궁과 창경궁은 동쪽에 있다하여 동궐이라 하는데 두 궁궐의 건축물과 기타 시설물을 평면에 그린 도형으로 작자는 미상이나 1826년에서 1831사이에 그린것으로 추정된다. 고려대학교 박물관에 소장되어 있다.

동우(棟宇): 집의 마룻대와 추녀 끝.

동원이강(同原異岡): 홍살문, 정자각, 비각 등 부속시설은 하나만 만들고, 정자각 뒤 좌우 언덕에 왕과 왕비의 봉분을 조성한 능의 형식. 현능, 경능, 광능, 창능, 선능, 목능이 이 방법을 취하고 있다.

동자주(童子柱): 짧은기둥. 난간이나 대들보 위의 종보 받는기둥.

동조(東朝): 대비를 가리킴

두리기둥: 단면이 둥근기둥.

드므: 넓적하게 생긴 독. 궁궐에서 화재 방지용으로 뜰 양쪽에 놓고 물을 담아둔다.

들보: 내부가구(架構: 기둥위에 얹어있는 구조물) 중 지붕을 받쳐 들고 있는 보(樑)를 말한다. 대들보와 종보, 퇴보, 중보 등으로 구분한다.

대들보는 앞기둥과 뒤에기둥을 내부공간으로 가로질러 연결하는 큰 보로 모든 목조건물에 필수적인 부재이다.

종보는 종량(宗樑) 또는 마룻보라 하는데 고주(高柱)나 대들보위의 동자기둥에 얹어 종도리나 마룻대를 받쳐주는 들보이다.

퇴보는 퇴량(退樑)을 말하는데, 고주와 평주 사이를 연결하는 보를 말한다.

등연(登筵): 신하들이 용무로 임금께 나아가 뵘.

뜬창방: 별창방이라고도 하는데 종도리나 종도리밑에 있는 대공 또는 동자기둥에 가로지른 창방.

ㅁ

마룻대: 용마루 밑에 서까래가 걸리게 된 도리.

맹삭(孟朔): 맹월(孟月)과 같은 뜻. 맹춘, 맹하, 맹추, 맹동. 맹(孟)은 초(初) 라는 뜻.

머름: 모양을 내느라고 미닫이 문지방 아래나 벽 아래 중방에 대는 널조각. 창 밑에 설치하는 높은 문지방.

면복(冕服): 조선시대 임금의 정복. 면류관과 곤룡포를 말하며 면류관은 겉은 검고, 속은 붉으며, 위에는 장방형의 판이 있어 앞뒤로 구슬을 단 끈을 늘였다. 황제는 앞뒤 각각 12줄 왕은 각각 9줄이다. 곤룡포는 붉은 비단으로 지어 상의(上衣)에는 일월성신(日月星辰), 용, 산(山), 화충(華蟲: 꿩)을 수놓았고, 하상(下常)에는 종이(宗彝: 器物各), 조(藻: 마름), 화(火), 분말(紛末), 보(黼: 亞자형의 모양을 수놓은 것)을 수놓아 만들었다.

모루단청: 부재(部材)의 끝부분(머리)에만 금단청한것. ※모루는 머리의 변음인 것으로 봄.

모시(毛詩): 시경의 또다른 이름. 한(漢)나라 모형(毛亨)과 모장(毛萇)이 전하였으므로 이렇게도 부른다.

무비사(武備司): 궐내 순찰을 담당하는 기관.

무사석(武砂石): 성문의 기단을 쌓을 때 쓰는 네모 반듯하게 다듬은 큼직한 돌.

문기수 번소: 훈련도감에 딸려있는 각종 군기를 드는 기수들이 근무하는 곳.

민흘림: 재(材)의 밑부분보다 윗부분을 직선적으로 줄여 가늘게 한 것.

ㅂ

반궁(泮宮): 성균관의 별칭

반빗간: 부엌. 음식요리하는 곳.

반수(泮水): 반궁(泮宮)을 둘러싼 물. 천자의 궁은 4면을 물로 에워쌌는데 제후의 궁은 동서의 문 이남에만 물을 담은 해자를 만들고, 북쪽은 담을 쌓는 형태의 궁을 반궁이라 한다.

반식(伴食): 겸상을 뜻한다. 당나라 노회신(盧懷愼)이 요숭(姚崇)과 함께 정승으로 있으면서 자기의 재주가 모자람을 알고 늘 요숭이 하는대로만 따라하니 사람들이 그를 반식 재상이라 불렀다.

반오량(半五樑): 도리 넷으로 된 가구. 비대칭구조다.

반우(盤盂): 중국 고대 황제(皇帝) 때 사관이 훈계를 그릇에 새겨 명(銘)으로 삼은것을 가리킴

반자: 방, 마루의 천장을 평평하게 하는 시설. 평반자, 우물반자, 종이반자, 널반자 등이 있다.

반화(頒火): 새로 만든 불씨를 관청이나 신하들에게 나누어주는 일.

방목(榜目): 과거에 급제한 사람의 성명을 적은 책.

방상식(方相式): 국상이나 지위높은 상여앞에 가서 광중(壙中)의 악귀를 쫓는 의식.

방주(方柱): 네모기둥.

법수(法首): 난간 등에 설치하는 엄지기둥위의 머리장식.

법전(法殿): 정전

벽부(壁付): 포벽을 구성하는 부분을 말하는데 보통 미장으로 마감하거나 수장 폭 두께의 각재를 설치하여 벽을 형성한다.

벽옹(辟雍): 중국 주나라때 천자의 도성에 설립한 대학. 이에대해 제후의 도읍에 설립한 대학을 반궁(泮宮)이라 하였다.

보개: 궁궐, 사찰등의 보좌, 불단 위에 장식으로 씌운 옥개당가를 말한다.

보상화문(寶相華文): 당나라때부터 흔히 사용된 보상화를 주제로 하는 장식적 당초 무늬의 하나.

보아지: 보의 처짐을 보강하기 위한 부재로 기둥 머리위에 끼우거나 내진고주에 꽂혀 보를 받는다.

복속(覆餗): 솥이 발이 부러져 공상(公上)에 바칠 음식을 엎었다는 뜻으로 정승이 능력이 없어 직책을 제대로 이행하지 못하는 것을 비유한 말.

봉심(奉審): 왕명을 받들어 능이나 종묘를 보살핌.

부묘(祔廟): 왕이나 왕비의 신주를 종묘에 모시는 것

부시(罘罳): 새들이나 곤충들이 앉거나 집을 짓지 못하도록 전각의 처마에 처는 망

부연(附椽): 서까래 위에 덧댄 네모지고 짧은 서까래. 평서까래처럼 부연도 구부러진 재료를 사용한다.

부월(斧鉞):도끼모양으로 생겼는데 권력을 가지고 있음을 상징하는 물건.

비복(庇覆): 덮다, 뚜껑을 씌우다.

비변사: 도성 관아 비변사 참조.

빈전(殯殿): 임금의 시신을 안치하는 곳. 빈전에 시신을 안치하는 기간은 대개 5개월이다. 임금은 발인기간이 5개월이기 때문이다.

ㅅ

사간(斯干): 「시경」의 소아(小雅)편으로 건물의 낙성을 축하하는 노래.

사갈: ① 산에 오를때 미끄러지지 아니하도록 밑바닥에 못을 박아 신는 나막신
② 뱀과 전갈, 남을 해치는 사람

사독(四瀆): 나라에서 위하던 네 강(江)
동독-낙동강, 남독-한강, 서독-영산강, 북독-흑룡강

사래(舍羅): 추녀위에 얹혀 부연과 함께 겹처마를 이루는 주요부재다. 추녀보다 짧고 추녀중간에 걸려 밖으로 내밀어 조립된다.

사인사(舍人司): 조선시대 의정부에 소속된 정4품의 관직. 의정부(삼정승)의 의견을 수렴하여 임금에게 아뢰는 관직.

사전(祀典): 국가에서 지내는 제사를 기재해 두는 책. 대사, 중사, 소사로 구별한다.

사자관(寫字官): 승문원, 규장각의 말단 벼슬로 문서를 정사(精寫)하는 일을 맡아 보았다.

산자(橵子): 지붕 서까래 위나 고물 위에 흙을 받치기 위해 엮어까는 나뭇개비 또는 수수깡.

살미: 산미 또는 포살미. 도리에 직각으로 짜이는 공포부재의 총칭. 쇠서가 중첩된 것 또는 그 총칭.

살미첨차: 촛가지(쇠서)를 짜서 만든 첨차.

삼공(三公): 하늘의 태계(台階)에 삼태성(三台星)이 있는데 상태성(上台星), 중태성

(中台星), 하태성(下台星)이 있으므로 이것을 본받아 삼정승을 둔 것이다. 이 삼정승을 삼공이라 한다.

삽(翣): 상례때 쓰는 큰 부채.

상사밀이: 문살 따위에 골을 치는 대패.

상일(祥日): 대상을 치르는 날

서까래(椽木): 서까래는 외목도리 위에서 밖으로 내밀어 경사지게 조립하는 긴 서까래(長椽)와 내목도리에서 중도리까지 걸리는 중연(中椽), 중도리에서 종도리까지 걸리는 상연(上椽)으로 나뉜다.

서사관(書寫官): 글씨를 쓰기 위해 뽑힌 관원.

서시(西施): 중국 춘추시대 월나라 미인

석루조(石漏槽): 빗물이 흘러내리도록 성벽위나 난간에 끼우는 돌흠. 이무기머리를 많이 새기므로 이무기돌로 통한다.

석채례(釋菜禮): 소나 양 따위의 희생을 생략하고 약식으로 소채 따위로 간략하게 공자의 사당에 제사지내는 것.

선무사(宣武祠): 임진왜란때 명나라가 조선을 도와준 공을 기리기 위하여 지은 사당

선성(宣聖): 공자를 말한다. 공자의 시호가 문선왕이다.

선양(禪讓): 왕위를 자식이 아닌 다른사람에게 물려주는 것

선자연(扇子椽): 추녀가 걸리는 집 네 귀퉁이에 조립되는 서까래. 추녀곡선에 따라 선자연의 곡선도 달라진다.

성첩(城堞): 성가퀴, 성 위에 낮게 쌓은 담.

성황(城隍): 서낭, 서낭신이 붙어있다는 나무.

소대(召對): 왕명으로 입대(入對)하여 정사에 관한 의견을 상주하는 것

소란: 문지방. 소반 따위에 나무를 가늘게 오려붙이거나 제 바탕을 파서 턱이지게 만든 물건.

소란반자(小欄반자): 반자를 井자 여럿을 모은 것처럼 소란을 맞추어 짜고 그 구멍마다 네모진 개판(蓋板)조각을 얹은 반자.

소로(小櫨): 접시 받침. 소로는 장여나 첨차와 교차하는 살미 위에 놓여 상부 부재의 움직임을 잡아준다.

소뢰(小牢): 희생으로 양과 돼지를 사용하여 제사지내는 것. 뒤에는 양만으로 제사지냈다. 반대로 대뢰(大牢)는 소와 양 돼지를 희생으로 제사지내는 것을 말한다. 후에는 소만 바쳤다.

소맷돌: 계단 양쪽을 막아세운 석재.

소옹(邵雍): 북송의 사상가(1015~1077). 자는 요부(堯夫). 하복성 범양(范陽) 출신. 일생동안 벼슬에 나아가지 않고 학문을 즐기며 지냈다.

수라간: 궁중에서 음식만드는 곳. 생과방(生果房)과 소주방(燒廚房)으로 나뉜다. 생과방은 음료와 다과 등 찬음

식을 마련하는 곳이고 소주방은 익은 음식을 만드는 곳이다.

소주방 ┤내소주방 ~ 임금의 식사만 전담
　　　 └외소주방 ~ 궁중의 연회음식을 만드는 곳

수서(垂舌): 끝이 밑으로 처진 쇠서.

순각(楯桷): 포집의 첨차와 첨차 사이를 막는 판자.

순화궁 첩초(順和宮帖草): 헌종의 후궁 경빈김씨 순화궁이 계절에 따라 입는옷과 장
　　　신구 등을 자세히 적어놓은 지침서.

숭정(崇禎): 명나라 마지막 황제 의종(1627-44)때의 연호

승선(承宣): 승지를 말함

승정원일기: 왕의 비서실인 승정원(承政院)의 업무일지. 왕명을 출납하는 도승지,
　　　부승지, 동부승지, 승지 등이 근무한다.

시소(尸素): 시위소찬의 준말로 벼슬자리에 있으면서 그 직책을 다하지 못하고 녹만
　　　타먹는 사람.

시어소: 임금이 임시로 집무하는 곳.

시정기(時政記): 각 관청에서 시행한 일들을 기록한 것.

신여(神輿): 위패를 모시고 드나드는 가마.

신증동국여지승람(新增東國輿地勝覽): 중종25년(1530) 왕명에 의하여 이행(李荇),
　　　윤은보(尹殷輔), 신공제(申公濟), 홍언필(洪彦弼), 이사균(李思鈞) 등이 동국여
　　　지승람을 토대로 하여 이를 다시 보완하여 만든 조선 전기의 전국지리지.

심경(心經): 송나라 진덕수(眞德秀)가 경전과 송나라 학자들의 저술에서 심성 수양
　　　에 관한 격언을 모아 편집한 책.

ㅇ

안초공(按草工): 나뭇잎무늬를 새긴 받침따위 기둥머리에 얹히어 주심포를 받는 초
　　　각(草刻)한 반(盤). 안초공은 조선 중기 이후의 건물에서 주로 나타나며 다포
　　　집에서 볼 수 있다.

앙서(仰舌): 끝이 위쪽으로 치켜오른 쇠서. 받침의 일종.

약석(藥石): 병을 치료하는 약과 침. 결점을 고칠 수 있는 유일한 말을 뜻함.

양봉(樑棒): 보를 받치기 위해 기둥에 가로낀 초각(草刻).

어간: 절의 법당이나 큰 방의 한복판에 있는 칸.

여막(廬幕): 영안실이나 무덤 가까이에 지어 부모의 상중에 있는 사람이 거처하는
　　　초막.

여산(廬山): 중국 강서성 구강현 남쪽에 있는 경치 좋기로 유명한 산.

여장(女墻): 성 위에 낮게 쌓은 담.

연등천장: 서까래가 보이도록 막지 않은 천장.

예필(睿筆): 세자가 쓴 글씨.

오량구조: 보를 다섯줄로 놓아 두간통되게 짓는 집.

오성(五星): 다섯 개의 별. 목성-동, 화성-남, 금성-서, 수성-북, 토성-중앙.

오악(五岳): 백두산, 금강산, 묘향산, 지리산, 삼각산을 말한다. 오악은 동서남북과
　　중앙을 대표하는 산으로 봄과 가을에 제사를 지냈는데 국가에서 주관하였다.

오양선(五羊仙): 고려때 시작된 나라 잔치때 추던 춤의 한가지

오진(五鎭): 5개소의 진산. 오대산, 속리산, 백악산(白嶽山), 구월산, 장백산.

옥당(玉堂): 홍문관의 별칭

완자문: 卍자를 이어서 만든 문.

왕찌(치): 지붕의 녀새 끝에서 추녀 끝까지 물매가 비스듬하게 기와를 덮은 부분.

외목도리: 포작 바깥에 서까래를 얹기 위해 가로얹은 도리.

요단(燎壇): 밤에 어둠을 밝히기 위하여 횃불을 놓는 단.

용기판(龍技板): 벽이 무너지지 않도록 지방 옆에 대는 널쪽.

우물천장: 석가래가 보이지 않도록 井자 형태로 막는 천장.

우보(羽葆): 새의 깃털로 장식한 엷은 비단으로 만든 일산(日傘).

우음(偶吟): 즉흥적으로 떠오르는 생각을 시로 적은 것.

우진각지붕: 지붕 네 구석의 추녀마루가 동마루에 올려붙은 지붕. 모임지붕의 별칭.

운공(雲空): 포살미집의 첨차사이에 까는 조그마한 널쪽.

운궁(雲宮): 기둥 상부 익공이나 살미등을 중첩시킨 부분. 운상각(雲上閣)이라고도
　　한다.

원공(元公): 북송 주돈이(周敦頤)의 시호. 사상가, 문학가.

원량(元良): 세자를 말함

원유관(遠遊冠): 임금이 조하에 나올때 쓰는 관.

원찰(願刹): 망자의 명복을 빌기 위하여 지은 절.

월대: ① 궁궐 전면의 높고 넓은 기단(섬돌)
　　② 월대는 달구경하는 곳. 즉 월대(月臺)에서 유래됨.

유사(有司): 해당관원. 담당관

유상곡수(流觴曲水): 흐르는 물에 술잔을 띄워 그 잔이 자기 앞에 오기 전에 시를
　　짓는 놀이.

육선루(六仙樓): 승정원의 다락. 육선이란 승정원의 육방(六房)을 말한다.

육례(六禮): 선비가 갖추어야 할 여섯가지 교양. 예(禮)-예절, 악(樂)-음악, 사(射)-
　　활쏘기, 어(御)-말타기, 서(書)-글씨, 수(數)-수학, 육학이라고도 한다.

육축(陸築): 성문의 높게쌓은 기단부.

윤색(潤色): 임금이 새로운 법도를 시행할 때 신하가 보좌하여 명분을 세우고 미화
　　시키는 것.

은대(銀臺): 승정원의 다른이름.

음관(蔭官): 과거시험을 거치지 않고 조상의 은덕으로 등용된 관원.

의남초(宜男草): 원추리라 불리는 풀이름. 임신한 여자가 허리에 차면 사내아이를
　　낳았다고 함.

의시(議諡): 시호를 결정함.

의표(儀表): 천체의 측정 기준표.

이궁: 임금이 잠시 머물거나 쉬어가는 곳. 정궁이 아닌 궁궐.

이내: 해질무렵 멀리보이는 푸르스름하고 흐릿한 기운 (종묘상량문)

이제칠정(以齊七政): 서경(書經) 순전(舜典)에 재선기옥형(在璿璣玉衡) 이제칠정(以齊七政) 이라는 말이 나온다. 순임금이 선양(禪讓)의식을 마치고 먼저 천체의 운행을 관찰하여 역법을 바로잡았다는 뜻이다. 칠정은 일, 월, 화, 수, 목, 금, 토 의 오성(五星 또는 五常)을 말한다. 서운관(書雲觀)에서 해시계를 만들어 올리니 제당 동편에 대를 만들어 설치하고 각(閣)안에 물시계를 만들어 놓았다. 옥형의 시보에 오차가 잦아 이것을 바로잡기 위함이었다.

이주석(螭柱石): 기둥머리에 짐승모양을 새긴 돌기둥. 이무기 기둥돌.

익공계(翼工系): 첨차 위에 날개처럼 생긴 나무를 얹어 짓는 형태의 것.

익선관: 임금이 평상복으로 정사를 볼 때 쓰는 관. 검은색인데 뒤에 매미 날개같은 모형을 세워 붙인 관.

인방(引枋): 기둥과 기둥 사이에 문호(門戶) 틀 사이로 아래위에 가로지른 나무. 상인방과 하인방이 있다.

인산(因山): 국장. 국왕내외, 세자내외의 장례.

일무(佾舞): 가로와 세로가 같은 인원이 추는 춤. 천자는 8일무 64인, 제후는 6일무 36인이 춘다.

ㅈ

자미원(紫薇垣): 삼원(三垣)의 하나인 성좌(星座). 북극의 소웅좌 부근에 있으며 천제가 거처하는 곳.

잗달다: 하는 짓이 잘고 다랍다. 오관에 거슬릴 정도로 매우 더럽다.

장노(張老): 중국 춘추시대 진(晉)나라 대부. 완공된 궁궐의 규모가 웅대하고 아름다움을 찬탄하였다.

장마루: 긴 널빤지로 깐 마루.

장번(長番): 조선왕조때 장기간 궁중에서 유숙하며 근무하던 일 또는 사람. 오위의 군인은 대개 지방의 장정으로 정병(正兵), 수군(水軍)과 같은 의무병이었던 반면, 무과에 합격하여 그 병종(兵種)이나 신분이 고정되는 경우가 있는데 그중에서 선전관, 내금위, 겸사복, 족친위(族親衛), 충의위(忠義衛)와 환관 등은 그 자체가 직업인만큼 왕번이라 하여 지방과의 교대 없이 근무하게 하였는데 이들에게는 급료 외에 보(保)를 지급하였다.

장서(長舌): 포집에서 긴 혀처럼 생긴 나무.

장여(長欐): 도리를 받치고 있는 모진 나무.

장연(長椽): 들연. 오량집에서 도리에 걸친 서까래.

장화반(長華盤): 공청(公廳)이나 법당 같은 데에 길게 짠 화반. 화반과 두공(枓栱)을 겸하여 초제공(初提栱)과 교차하도록 짬.

재궁(梓宮):임금, 왕대비, 왕비의 유해를 안치하는 관

저화(楮貨): 고려말, 조선초에 사용하던 지폐. 닥나무 껍질로 만들었기 때문에 저화라 했다.

적쇠: 석쇠. 철사로 그물뜨듯이 만든 것.

전돌(塼石): 흙으로 구워 만든 벽돌.

적심목: 마루나 서까래의 뒷목을 보강하기 위하여 큰 원목을 눌러 박은 것.

전루(傳漏): 야간에 북을쳐서 시간(경: 更)을 알리는 곳. 문기수번소와 패장직소 사이에 있으며 군사 2명씩 배치하는데 창덕궁, 창경궁을 합쳐 12곳이 있었다.

전문(箋文): 길흉의 일이 있을 때 임금에게 아뢰던 사육체(四六體)의 글.

전알례(展謁禮): 종묘, 문묘, 능침 등에 나아가 참배하는 것

전최(殿最): 후군과 선봉. 관리성적평가에서 열등(殿)과 우등(最). 예전에 우리나라에서 관찰사가 매년 6월15일, 12월15일에 각 고을 수령의 치적을 심사하여 상(上)을 최, 하(下)를 전으로 중앙에 보고하였다.

절(節): 깃발모양으로 되어있는데 중대한 임무를 띠고 있음을 표시함.

절병통: 궁전이나 정자 따위의 지붕마루의 가운데에 세우는 탑모양의 장식.

절부월(節斧鉞): 지방관이 부임할 때 왕이 징표로 내려주는 절과 부월을 말한다.

정료문야(庭燎問夜): 옛날 밤중에 참내하는 제신들을 위하여 대궐 뜰에 밝히는 횃불.

정사공신(定社功臣): 인조반정때의 공신

정색(政色): 무관이나 군사, 기타 잡직 등을 뽑아 임명하는 일을 맡아 하는 곳.

정원(政院): 승정원을 말함

제술(製述): 시나 글을 지음.

조묘(祧廟): 왕의 위폐를 종묘의 정전에 봉안하였다가 7대를 넘게 되면 별전으로 옮기는 것. 별전은 영녕전이다.

조정(藻井): 천장.

종도리: 마루도리. 가구 제일 높은 곳에서 좌우 석까래가 만나는 밑을 받치는 도리.

종보(宗樑): 지붕틀에 있어서 지붕보위에 동자기둥을 양쪽에 세우고 그 위에 건너대어 동자기둥 또는 대공을 받는 가로재. 맨 위에 있는 보.

종재(宗宰): 종친중에 벼슬하는 사람.

쪽 천장: 좁은천장.

쪽마루: 기둥 밖으로 덧대어 달아낸 마루

주관(周官): 주(周)나라의 관제(官制)를 기록한 것

주두(柱枓): 기둥위에 놓인 대접받침. 주두는 기둥이나 평방위에서 포부재를 받치는 역할을 한다.

주례(周禮): 주나라의 관제를 분류하여 설명한 책으로 중국에서 국가계도에 관련된

책으로는 가장 오래된 책.

주연(冑筵): 왕세자가 독서 강론하는 자리. 보통 서연(書筵)이라고도 한다.

중관(中官): 내시. 지방관에 대하여 조정에 근무하는 벼슬아치.

중방(中枋): 중인방이라 하는데 벽 한가운데 가로지르는 인방.

지대석: 기단석 중에 제일 하단부에 있는 돌.

진장각(珍藏閣): 역대 임금의 어제, 어필 등과 중국 명나라 황제의 글씨 등을 보관했던 곳. 현재 연경당 자리에 있었다.

짐독(鴆毒): 짐새는 독이 있으므로 그 깃을 술에 담갔다가 먹으면 곧 죽는다. 너무 안일하고 방종하는 것은 독약과 같다는 뜻.

ㅊ

착고(막이): ① 지붕마루에 있어서 수키와와 수키와 사이에 맞게 다듬어대는 수키와 또는 모르타르 바름.
　　　　② 착고기와를 쓴 용마루.

창방(昌枋): 기둥 위를 가로로 건너질러 기둥과 기둥을 연결하여 횡력을 잡아주고 평방, 화반, 소로 등을 받는 가로부재.

찬막단: 제례에 쓸 제기와 제물들을 살피던 곳.

천장: 서까래가 그대로 드러나 보이는 연등천장이 있고, 서까래나 도리 들보 등을 가리는 우물천장이 있다. 대개 우물 정(井)자와 같은 모양으로 만들기 때문에 우물천장이라 한다.

첨차: ① 삼포이상의 집에 있는 꾸밈새.
　　② 도리에 평행하고 보에 직각으로 놓이는 공포 부재.
　　③ 주삼포(柱三包)집에는 없다. 주삼포는 주두와 삼포만 써서 촛가지를 한 개씩만 지은 집을 말한다.

청양(靑陽): 봄을 일컫는 말.

청제(靑帝): 봄을 주관하는 동쪽의 신

초각(草刻): 풀모양의 조각.

초방(初枋): 기둥을 세운뒤에 처음으로 끼우는 중방.

초석(礎石): 고주나 평주밑에 받치는 돌을 말한다. 주춧돌 이라고도 하는 돌을 장인의 손으로 모양을 내어 기둥모양에 따라 다듬는 다듬돌초석과 자연상태 그대로 사용하는 막돌초석으로 구분한다. 막돌초석은 돌의 생김새에 따라 기둥밑을 이에 맞게 다듬는데 이를 그랭이질이라 한다.

초익공(初翼工): 한식나무구조 건축의 가장 간단한 공포구조에서 익공(날개모양)이 한 개인 것 단익공이라고도 함.

초제공(初齊工): ① 제일 밑에 짜여진 주두 바로위의 제공.

② 주삼포 집에서는 기둥위에 초방(初枋)과 교차하게 짜고 삼포이상의 집에 주두위에 장화반과 교차하게 짜는데 이때 짜는 물건을 말한다.

촉추(蜀椒): 후추(胡椒)를 말하는데 후추를 많이 먹으면 입이 붙어서 말이 나오지 못한다.

촛가지: 초제공(初提栱), 이제공에 쑥쑥 내민 쇠서.

추녀(春舌): 추녀는 네귀퉁이 도리위에 얹어 내림마루의 하중을 지탱하고 처마선을 결정짓는 중요한 부재다.

춘궁(春宮): 세자가 지내는 곳

춘방(春坊): 시강원의 별칭

춘추관(春秋館): 실록을 편찬하는 곳.

출목(出目): 공포에 있어서 첨차가 주심(柱心)으로부터 돌출되어 도리를 받친 것.

출합(出閤): 왕자나 공주 등이 결혼하여 대궐을 나와 따로 사는 것.

충량(衝樑): 가에 있는 평주의 머리와 대들보 중간에 이어지는 보를 말한다. 충량은 중도리를 받쳐 지붕합각부의 무게를 지탱하는 역할을 함으로서 평주를 보강한다. 2간이상의 팔작지붕이나 우진각지붕에서만 볼 수 있다.

취두(鷲頭): 독수리머리

취재(取才): 조선시대에 특정부서의 관리, 서리, 군사, 기술관등을 채용할 때 보던 자격시험 시취(試取)라고도 한다.

치미, 불면(致美, 黻冕): 논어 태백편에 나오는 문구인데 평소의 의복을 검소하게 하고 제사 때의 예복을 더없이 아름답게 입는다는 뜻이다. (惡衣服而致美乎黻冕). 「악의복」은 평소때 거칠게 입는 옷을 말하고, 「치미호불면」은 제사 때 입는 의복과 관을 아주 아름답게 입는 것을 말한다.

친압(親押): 임금이 직접 제사를 올리는 것. 주로 창덕궁 선정전이나 창경궁 명정전 월대에서 많이 행함. 반대: 대압(代押)

ㅋ

칸살: 집의 도리 네 개로 둘러막은 면적. 또 그 막은 물건.

ㅌ

탁지부(度支部): 재정을 맡아보던 관청

태복시(太僕寺): 궁중의 수레와 말을 돌보는 관청.

토수: 전각 네 귀의 추녀 끝에 끼는 용두형, 귀두형(龜頭形)의 기와.

토왕일: 땅의 기운이 제일 왕성한 날. 대개 입추 전 18일 동안을 말한다.

퇴: 방이나 대청 밖으로 덧달아 낸 공간.

뒷간: 정면의 어간 협간 좌우의 맨 끝 공간

뒷보: 물림칸의 뒷기둥과 안기둥 사이에 얹힌 짧은 보. 퇴량.

ㅍ

평고대(平高臺): 서까래와 부연을 하나로 연결해 처마선을 만드는 부재이다.

평방(平枋): 기둥위에 초방을 짜고 그 위에 수평으로 올려 높은 나무. 평방은 기둥
　　사이에 포가 조립되는 상층의 하중을 지탱하고, 이를 기둥과 창방에 전달한
　　다.

폐석(肺石): 붉은색의 돌. 고대 중국에서 이 돌을 조정에 세워놓고 억울한 백성들이
　　이 돌 옆에 서있으면 관리가 문제를 해결해 주었다고 함. 궁전 계단중앙에
　　무늬를 도드러지게 새겨 장식한 돌.

포작: 공포를 짜서 꾸미는 일.

풍혈(風穴): ① 높은 산등성이 산기슭에 있어 늘 시원한 바람이 불어 나오는 구멍이
　　　　나 바위틈.
　　　　② 나무 그릇 같은데 가으로 돌아가며 잘게 새겨 붙이는 꾸밈새.

ㅎ

하간(河間): 중국 한(漢)나라 경제(景帝)의 아들로 학문을 좋아 하였고 책을 많이 모
　　았다.

하방(下枋): 하인방. 문턱 밑에 댄 나무.

하엽동자(荷葉童子): 난간 두겹돌을 받치는 연꽃잎 모양으로 조각된 장식물을 쓴 동
　　자기둥.

한경지략(漢京識略): 정조 때 규장각 검서관이던 유득공(柳得恭)의 아들 유본례(柳
　　本芸)가 순조때 역시 검서관으로 있으면서 선대 때부터 수집해둔 서울의 기
　　록을 보완, 완성한 책.

함인(涵仁): 어진 마음에 흠뻑 젖는 것

합각마루: 박공위에 있는 마루. 합각은 지붕의 양 측면 상부 삼각부분을 말한다.

합각머리: 합각이 있는 측면.

해사(奚斯): 시경 노송(魯頌)의 비궁(閟宮)에 나오는 인물로 종묘를 건립한 사람.

행공첨차: 보를 받치는 첨차. 대들보를 받치거나 내진고주에 조립된다.

행단(杏壇): 공자가 제자들에게 강학하던 곳

현포문(玄圃門): 곤륜산이 있다는 신선이 사는 곳.

호위청(護衛廳): 궁중의 호위를 맡아보는 궁영으로 1623년(인조1)에 인조반정을 주
　　도한 세력들이 자신들의 신변보호를 위해 설치한 기관.

혼전(魂殿): 임금의 시신을 무덤에 안치한 후 신주를 모셔두는 곳. 삼년상을 지내므

로 대개 26개월이 걸린다. 3년상을 지내면 신주는 종묘에 배향한다.

홍폐: 무지개형의 문.

홍하(紅霞): 해주위에 보이는 붉은놀.

훈국군파수직소(訓局軍把守直所): 훈련도감의 군사들이 숙직하는 곳.

화각(畵閣): 채색을 한 누각.

화계: 계단식으로 만든 화단.

화봉(華封): 고대 중국 화(華)땅에 봉해진 사람들이 요임금을 보고 장수와 부귀와 다남을 빌어주겠다고 한데서 유래된 말인데, 이것을 화봉삼축(華封三祝)이라고 한다. 화성(華城)이란 명칭은 여기서 유래한 것인데 정조임금이 어머니 혜경궁 홍씨의 장수를 기원하는 뜻이 이 명칭에 담겨 있는 것으로 보인다.

화충(和沖): 충심으로 화목함

회란석(廻欄石): 돌난간의 두겹대, 난간 두겹돌 등

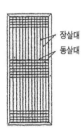
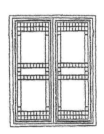
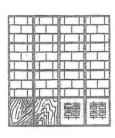
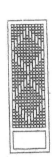

장살대
동살대

띠살문 4종

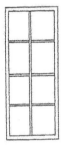
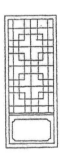
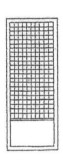

| 用字살 | 亞字살 | 卍字살 | 井字살 | 살창 | 판장문 |

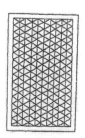

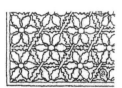
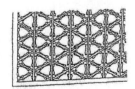

| 숫을빗살문 | 빗살완자창 | 꽃살문 | 숫을꽃살문 |

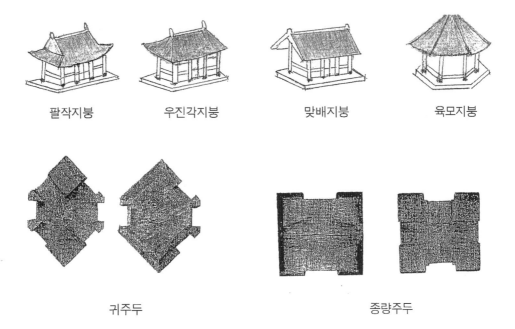

팔작지붕   우진각지붕   맞배지붕   육모지붕

귀주두   종량주두

공 포

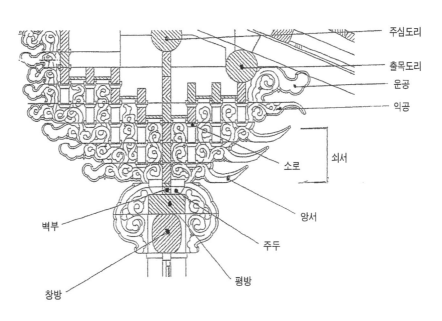

주심도리

출목도리

운공

익공

쇠서

소로

앙서

벽부

주두

창방

평방

가구의 위치와 명칭

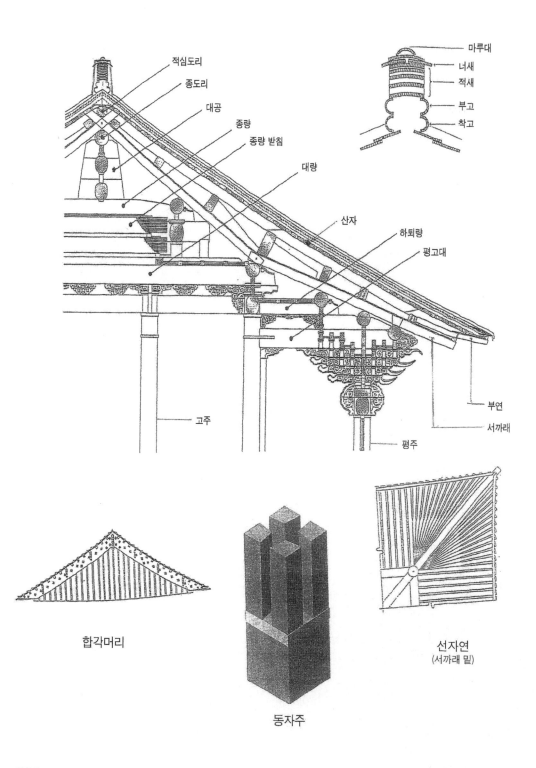

마루대
너새
적새
부고
착고

적심도리
종도리
대공
종량
종량 받침
대량
산자
하퇴량
평고대
부연
서까래
고주
평주

합각머리

동자주

선자연
(서까래 밑)

사갈 소로

양그루 소로

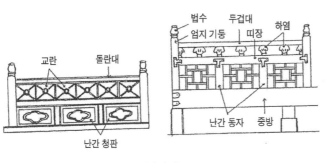

평난간

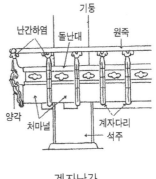

계자난간

대량 행공 첨차

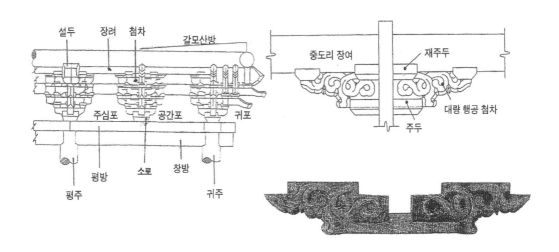

저자_ 공준원

41년 전북 김제 출생
고려대학교 법과대학 졸업
동진 농지개량조합 근무(현 농촌공사 동진지사)
SBC(서해방송) 로타리 농민계몽 방송(1년여)
전) ㈜홍진공업 총무이사
전) ㈜월간자동차 발행인 겸 대표이사
현) 벽골제 조사위원
현) 전통문화연구소 대표

저 서
『동진농조 50년 사』
『벽골제와 도작 문화』
『조선왕실 이야기』
『우리 쌀 오천 년』
『신증 벽골제사』

사진 협조_ 유일순

한국 사진작가협회 과천지부 사업이사
전) ㈜티브로드 중부방송 대표
전) ㈜티브로드 전주방송 대표
현) ㈜카타콤 상무이사

5궁과 도성

펴 낸 날 2020년 8월 25일

지 은 이 공준원
펴 낸 이 이기성
편집팀장 이윤숙
기획편집 윤가영, 이지희
표지디자인 이윤숙
책임마케팅 강보현, 류상만
펴 낸 곳 도서출판 생각나눔
출판등록 제 2018-000288호
주   소 서울 잔다리로7안길 22, 태성빌딩 3층
전   화 02-325-5100
팩   스 02-325-5101
홈페이지 www.생각나눔.kr
이 메 일 bookmain@think-book.com

• 책값은 표지 뒷면에 표기되어 있습니다.
  ISBN 979-11-7048-116-4(03900)

• 이 도서의 국립중앙도서관 출판 시 도서목록(CIP)은 서지정보유통지원시스템 홈페이지
  (http://seoji.nl.go.kr)와 국가자료공동목록시스템(http://www.nl.go.kr/kolisnet)에서
  이용하실 수 있습니다(CIP제어번호: CIP2020026362).